Klassiker der
Religionswissenschaft

KLASSIKER DER RELIGIONSWISSENSCHAFT

VON FRIEDRICH SCHLEIERMACHER BIS MIRCEA ELIADE

Herausgegeben von
Axel Michaels

VERLAG C.H.BECK MÜNCHEN

Mit 23 Porträtabbildungen

Die Deutsche Bibliothek – CIP-Einheitsaufnahme

Klassiker der Religionswissenschaft:
von Friedrich Schleiermacher bis Mircea Eliade /
hrsg. von Axel Michaels. – München: Beck, 1997
ISBN 3-406-42813-4

ISBN 3 406 42813 4

Umschlaggestaltung: Uwe Göbel, München
Umschlagabbildungen: Max Weber (Archiv Gerstenberg, Wietze)
Friedrich Schleiermacher (Bildarchiv Preußischer Kulturbesitz, Berlin)
Friedrich Max Müller (Bildarchiv Preußischer Kulturbesitz, Berlin)
Carl Gustav Jung (Archiv für Kunst und Geschichte, Berlin)
Satz: Fotosatz Janß, Pfungstadt
Druck und Bindung: Ebner, Ulm
Gedruckt auf säurefreiem, alterungsbeständigem Papier
(hergestellt aus chlorfrei gebleichtem Zellstoff)
Printed in Germany

INHALT

Anhang

Axel Michaels

EINLEITUNG

Wer ist ein Klassiker der Religionswissenschaft? Bei einem Fach, das mit dem Erscheinungsjahr dieses Bandes auf etwa 120 Jahre seiner Geschichte zurückblickt und noch immer in den Fakultäten um Anerkennung ringt, scheint diese Frage ebenso vermessen wie unumgänglich. Der erste Lehrstuhl für Allgemeine Religionswissenschaft wurde 1873 in Genf an der Theologischen Fakultät eingerichtet, vier Jahre später folgten Amsterdam und Leiden mit den ersten konfessionell unabhängigen Lehrstühlen; auch diese Positionen wurden von zwei Theologen, C. P. Tiele (1830–1902) und P. D. Chantepie de la Saussaye (1848–1920), eingenommen. In Deutschland gibt es erst seit 1910 (in Berlin) bzw. 1912 (in Leipzig) religionswissenschaftliche Lehrstühle, aber noch bis nach dem Zweiten Weltkrieg blieben diese – abgesehen von Bonn (seit 1920) und einer zwischenzeitlichen Lösung in Berlin – in den theologischen Fakultäten. Noch heute ist Religionswissenschaft an deutschsprachigen Universitäten mitunter in theologischen Fakultäten angesiedelt, obwohl ihre Themen immer auch klassische Themen der Geistes- und Sozialwissenschaften waren.

Wissenschaftsgeschichte[1] ist aber nicht bloß Fächergeschichte der Universitäten. Die gelehrte und kritische Beschäftigung mit Religionen bedurfte nicht der Talare und Pulte. Im Gegenteil, Religionskritik und Religionsphilosophie[2] stehen am Anfang, nicht am Ende von Religionen, folgen ihnen nicht nach, sondern begleiten sie. Zwar versteht sich die moderne Religionswissenschaft in der Regel nicht als Religionskritik, aber das von ihr aufgearbeitete Material wurde und wird angelegentlich im kritischen Diskurs mit christlichen Theologien eingesetzt. Der Theologe Friedrich Schleiermacher gab 1799 seinem Traktat *Über die Religion* den Untertitel *Reden an die Gebildeten unter ihren Verächtern* und betitelte damit auch die alte Spannung, ja bisweilen Haßliebe zwischen Theologie und Religionswissenschaft, ein symbiotisches Verhältnis, bei dem wechselweise das eine Fach der Wirt des anderen ist: Theologie muß weitgehend religionswissenschaftlich arbeiten, Religionswissenschaft braucht Theologien. Fast alle Klassiker dieses Bandes – besonders Müller, Tylor, Smith, Frazer, Jung, Evans-Pritchard, Malinowski und Turner – hatten denn auch eine religiöse Krise hinter sich oder standen in einem gespannten, kaum aber in einem gleichgültigen Verhältnis zur Kirche.

Die Frage, ob man religiös sein müsse oder «religiös unmusikalisch», wie Max Weber sich selbst bezeichnete, sein kann, um Religionswissenschaft gut betreiben zu können, ist noch immer eine Streitfrage des Faches[3], ausgetragen zwischen gläubigen und atheistischen bzw. agnostischen Religionswissenschaftlern, zwischen Substantialisten («Es gibt eine religiöse Macht») und Funktionalisten («Es gibt welche, die aus bestimmten Gründen sagen, daß es eine religiöse Macht gibt»). Die Funktionalisten werfen den Substantialisten Dogmatismus oder Irrationalismus vor, umgekehrt beschuldigen die Substantialisten die Funktionalisten des Reduktionismus oder Determinismus.

Die Funktionalisten beklagen an den Substantialisten auch, daß sie die Grenze zwischen Religionswissenschaftlern und «Religionsstiftern» nicht immer deutlich ziehen[4], daß Religionswissenschaft mißbraucht wird, um eigene Glaubensansprüche zu belegen. Tatsächlich haben Söderblom, Otto, Heiler oder auch Eliade die Distanz zum Gegenstand nicht immer halten können. Sie sahen eine Art *religio naturalis*, eine Natur- oder Universalreligion über, hinter oder unter den einzelnen Religionen, den nur menschlichen, unvollkommenen Realisationen der «einen» Religion.[5] Nicht selten wollten sie sogar einen religiösen Menschheitsbund schaffen, der auch heute in interreligiösen Festreden immer wieder beschworen wird. «Heiligkeit ist das bestimmende Wort in der Religion; es ist sogar noch wesentlicher als Gott», schreibt Söderblom, der noch auf dem Sterbebett Gott aus der Religionsgeschichte beweisen wollte und der auch sagte: «Nicht die bloße Existenz der Gottheit, sondern ihr *mana*, ihre Macht, ihre Heiligkeit ist das, was die Religion ausmacht.»[6] Religionsgeschichte als Offenbarungsgeschichte – so etwas lag Söderblom und anderen Substantialisten nicht fern, ganz gleich, ob Heiligkeit an die Stelle von Gott rückte oder Varianten von Maretts Präanimismus: Macht, Kraft[7] (etwa in Mauss Begriff von der Gabe[8]), das Numinose (Otto), Charisma (Weber)[9], in neuerer Zeit auch ein religiöser Naturbegriff[10] oder eine universalistische Ethisierung des Individuums. Obgleich nirgends ein reiner Präanimismus nachgewiesen werden konnte, die dynamistische Manifestation und Hierophanie (Eliade) des einen Heiligen blieb konstatiert und postuliert, theologisch in der mehr oder weniger expliziten These: Gott inkarniert sich nicht nur in Jesus, sondern überall und in vielen Religionen.[11]

Freilich, Söderblom und die anderen sprachen nur unmißverständlich aus oder setzten um, was vielfach eine uneingestandene, kryptotheologische Prämisse des Faches ist, daß nämlich Religion einen Gegenstand *sui generis* bildet und *a priori* gegeben ist. Trotz aller besseren Einsichten, welche gerade die Religionswissenschaft förderte, indem sie kaum noch einen gemeinsamen Nenner zwischen «Religion» und einheimischen Bezeichnungen für «Religion» – etwa dem hinduistischen *dharma* («Recht, Sitte»)[12] oder *islām* («Brauch, Recht, vollständige Hingabe, Gehorsam»)[13] – zu erkennen vermochte, bleibt die Unterscheidung zwischen Religion und Religionen meist aufrecht erhalten.[14] Sie ist aber eine westlich-theologische, entstanden aus der Diskussion über den Absolutheitsanspruch des Christentums. Karl Barths Diktum «Religion ist Unglaube; Religion ist eine Angelegenheit, man muß geradezu sagen: die Angelegenheit des gottlosen

Menschen»[15] hallt hier mit der ihm eigentümlichen Mächtigkeit oder in verschämter Erinnerung durch die Auditorien. Doch wo eine Religion sich absolut setzt, sich – wie in der Spätantike – als *vera religio* oder als «Sondergeist» (Otto) ab- und an die Spitze setzt, muß sie fast zwangsläufig ein Gegenüber konstruieren, eine *falsa religio*. Genau diese Position weckt zwar Neugier, verleugnet aber auch das Fremde im Eigenen und führt zu einem esoterischen Exotismus, der heute als sogenannte Neue Religiosität in den Regalen der Buchläden die Bestände der Theologie be- und verdrängt, ungeachtet dessen, daß es auch im Christentum diese Vielfalt an Sinnangeboten und Religionen gegeben hat[16], die in die Binnenwelt, nicht aber in die Außenwelt gehören. Magie, Animismus, Geisterglaube, Polytheismus, Ritualismus, Mystizismus sind nicht Vorstufen, Survivals oder Fremdkörper zu bzw. in Hochreligionen oder Schriftreligionen, sondern notwendige Gegenwelten in den eigenen Häusern und Kirchen, teilweise erst da entworfen: Aberglaube ist nur theologiegeschichtlich trotziger, falscher Glaube, religionsgeschichtlich gibt es den Begriff nicht. *Das* Andere[17] der Religionen entsteht meist auf Kosten *der* anderen.

Systematisch gesehen liegen also Philosophie, Soziologie, Ethnologie und Religionswissenschaft enger beieinander, als es die Fächeraufteilungen an den deutschsprachigen Universitäten vermuten lassen. Dafür zeugen viele hier vereinte Klassiker, die auch von anderen Fächern als Väter angerufen werden. Zwar hat sich die Religionswissenschaft wegen ihrer institutionellen Nähe zur Theologie vielleicht weniger radikal von Europa und der Beschäftigung mit dem Christentum trennen müssen als die einst so genannte Völkerkunde. Auch konnte sie dadurch dem verzerrenden Exotismus eher ausweichen als etwa die Ethnologie, die sich erst langsam durch ein sich wandelndes Verständnis als Kulturanthropologie[18] oder durch Ansprüche auf eine europäische Ethnologie zurückerobert, was wissenschaftssystematisch lange in den eher auf den Westen bezogenen Fächern Soziologie oder Volkskunde behandelt wurde. Aber der Versuchung des Evolutionismus hat auch die Religionswissenschaft nicht entgehen können. Nicht nur Hegel oder Comte haben das Christentum auf die obersten Sprossen einer Stufenleiter der Religionen gesetzt, nicht nur Müller, Tylor, Frazer, Marett oder Pater Wilhelm Schmidt haben sich dieser Ansicht in deutlichen Worten angeschlossen, sondern auch Evans-Pritchard, Malinowski, van Gennep oder Mauss, also Autoren, die gewiß nicht eine Rangfolge der Religionen anstrebten, ja solche bisweilen bekämpften, haben mit Kriterien wie höhere Differenziertheit, größere Freiheit des Individuums, Universalität der Glaubensansprüche, größerer Schriftanteil gearbeitet und dadurch zumindest indirekt evolutionistische Thesen verbreitet.

Droht bei so viel Nähe zu anderen Fächern die Eigenständigkeit der Religionswissenschaft auf der Strecke zu bleiben? Ist nicht «Religion» Thema aller Kulturwissenschaften? Wieder stellt sich die Frage nach der Eigenständigkeit des Faches. «Alle Religionswissenschaft ist letztlich Theologie, insofern sie es nicht nur mit psychologischen und geschichtlichen Erscheinungen, sondern mit dem Erlebnis jenseitiger Realitäten zu tun hat,» schrieb Heiler[19] und formulierte damit einen populären Ausweg aus dem Begründungsdilemma von «Religion» und Religionswissenschaft: Wenn sich schon nicht die eine Religion hinter den Religionen finden läßt (was Heiler noch annahm), dann sei doch unbestreitbar, daß sich in allen Kulturen zumindest vergleichbare religiöse Erfahrungen, eigene Erlebnisweisen (Schauer, Ehrfurcht, Religiosität) fänden. Otto, ein Systematischer Theologe und Neutestamentler: «Wer sich zwar auf seine Pubertäts-gefühle, Verdauungs-störungen oder auch Sozial-gefühle besinnen kann, auf eigentümlich religiöse Gefühle aber nicht, mit dem ist schwierig Religionskunde zu treiben.»[20] Definition wird so durch Erlebnis, Erfahrung und Teilhabe ersetzt. Aber was den einen zum Heiligen werden läßt, wird bei der anderen zum Wahn, wie Sudhir Kakar und Catherine Clément im Vergleich von zwei sehr ähnlichen religiösen Ekstasen und mystischen Grenzerlebnissen bei Ramakrishna und Madeleine Le Bouc gezeigt haben.[21] Was bildet da die Grundlage für religiöse Empathie? Welches Kriterium ist dann zur Hand, eine «religiöse» Vision von Wahnvorstellungen zu trennen? Was außer einem unreflektierten Vorverständnis von «Religion» berechtigt, Begriffe wie Pseudoreligion, Ersatzreligion, säkulare Religion und Zivilreligion zu verwenden?

Für viele naheliegend ist, Religion mit Gottesglaube gleichzusetzen. Das mag naiv erscheinen, aber der Versuch, Religion theistisch oder zumindest auf der Grundlage von übernatürlichen Wesen zu definieren, ist – seiner theologischen Implikationen beraubt – faktisch für das Selbstverständnis der Religionswissenschaft grundlegend. Ohne Frage steht ja der Gottesglaube bei den meisten Religionen im Vordergrund.[22] Das sah Tylor schon richtig: «It seems best to fall back at once on this essential source, and simply to claim, as a minimum definition of Religion, the belief in Spiritual Beings.»[23] Und faktisch fließt dieses Verständnis in die Auffassungen vom Gegenstand der Religionswissenschaft dadurch ein, daß sie sich überwiegend mit theistischen Religionen befaßt. Nicht nur Tylor, auch Söderblom, Frazer, Schmidt, Otto, van der Leeuw und Heiler haben eine theistische Religionsdefinition zur Grundlage gehabt, und eine bekannte Definition von Milford E. Spiro erfreut sich zunehmender Beliebtheit: «I shall define ‹religion› as ‹an institution consisting of culturally patterned interaction with culturally postulated superhuman beings›.»[24] Nur die religionswissenschaftliche Obsession mit Universalität führe dazu, meint Spiro auch, diese naheliegendste Definition nicht gelten zu lassen. Dem Einwand, den Buddhismus dann ausklammern zu müssen, begegnet Spiro zu Recht mit dem Argument, daß der Buddhismus immer auch theistische Anteile gehabt habe, etwa in der Deifizierung des Buddha, im Mahāyāna ohnehin, und daß allgemeine Aussagen durch Ausnahmen nicht falsch würden.

Für manch einen erwies sich eine (mono-)theistische Religionsdefinition aber als zu eng, um die Pluralität der religiösen Konzepte in anderen Kulturen und in der Gegenwart erfassen zu können. Man wollte nicht von vorneherein alle Religionsformen, die ohne theistische oder personale Konzepte auskommen, unter dem Stichwort Säkularisierung abhandeln müssen.[25] Bereitwillig griff man da auf eher soziologische Auffassungen zurück, vornehmlich auf Durkheims Definition von Religion als «solidarisches System von Überzeugungen und Praktiken, die sich auf heilige, d. h. abgesonderte und verbotene Dinge, Überzeugungen und Praktiken beziehen, die in einer und derselben moralischen Gemeinschaft, die man Kirche nennt, alle vereinen, die ihr angehören»[26]. Zwar unterstellte Durkheim einen universalen Gegensatz von profan und sakral, für den es in verschiedenen Kulturen oft genug zumindest keine sprachliche Entsprechung gibt, doch half seine Idee von einer *conscience collective* der Gesellschaft, Religion nicht vorwiegend individualistisch, als Angelegenheit zwischen dem einzelnen und Gott, erfassen zu müssen. Freilich, auch nichtreligiöse Institutionen der Gesellschaft – etwa Nationalgefühle – können wie die Religionen eine integrative Funktion (Smith, Durkheim, Weber), kompensatorische oder projizierende, angstreduzierende bzw. angstschaffende Folgen[27] (Freud, Jung) oder eine kathartische Wirkung (Malinowski, van Gennep, Turner) haben. Auch hier kommt man nicht aus der Aporie, «religiös» bzw. «nichtreligiös» aus den Religionen erklären zu müssen, für deren Abgrenzung in den Kulturen man offenbar schon zu wissen glaubt, was «Religion» ist.

Aporien sind unangenehm. Man weicht ihnen aus, wo man es vermag. Tatsächlich ist die Strategie, die Definition von «Religion» weitgehend auszuklammern[28] und nur über Religionen im Plural zu reden, gegenwärtig die beliebteste. Der Leipziger Religionswissenschaftler Walter Baetke formulierte es so: «Also nicht Geschichte ‹der› Religion, sondern *die Geschichte der Religionen* bildet die Aufgabe und den Gegenstand der Religionsgeschichte.»[29] Beschränkt sich aber die Religionswissenschaft nur auf ihre «handwerklichen» Aufgaben, nämlich die Darstellung und Beschreibung der Geschichte und Gegenwart von einzelnen Religionen und ihren Zeugnissen, begibt sie sich auf Gebiete, welche Einzeldisziplinen wie zum Beispiel Klassische Philologie, Indologie, Islamwissenschaft oder Ägyptologie besser beherrschen. Auch verdiente die Religionswissenschaft kaum, ein eigenes Fach zu sein, wäre sie nur die Summe von Religionssoziologie, -psychologie, -philosophie und -geographie. Der Theologe Adolf Harnack hätte recht gehabt, als er in seiner berühmten Rektoratsrede vom 3. August 1901 die Aufteilung der Religionsgeschichte auf die Philosophische Fakultät forderte. Religionsgeschichte sei, so Harnack, nicht von der Geschichte des betreffenden Volkes zu lösen, zu dieser gehöre aber die Sprache als «die Scheide, darinnen das Messer des Geistes steckt» (ein Luther-Zitat); würde man Religionsgeschichte ohne Sprachgeschichte studieren, verfiele man einem «heillosen Dilettantismus», deshalb seien die philologischen Disziplinen in der philosophischen Fakultät besser mit der Aufgabe der Religionswissenschaft zu betreuen als die theologische Fakultät.[30] Harnack nahm damit einen Konsens in der Religionswissenschaft vorweg, ohne den man heute kaum noch bestehen, geschweige denn ein Klassiker werden kann: Nur größte philologische Sorgfalt und gründliche Kenntnisse mindestens einer Religion, meist auch Feld- oder Landeserfahrung, vermögen die Basis für fundierte religionswissenschaftliche Leistungen zu bilden.

Harnacks Forderung befreit aber ebenso wenig von der angesprochenen Aporie wie die gebotene Ansiedlung der Religionswissenschaft in den Kulturwissenschaften oder der Systemtheorie N. Luhmanns. Die grundlegende Frage bleibt: Wie kann man vom Plural (Religionen) reden, wenn man den Singular (Religion) negiert oder umgeht? Es gibt wohl keinen Ausweg: Die Klammer für die Religionswissenschaft sind Gemeinsamkeiten in den einzelnen Religionen. Diese im Vergleich herauszuarbeiten ist das eigentliche Tätigkeitsfeld der Religionswissenschaft.[31] Interdisziplinarität ist daher Grundstein des Faches. Noch immer gilt hier aus der Sicht der Religionswissenschaft, was Müller in Anlehnung an ein Goethe-Wort und an die vergleichende Sprachwissenschaft sagte: «Wer *eine* Religion kennt, kennt keine.»[32] Alle Klassiker dieses Bandes haben komparatistisch gearbeitet, und van der Leeuw, Heiler, Wach oder Eliade waren sogar «bekennende» vergleichende Phänomenologen. Die anderen waren Theologen, Ethnologen, Psychologen, Soziologen oder Philologen, aber sie waren auch dadurch Religionswissenschaftler, daß sie nicht nur ihr primäres Fach betrieben. Klassiker der Religionswissenschaft zu sein bedeutet daher immer auch Fachgrenzen zu überschreiten. So ist es verständlich und berechtigt, daß Schleiermacher, Freud, Durkheim, Malinowski, Mauss und Weber schon in anderen Bänden dieser Reihe behandelt worden sind. Sie werden im vorliegenden Band noch einmal pointiert aus religionswissenschaftlicher Perspektive dargestellt. Daher erschien es mir auch angebracht, mit Aby M. Warburg exemplarisch einen Klassiker aufgenommen zu haben, der in der Religionswissenschaft noch nicht recht rezipiert wurde: So wie schon lange Verbindungen zwischen Religionswissenschaft und Theologie, Philosophie, Soziologie, Psychologie oder Geographie bestehen, so selbstverständlich sollten sie auch zwischen Kunstwissenschaft und anderen geisteswissenschaftlichen Fächern, etwa der Geschichtswissenschaft – Marc Bloch wäre ein guter Kandidat – sein.

Blieben Religionswissenschaftler nur in ihrer unbestreitbaren Spezialdisziplin, wären sie keine Religionswissenschaftler und es drohte ihnen die Gefahr des bloßen Intellektualismus, der Leblosigkeit oder des Historismus (so ein Vorwurf von J. Wach an die Funktionalisten[33]), des Dekonstruktivismus und der Beliebigkeit. Es war weise von M. Weber, die Definition von Religion ans Ende seines unvollendeten Werkes *Wirtschaft und*

Gesellschaft zu verschieben (daß er sie gleichwohl nicht mehr leistete, liegt wohl nicht nur an seinem plötzlichen Ableben, sondern auch an seiner liberalen und pragmatischen Haltung): «Eine Definition dessen, was Religion ‹ist›, kann unmöglich an der Spitze, sondern allenfalls am Schlusse einer Erörterung wie der nachfolgenden stehen. Allein wir haben es überhaupt nicht mit dem ‹Wesen› der Religion, sondern mit den Bedingungen und Wirkungen einer bestimmten Art von Gemeinschaftshandeln zu tun, dessen Verständnis auch hier nur von den subjektiven Erlebnissen, Vorstellungen, Zwecken des Einzelnen – vom ‹Sinn› – aus gewonnen werden kann, da der äussere Ablauf ein vielgestaltiger ist.»[34]

Folgt man dieser Auffassung, sind Definitionen nicht Abschluß, sondern Programm. Gerade das Scheitern einer akzeptierten Religionsdefinition[35] ist dann Ansporn und Triebfeder herauszufinden, was «Religion» ist, und nichts – sagt der verstorbene italienische Religionswissenschaftler Ugo Bianchi – «berechtigt uns zu der Annahme, daß diese Suche nach *der* Religion zu einem Phantom führe, das vielleicht nur noch die Funktion hat, uns anzuzeigen: es spukt hier.»[36] Nein, geht man – wie ich vorschlagen möchte – davon aus, daß Religion die Antwort des Menschen auf das Bewußtsein seiner Sterblichkeit ist, dann kann die Suche nach dieser Antwort wohl kaum Spuk sein. Den begreiflichen Wunsch, dem «Phantom» Religion einen einzigen Namen zu geben, sollte man als Religionswissenschaftler besser hemmen und den Theologen als ihre genuine Aufgabe überlassen. Aber die Suche kann weder für ergebnislos noch für abgeschlossen erklärt werden, solange es Wissenschaft gibt. «Wir werden Gott nicht los, solange wir noch an die Grammatik glauben,» hat Nietzsche (meiner Erinnerung nach) gesagt. In der Tat, selbst die hypothetisch notwendige Universalitätsvermutung, die Annahme, es gäbe einen noch unbekannten, zu entschlüsselnden Bauplan hinter den Erscheinungen, ist nicht ganz frei von religiösen Implikationen, zumindest nicht kulturinvariant: Es gibt verschiedene Religionen und Theologien, aber nur eine «weiße» Religionswissenschaft.

Die Suche geht also weiter, und ich behaupte: Gerade weil Religionswissenschaft ihren Gegenstand und ihren Kanon noch nicht gefunden hat, bewahrt sie sich ihre etliche Male bewiesene Offenheit für neue Fragen.[37] Aktuelle Themen warten ja bereits auf ihre Diskussion. Einige Arbeitsfelder, die mir für die Zukunft wichtig erscheinen, will ich nennen: [38] Neuropsychophysiologie (wie hängen Glaubenssätze und ritualisierte Handlungen zusammen?), Bewußtseinsforschung (wie hängen Ichzentrismus und Religionsformen zusammen?), Genetik (gibt es ererbte Dispositionen für religiöse Gefühle?), Kommunikationsforschung (gibt es eine neue virtuelle Religiosität?), Kulturökologie (tritt Natur an die Stelle von Gott?). Zukünftige Klassiker der Religionswissenschaft werden vielleicht aus der Zusammenarbeit mit den Naturwissenschaften kommen. Mut braucht es dazu, die beherzte Bereitschaft, sich auf unbearbeitetes Terrain vorzuwagen. Bei aller gebührlichen und respektvollen Besinnung auf die Väter und Vorväter des Faches: «Das Wagnis wird zur Klassik mitten in unserem Leben, noch während wir altern und sterben» (John Updike).

Klassiker sind dieses Wagnis eingegangen, indem sie auf «das Ganze» auswaren. In ihrer akademischen Furchtlosigkeit waren sie – sehr westlich, sehr chauvinistisch, wenig postmodern – eigenwillig, knochig, sperrig, wie die hier geschilderten Lebensläufe mannigfach bezeugen. Sie waren persönlich Individualisten, aber sie waren – das mag zunächst verwundern – auch theoretisch ausgesprochen subjektiv. Ihre Theorien waren den kritischen Prüfungen von Verifikation und Logik ausgesetzt, ihre faktischen Aussagen wurden oft genug empirisch falsifiziert, ihre argumentativen Verknüpfungen oft genug widerlegt, aber sie sind deshalb nicht untergegangen, höchstens mißbilligt worden. Sie blieben merkwürdig immun gegen zahlreiche Anfeindungen. Klassische Theorien veralten und kommen aus der Mode, aber sie bewahren sich ihre Stimmigkeit und Wirkung. Kantisch gesprochen sind sie vielleicht eher ästhetische Urteile als Vernunfturteile oder gar sittliche Urteile. Kritisierbar ist vieles, ja alles an ihnen, aber nur ablehnbar scheint die Theorie oder Grundaussage selbst. In der radikalen Konstruktivität, die diese Theorien auszeichnet, sind sie nicht Versuche, ein objektives Gesamt- oder Abbild der «Realität» zu geben. Das wäre auch nicht möglich. Sie sind eher Versuche, eine nicht bloß fragmentarische, sondern eigene, kritisch-subjektive Sichtweise der (religiösen) Welt zu entwerfen oder darzulegen.

Eigentümlich ist ja, daß viele klassische Theorien, sobald sie aufgestellt sind, nur noch angegriffen werden und dennoch Bestand haben. Beinahe ließe sich sagen: Die Wirkung der Klassiker besteht darin, daß sie grundlegend falsch gelegen haben, denn im Nachhinein – man denke etwa an Freud und Marx – haben sich mehr die «weichen» Glaubens- und weltanschaulichen Lehren durchgesetzt als die herausgefundenen «harten» wissenschaftlichen Fakten, auf denen die Theorien auch nur teilweise beruhen. Der Mangel an wissenschaftlicher Überprüfbarkeit hat den Erfolg der Theorien nicht behindert, im Gegenteil, offenbar gefördert. Freud, Weber, Otto, Jung und Eliade sind unter den in diesem Band vereinten Klassikern diejenigen, die vielleicht am wirkungsvollsten eine fast schon religiöse «Aura der Faktizität» (Clifford Geertz) um sich verbreitet haben, deren Theorien aber auch am heftigsten angegriffen wurden. M. Weber – um einen der Genannten herauszugreifen – hat in bezug auf Indien ziemlich falsch gelegen. In unzähligen Publikationen sind ihm faktische und argumentative Fehler nachgewiesen worden.[39] Und doch hat Weber «etwas Richtiges» erfaßt: zum Beispiel den markanten Unterschied zwischen innerweltlicher und außerweltlicher Askese. Aber Webers Erfolg für die Indiensoziologie und Hinduismus- oder Buddhismuserforschung beruhte wohl darauf, daß er mehr über den Westen aussagte als über Indien: zum Beispiel durch seine umstrittene These über die «Entstehung des Kapitalismus aus dem Geist des Protestantismus». Indien, China, Israel und der Vordere Orient waren für Weber das Experiment, das den Beweis seiner Protestantismus-These bringen sollte, nicht aber stand am Anfang die Beschäftigung mit den Weltreligionen, aus der diese Theorie erwuchs. Max Weber hätte für seine These den Hinduismus oder andere Weltreligionen nicht unbedingt gebraucht. Offenbar – so muß man fast folgern – sind Theorien besonders hilfreich, wenn sie etwas erklären, was die Menschen beschäftigt, ohne daß es notwendig mit dem Gegenstand der Theorie, also mit einer bestimmten Realität, zu tun hat.

So gesehen sind Theorien immer wirklichkeitsfremd, sie können nicht anders sein. Sie erzeugen Wirklichkeit, bilden sie aber nicht ab. Tatsachen sind dann zwischen diesen Theorien eingequetscht, «Variable zwischen unterschiedlichen theoretischen Bezugsrahmen.»[40] Kultur- und Religionstheorien sind aber nur dann gut und erfolgreich, wenn sie mehr sind als private Projektionen oder Wahngespinste. Sie müssen in der Stimmung und den Reflexionen der Gegenwart und der eigenen Kultur auch «das Andere» erfassen: Verstehen heißt nach dem Philosophen Gadamer *anders* verstehen, und ein solches Verstehen kann man immer nur in sich selbst verwirklichen, nicht aber delegieren. Kultur- und Religionstheorien müssen antworten auf Fragen der Gegenwart und der eigenen Kultur. Ob ihnen das gelingt, ist nicht nur eine Angelegenheit der Empirie und der besseren Argumente, sondern auch der Ästhetik. Wissenschaft, Kulturwissenschaft allzumal, erzeugt nämlich nicht nur deduktives oder induktives Wissen, sondern auch analogisches, mythisches, symbolisches Wissen – und deren Darstellung unterliegt Kriterien der Kunst, Ästhetik, Performanz, Dramatik, ja sogar der Moden. Diese These ernst zu nehmen und umzusetzen ermöglicht wieder – die Klassiker haben es vorgemacht – Sinnsuche in den Wissenschaften und damit eine offene Wissenschaft, deren Feinde in erster Linie die sind, die Wissen schaffen ohne zu wissen, was sie damit eigentlich tun.

Soviel zu den theoretischen Grundlagen für die Auswahl der hier vereinten Klassiker. Natürlich hätten andere Gelehrte gleichermaßen eine Aufnahme verdient. Viele Namen standen denn auch auf ursprünglichen Listen oder wurden mir nachträglich vorgeschlagen: A. Bachofen, M. Bloch, E. Cassirer, A. Comte, W. Dilthey, E. Fromm, H. von Glasenapp, H. Hubert, E. Husserl, W. James, A. E. Jensen, K. Kérenyi, A. Lang, L. Lévy-Bruhl, G. Mensching, H. Oldenberg, R. Pettazzoni, H. Spencer, J. Taubes, H. Usener, G. Widengren, W. Wundt ...[41] Einige dieser «Religionswissenschaftler» sind trotz ihrer unbestrittenen Bedeutung aber mehr in ihren eigentlichen Fächern wirksam gewesen, andere ließen keine wirklich nachhaltigen theoretischen Einflüsse erkennen, bei wiederum anderen fand sich – das sei zugestanden – kein geeigneter Autor. Vor allem aber wollte ich versuchen, trotz der historischen Anordnung eine Mischung von religionsphilosophischen, -soziologischen, -psychologischen und -phänomenologischen Theorien zusammenzustellen, ohne den Band unüberschaubar anschwellen zu lassen. Auch manch Lebender ist bereits ein Klassiker, aber ein kluger Grundsatz der Reihe, in der dieser Band erscheint, verbietet, hybride Denkmäler zu errichten, welche die Nachgeborenen zu bauen haben.

Gerne spreche ich auch an dieser Stelle meinen Dank an die Autorin und die Autoren dieses Bandes für ihre Mitwirkung und die Nachsicht bei meinen editorischen Anliegen und dem steten Drängen aus. Nur die kooperative Einstellung aller, zum Gelingen beizutragen, ermöglichte es, der Öffentlichkeit das Fach Religionswissenschaft in dieser Form und seiner Breite näherzubringen oder in Erinnerung zu rufen.[42]

Während der Arbeit an diesem Band starb Haralds Biezais (Tägy, Schweden), der ursprünglich als Autor für Nathan Söderblom vorgesehen war und diesen Beitrag gerne geleistet hätte, da er, wie er mir noch schrieb, seine Antrittsvorlesung über seinen schwedischen Landsmann hielt. Es war ihm nicht vergönnt. Erfreulicherweise hat sich Eric J. Sharpe (Sydney) bereit erklärt, den Beitrag kurzfristig zu übernehmen. Auch Burkhard Schnepel ist für einen verhinderten Kollegen eingesprungen. Beiden gilt mein besonderer Dank. Dank schließlich an Sybil Krügel für die von E. J. Sharpe autorisierte Übersetzung seines Beitrags ins Deutsche.

Schließlich danke ich Günther Schiwy vom C.H. Beck Verlag, der die Planung dieses Bandes bis zu seinem Ruhestand betreute, und seiner Nachfolgerin Marla Stukenberg für die äußerst angenehme und verständnisvolle Zusammenarbeit.

Burkhard Gladigow

FRIEDRICH SCHLEIERMACHER
(1768–1834)

Schleiermachers aus herrnhutischer Frömmigkeit und dem Geist der Romantik geschöpfte Deutung von ‹Religion›, eines «so ganz vernachlässigten Gegenstandes», hat am Ende des 18. Jahrhunderts, zwischen französischer Aufklärung und dem «Systemprogramm des deutschen Idealismus», ein neues Muster in die Wesensbestimmung von Religion und die Beschreibung der Religionen eingefügt. Obwohl selber «Virtuose» in Sachen der Religion, stimmt Schleiermacher weder in die «Hilferufe der meisten über den Untergang der Religion»[1] noch in den Ruf des Systemprogramms nach einer «neuen Religion» ein, sondern bestimmt Religion in einer neuen Weise, die ihr, von Handeln und Wissen unterschieden, «eine eigene Provinz im Gemüte» zuweist. Mit diesem Ansatz wird einerseits der Philosophie das allgemeine Privileg entzogen, auf Religion als ihren Gegenstand zuzugreifen, andererseits wird Religion nicht am Modell des Christentums, schon gar nicht an dem christlicher Theologie bestimmt. In dieser Konstellation öffnet sich zum erstenmal die Möglichkeit, die historischen, ‹positiven› Religionen, die nun nicht mehr als ‹Verfallserscheinungen› einer abstrahierten Vernunftreligion angesprochen werden, in spezifischer Weise und in ihrem Eigenwert zu beschreiben. Obwohl es noch mehr als ein halbes Jahrhundert dauern sollte, bis Religionswissenschaft zu einer eigenen wissenschaftlichen Disziplin erhoben wurde, läßt sich Schleiermacher unter die ‹Klassiker› der Religionswissenschaft einreihen: Er hat für diese Wissenschaft als erster so etwas wie die ‹Autonomie der historischen Gegenstände› begründet. Mit einer doppelten Argumentation: Nur in ihren historischen Konkretisationen lassen sich Religionen erfassen, und: Diese Konkretisationen sind notwendig, nicht zufällig (S. 247).

I. Leben

Friedrich Daniel Ernst Schleiermacher wurde am 21. November 1768 in Breslau als Sohn des Stabspredigers Gottlieb Adolph Schleyermacher geboren. Nach der ersten schulischen Unterweisung in Breslau und Pleß erfolgte seine weitere Ausbildung im Rahmen des Pädagogiums von Niesky, einer Ausbildungsstätte für künftige Theologen der Herrnhutergemeinde. Schleiermacher hat später die Zeit von 1783–1787 unter Herrnhuter Einfluß als prägend für sein Bewußtsein vom Verhältnis des Menschen zu einer «höheren Welt» bezeichnet.[2] 1785 wechselt er auf das Seminar der

Brüdergemeine in Barby, dessen «Geist strengster pietistischer Bevormundung» bei Schleiermacher 1787 eine Krise seiner religiösen Bestimmung und seines Lebensplans auslöst. Er verläßt Barby nach einem dramatischen Briefwechsel mit seinem Vater und geht nach Halle, um dort Theologie zu studieren. In den Monologen von 1800 wertet Schleiermacher seinen Weggang von Barby und den Bruch mit Herrnhut als Geburtsstunde seiner Freiheit, erklärt aber wenig später, er sei «nach allem wieder ein Herrnhuter geworden, nur von der höheren Ordnung.» Das Theologiestudium in Halle bot Schleiermacher kaum Anregungen; dagegen hatte die «Hallenser Schulphilosophie», die zu der Zeit J. A. Eberhard in seiner *Allgemeinen Theorie des Denkens und Empfindens* von 1776 vertrat[3], für Schleiermacher erheblichen Reiz und regt ihn zu einer weiteren Auseinandersetzung mit Kant an.

Nach dem schnellen Abschluß des ersten theologischen Examens vor dem reformierten Kirchendirektorium in Berlin (mit dem Prüfungsaufsatz «Zu welchem Zweck studiert ein künftiger christlicher Lehrer die Polemik, und wie verhütet er den Nachteil, den dieses Studium, wenn es zu weit getrieben wird, haben kann?») verläßt Schleiermacher nach einigen Versuchen, am Ort eine Stelle zu finden, Berlin und nimmt eine Hauslehrerstelle auf dem Gut Schlobitten des Grafen Dohna an. Nach Differenzen und seinem Abschied von Schlobitten legt er 1794 in Berlin sein zweites theologisches Examen ab. Es folgt eine vorübergehende Tätigkeit als Hilfsprediger («Predigtadjunkt») in Landsberg, die schließlich durch die bescheidene Stelle als Prediger an der Berliner Charité abgelöst wurde. Über den Salon der Henriette Herz erschließt sich Schleiermacher allmählich die Welt des Berliner Kulturlebens, des gebildeten Bürgertums – eine andere Welt als die seiner Schutzbefohlenen und Hörer in der Charité! Von besonderer Bedeutung war hier der enge Kontakt mit Friedrich Schlegel, der dem frühromantischen Kreis in Berlin neue Akzente verlieh. Aus der zeitweiligen Wohngemeinschaft mit Schlegel (1797/8) gehen die Pläne zu einer gemeinsamen Zeitschrift, aber auch zu einer Platonübersetzung hervor. Die Umsetzung dieses Planes einer Übersetzung (zu der Schlegel praktisch nichts beitragen sollte) und die damit verbundene Diskussion über die Anordnung der Schriften haben der Platon-Forschung bis in das 20. Jahrhundert hinein entscheidende Impulse vermittelt. In diese Zeit fallen auch verschiedene literarische und philosophische Versuche und Vorarbeiten Schleiermachers, die vorerst freilich nur in die kleinen literarischen Formen, wie Fragmente, Essays oder Rezensionen, gerannen. Der Plan für Schleiermachers Reden *Über die Religion* muß in das Jahr 1798 fallen – Grundgedanken zu einer Verteidigung der Religion als Phänomen *sui generis* finden sich freilich schon in den *Vermischten Gedanken und Einfällen* zwischen 1796 und 1799[4] –, die Publikation erfolgt anonym im Sommer 1799 bei J. F. Unger. Als Gründe für die anonyme Publikation der Schrift, die Schleiermacher den ersten Ruhm einbringen sollte, lassen sich wohl vor

Friedrich Schleiermacher (1768–1834)

allem zwei Erwägungen anführen: Zum einen scheint er Sorge gehabt zu haben, wie die orthodoxen Amtskollegen und Vorgesetzten die Schrift aufnehmen würden. Zum anderen gehörte Anonymität zu einem romantischen Publikationsgestus – Schleiermacher selber spielte damit, wenn er 1806 die «Weihnachtsfeier» in den für Berlin und Halle bestimmten Kontingenten anonym erscheinen ließ, den anderen Teil der Auflage aber unter seinem Namen. Die Aufnahme von Schleiermachers Reden blieb zunächst auf den Kreis der Frühromantiker beschränkt und fand selbst dort nicht ungeteilte Aufnahme.

1802 verläßt Schleiermacher Berlin, um eine Hofpredigerstelle in Stolp anzutreten, 1804 erreicht ihn ein Ruf an die Universität Würzburg, den er schließlich zugunsten einer außerordentlichen Professur in Halle ausschlägt. Nach der Schließung der Universität Halle, eines Zentrums des Widerstandes gegen Frankreich, durch Napoleon kehrt er 1807 nach Berlin zurück und hält dort Privatvorlesungen über Philosophie und Geschichte. 1808 erscheinen seine *Gelegentliche Gedanken über Universitäten im deutschen Sinn. Nebst einem Anhang über eine neu zu errichtende*, mit denen er zu den Planungen für eine neue Universität in Berlin Stellung nimmt. Es ist zugleich die Zeit höchsten patriotischen Engagements. 1809 tritt er das Predigeramt an der Dreifaltigkeitskirche an, nach der Eröffnung der Berliner Universität im Herbst 1810 wird er Professor und erster Dekan der Theologischen Fakultät, 1811 Mitglied der Preußischen Akademie der Wissenschaften. 1811 erscheint seine *Kurze Darstellung des theologischen Studiums zum Behuf einleitender Vorlesungen entworfen*, in der er die Theologie als Wissenschaft verteidigt, im selben Jahr wird auch die «Dialektik» als Einleitung in seine philosophischen Vorlesungen fertiggestellt. Höhepunkt von Schleiermachers theologischem Wirken ist seine Glaubenslehre *Der christliche Glaube nach den Grundsätzen der evangelischen Kirche im Zusammenhange dargestellt* von 1821/2; 1821 war eine Neuauflage der Reden *Über die Religion* vorausgegangen, mit deutlichen Akzenten gegen eine restaurative Theologie. Bis zu seinem Tode am 12. Februar 1834 blieb Schleiermacher als Prediger und Theologieprofessor in Berlin tätig, als Philosoph und Kulturpolitiker freilich zunehmend angefeindet.

II. Werk

Schleiermachers 1799 anonym veröffentlichtes Büchlein *Über die Religion. Reden an die Gebildeten unter ihren Verächtern* ist in dem Bewußtsein geschrieben, zwischen «zwei verschiedenen Ordnungen der Dinge» zu stehen, die «gewaltige Krisis» zu überwinden und einen Moment herbeizubringen, an dem «eine ahnende Seele, auf den schaffenden Genius gerichtet», den Punkt angeben kann, «der künftigen Geschlechtern der Mittelpunkt werden muß für die Anschauung des Universums» (S. 311). Die Grenze, auf der Schleiermacher seine Apologie und seinen Protreptikos der Religion ansiedelt, ist durch das Religionsverständnis der Aufklärung und das Unverständnis gegenüber der «erhabensten Tat des Universums», der französischen Revolution, auf der einen und die Erwartung einer Palingenesie der Religion und des Christentums[5] auf der anderen Seite bestimmt. Dieses Epochenbewußtsein ist eingebettet in eine Neubewertung der Religionsgeschichte und eine Abwertung der herrschenden «Religionssysteme».

Schleiermachers Bild der allgemeinen Religionsgeschichte unterscheidet sich in wesentlichen Punkten von dem seiner Vorgänger im 18. Jahrhundert. Die gängigen Konstruktionen der Religionsgeschichte versuchten, entweder über die Gemeinsamkeiten der verschiedenen Religionen zum ‹Wesen› der Religion vorzustoßen und dieses Wesen durch einen abstrakten Vernunftbegriff zu definieren, oder sie gingen von der These aus, Furcht und Ohnmacht gegenüber der Natur hätten zu den frühesten Ausbildungen von Religion geführt. Demgegenüber ist Schleiermachers allgemeines Bild der Religionsgeschichte dadurch bestimmt, daß er die Vielfalt der positiven Religionen – «Religionsindividuen» in seiner Begrifflichkeit – unterschiedlichen «Arten» und «Sekten» (S. 21) zuordnete. Die unterschiedlichen Arten sind für Schleiermacher gemeinsam dadurch charakterisiert, daß sie ein «Anschauen des Universums» sind, «die allgemeinste und höchste Formel der Religion» (S. 55). Dieses Anschauen ist nicht bloßes Wahrnehmen oder Erkennen, sondern geht von «einem Einfluß des Angeschauten auf den Anschauenden» aus: «...das Universum ist in einer ununterbrochenen Tätigkeit und offenbart sich uns jeden Augenblick. Jede Form die es hervorbringt, jedes Wesen, dem es nach der Fülle des Lebens ein abgesondertes Dasein gibt, jede Begebenheit, die es aus seinem reichen, immer fruchtbaren Schoße herausschüttet, ist ein Handeln desselben auf uns, und so alles Einzelne als einen Teil des Ganzen, alles Beschränkte als eine Darstellung des Unendlichen hinnehmen, das ist Religion.» (S. 56)

Wird diese Art der Anschauung des Universums, der «Einfluß des Angeschauten auf den Anschauenden»[6] – später tritt an diese Stelle die Formel von der «schlechthinnigen Abhängigkeit»[7] – verlassen, besteht die Gefahr, daß das, «was aber darüber hinaus will und tiefer hineindringen in die Natur und Substanz des Ganzen», nicht mehr Religion ist, sondern «leere Mythologie». Den antiken Kulturen spricht Schleiermacher zunächst durchaus emphatisch «Religion» in seinem Sinne zu: «So war es Religion, wenn die Alten, die Beschränkungen der Zeit und des Raumes vernichtend, jede eigentümliche Art des Lebens durch die ganze Welt hin als das Werk und Reich eines allgegenwärtigen Wesens ansahen ... es war Religion, wenn sie für jede hilfreiche Begebenheit, wobei die ewigen Gesetze der Welt sich im Zufälligen auf eine einleuchtende Art offenbarten, den Gott, dem sie angehörte, mit einem eigenen Beinamen begabten und einen eigenen Tempel ihm bauten ... Es war Religion, wenn sie sich über das spröde eiserne Zeitalter der Welt voller Risse und Unebenen erhoben und das goldene wiedersuchten im Olymp unter dem lustigen Leben der Götter ...» (S. 57). Nicht mehr Religion ist es dagegen, von den Abstammungen der Götter «eine wunderbare Chronik» zu bilden, oder eine lange Reihe von «Emanationen und Erzeugungen» vorzuführen, «das ist leere Mythologie». Die Beziehungen auf ein unendliches Ganzes charakterisieren Religion, über das Sein des Gottes vor der Welt und außer der Welt nachzugrübeln, «mag in der Metaphysik gut und notwendig sein», in der Religion hingegen wird auch diese philosophische Form der Abstraktion nur «leere Mythologie». Parallel zur Ablehnung der leeren Mythologie ist Schleiermachers Ablehnung von Dogmatik, Lehre und Reflexion als «Wesen der Religion» (S. 115 f.) zu sehen; hier werde der Inhalt der Reflexion für das Wesen der Handlung genommen, über welche reflektiert wird.

Mit der grundsätzlich unbeschränkten Zahl individueller Gestaltungen von Religion wird den historischen Religionen von Schleiermacher ein neuer Stellenwert zuerkannt – gegen die tote Abstraktion der aufklärerischen Positionen. So sind die *Reden über die Religion* voll von Aufforderungen an die Hörer, «die mannigfaltigen Gestalten, in welchen jede einzelne Art das Universum anzuschauen schon erschienen ist» (S. 280), zu betrachten. Religion als «Erzeugnis der Zeit und der Geschichte» (S. 22) zu sehen, ist vordergründig das Programm einer konsequenten Historisierung, vor dem romantischen Hintergrund der Schleiermacherschen Religionstheorie ist es der Ausdruck ihrer durchgängigen Individualisierung. Trotz der Distanz, die Schleiermacher zur Systembildung innerhalb einer Religion herstellt («Ein System von Anschauungen, könnt Ihr Euch selbst etwas Wunderlicheres denken?» S. 58), verzichtet er nicht auf eine externe Klassifikation «der Arten, das Universum anzuschauen», die man als eine der ersten phänomenologischen Religionstypologien bezeichnen könnte.[8] Die Arten, das Universum anzuschauen, sind: erstens als Chaos, zweitens in seiner elementarischen Vielheit und drittens als System. Für die erste Art, das Universum anzuschauen, entwirft er folgenden Rahmen: «Das Universum stellt sich in seinen Handlungen dem rohen Menschen, der nur eine verwirrte Idee vom Ganzen und Unendlichen hat, und nur einen dunklen Instinkt, als eine Einheit dar, in der nichts Mannigfaltiges zu unterscheiden ist, als ein Chaos gleichförmig in der Verwirrung, ohne Abteilung, Ordnung und Gesetz, woraus nichts Einzelnes gesondert werden kann, als indem es willkürlich abgeschnitten wird in Zeit und Raum. Ohne den Drang, es zu beseelen, repräsentiert ihm ein blindes Geschick den Charakter des Ganzen; mit diesem Drang wird sein Gott ein Wesen ohne bestimmte Eigenschaften, ein Götze, ein Fetisch, und wenn er mehrere annimmt, so sind sie durch nichts zu unterscheiden, als durch die willkürlich gesetzten Grenzen ihres Gebiets.» (S. 126 f.) Es ist unschwer zu erkennen, welche konkreten Religionen hinter dieser Art der Anschauung stehen könnten; am ehesten entspricht das Bild dem, was sonst als Fetischismus oder Polydämonismus bezeichnet wird.

In der idealtypischen Differenzierung der Arten stellt Schleiermacher der Anschauung als Chaos die «als Vielheit» gegenüber: «Auf einer anderen Stufe der Bildung stellt sich das Universum dar als eine Vielheit ohne Einheit, als ein unbestimmtes Mannigfaltiges heterogener Elemente und Kräfte, deren beständiger und ewiger Streit seine Erscheinungen bestimmt. Nicht ein blindes Geschick bezeichnet seinen Charakter, sondern eine motivierte Notwendigkeit, in welcher die Aufgabe liegt, nach Grund und Zusammenhang zu forschen, mit dem Bewußtsein, ihn nie finden zu können. Wird zu diesem Universum die Idee eines Gottes gebracht, so zerfällt sie natürlich in unendlich viele Teile, jede dieser Kräfte und Elemente, in denen keine Einheit ist, wird besonders beseelt, Götter entstehen in unendlicher Anzahl, unterscheidbar durch verschiedene Neigungen und Gesinnungen» (S. 127). An einer späteren Stelle der Reden erläutert Schleiermacher, daß hinter jenen «drei so oft angeführten Arten, das Universum anzuschauen» (S. 255), keine einzelnen und bestimmten Religionen stehen. Jene drei Arten seien vielmehr «nichts andres als eine gewöhnliche und überall wiederkommende Einteilung des Begriffs der Anschauung». Trotzdem spielt er mit der Wertigkeit der unterschiedlichen Arten und bringt für die zweite Art (das Universum als eine Vielheit ohne Einheit anzuschauen), einen präsumtiven Gläubigen ins Spiel: Muß man nicht zugestehen, daß diese Anschauung «unendlich würdiger» ist als jene als Chaos, vor allem aber: «... werdet Ihr nicht auch gestehen müssen, daß derjenige, der sich bis zu ihr erhoben hat, aber sich ohne die Idee von Göttern vor der ewigen und unerreichbaren Notwendigkeit beugt, dennoch mehr Religion hat als der rohe Anbeter eines Fetisches?» Hier liegt neben der ‹Umformulierung der Unsterblichkeitsidee› durch Schleiermacher der zweite prekäre Punkt seiner ‹Universums-Religiosität›[9]: Gegenüber der Anschauung des Universums sind die Gottesvorstellungen der Menschen nur Epiphänomene, «ob er zu seiner Anschauung einen Gott hat, das hängt ab von der Richtung seiner Phantasie» (S. 128).

Das gilt insbesondere für die dritte Stufe, auf der sich das Universum als Totalität, als Einheit in der Vielheit, «als System» darstellt «und so erst seinen Namen verdient». «Sollte nicht der», fragt Schleiermacher provozierend, «der es so anschaut als Eins und Alles, auch ohne die Idee eines Gottes, mehr Religion haben, als der gebildetste Polytheist? Sollte nicht Spinoza ebensoweit über einem frommen Römer stehen, als Lukrez über einem Götzendiener?» (S. 128). Schleiermacher hatte die Arten, das Universum anzuschauen, aufgezählt, um seinen Hörern zu zeigen, daß «die Gottheit nichts andres sein kann, als eine einzelne religiöse Anschauungsart», daß sie aber insofern gegenüber dem handelnden Universum sekundär ist, als «eine Religion ohne Gott besser sein kann, als eine andre mit Gott» (S. 126). Fetischismus, Polytheismus, Monotheismus bilden in dieser

Aufzählung eine Reihe, die zu den Anschauungsformen Chaos, Vielheit ohne Einheit und Einheit in der Vielheit gehört, ohne jedoch zugleich ein Evolutionsschema vorzugeben, und die vor allem keine Aussagen über eine ursprüngliche Religionsform bieten soll. Schleiermacher lehnt es ab, Aussagen über eine anfängliche Religion und ihre Wahrheit zu machen und verlegt, seiner Grundthese von der Individualisierung der Religion entsprechend, jenen «ersten geheimnisvollen Augenblick» (S. 73), wo der Sinn und sein Gegenstand gleichsam ineinander geflossen und eins geworden sind[10], in das Individuum. Die Beschreibung dieses Augenblicks, der «Geburtsstunde alles Lebendigen in der Religion» atmet romantisches Natur-Pathos und christliche Brautmystik: » Flüchtig ist er und durchsichtig wie der erste Duft, womit der Tau die erwachenden Blumen anhaucht, schamhaft und zart wie ein jungfräulicher Kuß, heilig und fruchtbar wie eine bräutliche Umarmung; ja nicht *wie* dies, sondern er ist alles dieses *selbst.* Schnell und zauberisch entwickelt sich eine Erscheinung, eine Begebenheit zu einem Bilde des Universums.[11] ... Ich liege am Busen der unendlichen Welt: ich bin in diesem Augenblick ihre Seele; denn ich fühle alle ihre Kräfte und ihr unendliches Leben wie mein eigenes ... Die geringste Erschütterung, und es verweht die heilige Umarmung, und nun erst steht die Anschauung vor mir als eine abgesonderte Gestalt ... Dieser Moment ist die höchste Blüte der Religion» (S. 73 f.). Vor dem Hintergrund dieses höchstpersönlichen Erkenntnisgrundes von Religion, aber auch im Blick auf seine Bewertung der verschiedenen Arten der Anschauung des Universums, distanziert sich Schleiermacher von den rationalistischen Theorien über die Entstehung von Religion. «Weder Furcht vor den materiellen Kräften, die Ihr auf dieser Erde geschäftig seht, noch Freude an den Schönheiten der körperlichen Natur soll und kann Euch die erste Anschauung der Welt und ihres Geistes geben ... Es mag sein, daß beides, Furcht und freudiger Genuß, die roheren Söhne der Erde zuerst auf die Religion vorbereitete, aber diese Empfindungen selbst sind nicht Religion» (S. 78).

III. Wirkung

Während ein Joseph Ringmüller noch 1772 eine Allgemeine Religionsgeschichte[12] schreiben konnte, die bei aller phänomenologischen Differenzierung der Darstellung in eine Geschichte der wahren und eine Geschichte der falschen Religion auseinanderfällt, liefert Schleiermacher in seinen Reden über die Religion zum ersten Mal ein erkenntnistheoretisches Modell, in dem die positiven Religionen ihren eigenen Ort haben und zum Gegenstand wissenschaftlicher Reflexionen werden können. Mit der Aufklärung war eine wissenschaftliche Beschäftigung mit Religion fest mit erkenntnistheoretischen Reflexionen verbunden[13], die Schleiermacher nun in romantischen Schemata fortsetzt. Die Religionsphänomenologie des 20. Jahrhunderts hat diese Einschlagfäden wieder aufgegriffen und romantische Kulturkritik mit individualisierender Einzelforschung verbunden.[14] Schleiermacher selber steht in jener «frühromantischen Wende zur Religion»[15], zu der Wackenroder und Tieck, A. W. Schlegel, A. L. Hülsen, Novalis und natürlich Friedrich Schlegel gehörten. F. Schlegel hatte seit 1796 in den Athenaeum-Fragmenten mehrfach die Forderung nach einer neuen Beziehung von «Christianismus» und Kultur vorgetragen, die schließlich in jenem Brief an Novalis vom 2. Dezember 1798 in den Appell einmündete, bei der Stiftung einer ‹neuen Religion› mitzuwirken; eben dieser Brief enthält den ersten Hinweis darauf, daß Schleiermacher an einem Werk «über die Religion» arbeite. Nach dem Erscheinen dieses Werks, der Reden über die Religion, läßt Schlegel in seiner Athenaeum-Rezension Schleiermacher für die Religion «gegen das Zeitalter» reden. Anders als den «Romantikern» und den Verfassern des «Systemprogramms» ging es Schleiermacher aber nicht um eine ‹neue Religion›: Er tritt für eine ‹Palingenesie der Religion› und ‹Palingenesie des Christentums› nach den Zeiten des Verfalls ein. Sein Religionsbegriff würde auch keine einzelne ‹neue Religion› in dem von seinen romantischen und idealistischen Zeitgenossen gemeinten Sinne zulassen: «Unzählige Gestalten der Religion sind möglich, und wenn es notwendig ist, daß jede zu irgendeiner Zeit wirklich werde, so wäre wenigstens zu wünschen, daß viele zu jeder Zeit könnten geahndet werden. ... neue Bildungen der Religion müssen hervorgehen, und bald, sollten sie auch lange nur in einzelnen und flüchtigen Erscheinungen wahrgenommen werden» (S. 310f.). Dieses ganz andere erkenntnistheoretische Modell («jede solche Gestaltung der Religion, wo in Beziehung auf eine Zentralanschauung alles gesehen und gefühlt wird, ... ist eine positive Religion», S. 260) erlaubte es späteren phänomenologischen Ansätzen in der Religionswissenschaft, unter wechselnder Suspendierung der Frage nach der Wahrheit und Absehung von Evolutionsschemata, geschichtliche Eigenart und geschichtliche Vielfalt der Religionen zum Forschungsgegenstand zu erheben.

Vor allem Friedrich Max Müller hat das romantische Muster «Anschauen des Unendlichen im Endlichen» auf Sprache übertragen und definiert, Religion sei «jene allgemein geistige Anlage, welche den Menschen in den Stand setzt, das Unendliche unter den verschiedensten Namen und wechselndsten Formen zu erfassen».[16] Seine Rezeption romantischer Muster ist mit einer Kritik an Kant verbunden, der «dem menschlichen Geist ... kein Organ zur Wahrnehmung des Uebersinnlichen oder Göttlichen zu (erkannte)», und so postuliert Müller als «dritte Tätigkeit des Geistes» die «Wahrnehmung des Unendlichen». Rudolf Ottos Neuausgabe der Reden Schleiermachers, hundert Jahre nach ihrem ersten Erscheinen, hat Nathan Söderblom dazu veranlaßt, seine Probevorlesung in Uppsala über das Thema «Die Bedeutung von Schleiermachers Reden über die Religion. Ein Beitrag zur Hundertjahrfeier»[17] zu halten. Auf religionshistorischem Gebiet ist ein Einfluß Schleiermachers vor allem in Söderbloms *Werden des Gottesglaubens*[18] zu finden, wo Söderblom für die tiefe Andacht im Gottesglauben auf Schleiermacher verweist und ihm «einen Ehrenplatz in der Religionsgeschichte zuweist». Mit dem Ziel, rationalistische Fehldeutungen von Religion zu überwinden, hat W. B. Kristensen von allen Religionshistorikern dieses Jahrhunderts Schleiermachers religionshistorische Ansätze am differenziertesten aufgegriffen.[19] Schleiermachers Hermeneutik liefert ihm dabei den Ansatzpunkt für eine Neubestimmung der Aufgaben einer Religionswissenschaft, die sich an den Anschauungen der Gläubigen orientieren solle. Kristensens Schüler van der Leeuw rezipiert Schleiermacher wohl auch über Diltheys Begriff des Erlebnisses[20], amalgamiert daraus freilich eine spezifische Verbindung von Verstehen und phänomenologischer Methode.

Die am weitesten wirksame Rezeption Schleiermachers läuft über Rudolf Otto, der sich für seine Bestimmung des ‹Kreaturgefühls› unmittelbar auf Schleiermachers «Gefühl schlechthinniger Abhängigkeit» bezieht, freilich «drei Fehler» der Bestimmung Schleiermachers notiert: ‹Abhängigkeitsgefühl› sei nicht der richtige Ausdruck für das Gemeinte, sondern ‹Kreaturgefühl›, zweitens habe das Abhängigkeitsgefühl das Gefühl einer ‹schlechthinnigen Überlegenheit (und Unnahbarkeit) seiner› zur Voraussetzung, und drittens[21], den ersten Punkt wieder aufnehmend, ‹Geschöpflichkeit› und nicht ‹Geschaffenheit› sei für das Abhängigkeitsgefühl konstitutiv. Für die Religionswissenschaft hat Folgen gehabt, daß R. Otto für seine Konzeption ‹des Irrationalen in der Idee des Göttlichen› nicht auf die komplementären Begriffe Anschauung und Universum aus den ‹Reden› zurückgegriffen hat, sondern auf die ‹schlechthinnige Abhängigkeit› der Schleiermacherschen Glaubenslehre. Auf diese Weise, in einem Rückgriff des systematischen Theologen R. Otto auf Schleiermacher als Dogmatiker, ist ‹das Numinose› in die Religionsphänomenologie gekommen. Während Schleiermachers Ansätze zu einer deskriptiven und individualisierenden Religionswissenschaft in den allgemeinen Entwicklungen der historischen Wissenschaften und Philologien aufgegangen sind, haben seine aus dem apologetischen Kontext der Reden herausgenommenen Positionen weitreichende Auswirkungen gehabt. Das ist zum einen seine These,» auch Religion (könne) nur durch sich selbst verstanden werden und daß Euch ihre besondere Bauart und ihr charakteristischer Unterschied nicht eher klar wird, bis ihr selbst irgend einer angehört» (S. 286). Diese gegen die «steifen Systematiker» und die «seichten Indifferentisten» gerichteten Worte laufen in ihrer Rezeption durch die Religionsphänomenologie auf Religion als ‹Phänomen *sui generis*› und den Phänomenologen als durch ein religiöses Erlebnis Qualifizierten[22] hinaus. In dieser Umsetzung Schleiermacherscher zeitbezogener Apologetik auf Religionsphänomenologie bekommt die Disziplin einen latent apologetischen und explizit esoterischen Duktus[23], der ihr den Vorwurf eines «Irrationalismus protestantisch-romantischer

Prägung»[24] eingetragen hat. Demgegenüber sind Schleiermachers Eintreten dafür, «die Religion in ihren bestimmten Gestalten zu betrachten» (S. 279), als «Erzeugnis der Zeit und der Geschichte» (S. 22), seine Warnung davor, Lehrsätze und «tote Schriften» für die Religion selbst zu halten (S. 115 ff.), sowie sein früher Entwurf einer Abhandlung in Religionssoziologie aus der vierten Rede[25] in der Geschichte der Religionswissenschaft weitgehend unbeachtet geblieben. Daß man auf der Basis von Aussagen Schleiermachers über den Ort der individuellen Religionen und mit Rekurs auf seine hermeneutischen Vorgaben darüber reflektieren kann, «how Comparative Religion could have been studied in Schleiermacher's University of Berlin»[26], belegt seine Bedeutung für das Fach Religionswissenschaft. Umso auffallender ist, daß Schleiermacher, Dezernent im preußischen Kultusministerium und Mitbegründer der Berliner Universität, nicht im entferntesten daran dachte, Religionskunde, Religionsbeschreibung oder Religionsgeschichte als eigene Disziplin zu institutionalisieren.[27] Der Grund dafür liegt offensichtlich in seiner Hochschätzung der Philosophie, in der er das Zentrum der Wissenschaften sah: «In der philosophischen Fakultät ist allein die ganze natürliche Organisation der Wissenschaft enthalten, die reine transzendentale Philosophie und die ganze naturwissenschaftliche und geschichtliche Seite, beide vorzüglich mit den Disziplinen, welche sich am meisten jenem Mittelpunkt der Erkenntnis nähern.»[28] Die theologische, medizinische und juristische Fakultät sind für ihn demgegenüber nur «Spezialschulen, welche der Staat entweder gestiftet, oder wenigstens … in seinen Schutz genommen hat.» Unter diesen Rahmenbedingungen gab es entweder keinen Bedarf für eine Religionswissenschaft, oder sie blieb integraler Teil philosophisch-historischer Studien. Die Potentiale freilich, die Schleiermacher für eine ‹Wissenschaft von den Religionen› erschlossen hatte[29], waren damit noch lange nicht abgegolten. Die ersten religionswissenschaftlichen Lehrstühle sind erst hundert Jahre später in Deutschland eingerichtet worden, in vielem freilich hinter dem zurückbleibend, was Schleiermacher von Wissenschaft in einer philosophischen Fakultät gefordert hatte.

Friedrich Max Müller (1823–1900)

Hans-Joachim Klimkeit

FRIEDRICH MAX MÜLLER
(1823–1900)

I. Leben

Am 6. Dezember 1823 wurde Friedrich Max Müller in Dessau geboren. Sein Vater, der klassische Philologe Wilhelm Müller, war als Dichter hervorgetreten. Etliche seiner Gedichte waren vertont worden, und manche zählen auch heute noch zu den beliebten Volksliedern. Als Verehrer des Griechentums hatte er auch eine Reihe von «Griechenliedern» verfaßt. Er war schon mit 28 Jahren Leiter der Herzoglichen Bibliothek in Dessau geworden. In seinem Hause verkehrten Wissenschaftler, Dichter und Komponisten. Als er 1827 schon mit 33 Jahren starb, war es einer seiner Freunde in Dessau, ein Dr. Carus, der den heranwachsenden Sohn in sein Haus aufnahm. Auch hier gingen Dichter und Musiker, unter diesen Felix Mendelssohn, ein und aus.

Nach Beendigung der Schule beschloß Friedrich Max Müller, Philologie in Leipzig zu studieren. 1841 war hier bereits ein indologischer Lehrstuhl errichtet worden. Die Beschäftigung mit dem fernen Wunderland Indien war hier wie auch andernorts in Deutschland nicht zuletzt durch die Romantik geprägt, und aus diesem Geiste heraus hatte schon Georg Forster 1791 die erste Übersetzung eines indischen Literaturwerkes vorgelegt, nämlich des Werkes *Shakuntala* von Kalidasa. Man sah in Indien eine Urheimat der Menschheit und vermutete in seiner Weisheit eine frühe göttliche Offenbarung.

Der Schlüssel zur indischen Geistigkeit war freilich die Sprache, das Sanskrit. Schon 1808 hatte Friedrich Schlegel nach Sanskrit-Studien in Paris ein Werk mit dem Titel *Über die Sprache und Weisheit der Indier. Ein Beitrag zur Begründung der Altertumskunde* vorgelegt. Und 1818 wurde sein Bruder August Wilhelm auf den ersten indologischen Lehrstuhl in der damals neu gegründeten Universität Bonn berufen.

Die romantische Indienbegeisterung, welche die Philologie fruchtbar beflügelte, erfaßte auch den jungen Müller, der 1843, schon nach drei Studienjahren, promoviert wurde. Bereits ein Jahr später publizierte er sein erstes Werk, eine Übersetzung der indischen Fabelsammlung *Hitopadesha.* Danach wechselte er nach Berlin, um seinen Studien eine breitere Basis zu geben. Hier wurde er von Franz Bopp in die indogermanische Philologie eingeführt, während Friedrich Rückert ihm das Tor zur Welt orientalischer Literatur öffnete. Müller pflegte in der Berliner Zeit auch Kontakt zu Dichtern, darunter Theodor Fontane, der ihn schätzen lernte.

1845 sehen wir Müller nach Paris übersiedeln, das für junge Indologen zu jener Zeit eine besondere Anziehungskraft hatte. Hier wirkte auch Eugène Burnouf, der Vorlesungen über die Hymnen des Rigveda hielt, die Max Müller besonders stimulierten. Er faßte hier den Plan, den gesamten Rigveda zusammen mit dem Kommentar des Sayana zu publizieren.

Für dieses umfangreiche Unternehmen brauchte Müller aber finanzielle Unterstützung. Als er nach London übersiedelte, um Material für die Rigveda-Edition zu sammeln, fand er Hilfe für seine Sache beim preußischen Botschafter Baron von Bunsen. Dieser gewann die Ostindische Kompanie für die Unterstützung des Unternehmens und sogar für die persönliche Subventionierung von Müller selbst, der sich nun ungehindert seiner Aufgabe widmen konnte.

1848 übersiedelte Müller nach Oxford, wo er nun mehr als fünfzig Jahre, bis zum Todestag am 20. Oktober 1900, lang leben und wirken sollte. Hier hat er sich nicht nur dem Sanskrit nach Maßgabe der Methoden der Klassischen Philologie gewidmet, sondern auch neue Disziplinen zu etablieren gesucht, so die vergleichende Religionswissenschaft, die vergleichende Philologie und die vergleichende Mythologie. Auf allen diesen Gebieten gewann er hohe Anerkennung. 1850 wurde er zum «Deputy Professor» für moderne europäische Sprachen ernannt und 1854 zum «Full Professor». Die Universität Oxford verlieh ihm 1857 den Magistergrad ehrenhalber, und das All Souls College machte ihn zu einem lebenslangen Mitglied.

Aber es gab neben aller Anerkennung auch Auseinandersetzungen und Rückschläge für Müller. Als die Professur für Sanskrit nach dem Tode des Gründers der Indologie in Oxford, Horace Hayman Wilson, vakant wurde, wurde nicht er, sondern der Sanskritist M. Monier-Williams auf diese Stelle berufen. Das war für Müller eine schmerzliche Erfahrung. Dafür wurde aber 1868 speziell für ihn eine Professur für vergleichende Mythologie eingerichtet.

Eine zweite Auseinandersetzung, die Müllers Leben in Oxford bestimmte, war religiöser Natur. Müller stand mit seinen eher liberalen Ansichten vor allem jenen kirchlichen Kreisen gegenüber, die die sogenannte «Oxford-Bewegung» unterstützten, deren Ziel es war, dem Katholizismus einen größeren Einfluß auf die anglikanische Kirche einzuräumen. All das hätte Müller nicht bekümmert, wenn man sich seitens dieser Kreise nicht dagegen gewandt hätte, daß das Alte und Neue Testament in die von ihm geplante Reihe «Sacred Books of the East» aufgenommen werden sollten. Dies erschien seinen Kritikern als Relativierung der Bibel. Mit Rücksicht auf sein Lebenswerk, das er nicht gefährdet sehen wollte, nahm Müller folglich von dieser ursprünglichen Absicht Abstand.

Auch wenn man in England im großen und ganzen den deutschen Professor in Oxford akzeptierte, so war es doch erst nach seiner 1859 erfolgten Eheschließung mit einer Engländerin, Georgina Grenfall of

Maidenhead, daß er hier zu Hause war. Sie hat nach seinem Tode seine Briefe herausgegeben.

II. Werk

Eines der großen Werke, an dem Müller in Oxford ständig weiterarbeitete, war die Herausgabe des Rigveda. Nach 25jähriger Arbeit wurde die Edition schließlich vollendet. Sie erschien in sechs großen Bänden in der Oxford University Press. In Indien löste dies im großen und ganzen Anerkennung und Zustimmung aus. Doch gab es hier auch jene traditionellen Priester und Vedakenner, die das Werk des *mlechcha* (Barbaren) in England mit großer Skepsis betrachteten und die Exklusivität des geheimen Veda gefährdet sahen.

Das zweite große Vorhaben Max Müllers war die Herausgabe von englischen Übersetzungen der wichtigsten heiligen Schriften des Orients in der schon genannten Reihe «Sacred Books of the East», die auf 50 Bände geplant war. Hier wurden Übersetzungen hinduistischer, buddhistischer, zoroastrischer, islamischer und chinesischer Werke zusammengefaßt. 31 Bände waren den indischen Texten gewidmet. Müller gewann hervorragende Orientalisten seiner Zeit, größtenteils sogar aus Deutschland, um diese Texte ins Englische zu übersetzen. Das Werk, an dem Müller sein ganzes Leben gearbeitet hat, sollte Grundlage der neuen Disziplin Vergleichende Religionswissenschaft («science of comparative religion») sein, als dessen Begründer er gemeinhin gilt. Konkret begann Müller mit der Arbeit 1875. Um sich ihr ganz zu widmen, gab er seine Professur für Vergleichende Philologie auf. Bei seinem Tod fehlten nur noch drei Bände. Müllers eigener Übersetzungsbeitrag umfaßte vedische Hymnen, eine Reihe von Upanishaden, einige buddhistische Mahayana-Texte und anderes mehr. Der Indexband (Bd. 50) wurde von dem Prager Indologen Moritz Winternitz erstellt.

Müller beließ es nicht bei der Edition von Texten und Übersetzungen. Unermüdlich hat er in Büchern, Aufsätzen und Vorträgen auf die Bedeutung des Veda und allgemein der indischen Literatur und Philosophie aufmerksam gemacht und zugleich eine Lanze für die neuen Disziplinen Vergleichende Religionswissenschaft und Vergleichende Mythenforschung gebrochen. Dabei wandte er sich sowohl an Fachleute als auch an weitere Kreise. So hielt er 1873 auf Einladung des Dean Stanley in der Westminster Abbey Vorträge zur Religionswissenschaft, die unter dem Titel *An Introduction to the Science of Religion* erschienen.

Einen besonderen Stellenwert in den Veröffentlichungen Müllers hat das Werk *India – What Can it Teach Us?*, das im Deutschen unter dem Titel *Indien in seiner weltgeschichtlichen Bedeutung* (Leipzig 1884) erschien. Dies war eine Sammlung von Vorträgen, die Müller für angehende Beamte im Britisch-Indischen Dienst in Cambridge hielt. Darin versuchte er, ein inneres Verständnis für das Land Indien und seine Bewohner zu wecken und einen Blick für die geistigen und kulturellen Werte Indiens zu eröffnen. Er hebt hervor, daß die Beschäftigung mit der indischen Literatur und Sprache eine liberale und historische Bildung ermögliche, «welche den Menschen fähig macht, sich zu orientieren, d. h. seinen Osten, seinen wahren Osten zu finden, und so seine wirkliche Stellung in der Welt zu bestimmen, den Hafen zu erkennen, aus dem der Mensch ausgefahren ist, den Kurs, welchen er genommen, und den Hafen, nach welchem er zu steuern hat».[1]

Müllers Indienbild war nicht von eigener Landeserfahrung geprägt, sondern von seiner Kenntnis des indischen Altertums. Er war niemals in Indien gewesen, und vielleicht hätte eine solche Reise auch sein Indienbild zerstört, zumindest beeinträchtigt. In diesem Sinne sagt er in einem Aufsatz über Dvarkanath Tagore: «My India is not on the surface, but lay many centuries beneath it; and as to paying a globetrotter's visit to Calcutta or Bombay, I might as well walk through Oxford Street or Bond Street.»[2]

Dennoch hatte Müller ein Interesse an den zeitgenössischen Verhältnissen in Indien wie auch in Europa. Die britische Herrschaft in Indien war für ihn ein Zustand, der vorübergehen würde. In seinem Buch *My Friends in India* ist das Gefühl, daß die Briten sich nur durch einen großen Balanceakt in Indien hielten, nicht ohne Beklemmung ausgedrückt. Er war überzeugt, daß das indische Volk eine große Regenerationskraft besitze, und nicht zuletzt die Reformbewegung des Brahma Samaj bestärkte ihn in dieser Hinsicht. Müller erhielt vom Brahma Samaj selbst große Anerkennung für seine Rigveda-Edition. Seine Bemühungen allerdings, dessen Führer P. C. Mazoomdar zu veranlassen, zum Christentum überzutreten, wurden abschlägig beschieden.

Nicht unerwähnt bleiben darf auch das rege Interesse Max Müllers am deutschen Geistesleben. Er übersetzte sowohl Wilhelm Scherers *Geschichte der deutschen Literatur* wie auch Kants *Kritik der reinen Vernunft* ins Englische. Er gab die Korrespondenz Schillers mit dem Grafen Friedrich von Schleswig-Holstein-Augustenburg heraus, und er verfaßte selbst eine Geschichte der deutschen Literatur vom 4. bis zum 19. Jh. Über Jahre hinweg unterhielt er eine Korrespondenz mit dem deutschen Archäologen Heinrich Schliemann, den er in England bekannt machte. Er trat sogar mit seinem Werk *Deutsche Liebe*, das 1901 eine 12. Auflage erlebte, als deutscher Dichter hervor. Es ist verständlich, wenn die Goethe-Institute in Indien nach ihm benannt sind.

Müllers große Resonanz in Indien hängt sicherlich nicht zuletzt damit zusammen, daß er in der Zeit der Suche nach kultureller und religiöser Unabhängigkeit durch seine Arbeit auf die Bedeutung des indischen Erbes hingewiesen hat. Nicht nur stärkte er den Indern damit ihr kulturelles Selbstbewußtsein, er hat ihnen viele Inhalte ihrer Vergangenheit zum ersten

Mal nahegebracht, so daß sie neuen Zugang zu ihrer eigenen Tradition gewannen.

Müller ist gewiß mit einem verklärten, romantischen Bild an die indische Kultur und Religion herangegangen. Vielleicht hoffte er im Anschluß an Herder in der altindischen Weisheit die reine menschliche Urreligion wiederzufinden. Doch schon achtzehn Jahre vor seinem Tod kommt ein ausgewogeneres Indienbild zutage. In einem Brief an seinen indischen Bekannten B. Malabari vom 19. Januar 1882 schreibt er: «As I told you on a former occasion, my thoughts while writing these lectures [the Hibbert Lectures] were with the people of India. I wanted to tell those few at least whom I might hope to reach in English, what the true *historical* value of their ancient religion is, as looked upon not from exclusively European or Christian, but from an *historical* point of view. I wished to warn against two dangers, that of undervaluing or despising the ancient national religion ... and that of overvaluing it ... Accept the *Veda* as an ancient *historical* document, containing thoughts in accordance with the character of an ancient and simple-minded race of men, and you will be able to admire it, and to retain some of it, particularly the teaching of the *Upanishads*, even in these modern days ... Accept the past as a reality, study it and try to understand it, and you will then have less difficulty in finding the right way towards the future.»[3]

Müller als Religionswissenschaftler lernen wir besonders in seinem Werk *Einleitung in die Vergleichende Religionswissenschaft. Vier Vorlesungen* (Straßburg 1874) kennen. Das Werk ist aus Vorträgen, die er 1870 in London an der Royal Institution hielt, hervorgegangen. Hier ist auch zusammengefaßt, was er bereits in seinen zunächst zweibändigen *Essays* (Leipzig 1869) über vergleichende Religionswissenschaft, vergleichende Mythologie und Ethologie (sic!) dargelegt hatte. Der vornehmste Zweck der *Einleitung in die Vergleichende Religionswissenschaft* liegt nach Müller darin, zu zeigen, «daß eine genealogische, mit den Sprachen parallel laufende Classification der Religionen möglich ist».[4] Danach unterscheidet er zwischen den Religionen der «Arischen Familie» und der «Semitischen Familie», wobei zur ersteren Gruppe der Brahmanismus des Veda, der Zoroastrismus des Zend-Avesta und der Buddhismus des Tripitaka gehören, zur zweiten Gruppe dagegen der «Mosaismus» des Alten Testaments, das auf das Neue Testament gegründete Christentum und der auf dem Koran beruhende Islam («Mohammedanismus»). Eine dritte Klasse ist die «Turanische», die wiederum in eine nördliche und eine südliche zerfällt. Zur nördlichen gehört die Religion der Chinesen und der zentralasiatischen Völker, zur südlichen u. a. die der Tamilen. Allerdings bemerkt Müller, daß mit der Ausbreitung des Buddhismus diese Religion zur «Hauptreligion der Turanischen Welt» wurde.[5]

Diese an der damaligen Sprachwissenschaft orientierte Einteilung, die eine Fülle von unterschiedlichen Gruppen zur «Turanischen» Familie zusammenfaßt, schien Müller einer weiteren Begründung zu bedürfen. So gesteht er in der Vorrede zu seiner *Einleitung*: «Ob es mir gelungen ist, die Wurzeln des Nord-Turanischen Gottesbewußtseins bis nach China zu verfolgen und so auch diesem Theile der Vergleichenden Religionswissenschaft eine genealogische Unterlage zu geben, muß ich dem Urtheile derer überlassen, die auf diesem Gebiet der Wissenschaft weit mehr bewandert sind als ich.»[6]

Müller macht noch eine weitere systematische Unterscheidung. Er spricht zunächst von der «physischen Religion», die das Unendliche hinter den Naturphänomenen entdecken will. Daneben steht die «anthropologische Religion», die das Unendliche hinter dem Menschen als objektive Realität sehen will. Und drittens ist die «psychologische Religion» zu nennen, die sich mit dem beschäftigt, was verborgen im menschlichen Subjekt lebendig ist. Dazu sagt der angesehene Indologe R. N. Dandekar: «These three phases do not exist each by itself, but represent three successive stages of religious development – the idea of something divine being elaborated first from the elements supplied by nature. Vedic religion, according to Max Mueller, is pre-eminently a physical religion.»[7]

Nach Müller ist die Zeit reif für eine Vergleichende Religionswissenschaft, die er in Analogie zur vergleichenden Sprachwissenschaft konzipieren möchte. Auch wenn er in der *Einleitung* Gedanken dazu vorträgt, steht die Etablierung einer solchen Wissenschaft eigentlich noch bevor. Daß eine solche Wissenschaft vonnöten ist, hängt für ihn damit zusammen, «daß die alten Ansichten über heidnische Religionen unhaltbar geworden [sind] und daß neue Standpunkte gefunden werden müssen, um unserer eigenen Religion ihre wahre weltgeschichtliche Stellung unter den Religionen der Menschheit zu sichern».[8]

Grundsätzlich sieht sich Müller wiederholt gezwungen, das Unterfangen einer Vergleichenden Religionswissenschaft zu rechtfertigen. «Ich weiß sehr wohl», sagt er, «daß es mir an entschiedenen Gegnern nicht fehlen wird, welche die Möglichkeit eines wissenschaftlichen Studiums der Religionen ebenso leugnen werden, wie sie einst die Möglichkeit eines wissenschaftlichen Studiums der Sprachen, als solcher, leugneten.»[9] Das vergleichende Studium der Religionen brauche nicht die Gefühle der Gläubigen zu verletzen, wenn es mit Ehrfurcht gegenüber dem fremden Glauben ausgeführt werde. «Aber wahre Ehrfurcht», so betont er, «besteht nicht darin, daß man einen Gegenstand, weil er uns werth und theuer ist, von jeder freien und ehrlichen Discussion fern zu halten sucht. Im Gegentheil, wahre Ehrfurcht bewährt sich am besten, indem man beweist, daß man wirkliches Zutrauen zu dem besitzt, was uns heilig und theuer ist, daß man es furchtlos jeder Prüfung unterwirft, die allerdings mit gebührender Rücksicht, aber vor allem mit unerschütterlicher und unverbrüchlicher Loyalität im Geiste der Wahrheit geführt werden muß.»[10]

Zum Studium der Religionen gehört aber nicht nur die Analyse des Erhabenen und Ehrwürdigen, sondern auch des Abartigen und Irrtümlichen. «Irrthümer selbst werden zum werthvollen Gegenstand ernster Forschung, und wie der Physiolog eine Krankheit studirt, ihre Ursachen erforscht, ihre Einflüsse berechnet, mögliche Heilmittel ersinnt, aber die practische Anwendung derselben geübteren Händen überläßt, so auch wir beim Studium dessen, was schon die Griechen ‹eine heilige Krankheit› nannten.»[11] Die Irrtümer seien fast lehrreicher als ein Studium der für wahr gehaltenen Religion.[12] Dies gilt vor allem im Hinblick auf das Ziel des Studiums der Religionen. Müller formuliert dies so: «Wir wollen wissen, was Religion ist, was für Grundlagen sie im Geiste des Menschen besitzt, was die Gesetze ihrer geschichtlichen Entwickelung sind.»[13]

Immer wieder setzt sich Müller mit den Einwänden gegen die Vergleichende Religionswissenschaft auseinander. «Schon der Name Religionswissenschaft hat für manche Ohren etwas Verletzendes», sagt er.[14] «Eine Vergleichung aller Religionen der Welt, wobei keine eine bevorzugte Stellung in Anspruch nehmen kann, gilt bei Vielen als gefährlich und tadelnswerth», weil damit die besondere Ehrfurcht unterdrückt werden müsse, die jeder seiner Religion gegenüber hege.[15] Dennoch setzt sich Müller für eine solche Wissenschaft ein, indem er auf das Recht der Prüfung einer jeden Religion pocht. Und er fügt hinzu: «... nach meinem Urtheil verlieren wir nichts, was zum Wesen wahrer Religion gehört, und wenn wir Gewinn gegen Verlust setzen, so ist der Gewinn unsäglich größer als der Verlust.»[16] Im übrigen sei das Vergleichen Grundlage des Erwerbs höheren Wissens.[17] Müller wird nicht müde, auf den Erfolg des Vergleichsprinzips in der Sprachwissenschaft zu verweisen, und er schließt: «Was sollte uns denn also hindern, die vergleichende Methode, die so große Resultate in anderen Regionen des Wissens zu Tage gefördert hat, auch auf das Studium der Religionen anzuwenden?»[18] Den Spruch Goethes in bezug auf die Sprachen aufnehmend, nämlich «Wer eine kennt, kennt keine», möchte Müller den Satz auf die Religionen übertragen.[19]

Hinsichtlich der Vergleichenden Religionswissenschaft macht nun Müller eine weitere Unterscheidung. So wie es zwei Religionsbegriffe gibt, einen, der sich auf die konkreten historischen Religionen bezieht, und einen allgemeinen, so unterscheidet er zwei Teildisziplinen. Den ersten Teil der Religionswissenschaft, der sich mit den historischen Ereignissen der Religion beschäftigt, nennt er «Vergleichende Theologie». Den zweiten Teil, «welcher die Bedingungen zu erklären hat, unter denen Religion in den höchsten und niedrigsten Entwicklungsphasen möglich ist», nennt er «Theoretische Theologie».[20] Müller wendet sich insbesondere der «Vergleichenden Theologie» zu. Er ist der Ansicht, «daß die meisten Probleme der Theoretischen Theologie gar nicht spruchreif werden können, ehe die Vergleichende Theologie all die Thatsachen, deren man in der Geschichte der Religionen der ganzen Menschheit habhaft werden kann, vollständig gesammelt, kritisch untersucht und geordnet hat».[21] Hier ist nach Müller also noch viel Grundlagenarbeit zu leisten, ja es sei «das Studium der Vergleichenden Theologie bisher fast noch gar nicht ernstlich in Angriff genommen».[22] Zwar sei die «Theoretische Theologie», nämlich «die Analyse der innern und äußern Bedingungen, unter welchen Glauben überhaupt möglich wird», schon häufig Gegenstand wissenschaftlicher Betrachtung gewesen, doch sei ein solches Unterfangen erst dann legitim, wenn es sich auf das vergleichende Studium der Menschheit stützen könne.[23] All das setzt sprachliche Kenntnisse – jedenfalls auf einem Gebiet – voraus, denn es sei «der einzige sichere Schlüssel zum Verständnis der Lehren und Legenden einer Religion in der Sprache zu suchen».[24] Vor allem bedarf es einer sprachlichen Erschließung der Quellen und einer Klassifizierung der Religionen der verschiedenen Völker – einschließlich der «wilden Völker» –, «ehe ihr Studium zu wissenschaftlich werthvollen Resultaten führen kann».[25] Müllers Einteilung in arische, semitische und «turanische» Völker und Religionen ist also nicht erschöpfend, sondern bedarf der Ergänzung im Hinblick auf die hiermit nicht erfaßten Völker.

Bei der Betrachtung der Quellen der Religionen sei es unbedingt erforderlich, auch die Ergebnisse der kritischen Forschung einzubeziehen, die nach Verfasserschaft, Zeit der Abfassung, Umständen der Abfassung usw. fragten. Erst so würden die verschiedenen Schichten einer Quelle erkannt. Dabei habe nicht nur das Ursprüngliche die Aufmerksamkeit des Forschers auf sich zu ziehen, sondern auch die späteren Zusätze, zumal deren Studium wichtige Ergebnisse zeitigen könne.[26]

Müller hielt trotz seines leidenschaftlichen Aufrufes zu einem vorbehaltlosen Vergleich der Religionen an seinem christlichen Glauben fest. Das soll aber weder seinen Blick für die anderen Religionen verstellen noch deren Würdigung unmöglich machen: «Ich muß gestehen, daß mir die, welche ein vergleichendes Studium der Religion als ein Mittel betrachten, um das Christenthum herab und die andere Religion hinauf zu drücken, ebenso unwillkommene Bundesgenossen sind, als die, welche es für nöthig halten, alle anderen Religionen zu erniedrigen, um das Christenthum zu erhöhen. Die Wissenschaft braucht keine Parteigänger. Ich will gar kein Geheimnis daraus machen, daß mir persönlich das wahre Christenthum, worunter ich die Religion Christi verstehe, eine desto höhere Stellung einzunehmen scheint, je mehr wir den Schatz von Wahrheit, der in den verachteten Religionen der Heiden vergraben liegt, kennen und würdigen lernen ... Wenn unsere Religion noch das ist, was sie einst war, so sollten ihre Vorkämpfer vor keiner Probe zurückschrecken, sondern ein vergleichendes Studium der Religionen eher begünstigen als ablehnen. Und hierbei kann ich wenigstens dies vorausschicken, daß keine andere Religion, es sei denn vielleicht der älteste Buddhismus, jemals die Idee einer unparteiischen Vergleichung aller Religionen begünstigt oder eine vergleichende Religionswissenschaft geduldet haben würde ... Das Christenthum allein, als

Religion keiner Caste, keines erwählten Volkes, sondern als Religion der Menschheit, hat uns gelehrt, in der Geschichte der Menschheit unsere eigene Geschichte zu erkennen, in der historischen Entwicklung aller Familien des Menschengeschlechts die Spuren göttlicher Weisheit und Liebe zu entdecken, und selbst in den niedrigsten und rohesten Formen religiösen Glaubens, nicht das Werk des Teufels, sondern den Plan einer göttlichen Führung zu sehen, und den Beweis, ‹daß Gott die Person nicht ansiehet, sondern daß in allerley Volk, wer ihn fürchtet und recht thut, ihm angenehme ist›.»[27]

Das Christentum nimmt also dadurch eine Sonderstellung im Kreis der Religionen ein, daß es allein den Boden für eine «Vergleichende Theologie» schuf. Dabei erscheint es Müller als ein Fluchtpunkt aller Religionen, als «gelobtes Land». So betont er: «Wenn wir es einmal so weit gebracht haben, um in der jüdischen Religion eine Vorbereitung für die weltumfassende Religion Christi zu erkennen, so wird es uns viel leichter werden, in den Irrgängen anderer Religionen einen versteckten Plan zu entdecken; lange Wanderjahre in der Wüste, die aber stets ein Ziel hatten, – das gelobte Land.»[28]

Was nun Müllers Begriff der Religion anbelangt, so lag wohl eine Triebfeder für seine frühen Forschungen in bezug auf alte indische Texte darin, daß er nach einer reinen Urreligion suchte. Die Vorstellung, daß die Religionen im Laufe der Zeit verfallen seien und sich immer weiter von einer reinen frühen Phase entfernt hätten, war zu Müllers Zeit verbreitet.[29] Aber diese Ansicht ist in seinen Vorlesungen von 1870 völlig aufgegeben. Da sagt er: «Auch die Ansicht, daß den ersten Vätern des Menschengeschlechts eine uranfängliche, übernatürliche Offenbarung zu Theil geworden, und daß die Körner von Wahrheit, welche unsere Aufmerksamkeit beim Durchsuchen der heidnischen Tempel auf sich ziehen, vereinzelte Überbleibsel jener heiligen Erbschaft der ganzen Menschheit darstellen, – gleichsam den Samen, der von dem Weg und in das Steinige fiel – würde schwerlich jetzt viele Anhänger finden, jedenfalls nicht mehr als die Theorie, daß im Anfang eine fertige und vollendete Ursprache der Menschheit existirte, die sich erst später in die zahllosen Sprachen und Dialecte auf Erden zersplitterte.»[30]

Statt einer Deszendenztheorie finden wir bei Müller nicht selten die Idee einer Weiterentwicklung der Religionen. Anknüpfend an Lessing, der in dem Gang der Religionsgeschichte, jedenfalls der Geschichte Israels, eine göttliche «Erziehung des Menschengeschlechts» sah, kann er auch die Religionsgeschichte in ähnlicher Weise begreifen. Dabei hat jede Religion Teil an einem höheren Sinn, und selbst «in den sinnlosesten Sagen des Alterthums» ist «ein ursprünglicher Sinn» enthalten.[31]

Müller ist überzeugt, daß der Sinn der verschiedenen Religionen insofern konvergiert, als ihnen jeweils die Offenbarung Gottes in je eigener Sprache zugrunde liegt. Und er gibt der Erwartung Ausdruck, daß sich die alte Reinheit der Religionen in Zukunft wieder offenbaren werde. In einem geradezu hymnischen Abschluß seiner ersten Londoner Vorlesung von 1870 kann er sagen: «Wie eine alte Münze, so wird die alte Religion, nachdem man den Jahrhunderte alten Rost entfernt hat, in aller Reinheit in ihrem alten Glanze erscheinen; und das Bild, das sich zeigen wird, wird das Bild des Allvaters sein, des Vaters aller Menschen; und die Inschrift, wenn wir sie wieder lesen können, wird nicht nur in Judaea, sondern in allen Sprachen der Welt eine und dieselbe sein, – das Wort Gottes, das sich offenbart da, wo allein es sich offenbaren kann, in den Herzen aller Menschen.»[32]

Es ist wohl nicht zuletzt die neue Wissenschaft der Religionen, die den alten Religionen zu ihrem ursprünglichen Glanz verhelfen soll. Das traut er jedenfalls jener Wissenschaft zu, die er auf englisch «Science of Religion» nennt. Es steht das soeben zitierte Diktum ganz in Übereinstimmung mit Müllers Religionsdefinition von 1870. Da heißt es, Religion im allgemeinen Sinne, also nicht bezogen auf eine einzelne Religion, sei «jene allgemein geistige Anlage, welche den Menschen in den Stand setzt, das Unendliche unter den verschiedensten Namen und den wechselndsten Formen zu erfassen, eine Anlage, die nicht nur unabhängig von Sinn und Verstand ist, sondern, ihrer Natur nach, im schroffsten Gegensatz zu Sinn und Verstand steht. Ohne diese Anlage, ohne dieses Vermögen, ohne diese Gabe oder diesen Instinct, wie wir es nun nennen wollen, würde jede Religion, selbst die niedrigste Form des Fetischismus und des Götzendienstes unmöglich sein, und wenn wir nur Ohren zum Hören haben, so werden wir gar bald in allen Religionen jenen tiefen Grundton der Seele entdecken, der sich in dem Streben, das Unbegreifliche zu begreifen und das Unnennbare zu nennen, offenbart, nennen wir nun dieses Streben eine Neugierde nach dem Absoluten, eine Sehnsucht nach dem Unendlichen, oder Liebe zu Gott.»[33]

Zu dieser Definition sagt der Religionssoziologe Günter Kehrer zu Recht: «Auch wenn der primitive Mensch das ‹Unendliche› (Infinite) nur als Unmöglichkeit der Wahrnehmung einer Grenze konzipieren kann, drückt sich in dieser Konzeption doch schon die Ahnung davon aus, daß es das Unendliche gibt. Müller wendet hier eine Analogie zu dem ‹Ding an sich› an, wie er es aus der Erkenntnistheorie Kants übernimmt. Obwohl wir die Dinge nur in unseren Kategorien wahrnehmen können, also niemals so, wie sie ‹an sich› sind, bedeutet das nicht, daß es die Dinge in ihrem ‹An-Sich-Sein› nicht gibt. So haben wir auch das Unendliche immer nur in den Kategorien des Endlichen ..., aber diese Verkleidungen sind wörtlich und tatsächlich Verhüllungen des Unendlichen, das unseren Sinnen nie zugänglich in seiner wahren ‹Unendlichkeit› ist.»[34]

All dies legt nahe, daß Müller selbst ein religiöser Mensch war.[35] Kehrer sagt von ihm: «Er war zweifellos in einem sehr weiten Sinn ein religiöser Mensch mit einer eher vagen Sympathie für ein liberales Christentum, abgeneigt jedem orthodoxen Dogmatismus.»[36] Freilich hat sich seine Haltung im Laufe seines Lebens entwickelt. Daß er den Inder P. C. Mazoomdar aufforderte, zum Christentum überzutreten, haben wir vernommen. Daß er in der anglikanischen Kirche seine geistige Heimat fand, ist belegt.[37] Dies hielt ihn aber nicht davon ab, von einer «höheren Macht» zu sprechen, die in allen Religionen wirksam sei. Kurz vor seinem Ende, als der Tod schon seine Schatten warf, schreibt er am 30. September 1899 an seinen Sohn: «I feel so altogether under a High Power that I wait with perfect equanimity. I know to a young man death has something terrible, not to an old man – it seems so unnatural in youth, so natural in old age. I have had my years of struggle, sometimes of very hard struggle, but I could never look forward to so much real happiness after the heat of the day was over.»[38]

III. Wirkung

Müller hat seine Spuren hinterlassen und vornehmlich auf die Naturmythenschule bzw. Naturmythologie gewirkt, aber auch in der Völkerkunde, Anthropologie und Religionssoziologie. Zwar wäre es vereinfacht zu behaupten, er habe in den großen Göttern beispielsweise Indiens und Griechenlands nur personifizierte Naturmächte gesehen, auch wenn sich eine solche Deutung teilweise nahelegt. Vielmehr gilt, was Fritz Stolz über Müllers Religionsauffassung sagt: «Die Mächte der Natur einerseits und der spezifisch menschliche Zugang zu diesen Mächten – in erster Linie ein sprachlicher Zugang – machen die Religion aus.»[39] Damit ist Religion bei Müller auch sprachlich und kulturell, ja kulturspezifisch bestimmt, weshalb er sie nach Sprachfamilien typisiert. Einen Einfluß auf die Ethnologie, vor allem auf ihr Bild der Religion, hebt Evans-Pritchard hervor, ohne daß er selbst noch Müller folgte.[40] Er sieht jene These von Müller als konstitutiv an, wonach die Namen für göttliche Wesen zu einer eigenständigen Personifizierung dieser Gottheiten Anlaß gegeben haben. «Die *nomina* wurden *numina*.»[41] Daraus habe Müller gefolgert, «daß der Weg zur Entdeckung dessen, was die Religion des Frühmenschen bedeutet, über philologische und etymologische Forschung geht, die den ursprünglichen Sinn von Götternamen und der über sie erzählten Geschichten rekonstruiert» (ebd.). Freilich haben sich derartige «gelehrte Hypothesen» (Evans-Pritchard) nicht lange halten können. Der Einfluß, den Max Müller eine Zeitlang auf die Anthropologie ausübte, wurde vor allem von Spencer, Tylor und dessen Schüler Andrew Lang zurückgedrängt, die die naturmythischen Theorien bekämpften. So hat Müller seine Wirkung auf die englische Anthropologie selbst überlebt.[42]

In der frühen Religionssoziologie war es vor allem Durkheim, der sich intensiv mit Max Müller auseinandergesetzt hat.[43] Trotz der begrenzten Wirkung Müllers auf Ethnologie oder Religionssoziologie haben seine Beiträge die wissenschaftliche Diskussion vorangetrieben. Der von Müller geprägte Begriff «Henotheismus» hat sich jedenfalls in den genannten Gebieten wie auch in der Religionswissenschaft gehalten. Er kennzeichnet den Glauben an einen Gott im Rahmen eines polytheistischen Systems, der für die Frömmigkeit zum herausragenden Bezugspunkt wird. Demgegenüber haben sich andere Sprachneuschöpfungen Müllers wie etwa der Begriff des «Kathenotheismus» nicht durchgesetzt.

Zweifellos ist manches an der religionswissenschaftlichen Konzeption von Müller veraltet, so etwa seine Klassifizierung der Religionen nach Sprachen und seine starke Einbeziehung eines allgemeinen Offenbarungskonzeptes in die Begründung der Vergleichenden Religionswissenschaft. Dennoch wird man zugestehen müssen, daß er zu den Gründern dieser Wissenschaft gehört.[44]

Karl-Heinz Kohl

EDWARD BURNETT TYLOR
(1832–1917)

I. Leben

Als Edward Burnett Tylor am 2. Oktober 1832 in Cumberland geboren wurde, herrschte auf dem Kontinent noch jene beschauliche und später in Deutschland als Biedermeier bezeichnete Zeit nach den Napoleonischen Kriegen, die angesichts der schnell voranschreitenden industriellen Entwicklung bald verklärt werden sollte. In England hatten dagegen die Errungenschaften der technischen Zivilisation bereits ihren Siegeszug anzutreten begonnen. Die Ungleichzeitigkeiten, die durch die wissenschaftlich-technischen und ökonomischen Fortschritte ausgelöst worden waren, gelangten für die Zeitgenossen im Bereich des Verkehrswesens am deutlichsten zum Ausdruck. Während auf dem Kontinent die Postkutsche noch für einige Zeit das wichtigste Verkehrsmittel für Überlandstrecken blieb, war man in England bereits dazu übergegangen, die Eisenbahn für den Personentransport einzusetzen. Mit der damals atemberaubenden Geschwindigkeit von 30 Meilen beförderte sie die ersten wagemutigen Reisenden über Strecken, für die sie nur wenige Jahre zuvor noch ein Mehrfaches an Zeit benötigt hatten. Die Zeit schien den Raum zu besiegen. Sollte die Entwicklung weiter so voranschreiten und England bald von einem Netz von Eisenbahnschienen überzogen sein, «so würde die Fläche unseres Landes zu einer einzigen Metropole zusammenschrumpfen», prophezeite 1839 der anonyme Autor eines Artikels in der *Quarterly Review*.[1] Jedermann wisse aus eigener Erfahrung, wie schnell die Zivilisation sich entwickle, so sollte Tylor gut vierzig Jahre später Rückschau halten: «Schon die Beschreibung, welche uns ein bejahrter Mann von dem Zustand Englands zur Zeit seiner Knabenjahre und von den zu seinen Lebzeiten eingeführten Erfindungen und Verbesserungen geben kann, ist für uns eine Quelle wertvoller Belehrung. Wenn er mit dem Courierzug in London abfährt, um in zehn Stunden Edinburg zu erreichen, so erinnert er sich der Zeit, als man zwei Tage und zwei Nächte brauchte, um diese Strecke mit dem Postwagen zurückzulegen.»[2]

Die rapide Beschleunigung des Reisens war freilich nur ein Aspekt jener forciert vorangetriebenen technischen Entwicklung, die in England durch die zweite Phase der industriellen Revolution ausgelöst worden war. Die Nutzung der Dampfkraft wirkte sich in den unterschiedlichsten Bereichen aus. Durch den Einsatz neuer Technologien konnten bei der Kohleförderung immense Steigerungsraten erzielt werden. Die Eisenproduktion nahm in Großbritannien zwischen 1830 und 1850 von einer knappen Million auf 2,5 Millionen Tonnen zu. Die Landbevölkerung strömte in die Städte und fand in der aufblühenden Schwerindustrie Arbeit. Die organische Einheit von natürlichem Tagesablauf und Arbeitsrhythmus zerbrach. Das Industrieproletariat wurde nach abstrakten Zeiteinheiten entlohnt. Die Zeit schien so zum alles bestimmenden Faktor geworden zu sein. Nicht nur Stadt und Land, auch die Kontinente rückte sie einander näher. Was die thermodynamisch angetriebenen Maschinen für den Bergbau und den Binnenverkehr leisteten, das bewirkte die Dampfschiffahrt für den Überseehandel, die Erschließung neuer Märkte und die koloniale Expansion Europas. Von England angeführt, begann das Zeitalter des Imperialismus. Gegen Ende des Jahrhunderts sollten auch die abgelegensten Regionen der Erde aus ihrer Isolierung gerissen und der Botmäßigkeit des Westens unterworfen worden sein.

Tylor wuchs in einer Epoche auf, die durch eine radikale Umwälzung des traditionellen Raum-Zeit-Kontinuums gekennzeichnet war. Die neue Erfahrung des Zeiterlebens bewirkte nicht nur einen Wandel des alltäglichen Wahrnehmungsvermögens, sondern ließ auch die Geschichte der Erde, der Lebewesen und der Menschheit in einem neuen Licht erscheinen. Die Gültigkeit der biblischen Chronologie, die das Alter der Schöpfung mit gut 6000 Jahre angesetzt hatte, war zwar schon von den Philosophen der Aufklärung bestritten worden. Doch Beweise dafür, daß die Erde und die belebte Natur Millionen von Jahren älter waren, wurden erst durch die im frühen 19. Jahrhundert entstehende Geologie und die Aufsehen erregenden paläontologischen Funde der Epoche erbracht. Der Geologe Charles Lyell stellte eine neue Chronologie der Erdformationen auf, die auf unvorstellbar langen Zeiträumen basierte. Bei archäologischen Ausgrabungen war man auf Steinwerkzeuge neben den Knochenresten von Urmenschen und ausgestorbenen Säugetierarten gestoßen, die in ähnlicher Weise auch die Vorstellungen über das Alter der Menschheit revolutionierten. Charles Darwin führte schließlich in seinem 1859 veröffentlichten Werk *On the Origin of Species by Means of Natural Selection* den Nachweis, daß die Entstehung der Arten durch «natürliche Auslese» und den «Kampf ums Dasein» Resultat eines Evolutionsvorgangs war, der sich über riesige Zeiträume hatte erstreckt haben müssen. Damit setzte er gewissermaßen die als ein qualitatives Fortschreiten zu immer größerer Differenzierung und Vervollkommnung aufgefaßte Zeit an die Stelle der Schöpfung. Sein zwölf Jahre später in *The Descent of Man* unternommener Versuch, den Menschen unter die natürlichen Arten einzureihen und die Gültigkeit der Auslesetheorie auch für die Evolution der menschlichen Gattung aufzuzeigen, schien ebenfalls in prähistorischen und fossilen Funden eine Bestätigung zu finden. Das Alter der Menschheit wurde auf gut 100 000 Jahre datiert, und vergleichende Anatomen, physische Anthropologen, Archäologen, Prähistoriker und Ethnologen wetteiferten darin, den allmählichen

Edward Burnett Tylor (1832–1917)

Aufstieg des Menschen aus seinen primitiven Anfängen über die verschiedenen Zwischenstufen bis zur Höhe der gegenwärtigen Zivilisation zu rekonstruieren.

Als fünftes Kind des wohlhabenden Besitzers einer Messinggießerei geboren, war Edward Burnett Tylor mit den technischen Errungenschaften der Epoche von frühester Jugend an vertraut. Die Segnungen der industriellen Revolution standen für ihn außer Zweifel. Zeit seines Lebens sollte er der Überzeugung bleiben, daß die Geschichte der Menschheit als ein steter Fortschritt zum Besseren aufzufassen sei. Durch seine prähistorischen und ethnologischen Forschungen trug er entscheidend mit dazu bei, dieses optimistische Bild zu verfestigen. Er gehörte zu jener Kohorte zeitgenössischer Wissenschaftler, die sich dem Studium der damals als «Wilde» oder «Primitive» bezeichneten und von ihnen als petrifizierte Stadien der menschlichen Gattungsgeschichte angesehenen Völker verschrieben hatten. Heute hat es sich eingebürgert, sie nach einem von ihren Gegnern geprägten Begriff als Evolutionisten zu bezeichnen, obgleich eigentlich keiner von ihnen «die These einer einlinigen Entwicklung der Menschheit wirklich vorbehaltlos vertreten»[3] hat. Gleichwohl waren Entwicklung und Fortschritt für sie die Zauberworte, mit denen sie sämtliche Rätsel der Menschheitsgeschichte lösen zu können glaubten. Gemeinsam legten sie mit ihren Pionierwerken die Grundlagen für den Aufstieg der Ethnologie zu einer akademischen Disziplin, die gerade in Großbritannien noch lange Zeit als «Mr. Tylors Wissenschaft» gelten sollte.

Während sich der Amerikaner Lewis Henry Morgan dem vergleichenden Studium von Verwandtschaftsterminologien, sozialen Organisationsformen und Eigentumsverhältnissen widmete, John Lubbock prähistorische Artefakte mit den Werkzeugen rezenter «primitiver» Völker verglich, Sir Henry Maine in universalhistorischer Perspektive die Abfolge verschiedener Rechtsverhältnisse untersuchte, John McLennan über Totemismus, Exogamie und unterschiedliche Eheformen arbeitete und Pitt-Rivers sich mit der Entwicklung der Waffentechnik befaßte, stellte Herbert Spencer ein allgemeines Gesetz der Evolution auf, das sich auf die Geschichte der Erde und der organischen Natur ebenso anwenden lassen sollte wie auf die Entwicklung von Gesellschaft und Staat, Sprache, Literatur und Wissenschaft. Tylor nahm an den entsprechenden Debatten regen Anteil und suchte die verschiedenen Ansätze in seinem Frühwerk zu synthetisieren. Zunehmend mehr konzentrierte er sich dann jedoch auf einen Bereich, der ihn nicht nur zu einem der Begründer der Ethnologie, sondern auch zu einem Pionier der vergleichenden Religionswissenschaft werden lassen sollte: Es war die Entwicklung des religiösen Denkens vom Geisterglauben des «primitiven» Menschen über den Polytheismus bis hin zum Monotheismus der Universalreligionen.

Die Gründe dafür, daß es vor allem dieses Gebiet war, dem Tylor schließlich seine volle Aufmerksamkeit widmete, sind vermutlich in seiner

Biographie zu suchen. Tylor gehörte einer religiösen Minderheit an. Seine Eltern waren Quäker. Da die Zugehörigkeit zur anglikanischen Kirche in den vierziger Jahren des 19. Jahrhunderts noch Voraussetzung für die Zulassung zu einer der großen staatskirchlichen Universitäten war, blieb es ihm verwehrt, einen seinen eigentlichen Interessen entsprechenden Ausbildungsweg zu wählen. Nach dem Besuch einer kleinen Quäker-Schule in Tottenham trat er daher im Alter von sechzehn Jahren in die Messinggießerei seines Vaters ein. Tylor hatte die hemmende Wirkung der von ihm später als «Überlebsel» angesehenen religiösen Überzeugungen mithin am eigenen Leib erfahren müssen. Sein Interesse an der Religion war denn auch alles andere als religiös geprägt. Ihre endgültige Überwindung durch die Wissenschaft erschien ihm nur eine Frage der Zeit.

Da Tylor eine klassische universitäre Ausbildung versagt blieb, mußte er sich sein Wissen als Autodidakt erarbeiten. Diesen biographischen Zug teilte er mit anderen führenden Vertretern des Evolutionismus, die ebenfalls praktische Berufe ausgeübt hatten, bevor sie sich dem Studium der «Primitiven» zuwandten. Ähnlich wie Herbert Spencer, der zunächst als Bauingenieur gearbeitet hatte und sich später maßgeblich am Ausbau des britischen Eisenbahnnetzes beteiligen sollte, oder auch wie Lewis Henry Morgan, der sich sein beträchtliches Vermögen als Rechtsanwalt und Eisenbahnunternehmer erworben hatte, war auch Tylor in seiner Jugend alles andere als ein reiner Schreibstubengelehrter. Nachdem er einige Jahre in der elterlichen Messinggießerei gearbeitet hatte, beschloß er aus gesundheitlichen Gründen, eine längere Reise nach Amerika zu unternehmen. Zum einschneidenden Erlebnis wurde ihm dabei die Begegnung mit Henry Christy, einem Geschäftsmann und Archäologen, dessen Bekanntschaft er zufällig in Havanna gemacht hatte und den er 1856 zu einer mehrmonatigen archäologischen Expedition nach Mexiko begleitete. Auf diese Weise lernte er einige der Kulturen aus eigener Anschauung kennen, mit denen er sich später so intensiv beschäftigen sollte. Christy, der sich damals als ethnographischer Reisender und Sammler bereits einen Namen gemacht hatte, lenkte die Aufmerksamkeit seines jungen Begleiters auf die Gebiete, mit denen er sich in den folgenden Jahren vorrangig beschäftigen sollte. Zurück in England, arbeitete sich Tylor systematisch in die vorhandene Literatur über die Geschichte Mexikos ein und entwickelte zugleich ein starkes Interesse an der prähistorischen Forschung.

1861 erschien in London seine erste Veröffentlichung: *Anahuac: or Mexico and the Mexicans, Ancient and Modern,* eine Mischung aus konventioneller Reisebeschreibung, politischen, ökonomischen und philanthropischen Erörterungen und persönlichen Reflexionen. Einige Fragestellungen seines späteren Werkes klingen in dem Buch des damals Neunundzwanzigjährigen bereits an. So konstatiert er zum Beispiel mit Verwunderung die Übereinstimmung zwischen den Selbstkasteiungen, denen sich mexikanische Gläubige bei ihren Prozessionen unterwerfen, mit den entsprechenden Praktiken bei den Isis-Festen im alten Ägypten. Waren beide Bräuche unabhängig voneinander entstanden oder handelte es sich bei den Geißelungen um Überreste einer früheren Kulturstufe? Und wie erklärt sich überhaupt die erstaunliche Gleichförmigkeit der Institutionen, die sich in den ältesten Kulturen der Menschheit ebenso finden ließen wie bei den zeitgenössischen «Wilden»? Tylor hatte ein Thema gefunden, das ihn sein Leben lang nicht mehr loslassen sollte.

Seit 1858 mit Anna Fox verheiratet, die an seinen Forschungen reges Interesse nahm und später regelmäßig an seinen Vorlesungen in Oxford teilnehmen sollte, scheint Tylor in den folgenden Jahren ein von anderweitigen beruflichen Verpflichtungen freies Privatgelehrtendasein geführt zu haben, das er – von seiner Reise nach Mexiko stimuliert – zu einer intensiven Lektüre von prähistorischen Untersuchungen, ethnographischen Reiseberichten, linguistischen, archäologischen, mythologischen und kulturhistorischen Abhandlungen nutzte. Neben den Werken seines Lehrmeisters Henry Christy und des Prähistorikers John Prichard haben ihn in dieser formativen Phase insbesondere die Forschungen deutscher Gelehrter wie des Indologen und Religionswissenschaftlers Max Müller, der Völkerpsychologen Moritz Lazarus und Heymann Steinthal, des Völkerkundlers Gustav Klemm und nicht zuletzt Alexander von Humboldts beeinflußt. Ergebnis seiner systematischen Schreibtischstudien war sein erstes großes wissenschaftliches Werk, die 1865 veröffentlichten *Researches into the Early History of Mankind and the Development of Civilization*. Entschieden weniger systematisch als der Titel dies vermuten ließe, enthält es Kapitel über das Verhältnis von Gebärden- und Wortsprache, über die Schrift, über die Entwicklung materieller Kulturgegenstände und über die geographische Verteilung einiger Mythenmotive, die eigentlich nur in einen losen Zusammenhang zueinander gesetzt werden. 1871 veröffentlichte er sein Hauptwerk, die zweibändige Abhandlung über *Primitive Culture*, deren Untertitel «*Researches into the Development of Mythology, Philosophy, Religion, Language, Art, and Custom*» bereits andeutet, daß in ihm Fragestellungen des sechs Jahre zuvor erschienenen Buches aufgegriffen, weitergeführt und auf benachbarte Bereiche bezogen werden. Durch dieses Werk gelangte Tylor endgültig zu Ruhm und verschaffte sich den Rang eines der führenden britischen Ethnologen seiner Zeit.

1870 war das britische Universitätswesen reformiert und der Einfluß der anglikanischen Kirche zurückgedrängt worden. Der Unterricht in den naturwissenschaftlichen Fächern, deren «ketzerische» Auffassungen dem Klerus lange Zeit ein Dorn im Auge gewesen waren, wurde nicht weiter beschränkt. Auch Dozenten, die nicht der Staatskirche angehörten, durften fortan an den großen Universitäten lehren. Nachdem in Cambridge ein erster Versuch gescheitert war, Anthropologie als Lehrfach einzurichten, wurde die Schenkung von Pitt-Rivers ethnographischer Sammlung an die Universität von Oxford zum Anlaß einer Petition von zwanzig Professoren, Tylor, der seit 1871 Mitglied der renommierten Royal Society war und dem in Anerkennung seiner wissenschaftlichen Veröffentlichungen der Grad eines Magister Artium verliehen worden war, 1883 mit zwei anthropologischen Vorlesungen zu betrauen.[4] Noch im selben Jahr zum Kustos des Pitt-Rivers-Museums ernannt, wurde ihm 1884 an der Universität Oxford das Amt eines «Readers in Anthropology» übertragen. 1896 erfolgte schließlich seine Ernennung zum Professor. Damit war Tylor der erste Ethnologe, der an einer britischen Universität das Fach unterrichtete. 1912, drei Jahre nach seiner Emeritierung, wurde er für seine Verdienste um die Wissenschaft in den Adelsstand erhoben. Doch hatte sich damals der Niedergang des klassischen Evolutionismus, dem er durch sein Werk entscheidende Impulse gegeben hatte, bereits abzuzeichnen begonnen. Die dunklen Kehrseiten der technischen Errungenschaften, die zu seinen Lebzeiten so rasante Fortschritte bewirkt hatten, traten zugleich immer deutlicher zutage. Als er am 2. Januar 1917 im Alter von vierundachtzig Jahren in Wellington starb, war auf den Schlachtfeldern des europäischen Kontinents das große Völkermorden bereits in vollem Gange, das durch Eisenbahn, Dampfschiff und Verbrennungsmotor, durch Flugzeug, Panzer und Maschinengewehr überhaupt erst ermöglicht worden war.

II. Werk

In seiner Abhandlung über *Das Ende der Naturgeschichte* hat der Wissenschaftshistoriker und Soziologe Wolf Lepenies nachgezeichnet, wie an der Wende vom 18. zum 19. Jahrhundert der zunehmende Erfahrungsdruck in den naturwissenschaftlichen Disziplinen zu einer Aufgabe räumlich konzipierter Klassifikationssysteme führte und «an ihre Stelle die Verzeitlichung komplexer Informationsbestände» trat.[5] Allerdings hatte sich die entwicklungsgeschichtliche Denkweise in den Wissenschaften vom Menschen schon früher herauszubilden begonnen. Das Fortschrittsmodell diente bereits Philosophen der Aufklärung wie Turgot und Charles de Brosses in Frankreich oder den Vertretern der schottischen Moralphilosophie wie David Hume, Adam Smith und Adam Ferguson als Organisationsprinzip zur Klassifikation ethnographischer Daten. Noch konkurrierte es allerdings mit älteren Degenerationsmodellen theologischer Provenienz und räumlich orientierten Ordnungsrastern, wie sie etwa Montesquieu oder Buffon mit Hilfe milieu- und klimatheoretischer Überlegungen entworfen hatten. Der rapide Zuwachs ethnographischer Daten im Gefolge der systematischen Erforschung des Südpazifik und der ersten Expeditionen in das Innere Afrikas, aber auch die eingangs skizzierte Revolutionierung des Raum-Zeit-Erlebens trugen dazu bei, daß der evolutionistische Ansatz sich bei der Betrachtung außereuropäischer Gesellschaften seit der Mitte des 19. Jahrhunderts endgültig durchsetzte. Man könnte sogar so weit gehen, zu behaupten, daß sich die Herausbildung der Ethnologie als einer Disziplin, die sich ausschließlich mit den im Vergleich zu den «fortgeschrittenen» europäischen Gesellschaften «rückständigsten» Völkern befaßte, dem Siegeszug der entwicklungsgeschichtlichen Sichtweise verdankte.

Lieferte die unbestreitbare technische, ökonomische und militärische Überlegenheit des Westens die Parameter der Ordnungsschemata, nach denen John Lubbock, Herbert Spencer oder Pitt-Rivers die von den Reisenden in Fülle zusammengetragenen Artefakte und Beobachtungen klassifizierten, so begab sich Tylor mit seinen vergleichenden Untersuchungen auf ein Gebiet, in dem eine Entwicklung von einfachen zu komplexen Formen nicht in jedem Fall so eindeutig nachzuweisen war. Es war dies das Gebiet der Kultur, die er – in einer mittlerweile klassischen Formulierung – als «jenes komplexe Ganze» definierte, «welches Wissen, Glaube, Kunst, Moral, Recht, Sitte, und Brauch und alle anderen Fähigkeiten und Gewohnheiten einschließt, welche der Mensch als Mitglied der Gesellschaft erworben hat.»[6] Seine in *Researches into the Early History of Mankind* zur «Culturgeschichte»[7] angestellten Überlegungen zeugen noch von einer gewissen Unsicherheit darüber, ob das Evolutionsmodell den Fakten tatsächlich in jeder Hinsicht angemessen war. Daß die universal verbreitete Gebärdensprache überall der Lautsprache vorangegangen war, daß das Zählen mit Steinen älter sein mußte als der Gebrauch abstrakter Zahlen und daß die Verwendung von Metallgegenständen die von Steinwerkzeugen und -waffen abgelöst hatte, schien zwar evident und bedurfte keiner großen Beweise. Wie aber stand es um die weltweite Verbreitung identischer Mythenkomplexe, deren Nachweis durch Max Müllers vergleichende Untersuchungen erbracht worden war, wie um so merkwürdige Bräuche wie das «Heilen» von Krankheiten durch das Aussaugen von Fremdkörpern, wie um die Meidungsregeln gegenüber Schwiegermüttern, und wie um die nicht weniger seltsame Sitte des Männerkindbettes, die man in Südamerika ebenso vorgefunden hatte wie in Südfrankreich? Tylor räumt zwar ein, daß die Verbreitung solcher komplexen Sitten auch auf dem Weg der Diffusion erfolgt sein könne. In der großen Mehrzahl der Fälle müsse man jedoch von einer selbständigen Entstehung der gleichen Kulturzüge an verschiedenen Orten und zu verschiedenen Zeiten ausgehen, wie es etwa die zweifellos unabhängig voneinander erfolgte Erfindung der Bilderschrift in China und Ägypten zeige.[8]

Ebenso wie den Diffusionismus weist Tylor auch ein weiteres Erklärungsmodell nicht grundsätzlich von der Hand, nämlich das der Degeneration. So könne nicht bestritten werden, daß die Vorfahren der gegenwärtigen Indianer Zentralamerikas einst riesige Tempel und Städte angelegt hätten, daß die Ba-Kalahari Südafrikas früher Rinderzucht betrieben, jetzt aber wieder das Leben von Jägern und Sammlern führten und daß in ähnlicher Weise die Kalmücken vom Kaspischen Meer von reichen Herdenbesitzern zu armen Fischern «degeneriert sind».[9] Doch sei ebenso wie die Diffusion von Kulturzügen auch der Verfall von Kultur weit eher die Ausnahme als die Regel. Ebenso wie die Suche nach einem gemeinsamen Ursprungsort aller menschlicher Kultur ein müßiges Unterfangen wäre, müsse man auch die von zahlreichen Theologen in offensichtlich apologetischer Absicht vorgebrachte Behauptung zurückweisen, alle «wilden» Völker hätten sich von einer einst höheren Kulturstufe zu ihrem gegenwärtigen Zustand zurückentwickelt. Die Geschichte zeige vielmehr, daß insbesondere die zur Befriedigung der täglichen Bedürfnisse des Menschen eingeführten Verbesserungen kaum je wiederaufgegeben worden seien, nachdem man sie erst einmal erfunden hätte. Alles spreche daher für die Annahme, daß «die Geschichte der niedrigern wie der höhern Rassen nicht die Geschichte einer beständigen Degeneration (...), sondern einer Bewegung sei, welche trotz häufigen Stillständen und Rückfällen im Ganzen doch vorwärts gegangen ist; daß von Zeitalter zu Zeitalter ein Wachsthum der Macht des Menschen über die Natur stattgefunden habe, welches keine degradierenden Einflüsse dauernd aufzuhalten vermocht haben».[10] Die Tatsache, daß im Zuge dieser universalen Entwicklung die kleinen wie die großen Errungenschaften der Kulturgeschichte überdies in weit voneinander entfernten Gegenden und zu unterschiedlichen Zeiten hervorgebracht worden waren, müsse man dem Umstand zuschreiben, daß der menschliche Geist unter gleichen Bedingungen Ähnliches erzeuge.[11] Ausdrücklich weist Tylor damit die zu seiner Zeit gängigen Rassentheorien zurück. Und in aller Deutlichkeit hält er auch in den Schlußbemerkungen des Buches noch einmal fest, «daß die großen Unterschiede in der Civilisation und im geistigen Zustande der verschiedenen Rassen der Menschheit vielmehr Unterschiede der Entwicklung als der Abstammung, vielmehr Unterschiede des Grades als der Gattung sind.»[12]

Gleich auf den ersten Seiten von *Primitive Culture* greift Tylor diesen Gedanken erneut auf und betont, daß man beim Vergleich von Kulturstadien Betrachtungen über die unterschiedlichen Varietäten der menschlichen Rassen getrost ausschließen könne, da man die Menschheit «als von Natur aus homogen» ansehen müsse und Verschiedenheiten in der physischen Gestalt, der Farbe der Haut und der Haare vernachläßigbare Größen darstellten.[13] Sie hätten jedenfalls keinen Einfluß auf die Entwicklungsstufen, auf denen sich die einzelnen Völker befinden. Hatte Tylor in den fünf Jahre zuvor erschienenen *Researches* noch gewisse Bedenken gegenüber der Allgemeingültigkeit des Evolutionsmodells, so erscheinen sie in diesem Werk ausgeräumt. Mit noch weit größerer Entschiedenheit tritt er nun gegen die Degenerationslehren theologischer Provenienz auf. Die Annahme, daß am Anfang der Menschheitsgeschichte eine von Gott gegebene Hochkultur gestanden hätte, sei durch die Funde der prähistorischen Archäologie eindeutig widerlegt. Sie hätten bewiesen, daß auf allen Kontinenten das Steinzeitalter den späteren Entwicklungsstufen vorangegangen wäre. Daß es bisweilen zu kulturellen Rückschritten käme, ließe sich zwar nicht leugnen. Gleichwohl gelte, daß «der Fortschritt das Primäre und der Rückschritt das Secundäre (ist); die Cultur muß erst gewonnen werden, ehe sie verloren gehen kann.»[14]

Wie aber ließen sich die Fortschritte und Rückschritte der Zivilisation berechnen, wie eine Entwicklungsskala der Zivilisation konstruieren? Mit einer Selbstverständlichkeit, die das imperiale Überlegenheitsgefühl eines Engländers der viktorianischen Epoche widerspiegelt, schreibt Tylor: «Die gebildete Welt Europas und Amerikas stellt praktisch einen Maßstab auf, wenn sie die eigenen Nationen an das eine Ende der sozialen Reihe und die wilden Stämme an das andere Ende derselben stellt, während die übrige Menschheit innerhalb dieser Grenzen vertheilt wird, je nachdem sie mehr dem wilden oder mehr dem civilisierten Leben entspricht.»[15] Und nicht weniger selbstgewiß heißt es weiter: «Nur wenige Menschen dürften in Abrede stellen, dass die folgenden Rassen hier in der richtigen Reihenfolge der Culturentwicklung stehen: Australier, Tahitier, Azteken, Chinesen, Italiener.»[16]

Daß an letzter Stelle dieser Skala der Kulturentwicklung mit den Italienern eine europäische Nation steht – die seiner Ansicht nach zweifellos noch höher stehenden Völker nördlich der Alpen werden nicht genannt – erscheint zunächst erstaunlich, findet seine Erklärung aber in der Weiterführung des evolutionstheoretischen Ansatzes, die Tylor in *Primitive Culture* vornimmt und die es ihm erlaubt, auch über die Ungleichzeitigkeiten der Entwicklung in den fortgeschritteneren europäischen Ländern Rechenschaft abzulegen. Tylor kann sich zum Evolutionsmodell nun auch deshalb entschieden eindeutiger bekennen, weil er in der Theorie der *Survivals* oder «Überlebsel in der Cultur» einen Schlüssel zur Erklärung des Vorkommens von bestimmten Kulturzügen in «höher entwickelten» Nationen gefunden zu haben glaubte, die eigentlich einer «niederern» Kulturstufe angehörten. Diese Theorie ist im Prinzip ebenso einfach wie einleuchtend. Da die Menschen am Althergebrachten und Bewährten festzuhalten lieben, zeichnet sich nach Tylor auch die Kultur durch ein gewisses «Beharrungsstreben»[17] aus. Im Rahmen des beschränkten Weltbilds des frühen Menschen, seiner primitiven Lebensweise und Gesellungsformen hatten bestimmte Vorstellungen, Handlungsweisen und Gebräuche durchaus ihren Sinn. Schreitet die Kultur jedoch weiter voran, dann werden sie bedeutungslos. Tylor demonstriert dies unter anderem an den Segenswünschen, die in Afrika, Amerika und Asien, in der Antike und selbst noch in den europäischen Ländern beim Niesen ausgesprochen werden. Die bei dieser Gelegenheit von den Juden verwendete Niesformel «Tobim chayim!», das «Gelobt sei Allah!» der Muslime, das englische «God bless you!», das deutsche «Gott hilf!» oder das italienische «Felicità!» haben keine erkennbare Bedeutung mehr. Sie lassen sich aber verstehen, wenn man sie mit den entsprechenden Formeln der Zulu, der Polynesier oder der mittelamerikanischen Indianer vergleicht. Bei ihnen wird das Niesen als ein Zeichen gedeutet, das in engem Zusammenhang mit ihren magischen Vorstellungen, ihrem Geister- und Ahnenglauben steht. Die weltweit verbreiteten Segenswünsche beim Niesen sind mithin Beschwörungsformeln. Der moderne Mensch hält an ihnen weiterhin fest, obgleich sie im Rahmen seines fortgeschrittenen wissenschaftlichen Weltbildes eigentlich keinen Sinn mehr haben. «Nun giebt es Tausende von Fällen dieser Art, welche so zu sagen Meilensteine auf dem Wege der Cultur gewesen sind. Wenn im Laufe der Zeit der Zustand eines Volkes eine allgemeine Umgestaltung erfahren hat, so findet sich trotzdem gewöhnlich Vieles, das offenbar seinen Ursprung nicht in den neuen Verhältnissen hat, sondern einfach in dieselben übergegangen ist. Gestützt auf diese Überlebsel wird es möglich zu erklären, dass die Civilisation des Volkes, wie wir sie bei demselben beobachten, aus einem frühern Zustand stammen muss, in welchem wir die eigentliche Heimat und Bedeutung dieser Dinge zu suchen haben: und deshalb müssen wir Sammlungen solcher Thatsachen als Fundgruben für historische Kenntnisse veranstalten.»[18]

Eine solche Fundgrube stellen die hundert Seiten umfassenden zwei Kapitel tatsächlich dar, die Tylor in seinem Hauptwerk den «Ueberlebseln in der Cultur» widmet. Ob Kinder- und Glücksspiele, Redensarten, Sprichwörter, Rätsel und Opferbräuche beim Hausbau, ob Wahrsagekunst, Sternenglaube, Traumdeutung, Zauberpraktiken oder der moderne Spiritismus, an zahllosen Beispielen zeigt er auf, daß sich Überreste entwicklungsgeschichtlich weit älterer Vorstellungen und Gebräuche bis in den Alltag des modernen Menschen hinein hatten erhalten können. Indem er die entsprechenden Praktiken der «wilden Völker» mit denen der ländlichen Bevölkerung, der Unterschichten, aber auch einiger scheinbar gebildeterer Kreise in den europäischen Ländern vergleicht, gelingt es ihm, den tiefen Graben partiell wieder zu überwinden, der von den Evolutionisten zwischen den «Wilden» und den «Zivilisierten» gezogen worden war: «Wenn wir in dieser Weise solche Dinge auswählten, welche sich im Laufe langer Jahrhunderte nur wenig verändert haben, so würden wir ein Bild bekommen können, welches kaum eine Hand breit Unterschied zwischen einem englischen Ackersmann und einem Neger Centralafrikas zeigt.»[19]

Tylors Survival-Theorie scheint der Gedanke zugrunde zu liegen, daß sich ein von ihm einmal plastisch als «Dummheit», «unpraktischer Conservativismus» und «störrischer Aberglaube»[20] bezeichnetes primitives Stratum nicht nur bei den «Wilden», sondern bei allen Völkern finden läßt: «... kein menschlicher Gedanke scheint so ursprünglich, daß er jede Beziehung zu unserem eigenen Denken verloren hätte, noch so alt, daß jeder Zusammenhang mit unserm eigenen Leben abgebrochen wäre.»[21] Im modernen Okkultismus und Spiritismus, dem er viele Seiten seiner Erörterungen widmet, erlebt seiner Ansicht nach die «Philosophie der Wilden» in den so viel fortgeschritteneren europäischen Gesellschaften eine Wiederkehr. Hieran ließe sich erkennen, «in wie nahem und direkten Zusammenhange die moderne Cultur und der Zustand der rohesten Wilden stehen können»[22]. Unter einem solchen Gesichtspunkt betrachtet, erweist sich ihm die Existenz von Überlebseln als ein weiteres Argument für die universale Einheit des menschlichen Geistes: «Es ist ebenso unsinnig anzunehmen, die Gesetze des Geistes seien in Australien andere als in England, andere zur Zeit der Höhlenbewohner als zur Zeit der Erbauer eiserner Häuser gewesen, wie anzunehmen, die Gesetze für die chemischen Verbindungen seien zur Zeit der Kohleablagerungen so und so gewesen, jetzt dagegen anders.»[23]

Die Annahme, daß der Mensch schon immer gleich gut – und das heißt für ihn rational und folgerichtig – gedacht habe, der Erweiterung seines Wissens aber in den Frühzeiten durch die äußeren Umstände Grenzen gesetzt waren, liegt auch Tylors zweitem bleibenden Beitrag für die Ethnologie und vergleichende Religionswissenschaft zugrunde: seiner Theorie des Animismus. Ist der aus dem lateinischen Wort für «Seele» *(anima)* abgeleitete Begriff auch nicht neu – Tylor weist selbst darauf hin, daß er ihn aus der Phlogistontheorie des 18. Jahrhunderts, namentlich Stahls bezogen habe[24] –, so hat doch erst er ihm die Bedeutung gegeben, in der er auch heute noch gebraucht wird. Animismus ist nach Tylor die «Lehre von geistigen Wesen», die nicht nur für «Stämme von sehr niedrigem Range hinsichtlich der Civilisation» charakteristisch sei, sondern «die Grundlage der Philosophie der Religion» darstelle, «von der der Wilden bis hinauf zu der der civilisirten Menschen.»[25]

Der von ihm vorgeschlagenen Minimaldefinition der Religion als «Glaube an geistige Wesen»[26] entsprechend, versucht Tylor mit seiner Animismustheorie sowohl den Ursprung als auch die Entwicklung der Religion zu erklären. Dies geschieht mit Hilfe eines Verfahrens, das von Evans-Pritchard später treffend als «Introspektions-Psychologie» bezeichnet worden ist[27]: Tylor beantwortete die Frage, wie die frühen Menschen zur Vorstellung von geistigen Wesen gelangt sind, dadurch, daß er sich in ihr Fühlen und Denken zu versetzen suchte – ein Verfahren, das freilich notwendig spekulativ bleiben mußte.

Seiner Theorie nach standen das Traumerleben, Trancezustände, Visionen, Halluzinationen und die Erfahrung des Todes am Anfang aller Religion. Im Traum scheint sich der Mensch von seinem Körper lösen zu können. Er gelangt an Orte, die meilenweit entfernt sind, er geht auf die Jagd, er tanzt, er macht Besuche, und er sieht Menschen, Tiere und Dinge, die nicht mehr vorhanden sind, wenn er wieder aus dem Schlaf erwacht. Zugleich trifft er auf Personen, die in weiter Entfernung von ihm wohnen oder auch auf Angehörige, die schon lange verstorben sind. Aus Traumerscheinungen dieser Art, die durch Trance und Visionen auch bewußt herbeigeführt werden können, habe der Primitive den durchaus logischen Schluß auf eine immaterielle Substanz gezogen, die unter bestimmten Umständen dazu in der Lage sei, den Leib zu verlassen. Die Wiederkehr von

Verstorbenen in solchen Traumerfahrungen habe überdies die Mutmaßung nahegelegt, daß diese immaterielle Substanz wiederum dualer Natur sei: Sie besteht aus dem Lebensprinzip, das eng an den Leib gebunden bleibt und beim Tod des Individuums erlischt, und dessen eigentlicher Seele, die nicht nur den Körper des Lebenden zu verlassen vermag, sondern auch noch nach dessen Tod als schattenhaftes Abbild weiterlebt und sich im Traum offenbart. Da aber die Unterscheidung zwischen Einbildung und Wirklichkeit erst eine Frucht der wissenschaftlichen Bildung und dem Wilden noch keineswegs geläufig sei, müsse man sich vorstellen, daß auf diese Weise der Glaube an die menschliche Seele entstanden sei.

Die Vorstellung einer menschlichen Geist-Seele ging nach Tylors entwicklungsgeschichtlicher Konstruktion dem eigentlichen Geisterglauben voraus. Der «Primitive» übertrug sie zunächst auf die Tiere und die Pflanzen, ja später selbst auf unbelebte Dinge wie Waffen, Flüsse, Berge und vieles andere mehr. Die Geister erschienen ihm als die bewirkenden Ursachen aller Erscheinungen. Schließlich verfestigt sich der ursprüngliche «rohe Animismus» zu einem umfassenden weltanschaulichen System. Es entsteht der Glaube an ein Weiterleben der Seele nach dem Tode, der in zweierlei Formen auftritt. Die weltweit verbreitete Lehre von der Seelenwanderung beruht auf der Annahme, daß sich die Seelen der Verstorbenen erneut verkörpern, sei es in Menschen, sei es in Tieren, sei es in Pflanzen oder sei es auch in Dingen. Es entstehen aber auch die ersten Jenseitsvorstellungen, denen zufolge die Geister-Seelen nach dem Tode auf fernen Gestaden entweder ein ähnliches Leben wie im Diesseits führen oder aber für ihre gerechten Taten belohnt und für ihre ungerechten bestraft werden.

Eine weitere Stufe der Entwicklung wird mit dem Manenkult erreicht, der Verehrung von Ahnen oder hervorragenden Individuen, deren Geist-Seelen auch noch nach ihrem Tod auf das Leben der Menschen Einfluß nehmen und deren Wohlwollen die Lebenden durch Huldigungen, Gebete und Opfer zu gewinnen suchen. Ihr negatives Kehrbild stellen die übelwollenden Dämonen und bösen Geister dar, die von einzelnen Menschen Besitz ergreifen und zu deren Austreibung man sich exorzistischer Praktiken bedient. Mit den Besessenheitsvorstellungen wiederum eng verbunden ist der Fetischismus, ein Begriff, den Tylor von Charles de Brosses und Auguste Comte bezieht, unter dem er aber nicht die Urform der Religion, sondern ein bereits fortgeschritteneres Stadium des religiösen Denkens verstanden wissen will, dessen Charakteristikum darin besteht, daß man sich bestimmte außergewöhnliche Gegenstände von Geistern beseelt vorstellt, die man beschwört, denen man huldigt, denen man Gebete und Opfer darbringt. Der Fetischkult stellt in Tylors Konstruktion die Übergangsstufe zur Idolatrie dar. Von Fetischen unterscheiden sich Idole oder Götzenbilder darin, daß sie keine beliebigen Gegenstände mehr sind, sondern Abbilder der überirdischen Wesenheit darstellen. Allerdings sind die Übergänge fließend. Stellen die Idole für die einen nur Symbole der Gottheiten dar, so werden sie von anderen als von diesen bewohnte und selbsttätige Dinge betrachtet. Im katholischen Heiligenkult etwa habe sich diese ältere Vorstellung noch bis in die Moderne hinein erhalten.

Eine weitere Stufe ist mit der Herausbildung der polytheistischen Systeme erreicht. Im Prinzip stellt nach Tylor auch der Polytheismus nichts anderes dar als eine Fortentwicklung des primitiven Seelenglaubens, denn auch die höheren Gottheiten weisen allesamt anthropomorphe Züge auf. Von den Seelen und niedrigeren geistigen Wesen unterscheiden sie sich weniger nach ihrer inneren Natur als nach ihrem Rang: «Was die Häuptlinge und Könige unter den Menschen sind, das sind die großen Götter unter den geringeren Geistern.»[28] Der ihnen zugeschriebenen gewaltigen Machtfülle entsprechend, werden sie häufig als Personifikationen der Naturkräfte angesehen, der Sonne, des Mondes, der Erde, des Himmels oder auch der Winde. In den ausgeformten polytheistischen Systemen mißt man ihnen später auch die Kontrolle über bestimmte Bereiche des menschlichen Lebens zu. Auf diese Weise entstehen Schutzgottheiten der Geburt und des Ackerbaus, die Kriegs- und die Totengötter, die göttlichen Verkörperungen des Guten und des Bösen. Auf den Polytheismus folgt schließlich der Monotheismus. Die oberste Gottheit des nach dem Vorbild der irdischen politischen Verhältnisse gestalteten himmlischen Pantheons wird zu dem einen überirdischen Wesen, in dem man sich die Attribute aller übrigen Gottheiten vereinigt vorstellt. Auf diese Weise bildet sich im Zuge theologischer Spekulation die Idee des einen und allmächtigen Gottes heraus. Nach Tylor kann allerdings auch noch ein zweiter Weg zum Monotheismus geführt haben, scheint die Vorstellung des einen göttlichen Wesens im Keim doch auch schon im frühen Animismus angelegt zu sein. Ist man auf der Grundlage der Lehre von der Seelenverkörperung nämlich erst einmal zu der Schlußfolgerung gelangt, die Existenz eines großen göttlichen Geistes anzunehmen, der «die ungeheure Masse der Erde und des Himmels belebt», dann bedarf es «nur noch einer letzten Erweiterung, um zu einer Lehre zu gelangen, welche das ganze Universum als von einer grössten, Alles durchdringenden Gottheit beseelt ansieht»[29].

Obgleich Tylor die theologische Doktrin der Offenbarung als Grundlage der «natürlichen Religion» mit Entschiedenheit zurückweist, an Seitenhieben auf andere christliche Dogmen nicht spart und in seine vergleichenden Untersuchungen immer wieder Verweise auf «Überlebsel» des Animismus namentlich im katholischen Heiligenkult einfließen läßt, hält er sich ansonsten in seinem Urteil über das Christentum eher zurück. Gleichwohl liegt die religionskritische Stoßrichtung seiner Theorie über die Entstehung der Religion auf der Hand. Wenn Fetischismus, Polytheismus und Monotheismus nicht mehr darstellen als eine logische Fortführung der Schlüsse, die schon dem «niedrigen» Animismus zugrunde gelegen haben, ist dann nicht auch die Gottesvorstellung der christlich-jüdischen Überlieferung nichts anderes als ein Produkt des menschlichen

Geistes? Und steht nicht vielleicht sogar zu erwarten, daß auch sie in absehbarer Zeit zu den Überbleibseln früherer Kulturstufen zählen wird?

Tylors Animismustheorie steht in der Tradition der europäischen Aufklärung.[30] Mit Fontenelle, de Brosses, Voltaire und Hume teilt er nicht nur die kritische Sicht des Christentums, sondern auch das Bild des Primitiven als eines «homo rationalis»: eines im Rahmen seines noch begrenzten Erfahrungshorizonts durchaus vernünftig denkenden und handelnden Wesens. Seine Anschauungen und Gebräuche seien keineswegs «ein Kehrichthaufen von allerlei Thorheit», sondern vielmehr in «hohem Grade konsequent und logisch».[31] Tylors Konstruktion nach bedurfte es nur der Zeit, um die im Urzustand schon vorhandenen Fähigkeiten zu ihrer vollen Entfaltung zu bringen. In der Qualität des Denkens aber schien sich der Urmensch vom modernen Menschen kaum unterschieden zu haben. Ja mehr noch: Während man ersterem noch seine Unwissenheit zugute halten müsse, bedeutet für die Menschen des 19. Jahrhunderts Aberglaube, Spiritismus und Okkultismus einen Rückfall in längst überwundene Glaubensvorstellungen.

Auf ein zentrales Problem bleibt Tylors Evolutionsmodell indes eine zureichende Antwort schuldig. Wenn der Fortschritt des menschlichen Wissens vor allem anderen eine Funktion der Zeit ist, wie erklärt sich dann, daß die zeitgenössischen Wilden auf früheren Stufen der Entwicklung stehengeblieben sind? Tylor schneidet diese Frage zwar im Schlußteil von *Primitive Culture* kurz an, beantwortet sie aber mit einem wenig befriedigenden Zirkelschluß.[32] Hatte er sich in seinen ersten beiden Hauptwerken gegen die Argumentation der zeitgenössischen Rassentheoretiker noch versperrt, so war es dieses Problem, das ihn in *Anthropology. An Introduction to the Study of Man and Civilization*, seiner letzten größeren Abhandlung von 1881, dazu brachte, ihnen letztlich doch Konzessionen zu machen. Anthropologische Untersuchungen hätten ergeben, so schreibt er, daß der durchschnittliche Schädelinhalt bei Australiern 79, bei Afrikanern 85 und bei Europäern 91 Kubikzoll betrage und das Gehirn des Europäers zudem kompliziertere Windungen aufweise als das des «Negers» oder des «Hottentotten». Hieraus schließt er, daß es wohl einen Zusammenhang geben müsse zwischen der Gehirnausbildung der einzelnen Menschenrassen und der Verschiedenheit ihrer geistigen Entwicklung.[33] Die Tatsache, «daß manche Völker in der Civilisation fortgeschritten sind, während andere stillgestanden haben oder zurückgegangen sind»[34], ließe sich durch deren unterschiedliche intellektuelle Fähigkeiten erklären, obgleich man sich – wie er einschränkend hinzufügt – nicht einbilden dürfe, die fortschreitende Entwicklung der geistigen Fähigkeiten sei allein ein Monopol der weißen Rasse.[35] Daß Tylor sich in seinem Spätwerk offensichtlich genötigt sah, die Theorie von der universellen Einheit des menschlichen Geistes aufzugeben und sich für die Erklärung der Ungleichzeitigkeit kultureller Entwicklungen den zeitgenössischen Rassentheorien anzuschließen, verweist auf das entscheidende Defizit des von ihm und seinen Zeitgenossen vertretenen evolutionistischen Modells. Es sollte erst den Neoevolutionisten und Kulturökologen des 20. Jahrhunderts gelingen, durch eine stärkere Berücksichtigung der Umweltfaktoren einen möglichen Ausweg aus diesem logischen Dilemma aufzuzeigen.[36]

III. Wirkung

Mußten die großen Theoretiker des britischen Evolutionismus ihre Forschungen noch außerhalb der Universitäten betreiben, so gelang es Tylor als erstem, dem Studium der schriftlosen außereuropäischen Gesellschaften zum Status einer auch universitär verankerten akademischen Disziplin zu verhelfen. Während seiner Tätigkeit als Professor in Oxford setzte er durch, daß «Anthropology» ab 1905 auch als selbständiges Fach studiert werden konnte. Wie der von ihm 1906 in der Zeitschrift *Man* veröffentlichte Studienplan zeigt, verstand er unter Anthropologie eine umfassende Wissenschaft, die sich mit der Physis des Menschen ebenso befassen sollte wie mit der Ur- und Frühgeschichte der Menschheit, der Entwicklung ihrer technologischen Errungenschaften und dem vergleichenden Studium der materiellen Kultur, der Sprache, der Schrift, der sozialen und politischen Institutionen, der moralischen Ideen und Normensysteme, der religiösen Praktiken und der Glaubensvorstellungen.[37] Im Mittelpunkt dieses neuen Studienfachs stand mithin die «menschliche Kultur» in jenem umfassenden und zu seiner Zeit revolutionären Sinn, den Tylor diesem Begriff in den ersten Sätzen von *Primitive Culture* verliehen hatte (s. o.). Ging er auch davon aus, daß ihre Entwicklung sich in die drei klassischen Stadien der Wildheit, der Barbarei und der Zivilisation einordnen ließ, so wandte er dieses Modell doch entschieden behutsamer an als andere Evolutionisten. Im Gegensatz etwa zu Lewis Henry Morgan verzichtete er darauf, diesen drei Stadien bestimmte Gesellschaften zuzuweisen. Für ihn stand vielmehr fest, daß es nicht nur hin und wieder zu Rückfällen auf frühere Entwicklungsstufen gekommen sein mußte, sondern daß sich Restbestände eines «primitiveren» Denkens selbst noch in den fortgeschrittensten Kulturen finden ließen. Hob er auch die Unterschiede zwischen den «Wilden» und den «Zivilisierten» stark hervor, so erlaubte ihm die «Survival»- Theorie doch, diese Grenze wieder aufzuheben. Außereuropäische Ethnologie und Volkskunde gehen auf diese Weise in seinem Werk eine fruchtbare Verbindung ein. Praktisch jeder Brauch, jede magische, jede religiöse Vorstellung, die Tylor in *Primitive Culture* ausführlicher behandelt, wird auch mit Beispielen aus der eigenen Kultur belegt. Damit inaugurierte er einen komparatistischen Ansatz, der auch noch aktuell bleiben sollte, als seine evolutionistische Grundlage längst obsolet geworden war.

Seinen zentralen eigenen Beitrag zu einer allgemeinen Theorie der Kultur erbrachte Tylor auf dem Gebiet der Religionsforschung. James Frazer, der ihm wesentliche Anregungen verdankte, hat Tylors Überlegungen in seinem zwölfbändigen Werk *The Golden Bough* zum Teil aufgegriffen. Bei der Aufstellung seines Evolutionsmodells von der Magie über die Religion zur Wissenschaft bediente Frazer sich nicht nur ähnlicher komparatistischer Methoden, sondern teilte auch Tylors skeptische Haltung gegenüber der christlichen Religion. Seine Animismustheorie wurde von zeitgenössischen Ethnologen ebenso wie von führenden Psychologen, Religions- und Altertumswissenschaftlern wie etwa Wilhelm Wundt, Nathan Söderblom und Erwin Rohde rezipiert und zum Teil weiter ausgebaut. Der Begriff des Animismus konnte sich auch im allgemeinen Sprachgebrauch so durchsetzen, daß darüber Tylors Urheberschaft fast in Vergessenheit geraten zu sein scheint. Wenn die missionierenden Weltreligionen heute anstatt von «Heiden» von «Animisten» sprechen und in den offiziellen Länderstatistiken die Anhänger von Lokalreligionen unter die Rubrik «Animismus» subsumiert werden, wird dabei kaum noch jemand an Tylor denken.

Die Zählebigkeit dieses Begriffs überrascht allerdings insofern, als die an ihn gebundene Theorie innerhalb der Ethnologie schon relativ früh kritisiert worden war. Es war Robert Ranulph Marett, Tylors Hörer und späterer Nachfolger in Oxford, der bereits 1900 in der Zeitschrift *Folklore* unter dem Titel «Pre-animistic Religion» einen Artikel veröffentlichte, in dem er einige der Grundannahmen der Animismustheorie in Frage stellte. Im 17. Kapitel von *Primitive Culture* hatte Tylor bereits selbst eingeräumt, daß er in einseitiger Weise vor allem die intellektuelle Seite der Religion untersucht, ihre gefühlsmäßige Seite aber nicht mit in die Betrachtung einbezogen hätte.[38] Genau hier setzt Marett an. Religion sei nicht aus rationalen Überlegungen hervorgegangen, so argumentierte er, sondern sie habe ihren Ursprung vielmehr in einer Gemengelage von Affekten, Handeln und Denken. Von zentraler Bedeutung für die Herausbildung religiösen Empfindens sei dabei das Erlebnis einer unpersönlichen Macht gewesen, die Gefühle der Ehrfurcht, des Staunens und der Bewunderung auslöste. Marett bezeichnete dieses sowohl der Magie als auch allen späteren Religionsformen zugrunde liegende affektive Stratum als Animatismus oder Präanimismus. Damit versuchte er seinem Lehrer Tylor offensichtlich eine Konzession zu machen, konnte der eigentliche Animismus so doch noch als ein späteres Entwicklungsstadium aufgefaßt werden.

Ein weiterer Einwand gegen die Animismustheorie kam von dem schottischen Gelehrten und Literaten Andrew Lang. Er war indes entschieden konventioneller als Maretts Beitrag zu dieser Debatte. Lang bestritt zwar nicht, daß sich der Glaube an Geister auf Traumerfahrungen zurückführen ließe, wies aber Tylors Annahme zurück, daß sich die Gottesvorstellung aus dem ursprünglichen Animismus heraus entwickelt habe. Da sie sich selbst bei solchen «primitiven» Völkern wie den australischen Aborigines und den Buschmännern finden ließe, müsse die Vorstellung des allmächtigen, gütigen und allwissenden Schöpfergottes am Anfang aller Religion gestanden haben – eine Idee, die wenig später von den Anhängern der Wiener kulturhistorischen Schule um Pater Wilhelm Schmidt aufgegriffen und weiter ausgebaut wurde.

Wie vor ihnen schon Frazer, der das Stadium der Magie dem der Religion hatte vorausgehen lassen, suchten Marett und Lang zwar Tylors Ursprungshypothese zu widerlegen, bewegten sich dabei aber immer noch auf dem Boden des Evolutionismus und bestritten insofern nicht den grundsätzlichen Wert seiner theoretischen Überlegungen. Erst als dieses große Lehrgebäude der viktorianischen Ethnologie in den ersten drei Dekaden des 20. Jahrhunderts in sich zusammenbrach, begannen auch die beiden Pfeiler von Tylors Religionstheorie, seine Lehre von den Survivals und die animistische Doktrin, ins Wanken zu geraten. Der entscheidende Stoß wurde ihnen von den Vertretern des britischen Funktionalismus versetzt. Indem sie die religiösen Praktiken und Vorstellungen in ihrem jeweiligen kulturellen Kontext untersuchten und dabei vor allem ihre Funktionen für den gesellschaftlichen Zusammenhalt herausarbeiteten, wiesen sie Tylors Ansichten als bloße Spekulationen zurück. «Überlebsel» im Tylor'schen Sinn hatten im Rahmen einer funktionalen Theorie der Kultur in der Tat keinen Platz, die auf der Annahme beruht, daß alle Institutionen, und die religiösen zumal, einen Beitrag zum Erhalt der Gesamtgesellschaft leisten. Das von ihm und anderen Evolutionisten eingeschlagene Verfahren, sich am Schreibtisch in das Denken der «Wilden» hineinversetzen zu wollen, erschien angesichts der neuen Einsichten, die durch Forschungen vor Ort erlangt worden waren, nun geradezu lächerlich. Sarkastisch spricht zum Beispiel Evans-Pritchard in Zusammenhang mit den Religionstheorien des Evolutionismus von einer «Wenn-ich-ein-Pferd-wäre-Spekulation», ja von modernen Ammenmärchen.[39] Speziell Tylors Animismustheorie krankt seiner Ansicht nach daran, daß sie «dem Primitiven eine logische Konstruktion des Wissenschaftlers überstülpt und als Erklärung für seine religiösen Überzeugungen präsentiert».[40] Auch habe er das logische Problem gar nicht gesehen, geschweige denn lösen können, weshalb die Menschen im Bereich der Religion und Magie «ideale Zusammenhänge für reale halten, während sie das für ihre normale Tätigkeiten nicht tun.»[41] Ein neuerer Wissenschaftshistoriker wie Adam Kuper zählt Tylor zu den Anthropologen des 19. Jahrhunderts, die sich die «primitive Gesellschaft» als ihren bevorzugten Gegenstand wählten, welche sich in der Praxis freilich nur als das verzerrte Spiegelbild ihrer eigenen Gesellschaft erwies.[42]

Aufgrund der zentralen Rolle, die der von Tylor geprägte Begriff des Animismus im Lehrgebäude des viktorianischen Evolutionismus spielte, ist er in der Religionswissenschaft und Ethnologie mittlerweile so in Mißkredit geraten, daß man seine Verwendung nach Möglichkeit vermeidet.[43] Daß Formen des Geisterglaubens in vielen, wenn nicht vielleicht sogar in allen Kulturen existieren, wird zwar nicht bestritten. Gerade seine globale Verbreitung innerhalb wie auch außerhalb ausgeformter religiöser Systeme spricht aber dagegen, ihn als eine einheitliche und ursprüngliche religiöse Geisteshaltung anzusehen.

Tylors Verdienst bleibt es gleichwohl, durch seine detaillierten komparatistischen Studien auf das universelle Vorkommen dieses Phänomens aufmerksam gemacht zu haben. Seine einschlägigen Untersuchungen sind daher von den sogenannten Neo-Tylorianern wieder aufgenommen worden, nachdem die funktionalistischen Theorien der Religion schließlich selbst in eine Sackgasse geraten waren.[44] Ihr Anliegen ist es, gegenüber der Überbetonung der rituellen Handlungen die Glaubensvorstellungen wieder in das Zentrum religionsethnologischer Forschung zu stellen.[45] Wenn sie dabei auf Tylors Minimaldefinition der Religion als «Glaube an geistige Wesen» zurückgreifen, dann bedeutet dies jedoch nicht, daß sie damit auch dessen evolutionistische Positionen und Erklärungsmodelle übernehmen. Tylor hat der vergleichenden Religionswissenschaft wichtige Wege gewiesen. Seine eigenen Theorien aber erscheinen heute nur noch von wissenschaftshistorischem Interesse.

William Robertson Smith (1846–1894)

Hans G. Kippenberg

WILLIAM ROBERTSON SMITH
(1846–1894)

I. Leben

William Robertson Smith (8. 11. 1846 – 31. 3. 1894) aus Keig, Aberdeenshire in Schottland, war von seinem Vater, der über eine immense Bildung verfügte, zu Hause unterrichtet worden. Er war gerade 15 Jahre alt, als er in Aberdeen zu studieren anfing. Mit ihm war sein Bruder George nach Aberdeen gekommen. Da die Jungen nach Meinung der Eltern ihren Haushalt nicht alleine führen konnten, schickten sie die ältere Schwester Mary Jane mit. Doch über dem Leben der drei Kinder in Aberdeen lag der Schatten des Todes. Alle drei hatten Tuberkulose. Zuerst starb die Schwester, dann wurde George schwer krank. Er wurde noch 1865 auf dem Krankenbett examiniert, starb aber drei Wochen danach. Der Tod von W. Robertson Smith zwanzig Jahre später im Alter von nur achtundvierzig Jahren hatte dieselbe Ursache.

Im Anschluß an die Schreckenszeit von Aberdeen studierte Robertson Smith ab 1866 Mathematik und Bibelwissenschaften in Edinburgh, wo ihm wiederum eine Schwester den Haushalt führte. In Edinburgh lernte er den Rechtsanwalt John F. MacLennan kennen, einen der führenden Köpfe der sich bildenden britischen «social anthropology». Beide verkehrten sie in demselben Club Edinburghs, dem Edinburgh Evening Club.[1] Doch hielt es Robertson Smith nicht lange in der schottischen Stadt aus. Er war ein interessierter, sprachbegeisterter Student, den es ins Ausland zog. Seine Sprachkenntnisse erwiesen sich im Laufe seines Lebens als geradezu legendär: er konnte fließend Arabisch, schrieb ein vorzügliches Latein, kannte Holländisch, Französisch, Griechisch und Hebräisch. 1868 besuchte er die Universität von Bonn, 1869 ging er nach Göttingen, wo er sich dem Arabischen widmete.

In Göttingen lernte der wißbegierige Schotte den nur zwei Jahre älteren Julius Wellhausen kennen. Diese Begegnung sollte ihn dauerhaft prägen und für seinen akademischen Lebensweg entscheidend werden. Wellhausen hatte ähnlich wie Robertson Smith Arabistik und Altes Testament studiert. Er war gerade Privatdozent geworden und wartete auf seinen ersten Ruf, der ihn wenig später 1872 nach Greifswald brachte. Was Wellhausen – und A. Kuenen (1828–1891) – über die Entstehung der Bibel behaupteten, faszinierte den jungen Mann maßlos. Er brachte es bald in Verbindung mit dem, was er in den intellektuellen Kreisen Edinburghs von der vergleichenden Ethnologie mitbekommen hatte. Julius Wellhausen hatte als erster realisiert, welche umstürzenden Folgen es für das Verständnis der Geschichte des antiken Judentums haben mußte, wenn die Vermutung von K. H. Graf richtig war, daß die zeitliche Reihenfolge der Entstehung der Bücher des Alten Testaments nicht ihrer Reihenfolge im Kanon der Bibel entsprach. Dreh- und Angelpunkt der Argumentation war das 5. Buch Mose, das Deuteronomium. Das Buch war aller Wahrscheinlichkeit nach identisch mit dem Buch, das im Jahre 621 v. Chr. im Tempel von Jerusalem gefunden und König Josia gebracht worden war (2 Könige 22 f.). König Josia mußte damals zu seinem Schrecken in dem Buch lesen, daß Mose schon vor langer Zeit angeordnet hatte, den Gott Israels nur auf dem Berg Zion in Jerusalem, dem erwählten Ort, kultisch zu verehren und nirgendwo sonst. Falls das Volk dies unterlasse und die kanaanäischen Götter des Landes verehre, müsse es mit Gottes Zorn rechnen. Auch wurde ihm bewußt, daß das Volk Israel einige Gesetze Gottes, die den verarmten jüdischen Bruder vor Gewalt und Sklaverei schützen sollten, ignoriert hatte. Als König Josia begriff, daß er und das Volk die Forderungen, die Gott durch seinen Propheten Mose im Deuteronomium kundgetan hatte, dauernd verletzt hatte, führte er schleunigst die Zentralisierung des israelitischen Kultes durch. Israels Ungehorsam schien ihm ein plausibler Grund dafür zu sein, daß das Nordreich untergegangen war und jetzt auch seinem Reiche Gefahren drohten. Gottes Zorn war über seinem Volk entbrannt.

Bücherfunde sind in der antiken Religionsgeschichte häufiger bezeugt. Es handelte sich in aller Regel um Fälschungen zum Zwecke von Glaubenswerbung bzw. Kultusreform. Die Deutung von J. Wellhausen lief ebenfalls darauf hinaus. Es waren bestimmte Kreise im antiken Judentum gewesen, die hinter dem Programm des Deuteronomiums standen. Nach der Zerstörung auch des Südstaates, die auch Josia nicht mehr aufhalten konnte, und nach der Rückkehr vieler Juden aus dem Exil in Babylon im 6./5. Jahrhundert v. Chr. wurde das Deuteronomium, das die vorausgehende ältere prophetische Botschaft erneuert und kodifiziert hatte, zur Grundlage des Judentums. Jetzt erst wurden die priesterlichen Gesetze des Mose, die Jerusalem als alleiniges legitimes Heiligtum kannten, kodifiziert. Was den Anschein besonders hohen Alters hatte, gehörte in Wirklichkeit zu den jüngsten Teilen des Alten Testaments.

Von diesem festen Punkt in der Geschichte biblischer Quellen konstruierte Wellhausen die Geschichte des antiken Judentums grundlegend neu: erst kamen die Propheten, dann das Priestergesetz. Der Historiker Wellhausen wollte nicht bei einer mechanischen Zerlegung der Werke stehen bleiben. Die Kritik, so fand er, «muß darauf hinaus, die ermittelten Einzelschriften in gegenseitige Beziehung zu setzen, sie als Phasen eines lebendigen Prozesses begreiflich und auf diese Weise eine stufenmäßige Entwicklung der Tradition verfolgbar zu machen.»[2] Dabei sollte der Begriff der Entwicklung nicht im Sinne des Evolutionismus mißverstanden werden. Wellhausens Arbeit stand unter der Vorherrschaft des deutschen Historismus, und er beschrieb die Phasen unter stetem Bezug auf die Nationalgeschichte, in diesem Fall die jüdische.[3] Zur Zeit der Propheten hatte in Israel ein Typus Religion geherrscht, der anderen antiken paganen Religionen ganz ähnlich war. Er ließ jede Exklusivität der Verehrung Jahwes vermissen. Erst die Propheten eröffneten den Kampf gegen die kultische Verehrung anderer Götter als Jahwe. Als dem Nord- und dann dem Südreich der Untergang drohte, wurde den Propheten der furchtbare Ernst der Gerechtigkeit Jahwes bewußt. Das Volk Israel habe den Bund mit Gott schmählich verlassen. Die Propheten zerstörten mit ihrer Botschaft die Illusion, Gott stünde bedingungslos auf der Seite seines Volkes. Das Deuteronomium schließlich kanonisierte diese Sicht. Israels Geschichte war von einer permanenten Untreue gegenüber seinem Gott und Herren geprägt. In diesem Umstand lag der Fluch beschlossen, der über das Volk Israel gekommen war. Das Deuteronomium leitete damit eine Konzentrierung aller religiösen Aktivitäten auf Jerusalem und den Kult dort ein. Wellhausen präparierte mit Hilfe seiner historisch-kritischen Bibelanalyse aus dem Judentum vor dem Exil eine Religion heraus, die sich angeblich fundamental von der des späteren Judentums nach dem Exil unterschied. In ihr herrschte die Prophetie, nicht das Gesetz; Ethik, nicht der Tempelkult. Als Max Weber einige Jahrzehnte später der Prophetie eine Schlüsselrolle in der abendländischen Religionsgeschichte gab, setzte er diese Deutung Wellhausens voraus. Die Prophetie galt als das Herz der Religion des alten Israel, verglichen mit der der priesterliche Tempelkult tote Gewohnheit war.

Diese knappen Andeutungen dürften ausreichen, um deutlich werden zu lassen, welch revolutionäre Folgen die Bibelkritik für das Verständnis der Geschichte des antiken Judentums hatte. J. Wellhausen hatte sie in seiner *Geschichte Israels* 1878 schonungslos gezogen und dabei auch vor provokativen Äußerungen nicht zurückgescheut. Mose sei etwa in dem gleichen Sinne der Urheber der mosaischen Verfassung gewesen, wie Jesus Christus der Stifter der niederhessischen Kirchenordnung (S. 427).[4] Kirchenvertretern und Rechtgläubigen waren diese und andere Äußerungen, ja die ganze Sicht, ein Ärgernis sondergleichen. Je mehr die kritische Bibelforschung auch unter Christen Zustimmung fand, um so heftiger wurden die Kontroversen in den Gemeinden. In den USA führten sie einige Jahrzehnte später zur Abspaltung eines fundamentalistischen Lagers, das sich vehement gegen diese Art von Kritik an der biblischen Überlieferung kehrte. Wellhausen ahnte den Sprengsatz, der in seinen Erkenntnissen lag, und zog es vor, seine Professur für Altes Testament in Greifswald aufzugeben. Er ließ sich 1882 nach Halle auf einen Lehrstuhl für Semitische Sprachen versetzen. Dieser Vorgang wirkt wie das harmonische Gegenstück zu den dramatischen Ereignissen rund um seinen Studienfreund und Schüler Robertson Smith in Schottland. Wellhausen konnte einer Auseinandersetzung aus dem Wege gehen[5], Robertson Smith mußte sich ihr stellen.

In Schottland war eine theologiekritische Erforschung biblischer Schriften mit der Ausübung eines kirchlichen Lehramtes noch weniger vereinbar als in Deutschland. In einem berühmt-berüchtigten Häresieprozeß wurde Robertson Smith 1881 seines Amtes als Professor für Hebräisch und Altes Testament in Aberdeen enthoben. Dieselbe Kirche, die ihn elf Jahre zuvor im Alter von nur 24 Jahren an das Free Church Divinity College berufen hatte, konnte den jungen und brillanten Gelehrten nicht länger ertragen. Robertson Smith schien die Erfahrung von Diskussionen in Gruppen und das mit ihnen einhergehende Training von Rücksichtnahme zu fehlen. Eher sah er in der Kontroverse die Hebamme der Wahrheit.[6]

Begonnen hatte der Konflikt mit einem Artikel, den Robertson Smith 1875 zur neunten Auflage der *Encyclopaedia Britannica* beigesteuert hatte. Als er den Artikel «Bible» schrieb, sah er darin eine Chance, die neuen revolutionären Erkenntnisse der Bibelkritik einer breiteren Öffentlichkeit bekannt zu machen. Robertson Smith war derselben Ansicht wie J. Wellhausen: «Für die geschichtliche Auffassung der hebräischen Religion ist eine richtige Vorstellung von der Reihenfolge und dem Zeitalter der einzelnen Teile des Pentateuch ganz wesentlich.»[7] Eine Edinburgher Zeitung erhielt von dem frisch veröffentlichten Enzyklopädie-Band mit Robertson Smiths Artikel ein Besprechungsexemplar. Sie gab ihn einem Kollegen der theologischen Fakultät der Universität Edinburgh mit der Bitte, die theologisch relevanten Artikel zu besprechen. Als der Rezensent Robertson Smith wegen seines Artikels scharf angriff, wurde der Blick einer breiteren Öffentlichkeit auf ihn gelenkt. Das Deuteronomium solle nicht von Mose sein, hieß es darin! Es «war ein prophetisches Gesetzgebungsprogramm. Wenn der Autor es Mose in den Mund legte, anstatt ihm mit Ezechiel eine direkte prophetische Form zu geben, tat er dies nicht aus frommer Lüge, sondern einfach deshalb, weil es nicht seine Absicht war, ein neues Gesetz zu erlassen, sondern die mosaischen Prinzipien in bezug auf neue Bedürfnisse zu erweitern und zu entwickeln.»[8]

Nicht nur der Rezensent, auch die kirchlichen Vorgesetzten von Robertson Smith waren entsetzt und teilten ihm ihre Mißbilligung mit. W. Robertson Smith ließ sich daraufhin vom Dienst suspendieren, ging seinerseits in die Offensive und erläuterte Interessierten die Erkenntnisse der höheren Bibelkritik. Zwischenzeitlich reiste er 1878 und 1879 für mehrere Monate nach Ägypten, Syrien und Palästina, was mit seinen ethnologischen Interessen in Zusammenhang stand. Diese waren seit seiner Begegnung mit MacLennan in Edinburgh nie erloschen. Als er im Juni 1880 seinen Aufsatz «Animal Worship and Animal Tribes among the Arabs and in the Old Testament» publizierte, war der Bruch mit den kirchlichen Vorgesetzten nicht mehr zu heilen. Denn jetzt forderte er sie mit der Behauptung heraus, die biblischen Stämme hätten wie die heutigen Stämme Arabiens oder Amerikas Totems besessen. Und wie bei diesen hätten auch bei ihnen Totems die Zugehörigkeit zu Verwandtschaftsgruppen geregelt. Da es sich um eine matrilineare Verwandtschaft handelte, waren mit ihnen Exogamie sowie Polyandrie verbunden: die Ehe einer Frau mit mehreren Männern! Die Schlußworte seines Aufsatzes sind selbst für unsere Ohren, die für religiöse Empfindlichkeiten schon eher abgestumpft sind, provokativ. «Es scheint nicht, daß Israel durch seine eigene Weisheit mehr als jede andere Nation imstande gewesen sei, sich über den niedrigsten Grad von Heidentum zu erheben.»[9]

Als die Mitglieder der Synode den Aufsatz gelesen hatten, war für sie der Fall klar: «Erstens, sind die Ansichten hinsichtlich Ehe und Ehegesetzen in Israel so grob und so geeignet, die moralische Empfindung der Gemeinde zu verletzen, daß sie nur hinter verschlossenen Türen vor einem Kirchengericht erörtert werden können. Zweitens stehen die Ansichten von diesem Professor hinsichtlich des Tierkultes in Israel nicht allein in Widerspruch zu den Fakten und Aussagen der Heiligen Schrift, sondern sind grob und sinnlich – geeignet, die öffentliche Empfindung zu besudeln und zu verderben.»[10] Sie entließen ihren Professor. Als Reaktion auf den Sieg seiner Gegner hielt Robertson Smith 1881 auf Einladung in Glasgow und Edinburgh Vorlesungen, in denen er die Standpunkte der neueren Bibelkritik noch einmal allgemeinverständlich zusammenfaßte. Sein Brot aber verdiente er nach seiner Entlassung als hauptamtlicher Redakteur der viel gerühmten neunten Auflage der *Encyclopaedia Britannica*. Zwei Jahre später, 1883, wurde er zum Professor für Arabisch an die Universität Cambridge ernannt, wo er am Trinity College den jungen Altertumswissenschaftler J. G. Frazer kennenlernte.

II. Werk

Robertson Smith richtete seinen Blick auf den jüdischen Kult, auf dessen Geschichte plötzlich ein neues Licht zu fallen schien. Schon J. Wellhausen war klar geworden, daß seine Entdeckung der Kultuszentralisierung durch Josia für die Geschichte des Kultus in der Zeit davor neue Fragen aufwarf. Er war sich sicher, daß sich dieser Kultus von dem unter Josia etablierten Tempelkult grundlegend unterschieden hat. J. Wellhausen analysierte die wenigen diesbezüglichen Quellen in einer Weise, die in der deutschen Historiographie Tradition hatte, nämlich als Zeugnisse eines authentischen Gemeinschaftsleben: «In der alten Zeit erzeugte sich der Gottesdienst aus dem Leben und war aufs engste damit verwachsen. Das Opfer Jahve's war ein Mahl der Menschen, bezeichnend für das Fehlen des Gegensatzes von geistlichem Ernst und weltlicher Fröhlichkeit.»[11] «Wie das Leben im Lokal wurzelt, so wurzelte auch der alte Cultus im Lokal; durch die Verpflanzung aus seinem ursprünglichen Boden ward er seiner natürlichen Nahrungssäfte beraubt. Es mußte eine Scheidung zwischen ihm und dem Leben eintreten, eine Scheidung, welche das Deuteronomium selber vorbereitet hatte durch die Erlaubnis der privaten Schlachtung. Man lebte in Hebron, man opferte in Jerusalem, Leben und Gottesdienst fielen auseinander. Die Folgen, die im Gesetz des Deuteronomium schlummern, haben sich im Priestercodex entwickelt .... Der warme Pulsschlag des *Lebens* zitterte nicht mehr beseelend darin nach.»[12] Mit der Kultuszentralisierung unter Josia verloren die Feste ihren ursprünglichen Charakter. «In der mosaischen Theokratie ist der Cultus zu einem pädagogischen Zuchtmittel geworden. Dem Herzen ist er entfremdet ... Er wurzelt nicht mehr in dem naiven Sinn; er ist ein totes Werk, trotz aller Wichtigkeit, ja gerade wegen der Peinlichkeit und Gewissenhaftigkeit, womit er genommen wurde.»[13]

Wellhausen hatte nicht nur die Bibel kritisch zerlegt. Er setzte auch die seines Erachtens gesicherten Quellenbestände neu zusammen. Dabei entstand ein ganz anderes Bild von der Geschichte Israels, als man es hatte. Die Quellenanalyse war dafür allerdings nur die notwendige, nicht die hinreichende Bedingung. Zusätzlich bedurfte es einer eigenständigen historischen Einbildungskraft. Diese kam aus der Annahme, der Kultus habe seine Wurzeln im Leben der lokalen Gemeinschaft. Wenn Wellhausen das Wort «Leben» in dem Zitat oben kursiv drucken ließ, so wollte er bei seinen Lesern die Assoziation von ursprünglich, frisch, spontan, ungekünstelt hervorrufen. Wie bei Herder und in der Romantik, so stand auch bei Wellhausen der warme Pulsschlag des Lebens den kirchlichen Institutionen und theologischen Abstraktionen unversöhnlich gegenüber.[14]

Dieser Rückblick auf Wellhausen war notwendig, macht er doch manches an Robertson Smith besser verständlich. Zwar verwendete der Schotte hier und da noch die ältere geologische Metapher von Survival, um die zeitliche Tiefendimension antiker Religionen zu bezeichnen. In den religiösen Institutionen verkörpere sich die Entwicklung des religiösen Denkens der Menschheit so, wie sich in den geologischen Bildungen die Geschichte der Erdrinde darstelle, schreibt er. Altes und Neues sei in neben- und übereinander lagernden Schichten erhalten. Doch dann fügt er – in Abweichung von Tylors Auffassung – hinzu: «Die Anordnung der cultischen Bildungen nach ihrer wirklichen Reihenfolge ist der erste Schritt zu ihrer Erklärung; diese aber muß ihren Maßstab nicht irgendeiner systematischen Theorie, sondern dem naturgemäßen Entwicklungsgang entnehmen.»[15] Auch hier aber sollte man bei Entwicklung nicht zu schnell an den britischen Evolutionismus denken. Eine frühere Studie gibt über sein Verständnis von Entwicklung hinreichend Aufschluß. «Das grundlegende Prinzip der höheren Kritik liegt in der Vorstellung der organischen Einheit der Geschichte. Wir sollten in der Geschichte nicht nur einen Mischmasch kleiner Dramen sehen, die keine anderen Handlungsquellen haben, als die Leidenschaften und Interessen einzelner. Geschichte ist kein Bühnenstück, sondern das Leben und das Lebenswerk der Menschheit, das sich in einem großen Plan entrollt. Daher haben wir keine wahre Geschichte, wo wir nicht durch die äußere Schale der Tradition hindurchdringen in das Leben eines vergangenen Zeitalters, das sich in den lebendigen Berichten von Menschen spiegelt, die selber Augenzeugen und Handelnde in den Szenen waren, die sie beschreiben. Nicht nackte Tatsachen freut sich der kritische Gelehrte in jedem echten Denkmal des Altertums zu finden, sondern den inneren Kern wahren Lebens. Die Existenz dieses Kerns ist ihm der letzte Beweis historischer Authentizität.»[16]

Wie sein Göttinger Vorbild sah Robertson Smith die organische Einheit der Geschichte im Leben. Historische Quellen sind auch für ihn Kronzeugen für das Leben einer Gemeinschaft. Je älter sie sind, um so frischer und natürlicher dieses Leben. Der Historiker gibt sich nicht mit der Zerlegung der Quellen zufrieden. Er fühlt sich berufen, dazu überzugehen, durch die äußere Schale der Überlieferung hindurch zu dem wahren Leben vorzustoßen.

In demselben Zeitraum, in dem W. Robertson Smith daran ging, die Frühphase Israels zu untersuchen, ging ein Vorgang vonstatten, den A. Kuper *The Invention of Primitive Society* genannt hat.[17] Die Ethnologie von E. B. Tylor hatte zwar die Schichtungen und Entwicklungen von Kultur bestimmt. Noch aber stand aus, die sozialen und rechtlichen Prinzipien zu bestimmen, die den primitiven Völkern ihre innere Ordnung gaben. Es waren britische Juristen, die sich dieser Aufgabe annahmen und die soziale Struktur außereuropäischer Völker zu ihrem Untersuchungsgegenstand machten. An dieser Pionierarbeit war J. F. MacLennan, den Robertson Smith in Edinburgh kennengelernt hatte, maßgeblich beteiligt. MacLennan hatte bereits 1865 mit Hilfe von rechtshistorischen Survivals versucht, primitive Lebensformen («rude modes of life») zu rekonstruieren.[18] Und zur selben Zeit, als Robertson Smith ihn gelegentlich im Club in Edinburgh sah, hatte er eine bahnbrechende Studie veröffentlicht. Sie war deshalb bahnbrechend, weil sie eine Brücke von den bisherigen Religionsanalysen zu den Gesellschaftsstrukturen schlug. In dieser Studie, die 1869/70 in zwei Teilen erschien: «The Worship of Animals and Plants»[19], führte er eine neue Bezeichnung ein: «Totemismus». Sie sollte prägnant die soziale Funktion primitiver Religion angeben. *Totam* bezeichnete bei den nordamerikanischen Ojibwa Indianern ein heiliges Wesen, dem eine Klasse Menschen zugeordnet war. MacLennan setzte diesen Befund in Beziehung zu dem bereits seit längerem bekannten sogenannten Fetischismus.[20] Es handele sich auch hier um Fetischismus, allerdings mit drei sozialen Funktionen: 1. daß das Totem mit einem Stamm verbunden ist; 2. in der mütterlichen Linie weitergegeben wird und 3. es mit Heiratsregeln verbunden (Exogamie) ist.[21] Die damals vorliegenden Erkenntnisse über die primitiven Religionen hatten im Blick auf die dazugehörigen Sozialordnungen noch mehr oder weniger in der Luft gehangen. Durch MacLennan erhielten primitive Religionen ihren Ort im sozialen Leben der außereuropäischen Völker. Treffend die Worte von A. Kuper: «Totemismus war Fetischismus, dem jedoch eine soziologische Verankerung in der ... Urgesellschaft gegeben wurde.»[22] Zu Recht nannte J. G. Frazer später MacLennan den Begründer der vergleichenden Soziologie.[23]

MacLennans Entdeckung gab einerseits den primitiven Religionen eine soziale Verankerung. Sie eröffnete andererseits eine ganz neue Perspektive auf das Studium der Religionsgeschichte. Die religionshistorischen Quellen konnten ihrerseits zu Zeugnissen für die Existenz und die Struktur sozialer Lebensformen werden. Zehn Jahre nach MacLennan ergriff W. Robertson Smith 1880 diese Möglichkeit in dem Artikel, der ihm die Entlassung aus dem kirchlichen Universitätsdienst eintrug: «Animal Worship and Animal Tribes among the Arabs and in the Old Testament». Indem Robertson Smith Totemismus bei Arabern und im alten Israel nachwies, legte er eine soziale Praxis semitischer Religion frei, die weitgehend anderen bekannten antiken und primitiven Gesellschaften entsprach. Die semitische Religionsgeschichte konnte insgesamt zum Kronzeugen dafür werden, daß und wie Religion und Sozialordnung unter archaischen Bedingungen interagierten.

1887 lud die Burnett Stiftung W. Robertson Smith ein, drei Vorlesungsserien zu dem Thema zu halten: «Die primitiven Religionen der semitischen Völker in ihrem Verhältnis zu anderen antiken Religionen und zur geistigen Religion des Alten Testaments und des Christentums».[24] Er sollte sie in derselben Stadt halten, in der er so spektakulär seine Professur verloren hatte: in Aberdeen. Die erste Serie hielt er von Oktober 1888 bis März 1889. 1890 erkrankte Smith schwer. Er hielt zwar noch 1890 und 1891 den zweiten und dritten Vorlesungszyklus, jedoch ist davon nahezu nichts erhalten.[25] Gemessen an den Planungen Robertson Smiths, ist sein Projekt unvollendet geblieben. Erhalten sind nur *Lectures on the Religion of the Semites* (1889; 2. Aufl. 1894), die aus dem ersten Vorlesungszyklus hervorgegangen und die der Autor kurz vor seinem Tode 1894 noch für eine zweite Auflage durchgesehen hat. Solche Vorlesungsreihen *(lectures)* haben in Großbritannien viel zur Verbreitung religionswissenschaftlicher Erkenntnisse beigetragen.

Der Titel des Werkes könnte W. Robertson Smith als Anhänger der sprachphilosophischen Tradition in der vergleichenden Religionswissenschaft ausweisen. Jeder wußte, daß F. Max Müller Kernbegriffe indoeuropäischer Religionen mit semitischen verglichen hatte und dabei auf zwei diametral entgegengesetzte Verhältnisse zwischen Göttern und Menschen gestoßen war. Im Fall der semitischen Völker seien die Götter den Menschen endlos fern gewesen und hätten ihre bedingungslose Unterwerfung verlangt. Im Falle der indo-europäischen Völker seien die Abstände deutlich kleiner gewesen, Götter und Menschen gar verwandt. Robertson Smith kannte die Behauptung, «daß die Arier Gott als in der Natur immanent dachten, während der Gottesbegriff der Semiten transcendental sei». Jedoch war er von ihr nicht überzeugt. «Die erstere Anschauung ist für den Baalcultus der Ackerbau treibenden Semiten durchaus ebenso charakteristisch, wie für die ältesten Religionen der Ackerbau treibenden Arier». Es waren seiner Ansicht nach die Propheten gewesen, die für die scharfe Scheidung zwischen Jahwe und der physischen Natur gesorgt hatten.[26] Robertson Smith sah deshalb in dem, was Müller für eine Leistung der Sprache gehalten hatte, eine Leistung der jüdischen Propheten. Den harten Schnitt, den Müller zwischen den arischen und den semitischen Religionen machte, hielt er für unangebracht.[27] Indem er der Unterscheidung Müllers die sprachphilosophische Grundlage entzog, eröffnete er ein andersartiges Panorama der Frühgeschichte der Religionen. Je weiter man sich in ihrer Geschichte zurückbegibt, um so größer werden seiner Ansicht nach die Übereinstimmungen der semitischen mit den indo-europäischen Religionen. Beide Zweige antiker Religionen verlieren ihre Besonderheiten, wenn man ihrer Abstammung von einer noch älteren Stufe primitiver Religion nachgeht. Daß er sich dennoch bei seinen Vergleichen auf die semitischen Völker konzentrierte (nicht beschränkte!), war darin begründet, daß er die Semiten für eine recht homogene Völkerfamilie hielt. Durch Vergleiche der hebräischen Religion mit den Religionen der arabischen und anderer Völker sollte das Basisinventar einer allen gemeinsamen Religion ermittelt werden. Dabei ging der Verfasser, wie er im Vorwort festhielt, von den Institutionen der Religion aus, vor allem dem Opfer.[28] Behilflich war ihm erneut J. Wellhausen, der 1887 seine Schrift *Reste arabischen Heidenthums* veröffentlicht hatte. Sie war ihm eine wichtige Vorarbeit, wie Robertson Smith dankbar in seinem Vorwort vermerkte. Daß Robertson Smith sich auf die Semiten konzentrierte, entsprach aber auch einer gewissen historischen Vorsicht.[29] Man sollte auch berücksichtigen, daß in den neunziger Jahren die Plausibilität des Evolutionismus schwand. Wenn 1896 ein Forscher wie F. Boas darauf hinwies, daß zu wenig beachtet worden sei, daß es neben selbständiger Entwicklung auch die Verbreitung von Kultur bzw. Religion gegeben hat, zeigt dies einen theoretischen Gezeitenwechsel an: das Monopol des Evolutionismus auf die Erklärung der Geschichte der Religion wurde bestritten, der Diffusionismus meldete seine Ansprüche an.

Betrachten wir nun, wie Robertson Smith die Religion dieser Völkerfamilie rekonstruierte. Die vorderasiatischen Offenbarungsreligionen Judentum, Christentum und Islam seien zwar von Propheten geschaffen worden und damit «positive» Religionen. Jedoch seien sie auf einer älteren Grundlage entstanden. «Keine positive Religion, die je die Menschheit bewegt hat, hat die Fähigkeit besessen, einen neuen Anfang zu machen und sich selbst so darzustellen, als ob hier zum erstenmal Religion zur Erscheinung käme. In seiner Form, wenn auch nicht dem Inhalte nach, muß das neue System in stetem Zusammenhang mit den älteren Anschauungen und Gebräuchen bleiben, die es als die herrschenden vorfindet.»[30]

Doch was war diese ältere Grundlage? Scharfer Geist, der er war, fand Robertson Smith einen methodisch überzeugenden Weg, sie zu ermitteln. Zeigte nicht die antike Religionsgeschichte zur Genüge, daß Religion weniger aus Glaubensvorstellungen als aus Institutionen und Traditionen bestand? «Soweit Mythen als Deutung ritueller Bräuche bestehen, ist ihr Wert überhaupt ein sekundärer, und man kann wohl mit Sicherheit behaupten, daß beinahe in jedem Falle der Mythus aus dem Ritus hergeleitet ist und nicht der Ritus im Mythus wurzelt. Denn der Ritus war fest bestimmt, und der Mythus war veränderlich; der Ritus war Sache der religiösen Pflicht, der Glaube an den Mythus aber stand im Belieben des Menschen.»[31]

Dieser Gesichtspunkt beherrschte seine Behandlung der Quellen der antiken semitischen Religionsgeschichte. Dabei entwarf er folgendes Bild. Ausgehend von der Verwandtschaft, die zwischen Göttern und ihren Verehrern besteht, beschrieb Robertson Smith die Bindung von Göttern an Orte sowie parallel dazu die von Menschen an diese Stätten. In der Beziehung der Menschen zu diesen Stätten wurde der Grundsatz leitend, daß diese Stätten heilig sind und nicht zu profanen Zwecken genutzt werden dürfen. Die zentrale Handlung, die beide Seiten miteinander in Beziehung brachte, war das Opfer. Dieses war ursprünglich kein Tribut und keine Gabe. Es war die Verbrüderung von Mensch und Gott in einer Mahlgemeinschaft. Da das geschlachtete Tier das Totem der Gruppe war, wäre es ein unverzeihliches Verbrechen gewesen, es privat zu schlachten. Schließlich war das Totem mit den anderen Gruppenangehörigen verwandt. Private Schlachtung wäre einem Mord gleichgekommen. Opfern war daher generell eine kollektive und rituelle Sache. Das Tier war heilig und durfte nur gemeinsam geschlachtet und verzehrt werden. In der feierlichen Mahlgemeinschaft wurde das Bündnis zwischen Göttern und Verehrern begründet und erneuert.

Aus dem Set von Normen und Konzeptionen, die sich um diese heilige Handlung rankten, entstand zwangsläufig die Vorstellung einer Rechtsordnung, die für alle Kultteilnehmer absolut verbindlich war. Wenn Übertretungen der Ordnung vorkamen, mußten sie mittels Sühnopfer geahndet werden. Je mehr das vorkam, um so mehr wurde aus der ursprünglich heiteren Feier ein Mittel der Sühnung von Unrecht und der Beschwichtigung göttlichen Zornes. Religiöse Spezialisten (Priester) mußten für die korrekte Ausführung sorgen. Allmählich büßte daher das Opfer seinen heiteren Charakter ein und wurde zu einem Anlaß der Trauer.

Robertson Smith argumentierte historisch insbesondere mit alttestamentlichen und arabischen Quellen. Eher beiläufigen Hinweisen wie 1. Samuel 20,6.29 entnahm er, daß auch in Israel das Opfer anfänglich eine Angelegenheit der Verwandtschaftsgruppe gewesen war und einen heiteren Charakter hatte.[32] Um hierüber mehr in Erfahrung zu bringen, bediente er sich eines vergleichenden Verfahrens. Dabei hielt er sich an die Grundregel, die J. F. MacLennan formuliert hatte: daß in der Wissenschaft von Recht und Gesellschaft alt nicht mit dem Maß der Chronologie, sondern mit der Elle der Struktur zu messen sei.[33] Bei Untersuchungen dieser Art solle man – so sah es auch Robertson Smith – von Gebieten ausgehen, in denen man einen einfacheren Zustand des Lebens und der Religion antrifft, selbst wenn die Informationen darüber erst aus späterer Zeit stammen sollten. Die meisten Nachrichten über die Religion des heidnischen Arabien waren erst spät. Und doch gilt: «In mancher Hinsicht zeigt die Religion des heidnischen Arabien, obwohl wir über sie kaum eine Nachricht haben, die nicht nachchristlicher Herkunft ist, einen äußerst primitiven Typus, der der primitiven und unveränderlichen Art des nomadischen Lebens entspricht. Mit dem, was aus dieser Quelle zu gewinnen ist, müssen vor allem die unschätzbaren Angaben verglichen werden, die das Alte Testament über die Religion der kleinen palästinischen Staaten vor der Eroberung durch die großen Reiche des Ostens bietet.»[34] Obwohl die Araber Hunderte von Jahren nach den biblischen Hebräern gelebt haben, können ihre Rituale wertvolles Licht auf die von den Propheten vorausgesetzte elementare semitische Religion werfen.

In diesem Sinne hat Robertson Smith den Bericht eines Autors aus dem 4. Jahrhundert n. Chr. namens Nilus verwendet, um einen angeblich viel älteren öffentlichen Ritus eines Kamelopfers, an dem alle Stammesangehörigen teilnahmen, zu rekonstruieren.[35] Pseudo-Nilus hat folgendes berichtet: «Wenn solche (Knaben) nicht vorhanden sind, lassen sie ein weißfarbenes Kamel ohne Makel niederknien und laufen, während es liegt, insgesamt dreimal um die Wette drum herum; zugleich erheben sie einen Gesang an den Morgenstern. Leiter des Umlaufes und des Gesanges ist einer von den Fürsten oder von den wegen ihres hohen Alters verehrten Priestern. Nach dem dritten Umlauf, wenn die Menge noch nicht mit dem Gesang aufgehört hat, sondern den Schluß des Liedes noch auf den Lippen hat, zieht dieser das Schwert, führt einen kräftigen Hieb gegen die Nackensehne und genießt eilig als erster von dem Blut. Darauf laufen die übrigen herbei und schneiden sich mit den Schwertern ein kleines Stück Haut mit den Haaren ab, andere (ein kleines Stück) von dem Fleisch, wo sie es im Geraffe gerade treffen, wieder andere dringen bis zu den inneren Teilen und den Eingeweiden vor und lassen nichts von dem Opfer unverarbeitet, was bei der aufgehenden Sonne noch übrig und sichtbar sein könnte. Sie enthalten sich auch nicht der Knochen und des Markes, sondern bewältigen durch Ausdauer die Härte und werden mit der Zeit des Widerstandes Herr.»[36]

Robertson Smith fand in diesem Bericht alle essentiellen Elemente eines uralten totemistischen Rituals. Dabei hat er allerdings die Glaubwürdigkeit seiner Quelle weit überschätzt. Sie hat einer kritischen Prüfung nicht standgehalten. Im Grunde ist nur das Faktum von Kamelopfern unter Beduinen glaubwürdig. Alles andere fällt aus dem Rahmen dessen, was wir sonst noch über die Religion der Beduinen wissen: Tieropfer als Ersatz von Menschenopfer, Darbringung und Verzehren des Opfers vor Sonnenaufgang, das Auftreten eines Fürsten als Opferer, Priester bei Beduinen, das Singen einer Hymne oder das hastige Zerstückeln und Rohverzehren des ganzen

Tiers. Alles dies sind romanhafte Elemente, die nicht bestätigt werden können, wie J. Henninger in seiner Analyse 1955 gezeigt hat.

Auf weniger schwankendem Boden stand W. Robertson Smith mit seiner Theorie des Opfers als feierlicher Mahlgemeinschaft.[37] Es gibt Indizien dafür, daß Tiere nur rituell geschlachtet werden durften. Dabei spielte die Vorstellung, daß das Leben eines Tieres in seinem Blut wohnt (3. Mose 17, 11) und daher ritueller Behandlung bedarf, eine beträchtliche Rolle. Alles Schlachten war unter diesen Bedingungen immer zugleich auch ein Opfern, wie umgekehrt ein Opfer ein gemeinschaftliches Mahl nach sich zog.[38] Das Attribut heilig sanktionierte diese kollektiven Nutzungsrechte und schloss private Aneignung aus. Heiligkeit und Unreinheit waren in dieser Epoche synonym und noch nicht geschieden. Es blieb einer späteren Zeit vorbehalten, Tiere, die geschlachtet wurden, als privates Eigentum zu betrachten, das stellvertretend für seinen Besitzer als Opfer dargebracht wurde. Robertson Smith interpretierte die altsemitische Auffassung des Heiligen mit ethnographischen Informationen über tabu, das vom Polynesischen *ta-pu* stammte und «gründlich markiert» bedeutete. J. Cook hatte es als erster auf seiner dritten Reise um die Welt 1776–1780 in seinen Tagebüchern erwähnt.[39] In ihnen tauchte zum besseren Verständnis bereits der Hinweis auf unser heilig auf.[40] Robertson Smith hatte den Hinweis genutzt, um die semitische Terminologie besser begreiflich zu machen. «Unter allen primitive Völkern finden sich Heiligkeitsgesetze, ... die den freien Gebrauch von Naturdingen seitens des Menschen einschränken.»[41] «Selbst in höher entwickelten Völkern berühren sich vielfach die Begriffe der Heiligkeit und der Unreinheit. Bei den Syrern war z. B. das Schweinefleisch ‹Tabu›; aber es war eine offene Frage, ob dies der Fall war, weil das Tier heilig oder weil es unrein war.»[42]

Die Verbindung, die Robertson Smith zwischen der Zuschreibung von Heiligkeit und der Öffentlichkeit eines Rechtstitels bemerkte, hatte bereits über zweihundert Jahre vor ihm Thomas Hobbes gesehen.[43] Die Teilnehmer an dem heiligen Mahl schufen durch den gemeinsamen Genuß von Fleisch und Blut – einer Gottheit, wie Robertson Smith unter der Vorgabe von Totemismus fälschlich meinte – ein unauflösliches soziales Band aller Beteiligten. Aus der rituellen Gruppe erwuchs daher zwangsläufig eine Rechtsgemeinschaft mit der ihr eigenen Autorität und Würde. Hingabe an Gemeinschaft war ethisch vorbildlich, zivile Normen wie Loyalität wurden religiös geadelt.[44] Die Götter wachten über das zivile Leben der Gemeinschaft und garantierten mit ihrer Macht die Einhaltung ihrer Gesetze. Diese Gesetze wurden durch die Gottheit sanktioniert. «Verletzungen der sozialen Ordnung werden als Vergehen gegen die Heiligkeit der Gottheit aufgefaßt.»[45] Wenn Robertson Smith schreibt: «Ich glaube, daß wir in dem alten Gemeinwesen – und nicht bloß in dem allerältesten – mit Sicherheit annehmen können, daß jedes mit Tod oder Ächtung bestrafte Verbrechen ursprünglich als eine Verletzung der Heiligkeit angesehen wurde,»[46] sollte Durkheim daran einige Jahre später seine Freude haben, denn er vermutete ebenfalls, daß die Beurteilung bestimmter Vergehen als Verbrechen ihren Ursprung in einem Verstoß gegen eine heilige Rechtsordnung habe.

Religion war eine Angelegenheit der Gemeinschaft, jeder kultische Akt grundsätzlich öffentlich.[47] Wenn Menschen die Hilfe der Götter für private Angelegenheiten in Anspruch nehmen wollten und wenn diese Angelegenheiten vielleicht sogar den Interessen des Gemeinwesens zuwider liefen, mußten sie dies auf anderem Wege als auf dem des öffentlichen Kultus tun. Robertson Smith sah hier den Ort von Magie. «Wenn man in solchen Angelegenheiten Hilfe suchen wollte, so war sie nur durch magische Bräuche zu gewinnen, die den Zweck hatten, die Gunst dämonischer Mächte zu erkaufen oder zu erzwingen, zu denen die öffentliche Religion keine Beziehung hatte. Diese Zauberbräuche lagen nicht nur außerhalb des Bereiches der Religion, sondern galten auch in jedem wohl geordneten Staate als unerlaubt.»[48] Dieser Ansatz hat der Magieforschung einen wichtigen Anstoß gegeben. Daß Magie eine Religion ist, die von Individuen zu egoistischen Zwecken mißbraucht wird und daher ungesetzlich ist, wurde von É. Durkheim[49] und seinen Schülern H. Hubert und M. Mauss[50] aufgegriffen.

Wenn Religionen öffentliche Institutionen sind, sollten sie auf ähnliche Weise untersucht werden wie politische Institutionen, fand Robertson Smith. So wie es diese gab, bevor eine explizite politische Theorie existierte, so sollte man auch religiöse Institutionen unabhängig von allen Mythen und Theologien untersuchen.[51] Jedoch blieb er nicht bei einer Analogie beider Institutionen stehen. Er hielt religiöse und politische Institutionen für Teile eines größeren Ganzen: nämlich der Öffentlichkeit einer sozialen Gemeinschaft. «Für uns Moderne ist die Religion in erster Linie eine Angelegenheit der persönlichen Überzeugung und eines durchdachten Glaubens; den Alten aber war sie ein Stück des öffentlichen, bürgerlichen Lebens.»[52] Zwischen beiden Institutionen gab es aus diesem Grunde wechselseitige Abhängigkeiten. So sah er zwischen dem semitischen Monotheismus einerseits und dem Sieg der Monarchie über die Aristokratie in Asien ebenso einen Zusammenhang wie analog in Griechenland zwischen dem Polytheismus und dem Sieg der Aristokraten über die Monarchie.[53]

Das Medium von Öffentlichkeit prägte die Geschichte der Religionen auf eine durchgreifende Weise. Die politischen Erfahrungen einer kultischen Gemeinschaft konnten Auswirkungen auf den Gang der Religionsgeschichte haben. Das macht Robertson Smith am alten Israel deutlich. Die politischen Katastrophen, die das jüdische Volk erlebte, erfaßten und veränderten auch seine Auffassung vom Kult. Aus dem heiteren gemeinschaftlichen Opfermahl wurde nach und nach ein düsteres Sühnopfer. «Wenn eine nationale Religion … an der Katastrophe der Nation selber teilnimmt, wie es mit den Religionen der kleinen westasiatischen Staaten zur Zeit der assyrischen Eroberung der Fall war, weicht das alte heitere Vertrauen in die Götter einem dumpfen Gefühl göttlichen Zornes und die Handlungen, die diesen Zorn beschwichtigen können, werden wichtiger als die üblichen traditionellen Ehrengaben.»[54]

Die harten politischen Schicksalsschläge Israels hatten das unbelastete Verhältnis der Gläubigen zu ihrem Gott schwer getroffen. Propheten begründeten und stabilisierten diese neuartige Erfahrung der Gottferne. Statt des heiteren Gemeinschaftsopfers wurde das sühnende Brandopfer typisch für die Beziehung, die das jüdische Volk mit seinem ihm zürnenden Gott unterhielt. Die Kultuszentralisation unter Josia besiegelte endgültig die Scheidung von Opfer und geselligem heiterem Mahl. Die Öffentlichkeit des Kultus spielte in der Rekonstruktion dieser religionshistorischen Entwicklung eine bestimmende Rolle. Auf diese Weise wurde es möglich, die von der Bibelkritik entdeckte Reihenfolge: Opfermahl von Verwandtschaftsgruppen – prophetische Deutung nationaler Katastrophen – priesterliches Sühnopfer im Tempel als einen folgerichtigen Ablauf zu verstehen. Die politischen Bedrohungen hatten das heitere Einvernehmen des Volkes mit seinem Gott zerstört und an dessen Stelle ein Bewußtsein von Verfehlung und Sünde treten lassen. Das Opfer wurde aus dem täglichen Leben verbannt. Die Verfehlungen des Volkes verlangten andere Mittel: das düstere Brandopfer.

III. Wirkung

In seinem Nachruf auf Robertson Smith hat J. G. Frazer festgehalten, einen wie tiefen und dauerhaften Einfluß MacLennan auf Robertson Smith ausgeübt hat.[55] Daß das nicht nur von Vorteil war, sollte sich zwei Jahrzehnte nach dem Tod von Robertson Smith erweisen. MacLennans Hypothesen von Totemismus und Mutterrecht gehörten zu jenen Konstrukten früher Sozialwissenschaft, die unter dem Licht kritischer Überprüfung bald dahinschieden. Ein Artikel von Goldenweiser aus dem Jahre 1910[56] zeigte die Unhaltbarkeit des Totemismus-Konstruktes. Unbenommen hiervon bleibt nur, daß es der Totemismus MacLennans war, der Robertson Smith auf die überaus fruchtbare Idee gebracht hatte, in den schriftlichen Quellen des alten Israel nach einem fremdartigen Prinzip sozialen Lebens zu suchen. Er wurde darin vom deutschen Historismus bestärkt, der schon länger historische Quellen im Blick auf das soziale Leben einer Gemeinschaft ausgewertet hatte. Viele seiner Funde überlebten das Ende des Totemismus.

Mit William Robertson Smith begann das Studium der Geschichte von Schriftreligionen für das Verstehen von elementaren Gesellschaftsstrukturen folgenreich zu werden. Es war die Folge einer neuen Fokussierung des anthropologischen Studiums der Religionsgeschichte, wie ein Vergleich mit beispielsweise E. B. Tylor leicht erkennen läßt. Hatte Tylor in der Religionsgeschichte die Etappen der Entfaltung der menschlichen Zivilisation nachgezeichnet und als strukturellen Kern in allen Ausgestaltungen von Kultur den Seelenglauben gefunden, so legte Robertson Smith in der Geschichte der eigenen Schriftreligionen eine elementare Struktur frei, die jeder Gesellschaftsbildung zugrunde lag. Das Studium der Geschichte semitischer Religionen war dabei besonders ergiebig, da sie die Anfangsstruktur besonders klar erkennen ließen.

Man versteht die große Wirkung von Robertson Smiths Studie besser, wenn man sich über die Präsenz der Bibel in der bürgerlichen Kultur protestantischer Länder des 19. Jahrhunderts im klaren ist. Auch wenn der persönliche Glaube schon längst nicht mehr ungebrochen war: das alltägliche Ethos vieler Bürger hatte nach wie vor seine Wurzeln in der Bibel. Englische Intellektuelle wie Matthew Arnold erkannten, daß das Arbeitsethos der modernen kapitalistischen Welt seine Wurzeln im biblischen Ethos, im Hebraismus, hatte. Wissenschaftliche Erkenntnisse, die sich auf die Bibel bezogen, konnten daher auch dann noch Fragen prinzipieller Art von Lebensführung berühren, wenn der Glaube der Bürger an die christlichen Dogmen gebrochen war. Insbesondere war Robertson Smith auch deshalb interessant, weil er als grundlegendes Prinzip antiker Religionsgeschichte die Handlung und nicht die Dogmen ausgemacht hatte. Ähnlich wie die zeitgenössischen primitiven Kulturen historisch verfremdet und an den Anfang der Geschichte gerückt wurden, damit man ihnen Verbindliches für die eigene Kultur abgewinnen konnte, verlegte Robertson Smith das genuine Judentum in eine ferne Frühzeit. Dadurch verlor es nicht an Normativität, sondern gewann – widersinniger Weise – noch dazu. Es war dies übrigens die Kehrseite eines anderen Sachverhaltes, der uns heutzutage zutiefst befremdlich erscheinen muß: daß das Alte Testament nicht mit den damals in Europa lebenden Juden in Verbindung gebracht wurde. Im protestantischen Denken Deutschlands und nicht nur Deutschlands galt das Judentum als tot, obwohl in der zweiten Hälfte des 19. Jahrhunderts besonders viele Juden vor den Pogromen aus dem Osten nach Deutschland flüchteten.[57]

Mit der Thematisierung der eigenen Gesellschaft seit dem Ende des 19. Jahrhunderts ging daher ein gesteigertes Interesse an W. Robertson Smith einher. James George Frazer, der ihn in den achtziger Jahren kennen gelernt hatte, rühmt ihn im Vorwort der ersten Auflage seines *The Golden Bough* 1890 als denjenigen, von dem er die zentrale Idee seines Buches bezogen habe: «die Konzeption des erschlagenen Gottes». Sigmund Freud verarbeitete in seinem *Totem und Tabu* (1913) seine These, das Töten eines Tieres habe zu jenen Handlungen gehört, die dem Einzelnen verboten gewesen sei und nur dann gerechtfertigt war, wenn der ganze Stamm sie durchführte und insgesamt die Verantwortung übernahm. Die Psychoanalyse verrate, so klärte Freud die Leser auf, daß das Totemtier der Ersatz des Vaters sei.[58] Und Émile Durkheim, der große französische Soziologe, bekannte 1907, daß er erst durch die Lektüre von Robertson Smith ein klares Bewußtsein von der zentralen Rolle der Religion im sozialen Leben erlangt habe.[59] In Cambridge selber sollte Robertson Smiths Behauptung, die rituelle Handlung sei von größerer Härte und Beständigkeit als alle Mythen und Lehren, einige Jahre nach seinem Tode intensive Wirkung entfalten. Sie wurde das Programm einer Gruppe von Wissenschaftlern und Wissenschaftlerinnen, die sich einige Jahre nach seinem Tode in Cambridge unter der Ägide von Jane Harrison als «Cambridge Ritualists» formierten.[60]

Hans Wißmann

JAMES GEORGE FRAZER
(1854–1941)

I. Leben

Der schottische Anthropologe, Religionswissenschaftler und klassische Philologe James George Frazer[1] wurde am 1. Januar 1854 in Glasgow als ältestes von vier Kindern geboren. Drei seiner Geschwister waren vor seiner Geburt gestorben, drei weitere wurden nach ihm geboren. Der Vater, Daniel Frazer (1821–1900), war ein gutsituierter Apotheker in Glasgow. Er und seine Frau Katherine Frazer (gestorben 1899) waren fromme Mitglieder der Free Church of Scotland, einer 1840 von der Church of Scotland abgespaltenen Denomination. Diese Frömmigkeit äußerte sich vor allem in heimischen Gottesdienstfeiern und der strikten Befolgung der Sonntagsruhe. Frazer selbst hat später, nach seinem Bruch mit dem Christentum, betont, daß er als Kind und als Heranwachsender diese Form häuslicher Kirchlichkeit nie als bedrückend empfunden hatte.

1869, zwei Monate vor seinem 16. Geburtstag, wurde Frazer an der University of Glasgow immatrikuliert. Gegen Ende seines Lebens faßte Frazer die wichtigsten Ereignisse dieser Zeit zusammen: Zunächst war dies die Zeit, in der er seine Liebe zur klassischen Philologie und zum Studium der klassischen Antike entdeckte – eine Liebe, die sein ganzes Leben bestimmen sollte. Sodann reifte in dieser Zeit zusammen mit seinem ausgeprägten Rationalismus die Erkenntnis, daß die Welt unveränderbaren Naturgesetzen gehorche, und schließlich vollzog sich hier als Konsequenz seines Rationalismus die Abwendung von der Religion seiner Kindheit, und er begann der Religionskritiker zu werden, der in aller Religion nur «superstition» am Werk sehen konnte. Nach Erlangung des ersten Grades eines «Masters» ging Frazer 1874 zur Vervollständigung seiner Studien nach Cambridge, wo er sich am Trinity College einschrieb. Frazer zeichnete sich durch ungewöhnliche Studienleistungen aus, jedes Studienjahr beendete er als bester Student. Er muß in dieser Zeit ein immenses Lesepensum bewältigt haben, die Liste der von ihm im Original durchgearbeiteten klassischen Autoren ist erhalten geblieben und mutet heutzutage als kaum glaublich an.[2] 1878 besteht er mit Auszeichnung das Abschlußexamen (Tripos). Aufgrund einer Dissertation über die Platonische Ideenlehre (unverändert und – bei ihm erstaunlich – ohne jeden Zusatz erst 1930 veröffentlicht[3]), erhält er 1879 ein Stipendium des Trinity College, das ihm nach drei Verlängerungen (1885, 1890 und 1895) schließlich lebenslang gewährt wurde. Zeit seines Lebens, d. h. über 60 Jahre lang, blieb Frazer Fellow des Trinity College. Mit Blick auf sein

James George Frazer (1854–1941)

späteres Werk erstaunlich genug, beginnt Frazer neben seinem klassischen Studium 1878 das Studium der Rechte und erhielt 1882 die Zulassung als Rechtsanwalt. Dieses Jurastudium, vermutlich nur abgeschlossen, um seinem Vater mit dessen eher praktischer Lebensauffassung einen Gefallen zu tun, hinterließ nicht nur keinerlei Spuren in seinen späteren Büchern, Frazer ist auch nie als Jurist und Anwalt tätig geworden.

1886 war ein Jahr, das den zweiten Wendepunkt im Leben Frazers markierte (neben der Freundschaft mit W. R. Smith und der Hinwendung zur Ethnologie): Frazer heiratete. Seine Frau Elizabeth (genannt Lilly) Grove stammte aus Frankreich, sie war verwitwet und bestritt den Lebensunterhalt für sich und ihre beiden Töchter mit literarischer Arbeit. So hatte sie ein Buch über die Geschichte des Tanzes geschrieben; bei der Sammlung volkstümlichen Materials für dieses Werk dürfte sie auch Frazer begegnet sein, wenngleich die näheren Umstände, die zu beider Bekanntschaft führten, ungeklärt sind. Außerdem verfaßte sie kleine Theaterstücke für den schulischen Gebrauch. Nach ihrer Eheschließung war sie felsenfest davon überzeugt, und ihre umfangreiche Korrespondenz mit Freunden und Bewunderern ihres Mannes ist ein beredtes Zeugnis für den geradezu obsessiven Charakter dieser Überzeugung, daß dem stillen Gelehrten Frazer, den alle Zeitgenossen als weltfremd («unworldly»), scheu und vor allem bescheiden schilderten, nicht genügend Beachtung geschenkt und akademischer Respekt gezollt werde. Im Laufe ihrer langen Ehe war sie unermüdlich darum bemüht, daß Frazer die ihm gebührende Anerkennung zuteil wurde, sie übersetzte seine Werke ins Französische, und es ist zu fragen, ob Frazer die späteren öffentlichen Ehrungen auch ohne ihren selbstlosen Einsatz zuteil geworden wären.[4]

Frazers finanzielle Situation war lange Zeit eher kärglich bis bedrückend (zahlreiche Briefe seiner Frau beleuchten eindringlich diesen Umstand). Sein einziges sicheres Einkommen floß ihm aus seiner Fellowship am Trinity College zu, nur zu geringem Teil aufgebessert durch Honorare aus seinen Buchveröffentlichungen. Diese Situation änderte sich auch nicht grundlegend, als er 1907 den Ruf auf den Lehrstuhl für Social Anthropology in Liverpool erhielt und annahm, da diese Position «honorary» war, d. h. ohne Bezahlung. Frazer wohnte und lehrte daher auch weiterhin überwiegend in Cambridge.

Sein Leben und seine wissenschaftliche Arbeit wurden erheblich behindert, als er plötzlich nach immer wieder auftretenden Augenbeschwerden 1931 vollständig erblindete. Er war auf die Hilfe von Sekretären angewiesen, unter ihnen Robert Angus Downie, der eine erste Biographie Frazers noch zu dessen Lebzeiten schrieb[5], unter den argwöhnischen Augen von Lady Frazer, die ihm nicht ein einziges kritisches Wort über den großen Gelehrten durchgehen ließ.

Frazer starb am 7. Mai 1941 in Cambridge, seine Frau verschied am selben Tag einige Stunden später.

II. Werk

Frazers Interesse an der klassischen Antike war weniger philologisch oder linguistisch orientiert, vielmehr begann er, noch vor seiner Freundschaft mit William Robertson Smith, die religionsgeschichtlichen und folkloristischen Hintergründe antiker Autoren zu erforschen. Eine seiner bedeutendsten wissenschaftlichen Leistungen sollte denn auch später darin bestehen, die Literatur der klassischen Antike sowohl unter Zuhilfenahme der Ergebnisse der zu seiner Zeit aufblühenden klassischen Archäologie als auch mit der vergleichenden Methode der Folkloristik und Ethnologie in einem neuen Licht erscheinen zu lassen.[6] Im vorherrschenden geistigen Klima (heute spricht man gerne vom wissenschaftlichen Paradigma) Großbritanniens in der zweiten Hälfte des 19. Jahrhunderts richtete sich das Interesse vor allem auf die Herausarbeitung evolutionärer Prozesse, und so nimmt es nicht wunder, daß Frazer unter dem Eindruck anthropologischer Werke wie Tylors *Primitive Culture* den Versuch unternahm, die vor oder hinter den Religionen und Kulturen der Antike liegenden «primitiven» oder «wilden» Anschauungen und Riten mit Hilfe der vergleichenden Methode, notwendig für jede evolutionistische Theorie, zu erforschen.

Frazers Beschäftigung mit den zeitgenössischen ethnologischen Forschungen erfuhr eine nicht zu unterschätzende Bündelung und Unterstützung durch den wohl entscheidendsten Wendepunkt seines Lebens, den Beginn seiner Freundschaft mit dem wie er aus Schottland stammenden Theologen und Semitisten William Robertson Smith im Winter 1883/84. Smith hatte aufgrund der Diskussion um seinen Artikel «Bible» in der *Encylopaedia Britannica* seinen Lehrstuhl für orientalische Sprachen und Exegese des Alten Testaments am Free Church College in Aberdeen verlassen müssen und war seit 1883 Reader (seit 1889 Professor) für Arabisch in Cambridge. Als Mitherausgeber der Encyclopaedia Britannica lud er Frazer zur Mitarbeit ein, und so verfaßte Frazer die Lexikonartikel «Tabu» und «Totemismus». Beide Artikel sind Keimzellen, aus denen im Laufe der Jahre die bekanntesten Frazerschen Riesenwerke werden sollten: aus «Tabu» entstand fünf Jahre später die erste Fassung des *Goldenen Zweiges* (veröffentlicht in zwei Bänden 1890), aus «Totemismus» das vierbändige Werk *Totemismus und Exogamie*, das zur akademischen Anerkennung der Etnologie entscheidend beigetragen hat. Bei aller Zuneigung und Verehrung, die Frazer seinem Freund und Kollegen Smith entgegenbrachte, darf nicht übersehen werden, daß das Verständnis, das beide von ihrem Hauptgegenstand Religion hatten, erhebliche Unterschiede aufweist. Während Smith die große Bedeutung der Religion im Leben der Menschen und damit auch deren positiven Wert anerkannt und persönlich auch nie mit seiner Religion gebrochen hatte, wirkt Frazers Religionsbegriff eher reduktionistisch: Für Frazer war Religion in erster Linie eine defiziente Art und

Weise, die Welt zu erfassen; ihre, wenn auch falsche, kognitive Perspektive stand für ihn im Vordergrund. Und im Unterschied zu Smith sah Frazer in ihr in erster Linie den aus Angst und Furcht geborenen Versuch des Menschen, sein jederzeit bedrohtes Überleben zu sichern.

Daß Religion auch die (furchtlose) Selbsthingabe an die Gottheit bedeuten kann, daß zu Religion auch Empfindungen wie Dankbarkeit, Liebe und Verehrung gehören mögen, blieb Frazer zeit seines Lebens verborgen, wenn er angesichts dieser religiösen Äußerungen versuchte, zu zeigen, was sie «eigentlich» sind: fehlerhafte Welterklärungen und Angst vor unerklärlicher Bedrohung. Für uns Heutige mag erstaunlich scheinen, mit welcher zuversichtlichen Gewißheit ein Forscher wie Frazer darauf vertrauen konnte, Motive und Antriebe des «Wilden», der für ihn zugleich am Beginn der Menschheitsentwicklung steht, zu erkennen, und das heißt, seine Irrtümer aufzuklären.

Bezeichnend für diese – hermeneutisch naive – Zuversicht ist ein Vortrag, den Frazer 1885 auf einem Treffen des Anthropological Institute in London über Bestattungsbräuche als «Illustration der primitiven Theorie über die Seele» hielt.[7] Die vergleichende Methode erlaube es Frazer, nicht nur zu den verhaltens- und erkenntnisleitenden Motiven der «Wilden» vorzudringen, er sei sogar in der Lage, über die Wahrheit oder Falschheit der Selbstdeutung eben dieser Irrenden zu urteilen: «Es muß beachtet werden, daß die Erklärungen, die ich für viele der folgenden Bräuche gebe, nicht die Erklärungen sind, die von den Menschen gegeben werden, die diese Bräuche praktizieren. Manchmal geben diese Menschen keine Erklärungen für ihre Bräuche, manchmal (dies ist häufiger der Fall) geben sie falsche Erklärungen.»[8] Und Frazers Biograph fügt hinzu: «Er (d. h. ein moderner gebildeter Westler) wußte es besser».[9]

Die Möglichkeit, zu den Motiven fremder Menschen vorzudringen, und hätten sie auch in grauer Vorzeit gelebt, wird für Frazer durch ein Gesetz der Ähnlichkeit eröffnet: Wenn Bräuche, rituelle Begehungen oder kulturell geprägte Verhaltensweisen in verschiedenen Gesellschaften ähnlich sind, dann lasse sich vermuten, daß die Motive, die hinter diesen Verhaltensweisen stehen, ebenfalls ähnlich sind. Zum einen steht hinter dieser Anschauung die zu seiner Zeit weithin anerkannte These, daß die Entwicklung der Menschheitsgeschichte linear verlaufe und daß somit Menschen auf gleicher Entwicklungsstufe in ihrem Verhalten und ihrem Denken in hohem Maße vergleichbar sind. Zum anderen – und hier wird die Argumentation deutlich zirkulär – gibt es auch Ende des 19. Jahrhunderts in Europa noch ganze Volksschichten, besonders die bäuerliche Bevölkerung, deren geistiger Entwicklungsstand der der heute lebenden «Wilden» und der hypostasierten «Primitiven» zu Beginn der Menschheitsentwicklung entspreche. Damit wird nicht nur der Horizont des Vergleichbaren ins Unermeßliche erweitert, das Vergleichen selbst wird so zur «Zeitmaschine».

1884 begann Frazer mit dem Projekt einer kommentierten und durch Karten und Lagepläne von archäologischen Ausgrabungsstätten ergänzten Übersetzung von Pausanias' *Beschreibung Griechenlands*. Dieser antike Reisebericht des 2. nachchristlichen Jahrhunderts war für Frazer weniger von literarischem denn von religionsgeschichtlichem Interesse, denn Pausanias bietet nicht nur eine Beschreibung des antiken Griechenlands, sondern eine Fülle mythologischer und folkloristischer Einzelheiten, die schon zur Zeit seiner Reisen in Griechenland als Relikte, als «survivals» aus alten Zeiten angesehen werden mußten.

Auch dieses literarische Projekt Frazers teilte das Schicksal der meisten seiner späteren Bücher: Anfänglich als ein Reiseführer für gebildete Griechenlandreisende – auch ohne Griechischkenntnisse – geplant und auf höchstens zwei Bände berechnet (ein Band Übersetzung, ein Band Kommentar), wuchs Frazers *Pausanias* unaufhörlich, bei seinem Erscheinen (1898, 15 Jahre später)[10] umfaßte er sechs dicke Bände mit über 3000 Seiten, ein wahrhaft schwergewichtiger Reisebegleiter. Die lange Zeit, die seit dem Beginn des Werkes bis zu seinem Erscheinen verstrich, erklärt sich jedoch nicht nur aus seinem Umfang, vielmehr unterbrach Frazer 1886 seine Arbeit am Pausanias, um ein Werk «on comparative mythology» zu schreiben, eben jenen *Goldenen Zweig*, durch den er berühmt werden sollte.

In der ersten Fassung seines *Goldenen Zweiges* unternahm Frazer den zu seiner Zeit kühnen Versuch, mit Hilfe der vergleichenden Methode und auf dem Gesetz der Ähnlichkeit basierend, die griechische und römische Religionsgeschichte mit den von der Ethnologie und der europäischen Volkskunde erhobenen Daten in ursächliche Verbindung zu bringen. In dieser Zeit muß es als ein Schock empfunden worden sein, daß auch die klassische Antike teilhabe an der allgemeinen Menschheitsentwicklung, deren «primitive» Wurzeln ebenso zutage zu fördern seien, wie andere zeitgenössische Zeugnisse des «primitiven», des «wilden», letztlich des «barbarischen» Geistes. Zu Beginn schildert Frazer einen religiös/rituellen Komplex, der nach Auskunft antiker Autoren in Aricia in den Albaner Bergen unweit Roms stattgefunden habe. Am Heiligtum der Diana Nemorensis, der Diana des Waldes, konnte man eine düstere Gestalt umherstreifen sehen, die, das blanke Schwert umklammert, ständig Ausschau hielt nach ihrem Mörder. «Priester und Mörder zugleich» erwartete er ständig einen Mann, der ihn ermorden würde, um an seiner Statt die Priesterwürde zu übernehmen. Auch dessen Priesterwürde unterlag derselben Gefährdung; der düstere Hintergrund dieses Priestertums hat nach Frazer keine Parallele in der klassischen Antike, und «um eine Erklärung zu finden, müssen wir weiter ausholen. Niemand wird leugnen, daß ein solcher Brauch an ein barbarisches Zeitalter gemahnt. ... Gerade das Rohe und Barbarische jenes Brauches läßt uns hoffen, eine Erklärung dafür zu finden».[11] Frazer hat in der Tat weiter ausgeholt (in der dritten Fassung immerhin im Umfang von 12 Bänden) und ist tief hinabgetaucht in Zeiten, in denen das «Rohe und Barbarische» vorherrschte. Er kommt zu dem Schluß, daß der Priester des Dianaheiligtums von Aricia ein Priesterkönig gewesen sei, dessen Lebenskraft die der Vegetation bedeutete und die auf jede Weise gestärkt und aufrechterhalten werden mußte, weil mit ihrem Schwinden zugleich das Gedeihen der für die Menschen lebensnotwendigen Vegetation gefährdet war. Da diese Lebenskraft eine gleichsam objektive, überpersönliche Macht ist, mußte der König beseitigt und durch einen neuen ersetzt werden, sobald seine Kraft erlahmte, sobald er alt und schwach geworden war und sich gegen einen Herausforderer nicht mehr zur Wehr setzen konnte. Die Sicherung der Lebenskraft des Königs durch Tabu, Opfer, durch den Sündenbock gibt Frazer die Möglichkeit, eben diese zentralen religionsgeschichtlichen Phänomene unter Zuhilfenahme gerade der «rohen und barbarischen» Parallelen, wie sie die Ethnologie seinerzeit zutage gefördert hat, zu klären. So gelangt er schließlich zum Typus des sterbenden und auferstehenden Gottes, dessen bekannteste Repräsentanten Attis, Adonis, Osiris und Dionysos in dem weltweit verbreiteten Drama von Tod und Wiederauferstehung der Vegetation die Hauptrolle übernahmen.

Der Untertitel der ersten Fassung des *Goldenen Zweiges* lautete: «A Study in Comparative Religion», und tatsächlich fehlt in dieser Fassung noch die berühmte Frazersche Reihenfolge Magie-Religion-Wissenschaft, durch die er vor allem bekannt wurde. Zwischen 1890, dem Erscheinen der ersten Fassung, und 1900, dem der zweiten, hatte sich Frazer, vor allem gestützt auf die Forschungen Spencers und Gillens bei den australischen Aborigines, der Erforschung der Magie zugewandt. Nach Frazer ist Magie der auf quasi-naturwissenschaftliche Erkenntnisse gestützte Versuch, die den Menschen bedrohende und seine Reproduktion gefährdende Umwelt zu kontrollieren und zu seinen Gunsten zu beeinflussen. Erst die offensichtliche Wirkungslosigkeit dieser Vor-Wissenschaft habe ihn zur Erkenntnis übernatürlicher Mächte geführt, deren Willen und Wohlwollen es nun, eben durch Religion, zu lenken und dem Menschen geneigt zu machen gelte. Aber auch diese Annahme ist letztlich durch die Erkenntnis der Naturgesetze ersetzt worden, bzw. muß, solange noch die – falsche – religiöse Weltauffassung herrsche, in der Zukunft ersetzt werden.

In der zweiten und dritten Fassung des *Goldenen Zweiges* kommt diese religionskritische Überzeugung Frazers voll zum Tragen, folgerichtig änderte Frazer auch den Untertitel seines Werkes, er lautete nun: «A Study in Magic and Religion». Mit geradezu martialischem Gestus umschreibt Frazer im Vorwort zu dieser neuen Fassung des *Goldenen Zweiges* sein religionskritisches Programm. Da dieses Vorwort in der in Deutschland weitverbreiteten «abgekürzten Ausgabe» von 1928 (eine von Frazer autorisierte Übersetzung der «Abridged Version» von 1922) nicht enthalten ist, seien diese kämpferischen Sätze mit ihren militärischen Metaphern hier wiedergegeben: «Richtig eingesetzt, kann sie (gemeint ist die vergleichende

Methode) ein machtvolles Instrument werden, den Fortschritt zu befördern, wenn sie einige schwache Punkte in den Grundfesten, auf denen die moderne Gesellschaft aufgebaut ist, offenlegt – sie zeigt viel von dem, was wir nicht als Reste ansehen wollen, die auf dem Sandboden des Aberglaubens beruhen, sondern eher auf dem Felsboden der Natur. Es liegt in der Tat eine Melancholie und in mancher Hinsicht auch eine Undankbarkeit in dem Vorhaben, die Grundlagen von Glaubensvorstellungen zu erschüttern, in denen wie in einer festen Burg die Hoffnungen und Wünsche der Menschheit über lange Zeit einen Zufluchtsort vor dem Sturm der Bedrängnis des Lebens gesehen haben. Aber früher oder später ist es unausweichlich, daß die Geschütze der vergleichenden Methode eine Bresche in diese verwundbaren Mauern schlagen werden, Mauern, die überzogen sind mit Efeu, mit Moos, mit den wilden Blumen von tausend zarten und heiligen Gedanken. Zur Zeit sind wir erst dabei, die Kanonen in Stellung zu bringen: Sie haben noch kaum zu sprechen begonnen ... Was auch immer danach kommen wird, wohin auch immer sie uns führen wird, wir müssen alleine der Wahrheit folgen. Sie ist unser leitendes Gestirn: hoc signo vinces».[12]

Auch in der zweiten und dritten Fassung steht das geheimnisvolle Geschehen im Dianaheiligtum in den Albaner Bergen am Anfang. Aber Frazer geht es inzwischen um mehr als lediglich darum, einen seltsamen antiken Brauch mit Hilfe der vergleichenden Methode und unter Rückgriff auf «barbarische» und «rohe» Stufen der Menschheitsentwicklung aufzuklären. Die Letztgestalt des «Goldenen Zweiges» ist der Versuch, die Universalgeschichte der menschlichen Entwicklung selbst zu entwerfen. Und diese beginnt für Frazer mit der Magie. Magie oder, wie Frazer sie nennt, sympathetische Magie, besteht aus zwei unterschiedlichen Funktionsweisen, der homöopathischen oder imitativen Magie (Gleiches bringt Gleiches hervor) und der kontagiösen oder Übertragungsmagie (Dinge, die einmal verbunden waren, bleiben auch nach ihrer Trennung miteinander verbunden). Beide Funktionsweisen folgen einer Logik, die Frazer als «mißverstandene Ideenassoziation» faßt. Abgesehen von dieser – wertenden – Schlußfolgerung ist diese Unterscheidung vielleicht der wichtigste Beitrag Frazers für die Religionswissenschaft geblieben; jeder Versuch, sich mit Magie und ihrer Logik auseinanderzusetzen, muß diese Seiten des *Goldenen Zweiges* zur Kenntnis nehmen.[13]

Frazers evolutionistische Konstruktion jedoch, derzufolge die Herrschaft der Magie von der der Religion abgelöst wurde, die wiederum von der Wissenschaft abgelöst werde, ist heute längst aufgegeben worden. Dies liegt nur zum Teil daran, daß am Ende des 20. Jahrhunderts kaum jemand mehr der Wissenschaft, insbesondere der Naturwissenschaft, zutraut, anstelle der Religion die Welt und das menschliche Leben als sinnhaft erleben zu lassen. Es liegt auch nur zum Teil daran, daß historische Befunde weniger eine Stufenfolge als eine Gemengelage, eine universelle Gleichzeitigkeit von Magie und Religion nahelegen. Vielmehr ist die Frazersche Theorie unhaltbar geworden, *wie* sich denn diese Übergänge oder Brüche vollzogen haben. Es seien die «schlaueren Köpfe» oder die «primitiven Philosophen», die «Tieferdenkenden»[14], die zuerst zu der Einsicht von der Wirkungslosigkeit der Magie gelangten und nach einer angemesseneren Weltdeutung suchten. Dem entspricht der Aufstieg vom Zauberer zum Priester und vom Prieser zum Sakralherrscher und die Entwicklung des Glaubens an Fleisch gewordene Götter bis hin zur Konzeption des persönlichen Gottes – eine Entwicklung, die Frazer durch die erdrückende Fülle seiner «Belege» (häufig sind es eher weit hergeholte Assoziationen) in seinem ins Riesenhafte gewachsenen Hauptwerk zu untermauern sucht. Sein Glaube an die geschichtsmächtige Kraft der einzelnen, großen Gestalten ist längst von einer Betrachtungsweise abgelöst worden, die eher die Mechanismen untersucht, wie die Gesellschaften selbst als handelnde Subjekte interpretiert werden können – Frazer selbst stand zeit seines Lebens einer soziologischen Perspektive ablehnend gegenüber.

Die Bedeutung, die Frazer dem einzelnen zumißt und der Glaube, *seiner* gedanklichen Leistung sei menschlicher Fortschritt bis hin zu einer künftig alleinherrschenden Wissenschaft zu verdanken, ist aber nicht nur ein hypothetisches Konstrukt, das – einmal als irrtümlich erkannt – aus dem Frazerschen Gedankengang herausgelöst werden kann; die wachsende Herrschaft des einzelnen selbst ist die eigentliche Entwicklungslinie. Ohne diese hätte die von Frazer ins Auge gefaßte Universalgeschichte der Menschheit nicht stattfinden können.

Auch in seinem Werk *Totemismus und Exogamie. Eine Untersuchung über einige frühe Formen des Aberglaubens und der Gesellschaft* (vier Bände, 1910)[15] sieht Frazer die Leistung der einzelnen «Denker», «Gesetzgeber» oder «Philosophen» am Werk. Wie viele zeitgenössische Autoren geht Frazer von einer ursprünglichen und vollständigen Promiskuität im Leben von Männern und Frauen aus. Diese – inzwischen überholte – Anschauung führt zwingend zu der Frage, wie und warum dann das Inzesttabu bzw. die drakonischen Regeln der Exogamie (Frazer unterschied noch nicht zwischen beidem) entstanden sein könnten. Völlig zu Recht lehnte Frazer eine biologische Erklärung ab, die allein die Regeln der Exogamie nicht erklären kann. Frazer geht davon aus, daß sich irgendwann einmal der (Aber)glaube durchgesetzt habe, daß der Inzest für die allgemeine Fruchtbarkeit schädlich war; dieser Aberglaube sei dann zum Gesetz erhoben worden: «Ohne Zweifel tauchte dieses Schema zuerst im Geist einiger weniger Männer auf, die an Scharfsinn und praktischen Fähigkeiten hervorragten und die durch ihren Einfluß und ihre Autorität ihre Anhänger überredeten, sie in die Praxis umzusetzen».[16]

Trotz dieser heute nicht länger nachzuvollziehenden Hypothese bleibt *Totemismus und Exogamie* ein Meilenstein in der Wissenschaftsgeschichte sowohl der Ethnologie als auch der Religionswissenschaft. In diesem Werk sind zum erstenmal weltweit sämtliche damals erreichbaren ethnographischen Daten zum Thema Exogamie zusammengestellt, und dieses Thema ist, im Gegensatz etwa zur Frage nach dem Wesen der Magie, auch heute noch eines der Standardthemen ethnologischer Forschung. Und trotz seiner Kritik, die er an den Frazerschen Schlußfolgerungen übt, konnte Malinowski Bedeutung und Wert des Buches mit den folgenden Worten preisen: «Frazers Kunst und sein wissenschaftliches Feingefühl, aus zerstreuten und unverbundenen ethnographischen Tatbeständen eine wirkliche Synthese zu formen, zeigt sich am schönsten in den beschreibenden Bänden seines ‹Totemismus und Exogamie›. Frazer beschreibt den totemistischen Glauben und seine Riten in ihrem Zusammenhang mit der sozialen und politischen Organisation jedes einzelnen Stammes. Wir finden einen Abriß der wirtschaftlichen und sozialen Organisation, der juristischen Vorstellungen und der allgemeinen Glaubenslehren, und zuweilen der militärischen Handlungen und des Zeremoniallebens. All dem geht in der Regel und wo immer es möglich ist, ein Gemälde der Landschaft und eine Darlegung der Umweltgegebenheiten, in denen die Eingeborenen leben und aus denen sie ihren Lebensunterhalt beziehen, voraus. In vieler Beziehung bleibt Frazers ‹Totemismus und Exogamie› die beste einführende Lektüre für einen jungen Studenten der Anthropologie, denn er gibt faßlichere, anziehendere und abgerundetere Darstellungen von einer ganzen Reihe von Stammeskulturen als irgendein anderes Buch, das mir zu Gesicht gekommen ist.»[17]

Die dritte Fassung des *Goldenen Zweiges* wurde ein überraschender Verkaufserfolg[18], so daß er künftig der bisher drängenden materiellen Sorgen ledig war. Der Erfolg dieses Werkes ist sicher nicht allein mit der erstaunlichen Gelehrsamkeit zu erklären, von der es unübersehbar Zeugnis ablegt. Ackerman führt weitere Gründe an: «Es ist oft gesagt worden, daß der ‹Goldene Zweig› als Ganzes grundlegend die Art und Weise geändert hat, in der die Gebildeten sowohl die menschliche Geschichte als auch gegenwärtiges Verhalten und gegenwärtige Institutionen begriffen haben … Er hatte für jeden etwas: Die Gebildeten erfreuten sich am Stil seiner Prosa und waren beeindruckt und bewegt von dem ungeheuren intellektuellen Schwung des Werkes, das so vieles verständlich zu machen und zu erklären schien, und das zugleich implizit ebenso die Rolle des Britischen Empire zu rechtfertigen schien; der neuen und weniger gebildeten Mittelklasse wurde von den Zeitungen erklärt, daß der ‹Goldene Zweig›, zumindest in seiner gekürzten Ausgabe, eines der Bücher sei, über die jede nachdenkliche Person Bescheid zu wissen habe; die Autodidakten aus der Arbeiterklasse und die ehrgeizigen Intellektuellen und Radikalen lasen den ‹Goldenen Zweig› wegen seiner Erklärung, wie Gesellschaft und Religion entstanden seien in primitiver Verwirrung und Irrtum».[19]

Neben den erwähnten Hauptwerken veröffentlichte Frazer eine Fülle weiterer, zum Teil ebenfalls voluminöser Arbeiten, die, häufig als Vorlesungen in Liverpool oder Cambridge konzipiert, mit seiner vergleichenden Methode und als Ergebnis seines unstillbaren Sammeleifers klassische Themen von Ethnologie und Religionswissenschaft behandeln: *Lectures on the Early History of the Kingship* (1905)[20], *Belief in Immortality and the Worship of the Dead* (1911, 1922 und 1924)[21], *The Worship of Nature* (1926)[22], *The Devil's Advocate. A Plea for Superstition* (1927)[23], *Myths of the Origin of Fire* (1930).[24]

Bemerkenswert war Frazers Ausflug in die alttestamentliche Forschung: Als Autodidakt im Hebräischen war er zwar mit dem ihm eigenen unermüdlichen Fleiß in der Lage, das Alte Testament auf Hebräisch (so gut wie ohne Wörterbuch) zu lesen, das Ergebnis dieser Bemühungen, sein dreibändiges *Folk-Lore in the Old Testament* (1918)[25], blieb aufs Ganze gesehen ein Fehlschlag, da Frazer neben seinen Arbeiten mit ethnographischem Material kaum annähernd den ganzen weiten Horizont der zu dieser Zeit schon längst als eigenständiger wissenschaftlicher Zweig etablierten alttestamentlichen Forschung überblicken konnte.

Gegen Ende seines Lebens wandte sich Frazer noch einmal einem Gegenstand seiner wissenschaftlichen Anfänge zu, indem er Ovids *Fasti* herausgab und kommentierte (fünf Bände, 1929).[26] Im Unterschied zu seinen epochemachenden Werken, die gleichwohl heute weitgehend als wissenschaftlich überholt gelten, ist dieses Werk auch heute noch als Standardwerk der römischen Religionsgeschichte anerkannt. Mit den Worten seines Biographen Ackerman «bilden die Fasti den Höhepunkt seines intellektuellen Lebens, und man kann mit Recht behaupten, daß sie das beste Werk sind, das er je vollendete».[27] Ein Grund für die Bedeutsamkeit dieses Werkes liegt nicht nur darin, daß Frazer hier seine Gelehrtheit als klassischer Philologe erneut unter Beweis stellt, sondern vielleicht eher in dem Umstand, daß in ihm sein sonst unübersehbarer religionskritischer Impetus in den Hintergrund tritt. Die römische Religion gehört – im Unterschied etwa zum Christentum – der Vergangenheit an, sie zu bekämpfen liegt Frazer ferner: Dies hat zur Folge, daß er sich enger an die zu erläuternden Texte hält und nur wenige Ausflüge in «rohere» und «wildere» Stufen der Menschheitsgeschichte zu unternehmen brauchte, und der Text selbst birgt literarische und historische Probleme genug.

Neben anderen kleineren Werken gelang es ihm trotz seiner Erblindung noch, einen dreizehnten Supplementband zum *Goldenen Zweig* fertigzustellen: *Aftermath: A Supplement to the Golden Bough* (1936).[28]

III. Wirkung

Die Frage ist nicht leicht zu beantworten, warum es sich heute noch, 56 Jahre nach seinem Tod, lohnen dürfte, sich mit Frazer zu befassen, oder anders: worin der Grund gefunden werden könnte, auch heute noch an ihn und sein Lebenswerk zu erinnern. Ist es seine wissenschaftsgeschichtliche Bedeutung als einer der Väter von Ethnologie und Religionswissenschaft, sind es die zahlreichen Ehrungen, die ihm zuteil wurden[29], oder ist es der für einen heutigen Wissenschaftler schier unglaublich erscheinende Umfang seines Lebenswerks, mit dem er gleichsam eine ganze Bibliothek des zu seiner Zeit verfügbaren Wissens über die damals noch so genannten «Primitiven» geschaffen hat? Zweifellos springt dieser letzte Aspekt des Wirkens des heute so unübersehbar einer versunkenen Epoche der Wissenschaft verpflichteten Forschers am deutlichsten ins Auge: allein die drei Ausgaben seines *Goldenen Zweiges*, an dem er die Hälfte seines Lebens gearbeitet hat, stellen eine Art Enzyklopädie dar, mit der sich zumindest seine direkten Schüler und Zeitgenossen auseinandersetzen mußten, ob zustimmend oder im ständigen Widerspruch.

Auch heute, da es – trotz entgegenlautender Beteuerungen – kaum einen Forscher mehr geben dürfte, der guten Gewissens von sich behaupten kann, er habe wenigstens die letzte und umfangreichste Fassung des *Goldenen Zweiges* gelesen, ist in Vorlesungen und Seminaren wenigstens noch etwas von der Ehrfurcht zu spüren, die dieser wohl letzte Versuch einer religionswissenschaftlichen Universalgeschichte auch dem kritischsten Geist abnötigt. Dies gilt, obwohl Frazer in fast allen seinen Grundanschauungen und in der Perspektive seiner Positionen vollständig überholt ist: Die Art und Weise des Evolutionismus der zweiten Hälfte des vorigen Jahrhunderts, die mit dem Entwicklungsgedanken verbundene Gewißheit, etwas über Ursprünge zu erfahren, nach denen heute kaum mehr gefragt wird, die zuweilen obsessiv wirkende religionskritische Einstellung, zusammen mit dem ihr innewohnenden Optimismus, die Menschheit werde einst eine bessere, wissenschaftliche Zukunft erleben, in der Religion als Aberglaube überwunden sein werde, und schließlich – heute fast am schwersten zu verdauen – der mit diesem Optimismus einhergehende und von Frazer explizit geäußerte Sendungsauftrag der kulturtragenden Zivilisationen. Und, um das Maß vollzumachen, vor allem für heute forschende Ethnologen undenkbar: Frazer hat nie seinen Schreibtisch und seine Bibliothek verlassen, war nie im «Feld». Er war der letzte Gelehrte seines Fachs, der ausschließlich auf seine zuweilen visionäre Kraft vertraute, aus ethnologischer Forschung gewonnene Erkenntnisse anderer zusammenzutragen, zu verarbeiten und zu einem die Welt des damaligen Wissens umspannenden Bild zusammenzustellen.

Bei näherem Zusehen aber zeigt sich Frazer gerade angesichts dieses heute wohlfeilen Vorwurfs in besonderem Licht: Er war weit davon entfernt, Daten und Berichte von Feldforschern gleichsam passiv entgegenzunehmen und in seinen Werken zu arrangieren. Vielmehr förderte er aktiv und mit großer Hingabe die Feldforschung selbst. Viele Jahre lang hatte er versucht, einen Fonds ins Leben zu rufen, der der finanziellen Unterstützung von ethnologischen Expeditionen dienen sollte. (Obwohl diese Bemühung letztlich scheiterte, wurden als ein Resultat dieses Plans dem großen Gelehrten zu Ehren die religionswissenschaftlichen und ethnologischen «Frazer Lectures» eingerichtet). Darüber hinaus förderte er einzelne Unternehmungen wie vor allem die Feldforschungen von Spencer und Gillen in Australien, die Unternehmungen von Roscoe in Afrika, die berühmte Torres Strait Expedition von Haddon und anderen und nicht zuletzt die pazifischen Forschungen seines berühmtesten Schülers Bronislaw Malinowski, dessen biographischer Essay über Frazer die tiefe Dankbarkeit für die Anregungen, die kritischen Anfragen und die Ermutigung seitens des Lehrers erkennen läßt.[30] Bald nach dem Tod des Meisters geschrieben (1942), zeugt dieser Essay von dem beherrschenden Einfluß Frazers auf die jüngere Ethnologengeneration. Denn obwohl Malinowski eine diametral entgegengesetzte Methodik entwickelte und sich mit fast allen theoretischen Überlegungen aufs bestimmteste von seinem Lehrer unterschied, ist dieser Essay der Versuch, Frazer gleichsam «weiterzudenken» und – mitten im Zweiten Weltkrieg – die irenischen Implikationen in Frazers lebenslangem Bemühen um Verstehen des «primitive» oder «savage mind» in ihrer Bedeutung für eine (postkoloniale) Nachkriegszeit herauszuarbeiten.

Hartmut Zinser

SIGMUND FREUD
(1856–1939)

I. Leben und Werk

Mit einigem Erstaunen nimmt man zur Kenntnis, daß der Schöpfer der Psychoanalyse, Sigmund Freud, der damit begann, die psychischen Symptome Kranker auf ihre «Lebenseindrücke» (xiv, 46)[1] und später die kulturellen Bildungen auf die Gattungsgeschichte der Menschheit zurückzuführen, sich mit Fleiß anstrengte, einen dichten Schleier der Verheimlichung um sein eigenes privates Leben zu legen, um es seinen späteren Biographen so schwer wie möglich zu machen, wie er als junger Mann seiner Verlobten Martha Bernays schrieb. In der «Nachschrift 1935» zur «Selbstdarstellung» von 1925 hat er sich in hohem Alter nochmals programmatisch zu dieser Trennung von Wissenschaft und Privatleben bekannt. Die Psychoanalyse sei sein «Lebensinhalt» und «nichts, was mir persönlich begegnet ist, (verdient) neben meinen Beziehungen zur Wissenschaft Interesse» (xvi, 31). Freud hat so gewissermaßen sein privates Leben in der Verdrängung gehalten. Dennoch ist es seinen Biographen Ernest Jones, Max Schur, Peter Gay, und – für die Entstehung der Traumdeutung, die nach Freuds eigenen Worten den «Königsweg zum Unbewußten» darstellt – Didier Anzieu gelungen, die für die Entwicklung der Psychoanalyse wichtigen «Lebenseindrücke» Freuds nachzuzeichnen.

Freud wurde am 6. Mai 1856 im mährischen Freiberg als Sohn des Kaufmanns Jakob Freud in dritter Ehe geboren. Die Familie zog 1859 aus wirtschaftlichen Gründen nach Wien, wo Sigmund das humanistische Gymnasium besuchte und 1873 mit dem Medizinstudium begann. Er betrieb, wie er schrieb (xiv, 35), das Medizinstudium «recht nachlässig» und wurde erst 1881 zum «Doktor der gesamten Heilkunde promoviert». Während des Studiums und der Arbeit im physiologischen Laboratorium von Ernst Brücke (1876–82) und später im gehirnanatomischen Institut bei Meynert eignete Freud sich naturwissenschaftliche Denkweisen an, die ihn lebenslang zu Vorbehalten, sogar zur Abweisung philosophischer und geisteswissenschaftlicher Theorien führten. Diese Einstellung steht in merkwürdigem, nicht recht ausgetragenen Widerspruch zu den im Alter vorgelegten kulturwissenschaftlichen Arbeiten, *Zukunft einer Illusion* (1927), *Das Unbehagen in der Kultur* (1930) und den fast abenteuerlichen Thesen in *Der Mann Moses und die Entstehung des Monotheismus* (1939). An der Universität machte Freud, der sein Judentum nie verleugnete, auch wenn er der «jüdischen Religion so ferne (stand), wie allen anderen Religionen»,

Sigmund Freud (1856–1939)

die ihm freilich als «Gegenstand wissenschaftlichen Interesses hochbedeutsam» waren (xiv, 556), massive Erfahrungen mit dem Antisemitismus. Als eine wichtige Folge dieser Eindrücke an der Universität sah er es später an, «daß ich so frühzeitig mit dem Lose vertraut wurde, in der Opposition zu stehen und von der kompakten Majorität in Bann getan zu werden. Eine gewisse Unabhängigkeit des Urteils wurde so vorbereitet» (xiv, 35). 1885 wurde er zum Privatdozenten für Nervenkrankheiten ernannt und erhielt ein Reisestipendium, das ihn instand setzte, ca. fünf Monate bei Charcot an der Salpétrière in Paris hysterische Phänomene, insbesondere deren Erzeugung durch hypnotische Suggestion zu studieren. Im folgenden Jahr ließ er sich als Nervenarzt in Wien nieder und heiratete seine Verlobte. Aus der Ehe sind sechs Kinder hervorgegangen. In diese Zeit fallen auch seine Untersuchungen zum Kokain. Freud hat unter anderem Schriften von J. S. Mill und Charcot ins Deutsche übersetzt.

Seine nervenärztlichen Patienten behandelte Freud mit Elektrotherapie und der hypnotischen Suggestion. Während er die Elektrobehandlung rasch aufgab, entwickelte er zunächst zusammen mit J. Breuer aus der hypnotischen Suggestion das «kathartische» und schließlich alleine das psychoanalytische Verfahren. Voraussetzung dieses Verfahrens war zum einen die Erkenntnis, daß die von ihm behandelten neurotischen und hysterischen Phänomene psychischen und nicht somatischen Ursprungs sind, und zum anderen die Einsicht, daß den Patienten die krankmachende Genese ihrer Symptome zwar im Wachbewußtsein nicht bekannt war, unter den Bedingungen der Hypnose aber sehr wohl zugänglich ist. Zusammen mit Breuer fand er heraus, daß die meisten neurotischen und hysterischen Phänomene verschwanden, wenn ihre Genese aufgeklärt werden konnte und die der Entstehung zugrundeliegenden Affekte «abreagiert» wurden. Dadurch wurde zugleich die Annahme bestätigt, daß die psychopathologischen Erscheinungen nicht Produkte eines zerfallenden Geistes, sondern «sinnvolle» und deshalb aufklärbare Erscheinungen des Seelenlebens sind, die sich aus dem psychischen Zusammenhang der individuellen Lebensgeschichte verstehen lassen. Die Nachteile des hypnotischen Verfahrens – nicht alle Patienten ließen sich in einen hinreichenden hypnotischen Schlaf versetzen, auch waren die erzielten Heilerfolge z. T. wenig stabil – und die Erfahrungen mit der Übertragung[2] führten Freud zum Verzicht auf die Hypnose. Die Hypnose hatte ihm aber gezeigt, daß die Patienten ein Wissen der Entstehung ihrer Symptome hatten, das ihnen nur unter den Bedingungen der Hypnose zugänglich war. Dieses Wissen nannte Freud später das Unbewußte, welches durch den Prozeß der Verdrängung entsteht und in den Symptomen verschleiert wiederkehrt.

Da unter den Bedingungen der Hypnose die Verdrängung nicht aufgehoben, sondern nur umgangen war, kam es darauf an, einen vor allem für die Patienten bewußten Zugang zu dem Verdrängten zu finden. Über einige Zwischenstufen entwickelte Freud die Methode der «freien Assoziation», um die den Patienten nicht zugängliche Genese ihrer Symptome aufzuklären. Die Methode der «freien Assoziation» besteht in der Verpflichtung des Patienten, in der Kur «alles zu sagen, was ihm durch den Kopf geht, auch wenn es ihm unangenehm sei, auch wenn es ihm unwichtig, nicht dazu gehörig oder unsinnig erscheine» (vii, 385). Die Erfahrung zeigte Freud, daß die freien Assoziationen zwar frei sind von der rationalen und moralischen Kritik des Patienten, daß in ihnen aber das Verdrängte wie in den Symptomen wiederkehrt und schließlich – bisweilen mit Hilfe der Deutungsvorschläge des Analytikers – zu den Lebenseindrücken führt, die die Symptome hervorgebracht hatten. Diese Lebenseindrücke können rezenter wie auch vergangener Natur sein. Sie mußten jeweils verdrängt werden, weil die Triebregungen, Wünsche, Ängste oder Aggressionen mit den eigenen Vorstellungen, den Anforderungen der Eltern und den Normen der Gesellschaft nicht zu vereinbaren waren. Ursache der Verdrängung sind ein oder mehrere Konflikte, die nicht hatten gelöst werden können. Durch die Verdrängung wurden diese Triebregungen aber nur unbewußt gemacht, nicht aufgehoben. In den Symptomen der Kranken kehrten diese verdrängten Triebregungen in verschleierter Form wieder. Mit der Aufklärung der Genese der Symptome sollten diese selbst aufgelöst werden. Die unterschiedlichen Auffassungen der jeweiligen Konflikte – ob sie biologischer, individueller, gesellschaftlicher Natur seien, ob sie aus Kompromißbildungen zwischen den Selbsterhaltungs- und Sexualtrieben oder zwischen «Eros» und «Thanatos» bestehen – bilden die Grundlage für verschiedene Theoriebildungen in der Psychoanalyse und für verschiedene therapeutische Interventionsstrategien.

In den therapeutischen Behandlungen wurde Freud dazu geführt, «die Neurosen ganz allgemein als Störungen der Sexualfunktion zu erkennen» (xiv, 50). Obwohl er mit dieser Auffassung z. B. für die Hysterie an Plato hätte anknüpfen können, brachte sie ihm heftigste Ablehnung und Widerspruch ein. Dabei wurde jedoch häufig übersehen, daß Freud die Sexualität «aus ihren allzu engen Beziehungen zu den Genitalien (löst) und als eine umfassendere, nach Lust strebende Körperfunktion» auffaßt, und zu den sexuellen Regungen auch «alle bloß zärtlichen und freundschaftlichen» rechnet, «für welche der Sprachgebrauch das vieldeutige Wort ‹Liebe› verwendet» (xiv, 63).

Durch die Methode der freien Assoziation wurde Freud von seinen Patienten immer wieder über die aktuellen Störungen der Sexualfunktion hinaus zurückgeführt zu den Situationen von Liebe und Haß in den ersten Lebensjahren. Die Entdeckung, eigentlich Bewußtmachung der infantilen Sexualität, mit welcher er zunächst ebenso auf Ablehnung stieß wie mit seinen anderen Auffassungen, rührte an ein kulturelles Tabu. Die Erfahrungen, die Freud mit seinen Patienten machte, führten ihn zur Aufstellung des Ödipuskomplexes, den er als Grundproblem zunächst aller Neurosen betrachtete. Insbesondere hier drängte sich eine Anwendung der psychoanalytischen Erfahrungen auf die «normale» Entwicklung eines jeden Menschen auf; denn die beiden Strebungen, die dem Ödipuskomplex zugrundeliegen, die Aggression gegen den Vater und die sexuellen Wünsche mit Bezug auf die Mutter, waren in der Literatur bis zu ihren Anfängen in der Mythologie ein immer wiederkehrendes Thema.

Dieser Anwendung der Psychoanalyse auf die «normale» Psychologie war zunächst die *Traumdeutung* (1900) vorangegangen. Freud hatte sich in den Analysen die Träume seiner Patienten erzählen lassen und konnte dadurch sowie durch die Verwendung eigener Träume zeigen, daß die in der Traumbildung nachzuweisenden psychischen Vorgänge[3] dieselben waren, die auch die neurotischen Symptome verursachten. Auch den Träumen lagen unerledigte Triebstrebungen und Wünsche zugrunde, die sich unter Bedingungen des Traumes – wenn also die innerpsychische Zensur herabgesetzt ist, da die Gedanken nicht in Taten umgesetzt werden – eine mehr oder weniger verschleierte Darstellung erhielten. In einem weiteren Schritt wandte er die Erkenntnisse seiner Psychoanalyse dann auf alle psychischen Handlungen an und zeigte in *Die Psychopathologie des Alltagslebens* (1905), daß zwischen Kranken und Gesunden kein prinzipieller, sondern nur ein gradueller Unterschied in den Wirkungsweisen der menschlichen Seele besteht; damit wurde das sogenannte Gesunde und Normale als Resultat individueller, gesellschaftlicher und geschichtlicher Entwicklungen erkennbar. Die psychoanalytischen Erkenntnisse verwandelten sich in eine allgemeine Psychologie, die prinzipiell auf alle menschlichen Schöpfungen, an denen die Psyche Anteil hat, angewendet werden konnte und zur psychoanalytischen Kulturtheorie führte, mit der auch die Bildungen der Religionen untersucht werden können.

Die Schöpfungen der Kultur und Religion wurden von Freud und seinen Schülern als Produkt der menschlichen Triebe analysiert, deren Einschränkungen und Umsetzungen für das Zusammenleben der Menschen erforderlich ist. Diese von einigen Psychoanalytikern zuweilen reduktionistisch verstandene Zurückführung religiöser Phänomene auf die umgestaltete Sexualität hat unter Theologen, Philosophen und Kulturtheoretikern viel Widerspruch hervorgerufen. Sie sahen durch eine solche Reduktion das «Heiligste» des Menschen entwürdigt und profaniert. In psychoanalytischer Auffassung sind die Religionen eine der wichtigsten Sublimierungsleistungen der menschlichen Gattungsgeschichte und zugleich Instanz weiterer Sublimierungen oder – in philosophischer Sprache – der Zivilisierung des Menschen.

Die Auffassung und Tatsache, daß die Kultur wesentlich auf Triebeinschränkungen und Triebverzicht basiert, hat Freud im hohen Alter zu einem Kulturpessimismus geführt, da das Ausmaß der Triebeinschränkungen eine Feindschaft gegen diese Kultur entstehen lasse. Weil die Religion eine der triebeinschränkenden Instanzen in Geschichte und Gesellschaft darstellt und dieser Charakter mit ihrer Qualität, Sublimierungen hervorzubringen, untrennbar verknüpft, andererseits die Psychoanalyse im Interesse ihrer Patienten (zumindest überschießende und gesellschaftlich oder geschichtlich unnötig gewordene) Triebeinschränkungen aufzuheben gehalten ist, ist mit der psychoanalytischen Kulturkritik zugleich eine Religionskritik, bisweilen Religionsfeindschaft verbunden. In der späten Schrift *Zukunft einer Illusion* (1927) bezweifelt Freud, ob die Religion weiterhin in der Lage sei, tatsächlich die Zivilisierungsleistungen zu gewährleisten, die für jede Kultur unabdingbar sind. «Die Religion hat der menschlichen Kultur offenbar große Dienste geleistet» (xiv, 360). «Die Götter behalten ihre dreifache Aufgabe, die Schrecken der Natur zu bannen, mit der Grausamkeit des Schicksals, besonders wie es sich im Tode zeigt, zu versöhnen und für die Leiden und Entbehrungen zu entschädigen, die dem Menschen durch das kulturelle Zusammenleben auferlegt werden» (xiv, 339). Insoweit sie jedoch auf einer Wunschvorstellung beruht, verwandle sich die Religion, die eine zivilisatorische Instanz dargestellt hatte, in eine Illusion, die ein schlechtes, jedenfalls zweifelhaftes Fundament der Kultur sei, und es sei nach den neueren Entwicklungen angeraten, «sie aus der Motivierung der kulturellen Vorschriften zurückzuziehen» (xiv, S 367). Für diese Auffassung hätte sich Freud auf zahlreiche Theologen, etwa Friedrich Schleiermacher, berufen können.

Es ist im hier gegebenen Rahmen nicht möglich, die z. T. sehr komplizierten Entwicklungen und Verzweigungen der psychoanalytischen Theoriebildungen weiter auszubreiten. Freud hielt 1925 «die Lehren vom Widerstand und von der Verdrängung, vom Unbewußten, von der ätiologischen Bedeutung des Sexuallebens und der Wichtigkeit der Kindheitserlebnisse» für die «Hauptbestandteile des psychoanalytischen Lehrgebäudes» (xiv, 65). Nur auf den Begriff der Ambivalenz, der «gleichzeitigen Anwesenheit einander entgegengesetzter Strebungen, Haltungen und Gefühle, z. B. Liebe und Haß, in den Beziehungen zu ein- und demselben Objekt»[4], sei noch verwiesen. Die Symptome lassen sich als Resultat widersprüchlicher psychischer Tendenzen verstehen, bei denen die widerstreitenden Triebe einen Ausdruck erhalten. Das Aufsuchen der Ambivalenz in den pathologischen Symptomen könne als das grundlegende Prinzip der psychoanalytischen Methode angesehen werden. Es solle eine den Ansprüchen des Ich gerecht werdende Lösung der Triebkonflikte möglich machen, indem ein Teil der Triebansprüche befriedigt, ein Teil abgewiesen und ein Teil in kulturelle Leistungen (Sublimierungen) umgesetzt wird. Insbesondere nach den Erfahrungen des 1. Weltkrieges war Freud die Möglichkeit einer zureichenden Lösung der Triebkonflikte zweifelhaft geworden.

Nach der Trennung von Breuer arbeitete Freud zunächst zehn Jahre alleine, bis sich in Wien ein kleiner Kreis von Schülern um ihn sammelte. 1902 wurde er schließlich nach mehreren vergeblichen Versuchen zum außerordentlichen Professor ernannt. Das Interesse der Psychiater in Zürich, E. Bleuler und C. G. Jung u. a., führt 1908 zu einem ersten Privatkongreß und zur Herausgabe der Zeitschrift *Jahrbuch für psychoanalytische und psychopathologische Forschungen*, die von C. G. Jung redigiert wurde. 1909 wurden Freud und Jung zu Vorlesungen an die Clark University in den USA berufen. Die weitere Ausbreitung der Psychoanalyse in Europa führte auf dem zweiten Kongreß in Nürnberg 1910 zur Gründung der «Internationalen Psychoanalytischen Vereinigung», die bis heute besteht, im weiteren aber auch zu Meinungsverschiedenheiten, die eine Trennung von C. G. Jung und Alfred Adler verursachten. Inzwischen war auch die Zeitschrift *Imago* (1912) für die Anwendung der Psychoanalyse auf die Geisteswissenschaft gegründet worden. Freuds Leistungen wurden 1930 mit der Auszeichnung durch den Goethe-Preis der Stadt Frankfurt anerkannt und honoriert, den er wegen seiner Gebrechlichkeit und Krankheit von seiner Tochter Anna entgegennehmen ließ. Zum 80. Geburtstag schrieb Thomas Mann eine zwei Tage später in Wien gehaltene Festrede. Im Mai 1933 wurden Freuds Schriften von den Nationalsozialisten verbrannt und er selber 1938, nach dem Anschluß Österreichs an Hitler-Deutschland, zur Emigration nach England gezwungen. Freud hatte seit seiner Kindheit, von wenigen Besuchen und Reisen abgesehen, Wien nicht verlassen; er soll diese Stadt nicht geliebt haben. In London ist er am 23. September 1939 im Alter von 83 Jahren gestorben. Seine 1861 geborene Frau hat ihn um zwölf Jahre überlebt.

II. Freud zur Religion und seine Wirkung

S. Freud war im engeren Sinne kein Religionswissenschaftler; es muß als ein grobes Miß-, wenn nicht gar Unverständnis angesehen werden, wenn seine Schriften unmittelbar als Quelle von Wissen über die Religionen und die religionsgeschichtlichen Entwicklungen angesehen werden. In diesem Wissen war Freud, wie z. B. in der Frage des Totemismus als einer allgemeinen Phase der Kulturentwicklung, abhängig von den Kenntnissen und Theorien seiner Zeit. Seine Bedeutung für die Religionswissenschaft – wie für alle Kulturwissenschaften – resultiert aus der Anwendung psychoanalytischer Begriffe und Erfahrungen auf Probleme dieser Wissenschaft. Die Theorien des ausgehenden 19. Jahrhunderts zur Religion waren, wie Evans-Pritchard[5] hervorhebt, psychologische Theorien. E. B. Tylor z. B. hatte in seiner Theorie des Animismus die Idee von Geistern und die daraus entwickelte Vorstellung Gottes aus den Traumerfahrungen abgeleitet, J. G. Frazer die Magie aus der Verwechslung eines Ideenzusammenhanges mit Realzusammenhängen zu verstehen gesucht, und R. R. Maretts Theorie des Präanimismus, der allgemeinen Beseeltheit nicht nur der Lebewesen, sondern auch aller Gegenstände, beruft sich auf psychische Prozesse, in denen psychische Eigenschaften des Menschen der Welt und allen Gegenständen zugeschrieben werden. In diesen Theorien wird freilich der Traum ohne Kenntnis der Psychologie der Traumbildung, die Verwechslung von Ideenzusammenhängen ohne Analyse der Dynamik der Ideenassoziation und die Zuschreibung psychischer Eigenschaften auf die Dinge ohne Einsicht in den psychischen Vorgang der Projektion herangezogen. Außerdem stand ihnen keine empirische Psychologie zur Verfügung. Freud hingegen konnte mit der Anwendung der bei seinen Patienten entdeckten psychischen Wirkungsweisen viele religiöse Gestaltungen in Kultur und Religion verständlich machen.

Möglich ist eine solche Anwendung seiner Erkenntnisse, wenn die bei Kranken entdeckten Wirkungsweisen der Psyche sich nicht qualitativ, sondern nur quantitativ vom «Gesunden» unterscheiden. Allerdings wird der Unterschied zwischen einer kulturellen Bildung und einem neurotischen Symptom nicht übersehen werden dürfen, wie in der Rezeption psychoanalytischer Theorien leider zu oft geschehen. Freud hat auf diesen Unterschied immer wieder verwiesen: eine Hysterie sei «ein Zerrbild einer Kunstschöpfung, eine Zwangsneurose ein Zerrbild einer Religion, ein paranoischer Wahn ein Zerrbild eines philosophischen Systems», und er hat auch den Unterschied im Zustandekommen beider Phänomene angegeben: «die Neurosen (sind) asoziale Bildungen; sie suchen mit privaten Mitteln zu leisten, was in der Gesellschaft durch kollektive Arbeit entstand. Bei der Triebanalyse der Neurosen erfährt man, daß in ihnen die Triebkräfte sexueller Herkunft den bestimmenden Einfluß ausüben, während die entsprechenden Kulturbildungen auf sozialen Trieben ruhen, solchen, die aus der Vereinigung egoistischer und erotischer Anteile hervorgegangen sind». Auch kann Freud die unterschiedlichen Folgen beider Bildungen zeigen: während z. B. ein religiöses Ritual menschliche Gesellschaft ermöglicht, indem in diesen die Konflikte vielleicht nicht gelöst werden, aber eine kollektiv verbindliche Gestaltung erhalten haben, bedeutet die Neurose eine Flucht aus der realen Welt, und diese «Abkehrung von der Realität ist gleichzeitig ein Austritt aus der menschlichen Gemeinschaft» (xi, 92 f.).

Die psychoanalytische Deutung einer religiösen oder anderen kulturellen Erscheinung versucht, die in einem Ritus, einem Mythos, einem Dogma usw. einen Kompromiß bildenden widerstreitenden Wünsche, Ängste und Interessen herauszufinden. Ein erstes Beispiel einer solchen Analyse legte Freud in der kleinen Schrift *Zwangshandlungen und Religionsübungen* vor. In ihr zeigte Freud – hier noch im wesentlichen auf der Basis von Material aus seiner therapeutischen Arbeit –, daß man den Begriff «Zeremoniell» mit Recht sowohl auf die Zwangshandlungen der Kranken als auch auf Religionsübungen anwenden kann, da in beiden Fällen die Nichtausführung oder ungenaue Einhaltung des Zeremoniells Angst, im religiösen Ritus Gewissensangst auslöst. Diese Angst ist nach Freud in beiden Fällen als Reaktionsbildung auf verdrängte, in der Kultur zum Verzicht bestimmte, jedenfalls eingeschränkte Triebstrebungen zu verstehen. Sowohl Zeremoniell- wie auch Zwangshandlungen dienten «teils zur Abwehr der Versuchung, teils zum Schutze gegen das erwartete Unheil» (vii, 136), auf jeden Fall lassen sie sich als «sinnvoll und deutbar» aufklären. Freud richtete sich damit gegen Auffassungen, die religiöse Riten als unverständliche und sinnlose Aktionen abtun, und er gibt zumindest eine partielle Rechtfertigung für religiöse Handlungen an. Allerdings muß die Konfliktlage, die einmal zur Einrichtung eines Ritus, zur Aufstellung eines Dogmas usw. geführt hatte, mit der gegenwärtigen nicht mehr identisch sein, so daß mit historisch bedingten Schichtungen zu rechnen ist. In diesen können die widerstreitenden Interessen, die zur Einrichtung eines Ritus geführt hatten, wie bei jeder Kompromißbildung, vergessen und unbewußt geworden sein. Während allerdings eine Zwangshandlung individuell und privat ausgeführt wird, finden religiöse Riten in der Regel in der Öffentlichkeit und gemeinschaftlich statt; das Bewußtsein hat mithin an ihrer Bildung einen größeren Anteil. Zwar mögen den einfachen Gläubigen die Gründe für die Ausführung der Riten unbekannt oder durch vorgeschobene Erklärungen und Motive rationalisiert sein, aber den Priestern und «Theologen» sei zumindest ein symbolischer Sinn der Riten bekannt.

Auch in der 1912/13 vorgelegten Studie *Totem und Tabu*, in der Freud «Gesichtspunkte und Ergebnisse der Psychoanalyse auf ungeklärte Probleme der Völkerpsychologie» anwandte, steht die Analyse der Ambivalenz im Tabu, in der Magie und im Totemismus im Mittelpunkt der Untersuchungen. Freud betrachtet die Tabus, die sich an die Behandlung der Feinde, Häuptlinge und Toten knüpfen, gleichsam als «Symptombilder einer Neurose» (ix, 63) und führt die widersprüchlichen Handlungen, die sich in allen Tabus aufweisen lassen, auf die widerstreitenden Interessen, Wünsche und Aggressionen der an ihnen Beteiligten zurück. Das Material seiner Untersuchung bilden die von den Ethnologen und Anthropologen der Jahrhundertwende aus den Berichten von Reisenden, Händlern, Missionaren und anderen zusammengestellten Darstellungen der damals noch primitiv genannten Völker. Eigene Feldforschungen konnte Freud nicht unternehmen, auch entwickelte B. Malinowski die Methode der «teilnehmenden Beobachtung» erst nach dem Erscheinen von *Totem und Tabu*. Freud unterscheidet sich im Umgang mit den Materialien, teilweise sogar in seinen Fragestellungen nicht von den entsprechenden Fachwissenschaftlern seiner Zeit. Er unterschied sich von ihnen aber dadurch, daß er sich für seine Theoriebildung auf Erfahrungen als Therapeut stützen konnte.

Für ein Tabu gegenüber den Toten konnte Freud zahlreiche Beispiele aus aller Welt zusammentragen, um die gegensätzliche Einstellung gegenüber den Toten, die zu Dämonenfurcht und Ahnenverehrung führt, zu demonstrieren. Die bei den meisten Völkern anzutreffende Furcht vor den Toten, die von W. Wundt aus ihrer Verwandlung in Dämonen erklärt wurde, erweise sich durch den Vergleich mit der Entstehung der Angst vor den

Toten bei uns heute als Projektion der Überlebenden. Die aggressiven Strebungen, die in jeder menschlichen Beziehung nachzuweisen sind, aber normalerweise im Interesse des Zusammenlebens unterdrückt werden müssen, werden im Todesfall virulent, und die zärtlichen wie feindseligen Gefühle gegenüber den Verstorbenen bringen sich als Trauer um den Verlust und Befriedigung der Aggressionen zur Geltung. Die unbewußte, jedenfalls zum Bewußtsein nicht zugelassene Aggression wird auf den Toten projiziert, indem die feindseligen Strebungen ihm selbst zugeschrieben werden, vor denen man sich schützen muß. Wenn man die ambivalente Gefühlseinstellung berücksichtige, werden die widersprüchlichen Elemente in den Begräbnis- und Totenritualen, die sowohl zärtlichen als auch den feindseligen Strebungen einen Ausdruck verschaffen und damit das Problem der Ambivalenz in gewisser Weise erledigen helfen, verständlich.

In dieser Interpretation zeigt sich ein methodisches Problem, das für alle Anwendungen der Psychoanalyse auf Kultur und Religion von grundlegender Bedeutung ist. Während in einer Psychoanalyse der Patient oder in einer Traumdeutung der Träumer selbst mit Hilfe der freien Assoziation zu den ambivalenten Situationen, die damals nicht hatten gelöst werden können und in den Symptomhandlungen, Träumen und Phantasien wiederkehren, zurückkehrt, der Patient mithin seinen eigenen Verdrängungsprozeß aufhebt, steht für die Analyse eines Rituals, eines Mythos usw. kein solches «frei assoziierendes» Subjekt zur Verfügung. Der Wissenschaftler, der die Materialien auswählt und nach seinen Interpretationsbedürfnissen zusammensetzen muß, setzt sich an die Stelle des frei assoziierenden Subjektes.[6] Überzogen könnte man formulieren, daß ein solcher Wissenschaftler die religiösen und ethnologischen Stoffe als Projektionsfläche für die Analyse eigener Konflikte verwendet. C. G. Jung hatte ein solches Verfahren unter dem Namen «Amplifikation» in die Therapie eingeführt, um Probleme der Individualpsychologie durch Heranziehung von ethnologischem, volkskundlichem und anderem Material zu erledigen. Die Anwendung der Psychoanalyse auf kulturelle Erscheinungen läßt die Forscher, wenn auf die Grenzen der Anwendung der Methode nicht reflektiert wird, methodisch leicht zu Jungianern werden. Das Jung'sche Verfahren war von S. Ferenci und anderen Psychoanalytikern für die Individualtherapie abgewiesen worden, da mit diesem Verfahren nur eine Symbolübersetzung möglich sei. Symbolübersetzung bedeutet eine feste Gleichsetzung von Erscheinungen des Unbewußten und anderer Bilder mit jeweils bestimmten Bedeutungen. In ihr ist das individuelle Assoziationsverfahren, welches jeden Träumer zu den von ihm selber hervorgebrachten Verdrängungsakten und Symbolisierungen führt, aufgehoben. Sie kehrt damit zu antiken Traumsymboliken zurück und beseitigt das Freudsche Verfahren.

Da die bei einer Anwendung der Psychoanalyse auf kulturelle Erscheinungen gefundenen und bewußt gemachten Zusammenhänge nicht zur Auflösung von Symptomen führen und damit durch Fortschritte in einer

Heilung bestätigt werden können, bleiben nach Ferenci deren Ergebnisse unsicher. Solange sich die Forscher dieser methodischen Grenze einer Anwendung der Psychoanalyse auf kulturelle Gegebenheiten bewußt bleiben, ist trotz dieser Kritik eine psychoanalytische Deutung religiöser Phänomene sinnvoll und vertretbar. Sie eröffnet den Blick auf das in allen Kulturen (möglicherweise verschiedene) Verdrängte und gewährt damit einen Zugang zu dem dynamisch Unbewußten, das man zwar leugnen kann, dessen Wirkungen aber trotzdem bestehen bleiben.

Diese Grenze der Anwendbarkeit der psychoanalytischen Methode hat Géza Róheim 1929–32 zu seinen psychoanalytischen Feldforschungen veranlaßt. Freilich war es auch ihm nicht möglich, in strengem Sinne kulturelle Erscheinungen einer Psychoanalyse zu unterziehen. Eine «freie Assoziation», in der der Assoziierende alles sagt, was ihm durch den Kopf geht, auch wenn es unangenehm, unsinnig oder peinlich erscheint, ist auch in Stammesgesellschaften nur mit einzelnen möglich, so daß dann wiederum die psychischen Probleme einzelner, nicht aber eine kulturelle Erscheinung analysiert werden. P. Parin, Fr. Morgenthaler, G. Parin-Matthey und später M. Nadig und andere haben dann konsequent auch nur einzelne analysiert und von diesen Analysen ausgehend die psychische Genese und Bedeutung religiöser und anderer kultureller Erscheinungen einsichtig gemacht.[7] Aufgrund seiner Feldforschungen entwickelte G. Róheim die ontogenetische Theorie der Kultur, nach welcher kulturelle Einrichtungen – zumindest von vorindustriellen Gesellschaften – als Reaktionsbildungen auf je verschiedene infantile Traumata zu verstehen seien. Mit dieser – leider zu wenig beachteten Theorie – hätten gewisse Einseitigkeiten vermieden werden können.[8]

Noch vor Freuds *Totem und Tabu* waren von anderen Psychoanalytikern Studien zur Interpretation von Mythen vorgelegt worden. K. Abraham und O. Rank gingen von der auch früher schon bemerkten Ähnlichkeit von Mythos und Traum aus und deuteten z. B. den Prometheusmythos und die Heldengeburtsmythen mit den von Freud in der Traumdeutung dargestellten Methoden. Auch sie mußten das Verfahren der «freien Assoziation» dadurch ersetzen, daß sie die Variationen eines Mythos bzw. eines mythischen Themas als Assoziationen behandelten. Sie konnten dadurch einsichtig machen, daß in den Mythen allgemeine psychische Probleme – eventuell vorbildhaft für alle – eine kollektiv verbindliche Darstellung finden, die dem einzelnen die Verarbeitung der unausweichlichen Konflikte erleichtert bzw. ihn von diesen entlastet. Später haben Th. Reik und andere Psychoanalytiker Analysen des Rituals und anderer religiöser Erscheinungen ausgearbeitet. Die von Psychoanalytikern unternommenen Arbeiten zu religionswissenschaftlichen Themen sind sehr umfangreich und lassen sich leicht in den Registern der von Grinstein vorgelegten Bibliographie psychoanalytischer Veröffentlichungen sowie in den verschiedenen psychoanalytischen Zeitschriften auffinden.[9]

Auch der von Freud vorgeschlagenen Analyse des Totemismus, und mit ihm der Entstehung der Religion überhaupt, liegt eine Analyse der Ambivalenz zugrunde. Der Totemismus war am Ende des vorigen Jahrhunderts als älteste Erscheinungsform der Religion betrachtet worden. Freud suchte in den ihm vorliegenden Darstellungen des Totemismus und in den mit ihm häufig verbundenen Inzestregulierungen die widersprüchlichen Triebregungen auf. Er entdeckte, daß die beiden Verbote des Totemismus und der Inzestregulierungen, den Vater nicht zu töten und die Mutter und Schwestern nicht zu begehren, mit den beiden Strebungen identisch sind, die er am Grunde jeder Neurose gefunden hatte und in Anlehnung an die griechische Mythologie «Ödipuskomplex» genannt hatte. Ausgehend von Darwins Annahme der Urhorde konstruiert er eine Urgeschichte der Menschheit, «mit welcher so vieles seinen Anfang nahm, die sozialen Organisationen, die sittlichen Einschränkungen und die Religion» (xi, 172). Freud hat diese Konstruktion später einen wissenschaftlichen Mythos genannt; Sicherheit sei für solche Konstruktionen nicht zu erbringen, nur Wahrscheinlichkeit. Freud ist in dieser Konstruktion abhängig von den Problemstellungen seiner Zeit und von dem von den Fachwissenschaften zusammengetragenen – wir würden heute in einigen Fällen sagen müssen: zusammenphantasierten – Material über Stammesgesellschaften. Weder kann nach heutiger Kenntnis der Totemismus Universalität beanspruchen, noch stellt er eine von allen Kulturen zu durchlaufende Phase dar. Auch fallen die beiden Gesetze des Totemismus: das Totemtier nicht zu töten und keine Frau des eigenen Totemklans zu heiraten, z. B. bei den von Freud als Paradebeispiel angeführten Arandas Zentralaustraliens, zusammen. Freuds Schrift wird man deshalb eher als eine Analyse der ethnologischen und anthropologischen Theoriebildung seiner Zeit lesen müssen, in denen die ödipalen Strebungen auf die damaligen «Wilden» projiziert wurden. Gleichwohl bleibt die Frage nach der Entstehung von Inzestregulierungen und des Tötungsverbotes bestehen. Sie führt uns heute zu der mit ihr verbundenen Fragestellung, wie die vielfach zu konstatierende psychologische Aussetzung des Tötungsverbotes in Kriegen und Bürgerkriegen zustandekommt, und wie die Tötungshemmung durch Verinnerlichung kollektiv verbindlich wieder aufgerichtet werden kann.

Doch darf man über dieser Kritik an der Freudschen Konstruktion der Urgeschichte nicht die nach wie vor bestehende Virulenz des Ödipuskomplexes übersehen. Zwar wird man eine Universalität des ödipalen Konfliktes kaum verneinen können, ob aber dieser Konflikt notwendigerweise zum Ödipuskomplex in seiner uns aus der abendländischen Geschichte bekannten Form und dessen psychischen Folgen führt und Universalität beanspruchen darf, muß in Frage gestellt werden. Die unterschiedlichen Gestaltungen, die dieser Konflikt in den verschiedenen Kulturen gefunden hat, verweist auch darauf, daß das, was in einer Gesellschaft verdrängt werden muß, von den geschichtlichen und gesellschaftlichen Verhältnissen abhängig ist, so daß die Verteilung zwischen dem, was bewußt und unbewußt gemacht werden muß, in den verschiedenen Kulturen und Gesellschaften verschieden aussieht. Freuds Psychoanalyse stellt einen methodisch ausgewiesenen Zugang zum Unbewußten bereit, dessen wirksame Beteiligung an allen kulturellen Schöpfungen und damit auch der Religion nicht übersehen werden darf.

Freud ist in der Religionswissenschaft, von Ausnahmen abgesehen, eher zurückhaltend aufgenommen worden. Die Ergebnisse seiner Untersuchungen und seine Thesen zur Religion und zur Religionsentwicklung erschienen zu anstößig und stellten eine zu große Verletzung der in den Religionen auf Götter projizierten Größen- und Allmachtsphantasien dar. Eine zusammenfassende Würdigung seiner Erfahrungen und seiner Begriffsbildung für die Religionswissenschaft, die diese zugleich im Verhältnis zu anderen religionswissenschaftlichen Theorien abwägend erörterte, steht noch aus. Trotzdem kann gesagt werden, daß viele seiner Begriffe und Überlegungen, zum Teil ohne genaue Kenntnis ihrer Herkunft, in die Religionswissenschaft Eingang gefunden haben, wie überhaupt heute psychoanalytische Erkenntnisse und Theorien zum Selbstverständnis und zur Selbstverständigung vieler Menschen gehören.

Hans G. Kippenberg

ÉMILE DURKHEIM
(1858–1917)

I. Leben

Émile Durkheim, geboren am 15. April 1858, stammte aus einer jüdischen Familie im Elsaß und war von 1879 bis 1882 Student der École Normale Supérieure zu Paris, wo er u. a. bei dem Althistoriker N. D. Fustel de Coulanges und dem Philosophen E. Boutroux hörte. Nach Abschluß des Studiums wurde er Gymnasiallehrer in der Nähe von Paris. 1885/86 besuchte er Deutschland. Der Grund für seinen Besuch hing letztlich noch mit der Niederlage Frankreichs im deutsch-französischen Krieg 1870/71 zusammen.[1] Sie hatte eine intensive Ursachenforschung nach sich gezogen. Als eine der Schwachstellen entdeckten Franzosen das eigene Universitätssystem. Deutschlands Sieg sei ein Sieg der Wissenschaft gewesen, meinte beispielsweise Ernest Renan. Wenn Frankreich sich aus dem Desaster erheben wolle, müsse es von den deutschen Universitäten lernen. Das «Ministère de l'Instruction Publique» bot daher jungen talentierten Akademikern Stipendien nach Deutschland an, damit sie dort den neuesten wissenschaftlichen Stand ihres Faches kennenlernen könnten. Zu den Auserwählten gehörte Émile Durkheim. Einflußreiche Förderer hatten ihre Hand im Spiel, als er 1885/86 für ein Jahr zum Studium an die Universitäten von Leipzig, Marburg und Berlin geschickt wurde.

Für die Geschichte der Religionsforschung sollte es folgenreich werden, daß sich in Leipzig sein Weg mit dem von Wilhelm Wundt kreuzte. Schon lange bevor Nathan Söderblom 1912 an die Universität Leipzig auf einen der ersten deutschen Lehrstühle für Allgemeine Religionsgeschichte berufen wurde, gab es in Leipzig ein lebendiges Interesse an Religion. Kurt Rudolph hat in seiner Studie zur Geschichte des Faches in Leipzig dargelegt, wie viele und unterschiedliche religionswissenschaftliche und religionshistorische Lehrveranstaltungen und Forschungen lange vor der Einrichtung des Lehrstuhles in Leipzig stattgefunden hatten.[2] Einer von diesen solcherart tätigen Wissenschaftlern war der Philosoph und Psychologe Wilhelm Wundt gewesen. Er hatte in Leipzig 1879 das erste «Seminar für experimentelle Psychologie» gegründet. Gerade als Durkheim sich in Deutschland aufhielt, war Wundts Buch *Ethik. Eine Untersuchung der Thatsachen und Gesetze des Sittlichen Lebens* (Stuttgart 1886) erschienen. Es sei unergiebig – so Wundt im Vorwort –, Moralphilosophie auf Metaphysik gründen zu wollen. Die Psychologie sei ein besseres Hilfsmittel, vorausgesetzt man beschränke sie nicht auf das Individuum, sondern erweitere sie zu einer Völkerpsychologie.[3]

Durkheim war von Wundts Forschungen überaus angetan. Er berichtete über sie nach seiner Rückkehr nach Frankreich in einem wissenschaftlichen Artikel, der die Situation der Philosophie in Deutschland behandelte: «La Philosophie dans les universités allemandes». In ihm zeigte Durkheim sich über die große Zahl von philosophischen Lehrveranstaltungen erstaunt, die alle dasselbe Thema behandelten. Wie dürftig sei im Vergleich dazu das Angebot französischer Universitäten! Allerdings müsse man einräumen, daß die meisten dieser Kurse ohne große Wirkung seien, da die Hörer fehlten.[4] «Er ist der erste Psychologe Deutschlands, der fast jede Verbindung mit der Metaphysik abgebrochen hat», hielt Durkheim begeistert in seinem Artikel fest. Bewußtsein könne nicht direkt, sondern nur indirekt mittels Beobachtung erkannt werden. Allerdings stehe Wundt mit dieser Auffassung in Deutschland ziemlich alleine. In Deutschland dominierte die neukantianische These, daß das Reich der Tatsachen und das der Werte, daß Sein und Sollen heterogene Größen seien. Daß Wundts Positivismus sehr viel besser nach Frankreich paßte, war Durkheim bewußt. Er habe erlebt, daß selbst gebildete Deutsche von Wundt zum ersten Mal bei einem Besuch in Paris gehört hätten.[5] Durkheim schilderte seinen französischen Kollegen in allen Einzelheiten die Art der Forschungen in dem Seminar von Wundt. Sie waren ihm vor allem durch die Konzentration auf präzise und begrenzte Probleme, die beobachtet werden können, aufgefallen.[6]

In einem zweiten Artikel in der renommierten *Revue philosophique* stellte Durkheim diesen neuen Ansatz in der Moralforschung im Einzelnen vor: «La science positive de la morale en Allemagne». Im Unterschied zur gängigen Moralphilosophie habe man in Deutschland seit einiger Zeit Moral zum Gegenstand empirischer Untersuchungen gemacht. Wilhelm Wundts frisch publiziertes Buch fand in Durkheim einen enthusiastischen Rezensenten. Um Absicht und Leistung Wundts verständlich zu machen, stellte Durkheim seinen Ansatz in den Zusammenhang deutscher Ökonomie und Jurisprudenz und kontrastierte diese mit englischen Ansätzen. Während für die Manchester Schule die Volkswirtschaft nur die Summe aller an ihr beteiligten Individuen sei, hätten deutsche Wissenschaftler (Wagner/Schmoller) die Volkswirtschaft als eine Realität *sui generis* aufgefaßt. Das Wirtschaftshandeln sei nur scheinbar eine Sache des Einzelnen. In Wirklichkeit unterliege es moralischen Zwängen. Auch Wirtschaftshandeln ist eng mit Moral verbunden. Diese Moral aber habe in der Geschichte Wandlungen unterlegen. Als beispielsweise demographische Faktoren eine intensivere Landnutzung erzwangen und die Menschen allmählich den Nutzen von Privateigentum in dieser Hinsicht begriffen, war dies der Grund dafür, daß diese Form von Eigentum mehr und mehr ein heiliges Recht wurde.[7] Die Integration des Einzelnen in den größeren sozialen Zusammenhang erfolge über Moral, die soziale Handlungen regelt. Diese

Émile Durkheim (1858–1917)

moralischen Regeln sind unter dem Druck kollektiven Zwangs entstanden und entziehen sich meistens dem direkten Bewußtsein der Handelnden.[8] Man kann soziale Handlungen daher nicht aus privaten Absichten oder persönlichen Motiven zu erklären versuchen. Wundt habe daher zurecht auf eine Deduktion von Moral aus dem Bewußtsein verzichtet. Mehr noch als Wundt lag seinem Rezensenten Durkheim an dem Nachweis, daß sich moralische Normen im Laufe der Geschichte gewandelt hätten.[9] «Es gibt so viele Typen Moral wie es Gesellschaftstypen gibt, und die Moral niederer Gesellschaften ist nicht weniger Moral als die kultivierter Gesellschaften.»[10] Durkheim hatte an Wundt nur eines auszusetzen: daß dieser die wesentlichste Eigenschaft von Moral – ihren verpflichtenden Charakter – nicht erklärt habe: «Wundt anerkennt im Prinzip dieses Merkmal, aber er müßte auch sagen, woher die Moral solche Autorität hat und in wessen Namen sie Befehle erteilt». Durkheim glaubt es zu wissen: «Es ist im Namen Gottes, wenn es sich um eine göttlich gebotene Pflicht handelt. Es ist im Namen der Gesellschaft, wenn es sich um soziale Regeln handelt.»[11]

Man kann in diesen beiden frühen Aufsätzen mit eigenen Augen verfolgen, wie Durkheim aus einer Außenseiterposition in der deutschen Wissenschaft die Auffassung herauspräparierte, daß Moral keine Sache des Bewußtseins, sondern sozialer Tatsächlichkeit ist und nur durch Beobachtung von Handlungen erkannt werden kann. Die in diesem Artikel entwickelten Auffassungen sind einige Jahre später das Fundament von Durkheims Soziologie geworden. Denn ihr lag die Auffassung sozialer Tatsachen als impliziten moralischen Bindungen des Handelns zu Grunde.

Durkheim erhielt nach seiner Rückkehr aus Deutschland 1887 an der Philosophischen Fakultät der Universität von Bordeaux einen Lehrauftrag für Sozialwissenschaft und Pädagogik. In dieser Zeit bereitete er seine *thèse* (eine Art Habilitationsschrift) vor und verteidigte sie 1893 an der Pariser Philosophischen Fakultät. Sie erschien im selben Jahr unter dem Titel: *De la division du travail social.* Bald danach wurde er in Bordeaux zum «professeur adjoint» ernannt, 1896 erhielt er dort die erste Professur für Soziologie in Frankreich und wurde zum «professeur de science sociale» ernannt.[12] Er blieb dort bis zu seiner Berufung an die Sorbonne in Paris 1902, wo er 1906 ein Ordinariat erhielt.

Neben den Anregungen, die von W. Wundt ausgingen, traten früh auch solche von der sich formierenden britischen Anthropologie. Als Durkheim 1906/7 verdächtigt wurde, er habe stillschweigend deutsches Gedankengut in seine Soziologie und damit in die Sorbonne eingeschleust, setzte er sich am 8. Nov. 1907 in einem offenen Brief zur Wehr: «Es wird behauptet, ich hätte bei Wundt die Idee gefunden, daß die Religion die Matrix moralischer, rechtlicher usw. … Ideen sei. Es war 1887, daß ich Wundt gelesen habe: aber es war erst 1895, daß ich ein klares Bewußtsein hatte von der zentralen Rolle von Religion im sozialen Leben. Es war in jenem Jahr, daß ich zum ersten Mal das Mittel gefunden habe, das Studium der Religion soziologisch in Angriff zu nehmen. Das war für mich eine Offenbarung. Die Vorlesung von 1895[13] markiert eine Demarkationslinie in der Entwicklung meines Denkens. Alle meine früheren Forschungen mußten erneut aufgenommen und in Übereinstimmung mit den neuen Ansichten gebracht werden. Wundts *Ethik*, die ich acht Jahre zuvor gelesen hatte, spielte bei dieser Richtungsänderung keine Rolle. Grund dafür waren ausschließlich religionshistorische Studien, die ich gerade vorgenommen hatte und besonders die Lektüre der Arbeiten von Robertson Smith und seiner Schule.»[14]

Als Durkheim diese Sätze schrieb, da war eine zu große Nähe zur deutschen Wissenschaft für einen französischen Gelehrten gefährlich geworden – vor allem dann, wenn er wie Durkheim der Dritten Republik loyal gegenüberstand. Überblickt man die Schriften Durkheims von vor 1907 wird man zu der Folgerung gedrängt, er habe die Bedeutung Wundts für die Herausbildung seines Denkens heruntergespielt und umgekehrt die von Smith vergrößert. Dies ergibt eine Überprüfung seiner frühen Schriften. In ihnen fehlen nämlich klare Indizien dafür, daß Durkheim von Robertson Smith so beeindruckt gewesen wäre, wie sein Brief nahelegt.[15] Durkheim erwähnte Robertson Smith zuerst in einem Artikel über «Totemismus» aus dem Jahre 1902.[16] Erstaunlicherweise fällt der Name ganz beiläufig. Vor Robertson Smith war ihm J. G. Frazer bekannt geworden. Der Bibliothekar der École normale supérieure, Lucien Herr, hatte Durkheim 1886 auf Frazers Artikel über Totemismus in der *Encyclopaedia Britannica* aufmerksam gemacht.[17] Auch in Durkheims Studie *Der Selbstmord* aus dem Jahre 1897 wird Frazer erwähnt[18], nicht jedoch Robertson Smith. Als Durkheim im zweiten Band seiner *L'Année sociologique* im Jahr 1897/8 eine soziologische Definition von Religion vortrug («De la définition des phénomènes religieux»), griff er Frazers Auffassung von Magie als Glaube an wirksame Riten und Worte auf. Der Name von Robertson Smith fällt noch immer nicht, obwohl implizite Hinweise auf dessen Schriften nicht auszuschließen sind. Denn Durkheim unterscheidet zwei Arten Religion: eine freie, private, selbst gewählte Religion von einer anderen, die der Einzelne aus der Tradition empfangen hat, die für eine Gruppe gilt, und die der Einzelne verpflichtet ist, zu praktizieren.[19] Robertson Smith hatte 1889 diese Unterscheidung ausgearbeitet und begründet.[20] Es sei die von einer Gruppe praktizierte Religion gewesen, aus der heraus sich alle öffentlichen gesellschaftlichen Institutionen entfaltet haben. Die «Offenbarung», die Durkheim angeblich durch Robertson Smith «und seine Schule» erfahren hat, könnte sich auf die Erkenntnis einer öffentlichen Religion im Unterschied zu einer privaten bezogen haben. Durkheims Mitarbeiter H. Hubert und M. Mauss (1902/3) haben diese Distinktion ebenfalls aufgegriffen und zwischen Religion und Magie primär entsprechend den Begleitumständen ritueller Handlungen unterschieden: hier geschahen sie in aller Öffentlichkeit und waren Religion, dort im geheimen und waren Magie. Religion ist eine öffentliche, Magie eine private Angelegenheit.[21] Daß Durkheim große Stücke von Robertson Smith hielt, zeigt sich noch an etwas anderem. Während Durkheims Mitarbeiter gegenüber der Opfertheorie von Smith reserviert blieben, hat Durkheim sie in seinen *Elementaren Formen des religiösen Lebens* vorbehaltlos akzeptiert. Das Opfer war auch seiner Ansicht nach ursprünglich eine Gemeinschaftsveranstaltung, in der sich die Teilnehmer durch den Verzehr des heiligen Totemtieres als eine moralische Gemeinschaft konstituierten. Wenn Durkheim sich 1907 von Wundt distanzierte und emphatisch zu Robertson Smith bekannte, so entsprach das seinen wissenschaftlichen Ansichten. Jedoch haben politische Rücksichten eine Rolle gespielt. Die zunehmende Spannung zwischen Frankreich und Deutschland ließ eine geistige Wahlverwandtschaft mit Wundt gefährlich werden.[22]

Durkheim hat sich als Wissenschaftler vom politischen Tagesgeschäft weitgehend ferngehalten. Nur einmal war das anders: in der Dreyfus-Affäre. Intellektuelle verlangten eine Wiederaufnahme des Verfahrens gegen den zu Unrecht verurteilten jüdischen Offizier Dreyfus. Als 1898 die Debatte um das ‹Manifest der Intellektuellen› hohe Wellen schlug[23], ergriff auch Durkheim das Wort und nahm darin zum Recht des einzelnen gegenüber dem Staat Stellung. In dem Artikel: «L'Individualisme et les intellectuels» (1898) setzte er sich mit dem Vorwurf von Revisionsgegnern auseinander, die Intellektuellen würden mit ihrer Kritik an Militär und Staat das Land in Anarchie stürzen. Ihr Individualismus sei an ihrer destruktiven Geisteshaltung schuld. Durkheim nahm in seiner Stellungnahme entschieden für den Individualismus Partei. Man dürfe ihn nicht mit Egoismus verwechseln, sondern müsse ihn auf Kant, Rousseau und die Menschenrechte zurückführen. Weit entfernt von einem egoistischen Ich-Kult hätten sie gelehrt, daß die menschliche Person heilig sei. Der Individualismus sei eine absolut verbindliche Moral, ja eine Religion, in der der Mensch zugleich Gläubiger und Gott sei. Daher zog er zwischen dem Recht des Staates gegenüber dem Einzelnen eine überraschend klare Grenze. Entgegen Th. W. Adornos Behauptungen[24], er würde das Kollektiv vergöttlichen, verteidigte Durkheim prinzipiell den Individualismus und die Intellektuellen.

Seit 1896, dem Jahr der Gründung der Zeitschrift *L'Année sociologique*, hatten sich um Durkheim erst in Bordeaux, dann ab 1902 in Paris jüngere Wissenschaftler gesammelt. Durkheim hatte sie als Mitarbeiter der Zeitschrift gewonnen. Sie waren eine verschworene Gemeinschaft, obwohl sie sich erst im Jahre 1912 zum ersten und zugleich letzten Male alle persönlich trafen.[25] Politisch teilten sie Durkheims Hingabe an die Republik und seine Ablehnung des Klerikalismus. Die Mitarbeiter, ungefähr vierzig an der Zahl, kamen aus verschiedenen Disziplinen und absolvierten traditionelle Universitätslaufbahnen. Noch gab es kaum Stellen für Soziologie in Frankreich. So war die Mitarbeit von Akademikern verschiedener Disziplinen auch eine Notlage. Durkheim aber verstand es, aus der Not eine wahre Tugend zu machen. Im Vorwort zum ersten Band der Zeitschrift *L'Année Sociologique* sah Durkheim ihre Aufgabe darin, über Studien zu Recht, Religion, Moral und Wirtschaft zu informieren. «Denn in ihnen befinden sich die Materialien, mit deren Hilfe die Soziologie entstehen muß», schreibt er im Vorwort zum ersten Band (1896/7). Seine Auffassung von sozialen Tatsachen verlangte geradezu die Zusammenarbeit von Wissenschaftlern verschiedener Disziplinen.

Durkheim verstarb am 15. November 1917 im Alter von 59 Jahren. Den Tod seines brillanten Sohnes André, der 1915/1916 auf dem Balkan gefallen war, hat er nie verwunden. Er hinterließ seine Frau Louise, geb. Dreyfus, und seine Tochter Marie.

II. Werk

Durkheims erstes großes Werk, die erwähnte thèse *Über soziale Arbeitsteilung. Studie über die Organisation höherer Gesellschaften*, thematisierte eine aktuelle Erscheinung. Frankreich befand sich mitten in einer Epoche schnellen sozialen Wandels. Waren in Frankreich 1870 nur 23 % der werktätigen Bevölkerung Industriearbeiter gewesen, so waren es 1914 bereits 39 %.[26] Parallel dazu lief eine Verschiebung der politischen Macht von einer privilegierten Oberklasse auf eine bürgerliche Mittelklasse.[27] Durkheim richtete seinen Blick auf die Arbeitsteilung. Sie war die neue unbekannte Größe. In Gesellschaften ohne fortgeschrittene Arbeitsteilung war die soziale Rolle des Einzelnen noch durch Tradition und Herkommen fixiert. Jeder Verstoß gegen die soziale Konvention galt als ein Verbrechen gegen die Götter und wurde entsprechend scharf geahndet. Das Strafrecht mußte die Konformität der Einzelnen garantieren.[28] Diesen Typus sozialer Integration nannte Durkheim mechanische Solidarität. Er war jedoch nur von kurzer Dauer. Bedingt durch demographische Faktoren (Bevölkerungswachstum) und die Intensivierung von Kommunikation und Verkehr schritt in der Gesellschaft die Arbeitsteilung unaufhörlich voran. Die Konkurrenz nahm zu, in Reaktion darauf die Spezialisierung wirtschaftlicher Tätigkeiten. An die Stelle von Konformität entsprechend der Tradition trat eine Differenzierung des Einzelnen in seiner Arbeit. Der expandierende Bereich privater Abmachungen wurde durch ein Vertragsrecht geregelt, das das herkömmliche Strafrecht in die Schranken wies. An die Stelle mechanischer Solidarität trat ein anderer Integrationstypus: organische Solidarität.

In der auf Arbeitsteilung beruhenden Gesellschaft werden die Menschen einander fremd, obwohl sie auf der anderen Seite funktional voneinander abhängig sind. Durkheim wies auf die Paradoxie dieses Sachverhaltes hin und war darauf aus, sie eher noch zu verschärfen als abzuschwächen. «Die

Frage, die am Anfang dieser Arbeit stand, war die nach den Beziehungen zwischen der individuellen Persönlichkeit und der sozialen Solidarität. Wie geht es zu, daß das Individuum, obgleich es immer autonomer wird, immer mehr von der Gesellschaft abhängt? Wie kann es zu gleicher Zeit persönlicher und solidarischer sein? Denn es ist unwiderlegbar, daß diese beiden Bewegungen, wie gegensätzlich sie auch erscheinen, parallel verlaufen. Das ist das Problem, das wir uns gestellt haben.»[29]

Kann eine arbeitsteilige Gesellschaft überhaupt ein moralisches Band zwischen ihren konkurrierenden Mitgliedern hervorbringen? Diese Problemstellung stand deutlich in Widerspruch zu der verbreiteten Annahme, die Moral sei eine Leistung des Einzelnen. Der Einzelne sei eine Art Monade, aus der die Gesellschaft hervorgehe. Durkheim sah es genau umgekehrt: «Das kollektive Leben wird nicht aus dem individuellen Leben geboren, sondern es verhält sich ... umgekehrt. Nur unter dieser Bedingung kann man sich erklären, wie sich die persönliche Individualität ... bilden und erweitern konnte, ohne die Gesellschaft zu zersetzen.»[30]

Durkheim war nicht der erste, der sich die Frage nach dem moralischen Band in der modernen Gesellschaft gestellt hat. Das Problem war seit der französischen Revolution aktuell, die dem Einzelnen seinen ihm zugewiesenen Platz in der traditionellen Hierarchie und Ordnung genommen hatte. An die Stelle des herkömmlichen Status waren Verträge zwischen einzelnen Bürgern getreten. Was langfristig hiervon die soziale Folge sein würde, hatte bereits im frühen 19. Jahrhundert eine Reihe von Denkern beschäftigt: in England und Deutschland, besonders aber in Frankreich selber.[31] Viele von ihnen fürchteten, der Individualismus werde den Zusammenhalt der Gesellschaft unterminieren. Durkheim sah es anders und bezog sich dabei auch auf die Religionsgeschichte.

Daß der Soziologe Durkheim bei der Behandlung dieses Problems die Religion heranzog, mag erstaunen. Jedoch hatten andere französische Denker ihm an dieser Stelle vorgearbeitet. J. J. Rousseau war der Ansicht gewesen, daß eine zivile Gesellschaft einer *religion civile* bedarf. Durkheims Pariser Lehrer, der Althistoriker N. D. Fustel de Coulanges (1830–89), hatte in seinem Buch *Der Antike Staat* (1864) das klassische Beispiel dafür geliefert, daß Religion soziale Beziehungen begründe. Religion sei in der Antike Triebkraft für Sozialbindung gewesen. Der Totenkult, eng mit dem Kult des Herdfeuers verbunden, habe an der Wiege der häuslichen Gemeinschaft und Verwandtschaft gestanden, selbst die Institution des Eigentums sei aus ihm hervorgegangen. Religion sei auch an der Bildung antiker Stadtgemeinden, die aus mehreren Verwandtschaftsgruppen bestand, beteiligt gewesen. So war der antike Staat schon bei einem Lehrer Durkheims zu einem schlagenden Beispiel dafür geworden, daß Religion sozial produktiv sein könne. Voraussetzung war allerdings, daß sie weniger aus Lehren bestand, als aus obligatorischen Handlungen. Durkheim teilte diese ungleiche Wertschätzung von Lehren und Riten im Blick auf die soziale Wirkung von Religion.[32]

Durkheim entwickelte im Hinblick auf das soziale Band in der arbeitsteiligen Gesellschaft eine Auffassung, für die die Religion relevant wurde, auch wenn er bedauernd feststellte: «Wir haben heute keinen wissenschaftlichen Begriff davon, was Religion eigentlich ist».[33] Immerhin weiß Durkheim jedoch, wo er zu suchen hat: Religion ist nur ein anderes Wort für kollektive Verbindlichkeit. Mit der zunehmenden Arbeitsteilung vergrößerte sich der Bereich, in dem der Einzelne autonom agiert. Nach und nach lösten sich die politischen, wirtschaftlichen und kognitiven Bereiche und Funktionen von den religiösen. Der Bereich der Religion wurde entsprechend kleiner, das Individuum zunehmend weniger von außen gesteuert.[34] Die Liste jener Traditionen, die für alle verbindlich sind und auf deren Verletzung die Gemeinschaft emotional mit Bestrafung reagiert, wird laufend kürzer (S. 218). Religion zieht sich aus dem Recht zurück. Der Rückzug ist jedoch nicht vollständig, sondern macht beim Recht des Individuums auf Selbstbestimmung halt. Es ist dieser Rest von Kollektivität, der die letzte gemeinsame bleibende moralische Grundlage auch der arbeitsteiligen Gesellschaft bildet. Sozialphilosophen links und rechts hatten diese Entwicklung als sozialen Zerfall beklagt, ohne jedoch über die geeignete Therapie eins zu sein: sollte man staatlichen Zwang einsetzen oder in einer Art moralischer Wiederaufrüstung die Rückkehr zu den Traditionen propagieren? Durkheim konnte diesen Pessimismus nicht teilen. Für ihn brachte der Wandel die Grundlage einer neuartigen und stabilen sozialen Integration hervor: «In dem Maß, in dem alle anderen Überzeugungen und Praktiken einen immer weniger religiösen Charakter annehmen, wird das Individuum der Gegenstand einer Art von Religion.»[35]

Als Durkheim am Ende seiner Studie auf die eingangs gestellte Frage zurückkommt, ob sich eine arbeitsteilige Gesellschaft nicht in einer Wolke isolierter Atome auflösen müsse, verneint er sie. Zwei Gründe nennt er, die dagegen sprechen: die Pflichten, die dem Einzelnen aus seinen Aufgaben erwachsen, und der Staat, von dem er abhängig wird.[36] Die Moral der arbeitsteiligen Gesellschaft scheint sich nach seinen Worten wie von selber zu bilden. Jedoch ist das noch nicht das ganze Spektrum von Durkheims Überlegungen. Beide genannten Gründe würden wohl auch eher nur die Bildung von Moral im Individuum erklären können als die Vorstellung von moralischer Autonomie. Durkheim trug seine Auffassung zudem noch ein wenig zögernd vor. Er scheint zu schwanken, ob ein Kult des Individuums wirklich ein echtes soziales Band bildet oder ob es sich nicht vielleicht um einen destruktiven Aberglauben handelt.[37] Was ihm an dieser Stelle noch fehlte, war eine Unterscheidung zwischen Religion und Magie von der Art, wie sie Robertson Smith getroffen hatte: Religion als öffentliches Ritual im Gegensatz zu Magie als privatem egoistischem Mißbrauch übernatürlicher Macht.

Was die Herkunft des Kultes des Individuums betraf, wurde Durkheim erst in Zusammenhang mit seiner Stellungnahme in der Dreyfus-Affäre

1898 deutlicher. Man kann dies an Kernsätzen seines Artikels illustrieren: «Es gibt keine Staatsräson, die einen Angriff gegen die Person entschuldigen könnte.» «Der Individualismus bedeutet nicht nur keine Anarchie, sondern stellt fortan das einzige Glaubenssystem dar, das die moralische Einheit des Landes sicherstellen kann.» «Dieser Kult des Menschen kennt als oberstes Dogma die Autonomie der Vernunft und als obersten Ritus die freie Prüfung.»[38] In diesem Artikel ergänzte Durkheim das, was wir bereits aus seiner Schrift über die Arbeitsteilung kennen, um eine wichtige religionsgeschichtliche Einordnung. Der Individualismus sei älter als die Aufklärung und gehe auf das Christentum zurück. Denn das Christentum habe das Zentrum des moralischen Lebens von außen nach innen verlegt und das Individuum zum souveränen Richter seines eigenen Handelns gemacht. Und daraus zog er eine Folgerung, die bestimmend war für seine Haltung in der Dreyfus-Affäre: «So verteidigt der Individualist, der die Interessen des Individuums verteidigt, zugleich die vitalen Interessen der Gesellschaft.»[39]

Man muß sich diese Argumentation Durkheims genau anschauen, um zu erkennen, warum selbst ein Denker wie Th. W. Adorno nicht davor gefeit war, Durkheim gründlich mißzuverstehen. Daß ein Soziologe dieses Ranges die Aufgabe des Staates nicht nationalistisch, sondern moralisch sah, als Sicherung der individuellen Freiheitsrechte, war unerwartet.[40] Und es ist vielleicht noch ungewöhnlicher, daß ein Soziologe methodologisch den Individualismus ablehnt, ihn aber zum Gegenstand der Soziologie macht.[41] Gegenstand von Durkheims Studien war das Individuum, der Weg zu ihm führte jedoch über die Beobachtung kollektiver Sachverhalte. Einen direkten Blick ins Bewußtsein schloß er aus. Hier kann man den bleibenden Einfluß von Wilhelm Wundt mit Händen greifen: Moral ist eine Angelegenheit der Gesellschaft, nicht des Einzelnen.

Ein schlagendes Beispiel dafür, daß Religion eine soziale Tatsache bildet, die den Einzelnen auch ohne sein Wissen bestimmt, sollte 1897 die Studie zum Selbstmord werden. Durkheim hat in ihr die Kardinalfrage der *Arbeitsteilung* umgedreht und auf den Kopf gestellt. Statt zu fragen: «Was begründet in einer arbeitsteiligen Gesellschaft das soziale Band zwischen Menschen?» fragte er nun: «Was bringt Menschen in der arbeitsteiligen Gesellschaft dazu, das soziale Band zu zerschneiden?» St. Lukes hat sicherlich den Nerv von Durkheims Absicht getroffen, wenn er sagt, daß Durkheim mit dieser Studie den Triumph seiner soziologischen Methode feiern wollte. Der Selbstmord ist eine absolut individuelle Handlung, und doch lassen Vergleiche seines Vorkommens erkennen, daß der Einzelne selbst noch bei dieser Handlung abhängig ist von einer sozialen Wirklichkeit unabhängig von ihm selber.[42]

So sensationell das Vorhaben auch heute noch ist, so wenig war es damals einmalig. Selbstmord war bereits lange vor Durkheim ein Topos konservativer französischer Sozialphilosophen gewesen. Wenn Menschen sich von den Traditionen lösen, geben sie damit ihren sozialen Schutz auf und können in ausweglosen Situationen Opfer ihrer Isolierung werden. In einem kurzen Essay über den Selbstmord hatte Lamennais 1819 geschrieben: «Wenn ein Mensch sich von der Ordnung entfernt, umzingeln ihn Ängste. Er ist König seines eigenen Elends, ein abgesetzter Herrscher im Aufstand gegen sich selber, ohne Pflichten, ohne Beziehungen, ohne Gesellschaft. Ganz alleine mitten in der Welt gerät er, oder sucht er zu geraten, in das Nichts.»[43] Wer so argumentiert, identifiziert im Selbstmord weniger ein individuelles, als ein soziales Problem. Letztlich ist es die Beziehungslosigkeit in der arbeitsteiligen Gesellschaft, die am Selbstmord schuld ist. Von den drei Parolen der französischen Aufklärung, Freiheit – Gleichheit – Brüderlichkeit, sahen diese Denker in der Freiheit den Feind Nummer eins des Menschen. Hätten sie damals über die Grenze nach Deutschland geschaut, so wären sie Zeugen eines anderen entgegengesetzten Zweifels geworden. Zeitgenössische romantische Denker haben in der Parole der Gleichheit ein Problem gesehen. Sie unterminiere die Besonderheit des individuellen Menschen. Die romantische Idealisierung des Freitodes ist so gesehen ein folgerichtiges Gegenstück zur Auffassung französischer Denker vom Selbstmord. Selbstmord ist aus dieser Perspektive Ausdruck menschlicher Freiheit, nicht sozialer Beziehungslosigkeit.

Selbstmord kam häufiger unter Protestanten als unter Katholiken vor.[44] Dieser Zusammenhang von Konfession und Selbstmordrate war nicht Durkheims Fund, sondern bereits aus Statistiken bekannt. A. von Oettingen hatte 1882 in seiner gründlichen Untersuchung festgestellt, daß bei den Katholiken die Selbstmordziffer um mehr als dreimal geringer ist als bei den Protestanten. Und er teilte die Meinung anderer Forscher, der Protestantismus sei der Selbstmordneigung günstiger als der Katholizismus.[45] Durkheim hat es verstanden, eine kohärente Erklärung für diesen überraschenden Befund vorzulegen. Er bildete drei logische Typen von sozialen Umständen, in denen Selbstmord vorkommt: Selbstmord auf Grund von sozialer Vereinsamung; Selbstmord auf Grund von kollektivem Druck (Kriegertod; Witwenverbrennung in Indien); Selbstmord auf Grund von Wirtschaftskrisen bzw. -konjunkturen, die Erwartungen frustrieren (Anomie). In den erwähnten Statistiken war Krieg ausgeschlossen. Durkheim kam nach Untersuchung aller möglichen Korrelationen zu dem Schluß, daß die höhere Selbstmordrate unter Protestanten im Individualismus ihrer Religion begründet sei. Katholiken seien in höherem Grad in eine Gemeinschaft integriert als Protestanten. Juden hätten eine noch geringere Selbstmordrate, da die langdauernde Verfolgung eine ganz besonders feste Solidarität unter ihnen geschaffen habe. Da die Auflösung religiöser Autorität auch über höhere Bildung erfolge, weist Durkheim noch auf eine andere Korrelation hin: zwischen Bildung und Selbstmordrate. Nur die Juden bilden hier eine Ausnahme. Für sie ist Bildung einfach nur ein Mittel, um in der Gesellschaft besser gerüstet zu sein.[46] Aus alledem zieht Durkheim die

Folgerung: Religion fördere bzw. bremse den Selbstmord. Sie könne aber nur dann prophylaktisch wirken und den Menschen vor dem Drang zur Selbstzerstörung schützen, wenn sie eine Gemeinschaft bildet. Die Dogmen sind sekundär. «Das Wesentliche ist ihre Eignung, einem kollektiven Dasein genügend Inhalt zu geben.»[47]

Es irritiert, daß Durkheim eine Erklärung aus anderen Gründen als soziologischen dezidiert ausschaltet. Dabei liegt es nahe, im Selbstmord das Symptom einer psychischen Krankheit zu sehen. Man beachte, daß er statistisch extrem selten ist. Dies bringt eigene Probleme hervor. Man nehme einmal an – so wurde Durkheim vorgerechnet –, daß in Land A eine Selbstmordrate von 450 Menschen auf eine Million existiert, in Land B von 50 auf eine Million. Statistisch ein gewaltiger Unterschied, denkt man. Dreht man aber die Zahlen um, sieht das Bild so aus: in dem einen Land begehen von 1 Million Menschen 999.950 Menschen *keinen* Selbstmord, in dem anderen 999.550. Kann man vernünftigerweise behaupten, es gäbe allgemeine Faktoren, die in dem einen Fall 999.950 Menschen schützen, in dem anderen nur 999.550? Die Einwände gegen Durkheims Studie haben diese Schwachstelle schnell gefunden.[48]

Durkheim hat seine Selbstmordstudie als einen Beweis dafür präsentiert, daß eine Untersuchung der Gesellschaft mit sozialen Tatbeständen rechnen muß, die nicht zum Greifen nahe liegen, sondern erst gefunden werden müssen. Menschen führen viele ihrer Handlungen freiwillig aus. Sie gehorchen dabei dennoch einem sozialen Zwang. Derartige Handlungen, die weder einem Naturgesetz gehorchen noch spontan sind, faßte Durkheim zu einer eigenen Klasse zusammen: *faits sociaux*. Sie umschließt: «Arten des Handelns, Denkens und Fühlens, die außerhalb der Einzelnen stehen und mit zwingender Gewalt ausgestattet sind, kraft derer sie sich aufdrängen.»[49] Auf diese Klasse Handlungen richtete sich sein 1895 veröffentlichtes Buch *Die Regeln der soziologischen Methode*. Auch in ihm grenzte Durkheim sich strikt von der Bewußtseinsphilosophie ab. Zu tief war sein Zweifel, daß der Mensch seinem Bewußtsein trauen darf. Ein Großteil menschlicher Handlungen kann nicht durch Selbstreflektion oder Einfühlung erkannt werden.[50] Soziale Tatsachen sind in vielen Fällen nicht in eigenen Institutionen organisiert, sondern kommen in der Gesellschaft diffus verstreut vor.

Als 1897/98 der zweite Band der von ihm gegründeten Zeitschrift *L'Année Sociologique* erschien, wandte er sich in Sachen Religion direkt an den Leser: «Man wird erstaunt sein über den besonderen Vorrang, den wir dieser Art Erscheinungen eingeräumt haben. Aber sie sind der Keim, aus dem alle anderen – oder fast so gut wie alle anderen – hervorgegangen sind. Die Religion enthält in sich im Prinzip, aber in einem noch ungeklärten Zustande, alle die Elemente, die dadurch, daß sie sich trennen, sich festlegen, sich auf tausendfache Weise miteinander verbinden, die verschiedenen Manifestationen des kollektiven Lebens hervorgebracht haben.»[51] Er gab der Religion eine Vorzugstellung bei der Erforschung jener unbewußten sozialen Handlungen, die er mit *faits sociaux* bezeichnete. Er scheint damals von dieser Idee wie besessen gewesen zu sein. Durkheim wolle Heiratsregeln, Strafrecht, einfach alles aus der Religion erklären, schrieb einer seiner Mitarbeiter einem Freund.[52]

Folgerichtig konzentrierte Durkheim sich darauf, diese Leistung von Religion in der Gesellschaft zu untersuchen. Er trug dem schon in seiner Definition Rechnung, definierte er doch nicht Religion, sondern religiöse Tatsachen *(faits religieux)*. Sie bestehen aus obligatorischen Glaubensanschauungen, verbunden mit Handlungen. Würde man Religion lediglich als Glauben oder religiöse Erfahrung definieren – so sein Seitenhieb gegen F. Max Müller –, verlöre man aus dem Auge, daß Religion nicht vom Individuum hervorgebracht wird, sondern eine kollektive Angelegenheit ist. Religion ist geradezu der Kronzeuge dafür, daß uns das kollektive Leben unserer Gesellschaft unbekannt und fremd ist: «Die Gesellschaft hat ihre eigene Existenzweise, daher ihre eigene Art zu denken. Sie hat ihre Leidenschaften, ihre Gewohnheiten, ihre Bedürfnisse, die nicht die der Einzelnen sind und die ihren Stempel auf allem hinterlassen, was sie hervorbringt. Es ist daher nicht überraschend, daß wir uns als Individuen nicht wiedererkennen in diesen Konzeptionen, die nicht unsere sind und uns nicht zum Ausdruck bringen. Darum sind sie mit einer geheimnisvollen Sphäre umgeben, die uns beunruhigt. Aber dieses Geheimnis gehört nicht zum Objekt selbst, das sie ausdrücken. Es ist ganz und gar unsere Unwissenheit. Es ist ein vorläufiges Geheimnis wie diejenigen es sind, die die Wissenschaft entsprechend ihrem Fortschreiten vertreibt. Es kommt nur daher, daß die Religion zu einer Welt gehört, die die menschliche Wissenschaft erst zu durchdringen beginnt und die für uns noch unbekannt ist. Aber wenn wir die Gesetze der kollektiven Ideenbildung finden, werden diese fremden Repräsentationen ihre Fremdheit verlieren.»[53] Um die eigene Gesellschaft zu begreifen, muß man die Religion studieren.

Durkheim sah in den Religionen der allereinfachsten Völker den Einstieg in die unbewußte Welt des Kollektiven. So könne man nicht nur den störenden Faktor von Diffusion ausschalten[54], sondern vor allem könne man den Bauplan aller Religionen erkennen, wenn man sich an den Anfang der Entwicklung von Religion begibt.[55] Diese Menschen stehen den Beweggründen ihrer eigenen Handlungen noch nahe, während der psychische Abstand zwischen Motivationen und Handlungen in den fortgeschrittenen Gesellschaften groß und undurchschaubar geworden sei.[56] Da Religionen in den primitiven Gesellschaften nicht nur moralische, sondern auch kognitive Deutungsmuster begründen, gestattet ihr Studium auch einen Blick auf den Ursprung unserer Erkenntniskategorien. Die Formen, nach der Menschen ihre Kenntnis bilden, sind aus ihnen hervorgegangen.[57]

Durkheim benötigte für eine solche Untersuchung eine möglichst verläßliche und genaue Beschreibung der Religion primitiver Gesellschaften.

Er glaubte sie in neueren Publikationen über australische Stämme gefunden zu haben. Zwei britische Ethnologen, B. Spencer und F. J. Gillen hatten 1899 eine außerordentlich gründliche Ethnographie der Aranda und anderer australischer Stämme veröffentlicht, die Durkheim im dritten Band seiner Zeitschrift 1898/9 besprochen hat.[58] Im fünften Band (1900/1) machte Durkheim den Totemismus zum Thema eines ausführlichen Artikels. Durkheim fühlte sich zu ihm genötigt, da Frazer gemeint hatte, die neuen Erkenntnisse würden eine Revision der landläufigen Auffassung von Totemismus erforderlich machen. Weder das Verbot des Essens des Totemtieres noch das Exogamiegebot würden zum Totemismus gehören, da sie in Australien so nicht vorkämen.[59] Durkheim hingegen meinte, das Material ließe eine ältere Phase durchschimmern, wo beides sehr wohl noch dazugehörte.[60] Dabei schraubte er die Bedeutung der vorliegenden Berichte über eine totemistische Religion noch herauf. «Alles, was den Totemismus betrifft, hat zwingend Auswirkungen auf alle Gebiete der Soziologie, denn Totemismus ist der Ursprung einer Menge Institutionen.»[61] Durkheim gab in diesem Aufsatz – einem Vorspiel zu dem letzten großen Buch *Die elementaren Formen des religiösen Lebens* von 1912 – den Funden eine andere Deutung als die Feldforscher selber. Spencer und Gillen haben in ihrem nächsten Werk zu dieser Deutung Durkheims einen vorsichtig kritischen Kommentar geliefert.[62] In einem persönlichen Brief hat Baldwin Spencer jedoch die Zurückhaltung aufgegeben und kein Blatt vor den Mund genommen. Es sei zwar schwierig, räumte er ein, über solche Dinge so zu schreiben, daß keine falschen Ideen aufkommen. Durkheims Artikel aber sei voller Irrtümer.[63]

Durkheim hatte in einem Augenblick alles auf die Karte des Totemismus gesetzt, als dieser bereits auf Grund präziser Feldforschungen anfing, sich in seine Einzelteile aufzulösen. Dieser Prozeß der Zerlegung des Konglomerats Totemismus endete 1910 mit einem überzeugenden Aufsatz von A. A. Goldenweiser.[64] Als zwei Jahre danach Durkheims Buch *Die elementaren Formen des religiösen Lebens* erschien, stützte es sich auf ein Konstrukt, das gerade im Alter von 40 Jahren verschieden war. Der Jurist J. F. MacLennan hatte es 1869/70 entwickelt.[65] Es wäre jedoch voreilig, damit Durkheims Buch oder gar sein religionssoziologisches Werk für erledigt zu halten. Seine Studie griff quantitativ und qualitativ, in Stoffen und Interpretationen, weiter als der Totemismus. Religionsgeschichte sollte die Frage beantworten helfen, wie in Gesellschaften verbindliche Sozialmoral entstehen kann. Er suchte in Wirklichkeit gar nicht Religion, er suchte wie schon in seiner Studie zur Arbeitsteilung die Quellen kollektiven Lebens.

Durkheim begann sein letztes großes Buch mit einer Definition von Religion, die seine frühere aus dem Jahre 1899 präzisierte. Der Pflichtcharakter der religiösen Überzeugungen, der schon damals im Vordergrund stand, könne nur dadurch zustande kommen, daß Religion die Angelegenheit einer Gruppe sei: «Eine Religion ist ein solidarisches System von

Überzeugungen und Praktiken, die sich auf heilige, d. h. abgesonderte und verbotene Dinge, Überzeugungen und Praktiken beziehen, die in einer und derselben moralischen Gemeinschaft, die man Kirche nennt, alle vereinen, die dieser anhängen.»[66] Die frühere Definition habe diesen Aspekt vernachlässigt. Der Totemismus beruhe auf sozialen Tatsachen und drücke die Erfahrungen aus, die der Einzelne in und mit kollektiven Versammlungen macht. Das Totem (Tier oder Pflanze) repräsentiere diese Versammlung. Die Verehrung, die es erfährt, ist sozial hochgradig produktiv. Sie verwandelt nämlich die vielen Einzelnen in eine Gemeinschaft mit einer eigenen übernatürlichen Wirklichkeit. Durkheims Worte lassen einen an eine Art Transsubstantiation denken, welche aus einer Anzahl einzelner Menschen eine moralische Gemeinschaft entstehen läßt. Das stärkende und belebende Handeln der Gesellschaft werde auch heute noch in Versammlungen spürbar, in denen Menschen sich zu Opfern bereit erklären, die sie unter normalen Umständen nicht gebracht hätten, zum Beispiel in der französischen Revolution am 4. August 1789.[67] Die Religionsgeschichte der allereinfachsten Gesellschaften liefert daher den Schlüssel dafür, wie die Selbständigkeit der Gesellschaft gegenüber dem Einzelnen zustande kommt.

Ein Höhepunkt des Buches liegt in der Analyse der Seelenvorstellung. Wie es keine Gesellschaft ohne Religion gibt, so auch kein Gesellschaftsmitglied ohne Seele. Der Ursprung dieser Seele liegt nicht in den Erfahrungen von Träumen, Krankheit und Tod, wie E. B. Tylor gemeint habe. An die Stelle von Tylors intellektualistischer Erklärung der Seelenkonzeption setzte Durkheim eine moralische Konzeption von Seele. Bei den australischen Stämmen werden Seelen stets wiedergeboren und verkörpern das Totemprinzip, das in jedem Individuum inkarniert ist. Ihr Ursprung liege in der Dualität des Menschen, der als einzelner Teil des Kollektivs sei, das vom Totem repräsentiert wird.[68] Indem das Totemprinzip im Menschen selber vorhanden ist, erlangt dieser eine Autonomie. Wir können hier beobachten, wie Durkheim ein Modell kommunizierender Röhren zwischen der Sakralisierung der Gesellschaft und der «Autonomie»[69] des Einzelnen entwirft. Die Struktur moralischer Autonomie ist von der Religion der elementaren Gesellschaften erzeugt. Der Gang der Religionsgeschichte hat nur ausgefüllt, was die primitive Religion vorgeformt hat. Was Durkheim in seinem Aufsatz anläßlich der Dreyfus-Affäre aus der Geschichte des Christentums erklärt hatte, sieht er jetzt bereits in den Anfängen der Religionen vorhanden.

In einem Beitrag aus dem Jahre 1914 hat Durkheim die kollektive Dimension im Menschen gesondert zum Thema gemacht. Die menschliche Existenz sei doppelt: der Mensch hinsichtlich seines Körpers ein sinnliches, individuelles, egoistisches Wesen; hinsichtlich der Seele ein moralisches, soziales, vernünftiges Wesen. Er hat die Freiheit, gegen die eigenen Neigungen zu handeln – eine Auffassung, die Durkheim von Kant hatte. Dies, und nur dies, mache ihn zu einem moralischen Wesen. Der Mensch wird zur Person, indem er dem allgemeinen Moralgesetz gehorcht, zum Individuum, indem er den Trieben des Körpers folgt. Der Körper bewirke die Individualisierung des Einzelnen, die Seele begründet seine Autonomie gegenüber dem Natürlichen. Je mehr der Mensch sich vom Sinnlichen befreie, um so mehr wird er Person.[70] Dieser Antagonismus wird ausgedrückt in der Dualität von Körper und Seele.

III. Wirkung

Es ist das Merkmal eines Klassikers, daß sein Werk trotz Fehler, überholter Voraussetzungen und Einseitigkeiten eine Quelle von Anregungen bleibt. Eine Serie von Einzelstudien von Schülern, veröffentlicht in der *L'Année sociologique*, belegen die Ergiebigkeit von Durkheims Denken. H. Hubert und M. Mauss legten in *Essai sur la nature et la fonction du sacrifice* (1899) dar, daß das typische Opfer keine Gabe an die Götter ist, sondern vernichtet wird und zwar an Stelle des Opfernden, dessen Beziehung zu den Göttern sich damit ändert. Das Opfer drückt die Gewaltbeziehungen zwischen dem Einzelnen und der sakralen Sphäre aus. Ein anderes Beispiel für diese Ergiebigkeit war M. Mauss' Schrift *Essai sur le don* aus dem Jahre 1925, in deren Mittelpunkt eine scheinbar ökonomische Institution von Handel stand, die in Wirklichkeit jedoch moralischer Art war. Der Austausch von Gütern erfolgte in einigen primitiven Gesellschaften nachweislich nicht aus Gründen der Nützlichkeit. In den Gütern lag eine Kraft (mana), die Gebende und Empfangende miteinander verband.

Mit einem Essay von Marcel Mauss aus dem Jahre 1938 ging die Schule Durkheims im engeren Sinne zwanzig Jahre nach seinem Tode zu Ende: *Une catégorie de l'esprit humain: la notion de personne, celle de ‹moi›, un plan de travail.*[71] Mauss griff in ihm die Annahme Durkheims auf, die Kategorien des menschlichen Geistes hätten eine Geschichte. Das gelte auch für die Kategorie der Person. In den meisten menschlichen Gesellschaften werde sie als eine Rolle aufgefaßt. Daß daraus die Kategorie eines autonomen, von seinen Rollen unabhängigen Individuums werden konnte, sei das Ergebnis einer einmaligen Entwicklung gewesen, an der griechische Philosophie, römisches Recht und christliche Theologie beteiligt gewesen wären. Indien und China hätten zwar ebenfalls Ansätze dazu ausgebildet. Jedoch seien diese im Laufe der Geschichte wieder verschwunden. Die Kategorie der Person sei daher schwankend, heikel, kostbar und müsse überhaupt erst noch ganz entfaltet werden.[72] Das Vertrauen, das noch Durkheim auf die moralische Fundierung des Individualismus in elementaren sozialen Strukturen gesetzt hatte, war erschüttert, ebenso das Vertrauen auf die Absicherung des Individualismus durch das System gesellschaftlicher Arbeitsteilung. Die Gewaltherrschaften von Kommunismus und Nationalsozialismus hatten es zerstört. Dies war Mauss selber schmerzlich bewußt, wie ein Brief zeigt: «Durkheim und nach ihm wir anderen, sind wie ich glaube, die Begründer der Theorie der Autorität der Kollektivrepräsentation. Daß die großen modernen Gesellschaften ... so in Suggestion versetzt werden können, wie die Australier durch ihre Tänze, und so in Bewegung gesetzt werden können, wie eine Gruppe von Kindern, ist etwas, das wir nicht vorhergesehen hatten. Diese Rückkehr zum Primitiven war nicht Gegenstand unserer Überlegungen gewesen. Wir begnügten uns mit einigen Anspielungen auf den Zustand von Massen, obwohl es sich um etwas ganz anderes handelte. Wir begnügten uns damit zu belegen, daß das Individuum im Kollektivgeist die Grundlage und Nahrung für seine Freiheit, seine Unabhängigkeit, seine Persönlichkeit und sein kritisches Bewußtsein finden konnte.» (Brief an S. Ranulf vom 6. November 1936).[73] Als Mauss 1939 gebeten wurde, der Veröffentlichung des Briefes zuzustimmen, bat er um einen Zusatz. Er lautete: «Ich glaube, all dies ist für uns eine Tragödie, eine zu starke Verifikation der Dinge, auf die wir hingewiesen hatten, und der Beweis, daß wir diese Verifikation eher durch das Böse als durch das Gute hätten erwarten sollen».

Das Ende der Schule hat der Wirkung Durkheims keinen Abbruch getan. Im Gegenteil! Durkheim behielt in den Religionsanalysen des 20. Jahrhunderts hervorragende Bedeutung. Man kann sie an zentralen Stellen beobachten. So trug beispielsweise der ethnologische Funktionalismus Beobachtungen zusammen, die bestätigten, daß Rituale zur gesellschaftlichen Integration beitrugen. Da Durkheim diese Wirkung nicht allein an das Faktum gemeinschaftlichen Handelns, sondern zusätzlich auch noch an die kognitive Dimension von Ritualen knüpfte[74], war er auch Wegbereiter für Wissenschaftler, die die symbolischen Repräsentationen von sozialer Wirklichkeit zum Gegenstand ihrer Untersuchung machten. In der Geschichtswissenschaft verdankte ihm die *Annales*-Schule grundlegende Annahmen. Der Begriff der *mentalité* war unter Zuhilfenahme von Émile Durkheim gebildet worden[75] und wurde zum Leitbegriff einer ergiebigen historischen Forschung, die auch die Religionsgeschichte revolutionierte.

Max Weber (1864–1920)

Günter Kehrer

MAX WEBER
(1864–1920)

Obgleich Max Weber sich selbst nie als Religionswissenschaftler oder – wie vor dem Ersten Weltkrieg gebräuchlicher – Religionshistoriker sah, gehört er zweifellos zu den Klassikern der Religionswissenschaft, so wie er auch ein Klassiker der Soziologie ist. Seinen Rang als soziologischer Klassiker verdankt er neben den Arbeiten zur politischen Soziologie und zur Methodologie der Sozialwissenschaften nicht zuletzt seinen Beiträgen zur Religionssoziologie, die wiederum ihn in den Rang eines religionswissenschaftlichen Klassikers erheben.

I. Leben

Max Weber wurde am 21. April 1864 in Erfurt geboren. Er entstammt einer bürgerlich liberalen Familie, in der von der Mutter her eine leicht evangelisch-kirchlich angehauchte Atmosphäre herrschte. Nach dem Besuch des humanistischen Gymnasiums studierte Weber Rechtswissenschaften in Heidelberg und Straßburg. Sein Studium beschränkte sich nicht auf diese Fakultät, sondern umfaßte auch Geschichte, Philosophie, Nationalökonomie. Theologische Themen waren schon durch den Freundes- und Verwandtenkreis (E. Baumgarten) ständig präsent. Nach der Habilitation für Handelsrecht an der Berliner Universität im Jahre 1891 nahm er im Jahre 1894 einen Ruf auf das Ordinariat für Nationalökonomie an der Universität Freiburg an, wechselte 1896 auf einen ebenfalls nationalökonomischen Lehrstuhl in Heidelberg, den er bis 1903 innehatte, mußte aber 1898 seine Lehrtätigkeit einstellen, weil ihn eine Erkrankung, deren genaues Bild bis heute nicht bekannt geworden ist, an einer kontinuierlichen akademischen Tätigkeit hinderte. 1893 heiratete er Marianne Schnitger; die Ehe blieb kinderlos. 1910 gründete er die Deutsche Gesellschaft für Soziologie. 1904 reiste er mit seiner Frau Marianne nach Amerika. Im Jahre 1918 ging er als Professor an die Universität Wien und wurde 1919 Nachfolger Lujo von Brentanos an der Universität München. Weber war in mehrfacher Hinsicht politisch tätig: 1918 beteiligte er sich an der Gründung der Deutschen Demokratischen Partei, ein Jahr später war er Mitglied der deutschen Friedensdelegation in Versailles. Am 14. Juni 1920 starb Max Weber in München an den Folgen einer Lungenentzündung. Er ist in Heidelberg begraben.

II. Werk

Das Werk Max Webers erweckt auf den ersten Blick den Eindruck der Vielfältigkeit und einer gewissen Unfertigkeit. Es handelt sich vor allem um oft sehr umfangreiche Aufsätze. Das nachgelassene Werk *Wirtschaft und Gesellschaft* ist in der heute veröffentlichten Form ein Produkt des Herausgebers.[1] Im Unterschied zu anderen Klassikern hat Max Weber kein «klassisches» *opus magnum* geschrieben; nichts Vergleichbares etwa zu Emile Durkheims *Les formes élémentaires de la vie religieuse*. Die einzige Arbeit Webers, die auch über den Kreis der Fachwelt hinaus bekannt wurde, ist sein umstrittendstes Werk: *Die protestantische Ethik und der Geist des Kapitalismus*.[2] Obwohl Weber selbst keine Schule bildete – im Unterschied zu seinem französischen Zeitgenossen Emile Durkheim –, füllt die Sekundärliteratur zu Weber Bibliotheken, und das nicht nur in Deutschland, sondern vor allem in den USA. Die Weberianer bilden eine eigene scientific community: Es werden Kämpfe ausgetragen um das richtige Verständnis Webers. Wie es einem großen Klassiker gebührt, ist eine Gesamtausgabe Webers in Arbeit, von der die ersten Bände erschienen sind.[3]

In diesem Beitrag geht es nicht um eine Darstellung oder gar Würdigung des Gesamtwerks von Max Weber, sondern um den Aufweis des Anteils, den er an der Herausbildung der Religionswissenschaft hatte, um das Nachzeichnen der wichtigsten Ergebnisse und um die Antwort auf die Frage, welchen Bestand diese Ergebnisse nach nunmehr bald 80 Jahren haben.

In der bis heute besten Darstellung der Geschichte der Religionswissenschaft schreibt Eric J. Sharpe über Max Weber: «Viele seiner Schriften sind nur von indirekter Bedeutung für die vergleichende Religionswissenschaft. Aber von allen Sozialwissenschaftlern in der Zeit vor 1920 unternahm Weber die größten Anstrengungen, um seine Thesen über den Gegenstand der Wechselwirkungen von Religion und Kultur («Kultur» im englischen Original deutsch, G. K.) mit Material aus einer Vielzahl von Religionen zu stützen.»[4] Ähnlich urteilt der französische Religionswissenschaftler Michel Meslin: «Wer immer sich für das Phänomen der Religion in seinen sozialen und ökonomischen Manifestationen interessiert, kennt die Wichtigkeit des Werkes von Max Weber ... Der zentrale Punkt seiner Reflexionen über die Religion liegt in einer originellen Philosophie der psychologischen, kulturellen und religiösen Antagonismen und der verschiedenen Spannungen, die sich im Leben der Gesellschaften genau so wie im Leben der Individuen auswirken.»[5] Diese beiden Zitate zeigen sehr deutlich, worin die Religionswissenschaftler im engeren Sinne die Bedeutung Webers für ihre Disziplin sehen: Er gilt als prominentester Vertreter der These von den Wechselwirkungen zwischen Religion auf der einen Seite und Kultur und Gesellschaft auf der anderen. Er hat dabei – so die allgemeine Meinung – mit der Theorie gebrochen, die die religiösen Manifestationen als Reflexe sozialer und ökonomischer Strukturen verstanden. Besonders in der Rezeption Max Webers in den USA, die vor allem mit dem Namen von Talcott Parsons[6] verbunden ist, galt die Webersche Religionssoziologie lange Zeit als endgültige Widerlegung des Marx'schen Materialismus.[7] Dieses Verständnis oder Mißverständnis ist nicht von ungefähr entstanden. Sein schon erwähntes Werk *Die protestantische Ethik und der Geist des Kapitalismus* kann in der Tat nicht sachgerecht gelesen werden, wenn nicht versucht wird, seinen Sitz im politischen Leben der Jahrhundertwende zu verstehen. Zwar hat Weber am Schluß dieser Abhandlung betont, daß «es ... nicht die Absicht sein (könne), an Stelle einer einseitig ‹materialistischen› eine ebenso einseitig spiritualistische Kultur- und Geschichtsdeutung zu setzen»[8], aber der Eindruck, daß gerade dies getan wurde, ist nur schwer zu überwinden. Weber versuchte in der «Protestantismus-Kapitalismus-Studie» (wie wir sie abkürzend nennen wollen) eine Antwort auf die Frage zu finden, woher der «ganz überwiegend protestantische Charakter des Kapitalbesitzes und Unternehmertums»[9] in konfessionell gemischten Ländern herrührt, eine Frage, die spätestens seit Beendigung des Kulturkampfes in Deutschland in der konfessionellen Presse leidenschaftlich erörtert wurde. Es gab darauf eine «klassische» marxistische Antwort: Reformation und Annahme des lutherischen bzw. reformierten Bekenntnisses finden sich besonders häufig im frühen Bürgertum des 16. Jahrhunderts, denn jene sind ein adäquater religiöser Ausdruck der Interessenlage dieser Klasse. An verschiedenen Stellen haben Marx und Engels[10] diese Ansicht geäußert, ohne sie allerdings einer eingehenden Untersuchung zu unterziehen. Diese Vorstellung korrespondierte ohne weiteres mit der im liberalen Protestantismus herrschenden Meinung, daß der Protestantismus die «modernere», weltoffenere Variante des Christentums sei, der gegenüber der Katholizismus sich als «rückständig» und fortschrittsfeindlich auswirke, eine Überzeugung, die bis in die Aufklärungsepoche des 18. Jahrhunderts zurückverfolgt werden kann. Neben dieser konfessionshistorischen Frage wurde es für Weber bedeutsam, daß er der «Askese-Theorie» des Kapitalismus folgte, wie sie spätestens seit Adam Smith mit der Verwerfung der «unproduktiven Arbeit»[11] Bestandteil der dominanten Wirtschaftstheorie war. Marx hatte diese Theorie (von ihm «Abstinenztheorie» genannt) im 22. Kapitel des ersten Bandes des *Kapitals* einer beißenden Kritik unterzogen.[12] Der asketische Unternehmer war für ihn ein rein ideologisches Konstrukt, ein «wunderlicher Heiliger, Ritter von der traurigen Gestalt, der ‹entsagende› Kapitalist.»[13] Bis heute konnte nicht geklärt werden, ob Max Weber Karl Marx gelesen hat oder ob er ihn nur über die allerdings sehr umfangreiche Sekundärliteratur kannte.[14]

Letztlich ist dies auch nicht entscheidend. Entscheidend ist vielmehr, was Weber aus diesen Elementen – protestantische Kapitaldominanz und Askesetheorie – machte. Dabei entwickelte Weber zunächst einen idealtypischen Begriff[15], «Geist des Kapitalismus», der bei aller Anerkennung der materiellen Voraussetzungen der kapitalistischen Produktionsweise den Schwerpunkt auf die mentalen Komponenten legt, die nach Webers Meinung notwendig waren, um eine der «Eigenart des Kapitalismus angepaßte Art der Lebensführung» zu ermöglichen. Diese Art der Lebensführung kann in den Worten zusammengefaßt werden: «Der Mensch ist auf das Erwerben als Zweck seines Lebens, nicht mehr das Erwerben auf den Menschen als Mittel zum Zweck der Befriedigung seiner materiellen Lebensbedürfnisse bezogen.»[16] Das ist die anthropologische Variante der Analyse des Charakters der Warenproduktion bei Marx. Dies «Leitmotiv des Kapitalismus ... (ist) dem von seinem Hauche nicht berührten Menschen fremd ...»[17] Es entsteht die Frage, wie es dazu kommen konnte, daß, bevor es den entfalteten Kapitalismus gab, Menschen von diesem Hauch berührt werden konnten. Marx hat auf diese Frage eine «materialistische» Antwort gegeben: «Die ökonomische Struktur der kapitalistischen Gesellschaft ist hervorgegangen aus der ökonomischen Struktur der feudalen Gesellschaft. Die Auflösung dieser hat die Elemente jener freigesetzt.»[18] Im 24. Kapitel des ersten Bandes des *Kapitals* beschrieb Marx diesen Prozeß der sogenannten ursprünglichen Akkumulation. Indem Weber die kapitalistische Warenproduktion primär als einen Prozeß verstand, der «ursprünglich» nur in Bewegung gesetzt werden konnte, wenn sich Menschen fanden, die bereit waren, zu erwerben um des Erwerbs willen, und damit über das Schatzbildungsmotiv des traditionellen Geizigen hinausgingen, wurde er zwangsläufig auf außerökonomische Ursachen verwiesen, die erklären sollten, wie sich Menschen psychisch so verändern konnten, daß sie ihren «natürlichen» Antrieben widersprechend den Imperativen einer noch nicht bestehenden kapitalistischen Wirtschaftsordnung entsprechen konnten. Diese außerökonomischen Ursachen glaubte Weber in den religiösen Vorstellungen der Reformationszeit zu finden. Dabei ging er davon aus, daß in jener Zeit «das Jenseits nicht nur wichtiger, sondern in vieler Hinsicht auch sicherer war, als alle Interessen des diesseitigen Lebens.» Und weiter: «In der für die Menschen der Reformationszeit entscheidendsten Angelegenheit des Lebens: der ewigen Seligkeit»[19] mußte Weber zwangsläufig zu einer nicht zu überschätzenden Bedeutung des religiösen Faktors kommen.

Die Hauptthese der Studie ist leicht wiederzugeben, wenn man nicht in jedem Halbsatz Webers Bedeutungsschwangeres wittert. Es ist die Entdekkung, daß über einen gleich zu schildernden Umweg das theologisch komplizierteste Element der calvinistischen Theologie, die doppelte Prädestinationslehre, Ursache für eine Lebensgestaltung wurde, die wenn sie auch nicht den Geist des Kapitalismus hervorbrachte, diesem doch so wahlverwandt war, daß ohne sie dieser Geist niemals zu einem Massenphänomen hätte werden können. Bekanntlich besagt die doppelte Prädestinationslehre, daß Gott in seinem unerforschlichen Ratschluß einige Menschen zum ewigen Leben erwählt hat, die anderen zum ewigen Verderben. Diese Lehre, eine der möglichen Konsequenzen der Gnadenlehre des Christentums (die andere Konsequenz ist die Apokatastasislehre), mußte in der Meinung Webers, wenn sie offensiv vertreten wurde, «in ihrer pathetischen Unmenschlichkeit … für die Stimmung einer Generation, die sich ihrer grandiosen Konsequenz ergab, vor allem eine Folge haben: ein Gefühl einer unerhörten inneren Vereinsamung des einzelnen Individuums.»[20] Da in der calvinistischen und der ihr folgenden puritanischen Theologie alle äußeren Gnadenmittel wie Sakramente verworfen wurden und auch die Zugehörigkeit zur Kirche kein sicheres Zeichen des Gnadenstandes war, stellte sich die (nachträgliche) Frage, wie eine solche Lehre ertragen werden konnte. Diese Frage setzt voraus, daß die Prädestinationslehre mehr als eine Theologenlehre war. In einer langen Fußnote versucht Weber diese Voraussetzung als gegeben nachzuweisen.[21] Wenn die Annahme richtig ist, daß das Problem der *certitudo salutis* das Denken und Sinnen der Menschen beherrschte, dann ist es plausibel zu fragen, wie diese Menschen das Problem bewältigten, sich die psychologisch wichtige Gewißheit zu verschaffen. «Um jene Selbstgewißheit zu erlangen, (wurde) als hervorragendes Mittel rastlose Berufsarbeit eingeschärft.»[22] Dabei kam der calvinistisch-puritanischen Seelsorgepraxis die spezifische Färbung des dieser Theologie eigenen Glaubensbegriffs entgegen, wie er am kürzesten in der Formel der *fides efficax* zusammengefaßt werden kann. Nicht mystische Quietas, sondern aktives Handeln als Werkzeug und Diener Gottes bestimmt diesen Glaubensbegriff. Es ist die tätige Askese der Mönchsorden, aber nicht mehr weltabgewandt, sondern auf die Welt gerichtet: innerweltliche Askese. Sie ist letztlich nichts anderes als die Mönchsaskese minus der *consilia evangelica*. Tatsächlich wirkt sie sich primär auf dem einzigen unverdächtigen Feld aus, das übrigbleibt, dem Berufsleben. Askese ist unvereinbar mit unbefangenem Genießen des Erworbenen, was zwangsläufig eine Erhöhung der Sparquote (um es modern auszudrücken) zur Folge hat. Ist aber rastlose Berufsarbeit Pflicht, dann kann auch das Erworbene nicht mehr «vergraben» werden, diese extreme Form der Schatzbildung fällt fort. Die einzige Möglichkeit ist die Investition und damit die Quelle zu erweitertem Erwerb. Marx nannte das den «kapitalistischen Produktionsprozeß auf erweiterter Stufenleiter»[23], heute nennt man das vulgo «Wirtschaftswachstum».

Der größte Teil der «Protestantismus-Kapitalismus-Studie» wird von Weber dazu verwendet, anhand von Quellen aus dem 17. und teilweise 18. Jahrhundert zu zeigen, daß die religiöse und seelsorgerliche Unterweisung der Puritaner tatsächlich diese Entwicklung begünstigte. Die eingangs gestellte Frage nach der Erklärung des Kapitalbesitzes in den Händen von Protestanten findet so eine historische Antwort: «Einer der konstitutiven Bestandteile des modernen kapitalistischen Geistes, und nicht nur dieses, sondern der modernen Kultur: die rationale Lebensführung auf Grundlage der Berufsidee ist … geboren aus dem Geist der christlichen Askese.»[24]

Abgesehen von der Wucht dieses Entwurfes, der seinen Eindruck auf die Zeitgenossen und die Nachwelt bis heute nicht verfehlt hat, und abgesehen von der Frage, ob dieser Entwurf historisch haltbar ist (plausibel ist er auf jeden Fall), besteht die bleibende Bedeutung für die Religionswissenschaft darin, daß Weber auf einen Bereich von Religion aufmerksam gemacht hat, der über die rein geistesgeschichtlich-systematische Betrachtung hinausführt, nämlich auf die nicht intendierten Konsequenzen höchst spekulativer religiöser Ideen, auf den dem oberflächlichen Blick verborgenen Zusammenhang von Religion und Lebensführung, auf die religiös induzierten mentalen Voraussetzungen sozialen Handelns.

Man würde aber Weber falsch verstehen, wenn man ihn als Vertreter einer Auffassung sehen würde, die alle sozialen Wandlungsprozesse auf eine religiöse Wurzel zurückführen wollte. Ein solches Mißverständnis konnte nur entstehen, weil die anderen Arbeiten Webers – besonders außerhalb der engeren Fachgenossen – nicht so intensiv rezipiert wurden wie die *Protestantische Ethik und der Geist des Kapitalismus.*

Max Weber war sein ganzes wissenschaftliches Leben über an einem Problem interessiert, an der Aufdeckung der Faktoren, die zu der einzigartigen okzidentalen Entwicklung führten: «Welche Verkettung von Umständen hat dazu geführt, daß gerade auf dem Boden des Okzidents, und nur hier, Kulturerscheinungen auftraten, welche doch – wie wenigstens wir uns gern vorstellen – in einer Entwicklungsrichtung von universeller Bedeutung und Gültigkeit lagen?»[25] Ganz entfernt von älteren evolutionistischen Fragestellungen lag dieses Problem nicht, aber Weber ist Kulturhistoriker, er geht nicht von anthropologischen Universalien zur Erklärung kultureller Spezifitäten aus, sondern von «Verkettungen von Umständen». Die zentrale Kategorie, auf die Weber immer wieder zurückkam, war die Kategorie der Rationalisierung. In der «Protestantismus-Kapitalismus-Studie» sprach Weber von «jene(m) große(n) religionsgeschichtliche(n) Prozeß der Entzauberung der Welt, welcher mit der altjüdischen Prophetie einsetzte und, im Verein mit dem hellenistischen wissenschaftlichen Denken, alle magischen Mittel der Heilssuche als Aberglaube und Frevel verwarf.»[26] Rationalität entfaltete sich auch in den indischen Religionen und in China, wie Weber in seinen Studien zur Wirtschaftsethik der Weltreligionen zeigte, aber sie erreichte dort nie die Gewalt eines alle Lebensbereiche durchdringenden Prinzips. Es kam dort nicht zu der vollkommenen Entzauberung der Welt, die radikale Absage an alle Magie setzte sich selbst in der rationalen Beamtenschaft konfuzianistischer Prägung nicht durch.

Während in der bisher behandelten Arbeit Weber bewußt einseitig den Einfluß religiöser Ideen auf das außerreligiöse Handeln betonte, dominiert in den Untersuchungen zur Wirtschaftsethik der Weltreligionen[27] eine stärkere Ausgewogenheit der beiden Faktoren im Spiel der Wechselwirkungen. Man sollte in dieser Akzentverschiebung nicht unbedingt einen «Gesinnungswandel» sehen. Schon früher hatte Weber eine Abneigung gegen monokausale Theorien bekundet. Dennoch ist unverkennbar, daß Weber in den Studien über die Weltreligionen gewissermaßen soziologischer vorgeht als in der «Protestantismus-Kapitalismus-Studie». Realfaktoren kommen stärker ins Spiel: politische Strukturen, soziale Schichtung, ökonomische Verhältnisse, Klima, Topographie bilden den Ausgangspunkt der Darstellung. Aber auch die systematische religionswissenschaftliche Begrifflichkeit ist weiter ausdifferenziert. In der «Einleitung» zu *Die Wirtschaftsethik der Weltreligionen*, die 1913 verfaßt wurde und 1915 erstmals im Druck erschien[28], wurden alle für Weber wichtigen Begriffe erörtert: Leiden, Theodizee, Gemeinschaftskult, Erlösung, Rationalität der Weltbetrachtung und vor allem Prophetie. Es handelt sich dabei nicht um Definitionsversuche, sondern um die Einführung von Begriffen, die für die spätere Erörterung wichtig werden sollten. Ähnliches gilt für die soziologischen Begriffe, die oben genannt wurden.

Es ist im Rahmen dieser Darstellung nicht möglich, einen Überblick über die Fülle der Beobachtungen zu geben, die in den umfangreichen Studien zu den Weltreligionen von Weber gemacht wurden. Wie Weber selbst sagte, bieten sie dem auf eine Religion spezialisierten Religionshistoriker stofflich nichts Neues. Weber befand sich in der dem Religionswissenschaftler bis heute vertrauten, mißlichen Situation: Außerhalb seines Fachgebiets ist er auf Darstellungen angewiesen, die er keiner an den Quellen orientierten Überprüfung unterziehen kann. Systematische und vergleichende Studien verlangen aber die Überschreitung der eigenen engen Fachkompetenz. Solche Studien leben von der Frische und Originalität der Fragestellungen, von der Fähigkeit, Dinge und Zusammenhänge zu sehen, die dem spezialisierten Blick entgehen. Die Ergebnisse sind bestenfalls Hypothesen, die dem kritischen Urteil der Historiker unterworfen werden müssen. Nur theoriegeleitetes Fragen kann zu Hypothesen kommen. Webers Fragen war theoriegeleitet: von der oben angeführten universalhistorischen Frage und, eng damit zusammenhängend, von der soziologischen Frage, wie bestimmte Trägerschichten eine Religion beeinflussen, und diese Religion wiederum die Trägerschichten bestimmt. Anders ausgedrückt: Welche sozialen und religiösen Bedingungen in ihrem Zusammenspiel die Handlungsmöglichkeiten von Menschen wenn nicht festlegen, so doch in ihren Grenzen determinieren. Diese Frage spielt auch eine große Rolle in der sog. systematischen Religionssoziologie, die postum unter dem Titel «Typen religiöser Vergemeinschaftung» als fünftes Kapitel von *Wirtschaft und Gesellschaft* veröffentlicht wurde.[29] Von den zwölf Paragraphen dieses Kapitels nimmt Paragraph 7 «Stände, Klassen und Religion» mehr als ein Fünftel des Gesamtumfangs ein. Dabei geht es Weber keineswegs um eine einfache Punkt-zu-Punkt-Korrelation zwischen sozialer Lage und religiöser Haltung. Der Zusammenhang von Interesse und Religiosität bildet vielmehr nur den Hintergrund für eine komplexere Fragestellung, die wiederum auf Grundgedanken der ersten großen religionssoziologischen Arbeit zurückführt. Religionen sind immer auch und für Weber vornehmlich Haltungen gegenüber der «Welt», wobei «Welt» zunächst einmal als alle Bereiche von Gesellschaft und Kultur verstanden werden könnte, die nicht Religion sind: Politik, Wirtschaft, Familie, Kunst usw. Zu allen diesen kann Religion in eine Beziehung treten, aber dies geschieht nicht abstrakt, sondern im Denken und Handeln von Menschen, die immer auch in unterschiedlichen sozialen Lagen in Politik, Wirtschaft und Familie verflochten sind. Der wichtigste Unterschied besteht dabei zwischen positiv und negativ privilegierten Gruppen in einer Gesellschaft. Daß negativ Privilegierte eher ein «Erlösungsbedürfnis» haben werden als positiv Privilegierte ist eine fast triviale Beobachtung, die auch für Max Weber nicht zentral ist. Zwar ist die Feststellung, daß «jedes Erlösungsbedürfnis ... Ausdruck einer ‹Not› (ist)»[30] unbedingt richtig, aber welchen Weg dieses Erlösungsbedürfnis geht, ist damit nicht vorgezeichnet.

Bevor auf den Zusammenhang von Erlösungsreligiosität und sozialen Trägergruppen eingegangen wird, ist es erforderlich, etwas genauer den Religionsbegriff Max Webers zu untersuchen. Dabei fällt auf, daß Weber keine Religionsdefinition geliefert hat. Der berühmt gewordene Satz zu Beginn der «Typen religiöser Vergemeinschaftung» muß hier zitiert werden: «Eine Definition dessen, was Religion ‹ist›, kann unmöglich an der Spitze, sondern könnte allenfalls am Schlusse einer Erörterung wie der nachfolgenden stehen», und er fährt fort: «Allein wir haben es überhaupt nicht mit dem ‹Wesen› der Religion, sondern mit den Bedingungen und Wirkungen einer bestimmten Art von Gemeinschaftshandeln zu tun ...»[31] Der Verzicht auf eine Wesensbestimmung von Religion läuft natürlich eng mit der Methodologie Webers zusammen, die auf eine idealtypische und heuristische Begriffsbildung gegenüber klassischen Begriffsdefinitionen insistierte. In unseren Fall ist jedoch noch mehr in diesem Verzicht eingeschlossen, denn Weber macht noch nicht einmal den Versuch einer heuristischen Definition von Religion, die ja keinesfalls eine «Wesensbestimmung» wäre. Der Grund für diese Zurückhaltung ist in der Besonderheit des religionssoziologischen Interesses Webers zu suchen. Überspitzt könnte man behaupten, daß Weber überhaupt nicht an dem Phänomen «Religion» interessiert war, sondern «nur» an dem Einfluß, den religiöse Ideen auf das soziale Handeln von Menschen hatten und haben. Die eigenartige Ungleichgewichtigkeit in der Analyse der «Wechselwirkungen», wobei trotz aller gegenteiligen programmatischen Absichten die «Wirkungen» von Religion mehr im Vordergrund stehen als die «Bedingungen», erklärt auch die Definitionsaskese Max Webers in bezug auf Religion. Religion muß bei der für Weber zentralen Fragestellung nicht als eine begriffliche Größe gefaßt werden, sondern als Gesamtmenge von Einzelelementen, die herkömmlicherweise unzweifelhaft als religiös gelten. Weber geht es nicht um das Gemeinsame von Taoismus, Buddhismus, Vishnuismus, Judentum, Christentum usw., sondern um die Elemente in diesen Systemen, die als

Ursachen unterschiedlicher Entwicklungen im nicht-religiösen Bereich ausgemacht werden können. Deshalb fehlt auch jede Reflexion (heute würde man sagen: Spekulation) über die anthropologischen oder sozialen Bedingungen der Möglichkeit von Religion, wie sie in der Zeit vor dem Ersten Weltkrieg noch gängig waren. Die großen historischen Religionen waren historische Faktizitäten, von ihnen auszugehen, bedeutete, festen Grund unter den Füßen zu haben. Zwar handelt der erste Paragraph von «Typen religiöser Vergemeinschaftung», von der «Entstehung der Religionen», aber bei genauem Lesen zeigt sich, daß es auch hier nicht um eine Theorie der Religionsentstehung geht, sondern um die Rückführung später zentral werdender Kategorien, wie Charisma, Universalität, Rationalität usw. auf Formen des vorhochreligiösen Gemeinschaftshandelns. Die in dieser Zeit heftig geführte Diskussion über die Unterscheidung von Religion und Magie[32] wird zwar aufgenommen, aber – durchaus modern im Sinne der heutigen Religionswissenschaft – ihrer Schärfe beraubt. Magisches und religiöses Handeln ist «in seinem urwüchsigen Bestande diesseitig ausgerichtet.»[33] Die spätere historische Unterscheidung zwischen Magie und Religion ist keine in der Natur der Sache liegende, sondern in erster Linie das Resultat der Entstehung eines Priestertums.

Das Fehlen einer Religionstheorie im Werke Max Webers hat m. E. systematische Gründe. Eine solche Theorie kann nur entweder «reduktionistisch» sein, indem sie Religion auf nicht-religiöse Tatbestände zurückführt[34], oder sie muß selbst religiös formuliert werden, wie es von der Religionsphänomenologie getan wurde.[35] Beide Wege waren für Weber nicht beschreitbar. Der erste hätte seine spezifische Fragestellung der Brisanz beraubt, der zweite in eine Art Kryptotheologie geführt. Die Überzeugung, «daß ... der einmal geprägte Typus einer Religion seinen Einfluß ziemlich weitgehend auch auf die Lebensführung sehr heterogener Schichten auszuüben pflegte»[36], ist nur vertretbar, wenn von einer weitgehenden Autonomie des «Inhalt(s) ihrer Verkündigung und Verheißung» ausgegangen wird. Da aber Religionen über die Zeit sich verändern, müssen diese Veränderungen, sollen sie nicht auf religionsexogene Einflüsse zurückgeführt werden, als religionsinterne plausibel zu machen sein. Geht man dabei nicht von einer ohne Zutun der Menschen geschehenden Entfaltung der religiösen Idee aus, so stellt sich die Aufgabe, Veränderungen als Handeln von Menschen aufzuweisen, die als Träger religiöser Ideen diese Ideen weitertragen, ihren jeweiligen Bedürfnissen anpassen, aber auch diese Bedürfnisse im Licht der religiösen Ideen verstehen und ihnen einen Sinn geben.

Es kann jetzt wieder die Frage nach dem Zusammenhang von Erlösungsreligiosität und sozialen Trägerschichten aufgenommen werden. Das Streben nach «Erlösung» kann seinem Inhalt nach «höchst verschieden gefärbt (sein), je nachdem ‹wovon› und ‹wozu› man erlöst sein will»[37], wie Max Weber ein Nietzsche-Wort über die Freiheit paraphrasierte. Die wichtigsten Erlösungswege sind: Magie und Ritualismus, Systematisierung der Alltagsethik, rationalisierte Heilsmethodik, Askese (weltablehnend oder innerweltlich), Mystik und Kontemplation, Erlösung durch sakramentale Gnade, Erlösung durch Glauben. Jeder dieser Erlösungswege hat spezifische Konsequenzen für die Lebensführung der Gruppen, die ihm anhängen. Die Einzelheiten können hier nicht ausgeführt werden. Wichtig ist die Frage, ob alle sozialen Klassen bzw. Stände gleich kompatibel mit allen möglichen Erlösungswegen sind. Offensichtlich kann die Antwort nur eine negative sein. Bauern sind z. B. nach Meinung Max Webers aus ganz materiellen Gründen der Magie und dem Ritualismus verhaftet und einer rationalisierten Ethik unzugänglich. Ebenso wird eine Kriegerkaste kaum zu einer weltablehnenden Askese neigen. Die Beispiele ließen sich fortsetzen. Das ist aber nur die eine Seite der Medaille. Die andere zeigt die Kraft der religiösen Idee (hier: des Erlösungsweges), trotz aller Kompromisse mit den Alltagserfordernissen, auf die Lebensführung der Menschen, die aus welchen Gründen auch immer in die Sogkraft dieser Idee gerieten, einzuwirken. Ihr Handeln wird auch bestimmt von Vorstellungen und Zielen, die durch die Religion vorgegeben sind. Sie werden zum Träger von Entwicklungen, die vielleicht nicht in der beabsichtigten Konsequenz der Schöpfer der religiösen Idee lagen, aber dennoch logisch mit dieser Idee verbindbar sind. Am deutlichsten läßt sich dieser Vorgang an der Differenz zwischen der asiatischen und der okzidentalen Erlösungsreligiosität ablesen. Man kann diese Differenz stark vereinfachend als eine zwischen mystischer und asketischer Erlösungsreligiosität bezeichnen. Es ist von größter Bedeutung, daß Max Weber als ursächlich für die asketisch-okzidentale Erlösungsreligiosität die «Konzeption des einen überweltlichen, schrankenlos allmächtigen Gottes und der Kreatürlichkeit der von ihm aus dem Nichts geschaffenen Welt, welche, von Vorderasien aus, dem Okzident oktroyiert wurde»[38] ansieht. Eine solche Konzeption machte jede Selbstvergottung unmöglich, wie sie letztlich immer als wenigstens latente Möglichkeit mystischer Erlösungsreligiosität vorhanden ist. Ist die Differenz zwischen Gott und Welt, zwischen *creator* und *creatura*, absolut gesetzt, so kann sich der Mensch, als Teil der *creatura*, vor Gott nur verantworten, er kann in seinem Leben nie Gottes teilhaftig werden. Der Erlösungsweg ist so letztlich an die Gottesvorstellung gebunden. Die Zeitgebundenheit Webers zeigt sich bei dieser Argumentation recht deutlich. Er ging letztlich von der Sonderentwicklung Israels aus und berücksichtigte zu wenig die Tatsache, daß sowohl die Religion Israels als auch die nachexilische jüdische Religion nur im Kontext altorientalischer Religion verständlich ist. Natürlich ist dies kein «Fehler» Max Webers. Der große Durchbruch in der altorientalischen Forschung geschah erst nach dem Ersten Weltkrieg. Die wilden Spekulationen im Umkreis der Babel-Bibel-Schule[39] trugen vor 1914 nicht allzuviel zum Verständnis der Religion Israels bei. Abgesehen von dieser wissenschaftsgeschichtlichen Erklärung darf man aber auch nicht übersehen, daß die Betonung der Singularität der Entwicklung Israels (und damit des Christentums) für Max Webers Problemstellung eine strategische Bedeutung hatte. Weil Weber kein Evolutionist im üblichen Sinne war, der von einer letztlich einlinigen Menschheitsentwicklung ausging, mußte er nach historisch faßbaren singulären Faktoren suchen, die eine einmalige, aber nicht notwendige Entwicklung in Gang setzten, auch wenn sie sich dann als weltbestimmende herausstellen sollte.

Es mag an dieser Stelle gestattet sein, kurz an die Marx'sche Theorie der Entwicklung zu erinnern. Auch Marx hing nicht der Idee der notwendigen Höherentwicklung an, aber er wollte – wie fünfzig Jahre nach ihm Max Weber – eine Erklärung für die zunächst einmalige, aber sich als weltbeherrschend erweisende Entstehung der kapitalistischen Produktionsweise liefern. Dabei geht er von der Arbeit, dem «Stoffwechselprozeß» zwischen Mensch und Natur[40] aus und von der Entwicklung der Produktionsmittel, die diesen Prozeß vermitteln. Max Weber lieferte kein Gegenkonzept, auch wenn er häufig so verstanden wurde. Er stellte aber Materialien bereit, die es ermöglichen sollten, den universalhistorischen Prozeß der unaufhaltsamen rationalen Weltbeherrschung von den geistigen – und das waren vor allem die religiösen – Voraussetzungen her zu begreifen. Der asketische Protestantismus, besonders in der Gestalt des Calvinismus, war nur die radikalste und vielleicht letzte religiöse Ausprägung eines innerweltlichen asketischen Erlösungswegs, der seinen Anfang in Israel und in der Religion des jüdischen Volkes nahm. Max Weber hat die Konsequenzen dieses Erlösungsweges vor allem auf dem Feld der Wirtschaftsgeschichte beobachtet und beschrieben, obwohl es auch in seinem Werk zahlreiche Passagen gibt, die die Folgen für die politische Geschichte beleuchten. Wirtschaftshistorisch ist es aber bedeutsam, daß eine entfaltete kapitalistische Wirtschaftsweise ohne die religiösen Krücken laufen kann, die zu Beginn der ersten Gehversuche notwendig waren. Der Prozeß der Rationalisierung ist besonders in seiner ökonomischen Ausprägung unumkehrbar. Auch eine religionslose Welt gehorcht dem Imperativ eines aus dem Geist der religiös induzierten Askese zweckrationalen Ethos. Implizit ist Max Weber auch ein Säkularisierungstheoretiker. So wie er sich selbst als «religiös unmusikalisch» bezeichnete (hier in Einklang mit den meisten sozialwissenschaftlich orientierten Religionswissenschaftlern), hat auch die moderne Gesellschaft ihren religiösen Zauber eingebüßt. Die Entzauberung der Welt ist jedoch kein Vorgang, der außerreligiös zu erklären ist, sondern lag in der Konsequenz einer religiösen Sonderentwicklung, die in der rücksichtslosen Bekämpfung von Magie und Zauberei, in der Enteignung aller Götter zugunsten des einen überweltlichen Gottes zu einer nur noch diesseitig zu verstehenden Welt führte.

Sah Weber das Ende der Religion gekommen? Diese Frage, die er sich selbst nicht explizit stellte, soll diese Darstellung abschließen. Dabei werden zwei Kategorien wichtig werden, die bisher ausgespart wurden: Charisma und Prophetie. Charisma ist ein Begriff, der für Webers politische Soziologie eine zentrale Rolle spielte. «Charisma soll eine als außeralltäglich ... geltende Qualität der Persönlichkeit heißen, um derentwillen sie als mit übernatürlichen oder übermenschlichen oder zumindest spezifisch außeralltäglichen Kräften ... begabt oder als gottgesandt oder als vorbildlich und deshalb als ‹Führer› gewertet wird.»[41] Gegenüber dem Charismabegriff, wie er im Paulinischen Schrifttum des Neuen Testaments[42] auftaucht, nimmt Weber eine Subjektivierung vor: Es geht jetzt um den Glauben an das Charisma von Personen. Unter Prophet versteht Weber «einen rein persönlichen Charismaträger, der kraft seiner Mission eine religiöse Lehre oder einen göttlichen Befehl verkündet».[43] Entscheidend ist dabei, daß der Prophet, auch wenn er wirklich oder vermeintlich auf «Altes» zurückgreift, mit dem zu seiner Zeit Gültigen bricht und damit – sollte er erfolgreich sein – etwas Neues in Gang setzt. Die Rolle der Persönlichkeit für die Entstehung religiöser Ideen ist nicht zu übersehen, obwohl auch der Prophet nicht im luftleeren Raum agiert. In einer seiner letzten Vorträge hat Max Weber indirekt das Thema der Sehnsucht nach einem Wiedererstehen von Propheten und charismatischen Führern angesprochen. Die Wissenschaft kann niemals das leisten, was der Prophet verheißt. Der akademische Lehrer ist kein «Führer». Neue Prophetie ist vielleicht möglich, aber sie ist bestimmt dann nicht gegeben, wenn «moderne Intellektuelle das Bedürfnis haben, sich in ihrer Seele sozusagen mit garantiert echten, alten Sachen auszumöblieren»[44], und dazu auch religiöse Sachen benutzen. Max Weber hatte eine nicht zu übersehende Sympathie für die alttestamentlichen Propheten. Ihr Pathos, ihre Leidenschaft, ihr Gegenden- Strom-Schwimmen, ihre rücksichtslose Verachtung aller Opportunitätserwägungen sprachen anscheinend etwas in Webers Persönlichkeit an, dem er selbst politisch und religiös nicht entsprach, das aber sein Bild von Religion beeinflußte, als einer Lebensmacht, die aus der Erfahrung des Außeralltäglichen lebt.

Die moderne Religionswissenschaft ist demgegenüber nüchterner. Sie versteht Religion als normalerweise unproblematisierten Teil der Kultur einer Gesellschaft. Auch die scheinbar außeralltäglichsten Erscheinungen, wie Besessenheit, Prophetie, Ekstase usw., sind komplexe Rollenspiele, die erlernt werden und in einer Gesellschaft gut integriert sind.

Hartmut Böhme

ABY M. WARBURG
(1866 – 1929)

I. Leben und Physiognomie des Wissens

Aby M. Warburg wurde am 13. Juni 1866 als ältestes von sieben Kindern des Bankiers Moritz Warburg und seiner Frau Charlotte, geb. Oppenheim, in Hamburg geboren. Seinen Erstgeborenenstatus schlug er, der Legende nach, schon als Dreizehnjähriger aus, um der Gelehrsamkeit zu leben. Doch verpflichtete er die Bankiersfamilie nicht nur auf standesgemäßen Unterhalt für sich und seine Familie, sondern auch auf Finanzierung eines aufwendigen Forscherlebens. Dieses fand seine Krönung im öffentlichen Wirken der «Kulturwissenschaftlichen Bibliothek Warburg» (K. B. W.) und der mit Warburg verbundenen exzellenten Wissenschaftler im Hamburg der 20er Jahre.

1886 begann Warburg in Bonn Kunstgeschichte, Geschichte und Archäologie zu studieren. Bei dem bedeutenden Erforscher antiker Religion Hermann Usener hörte er in Vorlesungen die frühe Fassung von dessen opus magnum *Götternamen* (1896). Usener blieb lebenslang einflußreich für Warburg, insbesondere hinsichtlich des «Beharrungsvermögens primitiver Traditionen» (E. Gombrich), ein großes Thema der Religionswissenschaft des 19. Jahrhunderts (z. B. E. B. Tylor), für das auch Tito Vignoli für Warburg prägend wurde. Bei Karl Lamprecht konnte er evolutionspsychologische Kulturgeschichte lernen, deren universalhistorischer Schematismus Warburg später abstieß. Doch die psychologische Fundierung aller kulturellen Phänomene blieb eine Grundüberzeugung Warburgs. In der Kunstgeschichte hatte er im Winckelmann-Biographen Carl Justi einen der wichtigen Kunstwissenschaftler zum Lehrer. Weil dieser Warburgs Dissertation nicht betreuen wollte, wechselte er nach Straßburg, wo er von Hubert Janitschek mit der Dissertation über *Sandro Boticellis ‹Geburt der Venus› und ‹Frühling›* 1892 promoviert wurde. Diese war bereits gegen den «modernen Ästhetizismus» (Warburg) des fin de siècle gerichtet und gewann der Form- und Stilanalyse der Kunstgeschichte eine neue Perspektive ab. In Florenz lernte Warburg 1888/9 seine spätere Frau, die Künstlerin Mary Hertz, kennen. In Florenz wurde Warburg von August Schmarsow zu ausdrucks- und gebärdenästhetischen Studien angeregt sowie auf das Problem des Nachlebens der Antike aufmerksam. 1892–95 arbeitete Warburg in Berlin und für längere Zeit erneut in Florenz, vor allem über theoretische Ästhetik, Symbol-Theorie, das Festwesen und die Kunst der italienischen Renaissance.

Seine Amerikareise 1895/96 blieb zunächst ohne sichtbare Folgen, doch langfristig wurde sie einschneidend: das Studium indianischer Kulturen am Smithsonian-Institute sowie seine Feldforschung bei indianischen Stämmen in New Mexico erweiterten den durch Jacob Burckhardt wie Lamprecht bereits umfassenden Horizont des jungen Kunsthistorikers noch einmal um kulturanthropologische, ethnologische und religionswissenschaftliche Dimensionen. Nach der Heirat mit Mary Hertz 1897 lebte Warburg bis 1902 überwiegend in Florenz. Ausgedehnte Studien zu Lebensstil, ästhetischer Praxis und religiösem Habitus der städtischen Eliten im Italien der Renaissance, zur bild- und lebensstilprägenden Kraft der Antike in Italien und Deutschland, zu künstlerischen Austauschbeziehungen zwischen Norden und Süden, schließlich zu Wanderungsbewegungen mythologischer, astrologischer und symbolischer Formen von Osten nach Westen, welche in den europäischen Renaissancen zu ideographischen Programmen wurden, füllten die Jahre bis zum Ausbruch des 1. Weltkriegs. Der täglich schreibende und korrespondierende, doch bei Publikationen skrupulöse Warburg veröffentlichte nur kleine Teile seiner Forschungen.

Weichenstellend wurden der Kauf einer Villa in Hamburg 1909, die Einstellung von Mitarbeitern und die Beziehung zu Fritz Saxl (seit 1910; 1913/14 und wieder ab 1919 Assistent Warburgs). Der Ausbau der Bibliothek wurde nun systematisch betrieben, zugeschnitten auf die Forschungsfelder ihres Inaugurators. Warburgs Studien bildeten unterdessen ein eigenes Forschungsparadigma. Spätestens die Arbeit *Italienische Kunst und internationale Astrologie im Palazzo Schifanoja zu Ferrara*, die er 1912 in Rom vortrug, zeigte seine ikonologische und kulturanthropologische Methode in ihrer vollen Reife. Im selben Jahr lehnte er einen Ruf an die Universität Halle ab. Im Ersten Weltkrieg trat die Auswertung der internationalen Presse und Propaganda zumindest gleichberechtigt neben die traditionellen Sammlungsgebiete. Die 1918 fertiggestellte Studie *Heidnisch-antike Weissagung in Wort und Bild zu Luthers Zeiten* ist auch eine Auseinandersetzung mit der kollektiven Irrationalität, wie sie sich im Weltkrieg mit beispielloser Gewalt gerade entlud; sie ist ein Kampf um den «Denkraum der Besonnenheit», den aufrechtzuerhalten der durch den Krieg schwer erschütterte Warburg immer größere Mühe hatte.

Hatte er von früh an Probleme und Gefährdungen jüdischer Existenz in Deutschland aufmerksam verfolgt, ohne daß dies öffentlich sichtbar wurde, hatte er sich jüdischer Belange im Kaiserreich diskret angenommen, so wurde er mit dem Kriegsende von paranoischen Angstphantasien überflutet, die auch die pogromhafte Vernichtung seiner selbst und seiner Familie als Juden zum Inhalt hatten. Jenes intrapersonale Bündnis, in dem Judentum, Hanseatisches Bürgertum und Florentinische Kultur ein symbolontisches Curriculum eingehen sollten *(Ebreo di sangue, Amburghese di cuore, d'anima Fiorentino*, «Dem Blute nach Hebräer, dem Herzen nach Hamburger, der Seele nach Florentiner») zerbrach unter dem Druck inne-

Aby M. Warburg (1866–1929)

rer Ängste und dem Barbarismus des Krieges. Zunächst in Hamburg und Jena in geschlossenen Abteilungen untergebracht, gelang es erst Ludwig Binswanger, in dessen Kreuzlinger Klinik Warburg seit 1921 lebte, die Persönlichkeit Warburgs zu reintegrieren.

1923 hielt Warburg in der Klinik, als Probe seiner wiedergewonnenen Kräfte, den Vortrag über das Schlangenritual der Hopi. Der Rückgang auf seine New-Mexico-Reise 1895/96 heißt zweierlei: zurück auf den Grund von Kultur überhaupt, die – gegenüber einer universalen Angst – in symbolischen und rituellen Prozessen einen Raum der Distanzierung schafft, in welchem allererst die sublimierenden Transformationen zu einer immer fragilen Sophrosyne erwachsen. Diese Konstruktion erzählt zugleich seine eigene Geschichte: in Kreuzlingen hat Warburg jene Zone der Angst und des Todes durchschritten, die ihm in New Mexico schon vor Augen getreten war und von wo aus die Kultivierung des Ich neu errungen werden mußte. Warburg selbst empfand sich nicht als gesundet, sondern «von Binswanger zur Normalität beurlaubt». Seinen Vortrag, ein großes ethnographisches Dokument dieses Jahrhunderts, hat er nicht publiziert; er wollte ihn nicht als «‹Ergebnisse› eines vermeintlich überlegenen Wissens ..., sondern als verzweifelte Bekenntnisse eines Erlösungssuchers» (WBG 304) aufgefaßt sehen, gar als «gräuliche Zuckung eines enthaupteten Frosches» (S. 60). Er unterschrieb gelegentlich Briefe als «Warburg redux» (ASW 344) und wußte, wie knapp die ihm bleibende Zeit sein würde [«fünf Minuten vor sieben (Schluß)»].

In der «Kreuzlinger Passion» bildete sich eine politisch vorweisende Signatur ab: das eigene «Inferno» (Warburg) enthielt auch die Bilder schrecklichster Gewalt gegen Juden, des Zusammensturzes kultureller und politischer Ordnung im Krieg, der Zerstörung humaner Gesittung, der Dissoziation der Familie, des Untergangs der Vernunft – losgerissene Splitter kollektiver Destruktivitäten, die aus dem Inneren eines Kranken auftauchten, und doch zum entstellten Antlitz des Jahrhunderts gehören. Die fünf Jahre bis zu seinem Tod waren Gesundheitsproblemen abgerungen und dennoch von äußerster Tatkraft erfüllt: es sind die fünf ‹goldenen Jahre› der Weimarer Republik, in denen, was dieser nicht gelang, Warburg sein Erbe stabilisierte. Er starb drei Tage vor dem «schwarzen Freitag», dessen Fernwirkungen das Ende der Weimarer Republik einleiteten. Ohne Wissen ist der Rhythmus des Lebens von Warburg seit 1914 in einer verstörenden Synchronie zur politischen Geschichte verlaufen.

Während der ‹Stabilisierungsphase› 1924 bis 1929, die Warburg unter das Motto einer «Heuernte bei Gewitter» stellte, wurde ihm sein Mitarbeiterstab, namentlich Fritz Saxl und Gertrud Bing unentbehrlich. Nach seinem Tod waren sie Sachwalter der K. B. W. und des Warburg-Nachlasses, Organisatoren der Emigration (wie auch Edgar Wind) und Direktoren des Warburg Institute in London. Saxl hatte schon seit 1920 die K. B. W. geöffnet und mit der Einrichtung der «Vorträge der Bibliothek Warburg» (1921–29

= 8 Bde.) und der «Studien der Bibliothek Warburg» (1921–29 = 12 Bde.) die private Sammlung zu einem auf höchstem Niveau operierenden Forschungszentrum gemacht. Es ist besonders Saxl zu verdanken, daß Gelehrte wie Hellmut Ritter, Richard Salomon, Ernst Cassirer, Erwin Panofsky, Gustav Pauli, Ernst Kantorowicz, Raymond Klibansky, Karl Reinhardt, Eduard Norden, Richard Reitzenstein, Hans Liebeschütz, Eduard Fraenkel, Alfred Doren, Edgar Wind, Ernst Robert Curtius, Franz Dornseiff u. a. mit dem Namen der Warburg-Bibliothek dauerhaft verbunden werden können – ein interdisziplinärer Kreis von Antikenforschern, Philologen, Philosophen, Kunsthistorikern, Religionswissenschaftlern, Orientalisten. Die Professionalisierung der K. B. W. machte 1925 einen Neubau neben dem Wohnhaus Warburgs erforderlich. Die technisch avancierte K. B. W. wurde 1926 eröffnet (46000 Bände). Für die Universität Hamburg, die 1919 auch dank des Engagements Warburgs gegründet und deren Honorarprofessor er seit 1925 war, gab Warburg in der K. B. W. kunst- und kulturgeschichtliche Seminare.

Zwei großen Ausstellungsprojekten widmete Warburg seine letzten Jahre: der Ausstellung «Bildersammlung zur Geschichte von Sternenglaube und Sternenkunde», worin er jene zwischen magisch-mythischer Besetzung und mathematischer Berechnung historisch gespannten Symbolisierungen des Himmels darzustellen gedachte, die ihn seit der Vorkriegszeit in seinen Astrologieforschungen beschäftigt hatten – und worin ihm die Arbeiten des Freundes Franz Boll vorbildlich waren. Opus Magnum dagegen sollte das Mnemosyne-Projekt werden: ein Atlas des kollektiven, Orient wie Okzident umfassenden Bildgedächtnisses, worin Warburg die ikonischen Formeln und symbolischen Strukturen der leidenschaftlichen Erregungen, der «Pathosformeln» (ASW 125/6, 153, 173 u. ö.; GS 157) und «gebärden-sprachlichen Eloquenz» (ASW 153) sowie deren kulturgeographische und historische Topiken und Wanderungen darzustellen suchte. Im Dienst dieses Projekts intensivierten sich die orientalistischen und religionswissenschaftlichen Forschungen; Amerika stand erneut auf dem Plan der Unternehmungen; doch war Warburg nur noch ein längerer Aufenthalt in Rom 1928/9 – unmittelbar mit dem Faschismus konfrontiert – vergönnt. Dort recherchierte er Materialien für den Mnemosyne-Atlas, den er in der Bibliotheca Hertziana in einem gewaltigen Vortrag vorstellte. – Warburg starb am 26. Oktober 1929 in Hamburg.

II. Werk

1. Warburgs Wissenschaft

Aby Warburg ist kein Religionswissenschaftler. Er ist gelernter Kunsthistoriker. Die Kunstwissenschaft stellt den Kern seiner Forschungen dar. Doch schon in seiner Dissertation über Boticelli verfolgt Warburg andere

Ziele als diejenigen der form- und stilgeschichtlichen Kunstgeschichte. Auch «Ikonologie», eine später theoretisch ausgebaute Bestimmung der Kunstgeschichte, als deren Gründungsvater Warburg gilt, ist nicht geeignet, die Breite seiner Forschungen zu erfassen. Warburg spricht 1918 davon, mit der «Verknüpfung von Kunstgeschichte und Religionswissenschaft die kulturwissenschaftliche Methode zu verbessern» (ASW 267) oder von der Fusion von «Kunstgeschichte und Religionswissenschaft ... im Laboratorium kulturwissenschaftlicher Bildgeschichte» (ASW 268). Edgar Wind hat 1931 lakonisch von Warburgs Kulturwissenschaft gesprochen (ASW 401–17). Doch dieser Begriff wiederum ist, wenn man seine Verwendung von Heinrich Rickerts *Kulturwissenschaft und Naturwissenschaft* (1898) bis Ernst Cassirers *Zur Logik der Kulturwissenschaften* (1942) bedenkt, zu weit und zu abstrakt. Gegen Formeln wie ‹komparatistische historische Psychologie und Anthropologie des kulturellen Bild-Gedächtnisses› wird man einwenden, daß Warburg weder ein Psychologe noch Anthropologe noch Komparatist war. Auch war er, trotz seiner theoretischen Intelligenz, zu gehemmt, um seine Position entschlossen zu bündeln. So wurde versucht, aus metareflexiven Notaten in Publikationen und Nachlaß eine Theorie post festum zu rekonstruieren.

Doch Warburg war ein Theoretiker ohne Theorie, mit anderen Worten: ein detaillierter Forschungspraktiker mit hochentwickeltem theoretischem Hintergrundbewußtsein – doch dieses Bewußtsein, weil es nicht objektiviert ist, entgeht immer wieder. Dies meint das von Warburg geprägte Diktum «Der liebe Gott steckt im Detail». Es wäre zu einfach, darin nur den Sinn zu lesen: im Besonderen stecken die Forschungsprobleme. Dann wäre Warburg nichts als Experte «historischer Detektivarbeit» (ASW 111), den man dem «Indizienparadigma» zurechnen kann, wie es Carlo Ginzburg für die historische Forschung aufgestellt hat. Das Allgemeinste (Gott/die Theorie) «steckt im Detail» heißt: nur dort ist es aufzufinden, es gibt keine ‹Theorie an sich›, sondern nur in concreto. Es darf kein dogmatisches Anwendungsverhältnis von Theorie auf die Gegenstandsebene geben. In und an dieser allein ist Theorie zu gewinnen. Das ist eine Art Pantheismus ins Epistemologische gewendet. Er steht in Beziehung zu einer Notiz von 1888: «Gott ist in uns: Tägliche Arbeit eines mit Gottesdienst» (WBG 98): Arbeit am Detail ist Warburgs Ritual der Gottesbegegnung. Gelegentlich schlägt ein Theorielicht aus der Materialfülle, eine blitzhafte Verbindung der Befunde mit extrem abstrakten Folgerungen – so z. B. im Aufsatz *Italienische Kunst und internationale Astrologie im Palazzo Schifanoja zu Ferrara* (1912/22): «Die Kunstgeschichte wird durch unzulängliche allgemeine Entwicklungs-Kategorien bisher daran gehindert, ihr Material der allerdings noch ungeschriebenen ‹historischen Psychologie des menschlichen Ausdrucks› zur Verfügung zu stellen. Unsere junge Disziplin versperrt sich durch allzu materialistische oder allzu mystische Grundstimmung den weltgeschichtlichen Rundblick. ... Ich hoffe, durch die Methode meines Erklärungsversuches ... gezeigt zu haben, daß eine ikonologische Analyse, die sich durch grenzpolizeiliche Befangenheit weder davon abschrecken läßt, Antike, Mittelalter und Neuzeit als zusammenhängende Epoche anzusehen, noch davon, die Werke freiester und angewandtester Kunst als gleichberechtigte Dokumente des Ausdrucks zu befragen, daß diese Methode, indem sie sorgfältig sich um die Aufhellung einer einzelnen Dunkelheit bemüht, die grossen allgemeinen Entwicklungsvorgänge in ihrem Zusammenhang beleuchtet.» (ASW 185)

Aus diesem Zitat lassen sich die Prinzipien Warburgs ableiten:

1. Gegen «grenzpolizeiliche Befangenheit» und das «einflußreiche Grenzwächtertum in unserer heutigen Kunstgeschichtsschreibung» (ASW 170) geht es um «Grenzerweiterung» der Disziplin, also um Interdisziplinarität bei vorausgesetzter Disziplinarität, ohne welche erstere nicht sinnvoll entwickelt werden kann.

2. Mit «historischer Psychologie des menschlichen Ausdrucks» umschreibt Warburg inhaltlich das Forschungsparadigma. Diesem tritt die Kunstgeschichte dienend bei. Warburg meint hiermit die Geschichte der eloquentia corporis, der Rhetoriken, Semantiken und Topiken körperbezogener Ausdrücke und Habitus, also die zu Bildern und Figuren geronnenen Interferenzen zwischen Affektenergien und kulturellen Verarbeitungsmustern. Diese nennt Warburg auch «Pathosformel».

3. Die Erforschung dieses Gegenstandsfeldes ist universalhistorisch ausgerichtet. Darin steckt ein Stück Hegelianismus (ohne geistphilosophische Implikationen) und eine deutliche Europa-Zentrierung (bei vorausgesetztem kulturellem Synkretismus): beides Momente des 19. Jahrhunderts. Charakteristisch ist die Warburgsche Sichtweise, jenseits abgegrenzter Epochen diese als *einen* psychohistorischen Entwicklungszusammenhang zu sehen. Das teilt er mit dem Kulturtheoretiker Sigmund Freud. Hinter den Forschungen Warburgs zeichnet sich eine Kulturtheorie ab, die von dem Prinzip geprägt ist, daß jedes kulturelle Faktum ‹im letzten› eine psychische und zugleich verleiblichte Kompromißfigur auf der Polaritätsskala zwischen magischem Bann und rationaler Beherrschung der Affekte darstellt.

4. Im Zentrum einer solchen Kulturforschung steht das Bild, weswegen die Bildwissenschaften einen Sonderstatus einnehmen. Die Künste, allgemeiner: die visuellen Medien, sind das privilegierte Archiv «der historischen Psychologie des menschlichen Ausdrucks». Denn ‹das Bild› stellt die breite Übergangsskala dar zwischen magischem Bann der Affekte einerseits, d. h. ihrer unmittelbar überwältigenden (noch bilderlosen) Einleibung, und theoretisch-abstraktem (wieder bilderlosen) Kalkül andererseits, das keinerlei somatische Performanz aufweist. ‹Bild› meint in einem weiten Sinn auch körperliche Bewegungsfiguren, performative soziale, d. h. relativ stabile, mit Obligation versehene Rituale und Habitus, codierte Gestalten der Affektverarbeitung. Sie alle, weil sie eine ‹visuelle Semantik› aufweisen,

sind den Bild-Künsten eher ‹abzulesen› als den energetisch weniger gesättigten Schriftzeugnissen der Kultur.

5. Die kulturwissenschaftliche «Grenzerweiterung» der Kunstgeschichte führt zu einer Entprivilegierung der sogenannten hohen Kunst. Warburg plädiert für eine Öffnung des Quellenkorpus (wie heute der New Historicism und die Cultural Studies). In diesem sind neben Bild- und Wortquellen aller qualitativen Grade und medialen Formen auch religiöse, ethnische wie soziale Rituale, Lebensstile, habituelle Muster des Agierens und Objekte materieller Kultur prinzipiell «gleichberechtigt». Im Bildbereich hat alles Geltung: Altarbilder wie Flugschriften-Illustrationen, Spielkarten wie Festdekorationen, Wandteppiche wie Gemälde, Sternenkarten wie Spielbretter, Zeitungsphotos wie Architekturen, Münzen wie Briefmarken, Diagramme wie Plastiken, Ornamente wie Wappen, Embleme wie Werbeanzeigen: die gesamte visuelle Kultur.

6. Das «Nachleben» kultureller Vergangenheit ist bei Warburg weder bloße Rezeptionsgeschichte noch museale Präsentation oder memoriale Speicherung. Mit «Nachleben» ist ein grundlegender Kulturmechanismus gemeint, nämlich die performative Macht, manchmal die Unwiderstehlichkeit von oft weit zurückliegenden Vergangenheiten an den historischen Bruchstellen, in denen ‹Neues› sich zu bilden versucht. Die Prägnanz von Zeit, ihre «Prägekraft» und ihre «engrammatische» Energie, wie Warburg oft sagt, heißt gerade nicht, daß man aus dem Gedächtnis ein Wissen abruft, sondern daß das Vergangene erinnert, d. h. verleiblicht und gelebt wird. Eben dies führt weder zu Kopie noch Zitat, sondern ist – wie Warburg an der florentinischen Kunst und Lebensform des 15. Jahrhunderts zeigt – eine komplexe Verflechtung der Zeiten.

7. Dies ist der Grund, warum Warburg das Quellenkorpus auch «stofflich» und «räumlich» erweitert. Ersteres heißt die Erweiterung der Kunstgeschichte um Psychohistorie, Religionswissenschaft, Kulturanthropologie, Geschichtswissenschaft, Ethnologie. Und «räumliche» Erweiterung heißt, daß der Kulturhistoriker die «Wanderungsbewegungen» von bildlichen Präge- und Memorialformen etwa über den Raum Italiens auf den Norden einerseits und vor allem auf das östliche Mittelmeerbecken und die vorderorientalischen Kulturen ausdehnen muß. Dabei entsteht nun das Gegenteil des oben genannten Eurozentrismus. Selbstverständlich ist eine übernationale Auffassung Europas. Doch wichtiger: die Einsicht in seine interkulturellen Verwebungen läßt Europa als synkretistische Form erkennen. Am bündigsten formuliert Warburg dies 1929, wenn er «Babylon, Athen, Alexandrien, Jerusalem, Rom» die «schöpferischen Kraftfelder» nennt, «das Urprägewerk europäischer Mentalität» (ASW 307; vgl. GS 565). Europa ist eine historische Figur von kulturellen Austausch-, Wanderungs- und Interferenzprozessen. Europa hat keinen ‹Ursprung›, der Einheit und Homogenität noch in der Differenz garantiert. Gerade in den von Warburg beforschten Schwellenzeiten gibt sich Europa – mit Claude

Lévi-Strauss zu sprechen, der heiße und kalte Gesellschaften unterscheidet – als eine ‹heiße›, dynamische, synkretistische Kultur zu erkennen.

8. Diese kulturelle Dynamik hat keine immanente Entwicklungslogik, wohl aber ein normatives Ziel, das Warburg im Schlußwort des Schifanoja-Aufsatzes mit «der gute Europäer» angibt. Dessen Ethos ist nicht einfach aufgeklärte Vernunft und gesicherte Humanität. Mit der «Entschälung griechischer Humanität» plaziert Warburg sich in der *querelle des anciens et des modernes* nicht auf die Seite der *anciens*, also eines konfliktberuhigten Antikenbildes, dessen Vorbildfunktion unfraglich ist, wie es formelhaft Winckelmann zugeschrieben wurde. Selbstverständlich ist Warburg durch die Schule Nietzsches (und Erwin Rohdes) gegangen, und die Antike ist ihm auch ekstatisch, rauschhaft, irrational und dämonisch (z. B. ASW 202/3). Warburg spricht von der «olympischen» und «dämonischen» Seite der Antike, von der «Doppelherme von Apollo-Dionysos», oder ersetzt diese Formel durch die eigene von Sophrosyne versus Ekstase, deren «polare Funktion bei der Prägung von Grenzwerten menschlichen Ausdruckswillens» im Nietzsche-epigonalen «Tagesgebrauch» verdeckt würde (ASW 202, 231, vgl. 125/6; GS 176; Einleitung Mnemosyne-Atlas). Gerade wegen dieser Spannungspolarität der Antike haben sich hier Muster kreativer kultureller Normen ins Gedächtnis geschrieben.

9. Warburg denkt von einem überhistorischen Polarismus aus: zwischen ekstatischen Affektfluten oder gebannter Zwangsidentifikation in Angstschüben einerseits und affektneutralisierter Vernunft andererseits gibt es nicht – wie bei Goethe und Cassirer – Steigerung, wohl aber einen Mittelraum, der die Schwingungsbreite einer Kultur, einer Epoche, einer Person angibt. In diesem Mittelraum zwischen Magie und Mathematik, zwischen Fetisch und abstraktem Zeichen, findet sich der «Denkraum der Besonnenheit» (ASW 267) und d. h. der Raum des Symbolischen. Das Ethos Warburgs (und des «guten Europäers») zielt nicht auf die niedergerungene Affektivität und die besiegte Naturmacht, sondern darauf, inmitten ihres Widerfahrens zu «symbolischen Formen» zu finden, welche diese «Energien» «aufnehmen» und zugleich zu ihnen Distanz schaffen. Die anhaltende Macht von Magie und Mythos zwingt dazu, in der Geschichte die Figuren einer sowohl pathischen wie distanzierenden Sophrosyne zu sichern. Darum ist Warburg zuletzt ein Tragiker der Geschichte. In diesem Sinn ist er mehr Nietzsche, Georg Simmel und Walter Benjamin verwandt als Ernst Cassirer oder Erwin Panofsky: Sophrosyne heißt, in den unvermeidlichen Niederlagen eine Haltung, einen Stil, eine Distanz (= ein Symbol) zu finden.

2. Warburgs Bücher

Die Bibliothek ist Teil der intellektuellen Physiognomie Warburgs, das «Kraftwerk» seines Denkens. Sie und die Ausstellungen sind Ausdruck des multimedialen Bewußtseins Warburgs. Im Zusammenhang von Religion interessiert hier, daß Bücher für Warburg einen sakralen Status haben und ihre Anordnung nicht nur bibliothekarisch erfolgte, sondern konfigurativ. Vielleicht sogar weist die Bibliothek, wie K. W. Forster meint, Ähnlichkeit mit den Altar-Installationen der Hopi-Indianer auf. Sie ist aber auch Festung. Sie erfüllt rituelle Zwecke, nicht nur der «Beschwörung der Kräfte, die den Menschen in der Kultur bewegen» und des durch «Parallelschaltung der Bücher» kondensierten «Gedankenstroms» (Forster), sondern ebenso der Abwehr. Wie Fetische zweiseitig, nämlich wunscherfüllend und apotropäisch funktionieren, so sind Bücher und so ist die Bibliothek beides: magisches Instrument der Produktion des *Geistes* und Fernhaltung der *Geister*, die in Warburg (und in die Kultur) einzufallen und ihn zu besetzen drohen.

Innerhalb der K. B. W. ist der elliptische Lese- und Vortragssaal *das* Symbol des symbolischen Gefüges des Ganzen. Warburg hatte sich für diese Form unter Bezug auf Johannes Kepler entschieden, «der an die Stelle des Kreises die geometrische Ellipse gesetzt» hatte (ASW 315) und damit auf dem Weg zur «mathematischen Kosmophysik» einen wesentlichen Schritt der Entdämonisierung und Entanthropomorphisierung des Himmels geleistet hatte (Franz-Boll-Vortrag 1925). Die Ellipse ist, wegen ihrer dipoligen Form, die symbolische Form der «Kräfte, die den Denkraum schaffen» (ebd.). Mit dem elliptischen Saal spielt Warburg auf jene Epoche an, der er mitten im Ersten Weltkrieg seine längste Studie gewidmet hat: *Heidnisch-antike Weissagung in Wort und Bild zu Luthers Zeiten* (publ. 1920).

In diesem Sinn ist die Bibliothek insgesamt bipolar: rationale, technische, säkulare Forschungsstätte – *und* kultischer Ort, an welchem die Auseinandersetzung mit den dämonischen Gewalten im Kampf um die Besonnenheit ihre dichteste, doch auch magische Form erhielt. Es ist nicht übertrieben, die Bedeutung der Bücher zu korrelieren mit jenem «fetischistischen Wachsbildzauber» (ASW 73), den Warburg in den Kirchen der Renaissance nicht ohne Abscheu studierte: hunderte von wächsernen Ganzkörperplastiken von Lebenden und Toten und tausende von Pappmaché-Voti füllten die Kirchen und verwandelten die Häuser des Gotteswortes und der frommen Andachtsbilder in heidnische Stätten eines fetischistischen Ahnenkults, der aus Kirchen idolatrische Totenfestungen machte (ASW 773 f, 89 ff.). Warburg erkennt in diesem «Bildzauber» eine «Entladungsform für den unausrottbaren religiösen Urtrieb», der noch die Porträtkunst kontaminiert. Diese Doppelpräsenz von abstraktem Gotteswort und massenhaften Fetischen, diese synkretistische Religiosität ist es, die auch die Signatur der K. B. W. prägt. Jeder Besucher betrat den Seelenraum Warburgs mit seiner intellektuellen *wie* magischen, begrifflichen *wie* handgreiflichen Ausstattung; und man spürte Ethos, Magie und Wissenschaftlichkeit des Hausherrn zu «bezwingender Atmosphäre» verdichtet (ASW 344).

Die Gliederung der Stockwerke gibt die Forschungsfelder nur gerüsthaft wieder: der erste Stock stand unter dem Term *Orientierung* und umfaßte Bücher der Anthropologie, Religionswissenschaft, Philosophie, Geschichte der Naturwissenschaft, Symboltheorie und Ausdruckspsychologie. Der zweite Stock firmierte unter *Bild* und enthielt die Bücher zu Kunst und Kunstgeschichte sowie Ästhetik. Der dritte Stock diente dem *Wort* und nahm die Werke der Literatur, Literatur- und Sprachwissenschaft auf. Der vierte Stock stand unter dem Motto *Dromenon* und diente der Geschichte der sozialen Einrichtungen und Riten, wozu auch Geschichte, Volkskunde, Rechtsgeschichte, Politik zählte (gr. *dromenon* = Handlung, Ritus). Innerhalb der Stockwerke wurde ebenso wie zwischen ihnen hin- und hergeordnet, neu assoziiert, konfiguriert, benachbart, Einheiten hergestellt und wieder aufgelöst. So sollte auch der Benutzer die Bibliothek als ein Netzwerk semantischer Bezüge und potentieller Verschaltungen begreifen. Es handelt sich also nicht, wie üblich, um ein hierarchisches, taxonomisches System von Disziplinen und Wissensbezirken, in lokale Ordnung gebracht. Man täte besser, das System der Bibliothek nach den Wissensstrukturen der Renaissance wie *aemulatio, analogia, sympathia, conveņentia, similitudo* zu rekonstruieren: als ein Aggregat von Korrespondenzen, welche das Spiel der semantischen und tropischen Verkettungen und Wanderungen erzeugen, das für Warburg die Dynamik der Kultur prägt. Ein kosmologisches Spiel von Bedeutungen in der Welt der Bibliothek, eine Mikro-/Makroskosmos-Beziehung als die Gestalt einer öffentlichen Bibliothek. Wissenschaft bringt dieses Spiel in strenge Form.

3. Warburgs Bildkultur

Wenn Hermann Usener den selbst schon antiken Ansatz aufnimmt und ausbaut, nämlich den Sinn von Mythen aus der (etymologischen) Spur der Namen zu rekonstruieren, so geht Warburg den dazu komplementären Weg: es sind nicht Namen, sondern Bilder und in diesen die visuelle Rhetorik von körperlichen Ausdrücken und Dynamiken – eben die «Pathosformeln» –, welche etwas über die affektenergetischen Verteilungen der griechischen Kultur und Religion erzählen. Und an die Stelle etymologischer Ketten der Sprache treten bei Warburg die kulturgeographischen Wanderwege von Bildern und Symbolen.

Usener, der Begründer der religionsgeschichtlichen Schule in der Antikenforschung, setzte auch die Anerkennung der Mythenforschung als Teil der Religionswissenschaft durch. Entsprechend gilt für Warburg, daß er die visuelle Kultur als wesentliches Feld der Religionsforschung propagierte. Beide, Usener wie Warburg, treten das Erbe Eduard Meyers an, nämlich die Religionsforschung von der Theologie zu emanzipieren. Doch es ist Warburg, der den Wortprimat sowohl jüdischer wie christlicher Theologie strategisch unterbietet und die darunter gelagerten, aber auch tiefer reichenden Schichten von Bildpraxis, Kultformen und Lebensstilen in den Mittelpunkt seiner Forschung stellt. So kommt er den synkretistischen Durchdringungen religiöser Formen, ästhetischer Performanzen und lebensprägender Rituale auf die Spur. Warburg hat damit Teil an der anthropologischen Wende der Religionswissenschaft, wie sie durch englische (Cambridge School, J. A. Harrison, J. G. Frazer, W. R. Smith) und französische Entwicklungen (D. D. Fustel de Coulanges, É. Durkheim, M. Mauss) oder deutsche Ethnologen und Religionsforscher (Heymann Steinthal/Moritz Lazarus) vorangetrieben wurde.

Verfehlt ist es, der ikonologischen Methode, sofern sie Warburg-Erbe ist, eine philologische Dominanz der Bildanalyse zu unterstellen. Das Gegenteil ist der Fall. Im Verhältnis zu Usener, zu Friedrich Theodor Vischer und Tito Vignoli, aber auch zu Cassirer und Panofsky (und späteren Ikonologen) ist es die Pointe Warburgs, die Macht und Eigenlogik der Bilder herauszustellen und nicht geistphilosophisch, aufklärungstheoretisch oder evolutionistisch zu überbieten: dies alles sind Varianten einer aus jüdischer Schrift-Tradition und protestantischem sola-scriptura-Prinzip gespeisten Linguistisierung kultureller, religiöser, ästhetischer und epistemischer Phänomene. Gewiß steht Warburg in der jüdischen Tradition, wonach der Geist darstellungslos sei und allenfalls im Medium sprachlicher Exegese aus größter Ferne angedeutet werden kann; dies hängt mit dem jüdischen Bilderverbot zusammen. Gerade dieser Hintergrund ließ Warburg sensibel werden für die Kraft der Bilder. Diese wird bei ihm weder als Idolatrie (Judentum, Christentum) noch als uneigentlicher Modus des Geistes (Platonismus) denunziert. Gewiß sieht Warburg auch, etwa in der astrologischen Bilderflut der Luther-Zeit, eine fatale Wiederkehr archaischer Mentalitäten, weshalb der Worttheologe Luther für Warburg zur Vorbildfigur wird (ASW 208 ff, 241 ff, 261 f.). Doch nicht nur dieser, sondern auch: Albrecht Dürer (ASW 250 ff; 125 ff.). *Beide* sind Kämpfer gegen die «Mythologik», den «mythologischen Fatalismus». Dürers «Melencolia I» wird für Warburg zur Inkunabel der Sophrosyne, nicht weil dieser Stich zum Paradefall einer Lesbarkeit des Bildes gemacht werden kann, sondern weil Dürer mit der Macht der ‹Gesichte› und Bilder umgeht – wiederum in Bildern. Es ist nicht Warburgs Ziel, den Wortsinn aus den Hülsen der Bilder wie Trophäen in die Sphäre des Geistes zu retten, d. h. die Ebene der «Vorstellung» (religio) und der «Einbildungskraft» (imaginatio) als Vorstufe zum «Begriff» zu überschreiten. Das wäre ein evolutionistisches Mißverständnis – wozu Warburg einigen Vorschub geleistet hat. Mag das Wort einen privilegierten Zugang zum Geiste haben, für Warburg steht außer Frage, daß der kulturelle Prozeß im Kern nicht durch das Sprach-, sondern durch das Bildvermögen des Menschen geprägt ist.

Die überragende Rolle der Angst in der Anthropologie und Kulturtheorie zwischen Kierkegaard, Nietzsche, Tito Vignoli, Freud bis zu Heidegger ist bekannt. Die Angst ist die Moll-Tonlage zu optimistischer Fortschrittsidee und Evolutionismus des 19. Jahrhunderts. Warburg hatte hier nichts zu lernen. Angst ist für ihn kulturanthropologisch jene Urtatsache, auf welche sich zuletzt alle kulturellen Leistungen beziehen. Kultur und Religion sind Angstverarbeitung. Sein archaisches Bild ist, daß der Mensch sich in einer chaotischen Welt vorfindet, in der alles sich unabhängig Bewegende reaktive Angst auslöst: dies nennt Warburg den «phobischen Reflex» (WBG 298). Als er 1886 durch Usener auf Tito Vignolis «Mito e Scienza» (1879) aufmerksam wurde, war seine Überzeugung bereits fest, daß das Phobische eine Elementarstruktur des Menschen sei. Er leitet sie aus der «Kindschaft» ab, der «unbegreiflichen Katastrophe der Loslösung des einen Geschöpfes vom anderen. Der abstrakte Denkraum zwischen Subjekt und Objekt gründet sich auf dem Erlebnis der durchschnittenen Nabelschnur.» (WBG 298) Dieses elementare Getrenntsein macht alles Nicht-Ich zum Fremden, und dieses löst Angst aus (WBG 104).

Die kulturellen Reaktionstypen auf diese Situation sind Verkörperung, Gestaltung und Abstraktion – mit entsprechenden semiotischen Ausformungen: *Fetisch/Totem – Symbol/Bild – Zeichen.* Der *Fetisch* ist die im phobischen Reflex entspringende Vergegenständlichung der Erregung (projektive Identifikation) bzw. die unmittelbare Verleiblichung der Affekte (inverse Verkörperung). Dem entspricht eine distanzlose reine Reifikation des Ich und absolute «Entifikation» (Vignoli) des Objekts, d. h. dessen magische Animation. Das abstrakte *Zeichen* (Wortzeichen, Ziffer etc.) konstituiert dagegen eine reine Reflexivität des Ich, in absoluter Distanz, ohne Performanz und ohne Objektrepräsentanz. Zwischen diesen Polen erstreckt sich die Schwingungsskala des *Symbols* und des *Bildes*. Symbole und Bilder sind beides zugleich: performative Akte des Ich, in denen es seiner Erregung Ausdruck *und* dem erregenden Objekt Gestalt gibt. Sie sind distanzschaffende Form und ausdruckverleihende Gebärde, denkermöglichend ohne Abstraktion, reflexiv ohne reflexhaften Bann, mimetisch ohne mimikryhaften Mitvollzug, signifikativ ohne Kontaktverlust zum Bezeichneten. Die Darstellungsfunktion von Bildern/Symbolen ist dabei psychologisch gesehen eine Kompromiß- und Abwehrfigur: «Durch das ersetzende Bild wird der eindrückende Reiz objektiviert und als Objekt der Abwehr geschaffen.» (WBG 297) Darum spricht Warburg auch von Bildern als «Energiekonserven»: sie sind Container und Transformatoren gewaltiger Affektschübe, deren Formgeber und Abstandhalter, aber auch Speicher und Batterien von Lebenskraft, Still-Leben, das in der Kunst erwachend die Augen aufschlägt, ohne zu verletzen: «Du lebst und tust mir nichts.» (WBG 98) Dies ist die Formel des geheimnisvollen Lebens der Bilder, das in bloßer Unmittelbarkeit das Ich überwältigen würde. «Indem wir die Dinge entfernen, den Raum produzieren, denken wir – ich! Indem wir zusammen sind, aufgesogen sind, sind wir Materie – nichts.» (Warburg 1892, zit. b. Kany 1987, 147). Die erste Formel beschreibt den mit der Sophrosyne zugleich das Ich erzeugenden Prozeß der distanzierenden

Bildschöpfung des angsterregenden Objekts, mit dem (2. Formel) identifikatorisch zu verschmelzen umgekehrt das Ich reifiziert und damit auflöst. Die Kunst ist das sicherheitsgebende Medium, welches «alles Lebende», das «als feindlich sich fortbewegend und verfolgend angenommen wird» (WBG 104), in «Freude über das ungefährlich Bewegte» (WBG 108) verwandelt.

Der Fetisch und das Totem dagegen bezeichnen Kulturobjekte auf der Grenze zwischen vernichtender Präsenz des Objekts und «phobischem Reflex». Sie entsprechen den «Augenblicksgöttern» Useners: «Wenn die augenblickliche empfindung dem dinge vor uns, das uns die unmittelbare nähe einer gottheit zu bewusstsein bringt, dem zustand in dem wir uns befinden, der kraftwirkung die uns überrascht, den werth und das vermögen einer gottheit zumisst, dann ist der *augenblicksgott* empfunden und geschaffen.» (*Götternamen*, 280) Entsprechend entstehen Fetische und Totems durch magische Identifikation. Darin geschieht zwar eine «Umfangsbestimmung» (WBG 105, 297) und primäre «Ursachenssetzung» des Objekts (WBG 94–8, 296/7; vgl. 54), doch so, daß alle lebendige Kraft auf die Seite der Materie gezogen ist, ohne daß der Mensch darin die Spuren seiner eigenen Tätigkeit wahrnehmen könnte. Deswegen sind Fetische und Totems Kultobjekte. Sie sind, gegenüber dem Angstobjekt, eine umrißgebende Lokalisierung von Kraft im diffus überwältigenden Reizfeld – Objekte «primitiver Kultur» also –, doch um den Preis der Ich-Losigkeit. Fetisch und Totem stehen nach Warburg am Anfang der rituellen Fernhaltung und Vergegenständlichung des Erregungsobjekts im (künstlerischen) Bild – und dieses wird eine solche Funktion auch immer behalten. Bilder sind kultische und später kulturelle Signifikanten.

Es handelt sich bei dieser Bildtheorie um einen Versuch, jene Verarbeitungsmuster zu bestimmen, welche für Warburg die Religionen typisieren. Dem phobischen Reflex entspricht mit Totem und Fetisch die Bildform, welche für *magisch- animistische Kulte* charakteristisch ist. Die breite Skala des Bildes zwischen Symbol und Kunst umfaßt das Spektrum zwischen *polytheistisch-mythischen Religionen* und dem *bilderkultischen Monotheismus*. Dem folgt im Übergang zum rationalen-abstrakten Zeichengebrauch die säkulare Kunst, welche der mythischen Identifikation den Denkraum abgewinnt und den Umriß der *Humanität* «entschält». Der namen- und *bilderlose Gott* jüdischer Prägung steht ebenso wie der Begriff und das *mathematische Zeichen* jenseits des Bildes, aber auch jenseits der an Bildprozesse gebundenen Gefühle und Körper, jenseits von Raum und Zeit und damit, obwohl Produkte der Kultur, jenseits derselben.

Der späte Warburg sieht in der kognitiven Abstraktion und der technischen Potenz zur Objektivierung einen tragischen Zug, der jene Kräfte, die den Menschen aus seiner unmittelbaren Verwicklung in materielle Dynamiken befreite, umschlagen läßt in Momente eines erneuten Ich-Verlustes auf höherer Ebene. Kulturpessimistisch sieht Warburg in der zweiten

Natur der technischen Gesellschaft den Bildraum und Leibraum untergehen, ein Sich-Verlieren des Ichs ans Technisch-Anorganische und die Zerstörung des Andachts- und Denkraumes, den das bildschaffende Vermögen in Jahrtausenden geschaffen hat, in den telekommunikativen Medien des «Maschinenzeitalters»: die Tragik der Moderne (WBG 297–301; S. 58/59, 10). Vor diesem Hintergrund sind Warburgs Untersuchungen zur Bildkultur immer auch religionshistorische Fallbeispiele und kulturkritische Stellungnahmen.

4. Warburgs Synkretismus

Das Motto aus Goethes Faust II «Es ist ein altes Buch zu blättern: Vom Harz bis Hellas immer Vettern» (Faust II, 7742/3) über der Lutherzeit-Studie (ASW 201) stellt Warburg variierend auch dem «Schlangenritual» voran: «Es ist ein altes Buch zu blättern, Athen–Oraibi, alles Vettern.» Oraibi ist das Dorf im Hopi-Reservat in der Wüste New Mexicos. Warburg hat die Kontrapunktik von «Walpurgisnacht» und «Klassische Walpurgisnacht» in Faust I und II als Formel nicht nur der Wanderungsbewegung von Kulturpraktiken und Symbolen benutzt, sondern mit dem «prähistorischen» Oraibi den Inbegriff «mimischer Magie» (S. 28) und «symbolischer Bildersprache» (S. 18) in eine Verwandtschaftsbeziehung zum Modell europäischer Humanität, Athen, gesetzt. Dieses Prinzip der strukturalen Korrespondenz ist ein zentrales kulturgeographisches und topologisches, doch auch ahistorisches Denkmuster Warburgs. Es verweist auf das entgegengesetzte Postulat, das den Kern des «Schlußwortes» der Luther-Abhandlung bildet: «Athen will eben immer wieder neu aus Alexandrien zurückerobert sein.» (ASW 267) Nimmt man die Schifanoja-Abhandlung von 1912 hinzu, so haben wir mit diesen drei Studien die tragenden Säulen der Warburgschen Auffassung synkretistischer Kulturen, aber auch die zentrale Spannung, nämlich diejenige zwischen Struktur und Geschichte.

Im Nachlaß finden sich mehrere Landkarten, auf denen Warburg die «Wanderwege» religiöser Symbole und Vorstellungen einträgt. Die Ost-West-Achse und die Nord-Süd-Achse bilden dabei kein neutrales geometrisches Kreuz, sondern Verkehrsstraßen und Kraftlinien des Kulturprozesses. Hinsichtlich der Fresko-Ausmalung des Palazzo Schifanoja in Ferrara macht Warburg – in Anlehnung an Franz Boll – als Schlüsseltexte späthellenistische, römische, arabische und mittelalterliche astrologische Traktate (ASW 175 f.) aus, welche *synoptisch* zusammengenommen das hermetische Bildprogramm zu dechiffrieren erlauben. Warburg ist es jedoch nicht nur um Bild-Erkennung, sondern um die religionsgeschichtliche Frage zu tun, wie es, unter dem Dach des Christentums, in der Renaissance zur gesamteuropäischen Verbreitung «alexandrinischer», d. h. fatalistischer Denkmuster und Bildreservoirs kommen konnte, zu einer mehrfachen «ikonologischen Schichtung» (Boll-Vortrag 1925) von Vorstellungen unterschiedlicher, ja entgegengesetzter Religionen. Auf dem Weg vom hellenistischen Kleinasien nach Ferrara (oder in das bildorakelnde «Riesenmonument» des Salone di Padua) nahmen die astrologischen Symbolwelten einen Umweg über Ägypten nach Indien, zurück nach Persien und über Konstantinopel nach Spanien und von dort nach Italien und ins nördliche Mitteleuropa. Was Warburg auf seinen kultur-geographischen Zeichnungen flächig kartographiert, sind in zeitlicher Tiefendimension kulturelle Vermittlungsprozesse von 1800 Jahren. Die «Wanderstraße» ist eine ‹Zeitstraße›: die Einflußvektoren bringen diese dritte Dimension Zeit zum Verschwinden. Sie erzeugen das suggestive Bild dynamischer kultureller Kraftfelder in einem Nebeneinander und einer räumlichen Verlaufsrichtung. Was Warburg damit klarmachen möchte, ist «das Problem des Austausches der Kulturen» (in Galitz u. a. 1995, 187). Er zeigt, daß ein Palast in einer christlichen Residenz eine repräsentative Malerei aufweist, die späthellenistische, römische, indische, babylonische, ägyptische, persische, arabische, spanische, jüdische kulturelle Elemente aufnimmt: ein visuell einheitlich wirkendes Bildzeugnis zerfällt in ein *patchwork* von (heidnischen) Kulturen.

Im Bericht, den Warburg 1926 vor dem Orientalistentag gibt, entwirft er eine ähnliche «trassierte Wanderstraße», die von Kyzikos und Alexandrien bis nach Goslar und Hamburg reicht (GS 565), womit «in steigender Unanfechtbarkeit» die These bestätigt sei, daß «die europäische Kultur als Auseinandersetzungszeugnis heraustritt» – d. h. als synkretistische Kultur –, «ein Prozeß, bei dem wir ... weder nach Freund noch Feind zu suchen haben, sondern vielmehr nach Symptomen einer zwischen weitgespannten Gegenpolen pendelnden, aber in sich einheitlichen Seelenschwingung: von kultischer Praktik zur mathematischen Kontemplation – und zurück» (GS 565). Es geht um die «Psychologie des inneren Zusammenhangs der Kulturbewegungen» (GS 564).

Man begreift, warum Warburg zum kartographischen Verfahren *(cultural mapping)* neigt, die Dimension «historische Zeit» vernachlässigend: er denkt Kultur als ein Kraftfeld psychoenergetischer Vektoren, die innerhalb überhistorischer Frequenzbreiten hin und her schwingen und transitorische Cluster heterogener kultureller Elemente bilden. Wie die Bibliothek aufgebaut ist, so auch die Texte Warburgs: sie verfahren assoziierend, konfigurativ, nach Mustern von Korrespondenz und Kontiguität, sie entfalten einen ‹Raum› von Verteilungen und Lokalisierungen, eine Form, die an Netze ebenso wie Collagen erinnert. Diese struktural-räumliche Wissensform organisiert kulturelle Prozesse eher im Muster einer Naturgeschichte, als daß sie die Temporalisierung mitvollzogen hätte, welche W. Lepenies als charakteristisch für die Umstellung der Episteme zwischen 1750 und 1850 angesehen hat. Es sind die anthropologischen Grundüberzeugungen («ewiges Indianertum», «Unzerstörbarkeit des primitiven Menschen») und die Einsicht in den Synkretismus eines sich als ‹ursprungshaft› mißverstehenden Europas, welche die Texte Warburgs *sich mimetisch zu dem vorab von ihm entworfenen Gegenstand verhalten* läßt. Das topologisch-strukturale Verfahren ist dem ‹fatalen Objekt› seiner Forschung geschuldet.

Daher erklärt sich, daß Warburg wenig narrative oder kausale Erklärungen verwendet – als Darstellungsformen historischer Zeit – und keine Meta-Erzählung, keine «Meta-History» (H. White) theoretisch entwickelt. Von Vico bis Lamprecht hat Warburg Universalhistoriker gründlich studiert – aber er ist alles andere als ein solcher. Gegenüber dem historisch resistenten Synkretismus mit seinen immer (wieder) fatalen Faszinationen durch Magie, Dämonie, Mythologik gibt es keine lineare Entwicklung fortschreitender Emanzipation, sondern nur *ethische Haltungen*, *transitorische Modell-Lösungen* oder selbst wieder *mythische Erzählungen*. Die *Haltung* ist die der Sophrosyne, welche weder historisch noch persönlich entwicklungslogisch garantiert ist, sondern «immer wieder» der paganen Faszination abgerungen werden muß. Die *transitorischen Lösungen* sind die in der Geschichte vorfindlichen Symbolstrukturen, die eine Balance zwischen pathetischen Energien und reflexiver Distanz aufweisen, wie sie Warburg an Knotenpunkten wie Athen oder der Renaissance bzw. Persönlichkeiten wie Sassetti und Luther und Künstlern wie Ghirlandaio, Boticelli, Dürer, Rembrandt aufweist. Und *mythische Erzählungen* sind solche wie am Ende des «Schlangenrituals», wo Warburg angesichts eines Fotos von modern gekleideten Indianer-Kindern vor dem Dunkel einer Felshöhle die Urphantasie der «Höhlenausgänge» (H. Blumenberg) erzählt: ‹Geschichte› und ‹Kultur› sind der Weg ‹aus dem Dunkel ans Licht›, «Entwicklung von triebhaft-magischer Annäherung zur vergeistigten Distanzierung» (S. 57).

Im «Schlangenritual» geht Warburg an die äußerste Peripherie, um dort den Ursprung und die Verwandtschaft aller Kulturprozesse zu entdecken. Die Reise des Textes pendelt aus vom verabscheuten Europa bis zur «primitive culture» des fetischistischen Rituals in New Mexico und schwingt vor dort zurück, immer im «Bildfahrzeug» des Schlangen-Symbols, in die östliche Kultursphäre der jüdischen Bibel, von dort wieder westwärts über das archaische und klassische Altertum ins westliche Mittelmeerbecken, und schlägt von dort die nördliche Richtung ein bis nach Kreuzlingen und die Vierlande bei Hamburg. Warburg pendelt aber auch zwischen den Polen Amerikas: Indianerkultur und hypertechnische Moderne. Was hat Warburg bei dieser Text-Reise gewonnen?

Gegenüber dem Lutherzeit-Aufsatz fällt im «Schlangenritual» die positivere Beurteilung des «primitiven heidnischen Menschentums» (S. 9) und eine skeptische Einschätzung der wissenschaftlichen Aufklärung auf. Warburg glaubt in der Hopi-Kultur den vom Aussterben bedrohten «Maßstab für die Entwicklung vom primitiven Heiden über den klassisch-heidnischen Menschen zum modernen Menschen» (S. 12) gefunden zu haben.

Dies scheint evolutionistisch gedacht. Doch die Maßstäblichkeit der Hopi bringt das lineare Denkmodell ins Wanken. Denn Warburg entwirft nicht das Bild einer primitiven, sondern einer Stammeskultur mit komplexen Symbolstrukturen und Praktiken, die *strukturell* mit denselben Problemen der Daseinsfürsorge wie die europäische Zivilisation befaßt ist und prinzipiell keine minderwertigeren Lösungen erzeugt hat als diese. Seine Analyse der materiellen Kultur, der kosmologischen Symboliken und Bildersprache, der Ornamentik, der Altäre, der Masken, der Rituale und Tänze, des praktischen wie religiösen Verhältnisses zum Kosmos, zu Naturmächten und Tieren zeigt, daß die indianische Kultur keinen Ursprung, sondern eine «in der Mitte zwischen Magie und Logos» stehende, «symbolisch verknüpfende» Kultur darstellt (S. 25). Hinsichtlich des «Warum der Dinge», «der Unfaßbarkeit der Vorgänge in der Natur» (S. 54), der ursachensetzenden Erklärung (S. 54), der Beantwortung der Frage nach dem «Woher» von «elementarer Zerstörung, Tod und Leid in der Welt» (S. 55) weist sie eine außerordentliche Dichte, doch auch eine funktionale Äquivalenz zum europäischen Zivilisations-Modell auf. Der Gang durch die Geschichte des Schlangen-Symbols von der Bibel über die Antike bis in die frühe Neuzeit demonstriert keine Fortschritts-Erzählung, sondern die strukturale Verwandtschaft mit der Hopi-Kultur, welche mit «Gelassenheit» aus einem selbst nicht mehr faßbaren «Urgrund elementarer Menschlichkeit ihre magischen Kulturformen zieht» (S. 39). Von hier aus wird «die naturwissenschaftliche Aufklärung» (S. 56), die das Denken des «technologisch beruhigten Europäers» (S. 25) bestimmt, als die Kulturform eines nach-symbolischen Zeitalters verstanden. Dieses zerstört den Vorgang der Sublimation, der etwa blutige durch symbolische Opfer (S. 24, 44 ff.) oder einen Maskentanz durch «sprachliche Mythologie» (S. 54) substituiert. Die moderne Technik substituiert nicht den einen Typ symbolischer Formen durch einen anderen, sondern beendet den Vorgang von Symbolisierung überhaupt. Dies ist für Warburg, welcher im symbolischen Prozess die Bedingung von Kultur, aber auch von Humanität sieht, das Ende der Kultur. Der Schluß des «Schlangenritual»-Textes ist die Vision einer telekommunikativen Massengesellschaft, die, wie beim ähnlich pessimistischen Freud, vom Thanatos beherrscht ist, einer entropischen Endfigur des *posthistoire*. Gesellschaften, die keine Symbole mehr hervorbringen, sind möglicherweise technisch elegant, aber auch prinzipiell antwortlos zu den «Urfragen», im Verhältnis zu denen Athen und Oraibi «Vettern» waren. Man kann aus dieser Sicht folgende Schlüsse ziehen:

Es gibt keine primitive Kultur und keinen Ursprung der Geschichte in dieser. Warburgs Schwanken zwischen evolutionshistorischen und strukturalen Deutungsmustern von Religion, Kunst und Kultur wird durch die doppelte Bewegung –1. die Hochachtung vor der Lösungsdichte in den Symbol-Praktiken sogenannter primitiver Kulturen und 2. das Ende von Symbolproduktion überhaupt in der technischen Moderne – zugunsten des struktural-funktionalistischen Denkens entschieden. Der «Schlangenritual»-Text ist Warburgs endgültiges Ankommen im 20. Jahrhundert. Die Katastrophen der Moderne machen aufklärerische Fortschrittstheorien ambivalent, wenn nicht die Geschichte bereits ins Zeichen dessen eingetreten ist, was später «Dialektik der Aufklärung» genannt wird. Dies führt folgerichtig zu einer Aufwertung «primitiver» Kulturen, die in einer Funktionsäquivalenz zur europäischen Kultur gesehen werden. Das Kultur-Modell Warburgs nimmt neben den strukturalen und skalierenden Zügen nun auch dialektische, differenz-theoretische und funktionalistische Momente auf. Das Ambivalente der technischen Moderne befestigt die ohnehin starke Stellung der Religionswissenschaft und Ethnologie in der Deutung von Kulturen.

5. Warburgs Mnemosyne

Das Mnemosyne-Projekt ist das synthetisierende Résumé aller Arbeiten Warburgs seit seiner Dissertation. Das Projekt führt auch die Ausstellungsprojekte des letzten Jahrfünfts zusammen (Deutsches Museum, Deutscher Orientalistentag, Hamburger Planetarium). Es ist ferner die qualitative Durcharbeitung seines Bild-Gedächtnisses: nämlich die Entwicklung einer topologischen und thematischen Struktur, die um zwei große Säulen herum aufgebaut wird: «Orientierung» und «Ausdruck». Dazu dienen die nahezu 80 großflächigen Tafeln, auf denen Warburg etwa 1000 Bilddokumente aus zweieinhalb Jahrtausenden anordnete, aber auch, in einem unabschließbaren Prozeß, hin- und herschob. Hier wiederholte sich das Warburg-Syndrom: sein «strukturales Denken» (Boll-Vortrag 1925), das er als Form der «primitive culture» ausgemacht hatte, mußte wegen der «schrankenlosen Beziehungsmöglichkeit» (S. 10) der Bild-Elemente zu einer fluidal-dynamischen Ordnung der Eindrucksmassen führen. Das materiale Substrat wurde mit der Formel bezeichnet, die Warburg schon 1918 prägte: ein «Laboratorium kulturwissenschaftlicher Bildgeschichte», in welchem «Kunstgeschichte und Religionswissenschaft» zusammenfinden sollten (ASW 267/8). Damit ist das programmatische Ziel des Projekts benannt. Warburg will für die Religionen und Kulturen jenen Kraftstrom historisch nachvollziehen, theoretisch begreifen und sinnlich erfahrbar machen, welcher mit «Nachleben», Interferenz, Einfluß, Wiederaufnahme, Wirkung, Austausch nur blaß bezeichnet ist. Geschichte ist für Warburg ein Problem der Energieübertragung. Die Theorie des «sozialen Bildgedächtnisses» bildet die Ebene, auf der Warburg das kunst- und religionsgeschichtliche Material einzuordnen versucht. Das Bildgedächtnis soll als das Medium der kulturellen Energieströme erfahrbar werden.

Tatsächlich hat Warburg mit dem Konzept des kulturellen Gedächtnisses den Punkt getroffen, der das Zentrum seiner Forschungen darstellte. Die in den 20er Jahren in seinem Umfeld betriebenen religionswissenschaftlichen Forschungen zur Astrologiegeschichte und zum Hermetismus halfen, Klarheit über die Vermittlungswege von den Kulturen des östlichen Mittelmeerraumes bis in die europäischen Renaissancen zu gewinnen – wobei dieser historische Rahmen für das Mnemosyne-Projekt bis in die Moderne erweitert wurde. Die 1923–29 in freundlicher Nähe abgeschlossene «Philosophie der symbolischen Formen» von Cassirer half Warburg, begriffliche Distinktionen zwischen den verschiedenen Symboltypen für sein Projekt zu nutzen. Allerdings ist Warburgs Vorhaben von dem Cassirers unterschieden: ihm ging es nicht um die Epistemologie von symbolischen Formen, sondern um deren transformationelle Leistung im memorialen Strom der Geschichte. Weitere Anreger für sein Gedächtnis-Konzept waren Ewald Hering und Richard Semon; vom letzteren bezog er die – umgedeuteten – Begriffe des «Engramms» und einer nicht-physikalischen «Energie» des memorialen Transfers. Des öfteren verwendet Warburg auch biologische Terms wie «mnemisches Erbgut». Das ist weder darwinistisch noch rassenbiologisch zu verstehen. Biologisierende Ausdrücke haben bei Warburg einen metaphorischen Status, sie verstärken rhetorisch jene «volle Wucht», mit der Affekte sich verkörpern und ins Gedächtnis graben. Ihr historischer ‹Transport› – als eloquentia corporis, Ausdrucksgebärden, Affektrhetoriken – erfolgt bei Warburg in kulturellen Medien, nicht über ein biologisches Gedächtnis und auch nicht – wie bei C. G. Jung – über ein kollektives, ahistorisches, unbewußt-seelisches Reservoir von Archetypen. Ein neuer Leitstern gegen Dämonenfurcht und astrologischen Bann wird in den letzten Jahren Giordano Bruno. Die Nachbarschaft des Mnemosyne-Atlas zur Montage-Technik im Dadaismus und Suprematismus wird heute vielfach behauptet. Ins Auge fällt auch die Nähe des gehämmerten, extrem verdichteten, überdeterminierten Stils Warburgs zum Expressionismus.

Im ersten Satz der «Einleitung» zum Menomsyne-Atlas ballt Warburg sein Projekt zusammen: «In der Region der orgiastischen Massenergriffenheit ist das Prägewerk zu suchen, das dem Gedächtnis die Ausdrucksformen des maximalen inneren Ergriffenseins, soweit es sich gebärdensprachlich ausdrücken läßt, in solcher Intensität einhämmert, daß diese Engramme leidschaftlicher Erfahrung als gedächtnisbewahrtes Erbgut überleben und vorbildlich den Umriß bestimmen, den die Künstlerhand schafft, sobald Höchstwerte der Gebärdensprache durch Künstlerhand im Tageslicht der Gestaltung hervortreten wollen.»

Kollektive Ekstasen bilden den Glutkern des affektiven Lebens. Ihre «Region» macht Warburg in den Kulten der Rauschgötter Klein-Asiens aus. Ekstasen sind reine körperliche Präsenz, distanz- und bewußtlose, ‹versunkene› und ‹hingegebene›, als solche zeichen- und gestaltlose, ‹chaotische› Affektabfuhren sowohl im aggressiven wie erotischen Modus. Für Warburg umfassen archaische Gefühle «die ganze Skala kinetischer Lebensäußerung phobisch erschütterten Menschentums von hilfloser Versunkenheit bis zum mörderischen Taumel» (ebd.). Diese Charakteristika zeigen, daß für Warburg alle Affekte ‹pathisch› sind: ein Erleiden einer übersubjektiven Macht. Gerahmt von religiösen Kultformen gewinnen sie bereits Figur und Ordnung, Choreographie und Gebärde. Religionen sind die ersten Haushalte eines vom Ursprung her ‹wilden›, ordnungslosen Affektlebens. Zur Form wird ein Affekt durch zweierlei: in seiner hinreißenden Präsenz drückt er sich in den Körper ein – als «Ausdrucksform», die sich als erster Inhalt dem Gedächtnis einbrennt. Warburg spricht auch von «Verleibung» und «Einleibung»: dies meint, daß die Affekte eine den Körper formierende Macht haben («die unzerstörbare Wucht ihrer Ausdrucksprägung»). Dadurch wird der Leib selbst zum memorialen Träger der Affekte, die ihn ergreifen. Inhalt des Gedächtnisses ist das «Dynamogramm» des Affekts: sein leiblich eingeschriebener Bewegungsablauf («Pathosformel»). Als so ‹festgehaltener› ist er primäre Form. Zum zweiten gewinnt der ergreifende Affekt Form durch den Kultus, die religiöse Struktur, welche die institutionelle Bedingung, das Schema seines Erscheinens vorgibt. Von da an gibt es «Gebärden», sie sind das Alphabet und Energiereservoir des Einzel- wie Kollektivlebens. Man erkennt, daß Warburg vom äußersten Rande her zu denken versucht, wo die Spuren der Kultur sich im unbesprechbaren Übergang zur Natur auflösen. Die Hopi waren für Warburg wichtig, weil sie Rituale geschaffen haben, welche *als* Struktur zur Anti-Struktur, *als* menschlicher Ausdruck zum Nicht-Menschlichen, *als* Form zum Formlosen, *als* Symbol zum Zeichenlosen einen kommunikativen Verkehr aufrecht erhalten.

«Das *kultische Erlebnis als Urprägewerk* in der Ausdruckswelt tragischer Ergriffenheit» (1927; WBG 329) ist Ausgangspunkt aller Kultur, deren Antriebskraft *und* deren Negation in einem. Hier werden die «Höchstwerte menschlichen Ausdrucks» (ebd.), ihre Frequenzbreite und ihr Intensitätsgrad dauerhaft festgelegt, memorial codiert und als «Dynamogramme» (WBG 338) abgelagert: aus noch so tiefer Latenz jederzeit wieder manifestierbar, d. h. den Körper ergreifend und das Ich überschwemmend. *Religion* ist für Warburg die gedächtnisgestützte, distanz- und formschaffende Grammatikalisierung der den Einzelmenschen und das Kollektiv sonst zerreißenden Affektenergien. *Kunst* setzt diesen Kultivierungsprozeß fort. Beide, Religion und Kunst, sind jedoch auf das «Prägewerk» der Affekte dauerhaft verwiesen, sie erhalten von hier aus ihre «Energie» und entwikkeln in Auseinandersetzung mit dieser ihre Formen. Es gibt damit eine funktionale Bindung von Religion und Kunst an die unzerstörbaren, als solche aber zerstörerischen Affektmächte des menschlichen Leibes. *Religion und Kunst sind kulturelle Techniken der Leib- und Affektbemeisterung.*

Als soziale Institutionen erzeugen sie, gegenüber der Flüchtigkeit des «leidenschaftlichen Greifwillens und leidenschaftlichen Ergriffenseins» (Grundbegriffe 1929, WBG 331), *Dauer* und *Distanz*, beides Funktionen des Gedächtnisses, das einen «Zwischenraum» sui generis darstellt, der die Bedingung von Kultur ist. Doch dieser durch memoriale Techniken erzeugte Zwischenraum bildet keine Dauer, die einen Zeitpfeil vom Rausch zur Besonnenheit, vom «Handgreiflichen» zum «Begriff» trägt, sondern einen «Rhythmus», eine Pendelschwingung, einen «Kreislauf». Linearen Fortschritt gibt es bei Warburg nicht nur deshalb nicht, weil Rückfälle auf archaische Muster unvermeidlich sind, sondern weil die Sophrosyne eine bloße Manier wäre, wenn sie nicht rückgekoppelt wäre mit jenem «Prägewerk» der Leidenschaften, dem «pathischen» Grund der Geschichte. Dieser bildet den überhistorischen «Leidschatz der Menschheit», der nicht dadurch «humaner Besitz» (WBG 339) wird, daß historisch nur magaziniert würde, sondern indem er ‹immer neu› *erinnert* und *durchlebt*, darin *anerkannt* und in der Anerkenntnis *reflektiert* wird. Darin besteht das Humanitäts-Konzept Warburgs – durchaus unterschieden von platonistischer Philosophie, wissenschaftlicher Aufklärung oder neukantianischer Kulturwissenschaft.

Einmal erreichte, modellhafte Lösungen des Formgewinns zwischen Rausch und Besinnung sind weder in der Zeit stabil noch innerhalb einer Epoche ubiquitär. Der Atlas versammelt darum auch diejenigen religions- und kunstgeschichtlichen Materialien, welche außerordentliche Widersprüche aufweisen «im Kreislauf von Konkretion und Abstraktion und zurück» und deswegen «Zeugnis für jene Kämpfe» ablegen, «die der Mensch um die Sophrosyne zu führen hat» (Handelskammer-Vortrag, WBG 359). Der kulturelle ‹Normalfall› ist für Warburg die Überlagerung von memorialen Schichten und die Überkreuzung von kulturellen und religiösen Energien in einem Werk, einer Person, einer Epoche. Das entspricht seiner Auffassung von Kultur als Synkretismus. Der Historiker hat es fast immer mit kontaminiertem, ‹schmutzigem› Material zu tun – und darin, nicht in der Hegemonie des Reinen, bildet sich Stil.

Warburg wendet sich ausdrücklich gegen eine nur faktographisch magazinierende Erforschung des Archivs des Bildgedächtnisses. «Die Restitution der Antike als ein Ergebnis des neu eintretenden historisierenden Tatsachenbewußtseins und der gewissensfreien künstlerischen Einfühlung zu charakterisieren, bleibt unzulängliche deskriptive Evolutionslehre, wenn nicht gleichzeitig der Versuch gewagt wird, in die Tiefe triebhafter Verflochtenheit des menschlichen Geistes mit der achronologisch geschichteten Materie hinabzusteigen.» (Mnemosyne-Einleitung) Die «Abschnürung» der religösen und künstlerischen Pathosformeln vom «Prägewerk des realen bewegten Lebens» führt zu einer bloß musealen Zitat-Anhäufung. Warburg geht es dagegen darum, den Schacht der Erinnerung tiefer zu legen, um die sonst erstarrende Gegenwart oder die sonst ausdruckslose Vernunft mit dem Glutstrom der zeitlosen Affekte in Verbindung zu halten. Wer Warburg für eine platonische Sophrosyne in Anspruch nehmen will, muß seinen Archaismus verleugnen, den er mit vielen Zeitgenossen teilt. In der Anerkennung der psychischen Mächte ist er ein Nachbar Freuds, in deren leiblicher Fundierung überschreitet er ihn bereits wieder. Die Sophrosyne ist eine ephemere, darum nicht minder wertvolle Erscheinung, eine «Atempause» zwischen dem Pendelschlag der Affekte: «Auf dieser Fahrt» durch die Dunkelzone der Geschichte «dürfen wir als einziges Reisegut nur mitnehmen: die ewig flüchtende Pause zwischen Antrieb und Handlung; es steht bei uns, wie lange wir mit Hilfe der Mnemosyne diese Atempause dehnen können.» (Rembrandt-Vortrag, WBG 320)

III. Wirkung

Bereits zu Lebzeiten hat sich erfüllt, was Warburg schon früh als eine vorbildliche Strategie florentinischer Eliten erkannte: daß es dem Kapital nur dient, wenn es auch kulturell Geltung gewinnt. Über seinen Tod hinaus behielt Warburg damit recht. Die listenreich organisierte Emigration der 1933 auf 60 000 Bände angewachsenen Bibliothek nach London sowie der ihr nahestehenden Wissenschaftler – Teil des unersetzlichen Verlustes der wissenschaftlichen und kulturellen, jüdischen Eliten Deutschlands – wurde der Ausgangspunkt für die bedeutende Internationalisierung des Instituts. Die Geschichte der K. B. W., die 1944 als The Warburg Institute der University of London angegliedert wurde (mit heute etwa 320 000 Bänden), belegt die wachsende Strahlkraft des Namens Warburg und ist ein Gütezeichen interdisziplinärer Forschung nicht allein in der Kunstgeschichte, sondern in nahezu allen Bereichen der Humanwissenschaften. Früh hatte Warburg die K. B. W. am Modell eines Institute for Advanced Studies orientiert – eine ebenfalls zukunftsträchtige Entscheidung. Eine der Fernwirkungen der K. B. W. war die Institutionalisierung der Kunstgeschichte als Universitätsfach im angloamerikanischen Raum. Die gegenwärtigen Bemühungen um eine kulturwissenschaftliche Reform der Geisteswissenschaften in Deutschland finden außer in Warburg und Ernst Cassirer kaum bedeutende Anknüpfungspunkte in der Zeit zwischen 1900 und 1933. Der Mann, der ein öffentlich wirkender Privatgelehrter sein, aber gewiß keine «Warburg-Schule» gründen wollte, hat trotz des schmalen œuvres, trotz der persönlichen wie politischen Katastrophen und der Gefährdungen seiner Bibliothek langfristig jenen Erfolg gehabt, den er seinen Bankiers-Brüdern als Gegengabe für ihren mäzenatischen Großmut in Aussicht gestellt hatte. Ein Erfolg, der wissenschaftsgeschichtlich schwer zu erklären ist. Jacob Burckhardt, Eduard Meyer, Edward B. Tylor, James George Frazer, Heinrich Wölfflin, Émile Durkheim, Marcel Mauss, Sigmund Freud – ihre Durchschlagskraft auf Gebieten der Altertumsforschung und Kulturgeschichte, der Religionswissenschaft, der Kunstgeschichte, der Ethnologie, der Soziologie und Psychologie ist erklärbar. Auch daß Warburg auf Zeitgenossen charismatisch wirkte und bis heute eine inspirierende Quelle kulturwissenschaftlicher Forschungen ist, macht nicht verständlich, daß und warum dieser auf einzelgängerischem Kurs denkende Gelehrte eine Jahrhundert-Gestalt ist. Warburg war dies auch nicht zu Lebzeiten, sondern er wurde es durch seine Wirkungsgeschichte.

Heute kann man – neben ungezählten Einzelforschern – mehrere internationale Zentren der Bild- und Kulturforschung nennen, in denen das Warburg-Erbe weiterentwickelt wird: The Warburg and Courtauld Institute in London, The Getty Research Institute for the History of Art and the Humanities in Santa Monica/California und die Warburg-Stiftung in Hamburg, die im alten Haus der K. B. W. residiert und eng mit dem Hamburger Kunsthistorischen Seminar verbunden ist. Die von Fritz Saxl in Warburgs Auftrag begründete Zeitschrift existiert unter dem Titel «Journal of the Warburg and Courtauld Institute» ebenso fort wie die Schriftenreihe «Studies of the Warburg Institute». Das Forschungsprojekt «Census of works of antiquity known to the Renaissance» kann man als späte Einlösung der Warburgschen Idee der systematischen Erfassung des «Nachlebens der Antike» und des Mnemosyne-Atlas sehen; es wird heute von der Humboldt-Universität zu Berlin getragen, unterstützt von der Bibliotheca Hertziana Rom (wo das Projekt 15 Jahre loziert war), dem Warburg Institute London und dem Getty Center. Die Krise der Ikonologie und des «Endes der Kunstgeschichte» müßten heute nicht so wortreich beschworen werden, wenn die Kunstgeschichte den Weg Warburgs weitergegangen wäre: nämlich eine kulturwissenschaftliche Kunstgeschichte zu entwickeln, die die visuelle Kultur in den Mittelpunkt stellt und dabei die Pluralisierung und Technisierung der Medien nicht außer acht läßt.

Eric J. Sharpe

NATHAN SÖDERBLOM
(1866–1931)

I. Leben

Lars Olof Jonathan (Nathan) Söderblom wurde am 15. Januar 1866 in der ländlichen Pfarrei Trönö in der schwedischen Provinz Hälsingland geboren.[1] Sein Vater Jonas Söderblom (1823–1901) war seit 1864 Hilfspfarrer in Trönö; seine Mutter Sophie (geb. Blume, 1838–1913), eine gebürtige Dänin, war die Tochter eines Arztes. Es ist häufig angenommen worden, daß der komplexe Charakter Söderbloms Einflüsse von beiden Elternteilen aufweise; von seinem Vater soll er ein hohes Maß an Disziplin und die Fähigkeit zu ununterbrochener harter Arbeit geerbt haben, von seiner Mutter Freundlichkeit, Freude am Umgang mit anderen Menschen, einen feinen Sinn für Humor und ein beträchtliches musikalisches Talent. Jonas Söderblom war als junger Mann vom Pietismus beeinflußt worden und war demzufolge streng mit sich selber und mit seiner Familie. Er war in keiner Hinsicht ein Liberaler, und in späteren Jahren beunruhigte ihn der Gedanke sehr, sein ältester Sohn könnte ein Freidenker werden.

Nach Abschluß der Mittelschule in der Küstenstadt Hudiksvall immatrikulierte Nathan Söderblom 1883 an der Universität von Uppsala, wo er 1886 die Studien an der Philosophischen Fakultät *(filosofie kandidat)* und 1892 in Theologie *(teologie kandidat)* abschloß. Nachdem er 1893 von der Schwedischen (Lutherischen) Kirche ordiniert worden war und ein Jahr lang als Krankenhaus-Kaplan in Uppsala gearbeitet hatte, wurde er 1894 zum Pastor der Schwedischen Gesandtschaft in Paris ernannt. Zu seinen untergeordneten Pflichten gehörte auch die Seelsorge für die Seemänner in den Häfen von Calais und Dunkerque. Im selben Jahr heiratete er Anna Forsell (1870–1955), mit der er zwischen 1896 und 1914 vier Töchter – von denen eine noch als Kind starb – und acht Söhne hatte.

An der Universität von Uppsala war Söderblom ein typischer junger Idealist, ein ausgezeichneter Student, der das Gruppenleben voll auskostete und Mitglied zahlreicher studentischer Zusammenschlüsse war, bevor er schließlich Präsident der gesamten Studentenschaft wurde. Dennoch waren die 80er und 90er Jahre aufgrund des Einflusses historischkritischer Methoden und des Druckes des «Kulturellen Radikalismus» eine schwierige Zeit für einen Studenten der Theologie. Söderblom blieb davon keineswegs unberührt. Intellektuell näherte er sich – unter dem Einfluß von Harnack und Albrecht Ritschl – mehr und mehr einer liberalen Haltung. Spirituell wurde er davon weniger berührt und er scheint zu keiner Zeit den Austritt

Nathan Söderblom (1866–1931)

aus der Kirche erwogen zu haben; seine Beschäftigung mit christlichen Studentenorganisationen, vor allem mit der Studentischen Missionsgesellschaft und dem YMCA[2], setzte er unvermindert fort. Seine Verbindungen zum YMCA, dem Christlichen Verein Junger Männer (CVJM), führten 1890 zu seiner ersten Reise in die Vereinigten Staaten, wo er an der Northfield Studententagung des Erweckungspredigers Dwight L. Moody teilnahm. So begann seine Karriere als christlicher Internationalist, auf die ich hier jedoch nicht näher eingehen kann.

Söderblom begann seine Promotionsarbeit im Wintersemester 1892/93. Es wurde allgemein erwartet, daß er eine Dissertation über Kirchengeschichte oder Systematische Theologie schreiben werde, statt dessen beschloß er, auf dem Gebiet der Religionsgeschichte zu arbeiten, mit einem Schwerpunkt auf der Altiranischen Religion. Es scheint, daß er die Absicht hatte, Jesus und Zarathustra als Propheten zu vergleichen und so einen Beitrag zur Frage nach dem iranischen Einfluß auf die biblische Religion zu leisten. Zu diesem Zeitpunkt war Söderblom nichts weiter als ein Theologiestudent mit einer Neigung zur historischen Betrachtung, der sich auf eine akademische Laufbahn vorbereitete.

Die Zeit von 1894 bis 1901 verbrachte Söderblom in Paris, wo er an der Protestantisch-Theologischen Fakultät der Sorbonne eingeschrieben war. Von seinen dortigen Lehrern hatte zwar der Philosoph und Theologe Auguste Sabatier (1839–1901) den größten Einfluß auf ihn – ihm widmete er seine 1901 erschienene Doktorarbeit *La vie future d'après le Mazdéisme* –, doch erweiterte und vertiefte er auch seine Kontakte zu Religionshistorikern aus ganz Europa, vor allem aus den Niederlanden; unter ihnen P. D. Chantepie de la Saussaye in Amsterdam und C. P. Tiele in Leiden. Noch bevor Söderblom seine Dissertation beendet hatte, bat ihn Tiele, die 3. Ausgabe seines *Kompendium der Religionsgeschichte*, des damals bekanntesten deutschsprachigen Lehrbuches, vorzubereiten, welche 1903 erschien.

La vie future d'après le Mazdéisme wurde ein umfangreicher Essay, 440 Seiten lang, über vergleichende Eschatologie, wobei sich weniger als vierzig Prozent davon mit iranischem Material befaßten. Er wurde gut aufgenommen und brachte Söderblom nicht nur den Doktortitel der Sorbonne ein, sondern auch einen Lehrstuhl in Uppsala, der den seltsamen Namen «Theologische Propädeutik (Schwed. *prenotioner*, etwa «einleitendes Studium») und umfassende Theologie» trug. In der Praxis bedeutete dies Allgemeine Religionsgeschichte aus christlich-theologischer Perspektive. So war Söderblom dreizehn Jahre lang, von 1901–1914, Professor an einer lutheranisch-theologischen Fakultät. Als Liberaler sah er seine Aufgabe nicht darin, die Religionsgeschichte auf unzeitgemäße Kategorien des christlichen religiösen Diskurses zu reduzieren, sondern darin, die Theologie und die theologische Ausbildung umzugestalten, um der Universalität der Religion als menschlicher Erfahrung Rechnung zu tragen. Zu diesem Zeitpunkt hatte er sich schon von Ritschl als seinem theologischen Mentor entfernt und sich Friedrich Schleiermacher zugewandt: Seine Probevorlesung, die er am 11. November 1899 in Uppsala hielt, handelte von der «Bedeutung von Schleiermacher's *Reden über die Religion*». Mit dieser intellektuellen Wandlung war für Söderblom der Weg zu seiner Religionsphänomenologie geebnet.

Söderblom behielt zwar ein lebhaftes Interesse an der Arbeit der Religionsgeschichtlichen Schule bei, teilte aber nicht deren generell negative Einstellung gegenüber der Kirche, welche wohl einer der Gründe war, weshalb die Religionsgeschichte an den theologischen Fakultäten Deutschlands zunächst nur wenig Anklang fand.[3] In seiner Antrittsvorlesung in Uppsala am 24. September 1901 behandelte er das Thema *Den allmänna religionshistorien och den kyrkliga teologien* (Allgemeine Religionsgeschichte und die Theologie der Kirche), und er betonte nachdrücklich, daß es sehr wohl ein zwar mit der Kirche verknüpftes, aber dennoch nicht konfessionell dominiertes wissenschaftliches Studium der Religionen geben könne: «Die Religionswissenschaft muß ihre Unabhängigkeit bewahren, ohne irgendeinen kirchlichen Charakter und ein bewußtes praktisches Ziel im Auge zu haben.» Die Kirche wiederum habe von seriöser Wissenschaft nichts zu befürchten.[4]

Zwischen 1901 und 1914 schrieb und publizierte Söderblom zwar viel, aber das meiste war von relativ geringem Umfang. Seine größeren Werke waren *Uppenbarelsereligion* (Offenbarungsreligion, 1903), ein Beitrag zur Babel- und Bibel- Diskussion, und *Religionsproblemet inom katolicism och protestantism* (Das Problem der Religion im Protestantismus und Katholizismus, 1910), eine Studie über katholischen Modernismus, die von vielen als seine beste Arbeit angesehen wird.[5] Weiter edierte er eine dreibändige Textsammlung in Übersetzung, *Främmande religionsurkunder* (1908) – verglichen mit der Reihe *Sacred Books of the East* eher unbedeutend, aber dennoch eine bemerkenswerte Leistung für die damalige schwedische Wissenschaft.[6]

Das akademische Leben war für Söderblom manchmal schwierig, da er mit vielen seiner theologischen Kollegen nur wenig gemein hatte; und als er 1912 gebeten wurde, sich zu überlegen, ob er die neugeschaffene Stelle eines Professors für Allgemeine Religionsgeschichte an der Universität von Leipzig antreten wolle, da sagte er zu – unter der Bedingung, daß er seine Professorenstelle in Uppsala beibehalten könne, was in der Praxis bedeutete, daß er jährlich einige Vorlesungen in Uppsala zu halten hatte.[7] Dieses Arrangement hielt nur vier Semester, nämlich von 1912 bis 1914, aber in diesen Jahren erschien *Natürliche Theologie und allgemeine Religionsgeschichte* (1913, 1914 auf Schwedisch), eine seiner wichtigsten Monographien. Interessanterweise wurde ihm der Lehrstuhl in Leipzig angeboten, weil er nicht der Religionsgeschichtlichen Schule angeschlossen war, und man hoffte, er könne der Voreingenommenheit und der Oberflächlichkeit der religionsgeschichtlichen Volksbücher entgegenwirken. Jedoch hielt er sich nicht lange genug in Leipzig auf, um einen bleibenden Eindruck zu hinterlassen.

Im Mai 1914 wurde Söderblom, zu aller und auch seinem eigenen Erstaunen, von der Schwedischen Regierung zum Erzbischof von Uppsala ernannt.[8] Die Weihe fand am 8. November 1914 statt. Seine Laufbahn als internationaler Wissenschaftler war mehr oder weniger zu Ende, und seine Karriere als ökumenischer Kirchenführer hatte begonnen, welche zu berücksichtigen nicht das Ziel des vorliegenden Aufsatzes ist. Gleichwohl konnte er in dieser Zeit einige Bände mit Aufsätzen religionsgeschichtlichen Inhalts publizieren, insbesondere *Gudstrons uppkomst* (1914, dt. *Das Werden des Gottesglaubens*, 1916) und *Ur religionens historia* (1915). Ein weiteres wichtiges Buch aus dieser Periode war *Humor och melankoli och andra Lutherstudier* (1919), welches Söderblom seinen wohlverdienten Platz unter den führenden Köpfen der Luther-Renaissance am Anfang des Jahrhunderts sicherte.[9]

Söderbloms Leben als nationaler und internationaler Kirchenführer war anspruchsvoll, anstrengend und spannungsgeladen. Natürlich litt seine Gesundheit darunter. 1930 wurde ihm der Friedensnobelpreis für seine Bemühungen um internationale Versöhnung nach dem Krieg zugesprochen; als einziger unter den Nobelpreisträgern hatte er den rätselhaften Alfred Nobel gekannt und gar dessen Beisetzung organisiert. Im selben Jahr nahm er das Angebot an, die Gifford-Vorlesungen von 1931–32 in Schottland zu halten. Eine Reihe, welche 1932 in Schwedisch unter dem Titel *Den levande Guden (The Living God*, 1933) publiziert wurde, stellte er 1931 in Edinburgh vor. Kurz nach seiner Rückkehr nach Schweden mußte er sich notfallmäßig einer Darmoperation unterziehen, aber sein Herz war dieser Belastung nicht mehr gewachsen. Er starb am 12. Juli 1931 und wurde in der Kathedrale von Uppsala beigesetzt.

II. Werk

Kurz nach Söderbloms Tod hob Gerardus van der Leeuw den Namen Nathan Söderbloms hervor als Repräsentanten jenes seinerzeit neuen Zuganges zum Studium der Religionen, den wir heute «Religionsphänomenologie» nennen: «For without his acute insight and his deeply penetrating love of what ‹appears›, we could not advance another step in our territory; and the change of direction in the history of religion, plainly set forth in the current phenomenological viewpoint, finds its symbols in this thinker's name.»[10]

Im Kontext der europäischen Wissenschaft der Jahrhundertwende betrachtet, scheint auf den ersten Blick nur wenig an Söderbloms Arbeit originell zu sein. Fast alle stoffbezogenen Einzelheiten finden sich auch anderswo. Er war zwar ein scharfsinniger Leser, der sich in verschiedene Themen einlas und einen regen Briefwechsel mit zahlreichen Freunden und Kollegen unterhielt, jedoch war er nie in einer Bibliothek über einem Manuskript brütend anzutreffen und auch Feldforschung hat er nicht betrieben: Er hatte auch Europa nur dreimal verlassen, zweimal führte ihn sein Weg in die Vereinigten Staaten und einmal in die Türkei, jedesmal in ausschließlich christlicher Mission. Es sind schon Versuche unternommen worden, Gebiete zu finden, auf denen Söderbloms Beitrag als wissenschaftlich einzigartig zu werten wäre; ich bin nicht sicher, ob – rein wissenschaftlich beurteilt – solche Gebiete existieren.

Tor Andrae, der erste und auch beste Biograph Söderbloms, unterschied zwei Typen von Wissenschaftlern: den «systematischen» und den «intuitiven».[11] Der eine Typ muß das Material beherrschen und anordnen, ist zäh («tough-minded») im Sinne von William James, verlangt für alles, selbst für das geringste Detail, Beweise und tendiert dazu, alles, was sich nicht in vorgegebene Kategorien einfügen läßt, zu ignorieren oder auszuschließen. Der andere Typ, dem Söderblom zuzurechnen wäre, ist flexibel und bereit, ein gewisses Maß an Vieldeutigkeit und sogar Widerspruch in seiner Weltanschauung zuzulassen; für ihn ist nicht die beschränkte Sicht des Betrachters das eigentlich Wichtige, sondern das, was tatsächlich ist, in all seiner schwer zu handhabenden Komplexität. Das soll nicht heißen, daß Söderblom unsorgfältig oder gar nachlässig arbeitete. Er hätte sich aber niemals damit zufriedengeben können, ein Spezialist auf relativ beschränktem Gebiet zu sein, oder ein systematischer Reduktionist, auch nicht der herkömmlichen historischen Art. Er war vielseitig – viel zu vielseitig für einen durchschnittlichen Akademiker –, und einige Leute vermuten, daß er mehr hätte erreichen können, hätte er weniger angestrebt. Der einzige seiner Zeitgenossen, der ein ähnlich weites Feld von Interessen und Fähigkeiten abdeckte, war Andrew Lang (1844–1912). Und Lang war nur wenige Jahre ein professioneller Akademiker.[12]

Söderblom begann seine Laufbahn als Religionsgeschichtler mit seiner Arbeit über die Altiranische Religion. Sein Beitrag zu diesem Fachgebiet wurde 1943 von H. S. Nyberg und 1984 von Sven Hartmann gewürdigt. In der Einleitung zu seiner Avesta-Ausgabe bedauert Karl F. Geldner, daß er so viel Zeit in diese Textbearbeitung investiert habe: «Denn die Avestaforschung ist kein dankbares Feld, an dessen Bearbeitung man die besten Jahre des Lebens setzen sollte.»[13] Söderblom arbeitete in Uppsala und später in Paris hart an diesen Texten, aber mit unzureichenden Hilfsmitteln. Nyberg war sicher, daß Söderblom der Geschichte der Iranischen Religion wenigstens in einer Hinsicht einen Beitrag von bleibendem Wert geliefert hatte: nicht als eine selbständige philologische Bearbeitung der Textmaterialien, für welche Söderblom nach Nybergs Ansicht keine ausreichende Kompetenzen aufwies, sondern durch seine Fähigkeit, der ansonsten vagen

Gestalt des Zarathustra neues Leben einzuhauchen. «He took Zarathustra entirely seriously as a flesh-and-blood prophet and as a reformer of the religion of his day».[14] Die umfangreiche vergleichende Studie Söderbloms *La vie future d'après le Mazdéisme* hielt Nyberg schon damals für methodisch überholt, aber seinerzeit war es eine notwendige und eindrückliche Arbeit. Hartmann stellt 1984 Söderbloms 77-seitiger Monographie *Les Fravashis* (1899), welche die iranische Konzeption der Seelen der Verstorbenen behandelt, von allen iranistischen Arbeiten Söderbloms das beste Zeugnis aus: «an excellent combination of cultic and textual analysis».[15]

Das Ziel von Söderbloms Studium des Iran und der Tradition des Zarathustra war es letztendlich, Jesus und Zarathustra als Propheten zu vergleichen und beider Einzigartigkeit nachzuweisen. Im Originalmanuskript von *La vie future* findet sich ein Zitat von Chantepie de la Saussaye: «Das durch vergleichendes Studium der Religionen geschärfte Auge wird die religiöse Idee des Christenthums besser fassen.»[16] Dies ist denn auch ein Leitmotiv von Söderbloms gesamter Arbeit: Daß die Kirche seitens der Religionswissenschaft nichts zu befürchten habe, wenn diese mit Sorgfalt und Ehrlichkeit betrieben werde, sondern daß im Gegenteil das vergleichende Studium den Charakter einer jeden Tradition in seiner Einzigartigkeit zeige.

Mit zwei intellektuellen Traditionen galt es abzurechnen: erstens, der auf die Stoiker und darüber hinaus auf die Platoniker zurückgehende Tradition, welche mit Lord Herbert of Cherbury ihren Ausgang nehmend starken Ausdruck bei den Deisten des 17. und 18. Jahrhunderts fand, daß die Essenz aller Religionen mit einer kleinen Anzahl von positiven Aussagen gefaßt werden könne. Es gibt einen Gott, der alles geschaffen hat, der aber nicht auf den tagtäglichen Gang der Welt Einfluß nimmt; die Natur dieses Gottes ist eine moralische, und er verlangt Rechtschaffenheit von seinen Geschöpfen; nach dem Tod werden jene, welche dieses Gesetz befolgen oder ignorieren, belohnt oder bestraft. Zweitens, der hegelianische Tradition der Entwicklung zum kosmischen «Konsens» durch Behauptung und Widerspruch (These-Antithese-Synthese). Diese beiden Traditionen zusammen bildeten das Herzstück der «natürlichen Religion (oder Theologie)» im Sinne der Deisten und ihrer Nachfolger, eine Religion ohne Unmäßigkeit und «Schwärmerei» (engl. «enthusiasm») (so wie das Wort im 18. Jahrhundert verstanden wurde), ohne Mystizismus, dafür aber mit einem ausgeprägten Sinn für Sittsamkeit.

Söderblom war aufgrund seiner Lektüre von Schleiermachers *Reden über die Religion* überzeugt, daß beide Haltungen schlicht und einfach falsch seien und daß die Religionsgeschichte dies beweise. Als Student war Söderblom ein Schüler Albrecht Ritschls gewesen, aber am Ende des 19. Jahrhunderts begann er, diesen unter dem Einfluß von Sabatier als zu rigide und zu ablehnend gegenüber dem spontanen Element der Religion zu empfinden. 1899 edierte Rudolf Otto eine Neuausgabe zum hundertjährigen Jubiläum von Schleiermachers *Reden* (erstmals 1799 erschienen), welche in zweierlei Hinsicht bei ihm auf fruchtbaren Boden fiel: in bezug auf die Natur der religiösen Erfahrung und hinsichtlich der tatsächlichen Manifestation der Religion in der Geschichte.

Die meisten rationalistischen Gelehrten des 18. und 19. Jahrhunderts gingen – grob gesagt – davon aus, daß das Wesen der Religion in enger Verbindung zur Anwendung menschlicher Rationalität stehe, das Irrationale in der Religion lediglich ein heterogenes Überbleibsel aus der Kindheit des menschlichen Geschlechts sei, welches verschwinden würde, sobald die Menschheit reif geworden sei. Im frühen 19. Jahrhundert wurde diese Sicht von der Romantik mit der Begründung angezweifelt, daß genau das Gegenteil der Fall sei, Gefühle und Emotionen also in der Religion ausschlaggebend seien. Schleiermacher hatte die Künstlichkeit der sogenannten «natürlichen Religion» heftig kritisiert, und Söderblom machte sich Schleiermachers Haltung zu eigen.[17] Ein weiterer Faktor war die sich entwickelnde Disziplin der Religionspsychologie, wie sie von William James populär gemacht wurde. Einige Anthropologen, an ihrer Spitze R. R. Marett, verfolgten ähnliche Argumente unter dem Stichwort «Präanimismus».[18]

Söderblom war instinktiv empfänglich für all dies und nahm in seinen Jahren als Professor diese Themen wiederholt auf. Die «natürliche Religion» der Deisten und ihrer Nachfolger existierte nicht und hatte nie existiert: *theologia naturalis nulla est.* «Das Gemeinsame der Religionsgeschichte (...) liegt (...) in dem, was an der Religion vorzugsweise als irrationell erscheint, und was nie von der konkreten Gestaltung der jeweiligen sakralen Einrichtung oder Religionsanschauung losgelöst werden kann.»[19] Deshalb muß Religion in ihren konkreten historischen Manifestationen studiert werden, und nicht losgelöst von den tatsächlich existierenden Religionen auf der Welt, sondern anhand eben dieser; ein Prinzip, das klar in der fünften von Schleiermachers *Reden* dargelegt ist. Schleiermacher zufolge besteht die sogenannte «natürliche Religion» «ganz eigentlich in der Negation alles Positiven und Charakteristischen in der Religion» und sie sei ein «gehaltleeres und formloses Ding». Der Untersuchende solle sich deshalb, «wenn es ihm Ernst ist, die Religion in ihren bestimmten Gestalten zu betrachten», «von dieser erleuchteten zu den verachteten positiven Religionen, wo alles wirklich, kräftig und bestimmt erscheint» hinwenden.[20] Hier haben wir den Ausgangspunkt der Religionsphänomenologie, wie sie von Söderblom, Lehmann, Otto, Kristensen, van der Leeuw und anderen ausgearbeitet wurde.

Im Zentrum der positiven Religion steht die Begegnung zwischen Mensch und Göttlichem. Die menschliche Wahrnehmung vom Übernatürlichen ist eine Vorahnung von dieser Begegnung, deren Höhepunkt die Mystik ist (und nicht Mystizismus). Für Söderblom sind Heilige und

Mystiker Virtuosen des spirituellen Lebens, die nicht mit psychologischen oder psychopathologischen Begriffen bestimmt werden sollten, sondern mit religiösen. 1903 publizierte er den Aufsatz *Uppenbarelsereligion* als einen Beitrag zur berühmten Bibel-Babel Debatte von 1902–1905, die sich mit dem Einfluß der babylonisch-sumerischen Kultur auf die Bibel beschäftigte. Söderblom nahm diese Debatte zwar als Ausgangspunkt, ging aber mit der Frage nach der Natur der Offenbarung und der *unio mystica* weiter. Er behauptete, es gebe zwei Arten von Begegnung in der Welt der Religionen, die beide «Mystik» genannt werden könnten: die eine ist mit dem natürlichen oder kulturellen Prozeß verbunden, die andere ist im wesentlichen prophetisch und daher theistisch (nicht aber deistisch). Der Hauptunterschied liege darin, welcher Platz der menschlichen Persönlichkeit eingeräumt werde. Im einen Fall, «der Mystik der Unendlichkeit» (Schwed. *oändlighetsmystik)*, strebt die individuelle Seele danach, wieder im göttlichen Kosmos, woher sie kommt, aufzugehen. Im anderen Fall, «der Mystik der Persönlichkeit» (Schwed. *personlighetsmystik)*, entspricht die Beziehung einer Eltern-Kind Beziehung oder einer Mann-Frau Beziehung; keine Absorption wird angestrebt oder auch nur in Erwägung gezogen, sondern die Liebe zum anderen als dem anderen ist das Wesentliche.[21]

Diese Terminologie Söderbloms ist noch immer umstritten. Mystik kann veranschaulicht, aber niemals definiert werden. Zu Beginn des Jahrhunderts indessen war dieser Begriff ein Modewort und kaum zu vermeiden. Man tendiert heute noch dazu, Söderbloms «Mystik der Unendlichkeit» als normativ anzusehen und die theistische Frömmigkeit vielleicht als «Spiritualität» von ihr zu trennen, und fälschlicherweise als kümmerlichen Anhang der «echten» Mystik zu betrachten.

Die Frage nach dem Ursprung der Religion war während Söderbloms Berufsjahren ein vielbesprochenes Thema. In *Das Werden des Gottesglaubens* (1916, 1914 in Schwedisch) gab er einen Überblick über drei verschiedene Möglichkeiten: die Theorie des Animismus, wie sie von E. B. Tylor aufgestellt wurde *(Primitive Culture*, 1871), die Theorie des Präanimismus, die mit dem Namen von R. R Marett in Verbindung gebracht wird und erstmals 1900 vorgetragen wurde, und schließlich Andrew Langs Theorie vom Hochgottglauben, erstmals in *The Making of Religion* (1897) breit ausgeführt, auch wenn Grund zur Annahme besteht, daß Lang den Ursprung der Religion eher mit dem Urschamanismus als mit dem Hochgottglauben – mit dem sein Name und der von Wilhelm Schmidt oft in Zusammenhang gebracht wird – assoziierte. Es wäre uncharakteristisch für Söderblom gewesen, hätte er eine dieser Thesen favorisiert und die anderen ausgeschlossen. Er ließ alle drei in ihrem Rahmen gelten, obwohl er vermutlich Maretts Arbeit und dessen Gebrauch von *mana* und entsprechenden Termini den Vorzug gab. Langs Beobachtungen hatten ihn beeindruckt, und 1902 macht er in einem Artikel auf sie aufmerksam: Langs Terminus «High God» wurde natürlich mit «Hochgott» ins Deutsche übertragen, aber mit *frambringare* (wörtlich «Schöpfer» oder «Erzeuger») ins Schwedische. Er glaubte jedoch nicht an irgendeine Art von Urmonotheismus (wie übrigens auch Lang nicht), so zweckdienlich und bequem dies auch gewesen wäre. Åke Hultkrantz hat vollkommen recht, wenn er behauptet, daß Söderbloms konstruktive Erörterungen von 1914 heute veraltet, seine kritischen Einsichten aber von höchster Qualität seien und eine «fresh, stimulating openness that dissociates him in a remarkable way from most theoreticians of that time»[22] zeigten. Es versteht sich vielleicht von selbst, daß Söderblom ein Evolutionist war – wie hätte er es in dieser Periode der Geistesgeschichte des Westens auch nicht sein können? –, aber, wiederum in Hultkrantzs Worten, «when the evolutionistic draperies have fallen there still remain brilliant surveys and clever analyses which are apparently independent of all temporal limitations».[23]

In den zwanzig Jahren, in denen Söderblom in Paris, Uppsala und Leipzig als Religionshistoriker wirkte, war die Beziehung zwischen der Religionswissenschaft und der (vor allem protestantischen) Theologie ein vielbehandeltes Thema. Söderblom sprach es in seiner Einführungsvorlesung in Uppsala an, die er im September 1901 hielt. Früher, sagte er, hätten sich die Theologie und die Religionswissenschaft voreinander gefürchtet, allerdings aus völlig nichtigen Gründen: Die Verteidigung des eigenen Fachgebietes sei wichtiger gewesen als die Suche nach religiöser und wissenschaftlicher Wahrheit. Jetzt aber seien beide Disziplinen in der Lage, einen gemeinsamen Nenner zu finden, und weder Theologie noch Religionswissenschaft hätten von einer Begegnung etwas zu befürchten: «Every piece of scientific research into religion, provided that it is carried out with competence and has to do with important matters, must serve the cause of religion ...»[24] Die anwesenden Theologiestudenten ermunterte er mit den folgenden Worten: «I congratulate you on your chosen studies and on the excitement of the theological enterprise. I can say to you with confidence, out of my own experience: not less science, but more science, a deeper sense of reality, more serious research: for with it will come new clarity, new humility, and new strength (...). I must congratulate you on the great privilege of being allowed at this time to work with those questions which concern human life most deeply.»[25] Hier unterrichtete Söderblom nicht nur durch theoretisch-prinzipielle Analysen, sondern auch durch sein persönliches Beispiel und Vorbild.

Von den vielen Publikationen Söderbloms auf dem Gebiet der Religionswissenschaft sind zweifellos die Worte, mit denen sein «Holiness»-Artikel in Hastings *Encyclopaedia of Religion and Ethics* (1913) begann, die bekanntesten und meistzitierten: «Heiligkeit ist das bestimmende Wort in der Religion; es ist sogar noch wesentlicher als der Begriff Gott. Die wahre Religion kann ohne bestimmte Auffassung von Gott bestehen, aber es gibt keine echte Religion ohne Unterscheidung zwischen ‹heilig› und ‹profan›. (...) Von allem Anfang an stellt das Heilige den wesentlichsten Zug des Göttlichen in religiösem Sinne dar.»[26] Daraus kann nach Söderbloms Ansicht geschlossen werden, daß die Person, die etwas oder jemanden aufrichtig als «heilig» betrachtet, eine wahrhaft religiöse Person ist; ein Buddhist zum Beispiel, der durch eingeschränkte, theistische Definitionen der Religion leicht von «Religion» ausgeschlossen wird. Unweigerlich möchte man Söderblom hier mit Rudolf Otto vergleichen, obwohl *Das Heilige* erst 1917 erschien. Ihre gemeinsame Quelle war Schleiermachers Erfahrungstheologie und ihr gemeinsames Ergebnis die Religionsphänomenologie in einem ihrer drei Aspekte. Zu Beginn war Religionsphänomenologie das systematische Gegenstück zu vielen Religionsgeschichtsschreibungen der verschiedenen religiösen Traditionen; in «Husserlscher» Ausprägung wurde sie bald unter anderem zur Übung in Epistemologie und zum Prüfstein individueller wissenschaftlicher Motivation. Einem Gelehrten wie Söderblom, bedacht, das beste aus Theologie und Wissenschaft zusammenzubringen, mußte «Heiligkeit» als Kategorie erscheinen, die für beide Fächer geeignet ist. «Heiligkeit» ist jedoch eine Abstraktion; die spätere Religionsphänomenologie, repräsentiert von Lehmann, van der Leeuw, Heiler und anderen, bediente sich – im Zusammenhang mit Personen, Plätzen, Objekten, Stätten, Jahreszeiten und Ähnlichem – meist der Adjektive «heilig» und «geheiligt». Aber hinter all dem lag für Söderblom, wie auch für Otto, eine Erfahrung, welche weder wegerklärt noch auf einen rationalen Begriff gebracht werden könne. Söderblom wußte – oder glaubte – aufgrund seiner eigenen Erfahrung, daß es «schrecklich ...[ist,] ... dem lebendigen Gott in die Hände zu fallen.» (Hebr. 10,31): Das *mysterium* ist ein *mysterium tremendum.* Dies, so betonte er, sei das Herz der Religion. Sie finde sich, wann immer in der Geschichte Menschen, einer Macht, einem Willen ergeben, in unterwürfiger Erwartung beteten: Es gibt Religion, weil es Offenbarung gibt.

III. Kritik

In den Augen vieler, wenn nicht der meisten zeitgenössischen Religionshistoriker disqualifiziert sich Söderblom als Religionswissenschaftler dadurch, daß er von Offenbarung spricht. Die Tatsache, daß er fast 40 Jahre lang ein lutheranischer Geistlicher und 17 Jahre lang ein Erzbischof war, macht die Sache nur noch schlimmer. Im Rahmen seiner Zeit und Herkunft gesehen ist er jedoch eine Schlüsselfigur. Zunächst in seiner Heimat: Vor Söderblom wurde an schwedischen Universitäten Religionswissenschaft nur oberflächlich, nämlich im Rahmen der missionarischen Apologetik, behandelt; es standen keine Handbücher, keine Übersetzungen der Texte und keine internationalen Dozentenstellen zu Verfügung. Ein Anhänger Ritschls galt sogar als gefährlicher Häretiker. All diese Mängel behob Söderblom, wenn er auch manchmal auf erbitterte Opposition stieß. Aber auch international war er eine Schlüsselfigur: Vor 1914 waren die bedeutendsten vergleichenden Religionswissenschaftler in Kontinentaleuropa Skandinavier – der Norweger W. Brede Kristensen in Leiden, der Däne Edvard Lehmann (*iraniker, eireniker, ironiker)* in Berlin (später Lund) und der Schwede Söderblom. Ein Vergleich dieser drei Persönlichkeiten böte Stoff für eine fesselnde Studie. Söderblom bewegte sich am meisten in der Öffentlichkeit, nach dem Geschmack einiger zuviel. Unter anderen Umständen hätte er gut ein erfolgreicher Musiker oder Schauspieler sein können; er liebte Pomp und Staat, Messgewänder und Umzüge, Zeichen und Symbole und ließ sich als Erzbischof keine Gelegenheit entgehen, nicht nur auf seine Botschaft, sondern auch auf sein Auftreten aufmerksam zu machen.

Macht dies Nathan Söderblom zu einem besseren oder schlechteren Religionshistoriker? Beim Lesen seiner wissenschaftlichen Studien trifft man auf einen kompetenten, wenn auch durchschnittlichen Wissenschaftler; weltberühmt in Uppsala, wie Zyniker noch immer zu sagen pflegen. Als «Evolutionist»- der er augenscheinlich war- litt sein Ruf sehr in den Nachkriegsjahren bei neuen Generationen von Wissenschaftlern, die nur analytischer Präzision vertrauten und glaubten, daß diese der vorhergehenden Generation weitgehend gefehlt habe. Vor kurzem jedoch hat ein Umdenken begonnen, vor allem in bezug auf den religiösen und kulturellen Pluralismus, mit dem alle Wissenschaftler auf diesem Gebiet operieren müssen. Söderbloms Methodologie war wohl in mancher Hinsicht nicht frei von Mängeln, aber immer suchte er nach dem Herzstück der persönlichen, individuellen Religion und ihrem Vollzug im Leben von Propheten, Heiligen und Mystikern. Soziologie interessierte ihn nicht sehr. Zwei Schlüsselworte seiner Schriften sind «Realität» (Schw. *verklighet)* und «Genie» (Schw. *snille)*. Realität ist in diesem Kontext das, was in der Welt der Religionen tatsächlich vorhanden ist, empirisch und nicht metaphysisch; ein Genie ist, wer sich zu ungewöhnlichen Höhen aufschwingt, indem er seiner Berufung folgt. Söderbloms Liste der christlichen religiösen Genies umfaßt die Namen der großen Propheten Jesus, Paulus, Augustinus, Franz von Assisi, Luther, Pascal, Kierkegaard. Die drei religiösen Genies von Schweden waren die Heilige Brigitte von Vadstena, der Reformator Olaus Petri und – überraschenderweise – Emanuel Swedenborg. Man könnte gut Söderblom selbst in diese Liste aufnehmen.

Wann immer man über Söderblom schreibt, ist man gezwungen, den engen Rahmen des akademischen Schreibens über die Religion zu verlassen, und gelangt in den Bereich der lebendigen Religion, von der Religionswissenschaft zur Theologie. Theologie und wissenschaftliches Studium überlappen sich in all seinen Arbeiten, und wir dürfen nicht den einen Aspekt willkürlich vom anderen trennen. Kein Argument vermag ihn weniger theologisch zu machen, als er es war. Was gegenwärtig mehr Schwierigkeiten bereiten dürfte, ist die ganze Struktur zu erfassen, innerhalb derer er dachte und arbeitete. Söderbloms letztes Buch trug den Titel *Der lebendige Gott im Zeugnis der Religionsgeschichte*.[27] Auf seinem Totenbett sagte er: «Ich weiß, daß Gott lebt. Ich kann es beweisen durch die Religionsgeschichte.»[28] Man könnte darüber diskutieren, was er damit meinte. Vielleicht, daß letzten Endes die Religionswissenschaft selber nicht auf toten, leblosen Stoff abzielt, sondern auf ein Netz lebender Beziehungen? Dies war sicher Söderbloms eigene Ansicht; sie brachte ihm den Ehrentitel «Vater der Religionsphänomenologie» ein. Und für diesen seinen Beitrag haben wir jeden Grund, dankbar zu sein.

Robert Ranulph Marett (1866–1943)

Martin Riesebrodt

ROBERT RANULPH MARETT
(1866–1943)

Andy Warhol's berühmter Ausspruch, daß heutzutage jeder für fünfzehn Minuten berühmt werden könne, beleuchtet in gewisser Weise die Karriere von R. R. Marett. Befragt man heutige Ethnologen, so ist vielen der Name Marett unbekannt. Blickt man jedoch auf die ersten Jahrzehnte dieses Jahrhunderts zurück, so hat Marett in der religionswissenschaftlichen Debatte eine beträchtliche Rolle gespielt. Von der Jahrhundertwende bis zum Ersten Weltkrieg war er zweifellos einer der meistzitierten und einflußreichsten britischen Religionsethnologen jener Generation, die im Begriff war, Edward Tylor (*1832), Andrew Lang (*1844) und James Frazer (*1854) abzulösen.[1] Nahezu alle Religionswissenschaftler auch außerhalb Großbritanniens nahmen auf ihn Bezug. Seine These vom Präanimismus, die Zentrierung seiner Religionskonzeption um den *mana* Begriff sowie seine Betonung emotionaler anstatt intellektueller Entstehungsbedingungen der Religion galten als Herausforderung an die Theorien der älteren Generation. Auf Marett wurde entsprechend sowohl in der gesamten europäischen wie auch amerikanischen Religionswissenschaft, Soziologie, Ethnologie und Völkerpsychologie direkt oder indirekt Bezug genommen.

Obgleich die Thesen Maretts auch in den 20er und 30er Jahren noch diskutiert wurden, fand er sich doch schon bald in einer Nebenrolle. Dies hatte mehrere Gründe. Zum einen widersprach es dem Temperament von Marett, sich selbst als Klassiker oder Prophet der Erneuerung zu stilisieren, wie dies etwa Durkheim und Malinowski mit Erfolg betrieben. Marett neigte weder zu Übertreibungen noch zu Dogmatismus. Selbst wenn er neue Thesen formulierte, ließ er sich nicht zu imperialistischen Erklärungsansprüchen hinreißen, sondern betonte stets den tentativen, hypothetischen Charakter seiner Äußerungen. Er selbst beschreibt dies mit den für ihn charakteristischen Worten, daß ihm das Jagen des Hasen immer mehr Spaß gemacht habe als das Fangen des Hasen.[2] So fühlte er sich glaubhaft unbehaglich, wenn ihn etwa Wilhelm Wundt zum Erfinder des Dogmas vom «Präanimismus» stilisierte.[3]

Zum anderen war Marett aufgrund der dynamischen Entwicklung der Ethnologie seit der Jahrhundertwende unvermeidlich ein Klassiker des Übergangs. Trotz seiner innovativen Ideen war er in gewisser Hinsicht ein Nachzügler der evolutionstheoretischen «armchair»-Ethnologie, die schon im Begriff war, von einer funktionalistischen Feldforschungs-Ethnologie abgelöst zu werden. Auch wenn Marett's Bedeutung für die Religionswissenschaft nicht an die eines Durkheim, Mauss, Weber, Malinowski oder

Evans-Pritchard heranreicht, so stellt sein Werk dennoch einen wichtigen Markstein im Übergang vom Evolutionismus zum Funktionalismus sowie von einer intellektualistischen Individualpsychologie zu einer mehr affektiv orientierten Sozialpsychologie dar. Darüber hinaus enthält seine Religionstheorie auch heute noch bedenkenswerte Elemente, wie etwa seine Betonung der Machtkonzeption, die in späteren Debatten an den Rand gedrängt oder in dubiose Bahnen gelenkt wurden. Doch stellt Maretts Machttheorie der Religion – wie ansonsten nur die demselben Diskussionskontext entstammende Charismakonzeption Max Webers – eine bedenkenswerte Alternative zu den konventionellen ordnungs- und integrationstheoretischen Religionsdeutungen dar.

I. Leben

R. R. Marett wurde am 13. Juni 1866 auf der Kanalinsel Jersey geboren, deren Mittellage zwischen England und Frankreich eine gewisse Weltoffenheit förderte. Marett blieb seiner Herkunft ein Leben lang auch wissenschaftlich als Archäologe und Volkskundler verbunden. Er entstammt einer Familie, die man als bürgerlich, äußerst gebildet und relativ wohlhabend, wenn auch nicht gerade reich, kennzeichnen darf. Der Vater war Jurist, was auf Jersey aufgrund seiner historischen Entwicklung die perfekte Beherrschung der französischen Sprache voraussetzte. Die Karriere des Vaters verlief überaus erfolgreich. 1866 wurde er zum Generalstaatsanwalt befördert und 1880 von der Krone zum Statthalter ernannt. Die Mutter war eine energische, lebhafte und vielseitig interessierte Frau. Marett erwähnt ihre Liebe zur klassischen Literatur, vor allem aber ihre wissenschaftliche Begeisterung für Botanik einschließlich der dazugehörenden lateinischen Klassifikationssysteme. Die Beziehung Maretts zu seinen Eltern entwickelte sich weitgehend harmonisch und war unter den gegebenen Zeitumständen liberal geprägt. Ihm wurde viel Freiheit gewährt, Konflikte wurden stets gewaltlos durch Gespräche gelöst. Marett schildert seine Kindheit als glücklich, und diese grundlegende Zufriedenheit ist ihm sein Leben lang erhalten geblieben. Auch seine Ehe mit Nora Kirk, aus der vier Kinder hervorgingen, war harmonisch.

Marett besuchte die Schule auf Jersey, wobei speziell der klassischen Erziehung Gewicht beigemessen wurde. Im Anschluß daran wurde er Student am Balliol College in Oxford, wo er vor allem klassische Sprachen und Philosophie studierte. Eine plötzliche Meningitiserkrankung zwang ihn zur Unterbrechung seiner Studien in Oxford. Er nutzte die Zeit zu Reisen nach Frankreich, Italien, Deutschland und in die Schweiz, verbesserte sein Französisch und erlernte die deutsche und italienische Sprache. An der Humboldt-Universität in Berlin schrieb er sich für Philosophie ein und verfaßte eine Seminararbeit bei Friedrich Paulsen über Kant. Zu seiner Überraschung mußte er feststellen, daß – im Unterschied zum hegelianisch geprägten Balliol College – in Berlin Herbert Spencer und vor allem Hobbes hoch im Kurs standen. Anschließend verbrachte Marett ein Jahr in Rom, wo er als Tutor arbeitete.

Die wissenschaftliche Karriere von Marett verlief äußerst gradlinig und erfolgreich. 1891 wurde er Fellow und Lecturer für Philosophie am Exeter College in Oxford, dem er bis an sein Lebensende verbunden blieb und von 1928 an als Rektor diente. Doch Maretts Weg führte von den klassischen Studien zur Sozialanthropologie, speziell zur Religionsethnologie. Ursprünglich wurde seine Begeisterung für dieses Fach durch die Lektüre von Andrew Lang's *Custom and Myth* geweckt, das er als Student verschlungen hatte. Aktueller Ausgangspunkt war nun jedoch der alle drei Jahre verliehene «Green Moral Philosophy Prize», für den sich nur Magister bewerben konnten. Als Thema wurde gestellt «The Ethics of Savage Races». Für drei Jahre widmete sich Marett nun dem Studium der «Wilden», las nicht nur Pioniere der Ethnologie, vor allem Tylor und Frazer, sondern auch die neuesten Reise- und Feldforschungsberichte. Die Bemühungen waren von Erfolg gekrönt, und Marett wurde 1893 zum Preisträger gekürt, wobei einer der Juroren Edward Tylor selbst war. Dies legte den Grundstein für eine jahrelange Zusammenarbeit zwischen Marett und dem 34 Jahre älteren Tylor, die auch durch wissenschaftliche Meinungsverschiedenheiten nicht beeinträchtigt wurde. Die Arbeit am Thema der Preisschrift, die selbst unveröffentlicht blieb, setzte Marett fort, indem er seine Materialsammlung erweiterte.

Marett wurde 1893 Tutor für Philosophie, und er verdankte es nicht zuletzt einem Zufall, daß er sich schließlich als Ethnologe an der Universität Oxford etablieren konnte, was dem befreundeten Andrew Lang zum eigenen Bedauern verwehrt geblieben war. J. L. Myres, Schriftführer der Anthropologischen Sektion der British Association, lud Marett recht kurzfristig ein, deren Jahrestagung in Dover 1899 mit einem unkonventionellen Vortrag aus der Lethargie zu reißen. Das Ergebnis war «Preanimistic Religion», eine Herausforderung an die Animismus-These von Tylor. Dieser Vortrag machte Marett mit einem Schlage zumindest in Fachkreisen berühmt. So prägte der Leipziger Völkerpsychologe Wilhelm Wundt etwa den Begriff der «präanimistischen Hypothese» oder gar des «Marettischen Präanimismus». Von diesem Zeitpunkt an war Marett fest in der wissenschaftlichen Diskussion um die Anfänge der Religion und ihre Entwicklung verankert. Auseinandersetzungen mit anderen Autoren und Theorien sowie Erweiterungen und Verfeinerungen des eigenen Ansatzes prägten sein wissenschaftliches Werk für die nächsten Jahrzehnte.

Maretts Karriere führt ihn nicht nur thematisch, sondern auch institutionell immer mehr in die Ethnologie. Er ist eine treibende Kraft bei der Institutionalisierung eines Diplomstudiengangs in Anthropologie an der

Universität Oxford. Und als Tylor, der keinen Lehrstuhl für Anthropologie innehatte, sondern lediglich Titularprofessor war, schließlich in den Ruhestand tritt, wird Marett 1910 sein Nachfolger als University Reader in Social Anthropology. Er hielt diese Position bis 1936. Während des Ersten Weltkrieges dient Marett als Präsident der Folk-Lore Society. 1914 reist er als Protokollführer der British Association zu deren Treffen nach Australien, wobei ihn als Sekretär Bronislaw Malinowski begleitet.[4] Die wissenschaftlich innovative Schaffensphase Maretts wird teilweise durch den Weltkrieg unterbrochen. Die zahlreichen Schriften der 20er und 30er Jahre bestehen fast ausschließlich in veröffentlichten Vorträgen, die sich an ein breiteres Publikum wenden und die alten Thesen neu aufbereiten, ausweiten und popularisieren. Auch wendet er sich wieder stärker ethischen Fragestellungen zu, obgleich man sagen muß, daß diese sein Denken und Schreiben immer begleitet haben.

Bei einem Großteil der Vorträge handelt es sich um Ehrungen, die Marett zuteil werden. So hält er 1927 die Frazer Lecture in Social Anthropology an der Universität Cambridge, 1929 die Andrew Lang Lecture an der St. Andrew's Universität, 1930 die Lowell Lectures in Boston, 1931–32 und 1932–33 die Gifford Lectures wiederum an der St. Andrew's Universität, 1933 die Donellan Lectures am Trinity College der Universität Dublin und 1939 die Huxley Memorial Lecture. Die Vielzahl der Ehrungen, zu der auch noch zwei Ehrendoktortitel kamen, dokumentiert nicht nur Maretts zeitgenössische Bedeutung. Sie machen zugleich auch klar, daß hier das Lebenswerk eines Mannes gewürdigt, aber nicht mehr ein neuer Impuls erwartet wird. Die Innovation kommt in diesen Jahren schon von Gelehrten einer jüngeren Generation, wie etwa Malinowski, Radcliffe-Brown und deren Schülern.

Obgleich Radcliffe-Brown als erster 1936 auf einen Lehrstuhl für Social Anthropology in Cambridge berufen wurde, war es doch Marett, der diese Funktion tatsächlich als erster ausübte, wenn auch nur für ein Jahr in Vertretung. 1936 erschien eine Festschrift für Marett anläßlich seines 70. Geburtstages, zu der etliche seiner Kollegen sowie Schüler und jüngeren Mitarbeiter Beiträge verfaßten, darunter Henry Balfour, R. S. Rattray, C. G. Seligman, Konrad Theodor Preuss, Dietrich Westermann, A. M. Hocart, Meyer Fortes, Raymond Firth, Christoph von Fürer-Haimendorf und Edward E. Evans-Pritchard.

Marett, der am 18. Februar 1943 in Oxford verstarb, war offenbar ein geschätzter Lehrer. Er selbst war jedoch besonders stolz darauf, daß unter seinen erfolgreichen Studenten Frauen in gleicher Anzahl vertreten waren wie Männer.[5] Die nationale wie internationale Bedeutung Marett's wird am besten durch die vielen persönlichen Kontakte dokumentiert, die er zu angesehenen Kollegen auf der ganzen Welt unterhielt, darunter H. Bergson, F. Boas, A. Einstein, A. Goldenweiser, H. Hubert, W. James, C. Kluckhohn, A. L. Kroeber, L. Lévy-Bruhl, R. Lowie, M. Mauss,

G. Santayana und E. Sapir.[6] Marett war ganz offensichtlich ein international geschätzter und respektierter Gelehrter sowie ein weltoffener, liberaler Mann.

II. Werk

Wie jedes wissenschaftliche Werk hat sich auch das von R. R. Marett über die Jahrzehnte hin verändert. Von den ersten Gelegenheitsrezensionen der 1890er Jahre bis zu den auf Vorlesungen beruhenden Büchern der 1930er Jahre, die die Summe seiner Religionstheorie und Philosophie darstellen, führt ein weiter Weg. Insofern wäre es problematisch, sein Werk zusammenzufassen, ohne dessen interne Entwicklung zu berücksichtigen. Kein wissenschaftliches Werk ist aus einem Guß, ohne Modifikationen, Revisionen oder innere Widersprüche. Ohne die späteren Schriften abwerten zu wollen, kann man jedoch mit einiger Berechtigung feststellen, daß Maretts entscheidende Thesen, denen er seine religionswissenschaftliche Bedeutung verdankt, der Zeit bis zum Ersten Weltkrieg entstammen. Die späteren Schriften setzen das Vorkriegswerk wesentlich fort und verlagern teilweise den Akzent. In ihrem Stil wie auch ihrer Terminologie kommt Marett's Bemühung zum Ausdruck, seine Religionstheorie einem breiteren Publikum zugänglich zu machen.[7] Setzt man den Schwerpunkt jedoch auf die Wirkungsgeschichte und die innovativen Impulse der Marettschen Religionstheorie, so erscheint es mir legitim, mich im folgenden wesentlich auf die Schaffensperiode zwischen 1900 und 1916 zu konzentrieren.[8]

Marett's religionswissenschaftliche Schriften sind eingangs geprägt einerseits von seiner klassisch-philosophischen Ausbildung und einem damit verbundenen zentralen Interesse an ethischen Fragestellungen, sowie andererseits von der Auseinandersetzung mit den beiden großen Figuren der britischen Religionsethnologie, Edward Tylor und James Frazer, sowie in geringerem Maße mit dem Querdenker Andrew Lang. Es ist bemerkenswert, daß Marett trotz seiner regen öffentlichen Kritik an diesen drei älteren Gelehrten mit allen freundschaftlich verbunden blieb. Wichtige Impulse zur Weiterentwicklung seiner Theorien und Konzepte entnimmt Marett dann, als gründlicher Leser der *Année Sociologique,* Durkheim und seiner Schule sowie Lévy-Bruhl. Darüber hinaus wird er stark von der zeitgenössischen britischen Sozialpsychologie inspiriert, vor allem von William McDougall, der als Mitglied der von der Universität Cambridge organisierten Expedition zur Torresstraße (1898) zusammen mit W. H. R Rivers und C. S. Myers die ersten psychologischen und physiologischen Tests in der Geschichte ethnologischer Feldforschung durchgeführt hatte.[9]

Zum Verständnis des religionswissenschaftlichen Werkes von Marett und seiner Entwicklung skizziere ich zunächst seinen zeitgenössischen Kontext. Maretts Theorien und Konzepte basieren auf einer an Darwin orientierten, naturalistischen und evolutionistischen Anthropologie, die den Fortschrittsgedanken zwar nicht eliminiert, aber doch zumindest im Ansatz funktionalistisch relativiert. Sein Denken entwickelt sich in Auseinandersetzung mit einer Vielzahl zeitgenössischer Theorien, wobei denen von Tylor und Frazer einerseits sowie Durkheim und seiner Schule andererseits die größte Bedeutung zukommt. Deshalb beschreibe ich zunächst, wie sich Marett auf diese Autoren bezieht und sein eigener Ansatz in Abgrenzung gegen sie an Profil gewinnt. Schließlich versuche ich, die Marettsche Religionstheorie in ihren Grundzügen zu skizzieren.

1. Evolution als Grundlage der Anthropologie

Marett's Anthropologie im allgemeinen und seine Religionsethnologie im speziellen basieren ihrem Selbstverständnis nach auf einer an Darwin orientierten, naturalistischen und evolutionistischen Anthropologie.[10] Es sei Aufgabe dieser Anthropologie, die Geschichte der Menschheit zu rekonstruieren, einer Menschheit, die trotz aller Unterschiede der mentalen Verfassung und der Sozialorganisation als eine einheitliche verstanden wird. Die Evolution der Gattung wird dabei unter Zugrundelegung der Darwinschen Hypothese rekonstruiert und interpretiert.

Innerhalb dieser evolutionistischen Grundannahmen vollzieht Marett jedoch einige Klärungen, die über die bestehenden Positionen seiner Zeitgenossen zum Teil hinausgehen, obgleich er in vielerlei Hinsicht ein Schüler Tylor's bleibt. Zum einen trennt er das biologische Prinzip der Evolution vom philosophischen Prinzip des Fortschritts. Zum zweiten identifiziert er die «Wilden» der Gegenwart nicht einfach mit prähistorischen Gesellschaften. Analogien dürften nur mit Vorsicht gezogen werden, da die «Wilden» der Gegenwart als unsere Zeitgenossen eine ebenso lange Geschichtsentwicklung hinter sich haben wie wir selbst. Aber in beiden Punkten ist der Vorstoß Maretts zögerlich und halbherzig. So führt er etwa in Kontinuität mit Tylor den Begriff einer «differentiellen Kulturentwicklung» ein, um die Unterschiede zwischen «Wilden» und «Zivilisierten» zu erklären.

Zwei Grundzüge der Marettschen Anthropologie haben wichtige Auswirkungen auf seine Religionstheorie. Zum einen vertritt er eine psychologische Theorie, die von einer funktionellen Dreiteilung des menschlichen Geistes in Gefühl, Denken und Handeln ausgeht. Der Aufstieg des Geistes vom Gefühl zur Reflexion stellt sich erst durch den Fortschritt der mentalen Evolution des Menschen ein.[11] Diese evolutionspsychologischen Annahmen führen notwendigerweise zur Ablehnung intellektualistischer Theorien über die Religion der «Wilden». «Primitive» Religion werde nicht gedacht, sondern getanzt. Zum zweiten geht Marett davon aus, daß «primitive» Gesellschaften weitestgehend von Sitten und Gebräuchen traditionalistisch beherrscht sind. Mit anderen Worten, auch hier fehlt die

Reflexion. Die Religion und Moralität der «Wilden» ist kollektivistisch und traditionalistisch gebunden, sanktioniert und begründet. Sie ist «mobbish».[12]

2. Maretts Kritik an Tylor

Marett's Beitrag zur Religionstheorie gehört in den Kontext der evolutionstheoretischen Debatte der Jahrhundertwende um die elementaren oder rudimentären Formen von Religion. Sein religionsethnologischer Beitrag richtet sich zunächst gegen die Animismus-These von Edward Tylor. Tylor hatte als eine Minimaldefinition von Religion den Glauben an das Fortleben der Seele nach dem Tode sowie an Geister bis hin zu mächtigen Göttern vorgeschlagen und unter dem Begriff des Animismus zusammengefaßt.

Marett's Kritik an dieser weitgehend akzeptierten These beginnt zunächst ganz harmlos und bescheiden. Zum einen argumentiert er, daß Animismus zwar ein Grundzug elementarer Religionen sei, aber bestimmte, gleichermaßen elementar-religiöse Phänomene nicht einschließe, wie etwa die Scheu vor Tieren, Steinen oder Blut, die für mächtig und belebt, nicht aber für beseelt oder von Geistern bewohnt gehalten werden. Mit anderen Worten, Marett kritisiert Tylor's Religionsdefinition implizit dafür, daß sie Phänomene des «Totemismus» und «Fetischismus» ausschlösse. Empirisch stützt sich Marett dabei, wie viele zeitgenössische Religionswissenschaftler, vor allem auf die Feldforschungen des Missionars R. H. Codrington in Melanesien.[13]

Zum anderen kritisiert er die Animismus-These als anachronistisch aus evolutionstheoretischer Sicht. Die elementare Religion kann nicht auf rationalistischer Spekulation beruht haben, da diese selbst erst Produkt des Evolutionsprozesses sei. Religion sei zunächst eine emotionale, affektive Reaktion auf die Erfahrung ehrfurchtgebietender Mächte. Zwar kann es sich bei solchen Mächten im Sinne von Tylors Animismus um persönliche Seelen oder Geister handeln, aber genauso um unpersönliche Kräfte wie Unwetter, Erdbeben etc., wofür dann insgesamt der Begriff des Animatismus besser angebracht sei. Jedoch sei der ganze intellektualistische Ansatz verfehlt; denn bei der Religion auf der Stufe der «Wilden» handele es sich nicht um eine intellektuelle, sondern um eine primär emotionale Reaktion.

3. Maretts Kritik an Frazer

Mit der Kritik an der Animismus-Theorie Tylors war der Grundstein für weitere Revisionen der herkömmlichen Religionstheorie gelegt. Als nächster kam Frazer 1904 an die Reihe.[14] Gegenüber Tylor habe Frazer zwar einige Fortschritte gemacht, jedoch seien zwei Aspekte unhaltbar. Zum einen verharre auch er in intellektualistischer Spekulation über die Anfänge der Religion, wobei er eine veraltete Psychologie zugrunde lege. Zum anderen trenne er Religion und Magie, wobei er Magie in Analogie zur Wissenschaft als – freilich irregeleitetes – Studium von Naturkräften und der Suche nach Gesetzmäßigkeiten deute.

In der zweiten Auflage des *Golden Bough* hatte Frazer eine evolutionstheoretische Erklärung von Religion und Magie gegeben. Er hatte argumentiert, daß die Magie eine frühere evolutionäre Stufe des Denkens darstelle als Religion. Ursprünglich herrschte magisches Denken vor, das versuchte, nach Art unserer Naturwissenschaften unpersönliche Kräfte in ihrer Gesetzmäßigkeit zu erkennen und zu manipulieren. Als sich jedoch «wacheren» Geistern die Unwirksamkeit magischer Praktiken erwies, wurde Magie durch Religion und den Glauben an persönliche Mächte ersetzt. Mit anderen Worten, Religion entsteht nach Frazer durch Falsifikation von Magie.

Marett kritisiert an diesem Schema die scharfe Trennung zwischen Magie und Religion sowie die dieser zugrundeliegenden rationalistischen Assoziationspsychologie. Die Konstruktion von Magie als Pseudowissenschaft basiert auf einer Verwechslung des Standpunktes des Beobachters mit dem der Beobachteten. Es sei ein kruder Anachronismus, den «Wilden» eine Position zu unterstellen, die wir in ihrer Situation vermeintlich eingenommen hätten. Frazer, wie schon Tylor vor ihm, argumentiere auf der Grundlage einer veralteten Psychologie, welche die emotionale Seite außer acht lasse.

Zum zweiten könne man zwar zwischen Magie und Religion unterscheiden, man sollte sie jedoch nicht voneinander trennen. Vielmehr seien beide Ausdruck desselben Versuchs, übermenschliche, ehrfurchtgebietende Mächte, die im Begriff *mana* adäquat Ausdruck fänden, zu beeinflussen oder zu manipulieren. Die Unterscheidung zwischen persönlichen und unpersönlichen Mächten sei oft problematisch und ungeeignet, Magie von Religion zu trennen. Magie und Religion bildeten einen Komplex.

Die Debatte zwischen Marett und Frazer setzte sich 1910–11 anläßlich Marett's Antrittsvorlesung über *The Birth of Humility* fort und erweitert sich zu einem Briefwechsel über das Verhältnis von religiöser Theorie («Dogma»/Mythos) und Praxis («Ritual»).[15] Zentraler Streitpunkt ist neben der generellen Auseinandersetzung über psychologische Grundannahmen die Frage, ob Ritual die Inszenierung eines Dogmas bzw. Mythos darstelle, oder ob umgekehrt diese die nachträgliche Erklärung für ein Ritual darstellten. Dies ist keine banale Frage. Vielmehr hat die jeweilige Antwort weitreichende theoretische wie auch methodische Implikationen. Besitzen Mythos/Dogma als religiöse Theorie Priorität, stehen die kognitiven Dimensionen von Religion theoretisch wie methodisch im Mittelpunkt. Wird dem Ritual als Praxis Vorrang eingeräumt, tritt die detaillierte Analyse ritueller Handlung und Inszenierung in den Mittelpunkt. Während Frazer die erste Position vertritt, bezieht Marett die zweite und beruft sich dabei zu Frazers Verdruß, aber wohl zurecht, auf dessen Lehrer Robertson Smith.

4. Maretts Kritik an Durkheim und seiner Schule

Maretts Kritik an Tylor und Frazer ist zwar häufig von Respektsbezeugungen gegenüber seinen Lehrern begleitet, in der Sache setzt er sich aber klar von ihnen ab. Verglichen damit würdigt er den Beitrag von Durkheim und seiner Schule zur Erneuerung der Religionsanalyse trotz teilweise kritischer Distanz weitgehend positiv. Während Tylor und Frazer ein veraltetes Paradigma repäsentieren, sieht Marett im Kreis um die *Année Sociologique* offenbar Mitstreiter bei der Suche nach einem Neuansatz, die er mit großem Respekt behandelt. So spricht er etwa von Durkheim als einem «Meister», von der Schule Durkheims und seinen «brillianten Kollegen der *Année Sociologique*» und von Marcel Mauss als einem «überaus befähigten und tiefschürfenden anthropologischen Forscher».[16]

Die Affinität Marett's zu Durkheim und seiner Schule ist insofern nicht verwunderlich, als beide von Robertson Smith und seiner Betonung des sozialen Charakters des Opfers sowie des Vorrangs des Rituals vor dem Glauben, der Praxis vor der theologischen Erkärung, wesentlich beeinflußt waren. Seine erste Begegnung mit der Durkheim-Schule hatte Marett in Form der Magietheorie von Hubert and Mauss (1902–1903).[17] Wie Marett selbst in seinem «Pre-Animistic Religion» (1900) und noch stärker in seinem «From Spell to Prayer» (1904), stellten auch diese, ebenfalls von Codrington inspiriert, den Begriff *mana* in den Mittelpunkt ihrer Analyse der Magie. Marett gibt neidlos zu, wieviel detaillierter und komplexer die Analysen von Hubert und Mauss sind. Zugleich aber insistiert er auf der zeitlichen Priorität seiner These. «Both of us undoubtedly hit the same bird, and theirs was the heavier shot; but I fired first.»[18] Fasziniert durch die partielle Parallelität ihrer Ansätze, wird Marett etwa seit 1905 ein aufmerksamer Leser der *Année Sociologique* und zusammen mit Jane Harrison in Cambridge einer der bedeutendsten Anglisierer Durkheimscher Ideen, die aber erst später vor allem durch Radcliffe-Brown verbreitet wurden.

Dennoch wird Marett kein unkritischer Anhänger Durkheims, sondern setzt sich in zentralen Punkten deutlich von der Durkheim-Schule ab. So kritisiert er den sozialmorphologischen Ansatz wegen seines sozialen Determinismus, der die Dialektik von Freiheit und Determiniertheit menschlichen Handelns aufhebe und Individualität ignoriere. Während die britische Anthropologie zu sehr individualpsychologisch argumentiere, sei die Durkheim-Schule ins gegenteilige Extrem verfallen. Die Durkheimsche Soziologie sei nicht nur übermäßig objektivistisch und deterministisch, sie verfahre auch bezüglich ihrer Annahme eines enormen Grades sozialer Homogenität und Integration unrealistisch. Gesellschaftliche Kommunikationsprozesse stellten einen weitgehend unvollständigen, widersprüchlichen und heterogenen Prozeß dar, der zwischen öffentlicher Veranstaltung und babylonischer Sprachverwirrung oszilliere. Sie verliefen insgesamt so undurchsichtig, daß man keinesfalls mit Konzeptionen wie Kollektivbewußtsein arbeiten könne.

Marett kritisiert auch Durkheims Methode, wie er sie in *Les formes élémentaires de la vie religieuse* verwandt hatte. Durch die Fusion von australischem Totemismus mit elementarer Religion sei Durkheim weder dem Totemismus gerecht geworden noch der Religion. Denn zum einen habe er die Spezifität des australischen Totemismus aufgrund seiner religionstheoretischen Absicht nicht adäquat behandelt, zum anderen habe seine Religionstheorie Schlagseite, da sie auf einem singulären Fall aufbaue. Methodisch, aber auch theoretisch, gibt Marett Lévy-Bruhl den Vorzug, da dieser seine theoretischen Ausführungen auf komparativen kulturvergleichenden Studien aufbaut. Generell scheint sich seine Begeisterung für Durkheim im Verlauf der Zeit etwas abgekühlt zu haben, zumal dieser in *Les formes élémentaires de la vie religieuse* wenig mehr als eine Fußnote auf ihn verwendet. Doch trifft Marett mit seinen beiden zentralen Vorbehalten durchaus wichtige Punkte der zeitgenössischen wie späteren Kritk an Durkheim.

5. Maretts Religionstheorie

Marett's wissenschaftsgeschichtliche Bedeutung liegt nicht nur in seiner oftmals berechtigten Kritik an anderen Theorien, sondern vor allem in seinem eigenen Versuch, die Religionstheorie seiner Zeit weiterzuentwikkeln. Bedeutend ist daran seine Synthese von britischer und Durkheimscher Sozialanthropologie sowie seine Versöhnung von Soziologie und Sozialpsychologie. Seine Schriften stellen diesbezüglich einen Übergang vom klassischen Evolutionismus zum Funktionalismus dar, wie er vor allem von Malinowski später vertreten wurde. Ich will im folgenden versuchen, zentrale Elemente von Maretts Religionstheorie in einer relativen systematischen Geschlossenheit zu präsentieren. Dazu fasse ich sie in den folgenden Thesen zusammen.

Nach Marett lassen sich zwei Dimensionen menschlicher Erfahrung unterscheiden, alltägliche und außeralltägliche Erfahrungen. Das Alltägliche ist das Vertraute, Normale, Vorhersehbare und Kontrollierbare, das Außeralltägliche ist die Krise: Hunger, Krankheit, Krieg, Geburt und Tod, kurz das Unerwartete, Unbekannte, Gefährliche, Lebensbedrohliche. Die psychologischen Grundlagen von Religion lägen in solchen Krisenerfahrungen.[19]

Das Außeralltägliche, das sich der «normalen» Beherrschung durch den Menschen entzieht, wird überdurchschnittlichen, übermenschlichen oder gar übernatürlichen Mächten zugeschrieben bzw. als Begegnung mit solchen Mächten erfahren.

Die existenzielle Dimension des Außeralltäglichen läßt sich in der «Mana-Tabu-Formel» erfassen. Das Außeralltägliche als Erfahrung oder

Begegnung mit einer übermenschlichen Macht ist im Begriff *mana* ausgedrückt, der Aspekt von Scheu, Furcht und Notwendigkeit der Kontaktvermeidung aufgrund der Gefahr im Begriff *tabu*. Für Marett umfaßt das Begriffspaar *mana-tabu* am besten den Kern von Religion.[20]

Psychologisch läßt sich der Prozeß religiöser Erfahrung in zwei Stadien unterteilen. Zunächst führt die Machterfahrung zu Demut und Erniedrigung. Doch dies stellt nur die erste Phase der Begegnung dar. Danach führe diese Begegnung mit übermenschlicher Macht aus der Depression heraus und zur Revitalisierung des Menschen. Insofern diene Religion letztlich der emotionalen Krisenbewältigung und resultiere in Lebensbejahung. Hier folgt Marett eng der Sozialpsychologie von McDougall.

Die Bewältigung von Krisen wird jedoch nicht von jedem Individuum neu gestaltet, sondern wird in allen Gesellschaften organisiert, reguliert und konventionalisiert bzw. traditionalisiert. Mit anderen Worten, die «existenzielle Situation» wie auch deren Bewältigung ist immer schon eine kulturell und sozial geformte.

Diese Konventionalisierung der religiösen Erfahrung hat zwei miteinander verbundene Seiten. Zum einen werden erfolgreiche Praktiken der Kommunikation mit diesen Mächten, deren Manipulation oder der Selbstermächtigung fixiert, stereotypiert und routinisiert. Mit anderen Worten: sie werden zum Ritual. Zum anderen erlangen bestimmte Personen privilegierte Positionen in solchen Ritualen. Die Ausübung solcher Funktionen erfordert oftmals von den Akteuren selbst übermenschliche Kräfte, die es ihnen erlauben, sich überhaupt der ansonsten in der Regel tödlichen Begegnung mit diesen Mächten auszusetzen. Insofern basiert zumindest in «primitiven» Gesellschaften politische Herrschaft auf dem Glauben an den Besitz übermenschlicher Kräfte auf Seiten herausragender Individuen oder Kategorien von Menschen.

Religion und Magie basieren nicht auf unterschiedlichen psychologischen Erfahrungen und lassen sich auch nicht anhand kognitiver Kategorien unterscheiden, etwa ob es sich um einen Glauben an persönliche oder unpersönliche Mächte handele. Der wesentliche Unterschied liege in der sozialmoralischen Bewertung verschiedener Praktiken. Alle Gesellschaften unterschieden zwischen sozial förderlichen und legitimen sowie anti-sozialen und illegitimen Praktiken. Bei den erstgenannten handelt es sich um Religion, bei den letztgenannten um Magie.

Im Verlauf der religiösen Evolution vollzieht sich eine weitgehende Ethisierung von Religion. In früheren Entwicklungsstadien fehle diese Dimension zwar nicht völlig, da sie letztlich auf der universalen Demutserfahrung beruhe. Dennoch bildeten sich religiöse Ethiken im eigentlichen Sinne erst mit zunehmender Freisetzung der Reflexion und Individualisierung aus. Dazu müßten jedoch zuerst die Fesseln der Tradition und Konvention sowie deren religiöse Sanktionierung gebrochen werden.

III. Wirkung

Wie schon eingangs erwähnt, hatte Maretts Werk internationale Ausstrahlung und wurde weithin zitiert. Nur selten wurde dem Werk aber als ganzem in seiner Entwicklung und Differenziertheit Aufmerksamkeit geschenkt, sondern eher einzelnen Theoremen oder auch nur Schlagworten. Dennoch befanden sich unter Maretts Zeitgenossen und Kollegen einige «echte» Marettianer. In Deutschland zählte zu diesen vor allem der in Berlin lehrende Ethnologe Konrad Theodor Preuss. Preuss wie auch Wilhelm Wundt haben jedoch beide Maretts eigene Präzisierung seiner Präanimismus-These zu einer Animatismus- bzw. Dynamismus-These nicht mitvollzogen, sondern Magie und Religion wie auch den Glauben an zunächst unpersönliche und dann erst persönliche Mächte als Stadien getrennt. Die zahlreichen berechtigten Kritiken an dieser Version der Präanimismus-These, etwa von F. R. Lehmann, Paul Radin und H. Philsooph, treffen im Grunde Marett selbst nicht.

Der schwedische Religionswissenschaftler Nathan Söderblom, der von 1912–14 als Professor in Leipzig lehrte, stand in regem intellektuellen Austausch mit Marett. Beide gingen – ob zurecht sei dahingestellt – von einer weitgehenden Übereinstimmung ihrer Ideen aus. Dies trifft, trotz gelegentlicher terminologischer Überschneidungen, nicht oder doch nur sehr begrenzt auf «phänomenologische» Ansätze zu, wie die von Rudolf Otto oder Gerardus van der Leeuw, obgleich Marett auch hier selbst in seinen Spätschriften eine gewisse Affinität konstatiert.[21] Wenn aber nach Otto vor allem Marett «der Sache auf Haaresbreite» nahekomme[22], so trifft dies lediglich partiell auf die Anerkennung irrationaler Dimensionen in der Konstituierung von Religion sowie auf die Betonung religiöser Erfahrung zu. Ansonsten bestehen wesentliche Differenzen zwischen diesen beiden Theorietraditionen, die ich weiter unten noch kurz skizzieren werde.

Während der Einfluß der Durkheim-Schule auf Maretts spätere Ausformung seiner Religionstheorie nicht unbeträchtlich ist, kann Umgekehrtes für die Gruppe um *L'Année Sociologique* nicht behauptet werden. Durkheim bezieht sich zwar sowohl auf Marett wie auf das *mana*-Konzept. Doch stützt er sich dabei auf die Magietheorie von Hubert und Mauss sowie auf Codrington und andere, nicht aber auf Maretts *mana-tabu*-Formel oder Präanimismus-These. Vielmehr mißinterpretiert er Maretts «Präanimismus», wie schon Preuss und Wundt, im Sinne eines evolutionären Stufenmodells. Darüber hinaus identifiziert Durkheim *mana,* im Unterschied zu den ambivalenten Formulierungen bei Codrington und Marett, eindeutig als unpersönliche Macht.

Einen etwas größeren Einfluß hat Marett auf die amerikanische Kulturanthropologie sowie die britische Sozialanthropologie ausgeübt. Zumindest vorübergehend haben seine Thesen Spuren im Frühwerk von Bronislaw Malinowski hinterlassen, der ja gegenüber psychologischen Erklärungen recht aufgeschlossen war.[23] Und in den USA hat sich etwa Robert Lowie positiv auf Marett bezogen.[24]

In religionswissenschaftlichen Debatten der letzten Jahrzehnte spielt Marett so gut wie keine Rolle mehr, wofür es auch gute Gründe gibt. So hat er Religion weitgehend aus einer Perspektive thematisiert, die aus heutiger Sicht hoffnungslos überholt und inakzeptabel ist. Seine Fragestellung beruht auf dem unerschütterlichen Glauben, daß der westlich-zivilisierte, protestantische Mensch die Krone der Schöpfung bzw. den Höhepunkt der Evolution verkörpere. Seine religionstheoretischen Annahmen und Konzepte sind durchtränkt von unreflektierten Wertungen, die von einer religiösen Höherentwicklung ausgehen, welche mit zunehmender Rationalisierung, Intellektualisierung und Ethisierung von Religion gleichgesetzt wird. Selbst seine überaus wichtige Betonung der emotionalen Grundlagen von Religion beruht weniger auf einer generellen psychologischen Theorie, als vielmehr auf dem Klischee des irrationalen, von Affekten getriebenen «Wilden», der seine Religion nicht individuell denke, sondern kollektiv tanze.

Eine Vernachlässigung von Marett wäre also überaus verständlich, wenn sich nicht vor allem in Großbritannien in den 1960er und 1970er Jahren eine Diskussion über Magie, Rationalität und Verstehen fremden Denkens entwickelt hätte, die sich unverblümt von Tylor und Frazer herleitet.[25] In diesem Kontext wäre es dann auch angebracht, die teilweise ganz scharfsinnige Kritik Marett's zu berücksichtigen, wie dies als bemerkenswerte Ausnahme J. H. M. Beattie tut.[26]

Doch enthält die Religionstheorie Marett's darüber hinaus Ansatzpunkte, die in der Diskussion des 20. Jahrhunderts ignoriert wurden, weil man sie – aus meiner Sicht zu Unrecht – mit der «Religionsphänomenologie» identifizierte. Religiöse Erfahrung meint bei Marett etwas anderes als in der Tradition von Otto oder van der Leeuw. Für Autoren wie Otto stellt religiöse Erfahrung die Korrespondenz zwischen einer *a priori* gegebenen Dimension der menschlichen Seele und einer *a priori* gegebenen objektiven Existenz des «Heiligen» dar. Sie ist letztlich Virtuosenmystik. Dieser Ansatz verstärkt sich etwa in der Tradition von Eliade zu einer konservativen Kulturkritik der Moderne und einer Glorifizierung des «archaischen» Menschen.

Für Marett hingegen ist religiöse Erfahrung ein sozialpsychologisches Phänomen, das seinen Ursprung – durchaus im Sinne von Hume – in menschlichen Existenzbedingungen hat, wie etwa mangelnder Umweltbeherrschung. Religiöse Erfahrung als «Ehrfurcht» oder «Schaudern» («awe») kann durchaus kulturell künstlich erzeugt werden, wie etwa durch den geheimnisvollen Klang des «bull-roarer». Maretts Begriff der «Ehrfurcht» («awe») ist nicht identisch mit Ottos «tremendum et fascinosum», sondern eine im Sinne des Sozialpsychologen McDougall komplexe Emotion «compound of fear, wonder, and negative self-feeling».[27] Mit William James lehnt Marett auch die Annahme eines spezifisch religiösen Gefühls ab. Nicht ein Gefühl ist spezifisch religiös, sondern religiös kann nur das Objekt sein, auf das sich ein Gefühl bezieht.

Die Entwicklung der Zivilisation macht nach Marett viele Arten sog. «religiöser Erfahrung» überflüssig und anachronistisch, die dann zu Recht als Magie, Zauberei, Aberglaube oder Ritualismus disqualifiziert würden. Nur Ethik und moralische Ordnung bleiben als legitime Religion übrig. Im Unterschied zu einigen Vertretern der «phänomenologischen» Religionswissenschaft findet man bei Marett eine emphatische Bejahung des Entzauberungs- und Zivilisationsprozesses. Hier ist Marett dem freilich skeptischeren und eher pessimistischen Weber weitaus ähnlicher als einem Otto oder Eliade. Mit Weber verbindet ihn auch dessen um den Charisma-Begriff kreisende Religions- und Herrschaftstheorie. Auch dies ist kein Zufall, da Weber der Charisma-Begriff explizit als Alternative zu Begriffen wie *mana*, *orenda* oder *maga* dient.[28] Eine systematische Verknüpfung von Elementen der Theorien Max Webers und R. R. Maretts scheint mir deshalb nicht nur möglich, sondern auch vielversprechend.

Hans Waldenfels

WILHELM SCHMIDT
(1868–1954)

I. Leben

Der spätere Ethnologe und Religionshistoriker Wilhelm Schmidt wurde am 16. Februar 1868 in Hörde, einem heutigen Vorort von Dortmund, geboren. Der Pfarrer seiner Heimatgemeinde sah in ihm einen zukünftigen Priester. Doch schlug er ihm nach Beendigung der Volksschule nicht vor, sich für das Theologiestudium in Paderborn vorzubereiten; vielmehr schickte er ihn nach Steyl, wo die neugegründete Missionsgesellschaft der Steyler Missionare einen Ausbildungsgang eingerichtet hatte, auf dem zukünftige Kandidaten für das Ordensleben in der Mission zum Abitur geführt werden konnten. Der Missionsorden mit dem offiziellen Namen *Gesellschaft des Göttlichen Wortes* (lat. Societas Verbi Divini = SVD) war 1875 als erste deutsche Missionskongregation von Arnold Janssen gegründet worden, konnte sich aber während des Kulturkampfes nicht in Deutschland selbst entfalten, so daß die Zentrale nicht weit von der deutschen Grenze im holländischen Steyl an der Maas entstand. Schmidt bat hier 1883 um Aufnahme und trat nach Abschluß seiner Reifeprüfung 1888 in den Orden ein, machte sein zweijähriges Noviziat und anschließend sein achtsemestriges theologisches Studium. Am 22. Mai 1892 wurde Schmidt in Steyl zum Priester geweiht.

Nach einem kurzen Zwischenaufenthalt im neueröffneten Missionshaus Heiligkreuz in Neisse/Schlesien widmete er sich von 1893–1895 orientalischen Sprachstudien sowie dem Studium der islamischen Theologie am Orientalischen Seminar der Universität Berlin. Sein Lehrer, Professor M. Hartmann, war so von ihm angetan, daß er ihn für die Herausgabe einer umfassenden Buchreihe über den islamischen Orient zu gewinnen suchte. Daraus wurde jedoch nichts, weil die Ordensoberen Schmidt für eine Professur im österreichischen Ausbildungshaus des Ordens, St. Gabriel in Mödling bei Wien, bestimmten. Wien wurde daher in der Folgezeit der Ort, von dem aus Schmidt seine Aktivitäten entwickelte, so daß die von ihm später begründete Richtung der Ethnologie auch als *Wiener Schule* bezeichnet wird.

Wie vielfach in Ordensgemeinschaften üblich, war die Tätigkeit Schmidts anfangs eher von äußeren Anlässen bestimmt. In St. Gabriel wurde er zunächst als Lehrer für Griechisch, dann auch Hebräisch, zudem für Rhetorik eingesetzt. Zeitweilig gab es den Plan, ihn als Wissenschaftler nach Palästina zu schicken; der Plan zerschlug sich. 1896 begann die mis-

Wilhelm Schmidt (1868–1954)

sionarische Tätigkeit des Ordens in Papua-Neuguinea, die nicht zuletzt das Interesse Schmidts an einer für ihn völlig neuen Sprachwelt weckte. Noch wichtiger aber war für Schmidts Zukunft, daß er mit einer Reihe von Wiener Orientalisten und Ethnologen in Berührung kam, die ihn in seinen eigentlichen Interessen förderten. Das wiederum wurde zum Anlaß dafür, daß Schmidt seine Aufmerksamkeit vom Vorderen Orient auch auf die Sprachen der Völker anderer Länder, vor allem Afrikas und Polynesiens sowie Melanesiens ausdehnte. Er machte sprachvergleichende Studien, die schon bald Beachtung in den wissenschaftlichen Kreisen Wiens fanden, in der Kaiserlichen Akademie der Wissenschaften ebenso wie in der Wiener Anthropologischen Gesellschaft. Die frühe Anerkennung, die ihm hier zuteil wurde, führte dazu, daß Schmidt – wie andere seiner Mitbrüder – 1902 die österreichische Staatsangehörigkeit annahm. Im übrigen ist aber zu beachten, daß Schmidt seinen wissenschaftlichen Weg nicht über die universitäre Ausbildung, sondern letztlich als Autodidakt fand.

In der Folgezeit besorgte Schmidt die Gründung einer «Zeitschrift für Völkerkunde und Sprachwissenschaft», deren erste Nummer 1906 unter dem Namen *Anthropos* erschien. Die Publikation erlangte schon bald einen hohen wissenschaftlichen Rang und wird heute nach vielen zeitbedingten Wechselfällen in St. Augustin bei Bonn veröffentlicht. Maßgeblich wurde für die wissenschaftliche Zukunft Schmidts aber dann seine Beschäftigung mit dem Ursprung der Gottesidee in den Völkern, über die er erstmals auf einer Jahresversammlung der Görres-Gesellschaft in Bonn am 27. September 1906 unter dem Thema *Der Entwicklungsgedanke in der Religionswissenschaft* referierte. Der Vortrag wurde zum Ausgangspunkt für ein am Ende zwölfbändiges Werk mit dem Titel *Der Ursprung der Gottesidee*, dessen Bände zwischen 1926 und 1955 in lockerer Folge erschienen. Interessanterweise wurde der erste Band 1908 zunächst in französischer Sprache veröffentlicht, ehe er 1912 auch in deutscher Sprache herauskam. In diesem Band kündigte Schmidt empirische Einzelstudien zu einzelnen Völkern an. Zwischen Ankündigung und Verwirklichung des Plans lag der 1. Weltkrieg, so daß von 1926 an zunächst der 1. Band erneut in einer erweiterten und überarbeiteten Ausgabe und dann die weiteren Bände erschienen.

Die Verifizierung seiner Entwicklungstheorie suchte Schmidt in der Folgezeit einmal auf dem Weg empirischer Studien, sodann theologisch durch eine Verankerung in der Lehre von der Uroffenbarung zu erreichen. Eine Schwäche des Verfahrens war es sicherlich von Anfang an, daß Schmidt, abgesehen von seiner Ostasienreise im Jahre 1935, die ihn über die USA nach Japan und China führte, niemals für längere Zeit außerhalb Europas leben konnte und somit auch nicht zu eigenen Feldstudien gekommen ist. Statt dessen nahm ihn die wissenschaftspolitische Szene Europas in hohem Maße in Anspruch. So war er in den Jahren 1910 bis 1913 in Münster und Hamburg involviert, als Regierungskreise ihr Interesse kundtaten, daß in missionswissenschaftlichen Vorlesungen dem deutschen Kolonialwesen der gebührende Tribut gezollt werde. In Münster wurden unter J. Schmidlin (1876–1944) entsprechende Vorlesungen und in der Folgezeit der erste katholische Lehrstuhl für Missionswissenschaft eingerichtet. In Hamburg ging es um eine missionswissenschaftliche Vertiefung des Ausbildungsgangs am dort 1908 gegründeten Kolonial- und Tropeninstitut. Zu einem persönlichen Wechsel Schmidts an einen der beiden Orte kam es jedoch nicht.

Zu den erwähnenswerten Ereignissen der folgenden Jahre gehörte die Veranstaltung religionsethnologischer Wochen, die erstmals 1912 in Löwen und bis 1929 fünfmal in verschiedenen europäischen Städten stattfanden. Von 1921 an war Schmidt auch als Dozent an der Wiener Universität im Bereich der Ethnologie tätig. Er wirkte an der Gestaltung der von Pius XI. gewünschten vatikanischen Missionsausstellung 1924/25 mit und war dabei der Leiter der ethnologischen Abteilung. In deren Folge entstand unter seiner Mitwirkung das Päpstliche Missionsethnologische Museum im Lateranpalast in Rom, dessen Direktor Schmidt bis 1938 war. Schließlich kam es Ende 1931 zur Gründung des Anthropos-Instituts in Mödling; wieder war Schmidt der erste Direktor.

Schmidts römische Kontakte waren auch mit ein Grund dafür, daß mit ihm Ideen wie die Gründung einer katholischen Universität in Salzburg, aber auch Universitätsgründungen in Asien besprochen wurden. Wie schon erwähnt, konnte Schmidt in diesem Zusammenhang eine Reise nach Japan und China unternehmen. Nach dem Anschluß Österreichs an Deutschland wurde 1938 das Anthropos-Institut in die Schweiz, in die Nähe von Fribourg in das Château de Froideville, verlegt. Bis 1948, von 1941 an als Ordinarius für Ethnologie in der Philosophischen Fakultät der Universität Fribourg, war Schmidt fortan in der Schweiz tätig. Hier erhielt das Institut mit einem Team von anerkannten Wissenschaftlern, vor allem P. Schebesta, G. Höltker, W. Koppers und J. Henninger, sein eigentliches Profil. Die letzten Jahre W. Schmidts waren überschattet vom Tribut, den auch dieser Gelehrte nicht zuletzt seinem hohen Alter zollen mußte. Er starb am 10. Februar 1954 in Fribourg, wurde aber in St. Gabriel in Mödling beigesetzt.

II. Werk

1. Hinführung

Die wissenschaftliche Bedeutung W. Schmidts ist einmal zugänglich in den großen Werken, die er hinterlassen hat. Sie ergibt sich aber auch aus den zahlreichen Anregungen, die aus seinem ethnologischen Vorgehen resultieren und nicht nur in seinem eigenen Orden und in anderen kirchlichen Missionsinstituten ihre unübersehbaren Spuren hinterlassen haben, sondern bis in die wissenschaftliche Fachwelt Anstoß selbst da geblieben sind, wo sie kritisiert wurden. Dabei geht es besonders um folgende Anstöße: das Wissen um die Bedeutsamkeit der Sprachen für die Erkenntnis von Völkern und Kulturen und dementsprechend den Sprachenvergleich, die Weiterentwicklung der Kulturkreislehre, seinen Ansatz bei den sogenannten Primitivvölkern, schließlich das Ringen um die ursprüngliche Gottesidee.

Methodisch zeigt sich bei W. Schmidt eine starke Verbindung von konstruktiv-synthetischer Theoriebildung und gleichzeitiger Bemühung um eine empirisch-historische Verifizierung der vorangestellten Hypothesen und Theorien. Das formale Koordinatensystem von Theoriebildung und Praxiserprobung erhält seine inhaltliche Ausrichtung einmal aus den persönlichen Verankerungen Schmidts, sodann aber auch aus den zeitgeschichtlichen Denkströmungen.

Schmidt steht als Priester und Mitglied eines Missionsordens im Dienste der Kirche und der weltweiten Verbreitung ihrer Botschaft. Von da aus ergibt sich von selbst ein theologisches Grundinteresse, verbunden mit dem Willen, den christlichen Glauben daheim und in der ganzen Welt zu rechtfertigen. Ein zentrales Problemfeld ist dabei die Frage nach der Begründung des Gottesglaubens bzw. nach der Herkunft der Gottesidee. Dem widerspricht nicht, daß Schmidt sich zeit seines Lebens als Wissenschaftler verstanden hat und folglich seinen Thesen eine wissenschaftlich gültige Fundierung zu geben suchte.

Zum zeitgenössischen Rahmen seines Denkens gehören die Hinwendung zur Geschichte sowie die Überzeugung von einer (mehr oder minder) geradlinigen Entwicklung der Geschichte im Sinne des neuzeitlichen Fortschrittsglaubens. In diesem Sinne war er von der Evolution überzeugt, wenngleich er kein Vertreter des Evolutionismus war.

2. *Gottesidee*

Zugänge zur Klärung der Herkunft der Gottesidee gibt es im wesentlichen zwei: den religionsphilosophischen und den religionsgeschichtlich-empirischen. Schmidt wählte im Anschluß an L. von Schroeder, A. Lang u. a. zunächst den empirischen Weg und meinte, den Glauben an ein Höchstes Wesen bis in die Ursprünge der Menschheit zurückverfolgen und durch das Studium der Naturvölker belegen zu können.

Das Programm seines Studiums ist aus der Anordnung seines Werkes *Der Ursprung der Gottesidee* gut zu erkennen. Der 1. Band enthält einen Rundblick auf die vorhandenen Schulen und die wichtigsten Beiträge aus Anthropologie, Religionsgeschichte und Theologie. In den folgenden Bänden legt Schmidt dann die Ergebnisse seiner Forschungen zur Religiosität der ethnischen Gruppen und Stämme in den fünf Kontinenten vor. Jeder Band beginnt mit einer Nennung der benutzten Materialquellen und einer kurzen Einleitung. Es folgt die Beschreibung der geographischen, gesellschaftlichen, ökonomischen und kulturellen Eigentümlichkeiten, so daß der Leser das Umfeld der Fragestellung kennenlernt. Den Hauptteil des jeweiligen Bandes bildet dann die Darstellung des Höchsten Wesens, der mit ihm verbundenen Vorstellungen, seines Namens, seines Ortes, seiner Qualität und seiner Funktionen. Schmidt spricht aber auch von den anderen höheren Wesen, von den Mythen über den Ursprung der Welt und der Menschen, über Gebet und Opfer, über die Bedeutung der Magie und des Schamanismus, über den Tod, das Begräbnis, die Auffassung der Seele und das Jenseits, über Ritus, Kult und Feste.

Beachtet man, daß es Schmidt darum geht nachzuweisen, daß es zwischen den verschiedenen Kulturen und ihren Religionen eine ursprüngliche Einheit gibt, so ist es verständlich, daß er bei aller Betonung der Unterschiedlichkeiten doch stärker auf den gemeinsamen Zügen zwischen den Kulturen und Religionen besteht. Der bleibende Wert der Bände liegt denn auch vor aller Kritik an der These Schmidts in der Zusammenstellung der eigenen Studienergebnisse, mehr vielleicht noch in der Verarbeitung jenes reichhaltigen Materials, das ihm zahlreiche Missionare und Mitarbeiter aus den verschiedenen Teilen der Welt zusammengetragen haben und das weniger aus literarischen Zeugnissen als aus solchen mündlicher Überlieferungen besteht.

In der Stärke des Werkes liegt freilich auch seine Schwäche. Gerade wenn es um die Rückfrage nach den Anfängen eines Volkes, einer Kultur und einer Religion geht, stellt sich sehr bald die Frage, wie man weiterkommen will, wenn die historischen Anfänge sich im Prähistorischen verlieren. Zwar spielt in allen Bänden die Gottesidee eine Rolle, doch ihr wirklicher Ursprung entzieht sich letztendlich der historischen Forschung. Damit ist die Urreligion am Ende doch das Ergebnis einer versuchten Rekonstruktion.

Diese Rekonstruktion – Schmidts «Endsynthese» – findet sich bereits im 6. Band seines Werkes. Sie läßt sich in folgende Etappen zusammenfassen: «1) Aus dem Vergleich der afrikanischen Pygmäen mit den asiatischen ergibt sich eine Religion der pygmäischen Urkultur. 2) Der Vergleich der arktischen Urkultur mit der nordamerikanischen ergibt die Religion der arktisch-nordamerikanischen Urkultur. 3) Der Vergleich dieser arktisch-nordamerikanischen Urkultur mit der der Feuerland-Indianer ergibt die Religion der arktisch-amerikanischen Urkultur. 4) Der Vergleich dieser arktisch-amerikanischen Urkultur mit der zuerst genannten pygmäischen Urkultur führt dann zu einer noch älteren gemeinsamen Urkultur. 5) Diese rekonstruierte (Urkultur – H. W.) wird dann verglichen mit der der australischen Urvölker, woraus sich die älteste gemeinsame Kultur und Religion der Menschheit ergibt.»[1]

Führt diese Rekonstruktion zur ältesten gemeinsamen Religion der Menschheit, so stellt sich doch erneut die Frage nach dem Ursprung. Hier wechselt Schmidt zunächst in die Philosophie, sodann in die Theologie. Denn selbst wenn der Mensch mit seiner Warum-Frage im Sinne der von Aristoteles inspirierten Scholastik zu einem Erstbeweger gelangen kann, ist damit der Ursprung der Religion noch immer nicht erklärt. So macht Schmidt hier den Sprung in die Theologie, indem er als Letzterklärung auf das Theologoumenon der *Uroffenbarung* zurückgreift, nach dem Gott sich dem Menschen im Urzustand in personaler Weise mitgeteilt hat bzw. ihm begegnet ist.

3. Kultur- und Sprachenkreise

Abgesehen von seinem genannten Standardwerk, läßt sich die von Schmidt gewählte Methodik an zwei anderen Werken festmachen: *Die Stellung der Pygmäenvölker in der Entwicklungsgeschichte der Menschen* (Stuttgart 1910) und *Die Sprachfamilien und Sprachenkreise der Erde* (Heidelberg 1926). Insofern es Schmidt aus seiner Interessenlage heraus um die Anfänge der Menschheit ging, war es ihm früh einsichtig, daß nicht die aktuell bestehenden Religionen, die die Religionsgeschichte vorrangig beherrschen, die erste Aufmerksamkeit verdienen, sondern die Religionen der sogenannten primitiven Völker. Deshalb wandte er sich schon früh den Pygmäen zu, zumal er davon überzeugt war, daß sich in deren körperlicher Kleinwüchsigkeit genauso wie in deren moralischem Verhalten, etwa der altruistischen Sorge für die Alten, Kranken und Schwachen, der offensichtlich monogamen Familiengestaltung, sodann im Glauben an ein Höchstes Wesen eine kindlich-einfache Stufe der Menschheitsentwicklung widerspiegelt. Konsequenterweise suchte Schmidt die Pygmäenforschung zu fördern und, soweit möglich, mit Hilfe von Mitbrüdern einschlägiges Material herbeizuschaffen.

Wie zuvor schon angedeutet, war Schmidt bemüht, die an verschiedenen Stellen der Welt auftretenden Primitivstämme nicht nur miteinander zu vergleichen, sondern darüber hinaus die Genese der Völker auf gemeinsame Wurzeln zurückzuführen. Hier spielte die von L. Frobenius angeregte und von F. Gräbner, W. Schmidt u. a. weiterentwickelte *Kulturkreislehre* eine bedeutende Rolle. In gewissem Sinne gehört diese zu den ersten theoretischen Reaktionen auf die wahrgenommene Pluralität der Völker, Rassen und Kulturen außerhalb Europas. War man lange Zeit von einer geradlinigen monogenistischen Entwicklung der Menschheitsgeschichte ausgegangen, so sucht das oben beschriebene Entwicklungsschema die auch für Schmidt letztendlich gültige monogenistische Sicht zwar nicht zu zerstören, doch differenziert es innerhalb der Entwicklungsgeschichte selbst, indem es den verschiedenen Entstehungsphasen ihren je eigenen, wenn auch relativen Ort zuweist. Zugleich dienten die Zusammenbindungen verschiedener Völker zu Kulturkreisen auch der Begründung der zwischen bestimmten Völkern erkennbaren Ähnlichkeiten und Gemeinsamkeiten.

Selbst wenn die Kulturkreislehre heute als obsolet gilt, läßt sich nicht leugnen, daß sie ihrerseits die Forschung nachdrücklich stimuliert hat.

An dieser Stelle ist nicht zuletzt erneut auf das Interesse Schmidts an den Sprachen der Völker zu achten. 1924 hatte er ein ursprünglich auf zwei Bände geplantes Werk *Völker und Kulturen* (Regensburg 1924) unter besonderer Berücksichtigung der Gesellschaft und der Wirtschaft veröffentlicht. Der zunächst als 2. Band projektierte zweite Teil sollte die geistige Kultur, Sprache, Religion, Sitte und Kunst behandeln. Aus ihm wurde aber eine eigenständige, in einem anderen Verlag erschienene Publikation, das zuvor genannte Werk über *Sprachfamilien und Sprachenkreise der Erde*, das die Kulturkreislehre auf die Linguistik anzuwenden suchte. In diesem Sinne fügte Schmidt einander entsprechende Sprachformen und -strukturen zusammen und suchte strukturell ähnliche Sprachen zu Sprachfamilien zusammenzuordnen, die er dann geographisch in einem eigenen Atlas festhielt. Er glaubte, damit der Linguistik von der Ethnologie her eine Verstehenshilfe bieten zu können.

Zwischen Sprachen- und Kulturkreisen bestand aber ein wechselseitiges Verhältnis. Kam es in Schmidts Sprachenwerk einerseits zu einer Anwendung der Kulturkreislehre auf die Linguistik, so galt die Beschäftigung mit den Sprachen andererseits der empirischen Sicherung der Kulturkreislehre. Ähnlich wie im Fall der Kulturkreise versuchte Schmidt auch auf diesem Wege von den sekundären und tertiären Sprachkreisen zu den Primärsprachen und über diese zu den Ursprachen voranzuschreiten – mit der Vermutung einer gemeinsamen Ursprache am fernen Horizont.

So originell der Schmidtsche Ansatz auch war, so wenig vermochte er am Ende doch zu überzeugen. Denn bei aller Beobachtung des Gemeinsamen und Verbindenden ist doch nicht zu übersehen, daß die Ausnahmen von den Regeln am Ende mehr Schwierigkeiten machen, als die Konstruktion zu lösen vermag. Die Linguistik erblickte in dem gewählten Weg einen ethnologischen, keinen sprachwissenschaftlich überzeugenden Angang. Es bleibt aber Schmidts Verdienst, daß in der Folgezeit den nur oral zugänglichen Sprachen der Primitivvölker eine zunehmende Bedeutung zuerkannt wurde.

4. *Ethnologie*

All das ereignete sich weithin im Rahmen der Ethnologie, so daß Schmidt heute vor allem als Ethnologe bekannt ist. Entsprechend ist der Blick auf diese Wissenschaft und Schmidts Beitrag zu ihrer Weiterentwicklung zu richten. Ihr Profil gewann die Ethnologie, die als Ethnographie eine in die Antike zurückgreifende Geschichte besitzt, etappenweise vor allem in der europäischen Neuzeit seit dem 18. Jahrhundert. Dabei ist nicht zu übersehen, daß die Ethnologie bzw. Völkerkunde, wie sie bis heute eher uneinheitlich genannt wird, lange unter ideologischen Prämissen betrieben und in kolonialistischer Zeit politisch benutzt wurde. Die Nähe der neuzeitlichen christlichen Missionstätigkeit zur Kolonialpolitik führte kirchlicherseits zu einem parallelen interessenorientierten Umgang mit dem ethnologisch erhobenen Material. Schmidt selbst hat nie einen Hehl daraus gemacht, daß er die Wissenschaft im Zusammenhang mit seinem theologischen Interesse betrieb.

Eine Zuspitzung erfuhr die weltanschaulich-politische Veflechtung der Völkerkunde in unserem Jahrhundert in der Zeit des Nationalsozialismus. Dessen Betonung des Ariertums und damit der Versuch einer Bewertung und Abwertung von Rassen, verbunden mit dem verbreiteten Antisemitismus und der Verfolgung der Juden bis zum Holocaust, lenkt deshalb den kritischen Blick auf die gegenwärtige Ethnologie und ihre Vertreter. Es nimmt daher nicht wunder, daß heute auch die Einstellung von Ethnologen wie Schmidt zu den beiden Problemkreisen «Naziherrschaft» und «Antisemitismus» eigens geprüft wird. Im Ergebnis kann bei aller Vorsicht im Urteil nicht in Abrede gestellt werden, daß auch Schmidt ein Kind seiner Zeit war und ihr seinen Tribut gezahlt hat.[2]

Seine Sicht der Ethnologie hat Schmidt erstmals 1930 in einem vielübersetzten *Handbuch der vergleichenden Religionsgeschichte* niedergelegt, dem 1937 das *Handbuch der Methode der kulturhistorischen Ethnologie* folgte. In seinem *Handbuch* von 1930 ortet er seine Position in der Geschichte der vergleichenden Religionsgeschichte. Im ersten der vier Teile handelt er vom Verständnis der Religionsgeschichte, dann von ihrer Geschichte und ihren Vorläufergestalten. Teil II und III sind dem 19. und 20. Jahrhundert gewidmet. Unübersehbar drängt Schmidt seinerseits in Teil IV auf eine Beschäftigung mit der Frage nach dem Höchsten Himmelsgott, wie dieser in den untergegangenen und untergehenden Völkern und Kulturen, in den verschiedenen Kulturkreisen bis hin zur Urkultur in Erscheinung tritt. Damit wehrt er eine Verdrängung der Primitivkulturen an die Peripherie ab. Der Grund für eine solche Verdrängung beruht einmal darauf, daß diese Kulturen sich entweder dem Zugriff unserer heutigen Zivilisation und Technik nach Möglichkeit entziehen oder aber, wo diese sie zu beherrschen beginnen, ihre Unschuld verlieren und auf eine neue Identität zuwachsen. Es ist keine Frage, daß Schmidt sich aus seiner Sicht der Dinge heraus sowohl nachdrücklich für die Sammlung von Informationen über diese Völker als auch für eine positive Neubewertung der primitiven Völker einsetzen mußte.

Das zweite *Handbuch* von 1937 ist – dem Titel entsprechend – noch ausdrücklicher der Ethnologie gewidmet. Der Aufbau ähnelt dem des ersten Handbuchs. Auf das einleitende Kapitel zu Natur, Aufgabe und Methode der Ethnologie folgt ein geschichtlicher Überblick über Werden und Ausbreitung der historischen Methode in der Ethnologie (I), sodann ein Überblick über die Quellen der Wissenschaft und den methodischen Umgang mit ihnen (II), die Kriterien zur Feststellung von Kulturbeziehungen

(III), die wiederum zur Frage nach Wegen zur Feststellung der Kulturkreise und Kulturschichten (IV) und der inneren Kulturentwicklung (V) führt. Daraus folgen «Anweisungen zur Feststellung kultureller Ursächlichkeit» (VI) und abschließend eine Ortung der Ethnologie im Rahmen weiterer Wissenschaften («Hilfswissenschaften»!): Psychologie, Linguistik, Prähistorie, Völker- und Volkskunde, Anthropologie, Geographie (VII). Für Schmidt ist die Ethnologie eine «Geistes-, Raum- und Geschichtswissenschaft», die je nach Blickpunkt stärker zur Universalgeschichte hindrängt oder aber zur Religionsgeschichte.

Die beiden Anordnungen der wissenschaftlichen Angänge weisen den wiederholt genannten Materialfeldern erneut ihren Ort zu: den Sprachen als Zugang zu den konkreten Kulturen, den Primitivkulturen, der Frage nach den Zusammenhängen zwischen den Kulturen in Kulturkreisen und Kulturschichten, der Frage nach dem einigenden Prinzip im Höchsten Wesen. In vielfältigen Veröffentlichungen hat Schmidt seine Felder konkretisiert. Eigens zu nennen ist seine spätere große Arbeit über das Eigentum.

Insofern Schmidt bewußt in seiner Zeit lebte, war es nahezu unvermeidlich, daß bei der Beschäftigung mit den frühgeschichtlichen Völkern und Kulturen außerhalb Europas auch das europäische Umfeld in den Blick kam. So finden wir bereits in der Zeit des 1. Weltkriegs Veröffentlichungen über das Germanentum und das Slawentum, über die Orientvölker und den Balkan, später zum deutschen Volk, zum Rassenprinzip des Nationalsozialismus und zur Judenfrage. Es ist aber zweierlei nicht zu übersehen: Europa und Deutschland galt nicht primär sein Interesse, und das Schicksal Deutschlands und Österreichs waren ihm Grund genug, in die neutrale Schweiz umzusiedeln.

III. Wirkung

Die Besprechung von Leben und Werk eines Wissenschaftlers läßt für den aufmerksamen Leser im Grunde bereits dessen bleibende Bedeutung und Aktualität erkennen, benennt zugleich auch Stärken und Grenzen des Ansatzes und legt damit jene Punkte offen, die zukunftsweisend waren und sind.

1. Einheit und Vielfalt

Aus dem Blickwinkel heutiger Zeit stellte sich Schmidt dem Dilemma von Einheit und Vielheit. Aus seiner Glaubensposition, aber in gewissem Sinne auch immer noch aus dem Blickwinkel Europas, war für ihn die Welt aus dem göttlichen Einheitsprinzip abzuleiten. Gott war einer und einzig, zugleich ein personales höchstes Wesen. Alles Gewordene entstammte diesem einen Prinzip. Die Entwicklung der Menschheit führte nach dem biblischen Ansatz über ein erstes Elternpaar. Was in der christlich-abendländischen Kultur weithin verbreitete übereinstimmende Meinung war, wurde als universal gültig angesehen.

Demgegenüber wuchs die Erkenntnis der Vielgestalt der Völker und Kulturen, damit auch der Religionen, die nach der Deutung des Werdeprozesses rief. War lange Zeit aus dem Überlegenheitsgefühl Europas und seiner Religion heraus eine eher negative Einschätzung vorherrschend, die in der kolonialen Praxis oft genug zur Mißachtung fremder Kulturen, zur Unterdrückung und Vernichtung von Menschenrassen in anderen Kontinenten führte, so stellte der Denkansatz Schmidts für die weitere kirchliche Expansion und Mission nicht nur eine praktisch neue Haltung dar, sondern den Versuch einer anthropologischen Theoriebildung, die sich einmal theologische Grundeinsichten zunutze macht, dann aber auf dieser Grundlage die praktische Haltung eines respektvollen Umgangs mit dem Fremden fördern mußte. In diesem Sinne verdankt die in der Lebenszeit Schmidts entstehende Missionswissenschaft diesem wegweisende Impulse.

2. *Eigenbedeutung des Fremden*

Das gilt aber in gleichem Maße für die inzwischen an Bedeutung gewinnenden Kulturwissenschaften, zu denen die Ethnologie maßgeblich gehört. War in nachcartesianischer Zeit das Ego die eigentliche Orientierungsinstanz und war dieses kollektiv-gesellschaftlich das europäische Ego, so führte die sympathische Wahrnehmung des Fremden und Anderen zu einem unübersehbaren Standortwechsel. Die heutigen Versuche, vom fremden Standpunkt her zu denken, gehörten in der Mitte des 19. Jahrhunderts bis in die Mitte des 20. Jahrhundert hinein keineswegs zu den selbstverständlichen Einstellungen. Sie implizieren aber, wo sie zum Tragen kommen, notwendigerweise Respekt vor der Eigenbedeutung des Fremden.

Schmidts besondere Leistung besteht darin, daß er sich unter jene Forscher einreihte, die diesen Respekt nicht erst im Umgang mit fremden Hochkulturen wie etwa denen Chinas lernten, sondern bewußt für die sogenannten «primitiven Kulturen» optierten. Die Menschen dieser Kulturen betrachtete Schmidt aber nicht als hilfsbedürftige Zurückgebliebene, denen sich die «fortgeschrittenen» Europäer und Christen in almosenschenkender Barmherzigkeit zuzuwenden haben, sondern schon aus der theologischen Sicht der Gottebenbildlichkeit des Menschen als gleichwertig; wir würden heute sagen: als Partner.

Der Respekt vor dem Fremden beginnt aber mit dem Bemühen, ihn kennenzulernen. Hier hat Schmidt insofern bahnbrechend gewirkt, als sein ganzer Einsatz der Beschaffung von ethnologischen und religionswissenschaftlich-phänomenologischen Daten galt. Auch wenn er selbst keine Feldstudien betreiben konnte, waren ihm die große Zahl von Mitbrüdern und Kollegen, die in den verschiedenen Kontinenten arbeiteten, ein kaum zu überschätzendes Potential. Sie haben denn auch in der langen Zeit seines Lebens unermüdlich – aufgefordert wie unaufgefordert – ein reichhaltiges Material beigebracht, das Schmidt bearbeiten und auswerten konnte. Dabei kann nicht genug geschätzt werden, daß es sich weithin um Material handelte, das weniger in literarischen Bezeugungen bestand als auf mündlichen Mitteilungen, Beobachtungen und Erfahrungen beruhte, die im Umgang und Zusammenleben mit den Menschen gewonnen wurden. Bedenkt man, daß die westliche Zivilisation und Modernisierung aufgrund ihrer technischen Möglichkeiten immer mehr auch die letzten Winkel der Welt erreicht und diesen ihre Unberührtheit nimmt, bietet das bis dahin gesammelte Material einen unschätzbaren Reichtum sowohl für die Forschung als auch für die Völker selbst.

Die heutige Spannung zwischen Lokalisierung und Globalisierung wie auch die jüngsten Bemühungen um die Rettung der bleibenden Werte der Lokalkulturen vor einer radikalen Einschmelzung in eine antlitzlose, uniformierte Weltkultur ist vorgeprägt durch jenen Respekt vor der Eigenständigkeit des Fremden, die von Forschern wie Schmidt entwickelt und vorgelebt worden sind.

3. Einspruch

Verständlicherweise hat es bereits zu Lebzeiten auch Widerspruch gegeben. Dieser richtete sich weniger auf den Ansatz bei den Primitivvölkern und -kulturen und das Bemühen um ihre Kenntnis. Vielmehr stand Schmidts Versuch, die Frage des Ursprungs zu lösen, auf dem Prüfstand. Mit der Frage nach dem Ursprung steht Schmidt zunächst einmal in einer Reihe mit anderen maßgeblichen Denkern seiner Zeit und deren Werken: C. Darwins *The Origin of Species* (1859), J. Lubbocks *The Origin of Civilization* (1870), F. Engels' *Der Ursprung der Familie, des Privateigentums und des Staates* (1884). Auf Kritik stieß in jenen Jahren – angesichts der zunehmend atheistischen Ausrichtung der Wissenschaften – Schmidts theologisches Apriori seines Denkens. Hier stellt sich in der Tat die Frage, ob Schmidt an dieser Stelle nicht zu selbstverständlich dogmatisch denkt und folglich dem Widerspruch zu seiner Position zu apologetisch begegnet. Den positiven Versuch einer rationalen Begründung des theologischen Standpunkts bleibt Schmidt weithin schuldig.

Das theologische Apriori wirkt verborgen weiter, wo es um die Bewertung der Primitivkulturen geht. Hier widerspricht Schmidt deutlich dem Zeitdenken. Denn während er in der Stellung des Gottesglaubens in den späteren Kulturphasen – negativ – einen Prozeß des Abfalls und des Verlustes des ursprünglichen Glaubens konstatiert, wurde die Fortbewegung der Menschheit vom Gottesglauben zur radikal gelebten gott-losen Autonomie im Zeitalter des Evolutionismus als positiver Fortschritt gewertet.

4. Ausblick

Das theologische Apriori dürfte auch ein Grund dafür sein, daß Schmidts Werk heute nicht mehr die Aufmerksamkeit weckt, die es verdient. Unbestritten wirkt die Beschäftigung mit der Vielzahl religiöser und gesellschaftlich-kultureller Phänomene weiter. Die bleibende Frage richtet sich nach wie vor auf das Verhältnis von Einheit und Vielheit. Während es gerade in den Hochreligionen, die asiatischen eingeschlossen, einen unverkennbaren Zug zu einem – wie immer gearteten – Einen gibt, steht dem alternativ-pragmatisch der Versuch einer radikalen Anerkennung der Pluralität als unausweichlich letztverbindlichem Phänomen gegenüber.

Demgegenüber sind aber zwei Dinge zu beachten: Einmal gewinnt – wenn nicht das theologische, so doch – das religiöse Apriori gegenüber einem atheistischen Grundansatz erneut an Boden. Eine evolutive Sicht der Geschichte, die im Untergang der Religionen endet, ist schon empirisch nicht mehr zu rechtfertigen. Sodann bedroht das resignative Stehenbleiben beim geschichtlichen Faktum der Pluralität, verbunden mit der spekulativen Anerkennung eines neuen Polytheismus, den verbindlich-verantwortlichen Umgang mit der einen Welt, in der Menschen leben.

Aus dieser Perspektive erhält Schmidts Interesse am ursprünglichen Monotheismus einen neuen Stellenwert. Einmal bindet der Eine – auch in vorchristlicher Sicht – die Vielen in neuer Solidarität zusammen. Sodann liegt in ihm der Aufruf, angesichts des fragwürdig gewordenen eurozentrischen Anthropozentrismus nach einem nicht-anthropozentrischen Orientierungspunkt zu suchen. Dabei ist es zunächst nicht entscheidend, daß dieser Orientierungspunkt ausdrücklich als «theologischer» angesprochen und benannt wird. Schließlich ist die Fülle non-verbaler Lebenselemente, die Hinwendung gerade auch zu den schriftlosen Primitivkulturen angesichts des Rufs nach umfassender Ganzheitlichkeit eine wahre Ergänzung zur Hypertrophie und Einseitigkeit rationaler Lebensbestimmtheit. Hier bleibt Schmidts Weg ein weiterhin gültiges Angebot.

Gregory D. Alles

RUDOLF OTTO
(1869–1937)

I. Leben

Rudolf Otto, eigentlich ein liberaler systematischer Theologe, einflußreich aber vor allem als Religionswissenschaftler und Religionsphilosoph, wurde am 25. September 1869 in Peine (Hannover) geboren.[1] Sein Vater, ein Malzfabrikbesitzer, starb 1882, als die Familie nach Hildesheim übersiedelte. Dort besuchte der zwölfjährige Rudolf das Gymnasium Andreanum. Im Mai 1888 immatrikulierte er sich an der konservativen theologischen Fakultät der Universität Erlangen, wo er unter anderem bei den konservativen Theologen Franz H. R. Frank, Johannes Gloël und Rudolf Seeberg studierte. Aus persönlichen, weniger aus theologischen oder intellektuellen Gründen wechselte er bald an die liberale Theologische Fakultät der Universität Göttingen. Dort hörte er bei Hermann Schultz, Theodor von Häring, Julius Smend und anderen. 1892 bestand er die erste theologische Prüfung, 1895 die zweite, 1898 wurde er mit einer Dissertation über den heiligen Geist bei Luther promoviert. In demselben Jahre bekam er nach einer Probevorlesung über Kants Religionsbegriff eine zweijährige Lehrbefugnis *(venia legendi)* für die Geschichte der Systematischen Theologie und für angrenzende Gebiete der Religionsgeschichte und Religionsphilosophie.

Nach achtjähriger Tätigkeit als Privatdozent wurde Otto 1906 zum Außerordentlichen Professor in Göttingen ernannt, wo er sich in der von Martin Rade geleiteten Vereinigung liberaler Theologen «Freunde der christlichen Welt» engagierte. 1915[2] erhielt er eine Professur für Systematische Theologie in Breslau und 1917 den gleichen Lehrstuhl in Marburg als Nachfolger Wilhelm Herrmanns. Von 1913 bis zum Ende des Ersten Weltkrieges war er Abgeordneter im Preußischen Landtag und im Jahre 1919 Mitglied der Preußischen Landesversammlung. In der Weimarer Zeit versuchte er den evangelischen Gottesdienst gemäß seinen theologischen Ideen zu erneuern. In dieser Zeit begründete und leitete er auch den «Religiösen Menschheitsbund», dessen Ziel die Förderung von Recht und Gerechtigkeit zwischen Völkern durch religiöse Mittel war. Reisen nach Indien, China, Japan und Nordafrika (1911–1912) sowie nach Sri Lanka, Indien und in den Nahen Osten (1927–1928) beeinflußten Ottos Interesse für Weltreligionen, insbesondere für den Hinduismus. Auch brachten ihn diese Reisen dazu, in Marburg eine «Religionskundliche Sammlung» von Artefakten der Religionen zu gründen, die es noch heute gibt. Otto hielt

Rudolf Otto (1869–1937)

1924 die Haskell-Vorlesungen am Oberlin College in den USA über westliche und östliche Mystik sowie 1926 die Olaus-Petri-Vorlesungen an der Universität Uppsala über Indiens Gnadenreligion und Christentum.

Zeitlebens hatte Otto mit gesundheitlichen Problemen zu kämpfen. Früh, bereits im März 1929, wurde er emeritiert. Man weiß wenig über Ottos Denken und Tun während der frühen NS-Zeit. Er schien auf eine Neuerweckung des deutsch-christlichen religiösen Geistes zu hoffen, war jedoch kein Mitglied der NSDAP. Nach einem Sturz Oktober 1936 aus einem Turm in Staufenberg bei Marburg – vielleicht ein Selbstmordversuch? – starb Otto an einer Lungenentzündung am 6. März 1937 in Marburg.[3]

II. Werk

Wenn die Systematische Theologie in die drei Bestandteile Apologetik, Dogmatik und Ethik aufgeteilt werden darf (und diese Aufteilung war unter Ottos Lehrern gewöhnlich), dann kann man sagen, daß Otto zu Apologetik und Ethik, aber nicht, wie Karl Barth, zur Dogmatik beizutragen versuchte. Weil das Ziel von Ottos Apologetik nicht die Feststellung der Überlegenheit des Christentums über die nicht-christlichen Religionen, sondern der Schutz der Religion im allgemeinen vor antireligiöser Kritik war, umfaßte seine Apologetik in gewisser Hinsicht auch die Religionswissenschaft. Nach dem Ersten Weltkrieg trat aber in Ottos wissenschaftlicher Arbeit das Apologetische in den Hintergrund, das Beschreibende und Analytische in den Vordergrund.

Ottos frühes Denken ist sehr stark von seinen Kindheitserfahrungen geprägt. In einer konservativ-kleinstädtischen, evangelisch-lutherischen Familie aufgewachsen, empfand der junge Otto Gespräche mit seinen Schulfreunden sowohl über die biologistischen und die evolutionistischen Entwicklungstheorien als auch über die neue, religionsgeschichtliche Theologie bedrohend. Um sich gegen diese Bedrohungen mit der richtigen, «reinen» Religionslehre zu wappnen, ging er im Mai 1888 nach Erlangen. Wenige Jahre später in Göttingen beeindruckte Otto aber vor allem die Apologie des Christentums von Hermann Schultz.[4] Bald gab er die orthodoxen Überzeugungen seiner Kindheit auf, überzeugt, die Antwort auf die naturwissenschaftliche Kritik an der Religion in der liberalen Theologie, und zwar in der Polarität von zwei gleichberechtigten Weltanschauungen, der idealistischen und der naturalistischen, gefunden zu haben.

Schon in seinen früheren Schriften vertrat Otto eine Art Anti-Evolutionismus, und dies wurde zu einem Dauerthema seines ganzen Werkes. Zuerst wandte er sich gegen die biologistischen und evolutionistischen Entwicklungslehren und die religiösen Behauptungen ihrer Vertreter, etwa Ernst Häckels, der seiner Monographie über den *Monismus* den Untertitel

«Glaubensbekenntnis eines Naturforschers» gab.[5] In seinem Buch *Naturalistische und religiöse Weltansicht* analysierte Otto die biologistischen Ideen im einzelnen. Er erhob zwei Einwände gegen die darwinistischen Erklärungen von Lebensprozessen und der Evolution. Weil solche Erklärungen die Teleologie methodisch ausschlossen, konnten sie die Ordnung der Natur nicht voll erklären und waren somit als Naturwissenschaft unzureichend. Weil sie nur physikalische Ereignisse erklärten, vernachlässigten sie ferner ein wichtiges, ja, das wichtigste Gebiet des menschlichen Lebens, das Gebiet des Bewußtseins. Ottos erster Punkt beruht auf damals in der Biologie akzeptierten, aber heute in fast allen Fachgebieten abgelehnten Einwänden gegen den Mechanizismus. Im zweiten Punkt drückt sich Ottos Kantianismus aus.

Später kehrte Otto der Kritik der Biologie und der Evolutionslehre den Rücken und wandte sich Theorien der Religionsentwicklung zu, wobei er sich vor allem gegen Wilhelm Wundt stellte.[6] Die Religion, betonte Otto immer wieder, entwickele sich gar nicht. Zwar verändere sie sich fortwährend, aber diese Veränderungen lassen nicht den Schluß zu, daß sie sich aus dem Nicht-Religiösen entwickelt habe. Die Religion sei plötzlich auf irgendeiner Stufe der biologischen Entwicklung entstanden, habe aber von Anfang an in sich die Möglichkeiten aller späteren Veränderungen enthalten. Die Religion war für Otto etwas *sui generis*.

Obwohl Otto die Idee einer Entwicklung der Religion aus dem Nicht-Religiösen ablehnt, macht er sich aus den naturwissenschaftlichen Entwicklungstheorien zwei für seine Auffassung der Religionsgeschichte wichtige Begriffe zu eigen, nämlich die Begriffe von Parallelen und Konvergenzen.[7] Er betont, daß äußerliche Ähnlichkeiten bei Religionen kein genealogisches Verhältnis bedeuteten, weil es in der Geschichte der Religionen viele Beispiele für parallele Entwicklungen und Konvergenzen gibt. Vielmehr findet eine Konvergenz statt, wenn verschiedene, unzusammenhängende Phänomene unter dem Einfluß ähnlicher Umgebungen ähnliche Eigenschaften annehmen.

Für Otto hat die Religion keine geschichtliche, nicht-religiöse Quelle, sie hat aber einen geistigen Grund. Der Versuch, diesen Grund zu identifizieren und seine Implikationen darzulegen, bildet die Hauptaufgabe von Ottos ganzer Wissenschaft. Im Jahre 1899 gab er Schleiermachers Reden *Über die Religion* neu heraus. Es scheint, daß er zu dieser Zeit den Grund der Religion im Schleiermacherschen Gefühl und Anschauung des Unendlichen zu finden glaubte. Aber nach Gesprächen mit dem Göttinger Dozenten für Philosophie, Leonard Nelson, veränderte Otto 1904 seine Loyalitäten und wurde Vertreter des kantianischen Philosophen Jakob Friedrich Fries (1773–1843). In drei Punkten zieht Otto die Fries'sche Analyse des religiösen Gefühls der Schleiermacherschen vor: (1) Die von Fries entwickelte Beschreibung dieses Gefühls war mannigfaltiger und bestimmter als die von Schleiermacher; (2) Fries verbindet das Gefühl mit Überzeugung,

Erkenntnis und Wahrheit (ohne diese drei besteht Religion nur aus Träumen); und (3) Fries bewahrt das enge Verhältnis zwischen Religion und Moral, aber im Gegensatz zu Kant gründet das Religiöse bei ihm nicht auf dem Moralischen.[8]

Fries, der den alten Kant noch kannte, versuchte in seinem Buch *Neue oder anthropologische Kritik der Vernunft*, Kants kritische Philosophie zu verbessern.[9] Kants Versuch, die Erkenntnis *a priori* aus der Möglichkeit der Erfahrung zu beweisen, war für Fries ein Irrtum.[10] Alles, wozu der Mensch imstande sei, ist, die besonderen Weisen der Erkenntnis auszulegen, die es in jeder endlichen Vernunft gibt und die deshalb *a priori* gelten müssen. Der Mensch kann zum Beispiel weder die Existenz Gottes noch der Materie beweisen; er kann nur darstellen, daß jede endliche Vernunft die Existenz der beiden voraussetzt.[11] Deshalb ließ Fries nur, wie er es nannte, empirische, nicht aber transzendentale Wahrheit zu. Nach Fries gibt es drei Erkenntnisarten: *Wissen, Glaube und Ahndung* – so auch der Titel einer früheren Zusammenfassung seiner Ideen. «Wissen heißt nur die Überzeugung einer vollständigen Erkenntnis, deren Gegenstände durch Anschauung erkannt werden; Glaube hingegen ist eine notwendige Überzeugung aus bloßer Vernunft, welche uns nur in Begriffen, das heißt in Ideen, zum Bewußtsein kommen kann; Ahndung aber ist eine notwendige Überzeugung aus bloßem Gefühl.»[12] Durch die Ahn(d)ung erkennen wir in dem Schönen und dem Erhabenen, daß die endliche Welt unseres Wissens und die ewige Welt unseres Glaubens dieselben sind.

Fries' anthropologische Kritik prägte Ottos «Apologetik» und bestimmte seine wissenschaftlichen Ziele: er wollte keinen Beweis für die absolute Wahrheit des Christentums oder die relative Wahrheit der Religionen liefern, sondern eine Darstellung des geistigen Grundes der Religion, eines Grundes, der in jedem fähigen Geiste liegt, also *a priori* gilt. Die Fries'sche Kritik bestimmte auch Ottos wissenschaftliche Methode: Selbstbesinnung, um die religiösen und sittlichen Gefühle deutlich zu machen, und eine Religionsforschung, welche eben diese Gefühle auslegt und analysiert. Otto meinte, daß eine positive theoretische Erkenntnis des Innewerdens des Unendlichen im Endlichen unmöglich sei. «Die Erkenntnis aus Ideen machte sich als theoretische Erkenntnis nur ‹negativ›, in doppelter Verneinung.»[13] Positiv gesehen muß man also die Gefühle – genauer gesagt, die sich dem menschlichen Verständnis ganz entziehenden Gefühle – nach ihrer Eigenart bestimmen und mitteilen. Hier gab es, meinte Otto, kein Ästhetisieren der Religion, sondern ein «Religiösisieren» der Ästhetik.

In seinem Buch *Kantisch-Fries'sche Religionsphilosophie* unterscheidet Otto die Ideenlehre von der praktischen Philosophie. Auf dem Gebiet der Ideenlehre sei die Beziehung der Religions*wissenschaft* zur Religions*philosophie* offensichtlich: zuerst zeige die Philosophie nach apriorischen Prinzipien, wie Religion möglich ist; dann fange die Religionswissenschaft an, die religiösen Erfahrungen zu erforschen. Otto faßt sie «als Erfassung der Religion in ihrer geschichtlichen Erscheinung und Mannigfaltigkeit, als Vergleichung und Wertmessung, als Kritik, Läuterung und wenn möglich Fortbildung, als Technik der Bildung zur Religion und der religiösen Gemeinschaft» (S. 83–84) auf. In der praktischen Philosophie ist die Beziehung der Religions*geschichte* zur Religions*philosophie* offensichtlich. Nach Otto gibt die Fries'sche «Lehre vom sittlichen und religiösen Gefühl ... die Möglichkeit, ja die Notwendigkeit ... das Ewige individuell und qualitativ eigen zu erleben, aufzufallen und zu beziehen» (S. 125).

Ottos Denken verläuft zunächst ganz in der Struktur des allgemeinen Fries'schen Kantianismus. Ähnlich wie Kant in der *Kritik der reinen Vernunft* wollte Otto die Erfahrungen – und Gefühle – erforschen, die den Grund der Religion bilden. Ähnlich wie Kant in der *Kritik der praktischen Vernunft* wollte Otto durch die Untersuchung der moralischen Gefühle eine allgemeingültige Ethik feststellen. Zwar vermutet man, daß Otto immer die Überlegenheit des Christentums voraussetzte, aber sein philosophischer Werkzeugschrank enthielt keine richtigen Werkzeuge, mit denen er diese Voraussetzung hätte beweisen können.

In noch einer Hinsicht ähnelt Otto seinem Vorbild Fries. Fries glaubte, daß es eine enge Verbindung zwischen seiner Philosophie und der Suche nach deutscher Freiheit und nationaler Selbständigkeit in der napoleonischen und nachnapoleonischen Zeit gab, wie man zum Beispiel seinem philosophischen Roman *Julius und Evagoras* entnehmen kann.[14] Dasselbe gilt für Otto. Er war kein reiner Wissenschaftler.[15] In seinen Schriften und Tätigkeiten wandte er sich immer auch an breitere Kreise der Öffentlichkeit. Seine liberal gesinnte Politik und Theologie waren von drei Hauptinteressen geprägt: Nationalismus, Freiheit und Bildung. Trotz seines großen Interesses für andere Religionen und Kulturen lehnte Otto sein ganzes Leben lang jeden Kosmopolitismus oder Internationalismus ab. Er war vor allem deutscher Christ. Aber Nationalismus – die deutsche Nation, deutsches Christentum – erforderte für ihn Freiheit, sich zu vollenden. Politisch lehnte er die Willkürherrschaft einer absoluten Monarchie ebenso ab wie eine linke Sozialdemokratie, die in einem wissenschaftlich dialektischen Materialismus wurzelt. Er optierte für eine verfassungsmäßige Monarchie oder Demokratie. Auch theologisch lehnte er auf der einen Seite die konservativ-dogmatische Autokratie eines Beharrens auf Bekenntnissen und Traditionen und auf der anderen Seite die Irreligion der gottlosen Naturwissenschaften ab und vertrat ein freies Christentum, das auf der religiösen Erfahrung des Individuums beruht. Ottos politische und theologische Ansichten eröffnen sich aus der für ihn typisch deutschen Vision: Bildung, insbesondere die Bildung zur Persönlichkeit, die ihren Höhepunkt im Studium sittlich-religiöser Weltanschauungen und Religionsgeschichte erreicht. Diese Bildung sei die Quelle wirklicher Freiheit, weil sie den guten Willen und die religiöse Erfahrung des Individuums fördere.

Bis zum Ende des Ersten Weltkrieges suchte Otto diese drei Hauptinteressen durch politische Mittel zu verwirklichen. So war er von 1896 bis 1904 Mitglied in Friedrich Naumanns Nationalsozialem Verein[16], 1907 nationalliberaler Kandidat bei der Wahl für das Preußische Abgeordnetenhaus[17], von 1913 bis zum Ende des Krieges bzw. der Regierung nationalliberaler Abgeordneter für Göttingen.[18] Nach seiner ersten Weltreise von 1911 bis 1912 interessierte sich Otto insbesondere für die deutsche auswärtige Kulturpolitik; er sah in ihr ein geeignetes Mittel, Deutschland zu einer Weltmacht zu machen. Im Abgeordnetenhaus förderte er diese Politik durch die Finanzierung einer Reihe religionsgeschichtlicher Übersetzungen: «Die Quellen der Religionsgeschichte»[19]. Man kann wohl sagen, daß Ottos politisches Interesse an der allgemeinen Religionswissenschaft mindestens zwei Wurzeln hatte. Innenpolitisch wollte er das Religiöse gegenüber dem Irreligiösen – vor allem dem Mechanizismus und Naturalismus der Sozialdemokratie – schützen. Außenpolitisch wollte er die deutsche Kolonialpolitik durch geistige im Unterschied zu den politischen und wirtschaftlichen Mitteln Englands und Frankreichs fördern.

In seinem berühmtesten und wichtigsten Buch *Das Heilige. Über das Irrationale in der Idee des Göttlichen und sein Verhältnis zum Rationalen* setzte Otto seine Untersuchungen der religiösen Erfahrungen fort. Später führten Ernst Benz und Friedrich Heiler den Ausgangspunkt dieses Buches auf Ottos Erfahrungen in einer nordafrikanischen Synagoge zurück: «Bezeichnenderweise ist ihm diese Erfahrung [des Heiligen] nicht primär über der Lektüre von heiligen Texten, sondern als eine spontane religiöse Erfahrung in einer jüdischen Synagoge in Marokko auf einer Reise zuteil geworden, wie er mir selbst erzählt hat, und zwar in dem Augenblick, in dem der Rabbiner den uralten Hymnus des ‹Kadosch, Kadosch, Kadosch› anstimmte, der von der Gemeinde respondiert wurde.»[20] Sicherlich gibt Benz damit Ottos eigene Sichtweise wieder. Doch sind sowohl die Analyse der numinosen Erfahrung als auch die Termini technici dafür schon in Ottos Schriften zu finden, die vor seiner ersten Weltreise und den Reiseerfahrungen in der marokkanischen Synagoge verfaßt wurden.[21]

Ausgangspunkt und Ziel von Ottos Analyse des Heiligen ist die numinose Erfahrung der Unendlichkeit, welche die menschliche Sprache kaum erfassen kann. Für Otto gibt es einen absoluten, immerwährenden, qualitativen Unterschied zwischen natürlichen Erfahrungen und der numinosen Erfahrung. Zwar erinnern die natürlichen Erfahrungen an das numinose Gefühl, aber sie sind qualitativ von ihm zu unterscheiden. «Trotz aller Ähnlichkeiten und Analogien [ist die Erfahrung des Numinosen] in sich *qualitativ* anders als solche analogen Gefühle.»[22] Daher ist die numinose Erfahrung etwas *sui generis*, «nicht im strengen Sinne lehrbar sondern nur anregbar, erweckbar» (S. 7). Um diese Erfahrung zu verstehen, steht uns nur die von Fries entwickelte anthropologische Methode der Besinnung zur Verfügung. Deshalb schreibt Otto Sätze, die viele zu Recht verwerfen: «Wir fordern auf, sich auf einen Moment starker und möglichst einseitiger religiöser Erregtheit zu besinnen. Wer das nicht kann oder wer solche Momente überhaupt nicht hat, ist gebeten nicht weiter zu lesen» (S. 8).

In seiner *Kantisch-Fries'schen Religionsphilosophie* untersucht Otto die rationale Möglichkeit und Struktur der Religion. In *Das Heilige* untersucht er ihren irrationalen, das heißt nicht metaphysischen und amoralischen Grund. Die Erfahrung des Heiligen beruht auf einem Spüren unendlicher Entfernung zwischen dem Anderen und dem Selbst. Das Heilige ist also ganz anders. Es offenbart sich, besser gesagt: es ist anwesend als vollendetes *mysterium*. Otto meint nicht nur, daß das Heilige von uns nicht verstanden wird. Er meint, daß das Heilige gar nicht verstehbar sei. Mit Worten, die an Wittgensteins berühmten Satz «Wovon man nicht sprechen kann, darüber muß man schweigen»[23] erinnern, schreibt Otto, daß die eigentliche Reaktion auf die Begegnung des *mysterium* das Schweigen ist: «Ungreifbar ist der wirklich ‹mysteriöse› Gegenstand nicht nur deswegen weil mein Erkennen in bezug auf ihn gewisse unaufhebbare Schranken hat sondern weil ich hier auf ein überhaupt ‹Ganz anderes› stoße das durch Art und Wesen meinem Wesen inkommensurabel ist und vor dem ich deshalb in erstarrendem Staunen zurückpralle.»[24]

Das *mysterium* ist sowohl *tremendum* als auch *fascinans*. Dem Menschen begegnet das Numinose nicht nur als etwas ganz Anderes, sondern auch als etwas Schauervolles und Übermächtiges. Otto betont immer wieder die Furcht, die der Mensch vor dem Gotte fühlt – eine Furcht, «die mehr als Furcht ist» (S. 15). Als schauervolles *tremendum* ist das Numinose unheimlich; es veranlaßt physiologische Reaktionen, zum Beispiel eine Gänsehaut. Als übermächtiges *tremendum* erregt das Numinose Schleiermachers Abhängigkeitsgefühl, aber es erregt viel mehr. Ottos Meinung nach ist der Schleiermachersche Ausdruck zu rational, zu schematisiert. Origineller, irrationaler ist das Gefühl der Überlegenheit bzw. der Kleinheit oder des Nichts-Seins des Selbst.[25] Aber das Numinose ist auch *fascinans*: «Das Mysterium ist nicht bloß das Wunderbare, es ist auch das Wundervolle» (S. 42). In dieser Richtung findet man Gnade, Liebe, Vertrauen, Lobpreisung und immer noch mehr.

Freilich gibt es für Otto ein großes und vielleicht auch niederschmetterndes Problem: Wenn das Numinose eigentlich mit uns Menschen inkommensurabel und *ganz anders* ist, was für eine Beziehung kann es zu unseren Begriffen und Moralprinzipien, zu positiver Religion überhaupt, haben? In einem Versuch, dieses Problem zu lösen, beruft sich Otto auf die «Gefühlsgesellung» und Kants Idee der Schematisierung. Numinose Erfahrungen erinnern uns ständig an bestimmte Begriffe und Prinzipien, zum Beispiel Übermacht und Güte. Solche Begriffe und Prinzipien beschreiben das Numinose nicht genau, aber sie verbinden das Numinose mit unserem Denken und unserer Tätigkeit. In Ottos Terminologie schematisieren sie es. Nur als Folge von Schematisierung entsteht das Heilige in seiner vollen Komplexität als eine Wertkategorie a priori: «Das Irrational-Numinose, schematisiert durch unsere (...) rationalen Begriffe, ergibt uns die satte und volle Komplex-Kategorie des Heiligen selbst im Vollsinne» (S. 61). Dadurch stellt Otto im Grunde den Kantianismus auf den Kopf. Er fängt mit Erfahrungen an, Kant endet bei ihnen. Nach Kant ist die Erfahrung möglich, nur weil Kategorien *a priori* unsere Anschauungen schematisieren. Nach Otto ist die Wertkategorie des Heiligen aus einer Schematisierung von Erfahrungen durch Begriffe und Prinzipien gewonnen. Otto behauptet aber, daß das Heilige eine Kategorie *a priori* sei. Das apologetische Motiv, das hinter dieser Behauptung steht, ist ganz klar. Otto will die religiöse Erfahrung als *sui generis* und als etwas in seinem eigenen Bereich Gültiges bewahren. Über die reine Apriorität des Heiligen als Wertkategorie schreibt er, daß sie «allem Sensualismus und allem Evolutionismus gegenüber in aller Strenge zu behaupten» (S. 137) ist.

Das Heilige war für Otto ein Wendepunkt. Oder war der Wendepunkt etwa das Erlebnis des Ersten Weltkrieges? Jedenfalls war Ottos Denken vor *Das Heilige* abhängig, schwerfällig, reagierend, kaum inspirierend, danach unabhängig, agierend, einfallsreich und inspirierend. Dies gilt auch für Ottos öffentliches Wirken. Vor dem ersten Weltkrieg war Otto Mitglied verschiedener Gruppen. Nach dem Weltkrieg leitete er drei Hauptprojekte: den religiösen Menschheitsbund[26], die Erneuerung des Gottesdienstes[27] und die religionskundliche Sammlung.[28] In diesen Projekten verwendet Otto seine Analyse der religiösen Erfahrung auf drei verschiedene Bereiche an: im religiösen Menschheitsbund auf den Bereich der Weltpolitik, in der gottesdienstlichen Erneuerung auf den Bereich der Kirche, in der religionskundlichen Sammlung auf den Bereich der Universität. Sie sind nicht, wie Ottos frühere Tätigkeiten, auf enge Einzelzwecke orientiert, sondern haben ein allumfassendes Anliegen. Um Erfolg zu erzielen, erfordert etwa Ottos liturgische Arbeit eine völlige Neuordnung der deutschen Gesellschaft und Kirche.[29] Noch bemerkenswerter ist, daß Otto vor dem ersten Weltkrieg meist versuchte, seine Ziele durch große politische und kirchliche Institutionen zu erreichen. Aber nach dem Weltkrieg bzw. nach der preußischen Landesversammlung, während der Otto, Martin Rade und Ernst Troeltsch eine Demokratisierung der preußischen Landeskirche herbeiführten, lehnte Otto solche großen Institutionen ganz ab, um in kleinen Gruppen mit Anhängern und Gleichgesinnten zu arbeiten. Der religiöse Menschheitsbund sollte nicht als politisch, sondern ausdrücklich als «neben-politisch» gelten. Er sollte Haltungen und Gewissen schaffen, ohne die rein politischen Institutionen – wie z. B. der Völkerbund – gar keine Wirkung zeitigen könnten. Gleichzeitig gibt Otto seinen früheren politischen Realismus auf und entwickelt eine Art «Utopianismus», wie er es selbst nannte. Auch wenn sich Ottos politische Praxis von einer großpolitischen Richtung in eine klein-soziale wandelte, blieb er liberal gesinnt. Seine drei Hauptinteressen – Nationalismus, Freiheit und eine an der Religion orientierte Persönlichkeitsbildung – bleiben unverändert, und er beabsichtigt auch nicht, eine Basis- bzw. Massenbewegung zu schaffen oder zu leiten. Er wendet sich nur an kleine Gruppen der Bildungselite.

Nach dem Ersten Weltkrieg wurde auch Ottos Wissenschaft unabhängiger und einfallsreicher. So versucht er, die Analyse der religiösen Erfahrung auf dem Bereich der religionsgeschichtlichen Forschung anzuwenden. Ottos Haltung ist nur noch geringfügig apologetisch[30], statt dessen steht das Analytische im Mittelpunkt. Otto scheint zu meinen, daß im Kampf zwischen Theologie und Naturwissenschaft die Theologie obsiegt habe oder daß es zumindest einen Waffenstillstand gegeben habe.

In der Nachkriegszeit pflegte man zwei Typen der Religion zu unterscheiden: die gläubige und die mystische. Nach Otto bezeichnen diese beiden Typen aber keine Unterscheidung im Gott-Mensch-Verhältnis, sondern allenfalls eine Polarität tief in der numinosen Erfahrung selbst. Sie bezeichnen zwei verschiedene Komplexe religiöser Gefühle. Das Wesen der Mystik liegt im Erfahren des Mysteriösen. Es führt zu einer «Verselbigung» mit dem Numinosen und einer begleitenden «Entselbstung». Das Wesen der gläubigen Frömmigkeit wird nicht so klar, aber es scheint im Erfahren des *fascinans* zu liegen, weil Otto in diesem Zusammenhang immer von Gnade und Liebe spricht. Diese Frömmigkeit als ausschließlich personal und theistisch zu deuten, wäre irreführend. Otto besteht darauf, daß das Mystische nicht einfach eine Religion der Selbstvergessenheit ist und daß Gläubige auch Momente von «Verselbigung» und «Entselbstung» kennen.

Diese zwei Typen des religiösen Menschen, der Mystische und der Gläubige, stehen im Mittelpunkt zweier religionswissenschaftlicher Hauptwerke Ottos: *Die Gnadenreligion Indiens und das Christentum* und *Westöstliche Mystik*. In beiden vergleicht er das Christentum mit dem Hinduismus, in einem unter dem Aspekt der gläubigen Frömmigkeit, im anderen unter dem Aspekt des Mystischen. Für Otto stehen sich dabei Devotionalismus und Nicht-Dualität bzw. die hinduistische Gottesliebe, *bhakti* genannt, und die Advaita-Vedānta-Lehre gegenüber. Das Buch *Die Gnadenreligion Indiens und das Christentum* behandelt die *bhakti*, insbesondere den Vaiṣṇava-Philosophen und berühmten Gründer der Viśiṣṭādvaita-Vedānta-Schule, Rāmānuja, dem das Absolutum, das höchste *brahman*, persönlicher Gott ist. Die *Westöstliche Mystik* behandelt den noch berühmteren Śaiva-Philosophen und Gründer der Advaita-Vedānta-Schule, Śaṃkarācārya, dem das allerhöchste *brahman*, das *parabrahman*, nur *sat* (Sein), *cit* (Bewußtsein) sowie *ānanda* (Wonne) und deshalb ganz unpersönlich ist. In den beiden Fällen wendet Otto das Gesetz von Parallelen und Konvergenzen in der Religionsgeschichte an, um die Ähnlichkeiten zwischen christlichen und hinduistischen Formen zu erklären. Aber schließlich beteuert er die Überlegenheit des Christentums und zieht die aktive Mystik Meister Eckarts der nicht aktiven Mystik Śaṃkarācāryas vor. Im Jahre 1929 ging Otto in den Ruhestand, blieb aber weiterhin produktiv. Von seinen letzten Publikationen ist die Sammlung seiner ethischen Aufsätze, erschienen 1931, wohl die wichtigste. Er bekam eine Einladung, die Gifford-Vorlesungen 1933 in Glasgow zu halten, mußte aber aus Gesundheitsgründen ablehnen, obwohl er sich das Thema, «Sittengesetz und Gotteswille», schon zurechtgelegt hatte. Seine Gedanken über Gotteswille und Werteautonomie – für ihn keine Antinomie zwischen Religion und Ethik, sondern eine richtige Antinomie innerhalb der Religion selbst – hielt Otto nur noch auf dem Totenbett fest. Sie wurden postum von Theodor Siegfried herausgegeben. Von Otto haben wir daher keine vollendete Ethik, aber die Richtung seines ethischen Denkens ist deutlich genug. Er verwendet die Fries'sche anthropologische Methode der Besinnung auf die menschlichen sittlichen Gefühle, vornehmlich auf die Gefühle der Schuld und der Verantwortlichkeit. Dabei will er unter anderem die axiologischen und ontologischen Implikationen dieser Gefühle klarmachen. Ferner kritisiert er jede Wertethik, weil sie die Würde der menschlichen Person nicht achtet. Theodor Siegfried hielt diese Kritik für einen wichtigen Beitrag zur Ethik.

Im Ruhestand verfaßt Otto auch religionsgeschichtliche Studien und Übersetzungen aus dem Sanskrit. Zur ersten Art gehören eine Untersuchung der vedischen Gottheiten, *Gottheit und Gottheiten der Arier* (1932), und eine Untersuchung der persischen Wurzeln Jesus: *Reich Gottes und Menschensohn* (1934). Man sollte nicht übersehen, daß in den dreißiger Jahren solche Themen indirekt politische Bedeutung hatten. Zu den Übersetzungen aus dem Sanskrit gehören drei Büchlein über die *Bhagavadgītā*, die Otto zum Teil gegen die Auffassungen Jakob Wilhelm Hauers, des Leiters der deutschen Glaubensbewegung, verfaßte.[31]

Ottos Verhältnis zur NS-Ideologie ist schwierig zu beurteilen. Die Nazis scheinen von Studierenden verlangt zu haben, daß sie Ottos Theologievorlesungen besuchten, aber nach James Luther Adams soll Otto diese Verpflichtung nicht gefallen haben.[32] 1941 erschien ein Buch, das Gespräche mit Otto über Ethik wiederzugeben vorgab: *Verantwortliche Lebensgestaltung*, herausgegeben von Karl Küssner.[33] Sollte dieses Buch Ottos Ansichten wiedergeben, dann hat der alternde Otto vieles aus der NS-Ideologie gutgeheißen. Aber es scheint, daß Küssner mehr als Otto selbst am Nationalsozialismus und etwa der Deutschen Glaubensbewegung Hauers interessiert war. Dennoch kann man sagen, daß Otto 1931 zwar viel über die philosophischen Implikationen der Gefühle von Schuld und Verantwortlichkeit schrieb, sich aber in der NS-Zeit kaum entsprechend verhielt.

III. Wirkung

Ottos Wirkung war in der Religionswissenschaft größer als in der Theologie. Dennoch beeinflußte er einige bedeutende Theologen, von denen Paul Tillich der namhafteste ist.[34] Ottos Betonung der Erfahrung als Basis für Religion stieß vor allem in der neuorthodoxen Theologie auf Widerstand. In seiner *Kirchlichen Dogmatik* lehnte Karl Barth *Das Heilige* grundweg ab, weil das Numinose nicht mehr von einer «verabsolutierten Naturgewalt» zu unterscheiden sei: «‹Das Heilige› Rudolf Ottos ist nur schon darum, was es auch sein möge, jedenfalls *nicht* als das Wort Gottes zu verstehen.»[35] In seiner *Dogmatik* verstand Emil Brunner Ottos *mysterium tremendum* als Umschreibung für den *Deus absconditus*. Aber auch seiner Meinung nach war *das* Heilige Ottos eben nicht *der* Heilige der Bibel, und auch in Ottos *mysterium fascinans* sah er keinen *Deus revelatus*.[36] In Marburg wurde er vor allem von Rudolf Bultmann kritisiert. Für Bultmann und Otto war Gott immer ganz anders, aber anders als für Otto war für Bultmann ein erfahrbarer Gott nicht ein ganz anderer, schon gar nicht bloß ein erfahrbares Numinoses.[37]

Die Schärfe dieser theologischen Kritik traf Otto heftig, wie Ernst Benz als Student im Jahre 1935 festhielt: «Neben der kleinen Zahl Schüler [Ottos] stand eine Gruppe von Studenten, die lautstark einen jugendlich vereinfachten Barthianismus vertraten, die von der Bultmannischen Theologie und dem Existentialismus begeistert waren und die es nicht daran fehlen ließen, die Gedanken Rudolf Ottos ... zu ridikulisieren und Witze über die von ihm gegründete Religionskundliche Sammlung als Götzentempel zu reißen.»[38] Trotz aller Kritik sind Ottos Ideen auch von heutigen Theologen nicht vergessen worden. Viele Theologen und Religionswissenschaftler benutzen nach wie vor seine Terminologie.

In der Religionswissenschaft bildete sich unter Ottos Einfluß eine Tradition, die gegen Evolutionismus und «Reduktionismus,» etwa die sozialwissenschaftlich-funktionalistischen Erklärungen, stand. In dieser Tradition ist Religion immer etwas Eigenes, eine Erfahrung des Heiligen. Wie Gustav Mensching es ausdrückte: «Religion ist Begegnung mit dem Heiligen und antwortendes Handeln des vom Heiligen bestimmten Menschen.»[39] Früh genug lehnte aber diese Tradition Ottos Fries'schen Kantianismus ab. Sie fand eine bessere Grundlage für die Religionswissenschaft in der Phänomenologie und methodologische Vorläufer in Wilhelm Dilthey und Edmund Husserl.[40] Zu dieser Tradition gehören vor allem Heinrich Frick, Gustav Mensching und Kurt Goldammer in Deutschland und Joachim Wach, Joseph Kitagawa und Charles Long in den Vereinigten Staaten.[41]

Heute hat das religionswissenschaftliche Interesse an Otto weitgehend abgenommen, auch wenn sein Buch *Das Heilige* nach wie vor ein Bestseller ist. Bis zu einem gewissen Grad liegt das meines Erachtens an der hermeneutischen Schwierigkeit, Erfahrungen aus historischen Quellen herauszulesen. Aus Ottos Analyse der numinosen Erfahrung kann man über eine Religion kaum etwas Bestimmtes lernen: als das Eigentliche liegt sie immer hinter den sprachlichen Manifestationen. Thorkild Jacobsen z. B. fängt seine Geschichte der mesopotamischen Religion mit Otto an, kann aber über die religiösen Erfahrungen antiker Mesopotamier nichts sagen. Er kann lediglich die Metaphern auslegen, durch die die Mesopotamier vermutlich ihre Erfahrungen ausdrückten.[42] Wenn dem so ist, dann stellt sich die grundsätzliche Frage: Warum soll man überhaupt über religiöse Erfahrungen reden?

Auch aus theoretischen Gründen ist das Interesse an Otto geringer geworden.[43] Nicht nur Theologen, sondern auch Religionswissenschaftler kritisierten Ottos Denken scharf. Immer wieder wurde vorgebracht, daß es sinnlos sei, zu behaupten, das Numinose sei mit dem Menschlichen inkommensurabel. Friedrich Feigel drückte diese Kritik so aus: «Aber nun frage ich: wie sollen wir einen Gott, der ‹ganz anders›, also unerfahrbar ist, erfahren?»[44] Deshalb lehnten Paul Tillich und Joachim Wach Ottos «Inkommensurabilitätsthesis» ab und sprachen von Symbolen, d. h. von natürlichen Elementen, die – anders als Zeichen – irgendwie am Heiligen teilhaben.[45] Viele kritisieren auch, daß das von Otto postulierte Verhältnis von Erfahrung zu deren Ausdruck umgekehrt sein müsse, da religiöse Erfahrungen von Erwartungen hervorgerufen werden, die sich aus kulturellen Codes und Kommunikationsformen ergeben.[46] Nach dem Religionswissenschaftler Ninian Smart bringt Otto zudem zwei religiöse Gegebenheiten durcheinander: das Mystische und das Numinose.[47]

Obwohl Otto also heute weder in der Theologie noch in der Religionswissenschaft als Theoretiker eine große Rolle spielt, sind seine Ideen und sein Religionsverständnis dennoch weit verbreitet, auch und gerade im angelsächsischen Raum. Im Englischen klingt das von Otto neugebildete Wort «numinous» irgendwie mysteriös, heilig, religiös, ohne aber eine bestimmte Religion wie Christentum oder Buddhismus zu implizieren. Dieser Universalismus seiner Terminologie ist wohl mit ein Grund für den Erfolg – und das, obwohl gerade er (anders als etwa Eliade) die Überlegenheit des Christentums immer betonte. Der Einfluß von Ottos Terminologie geht weit über Theologie und Religionswissenschaft hinaus. Ein Beispiel ist etwa Derek Walcott, der 1992 den Nobelpreis für Literatur erhielt, und der von einer numinosen Ehrfurcht in der dichterischen Benennung der Welt spricht.[48]

Als allgemeingültige Religionswissenschaft bzw. Religionstheorie sind Ottos Ansichten heutzutage kaum noch akzeptiert. Aber die Kraft seiner feinen religionspsychologischen Beobachtungen, seiner Religionsästhetik und auch seiner Mystik zeigt nach wie vor Wirkung.

Heinz Mürmel

MARCEL MAUSS
(1872–1950)

Die Bemerkung von Victor Karady, dem Herausgeber des Mauss'schen Oeuvres, daß die tatsächliche Kenntnis dieses Werkes, obwohl Gegenstand geflissentlicher Bezugnahmen, beschränkt blieb[1], gilt für den deutschsprachigen Raum in einem besonderen Maße. Erst die Herausgabe der deutschen Übersetzung der Essaysammlung *Soziologie und Anthropologie* im Jahre 1974 schuf die Voraussetzung für eine über mehr als einzelne Spezialisten – vor allem René König – hinausgehende Rezeption der Ideen von Marcel Mauss. Auch die durch diese Edition ausgelöste Rezeption blieb merkwürdig selektiv. Aus verschiedenen Gründen richtete sich das Interesse fast ausschließlich auf eine Abhandlung des Jahres 1925: *Die Gabe*. Jenem Beitrag hatte Claude Lévi-Strauss in seiner Einleitung zu Mauss' *Soziologie und Anthropologie* eine revolutionäre Wirkung zuerkannt, die geradezu «eine neue Ära der Sozialwissenschaften»[2] einleite. Kurz zuvor[3] hatte Lévi-Strauss noch gewarnt: «Obgleich die Abhandlung ‹Die Gabe› ohne jeden möglichen Zweifel das Hauptwerk von Mauss ist, seine zurecht berühmteste und in ihrem Einfluß nachhaltigste Arbeit, beginge man einen schweren Irrtum, wenn man sie vom übrigen Werk isolieren würde.» Gerade diese Warnung wurde im großen und ganzen überhört. Zudem wurde die Person des Autors auf sein «im engeren Sinn wissenschaftliches Werk» verengt und damit wesentliche Elemente vernachlässigt, die ein neues Licht auf seine Intentionen hätten werfen können. Mauss war eine sehr komplexe Gestalt, in der sich vielfältige Interessen trafen.[4]

I. Leben und das religionstheoretische Werk

Mauss wurde am 10. Mai 1872 als Sohn des Gerson Mauss und der Rosine Mauss, geborene Durkheim (eine ältere Schwester von Émile Durkheim), in Épinal in den Vogesen geboren. Wie sein Onkel Émile wuchs er in einem religiös geprägten Umfeld auf, in dem eine entsprechende Ausbildung selbstverständlich war. Seine Mutter, die einer Rabbinerfamilie entstammte, achtete darauf. Jedoch ebenfalls wie sein Onkel Émile praktizierte er später, etwa ab 1890, die Religion kaum mehr. Nach dem Schulbesuch am Lyzeum von Épinal begibt er sich Ende 1890 an die Universität von Bordeaux, wo er sich in die Faculté des lettres einschreibt. Ein wichtiger Grund für diese Entscheidung war die Tatsache, daß in

Bordeaux sein Onkel Émile Durkheim lehrte, dem er fortan wissenschaftlich eng verbunden blieb. Sein starkes und langanhaltendes politisches Interesse und z. T. auch Engagement findet einen ersten Niederschlag bereits in Bordeaux, wo seine Bekanntschaft mit Marcel Cachin beginnt und Nähe zum sozialistischen Gedankengut greifbar wird. Er wird Mitglied der Groupe des étudiants socialistes sowie der Parti ouvrier français. Der Militärdienst bei den Services auxiliaires unterbricht sein Studium kurz. Nach Bordeaux zurückgekehrt, hält sein Onkel für ihn jenen ausschlaggebenden Kurs über *Les origines de la religion* (1894–95), der Durkheim selbst die Augen über die soziale Bedeutung religiöser Phänomene öffnen und damit für ihn zu einer «Offenbarung»[5] werden sollte. Eine intensive Beschäftigung mit diesem Thema sollte daraus für Mauss erwachsen.

1895 nimmt er mit gutem Erfolg an einem Concours an der Pariser Sorbonne teil und wird im Herbst Stipendiat an der École pratique des hautes études (Sektion IV: Sciences historiques et philologie bzw. V: Sciences religieuses). Hier wird sein wichtigster und ihn gleichfalls prägender Lehrer der Indologe Sylvain Lévi.

Auch in Paris bleibt er der politischen Arbeit treu[6]; ein Zug, der eine Reihe von Durkheims Schülern auszeichnete und für die Interpretation von deren wissenschaftlichen Werken relevant ist. Er arbeitet bei der Groupe des étudiants collectivistes mit und tritt der Parti ouvrier socialiste révolutionnaire bei.

Im folgenden Jahr, 1896, begegnet er Henri Hubert, der sein «wissenschaftlicher Zwilling» werden sollte. Weitere wichtige Ereignisse fallen in dieses Jahr: Sein Vater stirbt während eines Besuches in Paris (im gleichen Jahr stirbt auch Durkheims Vater), und im April erscheint seine erste Veröffentlichung im *Devenir social*, eine Rezension zu G. de Greef, *L'évolution des croyances et des doctrines politiques*; zwei weitere Rezensionen erscheinen im gleichen Jahr. Zugleich bereitet er in Paris die spätere Arbeit der Gruppe um die *Année sociologique* vor und wirbt für dieses von Émile Durkheim herausgegebene Journal bis 1902 in Paris Autoren an, Mauss selbst wird vor allem für die Abteilung «Sociologie religieuse» verantwortlich.

Die *Année* entwickelte sich bald zum Sprachrohr (und Gemeinschaftsunternehmen) der Durkheimianer. Der erste Band erschien 1898, der zwölfte und letzte im Jahre 1913. Der neuen Serie, deren Edition Mauss leitete, war nur ein kurzes Leben beschieden: Band 1 erschien 1925, Band 2 im Jahre 1927. Mauss sammelte und ordnete auch für Durkheims Arbeit über den Selbstmord eine große Menge der Fakten; Mauss selbst hebt hervor, daß er bereits an der Vorarbeit zum «Selbstmord» beteiligt war.[7] In dieser Zeit kann erstmals ein Zug seines Arbeitsstils belegt werden, der für ihn charakteristisch werden sollte: die ausgeprägte Zusammenarbeit mit Kollegen.[8]

Marcel Mauss (1872–1950)

Der zweite Jahrgang der *Année sociologique* steht ganz im Zeichen einer zentralen Thematik der Durkheimgruppe. Der Meister selbst publiziert seinen Beitrag «De la définition des phénomènes religieux», Mauss und Hubert ihren bedeutenden Beitrag zum Sacrifice. Es sei nur angemerkt, daß Durkheims *Formes élémentaires de la vie religieuse* (1912) wichtige Modifikationen zu jener Position von 1899 aufweisen wird. Der Anstoß zu dieser Entwicklung dürfte in erheblichem Umfang von den Arbeiten seiner Mitarbeiter Robert Hertz[9] und Marcel Mauss bzw. Henri Hubert ausgegangen sein.

Bereits dieser frühe Essay zum «Opfer» bestimmt zentrale Positionen neu. Gegen frühere Theoretiker (Tylor, Robertson Smith, Frazer) wird ein neues Opferkonzept entwickelt, das das sacrificium einer engeren theologischen oder religionswissenschaftlichen Betrachtung entzieht und zu einer zentralen sozialen Kategorie werden läßt. Damit wird erstmals der Inhalt jener weiter oben angesprochenen «Offenbarung» Durkheims in einen theoretischen Entwurf umgesetzt. Wichtige Elemente jenes Ansatzes, der 1899 gewisse Formen anzunehmen beginnt, sind die folgenden:

Entgegen der Auffassung, daß es sich beim *sacrifice* um ein «Opfer» im üblichen Sinne handelt, betonen die Autoren die Notwendigkeit, daß es sich hierbei darum handele, etwas *sacrum facere*. Das *sacré* als zentrale soziale und religiöse Kategorie wird die Durkheimianer (besonders, neben Mauss, Robert Hertz und die Gründer des Collège de Sociologie, Bataille, Caillois und Leiris) immer wieder beschäftigen. Es sei darauf verwiesen, daß in der Konzeption der Schule das *sacré* nicht einpolig als «Heiliges» aufgefaßt wird. Gerade die Ambiguität des *sacrum* bestimmt wesentlich die Religionsauffassung der Gruppe.[10] Ziel jenes religiösen Aktes sei die Verwandlung des Zustandes der beteiligten Personen bzw. der Objekte, durch deren Vollzug gewissermaßen eine periodische Revitalisierung des *sacrum* für die Gesellschaft erfolge, wodurch sich die jeweils geltende soziale Norm rekonstituiere. Prinzipiell handle es sich beim «Opfer» darum, eine Kommunikation zwischen profaner Welt und *monde sacré* mittels eines *victime*, d. h. einer Sache, die im Verlaufe der Zeremonie rituell zerstört wird, herzustellen.[11] In diesem Grundansatz, der relativ detailliert ausgebreitet wird, sind keimhaft weitere theoretische Konzepte angelegt. Der Aspekt der irreversiblen Zerstörung des «Opfer»-Gegenstandes, für Mauss Klimax der Handlung, wird zum Ansatz einer späteren Theorie der rituellen Kanalisierung von sozialer Gewalt mit allen sich daraus ergebenden Folgerungen.

Es ist nicht übertrieben festzustellen, daß Mauss und Hubert es versucht haben, mit dieser Arbeit dem «Opfer», oder nun besser *sacrifice*, das für aufgeklärte Geister obsolet geworden war und allenfalls Theologen, Religionswissenschaftler oder spezialisierte Ethnologen interessierte, den Platz einer zentralen sozialen Institution zuzuweisen, die für das «Funktionieren» von Gesellschaften unabdingbar sei.

Die folgenden Jahre sind im publizistischen Bereich vor allem seiner Rezensionstätigkeit für die *Année* gewidmet. Auf den wichtigen Beitrag «De quelques formes primitives de classification», zusammen mit Durkheim verfaßt und 1903 erschienen[12] sei hier nur verwiesen. Nach eigenem Bekunden hat Marcel Mauss dafür alle Fakten geliefert.

Sein wiederum mit Henri Hubert verfaßter Beitrag «Esquisse d'une théorie générale de la magie» (1904)[13] bedeutet die endgültige Abkehr vom theoretischen Ansatz des einflußreichen James Frazer, dessen Magie- und Religionskonzept mit der 2. Auflage des *Golden Bough* (1900) seine endgültige Form erhält. Durch eine neue Bestimmung des Phänomens «Magie» wird zugleich die soziale Rolle von Religion näher bestimmt.[14] Abgelehnt wird eine Definitionsebene, die glaubt als magisch jene Praktiken zu erkennen, die sich durch das Herbeizwingen eines gewünschten Resultats auf sympathetischer Grundlage auszeichnen. Religion im Gegenzug werde bei diesen Ansätzen zumeist komplementär als Unterwerfung unter «höhere persönliche Mächte» angesehen. Beides gehe am Wesen der Phänomene vorbei. Werde zudem noch die historisch häufig verifizierbare Erscheinung, daß sympathetisches Handeln plus obiges Unterwerfen in einem Komplex vereint auftritt, als Religion beschrieben, in die magisches Gut eindrang, so sei konzeptioneller Konfusion Tor und Tür geöffnet. Für Mauss und Hubert waren derartige Klassifizierungen inadäquat, was gleichzeitig bedeutete, daß die soziale Relevanz der Institutionen Magie und Religion mißdeutet werden müsse.

Bestimmte Beobachtungen öffneten Mauss und Hubert die Augen für die Notwendigkeit einer neue Deskription. Man beobachte, so sagen sie, häufig die Erscheinung, daß sich bei Änderung der sozialen Rahmenbedingungen einer bestimmten Tradition jener eine neue Wertung zuerkannt werde, ohne daß diese selbst sich wesentlich ändert. Häufig werde zum Beispiel aus einer genuinen Religion Magie. So seien nach der Phase der Christianisierung Handlungen germanischer Religiosität als Magie deklariert (und verfolgt) worden. Das gleiche gelte in bezug auf Wertungen religiöser Phänomene, wenn ein eigenes normatives Vorverständnis unreflektiert angewandt werde; auf diese Weise konnte etwa die vedische Opferpraxis als dezidiert «magisch» bezeichnet werden. Die historische Dynamik gesellschaftlicher Prozesse werde durch die bisher gültigen Beschreibungsversuche nicht erfaßt, und Religion und Magie blieben deshalb im Kern unverstanden (da akzidentelle Ausprägungen als strukturelle Konstanten gedeutet würden).

Unsere Autoren nahmen das jeweilige Selbstverständnis der sozialen Gruppen zum Ausgangspunkt für ihre Untersuchungen, womit konkurrierende Bezeichnungen für den gleichen Tatbestand transparent werden: was einer Gruppe als genuin religiös erscheint, kann einer zweiten als magisch par excellence gelten. Dennoch wird kein unscharfes «magicoreligiöses» Mischfeld geschaffen. Beide Phänomene bleiben konzeptionell getrennt.

Es ist der frühen Entstehungszeit des Aufsatzes anzurechnen, daß es bei tastenden Bestimmungsversuchen bleibt. Als magisch klassifiziert werden müssen Praktiken, die einer gewissen sozialen Interdiktion ausgeliefert sind. Magische Riten seien solche, die nicht Teil eines organisierten Kultes seien bzw. auf den «Pol des Verbotes» hin tendieren. Keinesfalls als Kriterien dürften die bereits genannten Größen, «Sympathie», «erzwingendes Handeln» usw. herangezogen werden. Dies seien vielmehr Kriterien, mittels derer eine spezifische religiöse Tradition und die aus ihr erwachsende wissenschaftliche Tradition Magie definiere. Der jeweilige Konsens einer bestimmten Sozietät weise den Phänomenen Religion und Magie ihren gesellschaftlichen Platz zu; es handele sich also jeweils um einen kollektiven klassifikatorischen Akt mit einem (in gewissem Umfang) arbiträren Charakter. Erläuterungen zur Natur magischer Riten, magischer Vorstellungen und der magisch Handelnden vervollständigen die Skizze zur Magie. Es sei angemerkt, daß sich diese Konzeption neben dem Frazerschen Ansatz bis heute nicht durchsetzen konnte.

Mauss' komplexes Engagement zeigt sich 1904 besonders klar. Gerade noch mit konzeptionellen Problemen der Magie beschäftigt, veröffentlicht er 1904, dem Jahr der Gründung der «Humanité», auch politische Artikel, wie etwa «Les coopératives rouges»[15]. Die Bedeutung dieser politischen Arbeiten für Mauss' wissenschaftliche Fragestellungen ist erst noch zu untersuchen. Ohne Frage gibt es hier enge Beziehungen. Freilich sind diese «Einflüsse» bei Mauss streng kontrolliert und verleiten ihn nicht – wie etwa C. Bouglé in seinem *Essai sur le régime des castes* (1908) – zu vorschnellen oder kürzer greifenden Fragestellungen.

1906 – in diesem Jahr unternimmt Mauss eine Reise in das brodelnde St. Petersburg – erscheint ein zusammen mit Henri Beuchat verfaßter Artikel über die Beziehungen zwischen Bevölkerungsdichte und dem «Ensemble der Dinge, in denen das kollektive Leben seinen Sitz hat»[16]. Für seine Religionskonzeption von Bedeutung sind die Schlußfolgerungen, die er aus der Dichte des Zusammenlebens ableitet.[17]

Mauss glaubt anhand des Materials bei den Eskimo ein «Gesetz» von sehr großer Allgemeinheit gefunden zu haben. Die (periodisch schwankende) soziale Dichte reguliere Phasen ansteigender und sich abschwächender religiöser Intensität, wobei die Intensität mit der Dichte jeweils korreliere. Dieser periodische Wechsel sei notwendig, um die jeweiligen Phasen «eine gewisse Zeit lang ertragen zu können». Das auslösende Moment der Intensität ist für ihn die Bevölkerungsdichte, die ihrerseits zum Beispiel vom Wechsel der Jahreszeiten abhängen könne. Ein Nebenaspekt dieser Studie, der besonders für Vertreter des Collège de Sociologie wichtig werden wird, ist die enge Verknüpfung von intensivierter Religiosität und der sozialen wie religiösen Bedeutung von Festen.

In gewisser Weise findet Mauss' religionstheoretisches Bemühen im Jahre 1908 seinen Abschluß. In diesem Jahr erscheint die zusammen mit H. Hubert verfaßte Studie *Introduction à l'analyse de quelques phénomènes religieux.*[18] Die 1909 erscheinenden *Mélanges* vereinen, was Mauss betrifft, bereits erschienene Arbeiten. Mauss' Anteil an Durkheims *Formes élémentaires de la vie religieuse* muß als problematisch gelten. Einerseits hat Durkheim in erheblichem Umfang Vorarbeiten der Année-Gruppe, besonders von Mauss, Hubert und Hertz (!) aufgenommen, andererseits ist im ganzen eine Zielrichtung eingeschlagen, die etwa hinsichtlich der *sacré*-Konzeption, der Beziehungen zwischen Religion und Magie sowie des Mana-Komplexes differierten. Mauss, der sich seinem Onkel gegenüber überaus loyal verhielt und diesen kaum kritisierte, hat gelegentlich selbst behutsam davon gesprochen.[19] Die besonderen Umstände, die dazu führten, daß seine Arbeit zum Prière ein Torso blieben – 1909 ließ Mauss «privat und provisorisch» nur zwei Hefte, d. h. etwa ein Viertel des Gesamtprojektes, drucken und verteilen – und das Licht der Öffentlichkeit erst 1968 erblickten[20], beraubten dieser abgebrochenen Dissertation bisher jeder meßbaren Wirkung.

Obwohl die mit religiösen Sachverhalten verbundene Problematik in seinen Veranstaltungen[21] weiterhin eine wichtige Rolle spielt und Mauss im Zusammenhang mit der Edition von Hertz' Schriften erneut stark beschäftigt, kann 1908 als die entscheidende Zäsur gelten. Es sollte nicht unerwähnt bleiben, daß in diesem Jahre Durkheim mit seinen eigentlichen Vorarbeiten zu den *Formes élémentaires* beginnt. Trotz verschiedener Vermutungen ist bisher unsicher geblieben, wieso mit diesem Jahr ein gewisser Abschluß der konzeptionellen Arbeit auf diesem Feld verbunden ist. Mit einigem Recht kann man davon ausgehen, daß Mauss inzwischen wesentliche Fragen als hinlänglich geklärt ansehen konnte. Doch soll erwähnt werden, daß die nunmehr weitgehend ausgereifte Religions- bzw. *sacré*-Konzeption auch für seinen berühmten *Essai sur le don* – 1925 im ersten Band der Neuen Serie der *Année Sociologique* erschienen – von Bedeutung ist.

Die *Introduction à l'analyse de quelques phénomènes religieux* behandelt unter anderem als Themen «Le sacrifice», «La magie», «Le problème de la raison» und «Psychologie religieuse et sentiments religieux». In konziser Weise handeln die beiden Autoren ihre grundsätzlichen Positionen zu den «choses sacrées» als «choses sociales» ab. Auf einige Aspekte sei im folgenden eingegangen: Im ersten Teilabschnitt werden die Aussagen der Sacrifice-Arbeit von 1899 aufgenommen und noch stärker gegenüber Robertson Smith abgegrenzt und der Charakter des *sacrifice* als «phénomène social» weiter betont. Die Beziehungen zwischen Gesellschaft und Individuum seien dergestalt, daß «sur le terrain du sacrifice la société entoure le fidèle de son assistance morale, c'est elle qui lui donne sa foi, sa confiance qui l'anime dans la valeur de ses actes.»[22] Sie fahren fort: Das *sacrifice* (was der Deutlichkeit halber statt mit «Opfer» besser mit *sacrum facere* wiedergegeben werden sollte) ist ein Mittel für den profanen Bereich, mit dem *sacrum* in Verbindung zu kommen. Da für unsere Autoren das sacrum zweipolig ist, d. h. positiv wie negativ, sehen sie diesen Vorgang als Mittel der Sozietät (wie der Individuen) an, periodisch, öffentlich und obligatorisch mit den positiven wie negativen «Werten» in eine Beziehung zu treten, die für die jeweilige Sozietät qualifizierend ist, sie umschreibt und erhält. Die Grundlinie der frühen Arbeit ist unverändert übernommen.

Eine gleiche Tendenz ist für den Magieabschnitt auszumachen. Bei ebenfalls deutlicher Zurückweisung des Ansatzes der «englischen anthropologischen Schule» – gemeint ist vor allem Frazer – wird die doppelte soziale Determiniertheit der Phänomene Religion und Magie betont. Nachdem auf einer ersten Stufe die einzelnen Elemente (z. B. Praktiken, Vorstellungen) durch einen sozialen Konsens bestimmt würden, entscheide später allein die jeweilige gesellschaftliche Bewertung, ob jene Elemente als «Magie» oder «Religion» in einem gegebenen Umfeld erscheinen.[23]

Der Abschnitt zum Problem der Vernunft behandelt die mögliche Bandbreite noch akzeptabler Vorstellungen. Obwohl diese kulturell bedingt außerordentlich different sein können, betonen Hubert und Mauss, daß sie der Kontrolle der Erfahrung ausgesetzt seien und daß es Grenzen für Absurditäten gebe. Diese seien für Sozietäten enger gefaßt als für das Individuum. Die «diktierende Vernunft», die über jene Grenzen wacht, seien «des puissances sociales, la tradition, le langage, qui les imposent à l'individu»[24].

Der Abschnitt zu religiöser Psychologie und religiösen Sentiments beginnt mit der Feststellung, daß *sacré* und «Seele» als Institutionen im Durkheimschen Sinne angesehen werden müssen. Umfang des (akzeptierten) Inhalts und Weitergabe sind abhängig von der Gesellschaft. Das bedeutet, etwa auf das *sacré* gewendet, daß dessen Inhalt kein selbstevidenter Wert sein kann, eine beliebige Inhaltssetzung durch die «wachende soziale Vernunft» jedoch ebenso verwehrt bleibt.

Im Zusammenhang mit den Rollen der Sentiments in der Religion vertreten Mauss und Hubert die Position, daß diese zwar eine Rolle spielen, diese aber anders sei, als von bestimmten Autoren angenommen. Den Grund bzw. Ursprung (origine) religiöser Vorstellungen sehen die Verfasser in den «notions de valeurs». Die Pole am Ende einer Bandbreite von Werten sind eben jenes tabuisierte positive wie negative Sacrum, das die jeweilige Sozietät als eigenständige Größe mit festgelegten Normen konstituiert. Erst der Umgang mit jenen *sacra* provoziert Skrupel, Furcht/Scheu, Hoffnung usw.

Mauss starb 1950 in Paris – nach der Schaffung eines umfangreichen und wirkungsvollen wissenschaftlichen Œuvres, intensiver Lehrtätigkeit (1901 erhält er den Lehrstuhl für Religionsgeschichte der nichtzivilisierten Völker an der École Pratique des Hautes Études, 1931 den Lehrstuhl für Soziologie am Collège de France), engagiertem publizistischen Wirken (er zählte zu den Gründungsmitgliedern der *L'Humanité)* und persönlichen tiefgreifenden Schicksalsschlägen (1940 muß er wegen seiner jüdischen Herkunft seinen Lehrstuhl räumen).

II. Wirkung der Religionstheorie von Mauss

Es kann ohne Übertreibung behauptet werden, daß bis auf wenige Ausnahmen eine Rezeption von Mauss' Religionstheorie bislang kaum stattgefunden hat. Verschiedene Gründe dürften dafür maßgebend sein.

Wie bereits erwähnt war bis zum Erscheinen von *Sociologie et anthropologie* (1950; deutsch 1974) sein Werk nur schwer verfügbar. Die Masse seiner Arbeiten erschien in den *Année sociologique*, die zum Beispiel in Deutschland nur in den Staats- bzw. Universitätsbibliotheken von Berlin, Leipzig und München angeschafft wurden. Zweifellos war das im deutschen Raum ein Nachteil. Allerdings ist auch im sonstigen Ausland, und weithin auch in Frankreich selbst, die Religionskonzeption fast folgenlos geblieben. Es haben deshalb neben der schwierigen Literaturlage andere Faktoren eine Rolle gespielt.

Der Tod hatte Mauss, sei es im Ersten Weltkrieg (Hertz), sei es durch Unglücksfälle, wichtiger Schüler beraubt. Mauss beklagt dies selbst sehr (Übers. vom Verf.): «... Das große Unglück meines wissenschaftlichen Lebens war nicht das Stocken meiner Arbeit während der viereinhalb Kriegsjahre, war nicht der Stillstand durch ein Krankheitsjahr (1921–22), es war selbst nicht das Ratloswerden, das mir der vorzeitige Tod von Durkheim und Hubert zufügte; es ist der Verlust meiner besten Schüler und meiner besten Freunde während dieser schmerzvollen Jahre. Man kann sagen, daß dies ein Verlust für diesen Zweig der französischen Wissenschaft war. Für mich war es ein Zusammenbruch. Das vielleicht Beste was ich von mir hätte geben können, verschwand mit ihnen ...»[25]

Es lag wohl auch an der Art, wie er seine Wissenschaft insgesamt betrieb. Obwohl er betont, «niemals militante Soziologie» betrieben zu haben, war er doch stets auf diskrete Weise um die soziale Relevanz seiner Arbeit, gerade auch der religionswissenschaftlichen Erkenntnisse, bemüht. Mauss hat es einmal auf die folgende Weise ausgedrückt (Übers. vom Verf.): «Die Öffentlichkeit erlaubt es uns nicht, uns nur mit dem, was uns leicht, amüsant, merkwürdig, bizarr, vergangen, gefahrlos erscheint – weil es sich um tote oder von uns entfernte Gesellschaften handelt – zu beschäftigen; sie verlangt von uns Studien, die für die Gegenwart aufschlußreich sind.»[26] Ein weiteres Hindernis lag wohl auch im neuen von der Durkheimschule gewählten Herangehen.[27]

Verschiedene Umstände – zum Beispiel die eigene Wissenschaftstradition oder ein genereller Haltungswechsel gegenüber französischen Einflüssen – führten nach dem Ersten Weltkrieg dazu, daß in der deutschen Religionswissenschaft besonders Ottos 1917 erschienene Werk *Das Heilige* überaus einflußreich, teilweise alles beherrschend wurde. Die Auswirkungen sind noch heute in der Diskussion um das Heilige zu spüren, vornehmlich in der Rezeption der Religionstheorie von Mauss. Die scheinbaren Übereinstimmungen von «heilig» und *sacré* bei Otto bzw. Mauss haben Übersetzer in kaum zu meisternde Schwierigkeiten gebracht. *Sacré* – nicht *saint*! – ist für die Durkheimianer gerade nicht nur «heilig», sondern mit der angesprochenen Doppelwertigkeit versehen. Mit jener Ambiguität steht und fällt das Modell der Maussianer. Bis in neueste Übersetzungen hinein behindert die konstante Übersetzung von *sacré* als «heilig» das Erfassen des eigentlichen Ansatzes.[28] Es kann nicht entschieden genug darauf verwiesen werden, daß die Polarität zwischen *sacré* und profan nicht ausreicht, um den Umfang des *sacré* zu beschreiben.

Eine weitere stark wirkende Rivalität auf konzeptionellem Felde verhindert das Erfassen des Mauss'schen Ansatzes. Es handelt sich dabei um Frazers Magiemodell[29], das praktisch konkurrenzlos dominiert und damit den Religionsbegriff von Mauss ausschaltet.

Eine spät einsetzende allgemeinere Wirkung ist mit der Rezeption des *Essai sur le don* verbunden, auch wenn die «religiösen» Implikationen dieser Arbeit bisher noch kaum gewürdigt worden sind.

1950 erscheint Claude Lévi-Strauss' bemerkenswertes Vorwort zu *Sociologie et anthropologie*, das auch den Wirkungen und Einflüssen von Mauss nachgeht. Die «rechtmässigen» Erben der Religionstheorie von Mauss bleiben unerwähnt. Es handelt sich dabei um die führenden Vertreter und Gründer des Collège de Sociologie (1937–1939).[30] Die Fehlinterpretation, daß es sich bei diesem Unternehmen vornehmlich um eine literarische Angelegenheit handle, mag zu dieser Nichtbeachtung beigetragen haben. An der Gründung dieses Collège im März 1937 waren vor allem Georges Bataille (1897–1962), Roger Caillois (1913–1978) und Michel Leiris (1901–1990) beteiligt.[31] Wie in der Gruppe um die *Année sociologique* war das Bewußtsein um einen Zustand gesellschaftlicher Krisenerscheinung und die Suche nach Möglichkeiten zu dessen Überwindung ein Ausgangspunkt ihres «Unternehmens». Alle drei fühlen sich in erheblichem Maße den Gedanken von Mauss und Hertz sowie, in einem bestimmten Umfang, denen von Durkheim verpflichtet. In deren Tradition weisen sie dem bipolaren *sacré* in ihrer Gesellschaftstheorie einen zentralen Platz zu. Sie sind davon überzeugt, daß derart «religiöse» Strukturen auch in den «säkularisierten» modernen Gesellschaften zu finden seien. Bataille wird in diesem Zusammenhang vom «noyau sacré de la société» sprechen. Der Untersuchung des *sacré* als zentraler sozialer und «religiöser» Kategorie fühlten sie sich alle verpflichet[32], wenn auch Nuancierungen erkennbar werden.

Untersuchungsobjekt des Collège waren vor allem die Manifestationen des *sacré* im modernen Leben, jenseits der etablierten religiösen Systeme. Stark Mauss und Hertz verpflichtet, waren für das Collège speziell folgende Komplexe von Interesse: die doppelte Natur des Tabu; der gesellschaftlich geregelte (rituelle) Umgang mit den beiden Polen des *sacré*; das Problem des nichtapprobierten Umgangs mit jenen Polen (Normverletzung, Tabubruch, Transgression); der Mechanismus des Opfers; die Situierung des Mythos als Ideologie des *sacré* (anstatt seiner Einordnung als literarische Kategorie); die Rolle der Feste. Mit diesen Untersuchungen «verlängerten» sie das wissenschaftliche Programm von Mauss bis in die Gegenwart und bewahrten seine Aktualität.

Sylvia M. Schomburg-Scherff

ARNOLD VAN GENNEP
(1873–1957)

Arnold van Gennep war ein außerordentlich vielseitiger und produktiver Religionshistoriker, Ethnologe und Volkskundler. Sein Werk umfaßt in der von seiner Tochter Ketty van Gennep (1964) erstellten Bibliographie 437 Titel. Doch sein Ruhm als «Klassiker der Religionswissenschaft» gründet sich vor allem auf sein Hauptwerk *Les rites de passage* (dt. *Übergangsriten*). 1909, als das Buch in Frankreich erschien, stieß es dort überwiegend auf Unverständnis und Ablehnung. Wirklich berühmt wurde es – und mit ihm sein Autor – eigentlich erst nach 1960 durch seine englische Übersetzung und seine nun einsetzende internationale wie multidisziplinäre Rezeption.

Sein ganzes Leben lang forschte van Gennep außerhalb der französischen Universitätshierarchien und konnte sich so ein erstaunlich unabhängiges Denken bewahren.[1] Er befaßte sich mit allen religionswissenschaftlichen Fragen seiner Zeit: Totemismus, Tabu, «primitiven» Formen der Religion, Mythen und Riten. Ohne Scheu vor anerkannten Autoritäten schrieb er mit spitzer Feder gegen damals dominante theoretische Strömungen (obwohl er sich nicht immer ganz von ihnen lösen konnte): gegen Szientismus, Positivismus, Evolutionismus, Historismus und Soziologismus. Bereits sein Lebensweg erweist ihn als Nonkonformisten, wie die folgende biographische Skizze veranschaulicht.

I. Leben

Arnold van Gennep wurde 1873 in Ludwigsburg im damaligen Königreich Württemberg geboren. Sein Vater, Sohn französischer Einwanderer, war Leutnant am Hof, seine Mutter entstammte einer holländischen Patrizierfamilie mit weitverzweigter Verwandtschaft in Frankreich. Als van Gennep sechs Jahre alt war, ließen sich die Eltern scheiden, und seine Mutter zog mit ihm nach Frankreich. Einige Jahre später heiratete sie einen Arzt, der in den Sommermonaten in einem Thermalbad in Savoyen praktizierte – eine Region, die van Gennep in späteren Jahren systematisch ethnographisch erforschte.

Schon während der Schulzeit zeigte sich seine ungewöhnliche Sprachbegabung. Mit acht Jahren sprach er Französisch, Deutsch und Holländisch, in der Schule kam Englisch dazu. Privat erhielt er Spanisch- und Italienischunterricht. Gegen den Willen seines Stiefvaters, der für ihn ein Medizinstudium in Lyon vorsah, ging van Gennep nach Abschluß der

Arnold van Gennep (1873–1957)

Schule nach Paris. Er dachte an eine diplomatische Karriere und schrieb sich an der *Ecole des langues orientales* und an der *Ecole pratiques des hautes études* ein, wo er allgemeine Linguistik, Ägyptologie, Alt- und Neuarabisch, Islam- und Religionswissenschaft belegte.

In Paris lernte er seine spätere Frau kennen. Da seine Eltern strikt gegen diese, wie sie meinten, nicht standesgemäße Verbindung waren, kam es zum Bruch. Van Gennep heiratete 1897, zog mit seiner Frau ins damals russische Polen und verdiente dort seinen Lebensunterhalt als Französischlehrer. 1901 kehrten beide nach Paris zurück, und van Gennep wurde, dank seiner umfangreichen Sprachkenntnisse (Polnisch und Russisch waren hinzugekommen), Leiter der Übersetzungsabteilung des Landwirtschaftsministeriums.

In diese Zeit fällt der Beginn seiner wissenschaftlichen Laufbahn. Er veröffentlichte zunächst sein Buch *Tabou et totémisme à Madagascar* (1904), dann *Mythes et légendes d'Australie* (1906), beide Teile seiner Abschlußarbeit an der *Ecole des hautes études*.[2] 1908 gab er seine Stellung bei der Regierung auf, weil er den Lebensunterhalt für seine nun vierköpfige Familie freiberuflich als Autor, Übersetzer und Vortragender glaubte bestreiten zu können. 1909 erschien sein Hauptwerk *Les rites de passage*, 1911 *Les semi-savants* (eine ironische Anspielung auf «les semi-civilisés», die Forschungsobjekte evolutionistischer Studien). Letzteres enthält eine Sammlung von Kurzgeschichten, die, im Genre der Satire geschrieben, die Auswüchse unkritisch und ohne Selbstdistanz betriebenen wissenschaftlichen Arbeitens aufs Korn nehmen.

1911 und 1912 hielt er sich insgesamt fünf Monate zu Feldforschungs- und Sammelzwecken bei den Kabylen in Algerien auf. Seine Erfahrungen hielt er in *En Algerie* (1914) fest, einem nicht ohne Selbstironie geschriebenen (heute beinahe «postmodern» anmutenden) ethnographischen Reisebericht, der u. a. ein scharfes Licht auf die koloniale Forschungssituation wirft. In Algerien stellte van Gennep fest, daß er mindestens fünfzehn Jahre brauchte, um hier tiefgehende Forschung zu betreiben, weshalb er sich nun immer mehr der Ethnographie und Volkskunde Frankreichs widmete. 1912 erhielt er einen Ruf an die Universität Neuchâtel in der Schweiz, wo er bis 1915 den Lehrstuhl für Ethnographie innehatte und das Völkerkundemuseum neu organisierte. Diese einzige akademische Stellung seines Lebens verlor er jedoch wieder, weil er – es war die Zeit des Ersten Weltkrieges – die Schweizer Regierung öffentlich wegen ihrer deutschlandfreundlichen Politik kritisierte, in der er eine Verletzung ihrer Neutralität sah. Er wurde ausgewiesen, kehrte nach Frankreich zurück und leistete seinen Militärdienst als Lehrer in Nizza.

Nach dem Krieg arbeitete er vier Jahre für das Informationsbüro des französischen Außenministeriums in Paris. 1920 erschien seine Doktorarbeit *L'état actuel du problème totémique*, in der er einen Überblick über den Stand der Forschung zum Totemismus gab. 1922 erhielt er die Einladung zu einer ausgedehnten Vortragsreise durch die USA und Kanada. Da ihm eine Beurlaubung verweigert wurde, gab er seine Stelle beim Ministerium wieder auf. Diese Reise erwies sich als äußerst anstrengend. Bei seiner Rückkehr nach Frankreich erkrankte van Gennep schwer. Nachdem er seit Erscheinen seiner «Übergangsriten» 14 Monographien und über 160 Artikel zu religionswissenschaftlichen, völker- und volkskundlichen Themen publiziert hatte, faßte er den Entschluß, alles aufzugeben und den Rest seines Lebens als Hühnerzüchter in Südfrankreich zu verbringen. Nach sechs Monaten hatte er genug davon. Er kehrte in sein Haus in Bourg-la-Reine bei Paris zurück und nahm seine umfangreiche Veröffentlichungs- und Übersetzungstätigkeit wieder auf. Nach 1945, im Alter von 72 Jahren, erhielt er ein Forschungsstipendium des *Centre National de Recherche Scientifique*, so daß er sich bis zu seinem Tode ganz auf die Veröffentlichung seines mehrbändigen Monumentalwerkes *Le manuel de folklore français contemporain* (1937–1958) konzentrieren konnte. Er starb, wenige Monate nach seiner Frau, 84jährig am 7. Mai 1957.

II. Werk

Van Genneps wissenschaftliche Interessen galten vor allem zwei Forschungsgebieten: der «exotischen» Ethnologie mit ihrer damaligen Konzentration auf Fragen nach den Ursprüngen sozialer Institutionen und der französischen Volkskunde. Bis 1924, also in der ersten Phase seiner Karriere, legte er Publikationen aus beiden Bereichen vor. Die zweite Hälfte seines Lebens widmete er ganz der Volkskunde Frankreichs. Interessanterweise und erstaunlich modern sah er keinen wesentlichen Unterschied zwischen der Ethnographie «exotischer» und europäischer Gruppen. Volkskunde war für ihn die Ethnographie der ländlichen Bevölkerungsgruppen Europas. Ethnographen wie Volkskundler hatten es, seiner Auffassung nach, mit lebendigen, sich ständig verändernden kollektiven Tatsachen zu tun und nicht, wie die Volkskundler um die Jahrhundertwende meinten, mit archaischen Bräuchen und sinnentleerten «Survivals».[3]

Van Genneps Studien fallen in eine Zeit wissenschaftlichen Umbruchs. Im 19. Jahrhundert hatte, in Anlehnung an Charles Darwins biologische Evolutionstheorie, der kulturelle Evolutionismus das sozialwissenschaftliche Denken beherrscht. Man glaubte, die «Wilden» stünden auf der untersten Stufe einer sozialen und kulturellen Entwicklung, die mit den «zivilisierten» Europäern ihren Höhepunkt erreicht hätte. Man bemühte sich, Entwicklungsgesetze zu formulieren, die für alle Gesellschaften und alle sozialen Institutionen gelten sollten (so etwa Lewis Henry Morgans «ethnische Perioden»: Wildheit, Barbarei, Zivilisation; oder Wilhelm Schmidts Stufen der Religionsentwicklung: Animismus, Polytheismus, Monotheismus). Da man nur wenig über die «Wilden» wußte, sah man sich zu umso waghalsigeren Spekulationen genötigt.

Um die Jahrhundertwende verließen die ersten Forscher ihre Schreibtische, um fremde Kulturen «im Feld» zu erforschen. Und sogleich wurden die Brüche und Lücken in den Entwicklungskonzeptionen deutlich. So kam es zu einer theoretischen Umorientierung: In Mitteleuropa – mit Ausnahme Frankreichs, wo die Comte'sche Soziologie durch Durkheim eine Renaissance erlebte – setzte sich eine empirisch-historische Orientierung durch, in Großbritannien etablierte sich die funktionalistische Sozialanthropologie mit ihrer anfänglich streng antihistorischen Zielsetzung. Das intellektuelle Klima, in dem van Gennep zu Beginn dieses Jahrhunderts schrieb, war also zum einen vom evolutionistischen Denken und Vokabular, zum anderen durch die sich anbahnende Hinwendung zur historisch-partikularisierenden Betrachtungsweise und speziell in Frankreich durch die Autorität Durkheims und seine sozialdeterministische Perspektive geprägt.[4] Gegenüber diesen wissenschaftlichen Vorstellungen seiner Zeit erwies sich van Gennep als überraschend souverän.

Sein erstes Buch *Tabou et totémisme à Madagascar* (1904) publizierte van Gennep in einer Zeit, als Madagaskar gerade dem französischen Kolonialreich einverleibt worden war. Er schrieb in dem gleichsam prä-funktionalistischen Bewußtsein, daß die eingehende Erforschung der Funktionsweise «halbzivilisierter» Gesellschaften für eine erfolgreiche und dauerhafte Kolonisierung ungemein nützlich sein könne (S. 1). Das Buch enthält eine umfangreiche Sammlung von Tabuvorstellungen, die van Gennep auf ihren Zusammenhang mit dem totemistischen Komplex hin überprüfte. Theoretiker wie James G. Frazer (dessen ersten Band von *Totemism and Exogamy* von 1898 van Gennep übrigens ins Französische übersetzte) hatten im Totemismus eine Institution primitiven Denkens gesehen, eine notwendige Phase in der Entwicklung religiöser Vorstellungen, die alle Völker im Zuge der Kulturentwicklung durchlaufen mußten. Sie hatten versucht, ein einheitliches Bild der totemistischen Weltanschauung zu zeichnen. Diese sollte z. B. die Exogamie des Totemklans, die Benennung des Klans nach dem Totem, den Glauben an die Abstammung vom Totem, das Verbot, das Totem zu töten oder zu verspeisen, und die religiöse Verehrung des Totems umfassen. Van Gennep kam in seiner Untersuchung zu dem Ergebnis, daß in Madagaskar zwar einige Elemente des totemistischen Komplexes zu finden seien, andere aber nicht, man deshalb die madegassischen Vorstellungen nicht als Totemismus im eigentlichen Sinne klassifizieren könne, sondern eher von Zoolatrie sprechen müsse. Mit ähnlichen Argumenten versetzte Alexander A. Goldenweiser wenige Jahre später (1910) der evolutionistischen Theorie des Totemismus den Todesstoß, indem er zeigte, daß es sich beim Totemismus nicht um eine einheitliche Institution handelt und zwischen den Elementen des sogenannten totemistischen Komplexes keine notwendigen Beziehungen bestehen.[5]

Bereits in diesem ersten Buch sind wichtige theoretische und methodische Überlegungen enthalten, die für das ganze Werk van Genneps kennzeichnend sind: 1. Religion sollte als soziales Phänomen aufgefaßt und als Teil der Sozialorganisation erforscht werden. 2. Das Verhalten von Menschen muß im kulturellen Kontext betrachtet werden. Sind beispielsweise Tabu-Vorstellungen oder -praktiken integraler Bestandteil der Sozialorganisation, können sie nicht das Ergebnis von Diffusionsprozessen, d. h. nicht auf Entlehnung aus anderen Kulturen zurückzuführen sein. 3. Generalisierungen und die Methode des Vergleichs erfordern eine umfangreiche und genaue Datenbasis (S. 8–9).

In *Mythes et légendes d'Australie* (1906) verarbeitete van Gennep erstes ethnographisches Material, das aufgrund intensiver, stationärer Feldforschung zustande gekommen war, vor allem die bahnbrechenden Studien von Walter Baldwin Spencer und F.-J. Gillen.[6] In der umfangreichen Einleitung unternahm er den Versuch, australische Mythen und Legenden in ihren soziokulturellen Kontext zu stellen. Hier kritisierte er u. a. die Durkheimsche Auffassung, die Kultur der Aranda (auch: Arunta) sei, aufgrund ihrer patrilinearen Deszendenzordnung, entwickelter als die anderer australischer Gruppen mit matrilinearem Abstammungssystem. Van Gennep wies darauf hin, daß sich das Abstammungssystem nicht zur Klassifizierung von Entwicklungsstufen eigne. Durkheims Argument basiere auf der eurozentrischen Annahme, ein System patrilinearer sei jüngeren Ursprungs als ein System matrilinearer Deszendenz (S. XXVI). Darüber hinaus plädierte er – wiederum sehr modern und gegen den sozialdeterministischen Standpunkt Durkheims gerichtet – dafür, der Rolle des Individuums in «primitiven» Gesellschaften mehr Aufmerksamkeit zu schenken. Gerade auch bei den als besonders primitiv geltenden australischen Wildbeutergruppen seien z. B. Veränderungen bei der Durchführung von Zeremonien oder Variationen in der Erzählung von Geschichten auf den Erfindungsreichtum, die Innovationen intelligenter Individuen (z. B. Magier, weiser Männer und Frauen oder Anführer) zurückzuführen. Sozialer Wandel sei das Ergebnis zweier Faktoren: individueller Erfindung und kollektiver Anpassung (S. XXXV–XXXVI).[7] Es mußten noch einige Jahrzehnte verstreichen, bis die Rolle des schöpferischen Individuums im kulturellen Kontext zu einem zentralen Thema sozialwissenschaftlicher Forschung wurde.

Seine Doktorarbeit von 1920, *L'état actuel du problème totémique*, ist, nach dem Urteil von Claude Lévi-Strauss, «eine merkwürdige Mischung aus gelehrter Berichterstattung, Parteinahme, sogar Unverständnis, die zusammengingen mit einer ungewöhnlichen theoretischen Kühnheit und Geistesfreiheit».[8] Sie war als ein vorläufiger kritischer Überblick über den Stand der Theoriebildung zu den Ursprüngen der Religion und der Sozialorganisation gedacht. Das Buch sollte sich jedoch als die letzte umfassende Arbeit erweisen, die der Frage des Totemismus gewidmet war und bleibt deshalb unentbehrlich. «Aber es war, weit davon entfernt, die erste Etappe einer zukunftsträchtigen Synthese darzustellen, viel eher der Schwanengesang der Spekulationen über den Totemismus».[9] In diesem Buch zeigte van Gennep, daß sich fast alle Postulate zum Totemismus, wenn man sie mit der ethnographischen Realität konfrontierte, als falsch erwiesen. So konnte der Totemismus beispielsweise nicht am Anfang der Religionsentwicklung stehen – wie John Ferguson McLennan, James George Frazer, Émile Durkheim und andere annahmen –, weil der zentralaustralische Totemismus, der als eines der Paradebeispiele evolutionistischer Konstruktionen herhalten mußte, kein Fossil, sondern eine hochentwickelte Institution war – ebenso komplex wie die Heiratsregeln, die Sozialorganisation, die Mythen und das Zeremonialleben der zentralaustralischen Wildbeutergruppen (S. 40–52). Dennoch hält van Gennep am Ende seines Buches, ausdrücklich gegen Alexander A. Goldenweiser, am allgemeinen Begriff des Totemismus fest. Für ihn bestand die Funktion des Totemismus in der Aufrechterhaltung der Kohäsion der sozialen Gruppe. Die Vorstellung von verwandtschaftlichen Beziehungen zwischen Totem und sozialer Gruppe befriedige das soziale Bedürfnis nach Klassifikation (S. 345–352). Diesen Aspekt seines Denkens, daß der Totemismus der Spezialfall eines allgemeineren kulturellen Phänomens, der Klassifikation, sei, griff Claude Lévi-Strauss vierzig Jahre später in *Le totémisme aujourd'hui* (1962) auf und entwickelte ihn zur Vorstellung von einer «Wissenschaft des Konkreten» weiter *(La Pensée sauvage*, 1962).

Van Genneps Hauptwerk *Les rites de passage* erschien 1909 und stimuliert bis heute, wenn auch oftmals erst durch die Vermittlung Victor Turners (1920–1983), die Erforschung rituellen und symbolischen Handelns. Was sind seine Kerngedanken? Im zweiten Kapitel, «Räumliche Übergänge», betrachtete van Gennep zunächst das, was man als den statischen Aspekt sozialer Ordnung bezeichnen könnte. Jede Gesellschaft ist – «wie ein Haus mit verschiedenen Räumen und Fluren» – aus einer Vielzahl von sozialen Gruppierungen zusammengesetzt: Familien, Lokal-, Alters-, Berufs-, Religionsgruppen usw. Doch die Dynamik des sozialen Lebens erfordert ständige Grenzüberschreitungen. Individuen und Gruppen bewegen sich in Raum und Zeit. Menschen wechseln ihren Aufenthaltsort, ihre Alters-, Status- und Berufsgruppenzugehörigkeit. Diese Veränderungen gefährden die Ordnung des Soziallebens. Sie sind deshalb in allen Gesellschaften von Riten begleitet, deren Funktion es ist, mögliche Störungen der Sozialordnung durch eine Steuerung der Veränderungsprozesse abzuschwächen. Derartige Riten, die räumliche, zeitliche oder soziale Übergänge sowohl begleiten als auch herbeiführen und kontrollieren, bezeichnet van Gennep als «rites de passage», Übergangsriten. Sie haben – und diese Erkenntnis ist van Genneps bleibendes Verdienst – immer die gleiche Funktion und die gleiche Form. Ihre Funktion ist die Kontrolle der Dynamik des sozialen Lebens, ihre Form die Dreiphasenstruktur: Auf die Trennungsphase, die vom früheren Ort, der früheren Zeit oder dem früheren Zustand löst, folgt die Schwellen- bzw. Umwandlungsphase, in der man sich gleichsam zwischen zwei Welten befindet. Den Abschluß bildet die Angliederungsphase, die entweder in das Neue integriert oder in die überkommene Ordnung reintegriert. Trennungsriten symbolisieren dabei die zeitweilige Auflösung der alten Ordnung, Schwellenriten markieren die gefährliche Phase zwischen dem alten und dem neuen Zustand, und Angliederungsriten dienen der Wiederherstellung von Ordnung.

Van Gennep zeigte, daß nicht allein das Passieren einer räumlichen Grenze oft Bestandteil und Ausdruckselement von Übergangsriten aller Art ist (z. B. von Geburts-, Initiations-, Hochzeits-, Bestattungs-, Jahreszeitenriten), sondern daß den Übergangsriten generell ein räumliches Anschauungsmodell, nämlich die Vorstellung von Grenzüberschreitungen, zugrundeliegt. Ein Neugeborenes hat die Welt der Ungeborenen verlassen und wird in die Welt der Lebenden integriert; jugendliche Initianden werden von der Welt der Kinder getrennt und in die Welt der Erwachsenen eingeführt; Verstorbene müssen von der Welt der Lebenden gelöst und der Welt der Toten angegliedert werden. Derartige Übergänge von einem in einen anderen Seinszustand werden, das belegte van Gennep mit zahllosen Beispielen aus allen Teilen der Erde, in Analogie zum Sterben und Geborenwerden aufgefaßt und symbolisch zum Ausdruck gebracht: Ein «Grenzgänger» stirbt in der alten Welt, erfährt einen Seinswechsel und wird in der neuen Welt wiedergeboren.

Daß Zeremonien oft eine komplexere als die einfache Dreiphasenstruktur aufweisen, bemerkte auch van Gennep. Manchmal ist eine der Phasen stärker als die anderen ausgestaltet oder zeitlich so ausgedehnt, daß sie selbst wiederum in mehrere Phasen untergliedert ist. Oder manchmal fällt die Klassifizierung eines Ritus nicht leicht, weil er, je nach Perspektive, z. B. sowohl als Trennungs- wie auch als Angliederungsritus aufgefaßt werden kann. Doch war van Gennep davon überzeugt, daß sich mit Hilfe des von ihm erkannten Strukturschemas der Übergangsriten das Chaos ethnographischen Materials ordnen und die Komplexität rituellen Handelns reduzieren ließe. Sein Schema sollte Sinn, Funktion und Struktur der Übergangsriten erhellen und der Systematisierung, Formalisierung und Klassifizierung von Ritualen dienen.

Bei ihrem Erscheinen wurden *Les rites de passage* von den französischen Kollegen van Genneps unterschätzt. Marcel Mauss, ein Neffe Durkheims, schrieb noch 1909 für *L'Année sociologique*, das Organ der Durkheimschule, einen Verriß. Ein Jahr später folgte J. P. Lafitte in *L'Anthropologie* seinem Vorbild. Beide Autoren gaben aber van Genneps Argumentation und Beweisführung falsch wieder.[10] Sie warfen ihm vor, überall nur Übergangsriten zu sehen. Er beanspruche, daß sein «Gesetz» – so Mauss (1909, 201), van Gennep spricht vorsichtigerweise von «Schema» oder «Abfolgeordnung» – alle religiösen Vorstellungen und Riten regiere, ja den Rhythmus des Denkens selbst bestimme und den Ursprung aller Philosophie von den

Griechen bis zu Nietzsche bilde. Dabei weist van Gennep lediglich auf der letzten Seite seines Buches in einem einzigen Satz (1986, 186) darauf hin, daß bei einigen Völkern die von der Geburt bis zum Tode aufeinanderfolgenden Übergangsphasen eine zyklische Struktur aufweisen, da alle Individuen endlos immer wieder die gleiche Serie von Übergängen passieren: vom Leben zum Tod und vom Tod zum Leben, und daß diese zyklische Struktur in Nietzsches Theorie der ewigen Wiederkehr eine psychologische Bedeutung erhalte. Mauss machte keinen Hehl daraus, daß er weder von der von van Gennep angewandten Methode des Vergleichs noch von seinen Verallgemeinerungen etwas hielt. Er warf ihm vor, die Fehler der damaligen britischen Ethnologie (Tylor, Frazer) zu reproduzieren, die wild durch die ganze Geschichte und Ethnographie galoppiere, statt ihre Analysen auf einige wenige, typische und sorgfältig erforschte Tatsachen zu gründen (ebd., 202).

Daß van Gennep die vergleichende Methode sehr viel systematischer als seine britischen Vorgänger anwandte, bemerkten seine französischen Kollegen nicht. Er untersuchte nicht äußere Ähnlichkeiten, sondern innere Mechanismen und verglich nur Komplexe der gleichen Kategorie miteinander – z. B. Hochzeitsriten mit Hochzeitsriten, Intiationsriten mit Initiationsriten usw. Indem er die Interrelation der Einzelriten und ihren Bezug zum Ganzen des Ritualkomplexes berücksichtigte, erkannte er die dynamische Struktur und die innere Logik der Übergangsriten. Heute würde man diese Erkenntnisse als strukturalistisch und funktionalistisch bezeichnen.

Interessanterweise wurde *Les rites de passage* in Großbritannien und den USA, wohl aufgrund der dort stärker empirisch ausgerichteten Wissenschaftstraditionen, von Anfang an positiv aufgenommen. Bereits 1910 besprach F. Starr das Buch wohlmeinend in *The American Journal of Sociology*, 1911 folgte T. C. Hodsons Würdigung in *Man*. Doch hatte der britische Sozialanthropologe Max Gluckman, Herausgeber einer dem Andenken van Genneps gewidmeten Aufsatzsammlung (1962), nicht ganz unrecht, als er in seinem Einleitungsessay feststellte, daß der Autor der «Übergangsriten» zwar die Art der Beweisführung der damaligen Ethnologen kritisierte, zu entwickeln versuchte und auch einen großen Schritt über sie hinausgelangte. Am Ende unterwerfe er sich aber der gleichen Beweisführung, was das Lesen seines Buchs heute etwa genauso langweilig mache wie Frazers *The Golden Bough*. Van Gennep versuchte, die Universalität seines Schemas der Übergangsriten dadurch zu belegen, daß er es in möglichst vielen Gesellschaften und Lebenssituationen nachwies. Das ganze Buch hindurch demonstrierte er die gleichen Übergangsphasen immer wieder zu verschiedenen Zeiten und in verschiedenen Gesellschaften. Überzeugung gewann sein Argument allein durch die Wiederholung. Es blieb am gleichen Punkt stehen, ohne systematisch entwickelt zu werden.

Selbstverständlich hatte auch van Gennep, als er das Strukturschema der

Übergangsriten entwarf, von den Erkenntnissen früherer Forscher profitiert. N. D. Fustel de Coulange (1864) etwa nahm das Schema bereits durch seine Interpretation des Hochzeitsrituals vorweg, das er als Mittel räumlich-sozialer Grenzüberschreitung betrachtete.[11] Robertson Smith (1894) sah den Zweck von Ritualen ganz allgemein in der Vermittlung strikt von einander getrennter sakraler und profaner Zonen.[12] Hubert und Mauss (1899) analysierten Opferhandlungen und zeigten, daß diese eine Dreiphasenstruktur aufwiesen.[13] Robert Hertz (1907) schließlich erkannte, daß Bestattungsriten gewissermaßen Initiationsriten sind, da sie den Übergang eines Verstorbenen vom sozialen Status eines lebenden Mitglieds der Gesellschaft zu dem eines Ahnen markieren, und daß alle Riten des Lebenszyklus eine gewisse Ähnlichkeit aufweisen.[14] Doch erst van Gennep gelang es, die große Vielfalt ritueller Grenzüberschreitungspraktiken systematisch zu klassifizieren.

Van Gennep blieb jedoch Zeit seines Lebens ein schwacher Theoretiker, der das, was er gleichsam intuitiv erkannte, nicht ausreichend theoretisch zu begründen vermochte – in diesem Urteil sind sich alle, die sein Werk zu würdigen wissen, einig.[15] Vielleicht ist aber gerade die Tatsache, daß er seine Einsichten in der Form «ungeschliffener Diamanten» (Belmont) präsentierte und nicht eine in sich geschlossene Theorie entwickelte, ein Grund dafür, daß *Les rites de passage* spätere, religions- bis literaturwissenschaftliche Forschung beflügelte und Übergangsrituale bis heute ein grundlegendes Reflexionsthema geblieben sind.

Auch in seinem, von ihm selbst nicht mehr vollendeten, neunbändigen Monumentalwerk *Le Manuel de folklore français contemporain* (1937–58) folgte van Gennep einem vom analytischen Modell der Übergangsriten inspirierten Plan, indem er das bäuerliche Leben in Frankreich nach rituellen Zyklen organisierte. «Wollte man das Projekt van Genneps in einem Satz zusammenfassen, so könnte man (...) sagen, daß er den Gleichklang, die Homologie zwischen natürlichen Lebensrhythmen (Jahreszeiten, Altersstufen) und sozialen Rhythmen (Kalenderfeste, Übergangsriten) darlegen wollte.»[16]

III. Wirkung

Van Genneps internationaler und multidisziplinärer Einfluß ist, wie anfangs erwähnt, vor allem auf *Les rites de passage* zurückzuführen. Bis in die 1960er Jahre stimulierte sein Strukturschema vor allem monographische Beschreibungen ritueller Praktiken und die Erforschung der sozialen Funktionen von Übergangsriten, ohne daß die Autoren immer ausdrücklich auf den Urheber des Schemas verweisen. Junod, ein Schweizer Missionar, war vielleicht der erste, der das Schema in seiner klassischen Studie über die Tonga in Mosambik anwandte.[17]

Spätere Forschergenerationen, vor allem Religionsethnologen, die in der Tradition des britischen Strukturfunktionalismus standen, haben in den 40er und 50er Jahren die Analyse der, wie van Gennep sich ausdrückte, «sozialen Notwendigkeiten», also der sozialen Funktionen, vorangetrieben. Zu ihnen gehörten, um nur einige wenige, bekannte Namen zu nennen: Daryll Forde, Meyer Fortes, Aubrey Richards, Monica Wilson. In den 60er und 70er Jahren kamen u. a. Max Gluckman, Edmund Leach, Mary Douglas und Victor Turner dazu. Übergangsriten wurden in ihrer funktionalen Bedeutung für das Sozialsystem untersucht und als Mittel interpretiert, soziale Beziehungen und Antagonismen zum Ausdruck zu bringen, soziale Konflikte zu kontrollieren, in neue Sozialpositionen und -rollen einzuweisen und überhaupt die soziale Einheit und Ordnung zu stabilisieren. Im Zuge dieser Entwicklung gerieten allmählich die räumlichen Übergänge sowie die Rituale, die sich auf kosmische Veränderungen, den Jahreszeitenwechsel, den Anbauzyklus usw. beziehen, aus dem Blick. Der Begriff Übergangsriten wurde im Laufe der Zeit beinahe ausschließlich auf die Rituale des Lebenszyklus (bei Geburt, Pubertät, Hochzeit, Tod) eingeschränkt und der Begriff Initiation, mit dem van Gennep noch ganz allgemein die Aufnahme in eine geschlossene Gruppe bezeichnete, auf Adoleszenzrituale reduziert, die Jugendliche zu reifen Erwachsenen machen.

Als 1960 die englische Übersetzung von *Les rites de passage* erschien, fand sie sofort ein positives Echo. Edmund Leach schrieb noch im selben Jahr eine Rezension für *Man*, Robert F. Spencer ein Jahr später für *American Anthropologist*. Von nun an gingen Begriff und Strukturschema der Übergangsriten so vollständig in Terminologie und Praxis der Ethnologie und Religionswissenschaft über, daß Autoren umfangreichen Gebrauch davon machen konnten, ohne ein einziges Mal den Namen van Genneps zu nennen.[18] Am nachhaltigsten war jedoch Victor Turner von van Genneps Werk beeinflußt, und er war es auch, der das Strukturschema der Übergangsriten weiterentwickelte. Angeregt durch van Genneps dynamisches Modell begann Turner, Gesellschaft als einen Prozeß, als ein Kräfte- und Konfliktfeld zu verstehen, dessen Widersprüche in sozialen und rituellen Dramen ausgedrückt werden.

Turner (1964) griff die Vorstellung van Genneps auf, daß die mittlere Phase der Übergangsriten oft eine gewisse Eigenständigkeit gewinnt. Seiner Theorie zufolge ist diese, von ihm als «liminal» bezeichnete Phase die wichtigste überhaupt, da sie den Angelpunkt der Transformation bildet. Am Beispiel von Initiationsriten, die die Umwandlungsphase stark betonen, analysierte er die Merkmale dieser mittleren Phase: Unstrukturiertheit, Ambiguität, Paradox. Neophyten sind in dieser Phase Personen, die einen Seinswechsel erfahren und der alten Kategorie nicht mehr, der neuen aber noch nicht angehören. Die negativen Aspekte dieses «Zwischenzustands» werden deshalb mit Hilfe von Symbolen des Todes, des Verwesens und der Auflösung, die positiven dagegen in Analogie zu Schwangerschaft, Geburt und Wachstum dramatisiert. Neophyten verbindet ein Verhältnis der «communitas», ein weiterer Begriff, den Turner einführte, ein Gefühl der Gleichheit, Solidarität und Spontaneität. In späteren Werken erweiterte Turner sein Konzept der «liminalen Phase» und zog es zur Erklärung politisch-historischer Umbruchszeiten heran. Außerdem stellte er neben Initianden, die nur vorübergehend Zwischenwesen sind, Figuren wie Trickster, Clowns, Schamanen, Hofnarren, Propheten, Heilige und Künstler, die gleichsam als permanente Grenzgänger «betwixt and between», weder das eine noch das andere sind. Aufgrund ihres Zwischendaseins, ihrer teilweisen Distanz und Isolation entwickeln sie, Turners Auffassung zufolge, eine Bewußtseinshaltung, die interpretativ, reflexiv und kritisch ist. Grenzgänger wie sie sehen die traditionelle Ordnung aus einer anderen Perspektive, was sie zu Agenten der Innovation und der Veränderung disponiert.

Von Mitte der 60er Jahre bis zu seinem Tod lehrte Turner an verschiedenen Universitäten der USA und regte dort die kulturanthropologische Erforschung von Symbolen, Mythen und Ritualen an. Seine Schüler griffen seine Thesen auf, entwickelten sie weiter und wandten sie auf neue Gebiete an. So untersuchten etwa Sally F. Moore und Barbara Myerhoff (1977) Rituale und Zeremonien im säkularen Kontext von Industriegesellschaften, B. Myerhoff[19] erforschte die Probleme der Lebenskrisen in einer privatisierten Welt. Terence Turner unternahm den Versuch, van Genneps Dreiphasenstruktur der Übergangsriten und Victor Turners liminale Phase mit Hilfe des kybernetischen Modells theoretisch zu begründen.[20] Barbara Babcock (1978) analysierte Inversionsrituale im religiösen wie im säkularen Kontext und sah in ihnen ein Mittel der sozialen Kontrolle wie der sozialen Veränderung, des sozialen Protests wie der sozialen Devianz.

Doch noch einmal zurück zum Leben und Werk Arnold van Genneps. Vertreter politisch-anarchistischer Auffassungen, nonkonformistischer Neuerer, intellektueller Freigeist, Außenseiter der französischen Universitätselite oder wie van Genneps Kennzeichnungen lauten mögen – vielleicht läßt er sich am treffendsten in der Begrifflichkeit Victor Turners charakterisieren: In einer Zeit wissenschaftlichen Umbruchs war er so etwas wie ein Grenzgänger, «betwixt and between», weder ein systematischer Theoretiker noch ein bloßer Faktensammler. Aufgrund seiner peripheren Position, seiner Distanz zu Durkheim und dessen Gruppe wie seiner teilweisen Isolation als «Eremit von Bourg-la-Reine» (Zumwalt) konnte er gegenüber vielen theoretischen Strömungen seiner Zeit eine kritische Haltung bewahren. Als «Zwischenwesen» gelangte er zu neuen Einsichten, vielleicht weil er ein Leben am Rande der etablierten Wissenschaften führte?

Christoph Morgenthaler

CARL GUSTAV JUNG
(1875–1961)

I. Leben

«Mein Leben ist die Geschichte der Selbstverwirklichung des Unbewußten». Mit diesem Bekenntnis beginnt Jung seine «Erinnerungen, Träume, Gedanken»[1]. Damit war der Ton angeschlagen, den die meisten Biographien Jungs bisher weitergetragen haben.[2] Am Lebensweg des großen Meisters der analytischen Psychologie soll in beispielhafter Weise die Selbstverwirklichung des Unbewußten abzulesen sein. Die Biographie wird zum Programm, ja zur «Automythologie»[3], hinter der die Umrisse des «historischen Jung» heute nicht leicht zu eruieren sind. Erst in jüngster Zeit sind Arbeiten erschienen, die Jung aufgrund einer kritischen Analyse auch neuer Quellen in seinen geschichtlichen Kontext stellen.[4]

Carl Gustav Jung wurde am 26. Juli 1875 als Sohn des Paul Achilles Jung und der Emilie geb. Preiswerk in Kesswil am Bodensee geboren und wuchs in Laufen in der Nähe der Rheinfälle, später in Kleinhünigen bei Basel auf. Seine Eltern – beide ironischerweise je als dreizehntes Kind in großen bürgerlichen Familien geboren, die beträchtliche finanzielle Verluste erfahren hatten – waren in einer Ehe verbunden, die durch starke, unterschwellige Spannungen gezeichnet war. Jungs Vater und mehrere Onkel waren Pfarrer, Frauen in der mütterlichen Herkunftslinie sollen sich durch spiritualistische Interessen und hellseherische Fähigkeiten ausgezeichnet haben. Jung litt daran, daß er den Vater an seiner protestantischen Theologie zerbrechen sah, die ihm wenig Halt geben konnte, weil sie nicht mit Erfahrung gesättigt und auf jene dunkle Tiefe bezogen schien, die Jung bereits in der Kindheit wuchtig entgegentrat. Jahrelang beschäftigten ihn nämlich visionäre Erfahrungen und Träume, beispielsweise der frühe Traum eines unterirdischen Phallusgottes oder die Vision eines ungeheuren Exkrementes, das er vom Thron Gottes auf das Basler Münster fallen sah. Stärker verbunden fühlte sich Jung seiner warmherzigen und humorvollen Mutter, obschon auch sie ihm manchmal als Mensch mit zwei Gesichtern erschien.

In Basel besuchte Jung das Gymnasium als etwas gelangweilter, aber guter Schüler. Goethes Faust und Nietzsches Zarathustra, Pythagoras, Heraklit, Empedokles und Plato, die er in jenen Jahren systematisch las, insbesondere aber auch Schopenhauer und *Die Kritik der reinen Vernunft* Kants beeindruckten ihn tief. Es folgte das Medizinstudium in Basel von 1895–1900, an dessen Ende erst er sich überraschend für eine Spezialisierung im Fach Psychiatrie entschied.

Carl Gustav Jung (1875–1961)

1900 wurde Jung erster Assistent Bleulers in Zürich, zwei Jahre später verbrachte er ein Semester bei Janet an der Salpêtrière in Paris. 1903 verheiratete er sich mit Emma Rauschenbach und wurde in den folgenden Jahren Vater von vier Töchtern und einem Sohn. Die Erforschung von Gesetzen der Wortassoziation und der galvanischen Reaktion 1904/05 brachte ihm bald internationale Anerkennung. 1905 erhielt er die Lehrerlaubnis und wurde zum Oberarzt an der psychiatrischen Klinik Burghölzli in Zürich befördert. Da seine Privatpraxis zunehmend florierte, gab er die Stelle bereits 1909 wieder auf.

Freud – damals in medizinischen Kreisen noch persona non grata – traf Jung zuerst 1907 in Wien. Bald gehörte Jung zum engsten Kreis um Freud, für dessen Psychoanalyse er sich einsetzte, auch wenn dies seine eigene akademische Karriere gefährdete. 1909 unternahmen beide auf Einladung von Stanley Hall eine Reise in die USA. Allerdings tauchten bereits auf der Seereise beim gegenseitigen Deuten der Träume Unstimmigkeiten auf, die sich in den folgenden Jahren verstärkten. In seinem Buch «Wandlungen und Symbole der Libido» gebrauchte Jung 1912 den Begriff «Libido» in einem viel breiteren Sinn als Freud und erweiterte Freuds Vorstellung des Unbewußten um den Bereich des kollektiven Unbewußten mit seinen Archetypen. 1913 brach die achtjährige Korrespondenz ab, nachdem Freud das Buch scharf angegriffen hatte. Im folgenden Jahr gab Jung das Präsidium der Internationalen Psychoanalytischen Gesellschaft auf, das er seit 1910 innegehabt hatte, und entwickelte nun bewußt seine eigene Schulrichtung, die «analytische» oder «komplexe» Psychologie.

1912 bis 1917 folgte eine entscheidende Lebensphase. Von Phantasien und Träumen überwältigt, wurde es für Jung schwierig, Vorlesungen zu halten, zu schreiben, ja sogar zu lesen. Er zog sich von allen öffentlichen Verpflichtungen zurück und gab seine akademische Karriere auf. In dieser Zeit quälender innerer Auseinandersetzungen am Rande einer Psychose waren es die Familie, die Arbeit als Psychotherapeut, aber auch (wie er Barbara Hannah anvertraute[5]) die Beziehung zu Toni Wolff, seiner Patientin, Mitarbeiterin und Geliebten, die ihm Halt vermittelten. Später sprach er davon, in jener stürmischen Zeit habe sich ihm alles aufgedrängt, was er in den folgenden Jahren in seinem Werk entfaltete. Jung begann Mandalas zu zeichnen, vertiefte sich von 1918 an ins Studium der Gnostiker und entwickelte wesentliche Grundlinien seiner Lehre.

Im Zusammenhang seiner Interessen am kollektiven Unbewußten unternahm Jung im nächsten Lebensjahrzehnt ausgedehnte Expeditionen nach Nordafrika (1921), zu den Pueblo-Indianern in Arizona, nach New Mexico (1924/25) sowie zu den Elgonyi in Kenia (1925/26). Er begann mit dem Bau des Turms in Bollingen am Zürichsee, wo er bis ins Alter viele freie Tage verbrachte. In jene Jahre fiel auch die Entdeckung der Tradition der Alchemie, die Jung während Jahren intensiv studierte und in der er wichtige eigene Ideen wiederzufinden glaubte. Jung begann, Vorlesungen in englischer Sprache anzubieten, die wesentlich zu seiner internationalen Ausstrahlung beitrugen.

In den Jahren nach 1930 erhielt Jung mehrfach akademische Ehren, nahm seine Vorlesungstätigkeit an der Eidgenössischen Technischen Hochschule in Zürich wieder auf und wurde 1944 auf den Lehrstuhl für medizinische Psychologie an die Universität Basel berufen, den er ein Jahr später infolge einer Herzattacke wieder aufgeben mußte. Nachdem er sich erholt hatte, folgte nochmals eine produktive Zeit, in der viele Gedanken endgültige Gestalt annahmen. 1956 starb seine Frau Emma, am 6. Juni 1961 nach kurzer Krankheit Jung selber. Viele seiner Mitarbeiterinnen und Mitarbeiter empfanden ihm gegenüber, was Hannah so zusammenfaßt: «tiefe und grenzenlose Dankbarkeit.»[6] Trotz anfänglichen Zögerns hatte Jung bereits gegen Ende seines Lebens die Einwilligung zur Gründung eines Instituts gegeben, das von 1948 an wesentlich dazu beitrug, daß das Gedankengut Jungs gepflegt, analytische Psychologie als Therapie und Macht der Deutung gelehrt und das Charisma der Gründergestalt in institutionalisierter Form weitergetragen wurde.[7]

II. Werk

Religion war und blieb für Jung ein Lebensthema. So erscheinen religiöse Themen und Gesichtspunkte auf verschiedenen Ebenen seines Werks, im Zusammenhang mit der Erarbeitung begrifflicher Grundlagen seiner Psychologie, als eigenständiger Bereich einer psychologischen Anthropologie und bei der tiefenpsychologischen Deutung religiöser Erscheinungen in Geschichte und Gegenwart.

1. Grundlinien der «analytischen», «komplexen» Psychologie[8]

Seele ist Wirklichkeit und «Wirklichkeit ist, was wirkt» (GW XI, § 530).[9] Dies ist nach Jung wesentlich auch für das Verständnis religiöser Aussagen. Allein ihr Vorhandensein, ob in ihren Inhalten «objektiv» beweisbar oder nicht, zeigt ihre seelische Wahrheit, die durch den «consensus gentium» bestätigt wird. Religiöse Vorstellungen belegen «die Selbständigkeit des Geistes gegenüber der physischen Wahrnehmung und eine gewisse Unabhängigkeit der seelischen Erfahrung von den physischen Gegebenheiten. Die Seele ist ein autonomer Faktor, und religiöse Aussagen sind seelische Bekenntnisse, die in letzter Linie auf unbewußten, also transzendentalen Vorgängen fußen» (GW XI, § 25).

Unter der verletzlichen Oberfläche der «Haut» des unmittelbaren Bewußtseins liegt, so postuliert Jung mit Freud aufgrund klinischer Erfahrung und experimenteller Untersuchungen, das *Unbewußte* als zeitlose Matrix, aus der in jeder neuen Generation das Bewußtsein entsteht. Das *persönliche Unbewußte* umfaßt «alle Acquisitionen der persönlichen Existenz ..., also Vergessenes, Verdrängtes, unterschwellig Wahrgenommenes, Gedachtes und Gefühltes» (GW VI, § 919f.). Das *kollektive Unbewußte*, das noch tiefere psychische Schichten bildet, kann mit seinen gewaltigen Kräften zur Gefahr für das Bewußte werden: «Tatsächlich leben wir beständig auf einem Vulkan, und soviel wir wissen, gibt es keine menschlichen Schutzmittel gegen einen möglichen Ausbruch, der jedermann in seiner Reichweite vernichten wird» (GW XI, § 25). Doch hat «seit dem Morgengrauen der Menschheit» eine ausgesprochene Neigung bestanden, «den ungebändigten und ‹übernatürlichen› Einfluß durch bestimmte Formen und Gesetze einzuschränken. Und dieser Prozeß hat sich in der Geschichte fortgesetzt in Gestalt einer Vermehrung der Riten, Institutionen und Überzeugungen. In den letzten zweitausend Jahren sehen wir die Institution der christlichen Kirche eine vermittelnde und beschützende Funktion zwischen diesen Einflüssen und den Menschen übernehmen» (GW XI, § 32).

Aufgrund jahrelanger Beobachtung von Träumen, Phantasien, Visionen und psychotischen Illusionen sowie des Studiums paralleler Formen in Mythen und Religionen identifizierte Jung häufig wiederkehrende Themen, Situationen und Personen, welche regelmäßige Muster erkennen lassen. *Archetypen*, die sich aus solchen Zusammenhängen, Motiven und Bildern intuitiv erschließen lassen, «die jederzeit und überall ohne historische Tradition oder Migration neu entstehen können», versteht Jung als «ererbte Möglichkeit des psychischen Funktionierens überhaupt» (GW VI, § 919f.). Sie sind autonome Strukturdominanten der Psyche, Gefäße, die wir weder füllen noch leeren können, eine Art Bereitschaft der Psyche, immer wieder dieselben oder ähnliche mythische Ideen hervorzubringen. Einige zentrale Archetypen seien genannt:

Die *Persona* ist die «Seelenmaske» (J. Jacobi), mit der wir uns an gesellschaftliche Erwartungen angleichen und unsere wahre Natur verdecken. Wenn sich das Ich zu sehr mit der Persona identifiziert, wird es unbeweglich und spröde und ist – nach außen orientiert – den Einbrüchen des Unbewußten bedrohlich ausgesetzt. Eine Differenzierung von Persona und Ich hingegen ermöglicht den Beginn der Selbstverwirklichung.

Unter dem *Schatten* versteht Jung die negative, «inferiore», mit dem persönlichen Unbewußten identische Seite der Persönlichkeit. Hier finden sich all jene Qualitäten, die das Individuum verneinen möchte: tierische Tendenzen, nicht entwickelte Fähigkeiten, minderwertige und schuldhafte Persönlichkeitsanteile. Je mehr der Schatten von der Persönlichkeit abgespalten wird, desto stärker wird seine «geradezu dämonische Dynamik» (GW VII, § 35), desto stärker auch die Tendenz zu seiner Projektion. So versteht Jung z. B. den Teufel, die Schlange oder die Lehre von der Erbsünde als Varianten der kollektiven Schattenproblematik. Erkennen, annehmen und integrieren des nie ganz überwindbaren Schattens bedeutet zugleich Anfangsarbeit der Therapie und lebenslange Aufgabe.

Nach der Auseinandersetzung mit dem Schatten folgt häufig die Begegnung mit *Anima bzw. Animus*, den Archetypen der Seele, ja des Lebens schlechthin. Die Anima spiegelt die individuelle Erfahrung eines Mannes von Frauen, kollektive menschheitliche Erfahrung des Weiblichen und die weiblichen Anteile, welche auch im Mann selber repräsentiert sind. Sie erscheint oft als Elfe, Hexe, Fee, Königin, Göttin, Jungfrau Maria, Athena, Prophetin und steht in Verbindung mit Geheimnis und Mysterium. Als Animus gilt das Gegenstück in der weiblichen Seele, das oft in einer Mehrzahl von Männern, aber auch in einzelnen Figuren (wie Hermes, Apollo, Herakles) erscheint. Wenn Animus bzw. Anima wahrgenommen und vom Ich unterschieden werden, können sie vom störenden Komplex zur wichtigen psychischen Funktion, zum «Psychopompos», Seelenführer, werden, was sich wiederum an vielen Mythen aufzeigen läßt.

Das *Selbst* ist der wichtigste und zugleich am schwierigsten zu erfassende Archetyp. Jung versteht ihn als Mittelpunkt der Persönlichkeit, den das Ich seinem Wesen nach nie erfassen kann, als «Gesamtumfang aller psychischen Phänomene im Menschen» (GW VI, § 891). Er ist eher Postulat denn faßbare Wirklichkeit, erscheint in der Figur der «übergeordneten Persönlichkeit» (König, Held, Prophet, Buddha, Christus, Khidr etc.) und in Ganzheitssymbolen (Kreis, Viereck, Quaternität, Kreuz, Mandala, Heiliger Gral, Stein der Weisen etc., GW VI § 891), als *complexio oppositorum* oder als geeinte Zweiheit (z. B. im Zusammenspiel von Yin und Yang). Die Symbole des Selbst-Archetyps zeigen seit jeher eine enge Verwandtschaft mit Symbolen des Göttlichen. So ist es in Wirklichkeit fast unmöglich, zwischen einem Symbol des Selbst und dem Gottesbild zu unterscheiden. Symbole des Selbst könnten ebensowohl als «›der Gott in uns‹ bezeichnet werden» (GW VII, § 398 f.).

Der *Dynamik der Selbstrealisation* gilt seit den 20er Jahren Jungs kontinuierliches Interesse. «Individuation» ist zugleich psychischer Naturprozeß und Modell für die therapeutische Behandlung, ihr Ziel die unvergleichbare Einzigartigkeit und Selbstverwirklichung des einzelnen. Das Selbst ist dabei aus den «falschen Hüllen der Persona einerseits und der Suggestivgewalt unbewußter Bilder andererseits zu befreien» (GW VII, § 269), was nach Jung keineswegs in die Vereinzelung, sondern in einen neuen Bezug zu kollektiven Zusammenhängen führt. Individuation verläuft in zwei Phasen. Am «Morgen» des Lebens findet sich die extravertierte Einstellung, dominiert das äußere Bemühen um Beruf, Beziehung, Heirat, Familie und Erziehung. Zwischen 35 und 40 findet ein Übergang zum mehr introvertierten «Nachmittag» des Lebens statt, an dem Werte überprüft und das Gegenteil früherer Ideale neu erwogen werden muß. Neben Extraversion und Introversion unterscheidet Jung andere psychische Polaritäten, zum Beispiel die vier Funktionen Empfindung, Denken, Fühlen und Intuition, die idealerweise alle auszubilden wären. Selbstrealisation ergibt sich durch die Vereinigung dieser Gegensätze in einem endlosen, rhythmischen Prozeß von Differenzierung und Integration auf immer höheren Ebenen, der durch die analytischen Fähigkeiten des Bewußten und die symbolische Integration geleitet wird.

Religionen übertreffen nach Jung alle rationalistischen Systeme in ihrer Fähigkeit, den «äußeren» und «inneren» Menschen miteinander zu verbinden, indem sie archetypische Symbole zur Verfügung stellen, die den Prozeß der Individuation vermitteln, der dadurch eine sakrale Tönung erhält. Nur indem wir unser Denken in Übereinstimmung mit den Urbildern bringen, können wir das Leben ganz leben. Religion betrifft, vom Unbewußten herkommend, den ganzen Menschen. «Religiöse Erfahrung ist absolut» (GW XI, § 167).

2. *Jungs Verständnis des Religiösen*

Auf diesem allgemeinen theoretischen Hintergrund läßt sich Jungs Verständnis des Religiösen präzisieren. Religion gehört für Jung seit jeher zum Menschen und kann deshalb als Thema auch von der Psychologie nicht umgangen werden. Jung betont zuerst mit Freud die Bedeutung des Vaters und der Vaterprojektion für das Gottesbild. Schon 1913 (Symbole der Wandlung, GW V) versteht Jung Religion allerdings als positiven Faktor mit psychologischem Wert, wenn er sie auch immer noch als Projektion und Illusion deutet. Eine andere Sicht von Religion drängte sich ihm vor allem im Kontakt mit seinen Patientinnen und Patienten auf, die ihn mit Traumbildern konfrontierten, deren Parallelen zu religiösem Material, das ihnen selber unbekannt war, Jung mehr und mehr frappierten. Seit der Ausbildung des Begriffs des Selbst um 1918 versteht Jung Gott und die komplexen religiösen Phänomene nicht mehr nur als Projektionen psychischer Prozesse, sondern als unverzichtbare, expressive Symbole, die zu psychischer Ganzheit leiten.

Zunehmend beschäftigen Jung auch die «spirituellen» Probleme des modernen Menschen, der, ins aufgeklärte Bewußtsein geworfen und von hilfreichen Symbolen getrennt, Archetypisches in verhängnisvoller Weise auf Nation und Personen projizieren kann. Nur ein spiritueller Standpunkt, so ist Jung mehr und mehr überzeugt, kann dem Leben Bedeutung und Form geben. Dem heutigen Menschen müsse ein Weg des Verstehens gewiesen werden, der ihm zum Glauben helfen könnte. Dieser wäre dem modernen Menschen auch *extra ecclesiam* – außerhalb institutionalisierter Konfessionalität – möglich, nämlich in der erschütternden, absoluten Erfahrung der Symbole des Unbewußten, auf einem inneren Weg des Ergreifens und des Ergriffenwerdens. Ihn zu beschreiten ist Aufgabe der zweiten Lebenshälfte, wie Jung in viel zitierten Worten umschreibt: «Unter all meinen Patienten jenseits der Lebensmitte, das heißt jenseits 35, ist nicht ein Einziger, dessen endgültiges Problem nicht das der religiösen Einstellung wäre. Ja, jeder krankt in letzter Linie daran, daß er das verloren hat, was lebendige Religionen ihren Gläubigen zu allen Zeiten gegeben haben, und keiner ist wirklich geheilt, der seine religiöse Einstellung nicht wieder erreicht, was mit Konfession oder Zugehörigkeit zu einer Kirche natürlich nichts zu tun hat» (GW XI, 355 ff.).

Religiös zu sein bedeutet also nicht, ein Credo zu unterschreiben oder zu einer religiösen Organisation zu gehören. «Konfessionen» haben vielmehr die Funktion, «*unmittelbare Erfahrung zu ersetzen* durch eine Auswahl passender Symbole, die in ein fest organisiertes Dogma und Ritual eingekleidet sind» (GW XI, § 75). Den eigentlichen Begriff der Religion bezieht Jung auf die Erschütterung durch das Numinose. «Man könnte ... sagen, der Ausdruck ‹Religion› bezeichne die besondere Einstellung eines Bewußtseins, welches durch die Erfahrung des Numinosum verändert worden ist» (nach GW XI, § 9). Archetypen im kollektiven Unbewußten sind die Quellen solcher Erfahrungen. Die Begegnung mit solchen Archetypen ist immer numinos. Jung betrachtet es als Faktum, daß die Psyche eine religiöse Funktion besitzt. Er ist deshalb auch stark angegriffen worden, hat aber seine Haltung immer wieder zu präzisieren versucht und ihren psychologischen Charakter verteidigt. «Nicht ich habe der Seele eine religiöse Funktion angedichtet, sondern ich habe die Tatsachen vorgelegt, welche beweisen, daß die Seele ‹naturaliter religiosa› ist, das heißt eine religiöse Funktion besitzt: eine Funktion, die ich nicht hineingelegt oder -gedeutet habe, sondern die sie selbst von sich aus produziert, ohne durch irgendwelche Meinungen oder Suggestionen dazu veranlaßt zu sein» (GW XII, § 14).

Wenn Jung Religion als «eine Beziehung zu dem höchsten oder stärksten Wert» versteht, leitet diese Begriffsbestimmung zur Frage nach Gott über: «Diejenige psychologische Tatsache, welche die größte Macht in einem Menschen besitzt, wirkt als ‹Gott›, weil es immer der überwältigende psychische Faktor ist, der ‹Gott› genannt wird» (GW XI, § 137). Jung betont dabei immer wieder, er untersuche das in der Seele archetypisch angelegte Gottesbild, dessen Wirkungen aufgrund vergleichender Forschung empirisch nachzuweisen seien, wolle damit aber keine Aussagen über Gott selber machen. Das Gottesbild ist für ihn allerdings auch nicht «nur» psychisch, sondern gerade als psychische Größe eine autonome, höchst wirksame Kraft. Die Seele muß eine Beziehungsmöglichkeit, das heißt eine Entsprechung zum Wesen Gottes in sich haben, sonst könnte ein Zusammenhang nie zustande kommen. Wie das Auge der Sonne, so entspricht die Seele Gott.

3. Spezifische religionspsychologische Interessengebiete Jungs

Jungs Interesse für Religion hat sich auch in einer großen Anzahl von Schriften, Einleitungen, Kommentaren und Reden zu spezifisch religionswissenschaftlichen Themen niedergeschlagen. Einige Schwerpunkte dieser Publikationen seien nun genannt.

Jung hat sich früh mit einem Vergleich von *westlichen und östlichen religiösen Traditionen* beschäftigt.[10] In seiner Sicht sind die beiden Geisteshaltungen tiefgreifend voneinander unterschieden. Jung ist gegen eine unkritische Übernahme östlicher Techniken und Vorstellungen (obschon er zeitweise selber auch Praktiken des Yoga übte). Als besserer Weg erscheint ihm die Suche nach den inneren Traditionen im religiösen Erbe des Westens. Diese sind allerdings kaum ausgebildet – sie neu zu erschließen erscheint Jung Aufgabe der komplexen Psychologie.

Vorsichtige und genaue Studien während der letzten dreißig Jahre seines Lebens galten der *Alchemie*.[11] Er fand bei ihren Vertretern eine merkwürdige Übereinstimmung mit seinen Ansichten, «ihre Welt war in gewisser Weise meine Welt» (Erinnerungen, 209). Das war für ihn eine «ideale Entdeckung, denn damit hatte ich das historische Gegenstück zu meiner Psychologie des Unbewußten gefunden» (ebd.). Die Auseinandersetzung mit der breiten alchemistischen Literatur, die er bis zum Gnostizismus durch die Geschichte zurückverfolgte, überzeugte ihn, daß die Alchemisten in die Dunkelheit der unbekannten Materie ihre eigenen psychischen Prozesse hineinprojizierten. Alchemie erschloß sich ihm als ein ausgeklügeltes, fast endlos ausgedehntes Symbolsystem, das – mit vielen Parallelen zu den Symbolen von Träumen und Phantasien – die Archetypen des Unbewußten und den Prozeß der Individuation darstellt. Alchemie verstand er darüber hinaus als Kulturkraft mit kompensatorischer Funktion, als «dunkles, primitives Spiegelbild der christlichen Bilder- und Gedankenwelt» (Erinnerungen, 408), das verdrängte Kräfte (z. B. Beziehungen zu Materie und Körperlichkeit) zur Darstellung brachte, bevor es durch das Aufkommen der modernen Chemie verdrängt wurde.

Auch mit der christlichen Tradition setzt sich Jung ausführlich auseinander. In alchemistischer Tradition wird Christus mit dem Stein der Weisen parallelisiert. Auf dieser Linie bewegt sich die Jungsche Interpretation dieser Gestalt: wo auch immer er erscheint, wird Christus von Jung als Symbol des zentralen Archetyps des Selbst verstanden. Seine Konsubstantialität mit dem Vater, seine Geburt von einer Jungfrau, seine Rolle als Retter und Bringer des Heils, sein androgyner Charakter, seine Assimilation mit den Bildern des Fisches, seine Verwandtschaft mit einer Anzahl archetypischer Figuren (Adam, Hiob, Mithras) – dies alles weist auf die große Nähe zum Selbstarchetyp. Zwischen Dieben – den Gegensätzen – ans Kreuz, Symbol der Quaternität, geschlagen, stellt er in einem lebendigen Sinnbild das Leiden und die Vernichtung als Teil der Vereinigung der Gegensätze dar. Dies erfahren auch Menschen auf dem Weg der Individuation. Sie sollen nach Jung nicht Christus imitieren und kopieren, sondern ihr Leben so wahr leben wie Christus das seine gelebt hat. Christus nachfolgen bedeutet, die schwierige und einsame Straße der Individuation zu gehen, auf der das Ich stirbt, so daß sich das Selbst im Bild des Sohnes Gottes im Innern des Menschen inkarnieren kann. Christus fehlt aber nach Jung die wirkliche Ganzheit, da die dunkle Seite der Psyche bei ihm ausgeblendet wird, und das Paradox des Konflikts zwischen Perfektion und Ganzheit letztlich unauflösbar bleibt.

Auch die Lehre der *Trinität* symbolisiert nach Jung einen dreiteiligen Prozeß der Reifung, der sich im Individuum vollzieht und sich in verschiedenen Mythen und Ritualen manifestiert.[12] Die Trinität ist für Jung allerdings eine unvollständige *Quaternität*. Es fehlt ihr die vierte inferiore Funktion, das Böse. Dieses Element wird zurückgewiesen und so in die Rolle eines Gegners gedrängt, obschon es eigentlich als energetisierender Gegensatz für Prozesse der Selbstaktualisation notwendig wäre. Trinität ist auch deshalb einseitig, weil sie nur männlich verstanden wird.[13] Das weibliche Element ist nötig, um Quaternität zu vollenden. So begrüßte Jung die Dogmatisierung der Himmelfahrt Mariä 1950.

Der *Katholizismus* weist überhaupt in vielem psychische Vorteile gegenüber dem Protestantismus auf. Das sucht Jung auch in seiner Deutung der Transformationssymbole der Messe zu zeigen, die er auf ihren religionsgeschichtlichen Hintergrund durchleuchtet, in ihrem archetypischen Gehalt erschließt und die in seiner Sicht eine individuelle Wandlung in der Teilhabe am Opfergeschehen der Messe möglich machen, die Jung – wohl nicht zuletzt wegen seiner eigenen ernüchternden Erfahrung mit dem Abendmahl – sehr faszinierte.[14] Jung selber verstand sich aber bewußt als Protestant. Vieles von seinem eigenen einsamen Kampf um Selbsterlösung schlägt sich ohne Zweifel in seiner Deutung des Protestantismus nieder. *Protestanten* müssen das große Risiko eingehen, sich allein und ohne Hilfe jenen schrecklichen Gefahren auszusetzen, die in der Begegnung mit dem Unbewußten lauern. Wenn sie allerdings die Verantwortung für ihre eigene Seele übernehmen, gewinnen sie die große Möglichkeit unmittelbarer religiöser Erfahrung.

III. Wirkung

Jungs Ansatz blieb im Bereich der Psychotherapie lebendig, wirkte schulebildend und beeinflußte zugleich die Weiterentwicklung therapeutischer Richtungen immer wieder neu. Darüber hinaus hat Jung auf die Kultur des 20. Jahrhunderts zweifellos ganz allgemein großen und nachhaltigen Einfluß ausgeübt. Nicht unwesentlich waren dafür die Eranos-Konferenzen in Ascona, an denen Jung von 1933 bis 1951 zusammen mit Heiler, Buber, Portmann, van der Leeuw, Scholem, Suzuki und anderen teilnahm und auch das Gespräch mit bedeutenden Religionswissenschaftlern (z. B. Zimmer, Kerényi, Corbin, Campbell und Eliade) aufnahm. Auch nach Jungs Tod blieb das Interesse an seinem Werk ungebrochen. Es entstand eine unüberblickbare Fülle von Sekundärliteratur, in der insbesondere Jungs Sicht der Religion immer wieder neu dargestellt, in verschiedene Richtungen weiterentwickelt und kritisiert wurde.

Ich nenne zuerst einige Hauptlinien der Rezeption und greife anschließend einige wesentliche Kritikpunkte an Jung auf.[15] Das Interesse an den Traumbildern und insbesondere am religiösen Traum blieb lebendig und schlug sich in einer nie abreißenden Tradition von Publikationen nieder.[16] Jung wurde für eine Kritik und Erneuerung des Christentums[17] und christlicher Spiritualität[18] in Anspruch genommen. Er fand eine Weiterentwicklung bei Vertretern einer archetypischen Phänomenologie der Religion[19], beeinflußte den interreligiösen Dialog insbesondere mit östlichen Traditionen[20], und wird nicht zuletzt von Vertretern der «Wendezeit» und einer transpersonalen Psychologie als einer der Ihrigen betrachtet.[21] Dabei zeigte sich immer wieder neu, wie eingängig, aufschlußreich und anregend seine religionspsychologische Konzeption in den genannten Bereichen blieb.

Ebenso vielfältig sind allerdings auch die Kontroversen, die sich an Jungs Werk entzündeten. Einige kritische Punkte seien genannt: Die Wissenschaftlichkeit von Jungs allgemeinpsychologischen Aussagen ist umstritten. Zeit seines Lebens hat Jung immer wieder betont, daß er sich – gerade auch im Zusammenhang mit seinen Äußerungen zu religiösen Themen – als empirisch arbeitender Forscher verstehe. Trotzdem sind seine theoretischen Annahmen nicht in gleicher Weise wie manche von Freud genaueren empirischen Überprüfungen unterzogen worden. Jung bemerkt zudem am Ausgangspunkt seiner autobiographischen Darstellung selber einschränkend: «Was man der inneren Anschauung nach ist, und was der Mensch sub specie aeternitatis zu sein scheint, kann man nur durch einen Mythos ausdrücken. Er ist individueller und drückt das Leben genauer aus als Wissenschaft» (Erinnerungen, 10). Dieser konfessorische Grundzug findet sich auch in vielen seiner wissenschaftlichen Werke zu religiösen Themen immer wieder eingewoben.

Kritik trifft auch Jungs Sicht von Religion. Jung will zwar in seinen Schriften zur Religion betont einen «phänomenologischen», rein beobachtenden Standpunkt einnehmen. Es ist aber unübersehbar, daß seine Sicht stark von den Voraussetzungen seiner pantheistisch-mystischen Weltanschauung geprägt ist. Scharf wurde auch Jungs Sicht von Religion als Religio kritisiert und für Jungs zeitweise unklare Haltung dem Nationalsozialismus gegenüber mitverantwortlich gemacht.[22]

Auch die Subjektivierung aller religiösen Phänomene aus therapeutischen Gründen und ihre Funktionalisierung im Prozeß der Individuation unter Ausschluß ihres eigenen Wahrheitsanspruchs findet Kritik. Jung nimmt bei der Behandlung religiöser Phänomene nicht auf, was nicht zu seinen Voraussetzungen paßt. Das zeigt sich am Beispiel der Vorstellung der Quaternität, an der Jung zäh festhält, auch wenn sich daraus konzeptionelle Schwierigkeiten ergeben – soll als vierter Faktor denn nun das Böse oder das Weibliche (oder sollen gar beide in Kombination!) in die Trinität integriert werden?

Hier liegt wohl auch einer der wesentlichen kritischen Punkte, die zu einer beschränkten Bedeutung Jungs für die Religionswissenschaft führen. Jung hat sich zwar Zeit seines Lebens darum bemüht, religiöse Phänomene unterschiedlicher kultureller Traditionen in ihrer Eigenart wahrzunehmen und der religionspsychologischen Deutung zu erschließen. Trotzdem kann er diesen Phänomenen wegen seines letztlich doch psychologistisch verengten, manchmal geradezu aristokratischen Individualismus in ihrem sozialen und kulturellen Eigenwert nicht wirklich gerecht werden.

Schon früh erhob sich auch der Vorwurf, Jung halte die psychologische und die theologische Ebene zu wenig klar auseinander (z. B. bei seiner Deutung des Bösen als Ungleichgewicht), ersetze kirchliche durch psychologische Dogmen, ja Jungs Psychologie werde bei seinen Anhängern selber zur Religion[23], bzw. zu einer der vielen «Schattenkirchen» einer sich zunehmend ausdifferenzierenden religiösen und parareligiösen Szene westlicher Industriegesellschaften.[24]

Jungs Psychologie und Religionspsychologie enthält viele Aspekte, die sie für die feministische Forschung interessant machen. Seine Auffassung der Bipolarität der Psyche und seine Offenheit für weibliche Aspekte des Gottesbildes haben die feministische Debatte angeregt. Feministinnen wie Ruether und Daly lehnen Jungs Sicht zwar als grundlegend androzentrisch ab, andere wie Goldenberg, Wolff, Weiler, und Brockmann üben im einzelnen Kritik an Konzeptionen Jungs – z. B. an der Ontologisierung der Begriffe von Animus und Anima oder an der Instrumentalisierung des Weiblichen für die Vervollkommnung des Männlichen –, heben aber Jungs Aufgeschlossenheit gegenüber Frauenanliegen hervor und vermögen seinen Konzepten vieles für eine weiterführende Theoriebildung abzugewinnen.[25]

Es gehört zum «Elend der Jung-Rezeption», daß sie zwischen «kritiklosem Nachbeten und pauschaler Ablehnung» schwankt.[26] Einer differenzierteren Betrachtung zeigt sich trotz aller Kritik, wie wichtig Jung für die Entwicklung der Religionswissenschaft, insbesondere der Religionspsychologie, im 20. Jahrhundert geworden ist. Es ist Jung zumindest gelungen, den Sinn für die Bedeutung des Religiösen für die Menschwerdung des Menschen in wissenschaftlicher Arbeit und öffentlichem Gespräch wachzuhalten, in einer Haltung der Offenheit und der Bescheidenheit dem Wunderbaren und Nichtrationalen gegenüber.

Vocatus atque non vocatus deus aderit, diese lateinische Inschrift des Orakels von Delphi über dem Eingang des Hauses Jungs in Küsnacht gibt treffend nochmals den Kern seines religiösen Anliegens wieder: «Gerufen und nicht gerufen wird Gott da sein».

Bronisław Kaspar Malinowski (1884–1942)

Fritz Stolz

BRONISŁAW KASPAR MALINOWSKI
(1884–1942)

Malinowski, Schüler des berühmten Theoretikers und «Schreibtischgelehrten» James Frazer und Lehrer einer nächsten, in der Feldforschung bewährten Generation von Ethnologen (darunter Firth, Fortes oder Evans-Pritchard), ist tatsächlich ein – in seinem Rang allerdings umstrittener – Klassiker der Religionswissenschaft.[1] Aber Malinowski hat auch in anderen Disziplinen wesentliche Wirkungen ausgeübt. Er selbst verstand sich zeitweise in erster Linie als Soziologe; er hat in vielfacher Weise an Durkheim angeknüpft, der seine Theoriebildung schließlich auch in hohem Maße in der Beschäftigung mit «primitiven» Gesellschaften betrieben hatte, und dementsprechend wirkte sich Malinowskis Arbeit wieder auf die Soziologie aus, etwa im Hinblick auf die Frage nach Wechselwirkungen in sozialen und wirtschaftlichen Austauschprozessen. Sodann hat Malinowski Anregungen der Psychoanalyse aufgenommen. Nachdem Sigmund Freud insbesondere in *Totem und Tabu* das Gefühlsleben der «Wilden» und der Neurotiker miteinander verglichen hatte, überprüfte Malinowski diese Ideen an der Realität der Eingeborenen, mit denen er es zu tun hatte – und gelangte zu entscheidenden Modifikationen der Theorie (die Voraussetzung einer generellen Geltung des Oedipuskomplexes erschien ihm als widerlegt). Malinowski hat also in verschiedenen Disziplinen Spuren hinterlassen; er wirkte in einer Zeit, in welcher die disziplinäre Spezialisierung noch nicht so weit fortgeschritten war, daß man nicht in verschiedenen Bereichen wesentliche, vielleicht sogar «klassische» Beiträge hätte liefern können.

Inwiefern ist Malinowski aber ein «Klassiker der Religionswissenschaft»? Religion war eines seiner Themen, gewiß nicht das wesentlichste; ganz sicher hätte Malinowski sich selbst nicht als «Religionswissenschaftler» verstanden. Dabei ist freilich zu bedenken, daß «Religionswissenschaft» noch nicht im eigentlichen Sinne als Wissenschaft konstituiert war, sich also noch in einem «vordisziplinären» Stadium befand (wie vielleicht heute noch). Behandelt man Malinowski als «Klassiker der Religionswissenschaft», so legt man von vornherein eine fremde Perspektive an ihn an, was gewiß nicht illegitim ist, aber bedacht werden muß. Im folgenden geht es nicht um den «ganzen» Malinowski, sondern um die Wahrnehmung einer bestimmten wissenschaftsgeschichtlichen Dimension und Wirkung.

Zur zeitgeschichtlichen Einordnung des Typus von Religionswissenschaft, den Malinowski vertritt, ist es sinnvoll, den Rahmen der Möglichkeiten abzustecken, in dem man sich wissenschaftlich und doch nicht spekulativ-philosophisch mit Religion befaßte. «Religion» konnte einerseits einen grundlegenden geistigen Wert darstellen, welcher der eigenen Orientierung diente – ein Transformat früherer traditionell-kirchlicher Einstellungen. So wie für die Theologie der christliche Glaube Ausgangspunkt und Gegenstand des Denkens gewesen war, so konnte jetzt Religion Ausgangspunkt und Gegenstand entsprechender wissenschaftlicher Bemühung werden, wobei ganz unterschiedliche Möglichkeiten der Realisierung eines derartigen Programms gegeben waren – von F. Max Müllers vergleichender Religionsgeschichte über Adolf Harnack bis hin zu Rudolf Ottos Konzeption des Heiligen als einer «apriorischen Erfahrung» des Menschen. Auf der anderen Seite gab es eine Reihe von religionswissenschaftlichen Konzeptionen, welche ihrem Gegenstand distanziert gegenüberstanden. Auch hier sind ganz unterschiedliche Typen auszumachen: Frazer hielt Religion für eine erledigte Phase der Entwicklung der Menschheitsgeschichte, insbesondere auch in deren intellektueller Dimension. Durkheim billigte der Religion eine hochgradige soziale Integrationskraft zu, er hielt sie deshalb für sehr wichtig, wenngleich er sich selbst dem Einfluß der religiösen Gemeinschaft entzogen hatte. Freud schließlich siedelte Religion im Bereich des Neurotischen an – er sah darin ein Relikt kindlichen Umgangs mit der Realität, vielleicht subjektiv angenehm für den Religiösen selbst, insgesamt aber eine Illusion.

Malinowskis Haltung der Religion gegenüber ist im Umfeld dieses zweiten Typs von Religionswissenschaft anzusiedeln. Bei ihm werden Elemente der Religionseinschätzung Frazers, Durkheims und Freuds deutlich; er selbst tendiert zu einem gewissen Agnostizismus: «Ich persönlich sehe mich nicht in der Lage, irgend eine geoffenbarte Religion zu akzeptieren, sei sie nun christlich oder nicht. Aber sogar ein Agnostiker muß einem Glauben entsprechend leben – für uns Vorkriegs-Rationalisten und Liberale entsprechend dem Glauben an die Humanität und dessen Kraft zum Fortschritt. Dieser Glaube hat uns befähigt, in der Freiheit des Denkens und Unabhängigkeit der Initiative zu wirken für den Fortschritt der Wissenschaft und die Errichtung eines Gemeinwesens freier menschlicher Wesen.»[2] Etwas handfester äußerte sich Malinowski in seinem Tagebuch bei der Erinnerung an einen Kontakt mit anderen Weißen: «Wir sprachen über Religion; diese Burschen sind alle Atheisten, glauben nicht an Gott, kritisieren die Bibel von einem rationalistischen Standpunkt und haben im allgemeinen vernünftige Ansichten ...»[3] Für Malinowski ist eine Art von Glauben menschlich notwendig; glaubt man nicht mehr nach Art traditioneller Religion, so kann man sich an die Ideen der Aufklärung halten. Die Einstellung Malinowskis nähert sich derjenigen des Pragmatismus an, insofern hat er sich leicht in die angelsächsische geistige Welt eingefügt. Von da her erstaunt es nicht, daß Malinowski ein scharfer Gegner von Nationalsozialismus und Kommunismus war.

I. Leben

Bronisław Kaspar Malinowski wurde am 17. April 1884 in Krakau geboren; die Stadt war nach der 3. Teilung Polens 1795 zu Österreich geschlagen und nach einigen historischen Wechselfällen nochmals 1846 durch die Donaumonarchie annektiert worden. Der Vater stammte aus dem niederen polnischen Adel; er war Professor für slawische Philologie und Folklore und starb bereits 1898. Der Junge wuchs als Einzelkind heran. Gesundheitliche Probleme führten dazu, daß er meist privat, während längerer Zeit von seiner Mutter unterrichtet wurde. 1899 (und erneut einige Jahre später) bereisten Mutter und Sohn ein halbes Jahr Afrika.

1902 nahm Malinowski das Studium der Philosophie an der Universität Krakau auf. Der Schwerpunkt lag zunächst auf naturwissenschaftlichen Fächern (Physik und Mathematik), dann eher auf Philosophie und Psychologie. Zu seinen Lehrern gehörten insbesondere auch Juristen und Historiker mit breitem anthropologischem und ethnologischem Interesse; auch mit philosophischen Fragen beschäftigte er sich (eine Semesterarbeit hatte die Auseinandersetzung mit Nietzsche zum Gegenstand). Die Promotion im Jahre 1906 hatte ein wissenschaftstheoretisches Thema: Es ging, im Anschluß an den österreichischen Physiker und Wissenschaftstheoretiker Ernst Mach, um die «Ökonomie des Denkens»: Theorien sollen so einfach und sparsam wie möglich sein, unter Verzicht auf metaphysische Annahmen. Der Begriff der Funktion findet bereits Verwendung, er wird im Sinne der Mathematik gebraucht. Erst in jüngster Zeit ist die prägende Phase dieser Studienzeit im polnisch-österreichischen Umfeld deutlicher geworden[4], nicht zuletzt deshalb, weil Malinowskis früheste Arbeiten lange Zeit nur polnisch vorlagen, er aber von seiten des kommunistischen Regimes keine besondere Beachtung fand. Von wesentlicher Bedeutung ist sodann, daß Malinowski 1904/5 Frazers *Golden Bough* las – eine Lektüre, die ihn hochgradig fesselte.

1908–1910 ging Malinowski für drei Semester nach Leipzig, wohl um Wirtschaftsgeschichte bei Karl Bücher zu studieren. Zu dieser Zeit wirkte auch der berühmte Völkerpsychologe Wilhelm Wundt in Leipzig, man geht deshalb davon aus, daß Malinowski auch bei ihm studiert hatte, doch findet er sich offenbar nicht unter den bei Wundt eingeschriebenen Studenten.[5]

Von 1910–14 studierte Malinowski in London mittels eines Habilitationsstipendiums weiter, und zwar an der London School of Economics. Hier fand er Kontakt zu den Kulturanthropologen, insbesondere C. G. Seligman und Edvard Westermarck. In dieser Zeit schrieb Malinowski seine ersten Bücher, zunächst *The Familiy Among the Australian Aborigines*, also eine eher soziologisch ausgerichtete Arbeit. Die zweite Arbeit war religionswissenschaftlich orientiert und trug den Titel *Wierzenia pierwotne i formy ustroju spolecznego. Pogląd na genezę religii ze szególnym uwzględniem totemismu* («Primitive Glaubensweisen und Formen des Gesellschaftssystems. Ausblick auf die Entstehung der Religion mit besonderer Berücksichtigung des Totemismus»); sie erschien 1915 während des Krieges in Krakau und fand dementsprechend wenig Beachtung (ein Nachdruck erfolgte im Rahmen der Herausgabe einer polnischen Werkausgabe: Dzieła I, Warschau 1980). Malinowski setzt sich hier mit den gängigen Theorien des Ursprungs von Religion auseinander; an der Konzeption Frazers kritisiert er vor allem den Intellektualismus; er betont, daß emotionale Faktoren die Motivation für religiöses Verhalten abgeben, hierbei R. R. Marett nicht unähnlich, einem Forscher, welcher die (Ehr-)Furcht *(awe)* zum grundlegenden Motiv der Religionsbildung erklärt hatte.

Von Marett erhielt Malinowski das Angebot, als Sekretär in Melbourne an der Konferenz einer Sektion der British Association for the Advancement of Science teilzunehmen. Hier erlebte er den Kriegsausbruch. Dank guter Beziehungen wurde er, obwohl Bürger feindlichen Auslands, nicht interniert, doch konnte er nicht mehr nach Europa zurückkehren. Statt dessen suchte er Mittel für Forschungsexpeditionen; tatsächlich gelang ihm dieses Vorhaben. 1915 konnte er 6 Monate auf Mailu verbringen, einer kleinen Insel vor der Südküste im Osten Neuguineas; entscheidend wurde aber der Aufenthalt auf den Trobriand-Inseln 1915/16 und 1917/18. Hier führte Malinowski die intensivste Feldforschung seines Lebens aus, von deren Informationen er zeitlebens zehrte und die er in mehreren monographischen Publikationen auswertete. Am bekanntesten wurde die 1922 publizierte Arbeit *Argonauts of the Western Pacific;* sie hat das Kula, einen rituellen Gabentausch in Melanesien, zum Thema. *The Sexual Life of Savages in North-Western Melanesia* erschien 1929; die reifste Leistung stellt – jedenfalls nach eigener Einschätzung – das Buch *Coral Gardens and their Magic* (1935) dar, worin der Gartenbau zur Darstellung kam.

In Australien hatte Malinowski seine spätere Frau kennengelernt, Elsie Rosaline Masson, die Tochter eines schottischen Professors; 1919 kam es zur Heirat. Der Austausch zwischen den beiden Partnern hatte einen starken Einfluß auf Malinowskis Denken.[6] In dieselbe Zeit fällt ein anderes einschneidendes persönliches Ereignis: 1918 stirbt die Mutter, zu welcher Malinowski eine außerordentlich enge Beziehung gehabt hatte («Mutter ist die einzige, die ich wirklich liebe ...», *Tagebuch*, S. 55).

1920 reiste Malinowski mit seiner Frau von Australien ab; die kommenden Jahre sind durch häufigen Ortswechsel charakterisiert. Die Familie lebte ab 1923 in Südtirol, Malinowski war jedoch als Lecturer in London tätig. 1922 erhielt er einen Ruf nach Krakau, wo ein Lehrstuhl für Ethnologie neu geschaffen worden war; er lehnte jedoch ab und orientierte sich endgültig zur angelsächsischen Welt hin. 1926 trat er eine erste Reise in die USA an, 1927 übernahm er einen Lehrstuhl für Anthropologie in London, und 1929 übersiedelte die ganze Familie dahin. In den 30er Jahren hielt sich Malinowski mehrmals in den USA auf, auch zur Zeit, da der zweite Weltkrieg ausbrach. Statt nach Europa zurückzukehren, übernahm Malinowski eine Professur an der Yale University. Er starb am 16. Mai 1942.

II. Werk

1. Die «teilnehmende Beobachtung» und deren Reichweite

In der Frühphase der Ethnologie gab es eine typische Arbeitsteilung: Einerseits sammelten Missionare, Beamte und weitere Leute, die in den Kolonialgebieten tätig und über ihr unmittelbares Aufgabenfeld hinaus am Leben der Einheimischen interessiert waren, Informationen und Daten, in der Regel natürlich mit einer bestimmten Tendenz, die insbesondere bei den Missionaren deutlich wird. Andererseits gab es in Europa Gelehrte, welche dieses Material für kultur- oder religionsgeschichtliche Theorien verwendeten. Malinowskis Lehrer Frazer ist ein Beispiel dafür; von Haus aus klassischer Philologe, verband er Phänomene antiker Religionsgeschichte mit Informationen aus dem Bereich «primitiver» Religionen. Malinowski begann seine Arbeit in diesem Umfeld; er kam von philosophischen Fragestellungen her zur Anthropologie, und seine ersten beiden Bücher bewegen sich ganz im Rahmen der damaligen Argumentationsweisen: Er ging von einer Makrotheorie aus, insbesondere von einer Entwicklungstheorie, und arrangierte das Material in einer Weise, daß es diese Theorie möglichst plausibel illustrieren sollte.

Allerdings wurde seit Anfang des Jahrhunderts der Ruf nach eigentlicher anthropologischer Feldforschung laut; man begann sich programmatisch von der «Lehnstuhlethnologie» abzuwenden und verlangte eine genaue Untersuchung vor Ort. Malinowski wurde zum Wortführer dieser Methodik, nachdem die politischen Umstände ihn zu längerer Feldforschung veranlaßt hatten. So entwickelte er das Verfahren der «teilnehmenden Beobachtung», welches wegweisend geblieben ist; gleichwohl blieb er dem Konzept von Makrotheorien verpflichtet. Zwischen der Methodik einerseits und den Makrotheorien andererseits ist es nie zu einer wirklichen Vermittlung gekommen; dies macht mindestens teilweise das schwankende Urteil der wissenschaftlichen Nachwelt zu Malinowskis Gesamtwerk aus.

Die Methodik der «teilnehmenden Beobachtung» ist in der Argonauten-Monographie recht anschaulich (S. 24 ff.). Bedingung ethnographischer Arbeit ist, «daß man sich aus dem Umgang mit anderen Weißen herauslöst und in möglichst engem Kontakt mit den Eingeborenen lebt.» (S. 28). Nun geht es darum, deren Leben in größtmöglichem Maße nachzuvollziehen, beispielsweise die Arbeitstechniken zu erlernen, alltägliche Abläufe (von der Körperpflege bis zu den Eßgewohnheiten) wie besondere Ereignisse zu beobachten und deren Tragweite im Gespräch mit den Beteiligten zu ermessen, soziale und private Beziehungen zu beschreiben usw., und man muß schließlich versuchen, bis zu einem Punkt zu gelangen, wo man spürt, wie die Eingeborenen fühlen. Dabei darf man sich in seiner Beobachtung nicht auf einen bestimmten Bereich des Lebens beschränken, vielmehr muß man die größtmögliche Breite wahrnehmen, da alle Lebensprozesse miteinander verbunden sind. Insbesondere gilt es, durch das Mittel der «konkreten statistischen Dokumentation» die «Organisation des Stammes und die Anatomie seiner Kultur» zu beschreiben; dieses Gerüst ist zu konkretisieren durch die Beschreibung der «Imponderabilien des wirklichen Lebens», d. h. es ist detailliert zu beschreiben, wie die Organisation im Alltag funktioniert, wie Liebschaften zustande kommen und Heiraten in die Wege geleitet werden usw.; und schließlich ist festzuhalten, was die beobachteten Menschen zu diesen Begebenheiten erzählen, wie sie reagieren, was für Gefühle sie zeigen. So entsteht ein «corpus inscriptionum, als Dokument der Mentalität der Eingeborenen.» (S. 49) Diese Beobachtung ist nicht lediglich passiver Natur – wer keine Fragen stellt, erhält keine Antworten. Die Beobachtung ist also theoriegeleitet; man wird die Hypothesen der anthropologischen Theoretiker überprüfen, modifizieren und weiter treiben. «Der empirisch Forschende stützt sich völlig auf die Anregungen der Theorie. Natürlich kann auch er ein Theoretiker sein und aus sich selbst Anregungen empfangen. Dennoch sind diese beiden Funktionen voneinander getrennt und müssen während der eigentlichen Forschungsarbeit zeitlich und in bezug auf die Arbeitsbedingungen getrennt werden.» (S. 31) Die Beobachtung hat also einen konstruktiven Charakter; dies um so mehr, als die Eingeborenen die Regeln ihres kulturellen Zusammenlebens nicht explizit formulieren, jedoch bei Bedarf davon Gebrauch zu machen wissen, was dann besonders prägnant in einer späteren Arbeit formuliert wird: «Die Hauptleistung der Feldforschung besteht nicht in der passiven Aufnahme von Fakten, sondern im konstruktiven Entwurf gleichsam der Charta der Institutionen des Stammes ... Der Feldforscher muß während seiner Beobachtungstätigkeit ständig konstruieren, isolierte Daten aufeinander beziehen und die Art ihrer Integration untersuchen. Überspitzt könnte man sagen, daß es in der gesellschaftlichen Realität Tatsachen ebensowenig gibt wie in der physischen; sie liegen nicht in dem Raum-Zeit-Kontinuum, das dem ungeschulten Auge zugänglich ist ... Für die Kulturforschung haben allein diese unsichtbaren Wirklichkeiten, die nur durch induktive Berechnung, durch Selektion und Konstruktion zu entdecken sind, wissenschaftlichen Wert.» (*Korallengärten*, S. 354)

Der Ethnograph erscheint damit als Gefährte derer, die er beobachtet, indem er deren Freuden und Leiden teilt; er kann damit zum Übersetzer werden, welcher die Spielregeln fremden Lebens und deren Anwendung erlernt und in seinem angestammten Kulturraum zur Darstellung bringt – ein Bild problemloser Harmonie und ungehinderten Verstehens. Allein, das Bild trügt. Malinowski hat ein polnisch verfaßtes Tagebuch hinterlassen, das postum publiziert wurde, mit dem Einverständnis der zweiten Frau Malinowskis. Es ist natürlich fraglich, in welchem Maße ein solches, nicht für die Veröffentlichung gedachtes Dokument überhaupt zur Interpretation des publizierten Werkes verwendet werden darf (Malinowski ist nicht der einzige entsprechende «Fall» in der Theoriegeschichte von Anthropologie und Religionswissenschaft; vergleichbar ist Lucien Lévy-Bruhl, dessen *Carnets* postum erschienen). Es besteht die Gefahr, eine solche Quelle nach Art des Enthüllungsjournalismus zu verwenden und gewissermaßen Malinowski gegen Malinowski auszuspielen. Dies wäre sicher kein angemessener Umgang mit dem Tagebuch. Immerhin weist dieses auf gewisse Probleme hin, es verhilft also zu einer realistischen Einschätzung der Probleme, damit auch der Reichweite von Malinowskis methodischem Programm.

Tatsächlich finden sich in den Tagebucheintragungen zunächst vielerlei Ausbrüche von Frustration und Koller – keineswegs unverständlich in der Situation der kulturellen Isolation. Zunächst ist ihm bewußt, daß er den «Wilden» noch nicht nahe genug ist: «(1) Ich habe recht wenig zu tun mit den Wilden am Ort, beobachte sie nicht genug, (2) ich spreche nicht ihre Sprache.» (Tagebuch, S. 22) Dies steigert sich bis zu «Momenten schweren moralischen Zusammenbruchs» (S. 28). Die «Unmittelbarkeit» des Lebens ist offenbar gar nicht so einfach zu bewerkstelligen: «Tiefe geistige Trägheit; wegen meines erbärmlichen Zustands genoß ich die Dinge retrospektiv, nicht unmittelbar, sondern als in der Erinnerung festgehaltene Erfahrungen.» (S. 41) Manchmal ist der Koller ganz allgemein ausgedrückt: «Allgemeine Abneigung gegen die Niggers, gegen die Monotonie ...» (S. 147)

Offenbar war es nicht so einfach, wirklich Anteil zu nehmen am Leben der Einheimischen. «Die Grobheit und Hartnäckigkeit der Leute, die einen anstarren und lügen, entmutigte mich ein wenig.» (S. 47) Das Thema des «Lügens» kommt verschiedentlich auf; offenbar unterscheidet Malinowski zwischen «guten» und «schlechten» Informanten; so kann er dann auch notieren: «Sehr intelligente Eingeborene. Sie verheimlichen mir nichts, keine Lügen.» (S. 39). Aber sogar Informanten, die wertvolle Informationen bringen, wecken gelegentlich Malinowskis Widerwillen (S. 150). Allein der berufliche Ehrgeiz hält den Forscher dann bei der Stange. «Bezüglich Ethnologie: ich sehe das Leben der Eingeborenen als etwas, das bar allen Interesses und aller Bedeutung ist, etwas, das mir so fern ist wie das Leben eines Hundes. Während des Spazierganges dachte ich angestrengt darüber nach, was ich hier tue. Ich habe eine allgemeine Vorstellung von ihrem Leben und bin einigermaßen mit ihrem Leben vertraut, und wenn ich all dies nur irgendwie dokumentieren kann, dann werde ich wertvolles Material haben. – Muß mich auf meine Ambitionen konzentrieren und auf ein Ziel hinarbeiten ...» (S. 151) Gelegentlich steigern sich die Gefühle gegen die Eingeborenen ins Maßlose: «Rottet all diese Bestien aus!» (S. 68 f.) «Die Eingeborenen gehen mir noch immer auf die Nerven, vor allem Ginger, den ich am liebsten totschlagen würde. Ich kann die deutschen und belgischen Kolonialgreuel verstehen.» (S. 244) Aber das ist doch nur die eine Seite; daneben finden sich Einträge wie der folgende: «Wieder empfand ich die Freude, mit echten Naturmenschen zusammenzusein. Fuhr in einem Boot mit. Viele Beobachtungen. Ich lernte eine Menge. Allgemeine Stimmung. Stil, wie ich Tabu beachte. Technik der Jagd, was wochenlange Nachforschungen verlangt hätte. Offene Horizonte erfüllten mich mit Freude ...» (S. 144).

So spiegelt sich in den Tagebucheintragungen also das emotionale Hin und Her des Forschers, gewiß mit einem Übergewicht der Frustration; aber zur Seite positiver Äußerungen sind natürlich alle die Arbeitsprotokolle zu rechnen, die Malinowski in Kiriwani und anderswo auf den Trobriand-Inseln angefertigt hat. Ein Stück weit stellen die Tagebuch-Äußerungen also ein Ventil für die Frustrationen dar, welche zur Arbeit im Feld (und wohl zur Arbeit überhaupt) gehören. Daß Malinowski kein ausgeglichener Charakter war, geht aus den Tagebüchern ebenso hervor wie aus Äußerungen seiner Umgebung. Auch andere Probleme werden in den Tagebüchern immer wieder thematisiert, insbesondere solche sexueller Natur, was eigenartig kontrastiert zur Harmonie der Sexualität, welche der Forscher im Bereich der Eingeborenen wahrnimmt oder wahrzunehmen meint.

Jedenfalls ist es lehrreich zu sehen, daß Malinowski mit seinem Programm Mühe hat; gerade der Versuch, möglichst nah an die beobachteten Menschen heranzukommen, weckt innere Widerstände; die «Teilnahme» ist eben doch nur bis zu einem gewissen Maße möglich – vielleicht schon deshalb, weil das Verhältnis asymmetrisch ist: Die «Wilden» und der Zivilisierte bewegen sich auf verschiedenen Ebenen, ein Austausch ist schon methodisch ausgeschlossen. Dies spricht nicht gegen das Verfahren; aber es begrenzt seine Reichweite.

Auffällig ist die Heftigkeit, mit der Malinowski auf die Missionare reagiert. «Insgeheim sammle ich auch Argumente gegen die Missionsstationen und sinne über eine wirksame Anti-Missions-Kampagne nach. Die Argumente: diese Leute zerstören die Lebensfreude der Eingeborenen; sie zerstören ihre psychologische raison d'être. Und was sie ihnen dafür geben, ist den Wilden völlig fremd. Sie kämpfen dauernd rücksichtslos gegen alles alte und schaffen neue Bedürfnisse, materielle wie moralische. Keine Frage, daß sie nur Schaden anrichten.» (S. 46) – «Mein Haß auf die Missionare wuchs.» (S. 37) Hier sieht sich Malinowski als Ethnologe dazu berufen, die Kultur der Einheimischen in ihrer Ursprünglichkeit zu bewahren; gewisse romantische Motive werden auch anderswo deutlich. Andererseits hat er durchaus selbst «missionarische» Ideen, allerdings nicht in religiöser, sondern in kultureller Hinsicht; er reflektiert den «Wert ethnographischer Studien für die Verwaltung» und skizziert den «Plan eines Memorandums». Hauptpunkte: Landpacht; Rekrutierung; Gesundheit und Veränderung der

Zustände (etwa die Leute von den Hügeln herunterholen); vor allem erlaubt die Kenntnis der Sitten eines Volkes, sie mitfühlend zu verstehen und sie gemäß ihren Ideen zu lenken. ... (dann Skepsis diesem Plan gegenüber) – Das Schlußplädoyer: rein wissenschaftlicher Wert; Altertümer leichter zerstörbar als ein Papyrus und exponierter als eine exponierte Säule und wertvoller für unsere wahre Kenntnis der Geschichte als alle Ausgrabungen der Welt.» (S. 209f.) Später führte er diese Andeutungen weiter aus und brachte sie zur Publikationsreife.

2. *Präsenz von Magie und Absenz von Religion in den ethnographischen Schriften*

In den genannten Monographien zu verschiedenen Teilaspekten des Lebens der Trobriand-Insulaner wird die Magie als wesentliches Element menschlichen Handelns bestimmt. Der Bau der Kanus, welche für das Kula benützt werden, ist mit Magie begleitet, desgleichen der Aufbruch zur Expedition und die Tauschhandlungen selbst. Magie umgibt auch das Liebes- und Geschlechtsleben, den Gartenbau usw. Von der «Religion» dieser melanesischen Ethnie ist demgegenüber nie die Rede, was Frazer in seinem Vorwort zum Argonauten-Buch als Bestätigung seiner Theorie eines Entwicklungsschemas von der Magie zur Religion veranlaßt: «Diese auffällige Vorherrschaft der Magie über die Religion oder zumindest über die Verehrung der Toten ist ein sehr bemerkenswerter Zug in der Kultur eines Volkes, das vergleichsweise so hoch auf der Stufenleiter der Wildheit steht wie die Trobriander.» (S. 12f.). Davon findet sich bei Malinowski selbst freilich nichts. Vielmehr ist der Bereich der Magie sehr differenziert diskutiert; charakteristische Kontexte, Legitimationsformen und Lokalisierungen magischer Sprüche und Handlungen werden beschrieben und in ihrem systematischen Ort bestimmt. Dabei ist besonders wesentlich, daß Magie primär sprachlicher, traditioneller Natur ist; ihr wohnt eine bestimmte Macht inne, über welche der Mensch verfügt; die Dimension der Handlung ist derjenigen der Sprache untergeordnet. Deshalb ist die linguistische Analyse wesentlich. Die Bedeutung der magischen Sprüche ist im Kern ganz klar: Sie bringen zum Ausdruck, was in bestimmten Handlungen (z. B. handwerklicher Natur) intendiert ist. Wird etwa ein Kanu gebaut, welches natürlich möglichst funktionstauglich sein soll, so zielt die begleitende Magie auf diese Bestimmung, etwa auf Schnelligkeit. Außerdem bilden Hinweise einerseits auf soziale und historische Sachverhalte, andererseits auf mythische Themen Bestandteile der Magie. Die sprachliche Gestalt der magischen Sprüche ist ungewöhnlich, normale Ausdrucksweisen sind verformt; der auffällige künstliche (oder vielleicht eher: künstlerische) Umgang mit der Sprache macht diese besonders wirksam.

Damit ist auch bereits die Verhältnisbestimmung zwischen Magie und Mythos angeschnitten, welche später das Thema einer selbständigen Veröffentlichung sein sollte: Die Mythen vermitteln so etwas wie das «ideale» Weltbild der primitiven Gesellschaft, die Grundlage moralischer Werte, sozialer Normen und magischen Glaubens; rationale Lebensbewältigung (also beispielsweise die ganz alltägliche Arbeit) sowie praktizierte Magie vermitteln zwischen jener idealen Welt und den praktischen Aufgaben, die das reale Leben stellt. Redet der Mythos von «fliegenden» Schiffen, so gelingt es mit guter Arbeit und Magie immerhin, leidlich schnelle Kanus herzustellen. In späteren Arbeiten verallgemeinerte Malinowski seine Sicht des Mythos.[7]

Von Malinowskis konkreter Beschreibung magischer Praxis aus hätte es nahe gelegen, das Magie-Konzept kommunikationstheoretisch weiterzubilden: Es könnte sein, daß die «Wirksamkeit» der Magie in erster Linie dadurch gegeben ist, daß sie einen Vorgang oder einen Gegenstand unterschiedlichen Kommunikationszusammenhängen erschließt.[8]

In der Arbeit *Baloma, die Geister der Toten auf den Trobriand-Inseln* (bereits 1917 erschienen) hatte sich Malinowski einem bestimmten Aspekt der Auffassung von Tod und Leben zugewandt. Er untersuchte (unter Absehung von den Trauerbräuchen) die Vorstellungen vom Geschick der Totenseelen, welche sich auf eine bestimmte Insel begeben, und dort in Form von Geistern weiterleben, bis sie dereinst, nach einer erneuten Transformation, sich wieder in menschliche Gestalt inkarnieren. Auch diese Totengeister werden in die Magie mit einbezogen; die Baloma-Mythologie unterscheidet sich also nicht von anderen Erzählungen, die auf die Klärung sehr konkreter Sachverhalte des Lebens hindeuten. Malinowski schließt an seine Analyse Reflexionen über das Wesen des «Glaubens» (belief) bei den Primitiven an, der einerseits stark motivierende «soziale Vorstellungen oder Dogmen» enthält, andererseits jedoch erklärt und interpretiert, also intellektuell bearbeitet wird – sei es von Spezialisten oder von (mehr oder weniger originellen) Nichtspezialisten; aber dies hat nichts mit dem zu tun, was er in späteren Publikationen als «Religion» bezeichnen sollte, und die erwähnte Interpretation Frazers erweist sich damit als Mißverständnis.

3. Religion in den späteren theoretischen Schriften

In späteren Schriften bestimmt Malinowski den Stellenwert der Religion recht genau, insbesondere in einer Verhältnisbestimmung von Magie und Wissenschaft[9] – und damit in unmittelbarer Auseinandersetzung mit Frazer; zu beachten ist vor allem die Schrift *Magie, Wissenschaft und Religion*, 1925; sodann eine ausdrückliche Würdigung Frazers 1942 nach dessen Tod (in: *Eine wissenschaftliche Theorie der Kultur*, 173 ff.). Dabei wendet sich Malinowski von Anfang an gegen das Evolutionsschema Frazers, welches eine Entwicklungslinie Magie-Religion-Wissenschaft postuliert: «Es gibt keine Völker, seien sie auch noch so primitiv, ohne Religion und Magie. Aber es gibt auch keine Naturvölker ohne wissenschaftliche Einstellung oder Wissenschaft, obwohl man ihnen diese Fähigkeiten häufig abgesprochen hat. Man hat in jeder primitiven Gemeinschaft ... zwei deutlich unterscheidbare Bereiche gefunden, das Sakrale und das Profane, mit anderen Worten, den Bereich der Magie und Religion sowie den der Wissenschaft.» (S. 3). Religion und Magie (als traditionsbestimmte Bereiche, im Unterschied zur erfahrungsbestimmten Wissenschaft) werden also unter den Oberbegriff des «Sakralen» subsumiert – wie bei Durkheim. Malinowski knüpft also wie gewohnt an verschiedenen Enden der Forschungsgeschichte an. Er faßt den damaligen Forschungsstand in der Erkenntnis zusammen, «daß Magie und Religion nicht nur eine Doktrin oder eine Philosophie, nicht nur einen intellektuellen Kern einer Auffassung darstellen, sondern eine spezielle Verhaltensweise, eine pragmatische Haltung, die gleichermaßen auf Vernunft, Gefühl und Willen basiert. Sie sind sowohl Handlungsweise wie Glaubenssystem und ein soziologisches Phänomen wie persönliche Erfahrung. Aber trotz alledem ist die genaue Relation zwischen dem sozialen und dem individuellen Beitrag zur Religion nicht klar ... Auch ist nicht klar, welchen spezifischen Anteil Emotion und Vernunft haben.» (S. 10)

Was als «wissenschaftlich» zu gelten hat, ist leicht zu bestimmen; es ist das Verhalten, das durch empirische, rationale Erkenntnis gesteuert ist. Malinowski hält fest, daß dieses Verhalten primär den Zweck der Umweltbeherrschung hat; natürlich ist der Mensch, seit er als Spezies existiert, durch solches Verhalten gekennzeichnet (weswegen er, nach dem Maßstab biologischer Evolution, auch so erfolgreich existiert). Allerdings vermag dieses Verhalten nie alle Faktoren zu berücksichtigen und zu steuern – die Ernte kann bei bester Vorsorge mißraten, die Jagd bei umsichtigster Veranstaltung erfolglos bleiben. Dieser unkontrollierbare Rest zielgerichteten Verhaltens wird durch Magie behandelt. Magisches Handeln ist also immer auf konkrete Zwecke bezogen, Zwecke, auf die auch rationales Handeln hinzielt. Beide Handlungstypen lassen sich also theoretisch wie im praktischen Vollzug (jedenfalls auf den Trobriand-Inseln) genau unterscheiden.

Magie hat es also mit unkontrollierbaren Faktoren zu tun; dies schafft einen emotionalen Hintergrund, häufig ist die magische Handlung «dramatischer Ausdruck von Emotionen»; die Handlungsziele werden nachgeahmt oder vorweggenommen, sie werden mitsamt den Begleitumständen benannt, imitiert usf. Jedenfalls muß die Kraft der Magie auf das Objekt übertragen und auf das Handlungsziel hin dirigiert werden. Magie ist also durch und durch menschliches Handeln, seine Kraft geht vom Menschen aus – Malinowski lehnt die Mana-Theorien seiner Zeit ab, welche mit einer unpersönlichen, alles durchwirkenden Kraft rechneten, die dann durch die Magie lediglich in ihren Dienst gestellt würde. Dieses magische Handeln ist modellhaft vorgebildet in Mythen, die durch perfektes Gelingen solcher Handlungsformen gekennzeichnet sind; ein Mythos ist die «historische Darstellung eines jener Ereignisse, die ein für allemal die Wahrheit einer bestimmten Form von Magie verbürgen.» (S. 67) Vom rationalen Standpunkt aus betrachtet, erweist sich Magie als Ersatzhandlung für gescheitertes oder gefährdetes rationales Handeln – eine psychohygienische Coping-Strategie gewissermaßen. In der Frustration stellt Untätigkeit die schlechteste Reaktion dar; die Ersatzhandlung gestattet es, das Ziel im Auge zu behalten, auch wenn man es, objektiv betrachtet, nicht erreicht. Magie und Wissenschaft haben also ein gemeinsames Ziel, die Erfüllung menschlicher Triebe und Wünsche; aber ihre Grundlage, ihr Verfahren und die Ebene der Wirksamkeit sind voneinander verschieden. «Wissenschaft beruht auf der Überzeugung, daß Erfahrung, Anstrengung und Vernunft Gültigkeit haben; Magie auf dem Glauben, daß Hoffnung nicht fehlschlagen und der Wunsch nicht trügen kann.» (S. 71)

Von der Magie ist nun die Religion zu unterscheiden. Religiöse Rituale unterscheiden sich von magischen zunächst darin, daß sie keinen Zweck haben, der außerhalb ihrer selbst liegen würde; Geburtszeremonien, Initiationsrituale, Totenehrungen, Opfer, totemistische Begehungen und dergleichen haben vielmehr die Funktion, die zentralen Werte und Normen einer Gesellschaft zum Ausdruck zu bringen. Die grundlegenden Problemlagen menschlichen Daseins geben den Anlaß zur Artikulation der grundlegenden Regulierungen des Lebens. Dabei nimmt der Umgang mit dem Tod einen hervorragenden Platz ein: «Der Primitive hat große Angst vor dem Tod, wahrscheinlich als Resultat einer tiefen emotionalen Offenbarung einiger tief verwurzelter Instinkte, die Mensch und Tier gemeinsam sind ... Und hier, in diesem Spiel emotionaler Kräfte, dringt die Religion ein, wählt die positive Weltanschauung, die tröstliche Aussicht, den kulturell wertvollen Glauben an die Unsterblichkeit, an den vom Körper unabhängigen Geist und an die Fortdauer des Lebens nach dem Tode. (S. 36) Das religiöse Ritual erweist sich als Coping-Strategie, um mit dem Erlebnis des Todes fertig zu werden; den chaotischen Gefühlen gegenüber, die jetzt aufbrechen, stattet es den Menschen mit einem bestimmten Glauben an ein Jenseits aus und setzt dadurch die lebensbewahrenden und -fördernden gesellschaftlichen Werte und Normen in Kraft.

Religion hat also eine öffentliche Dimension: «Die Religion braucht die Gemeinschaft als ein Ganzes, so daß ihre Mitglieder gemeinsam die sakralen Dinge und die Gottheiten verehren können, und die Gesellschaft braucht die Religion für die Aufrechterhaltung von moralischem Gesetz und Ordnung.» (S. 39) Die Lebensgemeinschaft als ganze findet ihre Identität in der Identifikation mit den Vorgaben des Rituals; diesem kommt eine hochgradige integrative Funktion zu. Dennoch sind die Quellen der Religion nicht einfach gesellschaftlicher Natur. «Jeder, der Religion tief und aufrichtig erfahren hat, weiß, daß die stärksten religiösen Augenblicke in der Einsamkeit auftreten, im Abwenden von der Welt, in Konzentration und geistiger Loslösung und nicht bei den Ablenkungen in einer Menschenmenge. Kann primitive Religion so völlig frei sein von der Inspiration der Einsamkeit?» (S. 41) Malinowski exemplifiziert dies dann an Initiationsritualen, welche isolieren und Einsamkeitserlebnisse herbeiführen, an der Rolle des Gewissens im Hinblick auf die Einhaltung religiöser Regeln usw.

Der Appell an das «allgemeine Wissen» dessen, der selbst «Religion tief und aufrichtig erfahren hat», ist höchst bemerkenswert – es ist eine Argumentationsweise, die bei Malinowski sonst nicht begegnet. Die Argumentation ist in diesem Zusammenhang aber überhaupt inkonsistent. Malinowski begründet, inwiefern Religion nicht einfach einen kollektiven Ursprung habe und inwiefern nicht alles kollektive Erleben religiös sei, er grenzt sich also ausführlich von Durkheim ab – aber den individuellen Quellen der Religion geht er nicht weiter nach, sondern er beruft sich auf eine Evidenz, die freilich aus der Distanz alles andere als selbstverständlich ist. Es ist an dieser Stelle vielleicht sinnvoll, nochmals kurz auf Tagebucheintragungen hinzuweisen, in welchen der junge Malinowski ohne große Reflexion einiges zur Sache notiert. Auffälligerweise erscheint das Thema Religion dreimal im Zusammenhang mit der Mutter, die (während des Krieges) in unerreichbarer Ferne lebt: «Einen Augenblick hatte ich das Bedürfnis, für Mutter zu beten. Passivität und das Gefühl, daß irgendwo, jenseits aller Möglichkeit, etwas zu tun, furchtbare Dinge passieren, unerträglich. Trostlose, furchtbare, unausweichliche Notwendigkeiten nehmen die Form von etwas Persönlichem an. Unheilbar menschlicher Optimismus verleiht dem allem sanfte, freundliche Züge. Subjektive Schwankungen – mit dem Leitmotiv ewig siegreicher Hoffnung – werden objektiviert als wohlwollende, gerechte Gottheit, außerordentlich empfänglich für die moralischen Aspekte im Verhalten des Subjekts. Bewußtsein – jene spezifische Funktion, die alles geschehene Übel uns selbst zuschreibt – wird zur Stimme Gottes. Wahrlich, es spricht viel für meine Theorie des Glaubens. Die Apologeten wußten nichts von diesem Aspekt und bekämpften mit aller Kraft den gefährlichsten Feind der Religion – den reinen Rationalismus. Die Feinde der Religion griffen zu rein intellektuellen Taktiken, versuchten die Absurdität des Glaubens zu beweisen, weil dies die einzige Art sei, den Glauben zu untergraben. Der Hinweis auf die emotionale Grundlage des Glaubens zerstört weder die Religion, noch mehrt er irgend ihren Wert. Er entspringt lediglich aus dem Versuch, den Kern der Psychologie des Glaubens zu verstehen.» (S. 56) Malinowski analysiert also seine eigenen religiösen Anwandlungen und interpretiert sie sofort. Auch nach dem Tod der Mutter drängen sich religiöse Themen auf. «Dauernd denke ich an den seichten Optimismus religiöser Überzeugungen: ich gäbe alles darum, an die Unsterblichkeit der Seele zu glauben. Das furchtbare Geheimnis, das den Tod eines Lieben, eines Nahestehenden, umgibt. Das ungesagt gebliebene letzte Wort – etwas, das Licht bringen sollte, ist begraben, der Rest des Lebens liegt halbverborgen im Dunkel. – Gestern beim Spaziergang dachte ich, daß Glück und Lebensfreude sich mir entziehen, wann immer ich mich ihnen zu nähern versuche. – Gestern mied ich ganz bewußt ehrgeizige Ideen und Pläne.» (S. 256) Das Thema der Religion hat auch einen ethischen Aspekt: «Über Religionstheorie. Mein ethischer Standpunkt gegenüber Mutter, Staś, E. R. M. Gewissensbisse resultieren aus Mangel an integrierten Gefühlen und Wahrheit gegenüber anderen. Meine ganze Ethik beruht auf dem elementaren Instinkt der geeinten Persönlichkeit. Daraus folgt das Bedürfnis, in verschiedenen Situationen ein und derselbe zu sein (Wahrheit in Beziehung zu sich selbst), sowie die Notwendigkeit, die Unerläßlichkeit von Aufrichtigkeit: der ganze Wert von Freundschaft beruht auf der Möglichkeit, sich auszudrücken, mit absoluter Offenheit man selbst zu sein. Entscheidung zwischen einer Lüge und dem Verderben einer Freundschaft (Meine Haltung zu Mutter, Staś und allen meinen Freunden war gezwungen). Liebe fließt nicht aus Ethik, sondern Ethik aus der Liebe. Es ist unmöglich, christliche Ethik aus meiner Theorie abzuleiten. Aber diese Ethik hat niemals die wirkliche Wahrheit – liebe deinen Nächsten – bis zu dem wirklich möglichen Maß ausgesprochen. Das eigentliche Problem ist: warum muß man sich immer verhalten, als ob Gott einen beobachte?» (S. 258) Natürlich geht es hier keineswegs um «Religionstheorie», sondern um die Auseinandersetzung mit der persönlichen Bewältigung von Konflikten, die sich aus persönlichen Bindungen, religiöser Prägung (Malinowskis Mutter war gut katholisch), Identitätsfindung und wissenschaftlicher Beschäftigung mit dem Gegenstand ergeben.

Das Thema «Religion» ist nach Malinowskis Vorverständnis in zwei unterschiedlichen Bereichen verankert: Einerseits ist er persönlich in einer bestimmten Weise religiös geprägt, auch wenn er diese Prägung schon sehr früh «abzuarbeiten» beginnt: Religion ist für ihn eine persönliche Coping-Strategie, um mit existentiellen Problemen des Verlusts und der Irritation fertig zu werden; aber gerade insofern, als Religion als Coping-Strategie durchschaut ist, verliert sie natürlich an Wirksamkeit. Und andererseits bilden die Religions-Theorien eines Frazer, eines Durkheim, eines Marett, eines Lévy-Bruhl usw. den Hintergrund für den Ansatz Malinowskis. Geht man von den (im strengen Sinne) ethnographischen Schriften Malinowskis aus, so findet sich keine Unterscheidung zwischen Religion und Magie (Religion kommt als Begriff kaum vor); die «religiösen» Fragen fehlen nicht, aber sie bilden einen unabtrennbaren Bereich der Kommunikation, welche das menschliche Handeln umgibt und die unberechenbare Umwelt mit ins menschliche Handeln einbezieht. Die Unterscheidung zwischen Magie und Religion ist also eine durch und durch projektive Leistung. Malinowski hätte ohne weiteres den Begriff «magisch» regelmäßig durch den Begriff «religiös» ersetzen können, damit allerdings in Kauf genommen, daß dieser ständig eine andere Bedeutung hat als in der europäischen Religionsgeschichte. Der Ausdruck «magisch» hat eine umgekehrte Tücke: Er legt nahe, daß das kommunikative Handeln der Trobriander mit der unseren schlechterdings nichts zu tun habe.

III. Wirkung

In die ethnologische und religionswissenschaftliche Theoriegeschichte ist Malinowski nicht zuletzt als früher Vertreter des Funktionalismus eingegangen, und anhand dieses Begriffs kann seine Wirkung auf die Kulturanthropologie im Allgemeinen wie auch auf die Religionswissenschaft im Besonderen recht gut abgeschätzt werden. Die funktionalistische Betrachtungsweise bedeutet zunächst, daß die Kultur einer Gesellschaft in ihrer Gesamtheit betrachtet werden muß: Das gesellschaftliche Handeln in verschiedenen Bereichen vollzieht sich in wechselseitiger Abhängigkeit, kein Vorgang und kein Element des gesellschaftlichen Geschehens darf isoliert betrachtet, sondern muß im ihm eigenen Beziehungsgeflecht interpretiert werden. Die Dinge «funktionalistisch» zu betrachten, heißt also zunächst, sie als Elemente von Beziehungen zu sehen. Auch Religion kann demnach nur im Zusammenhang mit allen anderen Bereichen der Kultur betrachtet werden.

Malinowski war nicht der einzige Forscher seiner Generation, der diese Forderung aufstellte; ähnliche Ideen hatte z. B. schon Durkheim geäußert. Aber Malinowski hat das Programm am deutlichsten formuliert und durch seine ethnographische Arbeit selbst in Gang gesetzt. Fortan war, zumindest für die Bereiche der traditionalen Kulturen, eine isolierte Untersuchung religiöser Sachverhalte kaum mehr denkbar. Entsprechend kamen beispielsweise Makrotheorien im Hinblick auf religiöse Evolution, welche nicht gleichzeitig die gesellschaftliche Evolution beachteten, nicht mehr in Frage. Die funktionalistische Wendung führte überhaupt dazu, daß historische Fragen eher in den Hintergrund traten. Malinowski hat deren Legitimität nie bestritten, deren Stellenwert jedoch deutlich eingeschränkt. In der Folge zeichnete sich in der Religionswissenschaft eine Entwicklung ab, die ähnlich in anderen Geisteswissenschaften etwa seit dem Ersten Weltkrieg zu beobachten ist: Synchron orientierte Betrachtungsweisen treten in einen Gegensatz zu diachron arbeitenden Verfahren; eine methodische Vermittlung zwischen beiden Ansätzen ist schwierig und bis heute weder theoretisch noch wissenschaftspraktisch einigermaßen zufriedenstellend bearbeitet.

Wie Durkheim betonte Malinowski den integrativen Charakter der Religion; dies ist ihre Funktion im Hinblick auf die Gesellschaft. Damit ist wiederum eine wichtige forschungsgeschichtliche Weichenstellung markiert: Wo immer künftig eine funktionale Bestimmung von Religion im Vordergrund steht, liegen Integrationsmodelle nahe: Wer an einem Kultus teilhat, wird in die Gemeinschaft eingebunden. Allerdings entzündeten sich auch an dieser Bestimmung typische Konflikte. Man wies, insbesondere im Bereich der historisch dokumentierten Religionen, also der sogenannten «Hochreligionen», auf Situationen hin, in welchen Religion eine desintegrierende Wirkung hatte (man denke nur an den Fall von Reformern und Religionsstiftern, welche aus dem herkömmlichen Rahmen heraustraten). Zu den Integrationsmodellen gesellten sich Konfliktmodelle, deren Reichweite im Einzelfall je zu bestimmen ist.

Malinowski führte die funktionale Bestimmung der Kultur und damit der Religion allerdings noch über ein Integrationsmodell hinaus. Kulturelle Beziehungen sind seiner Meinung nach letztlich als Ausfluß von Bedürfnissen zu interpretieren; und diese Bedürfnisse sind wiederum in einer Hierarchie angeordnet: Grundlegend sind die biologischen Bedürfnisse der Selbsterhaltung und der Arterhaltung; auf diesen primären Bedürfnissen bauen dann sekundäre, kulturelle Bedürfnisse auf. Eine «Funktion» hat also einen Zweck; funktionale Beziehungen sind immer auf ihre Finalität hin zu untersuchen. Das Konzept Malinowskis ist reduktionistisch; kulturelle Phänomene (darunter auch die Religion) werden zurückgeführt auf andere, letztlich biologische.

Auch diese Auffassung hat eine breite Wirkung entfaltet – aber vor allem eine negative: Kritiker des Funktionalismus haben immer wieder (bis in die Gegenwart hinein) «Funktion» als «Zweck» verstanden. Tatsächlich ist aber diese (makrotheoretische) Wendung des Funktionalismus bereits in der nächsten wissenschaftlichen Generation nicht mehr aktuell gewesen, und dies gilt auch für neuere funktionalistische Konzeptionen.

Der vielleicht wesentlichste Aspekt an der funktionalistischen Fragestellung besteht darin, daß Sachverhalte nicht mehr primär (oder überhaupt nicht mehr) im Hinblick auf «Gegenstände», sondern auf «Beziehungen» betrachtet werden. Dies wird bereits bei Malinowski deutlich, beispielsweise bei seiner Behandlung der Sprache.[10] Die Verwendung der Sprache wird als ein soziales Handeln mit einem bestimmten Handlungsziel verstanden. In einer bestimmten Redesituation kommt es nicht so sehr darauf an, *was* gesagt wird, sondern was das Reden bewirken soll. In dieser Betrachtungsweise tritt der Inhalt des Sprechens hinter dessen «Verwendung» zurück; in der Terminologie heutiger Linguistik würde man sagen, daß der pragmatische Aspekt weit mehr Gewicht hat als der semantische. Malinowskis Konzept weist gewisse Parallelen zu Auffassungen des späten Wittgenstein auf, und auch die Sprechakttheorie (etwa in den Arbeiten von J. L. Austin und J. R. Searle) operiert von ähnlichen Voraussetzungen her. Malinowski erweist sich damit als früher Vertreter einer Betrachtungsweise, die von großem Gewicht werden sollte.

Im Hinblick auf Religion hat diese Wendung von der «Substanz» zur «Beziehung» (oder eben der «Funktion») eine eminente Bedeutung. Wählt man diesen theoretischen Zugang zum Untersuchungsfeld, so verlieren bestimmte Fragestellungen ihren Sinn – etwa die Frage nach Gott, nach dem Heiligen, nach der Transzendenz an sich. Alle diese Ausdrücke können lediglich als Beziehungsgrößen in einem je spezifischen kulturellen Beziehungsgeflecht verwendet werden. Der Religionswissenschaftler nimmt die

Rolle eines externen Beobachters ein, er weicht also der Begegnung mit dem «Gegenstand» der Religion aus, weil er diesen systematisch ausklammert.

«Teilnehmende Beobachtung», das methodische Grundprinzip Malinowskis, stößt also nicht nur auf eine psychische Grenze seitens des Feldforschers, worauf bereits hinzuweisen war. Die Teilnahme ist auch durch eine theoretisch bedingte Begrenzung der Reichweite bestimmt; selbst wenn der Beobachter das Spiel der Religionsgemeinschaft mitspielt und die Spielregeln beherrscht: Aus dem Spiel kann nicht Ernst werden, oder präziser: Die Grenze zwischen Spiel und Ernst, eine typische Einrichtung der Beobachterperspektive, wird grundsätzlich nicht aufgehoben. Die methodisch kontrollierte Teilnahme am Leben fremder Religion kann beispielsweise nicht bis zum Dialog führen.

Bei Malinowski werden grundsätzliche, noch heute aktuelle Entscheidungen für eine Konzeption der Religionstheorie so deutlich wie bei wenigen anderen Forschern. Dies liegt daran, daß er seine Ideen pointiert formuliert; die weit verbreitete Vorsicht, einen Positionsbezug sofort durch Relativierungen abzusichern, ist ihm fremd. Damit zeigt er Angriffsflächen, auf der anderen Seite aber hat er ein ungemein anregendes, bis heute stimulierendes Werk geschaffen.

Jacques Waardenburg

GERARDUS VAN DER LEEUW (1890–1950)

I. Leben

Gerardus van der Leeuw (sprich: Lee-uw) wurde am 19. März 1890 in Den Haag geboren, wo er das öffentliche Gymnasium besuchte. Er studierte fünf Jahre Theologie an der Universität Leiden (1908–13), bekannt für ihre historisch-kritische Forschung, und beschäftigte sich daneben an der Philosophischen Fakultät mit Ägyptologie. Hauptfach seines Rigorosums, welches er bei dem 1901 berufenen W. B. Kristensen ablegte, war Religionsgeschichte, eine seit 1876 anerkannte Disziplin. Im Anschluß an das Studium in Leiden verbrachte van der Leeuw die Jahre 1913/14 in Deutschland, das Wintersemester in Berlin, um Ägyptologie bei A. Erman und K. Sethe zu studieren, und das Sommersemester in Göttingen, um Religionsgeschichte, besonders bei Wilhelm Bousset, zu belegen. So hat er noch aus eigener Erfahrung die deutsche Wissenschaft und Kultur der Vorkriegszeit kennengelernt. Er kehrte kurz vor dem Ausbruch des Ersten Weltkrieges nach Holland zurück und legte am 15. März 1916 seine Dissertation über Gottesvorstellungen in den altägyptischen Pyramidentexten an der Theologischen Fakultät Leiden vor. Gleich danach heiratete er und wurde Pastor der Reformierten Kirche (Hervormde Kerk) in 's Heerenberg in der Nähe Arnheims.

Bereits zwei Jahre später, im für diese Zeit ungewöhnlich frühen Alter von 28 Jahren, wurde van der Leeuw 1918 zum Nachfolger Isaac van Dijks an der Theologischen Fakultät in Groningen ernannt. Der Lehrstuhl umfaßte Religionsgeschichte, die Geschichte der Lehre Gottes (ein Ausdruck für «natürliche Theologie») und die theologische Enzyklopädie; zusätzlich wurde er an die Philosophische Fakultät für das Fach Ägyptologie berufen. Später fiel dann der Auftrag «Geschichte der Lehre Gottes» weg. In seiner Antrittsvorlesung am 25. September 1918 vertrat van der Leeuw die These, daß Religionsgeschichte für die Theologie notwendig sei.

Seit dem Hochschulgesetz von 1876 gab es in den theologischen Fakultäten der öffentlichen Universitäten eine strenge Scheidung zwischen einerseits den vom Staat anerkannten Disziplinen und andererseits den kirchlichen Fächern. Erstere wurden als nicht- oder überkonfessionell angesehen und ihre Professoren vom Staat ernannt. So gab es an den theologischen Fakultäten eine formal unabhängige Religionswissenschaft, und die Reformierte Kirche hatte mit der Ernennung van der Leeuws grundsätzlich nichts zu tun. Umgekehrt gab der Lehrstuhl van der Leeuw eine

Gerardus van der Leeuw (1890–1950)

große Freiheit, seine Forschung und Lehrtätigkeit frei auszubauen sowie seine Beziehungen zur Reformierten Kirche selbst zu bestimmen.

Van der Leeuw hat bis zu seinem Tod in Groningen gearbeitet; Angebote von Amsterdam und Utrecht sowie ein Angebot aus Chicago hat er abgelehnt. Seit 1940 war er seitens der Reformierten Kirche beauftragt, Liturgiewissenschaft zu lehren, und nach 1945 wurde ihm das dann akademisch anerkannte Fach der Religionsphänomenologie anvertraut. In den 32 Jahren seiner Professur hat er es auf insgesamt etwa 650 Veröffentlichungen, darunter auch viele im Bereich der Theologie, gebracht. Seine Quellenforschungen bezogen sich vornehmlich auf die ägyptische wie auch griechische Religionsgeschichte und auf die frühe Kirchengeschichte, an der ihn besonders die Liturgiegeschichte interessierte. Acht größere wissenschaftliche Werke spiegeln sein breites Gesamtinteresse wider.

Durch die Geschehnisse in Deutschland seit 1933 und besonders durch die Erfahrung des Zweiten Weltkrieges ist sich van der Leeuw in schmerzlicher Weise auch der kulturzerstörerischen Kräfte dieser Zeit bewußt geworden. Von seiner Wissenschaft her hat er versucht, sich dem Niedergang der Kultur und der Religion der Vorkriegszeit nach allen Möglichkeiten zu widersetzen. Sein soziales Bewußtsein wuchs dabei, und so ist er 1945–46 für die «Arbeitspartei» im ersten Nachkriegskabinett Minister für Unterricht, Künste und Wissenschaften gewesen. 1946 erhielt er ein Ehrendoktorat der Masaryk Universität in Brno in der Tschechoslowakei. Nachdem er kurz vor dem Sommer 1950 beim ersten deutschen religionswissenschaftlichen Kongress nach dem Krieg in Marburg zu Gast war, präsidierte er im September dem ersten internationalen Nachkriegskongreß für Religionsgeschichte in Amsterdam. Hier wurde er zum Präsidenten des dort gegründeten Internationalen Vereins für das Studium der Religionsgeschichte gewählt. Kurz danach erkrankte er. Er starb am 18. November 1950 im sechzigsten Lebensjahr in Utrecht.

II. Werk

Verschiedene Bücher van der Leeuws sind ins Deutsche übersetzt worden (siehe Literaturverzeichnis). Er schrieb eine Anzahl wissenschaftlicher Artikel in verschiedenen Sprachen, auch für die 2. Auflage des Lexikons *Religion in Geschichte und Gegenwart* (RGG). Wichtig ist besonders sein Artikel «Über einige neuere Ergebnisse der psychologischen Forschung und ihre Anwendung auf die Geschichte, insonderheit die Religionsgeschichte» (1926). Dazu kommen noch viele Buchbesprechungen, wovon etliche ebenfalls in deutscher Sprache erschienen sind. Verschiedene seiner Bücher sind ins Englische und Französische übersetzt worden; seine Gedanken über «primitive Mentalität» wurden auf Französisch veröffentlicht.

Seine *Phänomenologie der Religion* wurde ins Englische, Französische (erweitert), Italienische, Spanische und Polnische übersetzt.

1. Einflüsse

Schon in seiner Gymnasialzeit war der junge van der Leeuw für Dichtung und Kultur offen, die ihm immer ein Anliegen blieben. Seine Entscheidung für das theologische Studium in Leiden und, innerhalb der theologischen Fakultät, für die Religionsgeschichte ist zum Teil in diesem Licht zu sehen. Die unabhängige Stellung Leidens mit seinem seit 1877 eingerichteten Lehrstuhl für Religionsgeschichte mit Vertretern des Faches wie C. P. Tiele (1877–1900), W. B. Kristensen (1901–1937) und kurze Zeit Hendrik Kraemer (1938–1947) war führend im Lande. Kristensen, bei dem van der Leeuw studierte, arbeitete an Texten antiker Religionen und war ein Meister in der Befragung solcher Texte auf ihren Symbolgehalt hin. Er versuchte anhand des Textmaterials einen Zugang zur antiken Welt- und Lebensanschauung zu eröffnen. Wenn er sich «Historiker» nannte, meinte er damit, daß er nicht auf Grund von allgemeinen Ideen, sondern auf dem soliden Boden «geschichtlicher» Texte arbeitete. Er hatte sich völlig in die Welt der antiken Religionen eingelebt und setzte diese «seine» Welt radikal der Moderne gegenüber. Dabei bewunderte er Schleiermacher und verwarf die damals gängige Idee einer geistigen Evolution in der Religion. An der profanen Geschichte oder sogar einer chronologischen Religionsgeschichte soll er kaum interessiert gewesen sein. Er war der antiken Welt- und Lebensanschauung zugetan und war immer auf der Suche nach dem in den Texten liegenden, mehr oder weniger «verborgenen» religiösen Sinngehalt. Diese persönliche Suche nach Sinn hat van der Leeuw in seiner Weise weitergeführt, und es gibt Anlaß zu vermuten, daß der Einfluß und das Gewicht Kristensens auf den empfänglichen van der Leeuw wohl größer waren, als manchmal angenommen wird.

In derselben Fakultät war damals auch Pierre Daniel Chantepie de la Saussaye (1848–1920) tätig, der Verfasser einer ersten beschreibenden Religionsphänomenologie, erschienen im Jahre 1887. Er war ein klarer Denker und wurde 1899 als Professor für christliche Ethik nach Leiden berufen. Er soll dort Einfluß auf van der Leeuws phänomenologische Interessen sowie auf seine Theologie ausgeübt haben, war er doch – wie sein Vater – einer der führenden Persönlichkeiten der sogenannten «ethischen» Theologie. Diese galt als ein «dritter Weg» neben der Orthodoxie und dem Modernismus der Zeit und trat für einen im praktischen «ethischen» Leben angewandten christlichen Glauben ein, wobei neben Dogma und Vernunft die eigene Glaubenserfahrung der Gemeinde theologisch gewürdigt wurde.

Schon während seines Studiums muß van der Leeuw, wie viele andere am Anfang des Jahrhunderts, von R. R. Maretts Theorie des Dynamismus auf Grund des *mana*-Begriffes begeistert gewesen sein. Er verarbeitete diese Theorie in seiner Dissertation und hat später das Konzept der religiösen Macht zum Eckstein seiner Religionsphänomenologie verarbeitet. Daneben ist aber auch Schleiermachers Auffassung der Religion als eigenständiger Wirklichkeit für van der Leeuws Denken sowie für Kristensen, Nathan Söderblom und Rudolf Otto grundlegend gewesen.

Der Ruf zum «Verstehen» als Ziel der Geisteswissenschaften fand besonders in den zwanziger Jahren bei einer neueren Generation von Forschern offene Ohren. Im Bereich der Geschichte hatte Wilhelm Dilthey (1833–1911) – der übrigens die Schleiermacher-Rezeption entscheidend gefördert hat – dies schon im Blick und hatte seine eigene Hermeneutik entwickelt. Der Einfluß Diltheys und seiner «Lebensphilosophie» auf den jungen van der Leeuw ist gewiß. Aber auch im Bereich der Psychologie wurde bei Forschern wie Eduard Spranger, Ludwig Binswanger und Karl Jaspers «Verstehen» zum wissenschaftlichen Ziel. Im kulturanthropologischen Bereich hat Lucien Lévy-Bruhl (1857–1939) einen starken Einfluß auf van der Leeuw gehabt. Er untersuchte die Formen und Bedingungen einer «primitiven» Mentalität, welche bei den heutigen «Naturvölkern» noch auffindbar und der «modernen» Mentalität wesentlich entgegengesetzt sei. Diese Theorie hatte wichtige Implikationen für die Erforschung von Religionen schriftloser Völker. Im philosophischen Bereich bot die phänomenologische Richtung Franz Brentanos und Edmund Husserls – welche die Wirklichkeit mit neuen Augen sehen wollte – sowie deren Anwendung auf sogenannte «irrationale» Bereiche, zum Beispiel auf Gefühle und Religion bei Max Scheler, die Möglichkeit, das «Verstehen» fremdartiger Erfahrungen auf dem Boden grundlegender Bewußtseinsgegebenheiten zu begründen. Alle diese Richtungen haben ihren Einfluß auf das Lebensprojekt van der Leeuws ausgeübt, mittels des «Verstehens» bis in das Herz des religiösen Bereichs vorzudringen.

Hinzu kommt eine Fülle von Arbeiten empirisch arbeitender Forscher, deren Früchte in der Phänomenologie van der Leeuws verarbeitet worden sind. Er hatte offensichtlich eine enorme Begabung dafür, neue oder auch gängige Ideen und Geistesströmungen zu assimilieren und für seine Zwekke zu verwenden.

Für seine Ideen über das Verstehen und über die Hermeneutik berief er sich gern auf einschlägige deutsche Veröffentlichungen, in denen gegen eine positivistisch orientierte Wissenschaftsauffassung protestiert wurde. Man wandte sich gegen Historismus und Soziologismus als wissenschaftliche Ideologien und suchte im Textstudium mehr als reine Philologie, im Geschichtsstudium mehr als die bloße Chronologie von Tatsachen. Man widersetzte sich ebenfalls spekulativen Theorien und wollte die Erfahrung zum Ausgangspunkt nehmen. Dabei leugnete man nicht die Notwendigkeit, Fakten zu erheben, nach ihrem geschichtlichen Ursprung und ihren Ursachen zu suchen und über kausale Zusammenhänge zu wissenschaftlichen Erklärungen zu kommen. Aber man relativierte den Sinn solcher «empirizistischer» Wissenschaft und wollte über sie hinausgelangen. In der deutschen Religionswissenschaft waren Forscher wie Rudolf Otto, Friedrich Heiler und Walter F. Otto gerade in der Erforschung menschlicher Äußerungen auf der Suche nach einem solchen «Verstehen», das das Erklären übersteigen würde.

Der Vollständigkeit halber sollen auch noch einige andere zeitgenössische Strömungen der Forschung genannt werden, die van der Leeuw zumindest berührt haben. Da gibt es das Suchen nach Sinnstrukturen und verständlichen Beziehungen, das Entwickeln von Idealtypen als Instrumenten der Sinndeutung, das Instrumentalisieren der eigenen Subjektivität, um sich der Subjektivität anderer zu bemächtigen. Für dies alles zeigte van der Leeuw eine großartige geistige Offenheit als Kind einer Kultur, die er noch in den Friedenszeiten vor 1914 kennengelernt hatte und die er sich wie ein Goetheaner angeeignet hatte.

2. *Originalität*

Bei voller Anerkennung der vielen Einflüsse, die auf van der Leeuw gewirkt haben, ist die Hauptfrage doch die des eigenen Beitrags van der Leeuws zur Religionswissenschaft seiner Zeit. Im Unterschied zu den meisten seiner Zeitgenossen hat van der Leeuw nicht nur einen eigenen kohärenten Interpretationsrahmen von Religion und religiösen Tatbeständen geschaffen, der auf eine bestimmte Tiefenschau zurückgeht, er hat auch eine eigene Methodologie der Religionsphänomenologie als «Erlebniswissenschaft» entwickelt. Interpretationsrahmen und Methodologie hat er schließlich in eine theologische Perspektive eingefügt, deren Originalität ihm nicht abgesprochen werden kann. Er hat diese Ansätze im Laufe von dreißig Jahren ansehnlich weiterentwickelt und sich dabei sprachlich bisweilen sehr poetisch, aber leider begrifflich nicht immer sehr klar ausgedrückt, so daß man sich mühen muß, die innere Logik seines immer sehr offenen «Systems» zu fassen. Das verlangt, daß man auch seine Theologie in Betracht zieht, was die Sache nicht einfacher macht, aber für ein adäquates Verständnis der Absichten und der Struktur seiner Religionsphänomenologie unerläßlich ist.

Van der Leeuws 1933 in der von Rudolf Bultmann herausgegebenen Reihe «Neue Theologische Grundrisse» erschienenes Hauptwerk *Phänomenologie der Religion* umfaßt fünf Teile mit den Themen: «Gott», «Mensch», «Beziehungen zwischen Gott und Mensch», «Die Welt» und «Gestalten». Das Buch schließt mit etwa 25 Seiten «Epilegomena», die Aufschluß geben über das, was van der Leeuw unter Phänomen, Phänomenologie, Religion und Religionsphänomenologie versteht. Die Epilegomena wollen, wie es im Vorwort heißt, eine methodologische und historische Begründung der Religionsphänomenologie geben, und zwar als eines selbständigen Fachs mit eigener Geschichte.

Das Buch ist eine beeindruckende Leistung und bietet eine suggestiv geschriebene «verstehende» Gesamtschau religiöser Phänomene, die nach einer Zahl von Idealtypen beschrieben werden. In späteren Arbeiten hat van der Leeuw diese idealtypische Beschreibung religiöser Phänomene um eine ebenso idealtypische Beschreibung von Grundstrukturen religiöser Erfahrung erweitert. Es handelt sich in beiden Fällen mehr um Zeugnisse des vom Verfasser Geschauten als um eine empirische Analyse oder eine weitere Problematisierung religiöser Tatbestände.

Damit ist dieses Werk nichts weniger als eine völlig neue Darbietung von Religion, die abweicht von der gängigen Art und die nicht nur in Deutschland, sondern auch andernorts einen breiten Leserkreis fand. Die späteren Ausgaben (1956, 1970 und 1976) enthalten etwa zwanzig Seiten Hinzufügungen. Das Buch hat eine gewisse Faszination ausgeübt und wird noch immer als klassisches Handbuch der Religionsphänomenologie angesehen.

Wir möchten im folgenden kurz andeuten, was van der Leeuw in seiner Religionsphänomenologie eigentlich unter «Religion» und «Phänomenologie» versteht und wie er selbst die augenscheinliche Subjektivität seines Verfahrens einschätzt. Quellen dazu sind neben den genannten «Epilegomena» namentlich eine auf holländisch erschienene Einführung in die Theologie (2. Ausgabe 1948), die auch seine Wissenschaftsauffassung behandelt, und sein 1959 in deutscher Übersetzung erschienenes Buch, das er selbst als die Synthese seiner Arbeit angesehen hat: *Sakramentales Denken. Erscheinungsformen und Wesen der außerchristlichen und christlichen Sakramente.*

Religion ist von van der Leeuw in zwei Weisen erfaßt worden. Einerseits ist sie menschliche Erfahrung, die als verständliches menschliches Phänomene empirisch erforscht werden kann. Aus der Sicht van der Leeuws entsteht Religion aus der Erfahrung heraus, mit einer Macht konfrontiert zu sein, die den menschlichen Horizont übersteigt und sich dem Menschen unwiderstehlich stark auferlegt. Andererseits kann Religion auch als «Offenbarung» erfaßt werden. In diesem Sinn ist sie kein Phänomen und kann auch nicht empirisch erforscht werden. Menschliche Aussagen über «Offenbarung» jedoch sind wiederum empirische Phänomene, die der Forschung zugänglich sind.

Religion wird von van der Leeuw wesentlich als «Erfahrung von, Begegnung mit und Umgang mit Macht» gedeutet. Diese Macht durchdringt zum Beispiel alle natürlichen Gegebenheiten, die für den Menschen «mächtig» sind, wie Geschlechtsleben und Tod, Natur und Kultur, aber auch Gewalt und Liebe. Das Mächtige, das als anders und als ein dem Menschen Übermächtiges erfahren wird, kann sehr verschiedene religiöse Formen und Gestalten annehmen. Diese werden in der Religionsphänomenologie erforscht, insoweit diese sich mit dem «Objekt» der Religion beschäftigt. Was van der Leeuw mit «Macht» andeutet, ist von Söderblom,

Rudolf Otto und auch Friedrich Heiler als «Heiliges» gefaßt und von Otto systematisch durchdacht worden. Für alle drei gilt, daß die objektive «göttliche» Wirklichkeit der Religion sich in der menschlichen Erfahrung als «heilig» spürbar macht. Die Erfahrung des Heiligen weist also auf objektiv Wirkliches hin. Ähnliches gilt van der Leeuws Ansicht nach für *das Erlebnis*, mit einer Macht konfrontiert zu sein, aber dieses Erlebnis hat einen mehr persönlichen Charakter. Besagte «Macht» ist bei van der Leeuw eine Erfahrungsrealität, der er – logische Folge der Theorie des Dynamismus, die er auf die verschiedenen Religionen anwendet – in den Religionen nachgeht. Der Mensch hat in seinem Leben unausweichlich irgendwo mit Gott als Macht zu tun, und diese Erfahrung äußert sich vor allem in dem, was wir «religiöse Ausprägungen» nennen. Solche religiösen Ausprägungen hätten nach van der Leeuws Buch *Sakramentales Denken* letztlich einen sakramentalen Wert.

Die religiöse Macht ist aber nicht nur etwas, das auf den Menschen zutritt bzw. sich ihm «offenbart». Sie ist auch etwas, das der Mensch seinerseits im Leben sucht, weil es ihm Macht verleiht. Diese Suche religiöser Macht dehnt das menschliche Leben zu seinen Grenzen hin aus und gibt diesem Leben eine ihm eigene Spannung. Insofern ist die Religion auch eine menschliche Leistung. Theologisch hat van der Leeuw dem Rechnung getragen im Bild der «zwei Wege» der Theologie: der Weg Gottes zum Menschen und der Weg des Menschen zu Gott. Der erste Weg ist Thema der Theologie, der zweite Weg Thema der Religionsphänomenologie.

In anderer Perspektive ist der zweite Weg auch das Suchen nach Sinn seitens des Menschen. Neben Macht sucht der Mensch in seinem Leben Sinn und will sein Leben im Rahmen eines sinnvollen Ganzen verstehen. Bei seiner Suche eines immer tieferen und umfassenderen Sinnes schafft der Mensch «Kultur». Kultur und Religion sind für van der Leeuw aufs engste miteinander verbunden.

Phänomenologie ist bei van der Leeuw wesentlich der disziplinierte Versuch, menschliche Phänomene durch eigenes Nacherleben, das sogenannte «Doppelerlebnis», zu verstehen, das heißt, Sinn und Struktur darin zu entdecken. Die Fähigkeit, bewußt zu erleben und zu verstehen, ist für ihn etwas, wodurch der Mensch sich typisch von allen anderen Wesen unterscheidet. So war die Phänomenologie für van der Leeuw schließlich nicht nur eine bestimmte Forschungsmethode, eine wissenschaftliche Disziplin oder eine grundlegende Philosophie. Sie war seiner Ansicht nach vor allem auch eine Weise des Existierens, des Seins und des Erkennens, wie sie mit dem menschlichen Leben selbst gegeben ist. Diese Phänomenologie ist also nicht primär eine empirische, induktive und verifizierende Wissenschaft. Sie ist vor allem das, was van der Leeuw «Erlebniswissenschaft» nennt. Als solche kann sie auch religiöse Erfahrungen als Gegenstand ihrer bewußt durchgeführten «Doppelerlebnisse» betrachten. In diesem Fall wird sie Religionsphänomenologie.

Der Problematik der *Subjektivität* des Verstehens scheint van der Leeuw sich mehr als viele andere Religionswissenschaftler seiner Zeit bewußt gewesen zu sein. Er hat sich auch mehr als andere für die damalige Existenzphilosophie interessiert. Die Problematik der Subjektivität der Erfahrung hat er durch eine eigentümliche Theorie zu lösen versucht, der gemäß die Einzigartigkeit unserer individuellen Erfahrungen größtenteils nur Schein ist. Alle wesentlichen Erfahrungen seien nämlich den Menschen gemeinsam; es sind nur *die Akte* der Erfahrung, die verschieden sind. Und so wie es ein legitimes literarisches «Nacherleben» einer Dichtung und der ihr zugrundeliegenden Erfahrung gibt, würde er sagen, daß es auch ein legitimes religiöses «Nacherleben» einer religiösen Erscheinung und der ihr zugrundeliegenden Erfahrung gibt.

Ein solches Nacherleben vollzieht sich in der eigenen, religiös empfindlichen *Innerlichkeit*, über die van der Leeuw selbst verfügt hat und die er zu bereichern bestrebt war. Diese Innerlichkeit ist unseres Erachtens die Ursache dafür, daß van der Leeuw der Religionswissenschaft nicht nur einen Platz in der Theologie einräumte, sondern sie auch in seiner eigenen Forschung auf eine Religionsphänomenologie als «Erlebniswissenschaft» zuspitzte. Sie ist auch der Grund seiner Originalität und macht, daß er in seinen Arbeiten immer als Person erkennbar ist. Dieselbe Innerlichkeit hat aber auch der Arbeit van der Leeuws ihre Grenzen gesetzt.

3. Anthropologische, ästhetische und theologische Fragen

Im Unterschied zu den meisten anderen Religionsgeschichtlern hebt van der Leeuw praktisch nie die verschiedenen geschichtlichen Religionen streng voneinander ab oder stellt sie einander gegenüber. Sein Interesse lag bei den *in allen* Religionen vorkommenden Phänomenen und den sich *in allen* Religionen zeigenden Strukturen religiöser Erfahrung.

Van der Leeuw suchte nach allgemeinen Strukturen menschlicher religiöser Erfahrung, und für ihn bestimmte die Art der erlebten Distanz zwischen Subjekt und Objekt auch die Art solcher Strukturen. Religion erscheint vor allem dort, wo Subjekt und Objekt nicht einander gegenüberstehen, das heißt im besonderen bei der «primitiven» Mentalität, in der Mystik und im Glauben.

Auch später beschäftigt ihn die Frage, wodurch der Mensch sich von anderen Lebewesen unterscheidet, wie er gerade in seiner Religion wirklich «Mensch» wird, und in welcher Art und Weise Kultur und Religion ein Ringen um Menschwerdung ausdrücken. Es gibt also bei van der Leeuw eine wichtige Wendung zur Anthropologie, einerseits als Konsequenz seiner christlichen Theologie, welche die Inkarnation nachdrücklich hervorhebt, andererseits aus seinem Verständnis von Phänomenologie, in dem besonders die menschliche Erfahrung betont ist. Überdies ist er sensibel für die tieferen Schichten des Mythischen und «Primitiven» im Menschen. Dazu sind ihm die verzweigten Beziehungen im Umfeld von Mensch, Religion und Kultur sehr bewußt, und er hat ein offenes Auge für die Tatsache, daß gerade der Mensch sich selbst zum Problem werden kann.

Seit dem Ende der zwanziger Jahren hat er sich mit dem Problem der Beziehungen zwischen *Kunst und Religion* befaßt. Dabei führte er aus, daß die «primitiven» Gesellschaften eine enge Verbindung zwischen beiden kennen, die in der Moderne verlorengegangen sei und zurückgewonnen werden müsse. In verschiedenen Essays und vor allem in seinem Buch *Vom Heiligen in der Kunst* (deutsch 1957) hat er sich mit dieser Problematik auseinandergesetzt. Leitfrage dabei war, bis zu welchem Punkt Kunst «heilig» sein kann und unter welchen Bedingungen die Gestaltung des Heiligen «Kunst» werden kann. Van der Leeuw ist einer der wenigen protestantischen Theologen des 20. Jahrhunderts, die eine eigene theologische Ästhetik entwickelt haben. Er war künstlerisch veranlagt, imstande, sich in andere Welten hineinzudenken und seinen religiösen und anderen Erfahrungen literarisch Gestalt zu verleihen. Stark musikalisch begabt, hat er nicht nur über Musik geschrieben, sondern auch selbst auf der Orgel gespielt und gesungen.

Was die *Theologie* van der Leeuws anbetrifft, sei der Leser vor allem auf sein Buch *Sakramentales Denken* (deutsch 1959) und einige einschlägige Studien verwiesen. Grob gesagt, hat van der Leeuws Theologie sich von einer modern-individualistischen über eine ethische Gemeindetheologie zu einer kirchlich-sakramentalen Theologie entwickelt. Die Erforschung seines originalen theologischen Denkens im Zusammenhang mit der Entwicklung des holländischen theologischen Denkens in den ersten Dezennien des 20. Jahrhunderts steht noch aus. Im besonderen seiner Inkarnationstheologie sollte eine detaillierte Studie gewidmet werden.

Van der Leeuws Religionsphänomenologie ist aufs engste mit seiner Theologie verbunden und ihre Intention und Struktur wird letztlich erst von dieser Theologie aus begreiflich. Die Religionsphänomenologie nimmt bei van der Leeuw den Platz der älteren «natürlichen Theologie» ein, die am Anfang seiner Professur unter dem Titel «Geschichte der Gotteslehre» noch zu seinem Lehrauftrag gehörte.

Die Phänomenologie der Religion van der Leeuws ist tatsächlich eine phänomenologische Theologie oder theologische Phänomenologie. Sie muß nach seinen eigenen Worten als «verstehende Erlebniswissenschaft» verstanden werden und befindet sich auf dem Weg von der historisch-exegetischen Theologie als «erfassender Ereigniswissenschaft» zur systematisch-dogmatischen Theologie. Ohne die religiöse Wahrheitsfrage selbst zu stellen, bereitet sie nichtsdestoweniger auf die eigentlich theologischen Wahrheitsaussagen im Dreitakt Schöpfung-Inkarnation/Erlösung/Neuschöpfung-Eschaton vor.

Interessanterweise ist van der Leeuws Religionsphänomenologie nicht die Anwendung eines vorgegebenen theologischen Schemas. Zwischen seiner sehr persönlichen phänomenologischen Forschung und seinen ebenso persönlichen theologischen Überlegungen gibt es ein fließendes Hin und Her, und beide sind für einander offen.

III. Wirkung

Eva Hirschmann (1940) hat in ihrer Dissertation historisch-systematisch die Natur und Methode sowie die «Genealogie» der Religionsphänomenologie van der Leeuws untersucht. Sie hat dabei zu zeigen versucht, daß diese der Gipfel einer sich über ein Jahrhundert ausdehnenden Tradition vergleichender Religionswissenschaft ist. Wie wurde nun aber diese Religionsphänomenologie rezipiert?

Sofort nach Erscheinen der *Phänomenologie der Religion* hat das Buch wissenschaftlich neben Bewunderung für die Leistung auch Kritik hervorgerufen. Hatte van der Leeuw sich selbst mit seiner Phänomenologie nicht aus der Wissenschaft als Suche nach objektiver, allgemein gültiger und verifizierbarer Erkenntnis verabschiedet? War das Buch nicht eher Ausdruck subjektiver Erfahrungen und Ansichten, eine artistische Leistung auf religiösem Boden? Die inzwischen angebrochene NS-Zeit hat in Deutschland eine fruchtbare Debatte praktisch unmöglich gemacht. Nach dem Tod des Verfassers im Jahr 1950 war die Auseinandersetzung aber unumgänglich. Von da an sind verschiedene, meistens vorsichtige Stellungnahmen zu vermerken, wobei auffällt, daß niemand sich unbedingt für den phänomenologischen Ansatz van der Leeuws ausgesprochen hat. Er hatte viele Bewunderer, aber kaum Schüler; auch Fokke Sierksma kann kaum als Schüler van der Leeuws angemerkt werden. Wie James J. Dagenais (1983) bemerkt hat, haben wir es in van der Leeuws Phänomenologie der Religion mit «Phänomenologien» verschiedener Herkunft zu tun. Die eine sei angeregt vom Gedankengut Husserls, die andere vom «Verstehen» als Lebensform. Einen dritten Herkunftsort könnten wir noch hinzufügen: seine Innerlichkeit.

Als positive Wirkung ist die Rezeption der folgenden Ansätze van der Leeuws zu vermerken:

a) Im Oeuvre van der Leeuws gibt es gewisse Erkenntnisse, die, obwohl eingebettet in eine mehr hindeutende als unmittelbar beschreibende oder gar analysierende Sprache, doch für weitere Forschung nutzbar gemacht werden können. So hat H. G. Hubbeling (1983, 1985, 1986) auf die von van der Leeuw vertretene Symbolauffassung und auf seine Behandlung religiöser Kunst hingewiesen. David Chidester (1994) hat gezeigt, daß bei van der Leeuw neben seinen bisweilen platonisierend-poetischen Deutungen religiöser Sinngehalte auch Verweise zu finden sind, die sich auf die politische Instrumentalisierung von Religion beziehen.

b) Die eigenartige Methodologie van der Leeuws, welche die Religionsphänomenologie auf die Erforschung gegebenen Sinnes mit Hilfe der Erfahrung des Forschers selbst konzentrierte, hat zu erneuten Untersuchungen über Methode und Theorie in der Religionswissenschaft geführt. Es hat sich herausgestellt, daß sich mehrere Forscher in Deutschland zu Lebzeiten van der Leeuws mit der Sinnproblematik auseinandergesetzt haben. Ein klares theoretisches und methodologisches Interesse ist zur gleichen Zeit z. B. bei Joachim Wach zu bemerken. So wie sich durch die Verselbständigung der Religion als eines autonomen Bereichs die Frage des Sinnes von Religion aufs neue stellte, provozierte auch die Verselbständigung der Religionswissenschaft eine Reflexion über Sinn und Eigenart der Religionswissenschaft selbst.

c) Subjektivität kann, ja muß in der Religionswissenschaft mit Gegenstand der Forschung sein. Denn man kann nicht umhin, die subjektive Natur religiöser sowie anderer welt- und lebensanschaulicher Deutungen und Handlungsweisen anzuerkennen. Die Frage ist nicht so sehr, ob diese subjektiven Deutungen Illusion oder Wirklichkeit sind, sondern vielmehr, wie ihre Wirkungen in den untersuchten Personen oder Gemeinschaften zu erfassen sind. Das Instrumentarium, um diese sogenannte «subjektive» Seite zu erforschen, ist in den rein empirischen Verfahrensweisen kaum entwickelt worden, da es ihnen eben um die Erkenntnis «objektiver» Tatbestände geht.

Ich habe an anderer Stelle versucht darzulegen, daß es der Phänomenologie gerade darum geht, die «subjektive» Seite im Forschungsgegenstand aufzudecken. Es handelt sich dabei vor allem um die subjektiven Deutungen und Anwendungen, welche einem religiösen Objekt seitens bestimmter Personen und Gruppen verliehen wurden bzw. werden. Die phänomenologische Forschung sollte dabei zunächst die subjektive Seite des Forschungsgegenstandes beachten und sodann die eigene Subjektivität befragen. Eine phänomenologische «Intentionsforschung», das heißt eine Befragung religiöser Phänomene nach den Deutungen und Intentionen, die in ihnen «stecken», ist Teil eines breiteren hermeneutischen Verfahrens. Ihr Ziel ist es, den Bedeutungen, die religiöse Tatbestände in gegebenen Kontexten für bestimmte Gruppen und Personen hatten oder haben, auf die Spur zu kommen. Im Lichte eines solchen hermeneutischen Bemühens macht sich das Bedürfnis nach einer näheren Untersuchung der Hermeneutik G. van der Leeuws geltend. Die Religionswissenschaft hat – was auch immer die religiös-kulturellen Erwartungen verschiedener Seiten sein mögen – nicht die Aufgabe, den Menschen oder Gesellschaften einen geistigen Sinn zu liefern oder gar überzustülpen. Ihre Aufgabe ist es vielmehr, gegebene geistige und insbesondere religiöse Sinngebungen sowie ihre Wirkung in konkreten Gesellschaften in Geschichte und Gegenwart kritisch zu erforschen.

Der Beitrag van der Leeuws am auch von der Religionswissenschaft betriebenen Aufklärungsprozeß sollte nicht nur vom Standpunkt moderner Wissenschaftstheorie aus, sondern auch innerhalb der Möglichkeiten und Unmöglichkeiten der ersten Jahrzehnte dieses Jahrhunderts beurteilt werden. In diesem Licht gesehen, ist van der Leeuw nicht ein rückständiger Goetheaner, sondern eine Gestalt sozialer und geistiger Emanzipation, die sich einen Zugang zur Welt von Wissenschaft, Kunst und Kultur errang, schöpferisch zu ihr beitrug und auf persönlicher Ebene anregend wirkte. Als origineller und kommunikativer Geist sah er sich offenbar mehr bei Künstlern, Musikern und Menschen mit Lebenserfahrung als bei Professoren, Theoretikern und Ideologen zu Hause.

Religiösen und nicht-religiösen Kreisen der Niederlande konnte van der Leeuws Religionsphänomenologie zur damaligen Zeit die Augen für eine neue Sicht der Religion und der Religionen öffnen. In der kulturell isolierten protestantisch-kirchlichen Welt hat er Offenheit für Kultur und Welt vorgelebt und gleichzeitig für ein neues Verständnis des christlichen Glaubens, und in der Kirche für ein neues liturgisches Bewußtsein, geworben. Nach dem Zweiten Weltkrieg hat er sich darum bemüht, als Vertreter der Kultur auf nationaler Ebene am Aufbau der Gesellschaft mitzuwirken, allerdings ohne großen Erfolg. Gesellschaft, Religion und Wissenschaft waren anders geworden als in der Zeit, in der er aufgewachsen und herangereift war.

Van der Leeuws wissenschaftliche Schwäche war wohl, daß er dazu neigte, gegebene wissenschaftliche und künstlerische, philosophische und theologische Erkenntnisse zu benutzen und dazu zu verwenden, eigene Einsichten und Deutungen mit wissenschaftlichem Anspruch zu versehen. Dieses Projekt als «Phänomenologie» zu bezeichnen, mag zum Teil auf Naivität beruht haben. Es mag jedoch auch eine Strategie gewesen sein, seinen Anliegen dadurch beim Publikum Aufmerksamkeit zu verschaffen. Daß er damit den Ideologien der Zeit gegenüber eine christliche Erneuerung des Lebens beabsichtigte, war ungeachtet der angemerkten wissenschaftlichen Schwäche wohl auch eine geistige Stärke.

Michael Pye

FRIEDRICH HEILER
(1892–1967)

I. Leben

Friedrich Heilers Leben ist mit den Städten München und Marburg verknüpft.[1] In München wurde er am 30. Januar 1892 geboren. Seine Familie und damit seine frühe Erziehung waren katholisch. Als junger Mann studierte er sieben Jahre durchgehend an der Philosophischen Fakultät der Universität München, bis er 1917 mit seiner außerordentlich umfangreichen Dissertation *Das Gebet. Eine religionsgeschichtliche und religionspsychologische Untersuchung* promoviert wurde. Im Jahr 1918 erschien *Das Gebet* als Buch. Die Resonanz war groß, mehrere Auflagen folgten rasch aufeinander, und Heilers Ruf war damit gesichert. Es handelte sich um eine groß angelegte Typologie verschiedener Gebetsformen aus der allgemeinen Religionsgeschichte, allerdings mit einer gewissen Betonung des Christentums. Schon im selben Jahr 1918 habilitierte sich der erst 26-jährige für das Fach «Allgemeine Religionsgeschichte» an derselben Philosophischen Fakultät in München. Dazu reichte er eine relativ kurze Studie über die buddhistische Meditation ein, die er selbst als Ergänzung zu seiner Dissertation verstand und die anscheinend ursprünglich als Teil derselben gedacht gewesen war.[2] Die Studie trug den Titel *Die buddhistische Versenkung. Eine religionsgeschichtliche Untersuchung*, wodurch Heilers Orientierung als «Religionsgeschichtler» zum Ausdruck kam. Bezeichnenderweise mündet die Arbeit in einen wertenden Vergleich zwischen Buddhismus und Christentum, der eindeutig zugunsten des letzteren ausfällt. Unter das Stichwort «Religionsgeschichte» fiel auch seine Antrittsvorlesung als Privatdozent, die den Titel «Luthers religionsgeschichtliche Bedeutung» trug. Mit diesem 1918 veröffentlichten Vortrag kündigte er sein späteres, engagiertes und streitbares Interesse an der christlichen Ökumene an. Allerdings verursachte er damit einige «Mißverständnisse» auf katholischer Seite, so daß er bei der Drucklegung des Textes im Vorwort schrieb: «Der Zweck der Vorlesung war lediglich der, Luthers Persönlichkeit und Ideen von der hohen Warte der allgemeinen Religionsgeschichte aus zu betrachten und zu würdigen. Daß sich bei einer solchen Betrachtungsweise neue Gesichtspunkte ergeben, ist nicht verwunderlich; ebensowenig verwunderlich ist es, daß im Lichte der vergleichenden Religionsgeschichte alle kleinlichen konfessionellen Vorurteile vergehen.»[3]

Es ist wichtig festzuhalten, daß sich dieser wissenschaftliche Werdegang an der Philosophischen Fakultät in München vollzog, obwohl Heilers vielseitiges Studium die damals relativ aufgeschlossene katholische Theologie nicht ausschloß. In dieser außerordentlich wichtigen Etappe seines Lebens und seiner wissenschaftlichen Tätigkeit zeichnen sich grundlegende Aspekte ab, die sich in den späteren Jahren entfalten sollten. Diese sind: der reflektierende Abstand zum Katholizismus als Religion der eigenen Herkunft; eine positive Einstellung zu religiösen Fragen in einer breiteren Perspektive mit einem starken Hang zu affektiven Themen dieses Erfahrungsbereiches, nämlich Gebet, Meditation und Mystik; die Bereitschaft, komparatistisch und systematisch zu arbeiten, und damit nicht nur religionsgeschichtlich, sondern im Prinzip auch religionswissenschaftlich zu denken; die Tendenz, nicht allein objektiv-wissenschaftlich zu forschen, sondern auf eine ausdrückliche, sein eigenes Religionsverständnis widerspiegelnde Bewertung hinzuarbeiten.

Nach seinen wissenschaftlichen Erfolgen in München wurde Heilers Horizont auf eine ganz bedeutende Weise durch die Begegnung mit Nathan Söderblom in Schweden erweitert. Dort hielt er im Jahr 1919 sechs Vorträge, die anschließend unter dem Titel *Das Wesen des Katholizismus* veröffentlicht wurden. Söderblom war einerseits als Erzbischof der lutherischen Kirche Schwedens und andererseits seit langem als geschichtlich und völkerkundlich orientierter Religionsforscher bekannt.[4] Heiler war von der Traditionsgebundenheit und zugleich von der intellektuell- kritischen Transparenz der schwedischen Kirche beeindruckt, die ihm damit als legitimes Glied in der Kette der christlichen Überlieferung erschien. Er nahm am Abendmahl teil. Dieser Akt kann jedoch nicht als eine Konversion eingestuft werden. Schließlich war Heiler nach Schweden gefahren, um Vorträge zu halten, von dem einer die Überschrift «Evangelische Katholizität» trug. Ohne offiziell aus der katholischen Kirche auszutreten, begab sich Heiler mit diesem Schritt auf den Weg einer ökumenisch orientierten Suche nach neuen Formen der christlichen Kirchlichkeit, in der er sich im Lauf der Jahre sehr viel Freiheit erlaubte. Söderblom war auch wichtig für Heiler wegen seiner Freundschaft mit dem Theologen Rudolf Otto in Marburg. Man hat darauf hingewiesen, daß Heilers *Das Gebet* im selben Jahr erschien wie Ottos einflußreiches Werk *Das Heilige. Über das Irrationale in der Idee des Göttlichen und sein Verhältnis zum Rationalen.*[5] Vor allem auf Ottos Einfluß ist die Einrichtung einer außerplanmäßigen Professur für Religionsgeschichte in Marburg zurückzuführen, auf die Heiler 1920 mit 28 Jahren berufen wurde. Im Jahr 1921 heiratete er Anne Marie Ostermann.

Heiler war zweifellos für die Entwicklung der Religionswissenschaft im deutschen Sprachraum der richtige Mann am richtigen Ort. Er war weder der evangelischen noch der offiziellen katholischen Theologie verschrieben, und trotzdem konnte er durch seine offensichtlich aufgeschlossene und engagierte Art das Gespräch mit der örtlichen Theologie, mit der christlichen Ökumene in aller Welt und mit Vertretern anderer Religions-

Friedrich Heiler (1892–1967)

gemeinschaften positiv führen. Außerdem war er aktiv als Mitglied im Exekutivkomitee der Internationalen Gesellschaft für Religionsgeschichte, deren zehnter Kongreß 1960 in Marburg stattfand. Neben Rudolf Otto, dessen eigentliche Verantwortung auf dem Gebiet der Systematischen Theologie lag, hat er eine erste, lang anhaltende Entwicklungsphase der Religionswissenschaft an der Philipps-Universität Marburg entscheidend geprägt.

Neben seiner Lehrtätigkeit war für ihn persönlich seine Aktivität in der Hochkirchlichen Vereinigung Augsburgischen Bekenntnisses e. V. sehr wichtig. Dieses Engagement sorgte für einiges Aufsehen in Marburg und anderswo. Die apostolische Sukzession spielte für alle Mitglieder eine wichtige Rolle als potentieller Träger der erhofften christlichen Einheit auf der Grundlage altchristlicher und vor allem altliturgischer Traditionen. Vor diesem Hintergrund empfing Heiler 1930, als eine der führenden Persönlichkeiten der Vereinigung, von einer wenig bekannten Bischofslinie in der Schweiz die apostolische Weihe. Während die anfänglich enthusiastische ökumenische Bewegung in den Nachkriegsjahren immer sachlicher wurde und nur noch bescheidene, aber wenigstens realistische Erfolge erzielen konnte, mündeten Heilers Anstrengungen in dieser Richtung schließlich in die Betreuung eines «hochkirchlichen» Kultes in Marburg, insbesondere in der Schloßkapelle. Seine Bischofsweihe wurde von der in Deutschland etablierten Altkatholischen Kirche nicht anerkannt. Es ist nicht unberechtigt zu fragen, ob seine relativ hohe Profilierung in diesem besonderen religiösen Engagement seiner Wirkung als Religionswissenschaftler geholfen oder geschadet hat. Auf Heilers damit zusammenhängendes Schrifttum wird hier nicht näher eingegangen.

Auf die 30er Jahre fiel der Schatten der Nazi-Periode. Heiler war nicht bereit, den rassistischen Arier-Paragraphen zu unterschreiben und wurde deswegen aus der Theologischen Fakultät zuerst in die Philosophische Fakultät zu Greifswald (nur formal) und dann in die Philosophische Fakultät in Marburg zwangsversetzt. Nach Kriegsende gehörte er zu denjenigen, die für den Wiederaufbau demokratischer Strukturen eingesetzt werden konnten. 1945 wurde er zum Dekan der Philosophischen Fakultät ernannt und trug unter den neuen Umständen sehr viel zur Restabilisierung der Universität bei. Es war für ihn nicht ohne weiteres evident, daß er im Zuge gerade dieses intellektuellen Neuaufbaus wieder in die Theologische Fakultät zurückgehen sollte. Schließlich stimmte er dieser «Wiedergutmachung», wie man in Marburg zu sagen pflegt, doch zu und wurde 1948–49 (noch als apostolisch geweihter Bischof!) Dekan bei der Theologischen Fakultät. In den weiteren Nachkriegsjahren wirkte er gleichzeitig durch Lehrtätigkeit und Betreuung von Promotionen in der Philosophischen Fakultät weiter, so daß sich das Fach Religionswissenschaft dort langfristig etablierte.

Im Jahr 1960 war Heiler Gastgeber für den X. Kongreß der International Association for the History of Religions (IAHR) in Marburg.

Zwei Jahre zuvor hatte er an dem Kongreß dieser Gesellschaft in Japan teilgenommen, der damit erstmals in Asien stattfand.[6] Seine engagierte Teilnahme an diesen Kongressen wurde von der enthusiastisch ausgedrückten Hoffnung begleitet, daß die vergleichende Religionswissenschaft eine Grundlage für die Verständigung oder sogar für eine Einigung zwischen den Religionen bilden könnte. Andere sahen in dieser von Heiler eröffneten Perspektive eine gefährliche Zweckentfremdung der IAHR und setzten sich energisch für die methodologische Unabhängigkeit der Religionswissenschaft von religiösen Programmen dieser Art ein.[7] Heiler hat sich für interreligiöse Bewegungen verschiedener Art interessiert, wie aus dem letzten Kapitel seines zwischen den beiden genannten Kongressen erschienenen Buches *Die Religionen der Menschheit in Vergangenheit und Gegenwart* (1959) hervorgeht, das die Überschrift «Versuche einer Synthese der Religionen und einer neuen Menschheitsreligion» trägt. Allerdings war er sich der Schwierigkeiten bei religiösen Begegnungen durchaus bewußt. Er scheint selbst eine (letztendlich für die Vertreter anderer Religionen nicht unbedingt annehmbare) Lösung der Konflikte in einem stark mystisch geprägten Christentum gesehen zu haben.

Nach seiner Emeritierung vertrat Heiler die theologische Professur für Religionsgeschichte für vier weitere Semester, um dann nach München zu gehen, wo er in kleinerem Umfang Lehraufträge übernahm. Dort starb er am 28. April 1967 nach einer längeren Krankheit im Alter von 75 Jahren. In Marburg blieb sein Andenken bis heute lebendig. Zum Beispiel wurde im Januar 1992 zu öffentlichen Würdigungen aus Anlaß der 100. Wiederkehr seines Geburtstages eingeladen.[8]

II. Werk

Heilers religionswissenschaftliches, ökumenisch-christliches und interreligiöses Schrifttum bildet ein Spektrum, in dem die verschiedenen Ansätze ineinander fließen. Zu den schon erwähnten und besonders wichtigen Werken kommen andere hinzu, die für ein Verständnis seiner allgemeinen Auffassung nicht weniger aufschlußreich sind. Ein gutes Beispiel bildet seine enthusiastische Vorstellung des indischen Christen Sadhu Sundar Singh, den Heiler im Untertitel seines Buches als «Ein Apostel des Ostens und Westens» bezeichnete. An dieser Stelle kann jedoch nicht auf sein gesamtes Schrifttum eingegangen werden. Detaillierte und sensible Würdigungen seiner offensichtlich für ganze Generationen sehr anregend wirkenden und sehr vielseitigen Veröffentlichungen finden sich bei Kurt Goldammer.[9] Eine umfassende Bibliographie, die seine Frau Anne Marie Heiler für den Gedächtnisband *Inter Confessiones* zusammenstellte, gibt Aufschluß über die immense Breite seiner Schriften.

Hier scheint es zweckmäßig, insbesondere auf Heilers Methode einen Blick zu werfen. Als er zu studieren begann, war das Fach Religionswissenschaft als Universitätsdisziplin noch im Entstehen, und als er emeritiert wurde war es, wenn auch noch in sehr zerbrechlicher Form, etabliert. Aus diesem Grund ist es geradezu notwendig, das zentrale Problem des Heilerschen Ansatzes, nämlich die Beziehung zwischen dem Religionswissenschaftlichen und dem Religiösen aufzugreifen. Wir haben schon gesehen, daß seine Bereitschaft, diese beiden eng miteinander zu verknüpfen, nicht immer auf Zustimmung stieß.

Heilers wissenschaftliche Methode liegt relativ klar zutage. Von seinem Studium her war er durch die allgemeinen geisteswissenschaftlichen Orientierungen seiner Zeit geprägt. Dies bedeutete, daß er mit einer Fülle von schriftlichen Quellen sowohl primärer als auch sekundärer Art arbeitete und diese, soweit er nicht auf die Arbeiten anderer angewiesen war, mit philologischer Sorgfalt aufzuarbeiten versuchte. Auffallend bei Heilers Arbeitsweise ist, daß er mit fast extremer Akribie unzählige Einzelheiten und Zitate aus verschiedenen Werken zusammenführt, um so ein umfassendes Bild des untersuchten Phänomens zu entwerfen. Auf dieser Grundlage baut er dann einen vielseitigen Reflexionsprozeß auf, der einerseits komparativistisch und damit ansatzweise analytisch und systematisch ist, jedoch andererseits immer wieder dazu neigt, christlich-theologisch zu werden, wenn auch in einer humanistisch-liberalen Perspektive. Dies zeigt sich sowohl in seinen frühen als auch in seinen späten Werken, so daß bei ihm von einer Entwicklung in seinem Verständnis des Faches kaum die Rede sein kann. Um eine deutliche methodologische Differenzierung zwischen Religionswissenschaft und Theologie hat sich Heiler wenig gekümmert, so daß er, wie auf seine Weise auch Gustav Mensching, in weiten Kreisen des deutschen Sprachraums ein eher verschwommenes Konzept von «Religionswissenschaft» verbreitet hat. Die Diskussion über die Implikationen von Hermeneutik oder Phänomenologie für die Methodologie der Religionswissenschaft hat er nicht vorangebracht. Auch die Fragen der Beziehungen zwischen Religionswissenschaft und Religionssoziologie haben Heiler nicht allzulang beschäftigt.

Aufschluß über Heilers Grundeinstellung gibt die kurze Skizze «Aufgabe und Methode der Religionswissenschaft», die als Teil III der Einleitung zum Hauptwerk *Das Gebet* erschien. In diesem «methodologischen Aufriß der gesamten Religionswissenschaft»[10] findet sich auch eine «Gliederung der religionswissenschaftlichen Untersuchung». Hier werden wichtige Differenzierungen vorgenommen. Heiler unterscheidet zunächst zwischen der Religionsgeschichte, die mit den Mitteln der philologischen Wissenschaft «die Religion eines bestimmten Volkes ..., einer bestimmten Rasse ..., einer bestimmten Epoche ..., einer bestimmten Kirchengemeinschaft oder Sekte ..., das Frömmigkeitsleben einer schöpferischen Persönlichkeit ..., oder eine viele Richtungen, Strömungen und Persönlichkeiten umfassende Weltreligion ...» untersucht, und der Religionswissenschaft, die es «nicht mit den einzelnen Religionen und religiösen Persönlichkeiten ..., sondern mit der Religion überhaupt» zu tun hat. «Sie sucht zu ergründen, was Religion ist, wie sie im Seelenleben des Menschen entsteht und im Gemeinschaftsleben der Menschen sich fortbildet, was sie für unser Geistes- und Kulturleben bedeutet.» Diese einfach klingenden Worte enthalten ein weitreichendes Programm. Sie implizieren, daß der Religionswissenschaftler das Wesentliche an der «Religion» zu suchen hat, das hinter den bloßen Erscheinungen steht, um dieses anschließend im Interesse der menschlichen Kultur herauszuarbeiten. Auf zwei konkurrierende Herangehensweisen weist Heiler hin, auf die «Völkerpsychologie» und die «individual-psychologische Religionsforschung». Daß auch diese beiden Methoden wertvolle wissenschaftliche Erkenntnisse hervorbringen können, wird von Heiler nicht bestritten. «Aber nur eine Untersuchung *aller* Erscheinungsformen und Typen des Religiösen vermag das Fundament einer Religionsphilosophie, einer Wesensbestimmung und Wertung der Religion abzugeben.»[11] Damit wird sichtbar, wie bei Heiler «Religionswissenschaft» in eine übergeordnete «Religionsphilosophie» umgewandelt wird, die nicht nur das Wesen von Religion bestimmt, sondern auch ihren Wert (der für Heiler natürlich als positiv eingestuft wird) ermessen und verkünden soll.

Das Problem liegt darin, daß Heiler einerseits «den grundlegenden Teil der Religionswissenschaft» als «die rein *empirische, geschichtliche* und *psychologische* Untersuchung der Religion als einer der großen menschlichen Kulturschöpfungen» definiert, aber *gleichzeitig* den Ausdruck «Religionswissenschaft» für weitreichende Überlegungen ganz anderer Art verwendet. Zwar schreibt er «Diese Untersuchung darf nicht belastet sein von Werturteilen oder metaphysischen Deutungen», aber schon vier Sätze weiter lesen wir, «gerade das Studium der verschiedenen Typen des religiösen Lebens reizt auf Schritt und Tritt zu einer wertenden Stellungnahme». Er sieht die Notwendigkeit der «Zurückschiebung» der eigenen Stellungnahme zur Sache Religion hinter die empirische Forschung, um «die Reinheit der Einfühlung in fremdes Erleben» nicht zu gefährden. Schon hier spürt man jedoch Heilers spekulative Ungeduld, denn diese Zurückschiebung «darf kein Verzicht» sein. Warum eigentlich? Warum darf man religiöse Vorstellungen und Praktiken nicht untersuchen, ohne gleich ein theologisches Gutachten abzugeben? Es lohnt sich, auf diesen Punkt etwas näher einzugehen, weil dadurch die Komplexität seiner gesamten wissenschaftlichen Tätigkeit verständlicher wird.

Als «grundlegende Aufgabe der empirischen Untersuchung der Religion» gibt Heiler die «Typenlehre» an, die auch mit «der vergleichenden Religionsgeschichte» zusammenfällt. In diesem Zusammenhang sind die von ihm erwähnten Wissenschaftler bezeichnend. Positiv werden die Namen von Max Müller, Tiele, Söderblom und Edvard Lehmann genannt. Warnend schreibt er andererseits, daß das typologische Vorgehen nicht «nach Wertgesichtspunkten», wie in den Schriften von Hegel, Caird, Pfleiderer, von Hartmann oder Sabatier, erfolgen soll. Ganz zu Recht betont er an dieser Stelle, daß erst der typologische, empirische und noch nicht wertende Vergleich eine analytische Ordnung in die Vielfalt der historischen Einzelheiten bringen kann. Hier ist eine Wechselwirkung zwischen der historischen, philologischen Arbeit und dem Vergleich notwendig, um überhaupt die einzelnen Erscheinungen verstehen zu können. Diese Ordnung schaffende Funktion hat er selbst in seinen Forschungen sehr ernst genommen. Hierin ist tatsächlich der bleibende Wert seines überragenden Frühwerkes über Gebetsformen zu sehen. Trotz der Kritik, die sich uns Jahrzehnte später aufdrängt, fehlt bislang eine Veröffentlichung, die sich mit dieser Leistung messen ließe. Das reife Hauptwerk *Erscheinungsformen und Wesen der Religion*[12] zeigt im Prinzip eine ähnliche Herangehensweise, wobei in diesem Fall Vorbilder existieren wie insbesondere Gerardus van der Leeuws 1933 erschienene *Phänomenologie der Religion*. Interessant ist ein Vergleich mit Kurt Goldammers 1960 erschienenem Werk *Die Formenwelt des Religiösen*, das in einem etwas anderen Stil verfaßt ist. Auch Heilers posthume Veröffentlichung *Die Frau in den Religionen der Menschheit* ist in diesem Zusammenhang anzuführen. Sie arbeitet auf dieselbe Weise und verschafft somit eine Perspektive, die Einzeluntersuchungen religiöser oder kultureller Strömungen nicht liefern können.

Zugleich geht es aber bei Heiler um etwas anderes. Über die typologische und damit systematische Forschung hinaus können die resultierenden erweiterten Perspektiven nämlich ohne Zweifel die allgemeine Debatte über Wahrheit und Werte in der Erfahrung des Menschen bereichern und mitbestimmen. Dies hat Heiler im Kontext seiner vielseitigen Begegnungen ökumenischer und interreligiöser Art immer wieder persönlich unter Beweis gestellt. Tatsächlich ist der Religionswissenschaftler wegen seines Berufes nicht gezwungen, als urteilender Mensch auf praktische Stellungnahmen zu verzichten.

Die Schwierigkeiten zeigen sich jedoch schon im oben zitierten Abschnitt des Frühwerks *Das Gebet*. Nach der «Typenlehre» werden zunächst drei weitere Teildisziplinen der Religionswissenschaft genannt, nämlich die Phänomenologie der Religion, die Psychologie der Religion und die Soziologie der Religion. Die Phänomenologie habe die Aufgabe, das Wesen alles Religiösen zu bestimmen. Heiler faßt das Ergebnis schon an dieser Stelle mit einem Satz zusammen: «Als das Wesen der Religion enthüllt sich der phänomenologischen Untersuchung der Glaube an die Präsenz einer transzendenten Wirklichkeit und an eine tatsächliche Berührung und Verbindung des Menschen mit dieser höheren Wirklichkeit.»[13] Damit übernimmt Heiler einen Aspekt eines von Husserl stammendenden Ansatzes. Den anderen für die Religionswissenschaft wichtigen Aspekt des Husserlschen Erbes, den andere Verfasser aufgegriffen haben, nämlich das

Erlangen der methodologischen Distanz durch das Ausklammern metaphysischer Fragen, weist Heiler eher der Religionspsychologie zu. Über die Soziologie der Religion verliert er an dieser Stelle nur zwei Sätze. Sie «erforscht das religiöse Phänomenon von der sozialen Seite», was bedeutet: «Sie sucht die verschiedenen Formen des religiösen Gemeinschaftslebens, seine Motive und seine Bedeutung für das individuelle Frömmigkeitsleben herauszustellen.»[14] Hier vermißt man ganz das für die Soziologie grundlegende In-Beziehung-Setzen von verschiedenen sozialen Faktoren, von denen die Religion nur einer sein kann. Dieser Aspekt der Religionsforschung scheint Heiler nie besonders interessiert zu haben.

Nach diesen kurzen Andeutungen betont Heiler, daß die Religionswissenschaft sich nicht in «der geschichtlichen, phänomenologischen, psychologischen und soziologischen Untersuchung des Religiösen» erschöpft. Vielmehr «muß sich auf der empirischen Religionsforschung eine *Religionsphilosophie* aufbauen».[15] Hier zögert er allerdings mit seinem Programm, denn die Religionsphilosophie soll nicht «in metaphysischen Spekulationen über Gott und Unsterblichkeit» bestehen, sondern «in einer philosophischen Untersuchung der Religion als einer menschlichen Bewußtseinsschöpfung». Man könnte meinen, daß wir es hier fast noch mit einer Art Religionsphänomenologie zu tun haben, die sogar bescheidenere Ziele hat als die oben erwähnte. Aber dann türmen sich die Stockwerke des Heilerschen religionswissenschaftlichen Gebäudes aufeinander. Basis ist «die Erkenntnistheorie der Religion». Diese «holt aus der bunten Tatsächlichkeit seelischen Erlebens das im Wesen der menschlichen Vernunft gründende apriorische Gesetz der religiösen Ideenbildung heraus.» Darauf baut sich eine «Wertphilosophie der Religion» auf, die die einzelnen «Religionsbildungen» nach ihrem Wert staffelt und nach dem «Zukunftsideal der Religion» fragt. Man muß sich erneut vergegenwärtigen, daß diese Schritte noch als Religionswissenschaft gelten sollen. Diese Wissenschaft schließt aber nach Heiler noch ein Drittes ein. «Die Religionswissenschaft wird gekrönt von einer *Metaphysik der Religion*, welche nach der Realität des von der Phänomenologie herausgestellten Glaubens an ein Transzendentes und Absolutes und an die Verbindung des Menschen mit ihm fragt.» Damit wird letztendlich «die Religionswissenschaft» mit einer Art Religionsphilosophie (obwohl dies, wie wir gesehen haben, an sich schon an eine relativ bescheidene Stelle verwiesen wurde), zusammengeworfen. Man muß wohl sagen, daß der Begriff Religionswissenschaft an dieser Stelle alle Deutlichkeit verloren hat. Sie wird zu einer Art liberaler, philosophischer Theologie (ein Wort, welches freilich in diesem Zusammenhang von Heiler nicht verwendet wird) – eine Theologie, die allerdings, da komparativistisch in der Orientierung, andere Grundlagen als nur diejenigen der katholischen Kirche voraussetzt. Es liegt die Vermutung nahe, daß Heiler auf den Unterschied zwischen Religionswissenschaft und Theologie nicht eingeht, weil er ihn nicht sieht.

Diese allgemeine Auffassung der Religionswissenschaft hat Friedrich Heiler anscheinend bis zum reifen Stadium seiner wissenschaftlichen Tätigkeit begleitet. Sie findet sich in einer etwas anderen Form in der Einleitung des Hauptwerkes *Erscheinungsformen und Wesen der Religion* (1961). Hier wird gleich am Anfang von Religion als der «stärkste Halt, die höchste Würde, der größte Reichtum, die tiefste Seligkeit eines Menschen» gesprochen.[16] Gleichzeitig sieht Heiler die negative Seite von Religion, wenn er z. B. von Ausbrüchen des religiösen Fanatismus schreibt: «Im Opfer ist eine geradezu sinnlose Verschwendung mit Menschen- und Tierleben getrieben worden.» Trotz solcher Erscheinungen möchte er den Begriff Religion gegen das abschätzige Urteil der dialektischen Theologie verteidigen. Für ihn gibt es in den besseren Formen von Religion einen guten, eben authentisch religiösen Kern, dessen deutlichster Ausdruck im Christentum zu finden ist. Es war das Verdienst der «vergleichenden Religionsgeschichte», näher zum Verständnis der Religion hinzuführen. Heiler zählt die vielen bekannten Namen auf, die dazu beigetragen haben. (Später wird er lobend Söderbloms Sterbebettspruch zitieren: «Gott lebt, ich kann es beweisen aus der Religionsgeschichte».[17]) Heiler führt fünf wissenschaftliche Voraussetzungen für die Religionswissenschaft auf. Sie soll induktiv sein, d. h. aus Kenntnissen der «wirklichen Religion in der Mannigfaltigkeit ihrer Erscheinungen» gespeist werden. Dazu muß gesagt werden, daß Heiler selbst sich in dieser Hinsicht sehr bemüht und gerade in *Erscheinungsformen und Wesen der Religion* ein enzyklopädisches Wissen zusammengetragen hat. Zweitens besteht er auf einer möglichst direkten Beschäftigung mit schriftlichen Quellen, wobei er vorwiegend an «heilige Schriften» und Selbstzeugnisse «der großen Persönlichkeiten» gedacht hat. Allerdings ist diese Voraussetzung für Heiler nicht einfach Philologie. Natürlich sind Sprachen, und damit Sprachkenntnisse, unumgänglich. Heiler schreibt jedoch: «Sprache und Religion sind aufs engste verbunden. Alle Religionen haben es mit dem göttlichen Wort zu tun, Gott selbst ist das Wort, der Logos. Die moderne Religionswissenschaft ist darum *(sic)* aufs engste mit der Philologie verbunden.»[18] Drittens soll der Religionswissenschaftler unter die Menschen gehen. Nicht nur Bücher, sondern auch Moscheen und Tempel und Synagogen sind aufzusuchen. Wieder stellen wir fest, daß diese an sich produktive Einstellung übersteigerte Form annimmt, wenn er schreibt, «es gilt, Kontakt mit ‹geistlichen›, heiligen Menschen zu gewinnen, deren ganzes Leben und Wesen eine Offenbarung der überirdischen Welt ist, deren Antlitz bereits ein Strahl der göttlichen Sonne ist».[19] Viertens wird in Anlehnung an Max Müllers «Wer *eine* Religion kennt, kennt keine» eine «universale Einstellung» gefordert. Die fünfte methodologische Voraussetzung ist nichts weniger als «die phänomenologische Methode», die hier wie schon früher bei Heiler lediglich unter dem Gesichtspunkt eines Vorstoßens von den Erscheinungen zum «Wesen» verstanden wird und damit praktisch einen mehr oder weniger naiven Idealismus meint. Auch mit diesen stark religiös angehauchten «wissenschaftlichen» Voraussetzungen ist Heiler noch nicht zufrieden. Hinzu kommen «besondere religiöse», denn: «Man kann der Religion nicht bloß mit rationalen, philologischen und psychologischen Maßstäben beikommen.»[20] Diese drei Erfordernisse sind die «*Ehrfurcht* vor aller wirklichen Religion», «*persönliche religiöse Erfahrung*» und das «*Ernstnehmen des religiösen Wahrheitsanspruches*».[21] Das Problem braucht hier kaum näher ausgeführt zu werden, denn Heiler formuliert es selbst: «Alle Religionswissenschaft ist letztlich *Theologie*, insofern sie es nicht nur mit psychologischen und geschichtlichen Erscheinungen, sondern mit dem Erlebnis jenseitiger Realitäten zu tun hat.»[22] Der Interessierte kann selbst nachlesen, wie dieses einseitige Verständnis der phänomenologischen Methode durch konzentrische Kreise veranschaulicht wird, in denen Gott als *deus absconditus* zum Mittelpunkt gemacht wird.[23]

Auch wenn man in irgendeinem Sinn der Religion gegenüber positiv eingestellt ist, muß der Religionswissenschaftler heute jede Verquickung von religiösem Anliegen und religionswissenschaftlicher Analyse vermeiden. Die mangelnde methodologische Klarheit bei Heiler hängt natürlich mit seinen ambivalenten Zielsetzungen einerseits als Wissenschaftler und andererseits als ökumenischer Aktivist zusammen, die in seinen Veröffentlichungen wiederholt zum Ausdruck kommen. Immer wieder hat seine eigene geniale Religiosität seine Religionswissenschaft verraten. Trotzdem war sein Wirken, insbesondere in Marburg durch mehr als vierzig ereignisreiche Jahre hindurch von großer Bedeutung für die Etablierung des Faches.

III. Wirkung und Kritik

Wie oben geschildert befand sich Heiler als Wissenschaftler noch an einem Kreuzweg zwischen Theologie und Religionswissenschaft und hat zwischen beiden eigentlich nie eine Wahl getroffen. Diese Unentschiedenheit kann sich der *Religionswissenschaftler* heutzutage nicht mehr erlauben. Spielt er immer wieder auch den Theologen, wie Heiler es tat, dann verliert er den Anspruch auf Neutralität gegenüber den sehr unterschiedlichen religiösen Systemen, die es zu erforschen gilt. In der religionswissenschaftlichen Arbeit ist es notwendig, in der Methodologie sicherzustellen, daß nicht nach den theologischen Maßstäben einer bestimmten Religion analysiert und geurteilt wird. Diese Forderung schließt nicht aus, daß es unter bestimmten Umständen und mit den notwendigen Klarstellungen zu Stellungnahmen kommen kann, die im öffentlichen Diskurs eine Rolle spielen.[24] Diese Differenz zwischen Religionswissenschaft und Theologie gilt seit langem in der religionswissenschaftlichen Fachwelt als verbindlich, auch wenn zugegeben werden muß, daß sie nicht immer seitens mancher Theologen in Europa und Nordamerika mit der wünschenswerten Klarheit verstanden wird.

Das konkrete und vielseitige Erbe Friedrich Heilers in Marburg ist nicht zu übersehen, wo er auch jetzt noch in lebendiger Erinnerung gehalten wird, vor allem in Zusammenhang mit der Religionskundlichen Sammlung der Universität, die er zeitweilig als Direktor betreute. In der Professur für Religionsgeschichte an der Theologischen Fakultät folgten ihm Ernst Dammann (mit dem Schwerpunkt Afrika-Forschung), Johann Bouman (Schwerpunkt Islam-Forschung) und Kurt Rudolph (Schwerpunkt Gnosis-Forschung). Nach zwei Anläufen zur Neubesetzung wurde die Stelle 1996 im Zuge einer allgemeinen Reduzierung der Professorenzahl am Fachbereich Evangelische Theologie gestrichen. Die Lehrveranstaltungen der letzten Jahre reflektieren weiterhin eine gewisse Spannung zwischen der philologisch-historischen Empirie, die durch Kurt Rudolph pointiert vertreten wurde, und einer theologisch motivierten Dienstleistung für die allgemeine christliche Theologie. Eine gewisse Rolle spielt auch die Erinnerung an Rudolf Otto, der seinerzeit als systematischer Theologe für die Öffnung zur Religionsgeschichte und zur vergleichenden Religionswissenschaft gesorgt hat, wenn auch auf eine Weise, die diese in den Dienst der Systematischen Theologie stellt.

Die ehemalige Philosophische Fakultät an der Philipps-Universität Marburg, die jetzt in mehrere Fachbereiche aufgeteilt ist, verdankt die Etablierung des Faches Religionswissenschaft dem Wirken Friedrich Heilers nach seiner Versetzung dorthin. Nach seiner Rückkehr zur Theologie wurde es durch viele Jahre und universitätspolitische Veränderungen hindurch von dem Religionswissenschaftler Kurt Goldammer erfolgreich weitergeführt. Während der Hochschulreform der siebziger Jahre wurde Goldammer zum Professor ernannt. Seitdem trägt diese Professur die Verantwortung für die Studiengänge der Religionswissenschaft in Marburg. Die Existenz dieses von der Theologie unabhängigen Fachgebietes ist also dem Wirken Friedrich Heilers zu verdanken, auch wenn er selbst bis zum Ende seine Religionswissenschaft stark in den Dienst einer liberalen und ökumenischen Theologie stellte. Kurt Goldammer seinerseits hat das Fach Religionswissenschaft viel deutlicher als Heiler als Theologie-unabhängige humanistische Kulturwissenschaft betrieben, ohne sich ausdrücklich von Heilers Ansatz zu distanzieren. Ohne der christlichen Theologie gegenüber negativ eingestellt zu sein, hat dieser Schüler und indirekte Nachfolger Heilers die allgemeine Religionsgeschichte und auch die vergleichende Religionsphänomenologie treu vertreten und vielseitig ausgebaut. Insbesondere hat er sich durch seine Paracelsus-Forschung und sein Interesse an mystischen Traditionen für eine umfassende Sicht der westlichen Religionsgeschichte (im Gegensatz zu einer Beschränkung auf die Kirchengeschichte) eingesetzt. Die auf diese Weise etablierte Professur trägt heute die

Bezeichnung «Allgemeine und Vergleichende Religionswissenschaft», und obwohl der Schwerpunkt nach Goldammers Zeit stärker auf die Religionen Asiens gelegt wurde, bleibt es grundsätzlich bei einem breiten Verständnis des Faches.

Heilers Wirkung im Ausland ist überwiegend auf den deutschsprachigen Raum beschränkt. Sein Frühwerk *Das Gebet* ist in andere Sprachen (schwedisch, französisch und englisch) übersetzt worden. Die englische Version erfuhr einschneidende Verkürzungen und verlor damit etwas von der systematischen Kraft des Originals. Die Motivation für die Drucklegung wird eher religiös als religionswissenschaftlich gewesen sein. Dasselbe gilt für die Übersetzung seines heute fast schwärmerisch erscheinenden Werkes über Sadhu Sundar Singh ins Englische. Wegen der weitgehend mangelnden Deutschkenntnisse unter anglophonen und frankophonen Religionswissenschaftlern sind Heilers andere Beiträge in der englischen und französischen Literatur seiner Zeit allgemein unterschätzt worden. Wegen der Verquickung der religionswissenschaftlichen Analyse mit der theologischen Motivation ist eine Übersetzung etwa des umfangreichen Werks *Erscheinungsformen und Wesen der Religion* heute eher unwahrscheinlich. Dies ist insofern zu bedauern, als dieses Werk in der Geschichtsschreibung des Faches nicht immer ausreichend beachtet wurde.

Rainer Flasche

JOACHIM WACH
(1898–1955)

I. Leben

Joachim Wach wurde am 25. Januar 1898 in Chemnitz als Sohn von Felix und Katharina Wach geboren. Er stammte sowohl mütterlicher- als auch väterlicherseits aus der jüdischen Familie Mendelssohn(-)Bartholdy. Sein Großvater väterlicherseits war der berühmte Leipziger Jurist Adolf Wach, der mit Lilly Mendelssohn-Bartholdy verheiratet war. Auch sein Vater war Jurist in königlich-sächsischen Diensten, zuerst in Chemnitz, später in Dresden. Sowohl das großelterliche als auch das elterliche Haus standen den Wissenschaften und schönen Künsten offen, so daß er schon in Kindertagen eine Vielzahl von Anregungen empfing, wobei nicht nur das schöngeistige, sondern auch das juristische Denken sein späteres Werk nicht unerheblich beeinflussen sollten.

1916 machte er am Vitzthumchen Gymnasium in Dresden das Notabitur, wurde Soldat und machte den Krieg als Offizier an der Ostfront mit. Nach Kriegsende begann er sein Studium 1918 in Leipzig und ging 1919 für ein Semester nach München, wo er Heiler und Beumker hörte. Ein weiteres Semester verbrachte er in Freiburg, wo er E. Husserl hörte; über Berlin – dort nahm er vor allem an Seminaren von Troeltsch und Harnack teil – kehrte er zum Wintersemester 1920 an die Leipziger Universität zurück. Hier waren der Religionshistoriker Haas, die Orientalisten Fischer und Zimmern, sowie der Philosoph Volkelt seine bevorzugten Lehrer. Seine Studien der Theologie, Philosophie und orientalischen Sprachen finden ihren ersten Abschluß 1922 in seiner Dissertation *Grundzüge einer Phänomenologie des Erlösungsgedankens*, die im selben Jahr unter dem Titel *Der Erlösungsgedanke und seine Deutung* im Druck erschien. An die Promotion schlossen sich zwei weitere Studienjahre in Heidelberg an, die geprägt waren durch intensive Kontakte zu seinen Lehrern Gundolf, Rickert und A. Weber. Besonders durch die Anregungen Gundolfs intensivierte Wach seine enge Bindung an den George-Kreis, was sich ebenfalls auf sein Leben prägend auswirken sollte. Schon 1922 hatte er einen Aufsatz «Meister und Jünger» verfaßt, dessen überarbeitete Form er 1924 als Antrittsvorlesung in Leipzig halten sollte. Am 3. Juni 1924 wurde er an der philosophischen Fakultät der Universität Leipzig für das Fach Religionswissenschaft habilitiert und zum Privatdozenten am Institut für Kultur- und Universalgeschichte ernannt. Seine Habilitationsschrift erschien 1924 unter dem Titel *Religionswissenschaft – Prolegomena zu ihrer*

Joachim Wach (1898–1955)

wissenschafts-theoretischen Grundlegung. Wach hatte sich gleichzeitig für Philosophie habilitieren wollen, was jedoch am Widerspruch einiger Mitglieder der Fakultät scheiterte. Auch seine Habilitationsschrift war nicht unumstritten, aus der Rückschau wohl vor allem deshalb, weil er in ihr ein völlig neues Konzept der Religionswissenschaft vorlegte.

Im Juni 1927 erhielt Wach einen unbesoldeten Lehrauftrag für Religionssoziologie, um den sich sein Lehrer Haas für ihn bemüht hatte, womit dieses Fach zum ersten Mal offiziell an einer deutschen Universität vertreten war. Im gleichen Jahr kam Tillich als Honorarprofessor für Religions- und Kulturphilosophie an die Leipziger Theologische Fakultät, mit dem Wach später wieder in Chicago zusammentreffen wird, und der dort wesentlichen Einfluß auf ihn ausübt. 1929 wurde Wach zum außerordentlichen Professor für Religionswissenschaft ernannt und hielt seine Antrittsvorlesung am 15. Januar 1930 über das Thema «Die Geschichtsphilosophie des 19. Jahrhunderts und die Theologie der Geschichte». Im selben Jahr nahm er als einziger Fachvertreter der Leipziger Universität am 5. Internationalen Kongreß für Religionsgeschichte in Lund teil und hielt dort zwei Vorträge. Nachdem er im Februar 1930 mit dem 2. Band seines Werkes *Das Verstehen*, der sich mit der theologischen Hermeneutik beschäftigt, in Heidelberg zum Dr. theol. promoviert wurde, entfaltete er in Leipzig eine rege Lehrtätigkeit, bis ihn die sächsische Landesregierung aus rassenpolitischen Gründen am 10. April 1935 seines Amtes enthob und ihm am 29. April 1935 seine Lehrbefugnis entzog. Obwohl getauft, war ihm als «Nichtarier» damit jede weitere Betätigung im Deutschland des Naziregimes verunmöglicht worden, später wurde ihm sogar noch sein Doktortitel aberkannt.

Die Leipziger Jahre zwischen 1924 und 1935 sind zweifelsohne Wachs fruchtbarste gewesen, wie sein literarisches Werk deutlich macht. In dieser Zeit verfaßte er die grundlegenden Werke, die seinen Ruf begründeten: neben der «Religionswissenschaft» und den drei Bänden des «Verstehens» und der *Einführung in die Religionssoziologie* (1931) stehen eine Vielzahl von Aufsätzen, die sich vor allem mit der systematischen Religionswissenschaft und ihrer Grundlegung befassen. Außerdem ist er Mitherausgeber der *Zeitschrift für Missionskunde und Religionswissenschaft* (1934–1938) und schreibt eine Reihe von Beiträgen zur 2. Auflage des Lexikons *Religion in Geschichte und Gegenwart* (RGG). In seinen Vorlesungen halten sich religionswissenschaftliche, religionssoziologische und philosophische Themen die Waage und belegen seine weitgefächerten Interessen.

Glücklicherweise hatte Wach 1935 eine ihm von Freunden ermöglichte Einladung auf eine Gastprofessur an der Brown-University in Providence (Rhode Island) angenommen, an der er dann von 1935 bis 1945 History of Religions lehrte, wodurch ihm die USA zur zweiten Heimat wurden. Unter dem Eindruck der ihm bis dahin völlig unbekannten religiösen Aktivitäten amerikanischer Kirchen gewinnt für ihn das Christentum eine völlig neue Dimension, was sich auch auf sein religionswissenschaftliches Denken auswirken wird. Denn nun tritt die (eigene) Religiosität auch in seinen wissenschaftlichen Arbeiten immer mehr in den Vordergrund, und die «religiöse Erfahrung» wird zum Leitgedanken seines religionswissenschaftlichen Wirkens. Noch während seiner Zeit in Providence knüpfte Wach durch Gastvorlesungen erste Kontakte zur Universität Chicago, wohin er 1945 an die Federated Theological Faculty als ordentlicher Professor berufen wurde. Er wurde dort Chairman of the History of Religions Field und kämpfte jahrelang für die Aufnahme der Religionswissenschaft in das theologische Curriculum, zumal er immer mehr zu der Überzeugung gelangte, daß sie das eigentliche Bindeglied zwischen normativen und deskriptiven Wissenschaften bilde. Er entfaltete hier eine fruchtbare Lehr- und Forschungstätigkeit, die sich vor allem in seiner «Religionssoziologie» und einigen Sammelbänden niederschlug. 1952 hält er auf Einladung die Barrows Lectures in Indien, was ihm die Gelegenheit gab, die methodischen und theoretischen Gesichtspunkte der Religionswissenschaft neu zu formulieren, und vervollständigt diese Vorlesungen im akademischen Jahr 1954/55, indem er an verschiedenen akademischen Institutionen der USA unter dem Patronat des American Council of Learned Societies diese Vorlesungen erneut hielt. Die Vorlesungen wurden 1958 von M. Kitagawa unter dem Titel *Comparative Study of Religions* herausgegeben (dt. *Vergleichende Religionsforschung*, 1962). Im Frühjahr 1955 nahm er am 7. Internationalen Kongreß der International Association for the History of Religions (IAHR) in Rom teil und besuchte auf dem Hinweg Marburg, wohin er einen Ruf auf den Lehrstuhl für Systematische Theologie und Religionsphilosophie erhalten hatte, den er aber ablehnte. Joachim Wach verstarb unerwartet am 27. August 1955 an einem Herzinfarkt in Orselina bei Locarno, wo er sich bei seiner Mutter und seiner Schwester, Susi Heigl-Wach, zu Besuch aufgehalten hatte. Am 5. Oktober 1955 fand in der Bond-Chapel der Universität Chicago die akademische Gedenkfeier für Joachim Wach statt. Postum, im Dezember 1955, wurde seinem Werk *Types of religious Experience* der Buchpreis der Klopstock-Stiftung Hamburg verliehen «als Ehrung und Anerkennung für seine bedeutenden Beiträge zur Religionswissenschaft und Theologie».

II. Werk

Wach sieht sein wissenschaftliches Arbeiten von drei Problemkreisen bestimmt, die auch die Relationen innerhalb seines Gesamtwerkes bilden. Da ist einmal das Problem des Verstehens, oder mehr technisch, das der Interpretation, sein Prozeß, seine Voraussetzungen, seine Grade und Arten – für ihn eindeutig eine philosophische Aufgabe. Dies bildet den wissenschaftstheoretischen Hintergrund für den zweiten Problemkreis, nämlich die Erforschung religiöser Gemeinschaften. Dies sah Wach als religionswissenschaftliche, speziell religionssystematische bzw. religionstypologische Aufgabe an. Den dritten Problembereich bilden die Erforschung und Wesensbestimmung der religiösen Erfahrung, der er sich vor allem in seiner amerikanischen Zeit zuwendet. Sie bildet in seinen Augen den irenischen Schlüssel für das gegenseitige Verständnis der Religionen und wird letztendlich zum Ausgangspunkt und Gegenstand aller religionswissenschaftlichen Forschung, wodurch schließlich der religionswissenschaftliche Rahmen gesprengt wird. Denn die religiöse Erfahrung liefert für Wach auch religions-theologische Normen, und die Frage nach dem Wesen der religiösen Erfahrung führt zur Wahrheitsfrage von Religion überhaupt. Zumindest dem späten Wach geht es um das Verstehen des Wesens der Religion, um die Erkenntnis der Idee als des Treibenden im Ganzen, wobei diese wiederum an der religiösen Erfahrung festgemacht wird.

Diese drei Problemkreise, so eng sie auch aufeinander bezogen sein mögen, lösen sich zeitlich im Werk Wachs ab. In der ersten Periode wendet er sich insbesondere kultur- und geistesgeschichtlichen Themen zu und sucht aus Philosophie und Geschichte eine geisteswissenschaftliche Grundlegung der Religionswissenschaft zu gewinnen. Programmatisch fordert er die Eigenständigkeit der Religionswissenschaft gegenüber Theologie und Philosophie. Hier dient ihm religiöse Erfahrung, charakterisiert als intersubjektive Erscheinung, vor allem als methodisches Element. Das Problem des Verstehens wird für ihn zum Mittelpunkt seiner Suche nach methodischer Klarheit, um die Möglichkeiten, Voraussetzungen und Bedingungen sinnvoller religionswissenschaftlicher Arbeit zu fundieren. Er sucht den Ort, von dem aus ein wissenschaftliches Verstehen fremder Religionen und ihrer Erscheinungen möglich wird. In der zweiten Periode hingegen hat er den Punkt, von dem aus alle Religionswissenschaft betrieben werden kann, gefunden: die religiöse Erfahrung wird zum normativen Element, was ihm die Ausführung seines Programms ermöglicht. Er versucht nämlich eine Theorie zu entwickeln, die den universalen, der ganzen Welt und allen Zeiten gemeinsamen Zügen in den Ausdrucksweisen religiöser Erfahrung gerecht wird und die zugleich von deren Wesen her über die Echtheit oder Unechtheit der jeweiligen religiösen Erfahrung zu entscheiden vermag. Weiterhin will er zeigen, in welche Richtung sich die künftigen Beziehungen zwischen den Religionen entwickeln können oder sollen. In dieser Zeit wird religiöse Erfahrung zu dem, was menschliche Gemeinschaft überhaupt konstituiert. In seiner letzten Periode schließlich wird religiöse Erfahrung zum Gegenstand, methodischen Ausgangspunkt und Ziel seines wissenschaftlichen Arbeitens, womit er Religionswissenschaft schließlich in Religionstheologie münden läßt. Dieser Wandel in Wachs religionswissenschaftlichem Denken läßt sich wohl nicht zuletzt biographisch erklären, macht sein Gesamtwerk allerdings ambivalent, wie man an seiner Wirkungsgeschichte sehen kann.

Bevor wir uns den wesentlichen Einzelaspekten der Religionswissenschaft Wachs zuwenden, sei noch ein kurzer Blick auf sein wissenschaftliches Referenzsystem gestattet, auf jene Einflüsse, die sein Denken zumindest mitgeprägt haben. Von theologischer Seite hat Ernst Troeltsch am stärksten auf Wach gewirkt. Troeltschs Ziel, der christlichen Theologie eine wissenschaftliche Grundlage zu gewinnen, kehrt bei Wach wieder in dem Anliegen einer geisteswissenschaftlichen Grundlegung der Religionswissenschaft. Beiden wird die «Natürliche Religion» zum Ausgangspunkt ihrer Überlegungen und die Psychologie zum Eingangstor für alle Erkenntnistheorie. Zumindest für den späten Wach reduziert sich die Forderung nach der Empirie innerhalb der Religionswissenschaft auf die psychologische Analyse, die die religiöse Erfahrung offenlegen wird, und damit zum Besonderen des Religiösen überhaupt führt. Allerdings bleibt Religion niemals nur eine psychologische Tätigkeit als Hervorbringung und Gestaltung des religiösen Glaubens, sondern sie ist zugleich die Behauptung eines realen Objektes eben dieses Glaubens, der Gottesidee nämlich. Bei Wach taucht die Überzeugung schon früh auf, indem er von der Realisierung der religiösen Idee in der Wirklichkeit spricht, und so einen scheinbar empirischen Ansatz vorgibt, während er in seiner Spätzeit religiöse Erfahrung als Antwort auf die letzte Wirklichkeit definiert.

Philosophisch ist Wach wohl am stärksten von Wilhelm Dilthey bestimmt. Religionswissenschaft bedeutet für ihn auf «die Religion» angewandte Erkenntnistheorie. Sowohl Diltheys Verstehenslehre als auch seine Erfahrungsphilosophie bilden die Leitgedanken der hermeneutischen Überlegungen Wachs. Für Dilthey hat die Religionswissenschaft wie jede Geisteswissenschaft mit der Empirie einzusetzen, die in der Erfahrung gegeben ist. Diltheys Überzeugung vom Eigencharakter der Religion, die deshalb ein Eigenleben führt und eine eigene Welt bildet, wird von Wach in die Religionswissenschaft übertragen. Daraus folgt für ihn, daß in der Religionswissenschaft letztlich nur immanente Kategorien zur Anwendung kommen können, Religion also ausschließlich religiös erklärt werden kann. Den frühen Wach beeinflußt allerdings auch die Religionsphilosophie von Heinrich Scholz, den er wohl als Student noch in Berlin kennengelernt hat. Vornehmlich in der «Religionswissenschaft» lassen sich dessen Einflüsse nachweisen, zum Beispiel darin, daß Wach für das religionswissenschaftliche (und philosophische) Denken die Präzision der Begriffe und ihre empirische Verifikation fordert, und in seiner Forderung nach einer Scheidung in eine materiale und formale Religionssystematik.

Auf Wachs religionssoziologische Überlegungen haben hauptsächlich Georg Simmel und Max Weber gewirkt, Simmel vor allem mit seiner Weltenlehre und der Überzeugung, daß der religiöse Mensch alle Dinge von vornherein religiös erlebe, womit in der Religionssoziologie die Betrachtung auch der Innenseite religöser Erscheinungen möglich wird. Dies war für Wach eine notwendige wissenschaftliche Voraussetzung, deren Nichtbefolgung er Max Weber zum Vorwurf macht, weil jener diese innere Seite nicht berücksichtigt habe, obgleich sie eine notwendige Ergänzung und Korrektur der soziologischen Betrachtungsweise darstelle. Denn für Wach ist Religionssoziologie nicht lediglich eine allgemeine Darstellung religionsgeschichtlicher Sonderprobleme, die an typischen Beispielen illustriert werden. Mehr als die Untersuchung von Verhältnissen zwischen Religion und Wissenschaft oder Religion und Wirtschaft ist für Wach die Beziehung zwischen Religion und Gesellschaft das eigentliche Thema der Religionssoziologie, da es in ihr ebenso wie in der Religionswissenschaft immer um Verstehen geht. Hier schließt sich der Kreis bei Wach: Die Voraussetzung allen Verstehens ist das Vorhandensein menschlicher Vergesellschaftung. Es ist für ihn eine mit dem Menschsein gegebene Tatsache und begründet gleichsam die «Gleichgesetzigkeit» (Wach) innerhalb der historischen Unterschiedlichkeiten, die nur eine Folge der Verschiedenartigkeit der Ausdrucksformen geistiger Äußerungen sind. Letztere aber liegen in der Menschennatur und deren Gleichgesetzigkeit beschlossen, weshalb jedes Verstehen zu einem Prozeß des Wiedererkennens wird. Somit verschmelzen in Wachs «Verstehenslehre» die unterschiedlichen wissenschaftlichen Ansätze seiner «geistigen Väter»; und das Verstehen (fremder) Religion – beim späten Wach das Verstehen religiöser Erfahrung – wird zum Mittelpunkt aller Religionswissenschaft. Darüber aber steht bei Wach noch der Wunsch, zu einem besseren Verständnis des Menschseins zu gelangen, wozu ihm die Religion als das beste Mittel erscheint. Von hier aus erschließt sich sein gesamtes religionswissenschaftliches Werk.

Joachim Wach tritt an, der Religionswissenschaft als Geisteswissenschaft ihre Selbständigkeit zu gewinnen. Für ihn handelt es sich um eine verstehende, nicht aber um eine erklärende Wissenschaft, weil sie es ausschließlich mit Äußerungen des menschlichen Geistes zu tun habe. Beide Ziele, Selbständigkeit und die Grundlegung als Geisteswissenschaft verfolgt er in seiner Habilitationsschrift, die für die Religionswissenschaft bahnbrechend ist. Gegenüber der Philosophie betont er den empirischen Charakter der Religionswissenschaft, räumt ihr allerdings doch ganz entscheidende Positionen in der Religionssystematik wieder ein; hingegen zieht er zur Theologie eine scharfe Trennungslinie. Denn Sinn und Zweck des Verstehens von religiösen Äußerungen sind in beiden Wissenschaften grundsätzlich verschiedener Natur. Der Theologe hat normative Tradition und subjektive Glaubensüberzeugungen einzubringen und in normierender Weise auszulegen, der Religionsforscher dagegen hat zu beschreiben, was solche Äußerungen sagen, hat das Wesen einer bestimmten Religion und danach im vergleichenden Verfahren das Wesen der Religion zu zeigen. Arbeitsfeld der Religionswissenschaft ist nicht die eigene, sondern sind die fremden Religionen in ihrer Mannigfaltigkeit. Sie hat danach zu fragen, was alles geglaubt wird und nicht danach, was (vom einzelnen) geglaubt werden soll. Bereits in dieser Abgrenzung nach zwei Seiten gewinnt für Wach die Religionswissenschaft ihre Eigenständigkeit, die er in einem nächsten Schritt aus der Geschichts- und Lebensphilosophie grundzulegen sucht.

«Den Gegenstand der Religionswissenschaft bildet», schreibt Wach in der *Religionswissenschaft*, «die Mannigfaltigkeit der empirischen Religionen. Sie gilt es zu erforschen, zu verstehen und darzustellen. Und zwar wesentlich nach zwei Seiten hin: nach ihrer Entwicklung und nach ihrem Sein, ‹längsschnittmäßig› und ‹querschnittmäßig›. Also eine historische und eine systematische Untersuchung der Religionen ist die Aufgabe der allgemeinen Religionswissenschaft» (S. 21). Die Welt der Religion ist das Feld der Religionsforschung. Welt wird begriffen «als eine eigentümliche Gestaltung des Lebens mit eigenen Gesetzen und Prinzipien der Bildung» (S. 23). Religion ist also als eine Ausdrucksform des Geistes autonom, und «die Annahme der Autonomie der Religion» bedeutet «kein Vorurteil, denn sie ist einfach die Übernahme des religiösen Anspruchs, der religiösen Selbstaussage ... unter ausdrücklicher Ausschaltung der Gültigkeits-(Wahrheits-)frage» (S. 26). Deshalb ist auch die «Frage nach dem Wesen der Religion bis jetzt ein Hindernis für die Ausbildung einer freien, unvoreingenommenen, streng empirischen Religionswissenschaft gewesen» (S. 37). Sie kann lediglich die Frage nach dem Wesen einer bestimmten Religion beantworten, worin «die Arbeit des Religionsforschers stets zu gipfeln haben» (S. 45) wird. Dieses Wesenhafte einer Religion bezeichnet Wach auch als «organisierendes Prinzip», als die Feststellung des Lebensmittelpunkts einer Erscheinung und ihrer Idee, weshalb er vorschlägt, «statt vom Wesen lieber getrennt vom ‹Geist› und von der ‹Idee› der Erscheinung zu sprechen» (S. 49). Bei einem so angelegten Forschungsvorgang müssen sich deshalb die «vorausgreifende intuitive Erfassung des Ganzen und das Verstehen des Einzelnen, der Teile wechselseitig ergänzen» (S. 51), weshalb es auch zwischen religiösen Selbstaussagen und dem zu unterscheiden gilt, «was die historische Untersuchung als faktisch gültige Idee erweist» (S. 53 f.). Insofern gibt es auch schon für den frühen Wach neben der Bedingung der Autonomie der Religion eine weitere Voraussetzung, «ohne die keiner Religionen verstehen kann», den religiösen Sinn nämlich (S. 36).

Zusammenfassend formuliert Wach: «Die Aufgabe der Religionswissenschaft ist die Erforschung und Darstellung der empirischen Religionen. Sie ist also eine beschreibend-verstehende, keine normative Wissenschaft. Mit der historischen und systematischen Bearbeitung der konkreten Religionsbildungen ist ihre Aufgabe erfüllt» (S. 68), und wenig weiter heißt es: «Als Wissenschaft hat sie voraussetzungslos zu arbeiten: d. h. sie hat sich auf die konkrete, von allen subjektiven (wertenden) Beimischungen und philosophischen Spekulationen nach Möglichkeit befreite Forschung zu beschränken und von aller ausdrücklichen Wertung ... abzusehen.» (S. 68)

Damit schreibt er aber zugleich die Einteilung der Religionswissenschaft in einen religionsgeschichtlichen und einen religionssystematischen Teil fest, deren methodische Trennung er fordert. Während die Religionsgeschichte die Geschichte einzelner Religionen, aber auch die Geschichte der Religion zu erforschen hat, ist die Aufgabe der systematischen Religionswissenschaft «die Gewinnung einer materialen und einer formalen Religionssystematik» (S. 177), bei der sie sich in erster Linie der Methode der Vergleichung zu bedienen habe. Die materiale Religionssystematik ist für Wach die «Zentralaufgabe der Religionswissenschaft» und wichtiger als die formale, «denn sie arbeitet tiefer im empirisch Konkreten» (S. 187). Hier interessiert nicht mehr die Entwicklung, das Werden, sondern das Gewordene. Dabei geht es um die systematische Verarbeitung von Teilgebieten einer Religion, religiöser Konzeptionen usw. Die formale Religionssystematik hingegen hat von allem Individuellen, von aller Konkretisation zu abstrahieren (S. 178), sie hat Identisches in den Formen und im Charakter religiöser Erscheinungen herauszuarbeiten, sie zu vergleichen und so oberste abstrakte Klassen von religionswissenschaftlichen Begriffen zu gewinnen. Die formale Religionssystematik ist als Überwindung des Historischen wichtig und nötig (S. 187), dient aber gerade dazu, die historische Arbeit zu erleichtern, weil der Historiker ständig mit dergleichen Begriffen arbeitet (S. 178). Die formale Religionssystematik hat also das Gemeinsame herauszuarbeiten, das Strukturen und Begriffe zu Typischem erhebt. So werden «idealtypische Begriffe» (S. 186) und Strukturtypen als immer wiederkehrende Formen religiösen Ausdrucks oder religiöser Entwicklung gewonnen, die als immer wiederkehrende Grundrichtungen menschlichen – religiösen – Denkens und Empfindens aufgefaßt werden können.

Leider ist Wach eine solche formale Religionssystematik schuldig geblieben, während er in einer Reihe von Aufsätzen in den zwanziger Jahren, vor allem dann aber in seiner Religionssoziologie sein Verständnis von materialer Religionssystematik vorführt. Überhaupt hat Wach in den Jahren seiner deutschen Lehr- und Forschungstätigkeit die hier vorgestellten Grundgedanken seiner Religionswissenschaft in einer Vielzahl von Aufsätzen zu untermauern und zu vervollständigen gesucht. Dabei geht es ihm immer wieder sowohl um hermeneutische Probleme als auch um wissenschaftstheoretische Probleme und nicht zuletzt um die paradigmatische Durchführung seiner materialen Religionssystematik.

Mit seinem postum erschienenen, einflußreichen Werk *The Comparative Study of Religions* (1958, dt. 1962) gibt Wach entgegen den Forderungen seiner Habilitationsschrift den empirischen Charakter der Religionswissenschaft weitgehend auf und macht die Religionswissenschaft zu einer Art Religionstheologie. Dies hatte sich zwar schon länger in einigen seiner Veröffentlichungen angedeutet, etwa in seinem Festschriftbeitrag «Der Begriff des Klassischen in der Religionswissenschaft» (1937), in seiner Religionssoziologie und in einigen nachgelassenen Schriften, die Joseph M. Kitagawa 1968 unter dem Titel «Understanding and Believing» veröffentlicht hat. Wach selbst versteht die «vergleichende Religionsforschung» als

Durchführung der systematischen Religionswissenschaft, wobei er allerdings die eigene Unterscheidung von formaler und materialer Religionssystematik aufhebt. Denn er versucht, die religiöse Erfahrung auf ihr Sein und ihr Werden hin zu reflektieren und so eine Theorie von ihr zu gewinnen. Dabei geht Wach von den Universalien der Religion aus, eben von der religiösen Erfahrung und den drei Bereichen ihres Ausdruckszusammenhanges. Diese Dreiheit, die Ausdrucksformen religiöser Erfahrung in den Bereichen Denken, Handeln und Gemeinschaft, bestimmt zunehmend seine Überlegungen. Auch wenn er diese Dreiheit nicht «erfunden» hat, so hat er sie doch so weit in den Mittelpunkt religionswissenschaftlichen Forschens gestellt und ihre Sinnhaftigkeit deutlich gemacht, daß heute fast jeder Religionsforscher bei der Erschließung oder Darstellung einer Religion diesem triadischen System folgt. Man könnte sogar meinen, daß es sich dabei um eine empirische «Wesensbestimmung» von Religionen überhaupt handeln könnte, wenn Wach diese nicht in einen metaphysischen Zusammenhang gestellt hätte. Denn bezeichnenderweise beginnt er seine Erörterung nicht mit den empirisch zugänglichen Ausdrucksformen religiöser Erfahrung, sondern mit Überlegungen zum «Wesen religiöser Erfahrung», die hier auch noch im Singular gebraucht wird, und deduziert aus diesem Wesen dessen Erscheinungen. Denn Wach ist der Überzeugung, «daß es echte religiöse Erfahrung gibt, und daß sie mit Hilfe bestimmter Kriterien, die sich auf alle ihre Ausdrucksformen anwenden lassen, genauer bestimmt werden kann» (S. 55). Als Kriterien für echte religiöse Erfahrung nennt er die «Empfänglichkeit für das, was als ‹letzte Wirklichkeit› erfahren wird» (S. 56). Und so leitet er religiöse Erfahrung auch nicht mehr induktiv ab, sondern definiert «religiöse Erfahrung als Antwort» (S. 56), weshalb sie nicht bloß subjektiv ist, sondern «wir antworten auf etwas» (S. 56). Als zweites Kriterium hebt er hervor, daß diese Erfahrung «als eine totale Antwort der ganzen Existenz auf die letzte Wirklichkeit aufgefaßt werden» (S. 57) muß, was bedeutet, «daß die gesamte Persönlichkeit, nicht nur der Geist, das Gefühl oder der Wille, darin einbezogen ist» (S. 56). Das dritte Kriterium ist nach ihm die Intensität, die religiöse Erfahrung auszeichnet (S. 59), und er ergänzt diese Kriterien mit der Feststellung, daß «echte religiöse Erfahrung ... nicht auf Zeit und Raum beschränkt», sondern «universal» ist (S. 62). So wird religiöse Erfahrung letztendlich bei Wach auf den *sensus numinis* reduziert, der als Gewahrwerden der letzten Wirklichkeit beschrieben wird.

Aus dem Wesen der echten religiösen Erfahrung deduziert er sodann deren Ausdrucksformen im Denken, im Handeln und in der Gemeinschaft. Man kann dies auch als theoretische, praktische und soziale Ausdrucksformen religiöser Erfahrung fassen. Alles, was dem Religionsforscher innerhalb dieser Segmente religiöser Erfahrung, die selbstverständlich eng aufeinander bezogen bzw. miteinander verflochten sind, begegnet, ist nach Wach auf die letzte Wirklichkeit und deren Erfahrung ausgerichtet, womit er allerdings jeden empirischen Zugang zu den konkreten historischen Religionen verstellt und die Religionswissenschaft in eine Religionstheologie überführt. Hier liegt auch der Grund dafür, daß sich Wach in seinem Werk wenig mit konkreten Religionen beschäftigt hat, ja die Mehrzahl von ihnen ihm noch nicht einmal in den Blick gekommen sind (etwa Stammesreligionen, extinkte Religionen, aber auch die meisten asiatischen Religionen). Schließlich verfällt er obendrein einem nicht ganz deutlich sich abzeichnenden Evolutionsschema, in dem er von einer organischen Entwicklung oder Ausbreitung religiöser Erfahrung in ihren drei Ausdrucksbereichen spricht und damit die alten Fehler einer ideal-evolutionistischen Religionswissenschaft wiederholt. So wird Religionswissenschaft für ihn letztlich doch wieder zu einem, wenn auch dogmenfreien religiösen Unterfangen, dessen Gegenstand nicht nur die religiöse Erfahrung darstellt, sondern religiöse Erfahrung wird zum Erkenntnismittel und zum hermeneutischen Schlüssel. Damit aber verläßt der späte Wach die von ihm ursprünglich geforderte empirische Basis der Religionswissenschaft und degradiert sie zu einer Disziplin, deren eigentliche Aufgabe die Fundierung einer «natürlichen Theologie» darstellt und eigentlich nur das Belegmaterial für deren Durchführung zur Verfügung zu stellen hat. Denn Religionswissenschaft dient nun dem Aufweis der natürlichen Offenbarung einerseits und der Hinführung aller unter dieser stehenden Religionen zu der speziellen Offenbarung in Jesus Christus als der höchsten Form der Selbstoffenbarung Gottes andererseits. Eine weitere Aufgabe, die er ihr zuweist, ist die Vertiefung der eigenen religiösen Erfahrung, die durch ein besseres Verstehen der Religion, die in den Religionen gegeben scheint, erreicht werden soll. So wird Wachs Religionswissenschaft zu einer Art historischer Theologie mit normativem Charakter. Sie stellt sich heraus als eine undogmatische Selbstinterpretation des Christentums, die doch aus den eigenen religiösen Überzeugungen die Kriterien des (integralen) Verstehens gewinnt und auf dem Weg intuitiver Deutung über das damit verbundene Vergleichen die Einheit aller Religion und die religiöse Erfahrung als konstitutives Element für das Menschsein des Menschen unter Beweis zu stellen sucht.

Die von Wach begründete sogenannte Verstehende Religionswissenschaft erweist sich in ihrer späten Form also als Glaubenswissenschaft und verliert jeden Bezug zu den historischen und konkreten Religionen. Sie gerät zu einer Art Selbstinterpretation der eigenen religiösen Erfahrung, die absolut gesetzt und als universal ausgegeben wird.

III. Wirkung

Während das Frühwerk Wachs, vor allem seine Habilitationsschrift in Deutschland kaum Wirkungen gezeitigt hat, wohl hauptsächlich aufgrund der politischen Situation, hat das Spätwerk aus seiner amerikanischen Zeit umso intensivere Einflüsse vor allem auf die amerikanische Religionswissenschaft gehabt. Wach gilt nicht nur schlechthin als der Vertreter der «Schule» einer verstehenden Religionswissenschaft, sondern darüber hinaus als einer der Väter der amerikanischen Religionswissenschaft. Interessant ist dabei, daß seine in Deutschland wirkungsvolle Habilitationsschrift in den USA völlig unbekannt blieb, Wach auch keinerlei Anstalten gemacht hat, sie selbst ins Englische zu übersetzen; vielmehr wurde die erste englische Übersetzung erst in den achtziger Jahren in den USA vorgelegt. Wach gilt dort also nicht als ein Vertreter der empirischen Religionswissenschaft, sondern als der Verfechter der religiösen Erfahrung, die eben nicht nur Gegenstand der Religionswissenschaft sei, sondern auch der allgemein menschliche und zugleich wissenschaftliche Zugang zu ihr. In diesem Zusammenhang sei noch darauf verwiesen, daß der Bekanntheitsgrad Wachs sicherlich auch damit zu tun hat, daß das von ihm über religiöse Erfahrung Gesagte mit der Theorie von William James über religiöse Erfahrung in Zusammenhang gebracht wurde, ja teils sogar die Identität beider Denkansätze behauptet wurde. Gerade die Chicagoer Schule hat diese Richtung der Religionswissenschaft vorangetrieben und für eine weite Verbreitung in den USA gesorgt. Dabei hat sich in erster Linie Wachs wohl prominentester Schüler Joseph M. Kitagawa verdient gemacht.

Auch in Deutschland war Wach bis in die siebziger Jahre vor allem als der Vertreter der verstehenden Religionswissenschaft wissenschaftsgeschichtlich von Bedeutung. Er hat unter anderem Walter Baetke und Kurt Rudolph beeinflußt, vor allem in seiner Betonung des empirischen Charakters der Religionswissenschaft. Erst die dann einsetzende Methodendiskussion hat zu Rückgriffen besonders auf Wachs Habilitationsschrift geführt, zumal in jener Zeit unter dem Einfluß der Ethnologie und Religionsethnologie der empirische Charakter der Religionswissenschaft erneut betont wurde.

Trotz mancher berechtigter Kritik ist Joachim Wach ein Klassiker der Religionswissenschaft. Er ist aus der Geschichte dieses Faches nicht mehr wegzudenken, denn er hat sie dreierlei gelehrt, was sie heute fast als selbstverständlich erachtet und was dennoch erneut durchdacht oder in seiner Anwendung überprüft werden muß.

Erstens schreibt der frühe Wach der Religionswissenschaft ins Stammbuch, daß sie eine empirische Wissenschaft zu sein hat, und versucht sie als eigenständige und selbständige Wissenschaft zu begründen – in Abgrenzung zu ihren Herkunfts- und Schwesterwissenschaften. Gerade aber für die Selbstbegründung der eigenständigen Wissenschaftlichkeit bleibt auch heute noch viel zu tun.

Zweitens: Wach hat der Religionswissenschaft unmißverständlich ihre Zweigliedrigkeit zugewiesen: als Religionsgeschichte und Religionssystematik, wobei beide selbstverständlich eng aufeinander bezogen bleiben. Die Wechselwirkung zwischen historischer und systematischer Forschung wird vor allem durch die von ihm vorgenommene Teilung der systematischen Religionswissenschaft in eine materiale und formale betont, wobei die formale Religionssystematik einen wissenschaftlichen Begriffsapparat für die Religionswissenschaft als Fach zu erstellen hätte, ein Desiderat, das leider bis heute noch nicht erfüllt ist.

Zum dritten hat Wach die triadische Gestalt einer jeden Religion nicht nur einsichtig gemacht, sondern für die Religionswissenschaft festgeschrieben, daß sich nämlich – modern gesprochen – jede konkrete Religion als Glaubenssystem, Kultsystem und Gemeinschaftssystem in ihrer gegenseitigen Abhängigkeit und Durchdringung darstellen läßt. Dabei müssen diese Systeme um der Überschaubarkeit willen nacheinander oder nebeneinander abgehandelt werden, bilden aber zusammen das Gesamtsystem Religion. Historische Phänomene können nur dann als religiöses System ausgegrenzt und charakterisiert werden, wenn die drei genannten Subsysteme eindeutig nachweisbar sind.

Burkhard Schnepel

EDWARD EVAN EVANS-PRITCHARD (1902–1973)

I. Leben

Edward Evan Evans-Pritchard wurde am 21. 9. 1902 als Sohn des anglikanischen Geistlichen Thomas John Pritchard und seiner Frau Dorothea Edwards geboren.[1] Sein Vater war walisischer, seine Muttter anglo-irischer Herkunft. Einen großen Teil seiner Kindheit verbrachte Evans-Pritchard in ländlichen Gemeinden in Oxfordshire. Im Jahr 1916 ging er als «Oberschüler» ans Winchester College, wo er die Fächer Latein, Griechisch, Englisch und Geschichte belegte. Im Jahr 1921 nahm er das Studium der Modernen Geschichte am Exeter College in Oxford auf. Der Rektor dieses Colleges war R. R. Marett, einer der führenden Anthropologen seiner Zeit. Allerdings war Marett noch kein Vertreter derjenigen Art von Anthropologie, die später als *British School of Anthropology* bezeichnet werden sollte. Erst das Jahr 1922 kann mit Kuper (1973, 9) als *annus mirabilis* der *social anthropology* bezeichnet werden, denn in ihm erschienen mit Malinowskis *Argonauts of the Western Pacific* und Radcliffe-Browns *Andaman Islanders* die beiden ersten großen Monographien einer Sozialanthropologie modernen Zuschnitts.

Evans-Pritchard begann seine Studienjahre als *undergraduate* also in einer Zeit großen intellektuellen Umbruchs innerhalb der Anthropologie. Dieser Umbruch betraf nicht nur die theoretischen Prämissen des anthropologischen Denkens. Auch an die Art der Datenerhebung wurde seit Malinowski neue Ansprüche gestellt. Fortan sollte es für professionelle Anthropologen nicht länger möglich sein, das Leben der «Wilden» durch das Verschicken von Fragebögen an Missionare, Händler, Kolonialbeamte usw. zu erkunden oder dadurch, daß man auf Kurzbesuchen statistische Erhebungen und physiologische Messungen vornahm. Sozialanthropologen waren statt dessen angehalten, den Lehnsessel des Studierzimmers und die Veranda des Kolonialgebäudes zu verlassen und für längere Zeit «ins Feld» zu ziehen, um dort das Leben der von ihnen Erforschten aus erster Hand, durch «teilnehmende Beobachtung», zu erfahren. Dem jungen Geschichtsstudenten Evans-Pritchard, dem schon durch die Lektüre von Tylor, Frazer und Lowie ein Wechsel zum Studium der Anthropologie schmackhaft gemacht worden war, kam nach Abschluß seines Studiums 1924 dieser Wandel entgegen: «Ich wurde ein Sozialanthropologe im Keim, aber da gab es einen Haken. Ich wollte nicht nur ein Intellektueller werden. Ich wollte auch ein Leben voller Abenteuer, und

Feldforschung erschien mir als die ideale Lösung, um beides zu verbinden» (1973b, 18).[2]

Um diese Abenteuerlust entfalten zu können, bedurfte es zunächst eines von seinen Oxforder Kommilitonen und Lehrern mit Unverständnis begleiteten Wechsels nach London, wo Malinowski und Seligman an der *London School of Economics* lehrten. Besonders Malinowski zog aus allen Teilen Großbritanniens und des *Commonwealth* Studenten wie Firth, Fortes, Nadel oder H. Kuper an, die in späteren Jahrzehnten zu führenden Köpfen der *social anthropology* avancierten. Allerdings kam es schon früh zu einem Zwist zwischen Evans-Pritchard und Malinowski, der wahrscheinlich mehr auf ein Zusammenstoßen zweier komplexer Persönlichkeiten als auf inhaltliche Divergenzen zurückzuführen ist. Evans-Pritchard fand aber in dem Ehepaar C. G. und B. Seligman einflußreiche Förderer. Die Seligmans hatten bereits drei auf Fragebögen basierende Untersuchungen im Sudan vorgenommen und damit ebenfalls die moderne Praxis der Feldforschung vorbereitet, ohne jedoch dem Malinowskischen Primat der «teilnehmenden Beobachtung» Genüge zu tun. Da sie ihre Sudanforschungen aus Gesundheitsgründen nicht fortführen konnten, verhalfen sie Evans-Pritchard zu einem Forschungsstipendium der Regierung des angloäyptischen Sudan, in der Hoffnung, er werde die von ihnen angefangenen *surveys* in ihrem Sinne fortsetzen. Einer kurzen Forschung bei den Ingessana im Jahr 1926 folgte 1927 Evans-Pritchards erster dreimonatiger Besuch bei den Azande im Südsudan, aus dem eine im selben Jahr in London eingereichte Doktorarbeit über die soziale Organisation dieser Ethnie resultierte. Weitere Aufenthalte zwischen 1927 und 1930 ließen insgesamt 20 Monate Feldforschung im Zandeland zusammenkommen.

Im Frühjahr 1930 beauftragte die Regierung des Sudan Evans-Pritchard mit einer Forschung über die Nuer, deren «aufrührerische» Haltung der Kolonialregierung einige Probleme bereitete. Ein erster dreieinhalbmonatiger Aufenthalt im Nuerland mußte abgebrochen werden, als das Viehlager, in dem Evans-Pritchard sich aufhielt, Opfer einer Razzia von Regierungstruppen wurde. Drei weitere Aufenthalte von fünfeinhalb Monaten im Jahr 1931, sieben Wochen 1935 und sieben Wochen 1936 mußten nach Malariaanfällen ebenfalls vorzeitig abgebrochen werden. In den Jahren 1935 und 1936 verbrachte Evans-Pritchard einige Zeit bei den Anuak an der Grenze zum von den Italienern besetzten Äthiopien sowie bei den Luo an der Grenze zu Kenia.

Während dieses Jahrzehnts intermittierender Feldforschungen im Südsudan kehrte Evans-Pritchard regelmäßig nach England zurück, ohne daß es ihm dort gelang, eine dauerhafte akademische Position zu erringen. Ende der zwanziger Jahre hatte er kurzfristig eine Position als Dozent in London inne, bevor er von 1932 bis 1934 Assistenzprofessor für Soziologie in Kairo wurde. Danach erhielt er eine Forschungsstelle am Exeter College in Oxford, dann eine Assistentenstelle am University College in London.

Edward Evan Evans-Pritchard (1902–1973)

1936 wurde eine Professur für Sozialanthropologie in Oxford gegründet, für die er aussichtsreicher Kandidat war, die aber mit nur einer Stimme Mehrheit an den erfahreneren Radcliffe-Brown vergeben wurde. Er erhielt daraufhin eine zeitlich befristete Dozentenstelle in Oxford. Im Jahr 1939 heiratete Evans-Pritchard Ioma Nicholls, mit der er drei Söhne und zwei Töchter haben sollte.

Als der Krieg ausbrach, wurde er in den Sudan versetzt und dort zunächst der *Sudan Defence Auxiliary Force* zugeordnet. In weiteren Kriegsjahren wurde er nach Syrien, Ägypten und schließlich nach Libyen versetzt, wo er einige Zeit als Gouverneur des Cyrenaica-Distrikts fungierte. Die Aufgaben eines Verwalters sagten seinem Naturell aber nicht zu, und er übernahm auf eigenen Wunsch den Posten eines «*Tribal Affairs Officer*». In dieser Position verbrachte er zwei Jahre auf eine ihm genehmere Weise, nämlich «mit meinen Kamelen und Pferden in Wüste, Steppe und zuweilen auch in Wäldern umherziehend» (1973b, 21). Aufgrund des Einflusses katholischer Freunde, aber auch aufgrund seiner Wüstenerfahrung und seiner intensiven Felderfahrung bei den Nuer konvertierte er 1944 in der Kathedrale von Bhengazi zum Katholizismus. Im Jahr 1944 erhielt Evans-Pritchard eine Dozentur in Cambridge, bevor er 1946 Radcliffe-Browns Position als Professor für Sozialanthropologie in Oxford übernahm. Sein Leben als Abenteurer hatte damit ein Ende. Er unternahm keine weiteren Feldforschungen und verbrachte, abgesehen von zwei kürzeren Gastprofessuren in den U. S. A., den Rest seines Lebens in Oxford. Nach einem Vierteljahrhundert intensiver Bemühungen um die intellektuelle Weiterentwicklung und institutionelle Verfestigung der Disziplin der *social anthropology* – er war unter anderem Präsident des *Royal Anthropological Institute* sowie Gründungsmitglied der *Association of Social Anthropologists* – wurde er 1970 emeritiert. Im Jahr 1971 wurde er zum Ritter geschlagen. Am 11. September 1973 verstarb Sir Edward, der in Oxford und unter Freunden liebevoll als «E.-P.» erinnert wird, im Alter von 70 Jahren.

Die einflußreichsten Werke Evans-Pritchards stammen aus der ersten, unruhevollen Hälfte seines Schaffens. In den Kairoer Jahren erschienen zwei frühe theoretische Artikel über Frazer und Lévy-Bruhl, deren programmatische Bedeutung für sein Gesamtwerk allerdings erst spät wahrgenommen wurde.[3] In den dreißiger Jahren erschienen zahlreiche Artikel über die Azande und Nuer, die 1937 und 1940 in zwei bedeutenden Monographien ihre Synthesen fanden.[4] Im Jahr 1940 gab Evans-Pritchard zusammen mit Fortes einen äußerst einflußreichen Band über afrikanische politische Systeme heraus, und er veröffentlichte eine Monographie über die Anuak.[5] In der zweiten, seßhaften Hälfte seines Wirkens – als Professor in Oxford – erschien 1950 eine ethnohistorische Studie über die Sanusi in Cyrenaica, in den Jahren 1951 und 1956 folgten Band zwei und drei der Nuer-Trilogie.[6] Zahlreiche kürzere Schriften über Methoden, Theorien und die epistemologischen Grundlagen anthropologischen Arbeitens[7], sowie weitere ethnographisch ausgerichtete Arbeiten[8] komplementierten seine insgesamt über 350 Titel zählende Veröffentlichungsliste.

II. Werk

Evans-Pritchards Beitrag zur Religionswissenschaft entstand im Kontext einer akademischen Disziplin, nämlich der *social anthropology*, die sich nicht nur mit rituellen Glaubensvorstellungen und Praktiken befaßt. Unter seinen zahlreichen Veröffentlichungen beschäftigt sich nur ein kleiner Teil mit Religion, und in diesen Schriften ist wiederum bemerkenswert, daß Religion – wie in der Sozialanthropologie üblich – nicht losgelöst vom sonstigen sozialen, politischen und wirtschaftlichen Leben einer Gesellschaft untersucht wird. Keine der vier wichtigsten Domänen – Religion, Politik, Wirtschaft und Verwandtschaft – gilt dabei als ursächlich, dominant oder formgebend für die jeweiligen anderen. So macht Evans-Pritchard in *Nuer Religion* (1956) folgende Vorbemerkung: «Es war notwendig, ihre Sprache zu lernen und ihre Lebensweise sowie ihre Familie, Verwandtschaft und Politik zu studieren, bevor dem schwierigeren Problem ihres religiösen Denkens tiefergehende Aufmerksamkeit geschenkt werden konnte» (1956, v).

Die Besonderheit von Evans-Pritchards Studium religiöser Phänomene läßt sich besonders gut veranschaulichen, wenn man zunächst seine Interpretation der Institution des sakralen Königtums in den Mittelpunkt der Betrachtungen stellt. Dies ist aus zwei Gründen der Fall: Zum einen verkörpert diese Institution nämlich schon per definitionem die enge Verknüpfung der Religion mit anderen Bereichen des gesellschaftlichen Lebens, in diesem Fall insbesondere mit der Politik. Zum anderen repräsentiert sakrales Königtum, ähnlich wie Totemismus, Tabu, Animismus oder Scherzbeziehung, eines jener klassischen Themen, welche in der Geschichte des anthropologischen Denkens immer wieder aufs Neue untersucht worden sind und bei deren Interpretationen die jeweiligen intellektuellen Standpunkte der Betrachter ausgesprochen deutlich zum Ausdruck kommen.

Sakrales Königtum

Evans-Pritchards Beitrag zur langanhaltenden Debatte um Natur und Funktion der Institution des sakralen Königtums erschien 1948 als *Frazer Lecture* unter dem Titel «The Divine Kingship of the Shilluk of the Nilotic Sudan». Der Anlaß des Vortrags legt nahe, daß seine Stellungnahme auch als Kommentar zu Frazers Bild vom sakralen Königtum zu verstehen ist. Dieses Bild entwickelte Frazer erstmals in seinem Werk *Der Goldene Zweig* (Frazer 1977; Erstauflage 1890). Für Frazer gehörte die Institution des sakralen Königtums in den Bereich der Religion, verstanden als eine Ansammlung von (seiner Meinung nach zumeist irrtümlichen) Ideen und Glaubensvorstellungen. Im Stil der rationalisierenden evolutionistischen Anthropologie des ausgehenden neunzehnten Jahrhunderts verfolgte Frazer die Entwicklungsgeschichte, die der Mythos und das Ritual des sterbenden und wiederauferstehenden Königs durch die Jahrtausende genommen haben soll. Dabei vermeinte er, einen ständigen Fortschritt der Menschheit vom Zeitalter der Magie über das der Religion bis hin zum gegenwärtigen Zeitalter der Wissenschaft konstatieren zu dürfen. Unzählige Beispiele aus Geschichte, Literatur und Anthropologie – das Königtum der Shilluk unter ihnen – wurden von Frazer zum Beweis dieses universalgeschichtlichen Schemas herangezogen.

Im Gegensatz dazu versucht Evans-Pritchard, das Problem des sakralen Königtums zu beleuchten, indem er nur eine einzige Gesellschaft untersucht. Grund dafür ist der Umstand, daß Sozialanthropologen nicht den Menschen schlechthin studieren, sondern sozial bestimmte und verantwortliche Personen im Kontext spezifischer Gesellschaften. Diese Gesellschaften werden holistisch verstanden, d. h. als Ganzheiten, in denen alle Phänomene synthetisch miteinander zusammenhängen und nur mit Blick auf diese Interdependenzen Sinn machen. Kulturvergleiche werden zwar nicht abgelehnt, ihnen sollten im sozialanthropologischen Programm aber intensive Erforschungen jeweils nur einer Gesellschaft vorangehen. Die sogenannte *comparative method* eines Frazers wird von Evans-Pritchard deshalb schon in einer seiner ersten Veröffentlichungen scharf kritisiert. «Sie bestand aus der Auswahl aus einer riesigen Masse Daten – ungleich und oft von geringer Qualität – von Phänomenen, die dem gleichen Typus anzugehören schienen. Dies erwies sich als eine sehr gefährliche Vorgehensweise, weil die Auswahl der Fakten aufgrund von Ähnlichkeiten zwischen Phänomenen nur hinsichtlich einer einzigen gemeinsamen Eigenschaft getroffen wurde. Die Eigenschaften, die im Einzelfall verschieden waren, ließ man unberücksichtigt» (1933, 177). Evans-Pritchard bemängelt zudem, daß die solchermaßen verglichenen Daten aus ihren sozialen Zusammenhängen gerissen wurden und gerade deswegen absurd erschienen. Soziale Fakten seien von Frazer nicht soziologisch, sondern «intellektualistisch» und stets mit Rekurs auf individualpsychologische Erklärungsmuster mißverstanden worden. Im Strukturfunktionalismus, wie er vor allem vom Neo-Durkheimer Radcliffe-Brown in die *social anthropology* eingebracht wurde, besitzen demgegenüber alle menschlichen Aktivitäten und Institutionen innerhalb einer Gesellschaft soziale Grundlagen und Funktionen, die der Kontinuität eines Gemeinwesens und seiner Struktur dienen.[9]

Während Frazer also damit beschäftigt war, das Sakrale am sakralen Königtum zu ergründen, betrachtet Evans-Pritchard die religiösen Aspekte im Lichte der Sozialstruktur und politischen Organisation. Diese Konzentration auf das Königliche im sakralen Königtum resultiert in einem relativ nüchternen *common sense*-Bild des Shilluk-Königs *(reth)*. Evans-Pritchard sieht die Sozialstruktur der Shilluk auf halbem Weg angesiedelt zwischen einem segmentären, auf Clanbasis organisierten Gesellschaftstypus und einem zentralisierten Staat mit einem von oben nach unten durchorganisierten Verwaltungs- und Regierungsapparat: «Ich schlage vor, daß es [sakrales Königtum] eine Institution darstellt, die typisch ist für Gesellschaften mit ausgeprägten Lineagesystemen, in denen die politischen Segmente Bestandteile einer locker organisierten Struktur ohne Regierungsfunktionen sind (...). Die moralische Zusammengehörigkeit ist groß genug dafür, daß sich die Segmente im Königtum durch ein gemeinsames Symbol repräsentiert sehen, aber nicht groß genug, um die mächtigen Tendenzen zur Abspaltung innerhalb der Struktur, die sie bilden, zu eliminieren» (1948, 37–8). Der *reth* sei letzten Endes relativ machtlos, und man müsse ihn eher als neutralen Vermittler zwischen den einzelnen Shilluk-Segmenten, denn als Gesetzgeber und oberste Rechtsinstanz betrachten. «Der König der Shilluk waltet, aber er regiert nicht» (ebd., 16). Der Umstand, daß Shilluk-Könige während ihrer Einsetzungszeremonien vom mythischen Helden und ersten König der Nation namens Nyikang besessen werden, um fortan ihre alten sozialen Persönlichkeiten abzulegen und als lebende Inkarnationen Nyikangs zu gelten, wird von Evans-Pritchard ebenfalls in strukturfunktionalen Begriffen erklärt: «Nyikang ist eine mythologische Personifizierung des zeitlosen Königtums, das seinerseits die nationale Struktur symbolisiert, eine zeitlose moralische Ordnung» (ebd., 9). An anderer Stelle erfahren wir, daß die «Teilhabe Nyikangs am König das Königtum auf eine Ebene hebt, die über allen sektiererischen Interessen liegt» (ebd., 19). Und er kommt zum Schluß: «Das Königtum, nicht der König, ist sakral» (ebd., 36).

Auch das Phänomen des Königsmords wird von Evans-Pritchard in dieser Hinsicht interpretiert. Bei Frazer war Regizid *das* zentrale Thema, zu dessen Ergründung der *Goldene Zweig* eigentlich geschrieben wurde. Der sakrale König ist für Frazer ein Mann, der im Herbst des Lebens, wenn seine Kräfte zu schwinden beginnen, von einem Jüngeren und Stärkeren ermordet und im Amt gefolgt wird. Hinter dieser Tötung steht nach Frazer der Glauben, daß die Lebenskraft des sakralen Königs integral mit der Natur verbunden ist und nicht langsam und unkontrolliert entschwinden darf. Wird ein König alt, krank, schwach oder sexuell impotent, ist es deshalb das gute Recht, ja die Pflicht eines Stärkeren, ihn zu töten und an seiner Statt die Königswürde sowie die damit verbundene Verantwortung für das Wohlergehen von Mensch, Tier und Natur zu übernehmen. Im Vergleich zu Frazer fällt die säkulare, politisch gewendete Deutung des Königsmords bei Evans-Pritchard auf. Das Königtum der Shilluk verkörpert für ihn einen «Widerspruch zwischen Dogma und sozialen Fakten, in gewisser Hinsicht zwischen Amt und Person» (ebd., 36). Das Dogma besteht darin, daß ein König die ganze Gesellschaft, und nicht nur einen Teil von ihr, repräsentiert, während er tatsächlich aber immer mit den Interessen einer Lokalität, Lineage oder einer anderen Gruppenart verbunden ist und identifiziert wird. «Wenn das passiert», so Evans-Pritchard, «fordern andere Sektionen ihre Rechte ein und durch ihre Handlungen die gemeinsamen Interessen aller Shilluk am Königtum auf Kosten der Person des Königs» (ebd., 38). Damit wird Regizid für Evans-Pritchard zu einem politischen Akt der Rebellion. In diesen Rebellionen kommen zwar die starken Neigungen der einzelnen sozialen Segmente zur Abspaltung zum Ausdruck; diese werden jedoch auf das gemeinsame Symbol des Königs gelenkt und wirken damit systemstabilisierend. Rebellionen und Königsmorde bei den Shilluk hatten nicht die Abschaffung der Institution des Königtums zum Ziel: «Sie waren nicht Revolutionen, sondern Rebellionen gegen den König im Namen des Königtums» (ebd., 35). Die rituelle Tötung des *reth*, die nach Informationen von Shilluk sogar mit der Einwilligung des Königs vorgenommen wird, wird von Evans-Pritchard lediglich als eine «Fiktion» betrachtet. Diese Fiktion entsteht ihm zufolge aus der «dualen Persönlichkeit des Königs, der sowohl er selbst als auch Nyikang ist, sowohl ein König als auch eine Institution» (ebd., 21). Durch diese Fiktion wird der Glaube an die mystischen Werte des Amtes, angesichts der Unzulänglichkeiten seiner individuellen Inhaber, gestärkt.

Zwei Kommentare zu Evans-Pritchards *Frazer Lecture* müssen genügen, um sowohl die Stärke als auch die Schwäche seines Ansatzes zu zeigen. Huntington und Metcalf meinen: «Evans-Pritchards Ansicht ... kehrt die Analyse um, indem er die Macht der Idee selbst ... hervorhebt und nahelegt, daß der Glaube noch effektiver das politische Gemeinwesen stärkt, wenn die Tat nicht wirklich vollbracht wird. Dieser Ansatz betont die Ähnlichkeiten zwischen dem Shilluk-Königtum und unseren eigenen kulturellen Einrichtungen. Indem er dem Symbolischen den Vorrang vor dem Mord einräumt, beseitigt Evans-Pritchard den Geruch des Wilden und der Primitivität, den Frazer all diesen Bräuchen angeheftet hat» (1979, 173–4). In dieser Klarheit und der daraus resultierenden «Entzauberung» des Mysteriums des Königsmords sieht Needham hingegen gerade die Schwäche der *Frazer Lecture*: «Die Klarheit und Kohärenz der Analyse machen deutlich, daß die soziologische Interpretation, indem sie das mystische Dogma als ein Überbau-Phänomen der politischen Organisation betrachtet, das Mystische ins Abseits verbannt; der Ansatz ist reduktionistisch, auf unzulässige Weise verallgemeinernd und beruht auf der Annahme eines kausalen Primats politischer Notwendigkeiten gegenüber kosmologischen Ideen» (1980, 68). Ich habe an anderer Stelle darauf hingewiesen, daß es gewisse Parallelen zwischen Evans-Pritchards 1948er-Bild des Shilluk-Königtums und Orwells im gleichen Jahr geschriebener Zukunftsvision der Gesellschaft des Jahres 1984 gibt.[10] Dies läßt darauf schließen, daß wir es in beiden Fällen mit einer «imaginären Ethnographie» im Sinne

Kramers (1978a) zu tun haben, also mit einer Art der Anthropologie, bei der die Auslegung (und Verzerrung) einer fremden Gesellschaft – sei sie nun räumlich oder zeitlich entfernt – im Grunde der Reflexion über die eigene Gesellschaft dient. Durch diese «Selbstauslegung im Anderen» wird die eigene Gesellschaft konstituiert, definiert oder kritisiert, während die anderen Gesellschaften auf sie entstellende Weisen entweder verfremdet oder angeglichen werden. Insofern sind auch die scheinbaren Mechanismen im Handeln von Mitgliedern «primitiver» Gesellschaften, die in strukturfunktionalen Schriften diesen Menschen zumindest indirekt zugeschrieben werden, weniger auf das Wirken einer «mechanischen Solidarität» à la Durkheim zurückzuführen. Vielmehr begegnet uns hierbei die Projektion des «stählernen Gehäuses der Hörigkeit», das Weber als Charakteristikum moderner Gesellschaften auswies, auf andere, fremde Gesellschaften.[11]

Sozialanthropologie und Geschichte

Die *Frazer Lecture* von 1948 kann als ein Wendepunkt im Denken Evans-Pritchards betrachtet werden. Ein Jahr später erscheint eine Studie, bei der es, wie beim sakralen Königtum der Shilluk, abermals um die enge Verknüpfung von Religion und Politik geht: *The Sanusi of Cyrenaica* (1949). Diese Studie über eine islamische Bruderschaft bei den Beduinen in Lybien und über deren Widerstand gegen die italienische Kolonialmacht erkundet im Gegensatz zur Shilluk-Studie mit Nachdruck auch die historische Dimension der Daten. Evans-Pritchard verstößt damit gegen eine Maxime der sich in jener Zeit immer noch nicht ihrer selbst gewissen Disziplin der *social anthropology*. Es handelt sich um die von Malinowski und Radcliffe-Brown propagierte Auffassung, daß für die sozialanthropologische Erforschung menschlicher Gesellschaften eine Untersuchung von Geschichte irrelevant sei. Sozialanthropologisches Forschen sei von anderen erkenntnisleitenden Interessen und Erklärungsmustern geleitet als historisches Forschen. Nicht die Suche nach Herkunft und Entwicklung, sondern die Suche nach den sozialen Funktionen von Institutionen und Bräuchen und nach den Mechanismen, die das soziale Ganze zusammen und in Gang halten, sei Aufgabe der Sozialanthropologie. Dieses Vorhaben sei mit den Untersuchungsmethoden der Naturwissenschaften vergleichbar, und wie bei diesen sei es das Ziel, Gesetze – Gesetze des sozialen Lebens – zu erstellen.[12]

Der von Evans-Pritchard im Sanusi-Buch implizit vollzogene Bruch mit dem a-historischen Pathos der orthodoxen Sozialanthropologie entwickelte sich in seiner *Marett Lecture* des Jahres 1950 zu einem die *scientific community* der Sozialanthropologen jener Zeit beunruhigenden Manifest. In «Social Anthropology: Past and Present» (1950) lautet die Antithese nun, *social anthropology* sei eine Art der Historiographie und darum letztlich eine Art Philosophie oder Kunst. Sie untersuche Gesellschaften als moralische Systeme und nicht als natürliche Systeme, suche Muster und nicht wissenschaftliche Gesetze, und sie interpretiere anstatt zu erklären.[13] Ohne hier näher auf die *Marett Lecture* und die durch sie hervorgerufene Kontroverse eingehen zu können[14], läßt sich feststellen, daß strukturfunktionale Interpretationen in den folgenden Jahren «weicher» werden. Sie erlauben fortan mehr Spielraum auch für die Einbeziehung von Abweichungen, Ungereimtheiten, destabilisierenden Konflikten sowie von menschlicher Eigeninitiative in die Interpretation. Damit wird besonders das Studium religiöser Phänomene und fremden Denkens freigesetzt von dem Druck, alles als rational und funktional aufzeigen und erklären zu müssen.

Die Religion der Nuer

Im Jahr 1956 legte Evans-Pritchard seine große Studie über die Religion der Nuer vor. Seinen Zugang beschreibt er wie folgt: «Ich hörte sie ständig von *kwoth*, Geist, reden, und mir wurde klar, daß ein volles Verstehen jenes Wortes der Schlüssel zu ihrer Philosophie war» (1956, vi). Außerdem betrachtet er in dieser Studie Religion, verstanden als «die reziproke Beziehung zwischen Gott und Mensch» (ebd., 144), ganz dezidiert als «ein Forschungsobjekt *sui generis*» (ebd., viii). Es geht ihm also weniger um die Aufdeckung der strukturalen Matrix und sozialen Verankerung religiöser Phänomene, als um die Untersuchung der Konzepte und Leitmotive des religiösen Denkens und der Philosophie der Nuer per se. Man ist verleitet zu sagen, Evans-Pritchards Ziel sei die Erforschung der «Theologie» der Nuer gewesen. Er betont jedoch, die Nuer «haben nichts, was man uneingeschränkt als Dogma, Liturgie und Sakramente (im strikten Sinne) bezeichnen könnte, und ihnen fehlt ein entwickelter religiöser Kult und Mythologie» (ebd., v).

Eine Grundschwierigkeit bei der Beschreibung und Interpretation der Nuer-Religion bestand in dem Umstand, daß das Konzept *kwoth* verschiedene Bedeutungen besitzen kann. In seiner Singularform, ohne weitere Pronomina und Umschreibungen, hat *kwoth* die Bedeutung von Gott, und zwar von einem Gott, der nach Evans- Pritchard in vielen Zügen dem Leben gewährenden und nehmenden Gottvater des Christentums ähnelt. *Kwoth* wird aber auch in der Pluralform gebraucht und läßt sich dann, in seinen Spezifizierungen als *kuth nhial* und *kuth piny*, in die zwei Hauptkategorien der Geister der Höhe, respektive Geister der Tiefe unterteilen. Die verschiedenen Geister der Höhe werden von den Nuer als mächtiger und gottähnlicher, aber auch als entfernter und unpersönlicher als die Geister der Tiefe angesehen, welchen wiederum konkretere Funktionen und Manipulierbarkeit im alltäglichen Leben zugesagt wird. Evans-Pritchard beschreibt die unterschiedlichen Geistkonzeptionen der Nuer, soweit sie ihm in seiner Eigenschaft als Augen- und Ohrenzeuge durch Gebete, Anrufungen bei Opfern, beiläufige Äußerungen oder gezielte Gespräche zugänglich gemacht worden sind. Er verknüpft seine minutiösen Beobachtungen und mit großer Sprachkenntnis vermittelten Einblicke in das Denken der Nuer immer auch mit vorsichtigen Übersetzungen der emischen Gesichtspunkte der Nuer in die Sprache und Denkwelt des westlichen Lesers. Nicht zuletzt hierin liegt die Funktion des häufigen Rekurses auf christliche Gottesvorstellungen begründet.

Der scheinbar logische Widerspruch, der in dem Umstand begründet ist, daß die verschiedenen Geister der Höhe und der Tiefe sowohl eigene Wesen als auch Manifestationen des einen Gottes sind, dieses Rätsel der gleichzeitigen Einheit und Verschiedenheit besitzt in der Übersetzungsarbeit des Buches den größten Erläuterungsbedarf. Evans-Pritchard betont zunächst: «Die Beziehung dieser Geister zu Gott stellt nicht eine Disjunktion, ein entweder ... oder, sondern eine Konjunktion, ein sowohl ... als auch, dar» (ebd., 61). Im wichtigen vierten Kapitel bemerkt er dann: «Dies Problem der Einheit in der Verschiedenheit stellt sich bei der Untersuchung der Religionen vieler Völker. (...) Nuer sind nicht verwirrt, denn die Widersprüche, die uns verblüffen, entstehen nicht auf der Ebene der Erfahrung, sondern nur bei dem Versuch, das religiöse Denken der Nuer zu analysieren und zu systematisieren (...) Tatsächlich habe ich selbst, als ich bei den Nuer lebte und in ihren Worten und Kategorien dachte, nie irgendeine Schwierigkeit gehabt, die mit der vergleichbar wäre, der ich mich jetzt gegenübersehe, da ich sie übersetzen und interpretieren soll» (1978b, 179). Evans-Pritchard trifft hier eine Unterscheidung, die beim Studium von Religionen nicht unbeachtet bleiben sollte. Auf der einen Seite sieht er die Selbstverständlichkeit und man könnte sagen die «Rationalität» einer Religion, wie sie sich für diejenigen, die sie alltäglich leben und erfahren, darstellt. Dem gegenüber stehen die distanzierteren Standpunkte der Wissenschaft und der Theologie, die Religion systematisch analysierend von außen betrachten, beziehungsweise als Dogma und Lehre verbreiten.

Um seine etische, also von außen an das Nuer-Material herangetragene Interpretation des Problems der Einheit-in-der-Verschiedenheit einzuleiten, hält Evans-Pritchard es für hilfreich, «wenn wir uns die verschiedenen Geister als Gestalten oder Darstellungen oder Refraktionen Gottes in bezug auf bestimmte Handlungen, Ereignisse, Personen und Gruppen vorstellen» (ebd., 180). Er schlägt vor, «die verschiedenen Geist-Gestalten im Denken der Nuer als gesellschaftsbedingte Brechungen der Gottesidee» zu betrachten (ebd.). Diesen Punkt erläutert er wie folgt: «... in allen Gesellschaften trägt das religiöse Denken den Stempel der Gesellschaftsordnung. Auf der Grundlage der segmentären, der politischen und der Lineage-Struktur der Nuer wird verständlich, daß dieselben komplementären Tendenzen der Spaltung und Vereinigung und dieselbe Relativität, die wir in der Struktur finden, auch im Wirken von Geist im gesellschaftlichen Leben zu finden sind» (ebd., 188). Wir begegnen hier also wiederum dem am

Beispiel der *Frazer Lecture* schon diskutierten strukturfunktionalen Ansatz bei der Interpretation von Religion. Allerdings ist dieser Ansatz hier eingebettet in eine sensible und diffizil aufgeschlüsselte Erläuterung religiöser Konzepte und Praktiken als Forschungsobjekten sui generis, die nicht kausal auf politische oder soziale Faktoren zurückzuführen sind. Außerdem wird die Begrenztheit der strukturfunktionalen Außenansicht problematisiert: «... jede Interpretation in der Perspektive von Sozialstruktur verdeutlicht uns lediglich, wie die Idee des Geistes den Bereichen des gesellschaftlichen Lebens gemäß verschiedene Formen annimmt. Sie befähigt uns nicht, das innere Wesen der Idee selbst besser zu verstehen» (ebd., 194).

In den folgenden Kapiteln von *Nuer Religion*, die sich mit klassischen religionswissenschaftlichen Themen wie Seelenglauben, Sünde, Opfer oder Prophetentum beschäftigen, erhält man dann den Eindruck, Evans-Pritchard habe mit der strukturfunktionalen Interpretation der Geistkonzeption in Kapitel IV sowohl das Fundament gelegt als auch sich den Freiraum geschaffen für seine darauffolgende, tiefergehende Diskussion. Es fällt auf, daß bei seiner diffizilen Beschreibung der einzelnen Aspekte der Nuer-Religion Fragen der Theorie nur im Verlauf der Diskussion der ethnographischen Daten berührt werden. Die einfache Beschreibung und die immer vom Standpunkt der Akteure ausgehende und stets auf ihn zurückkehrende Interpretation ist Programm. Die Nuer, denen das Buch gewidmet ist, werden so als nachvollziehbar handelnde Menschen und eigene Interpreten ihres Tuns ernstgenommen. Für den mit anthropologischen Theorien vertrauten Leser ist der Text allerdings immer auch ein verschlüsselter, indirekter Kommentar zu kursierenden (und für kritikwürdig befundenen) Theorien, beispielsweise über Animismus oder Totemismus. Alles in allem wird der Leser so sensibel und erhellend in die faszinierende und komplexe Religion der Nuer eingeführt, daß er am Ende des Buches vermeint, ihre Logik und Beweggründe verstanden zu haben. Das stundenlange Schwingen des Speeres über dem Nacken des Opfertieres, die dazugehörigen Anrufungen und Exhortationen, die Rolle der Nuer-Propheten, die symbolische Substitution von Ochsen durch Gurken oder die Vorstellung, daß Zwillinge Vögel seien, all dies wird dem westlichen Leser nähergebracht und haftet ihm nachdrücklich im Gedächtnis.

Hexerei und die Rationalität fremden Denkens

Wenn Evans-Pritchard im fünften Kapitel von *Nuer Religion* die Natur symbolischer Repräsentationen und Aussagen wie «Zwillinge sind Vögel» diskutiert, so greift er damit ein Problem auf, das er schon 1937 in seiner großen Monographie über Hexerei, Orakel und Magie bei den Azande im Südsudan in den Mittelpunkt seiner Überlegungen gestellt hatte: die Frage nach der Rationalität primitiven Denkens. Theoretisch gesehen wird er dabei von den Arbeiten des französischen Philosophen Lévy-Bruhl geleitet. Wie Frazer, so wird auch Lévy-Bruhl schon in einem frühen Artikel Evans-Pritchards aus der Kairoer Zeit diskutiert (Evans-Pritchard 1934), aber – anders als Frazer – wird er alles in allem positiv rezipiert. Lévy-Bruhl, der zum weiteren Umkreis der Durkheim-Schule der *Année sociologique* zu zählen ist, geht in seinen Überlegungen über die Eigenarten «primitiven» Denkens im Gegensatz zur Tylor-Frazer-Schule nämlich ganz entschieden von der These aus, daß alles Denken sozial bestimmt sei. Philosophisch-spekulative und individualpsychologische Erklärungsmuster beim Studium primitiven Denkens werden von daher verworfen und durch soziologische ersetzt. Wichtig ist hier der Begriff der «Kollektivvorstellungen» (*«représentations collectives»*). Alle Ideen und Glaubensvorstellungen sind nach Lévy-Bruhl soziale Phänomene, und als solche gelten sie ihm und der Durkheim-Schule als 1) allgemein gültig, 2) von Generation zu Generation überliefert und 3) für alle obligatorisch.[15] Evans-Pritchard folgt Lévy-Bruhl, obwohl er dessen Unterscheidung zwischen zwei Hauptformen von Mentalität – die eine primitiv, prälogisch und auf das Mystische hin orientiert, die andere zivilisiert, logisch und empirisch ausgerichtet – verwirft. Bei Lévy-Bruhl sei «primitives» Denken zu mystisch und «zivilisiertes» Denken zu wissenschaftlich gemacht worden: «Es ist weniger eine Frage von primitiver versus zivilisierter Mentalität als die Beziehung zwischen zwei Typen des Denkens zueinander in jeder Gesellschaft, ob nun primitiv oder zivilisiert, ein Problem verschiedener Ebenen des Denkens und der Erfahrung» (1981, 131).

Vor diesem theoretischen Hintergrund gibt Evans-Pritchard in *Witchcraft, Oracles and Magic* der Interpretation von Phänomenen, die unter wissenschaftlich- empirischen Gesichtspunkten nicht verifizierbar und von daher anscheinend irrational sind, eine entscheidende Wendung. Er fragt nicht länger, ob Hexerei wirklich möglich ist, ob magische Kräfte tatsächlich existieren oder ob Orakeltechniken die wahren Ursachen ans Tageslicht bringen können. Fragen nach der objektiven Wahrheit solcher und anderer Vorstellungen treten bei ihm in den Hintergrund, denn ihn interessieren primär die innere Logik und die Kohärenz jeweils kulturspezifisch zu analysierenden Denkens. Wenn man die wichtigsten Prämissen des Denkens und Glaubens einer bestimmten Kultur als sozial gegeben annimmt, wenn man also vorrangig nach der gesellschaftlichen Gültigkeit bestimmter Vorstellungen, Ideen und Glaubensgrundsätze fragt, dann erweist sich nach Evans-Pritchard das Denken dieser Kultur zumeist als in sich konsistent und rational. Kippenberg charakterisiert diesen wichtigen Punkt wie folgt: «Evans-Pritchard unterscheidet zwischen Inhalten, die an objektiven Tatsachen überprüft werden können, und der Logik ihrer Anwendung. Diese Unterscheidung macht es möglich, kohärente Denkformen zu ermitteln, ohne sich mit der Frage nach der Wahrheit der Prämissen zu befassen. Denn die beiden Aspekte erheischen ... unterschiedliche

Aspekte der Beurteilung: der inhaltliche Aspekt einer Beurteilung nach dem Kriterium der Wahrheit, der Aspekt der Logik eine nach dem Kriterium der Kohärenz und Regelmäßigkeit. Auf diese Weise kann Evans-Pritchard die Logik der Magie darstellen, ohne deren Prämissen zu übernehmen» (1987, 34–5).

Die von Evans-Pritchard untersuchten Azande können zu denjenigen Gesellschaften gezählt werden, denen Lévy-Bruhl eine starke Orientierung hin zu mystischen Auslegungen der Welt zuschrieb. Bei den Azande wird der Glaube an Hexerei von allen geteilt. Er ist unerschütterlich und durchzieht große Teile ihres Lebens: «*Mangu*, Hexerei, war eines der ersten Worte, das ich im Zandeland hörte, und während der Monate meines Aufenthalts dort hörte ich es jeden Tag» (Evans-Pritchard 1978a, 39). Evans-Pritchard betont, daß Hexerei nicht als Erklärung für alle Geschehnisse im menschlichen Leben herhalten muß. Zande legen viele Ereignisse durchaus auf pragmatische und empirische Weise aus. Erst wenn gesteigerter sozialer Erklärungsbedarf besteht und Kausalzusammenhänge erklärt werden müssen, etwa bei Unglücksfällen, großem Mißgeschick und Tod, werden von Zande Erklärungen gesucht, die in *mangu* die Ursache des Unheils sehen. Das schließt keineswegs das Erkennen natürlicher Ursachen aus. Wenn beispielsweise ein Mensch von einem Büffel getötet wird, dann sind sich Zande durchaus im klaren, daß der Büffel den Menschen getötet hat. Dahinter sehen sie aber eine noch tiefergehende Ursache – einen «zweiten Speer». Warum kreuzten sich die Wege von Büffel und Mensch genau zu jenem Zeitpunkt am selben Ort? Der Grund ist Hexerei. In einer der bekanntesten Passagen des anthropologischen Schriftguts schreibt Evans-Pritchard hierzu: «Im Zandeland stürzt manchmal ein alter Getreidespeicher ein. Daran ist nichts Bemerkenswertes. Jeder Zande weiß, daß Termiten die Stützbalken im Laufe der Zeit zernagen ... Nun ist aber ein Speicher immer zugleich das Sommerhaus eines Zande-Gehöfts und die Leute sitzen während der Mittagshitze darunter ... Infolgedessen kann es passieren, daß gerade dann, wenn er einstürzt, Leute daruntersitzen und verletzt werden ... Warum mußten gerade im Moment des Einsturzes ausgerechnet diese Leute unter dem betreffenden Speicher sitzen? (...) Wir haben keine Erklärung dafür, warum die beiden Kausalketten sich zu einem bestimmten Zeitpunkt an einem bestimmten Ort überschnitten, da es keine Interdependenz zwischen ihnen gibt. Die Philosophie der Zande kann dazu das fehlende Glied liefern. Ein Zande weiß, daß die Stützen von Termiten unterhöhlt waren und daß Leute unter dem Speicher saßen, um der Hitze und dem gleißenden Sonnenlicht zu entgehen. Aber er weiß außerdem, warum diese beiden Ereignisse zur genau gleichen Zeit am gleichen Ort eintraten. Es war eine Folge der Wirkung von Hexerei. Hätte es keine Hexerei gegeben, hätten die Leute unter dem Speicher gesessen, ohne daß er auf sie gefallen wäre; oder er wäre eingestürzt, ohne daß sich jemand zu diesem Zeitpunkt darunter befunden hätte. Hexerei erklärt die Koinzidenz dieser beiden Ereignisse» (1978a, 65 f.).

Der Glaube an Hexerei erklärt bei den Azande also die Partikularität von Ereignissen – Warum gerade hier und jetzt? Warum gerade ich? –, und er liefert Erklärungen dort, wo bei uns lediglich der Rekurs auf den Zufall übrigbleibt. Die von allen Zande geteilte Grundannahme, daß Hexerei im Spiel sein kann, führt zu dem Wunsch zu erfahren, wer der Hexer/die Hexe ist, und zu dem Begehren, sich vor ihm/ihr zu schützen und sich sogar an ihm/ihr zu rächen. Hier treten Medizinmänner in Erscheinung, die durch Tanz, Musik, Séancen und Pflanzenkunde die mögliche Quelle der Hexerei zu identifizieren und ihre Auswirkungen zu beseitigen suchen. Noch bedeutender sind aber verschiedene Orakeltechniken, besonders die an Hühnern angewandten Giftorakel, die (durch Tod oder Weiterleben) mit Ja oder Nein auf die ihnen jeweils vorgelegten Fragen «antworten». Oft werden dem Orakel Namen von Personen als mögliche Hexer/Hexen vorgelegt, die im alltäglichen Leben ohnehin schon als Feinde oder als übelgesinnt betrachtet worden sind. Ist jemand der Hexerei überführt, so schickt man einen Gesandten mit dem Flügel des getöteten Huhns als Beweismittel und Symbol seiner Schuld. Der Angeklagte wird daraufhin sein Unwissen beteuern und als Zeichen der Abbitte Wasser auf den Flügel blasen mit den Worten: «Wenn ich Hexenkraft in meinem Bauch habe, weiß ich nichts davon; möge sie abkühlen» (ebd., 103). Damit ist in den meisten Fällen die Sache erledigt. Nur wenn hinterher das Unheil oder die Krankheit nicht nachläßt und sogar Tod eintritt, werden die Angehörigen des Opfers entweder Kompensation verlangen oder, unterstützt durch Medizinmänner, auf Rachemagie zurückgreifen. Früher wurden an den Höfen der Prinzen, deren Giftorakel oberste Rechtsautorität besaßen, sogar Todesurteile ausgesprochen und vollstreckt. Um die soziale Komponente des Hexereiglaubens zu verstehen, muß man sehen, daß Hexer und Hexen zumeist in der Nachbarschaft gesucht und gefunden werden. Allerdings gelten Hexereianklagen nie einem Prinzen – der königliche Vongara-Clan gilt als frei von der biologisch vererbbaren, roten Hexereisubstanz. Selten werden Dorfhäuptlinge oder andere angesehene und mächtige Personen, nie Ehemänner von ihren Ehefrauen, der Hexerei beschuldigt. Zumeist wird nur unter Gleichen oder von «oben» nach «unten» angeklagt, so daß durch Hexereianklagen zwar lokale Zwiste ausgetragen (und beigelegt) werden, die Autoritätsstruktur als solche aber nicht in Frage gestellt wird.

Alles in allem verdeutlicht Evans-Pritchard durch seine Hexerei-Studie, daß Zande genauso rational und empirisch ausgerichtet denken und urteilen können wie «wir». Der Glaube an Hexerei macht sie nicht zu irrationalen Wesen, deren Denkfähigkeit minderwertig ist. «Hexerei», so Evans-Pritchard, «erklärt, *warum* Ereignisse für Menschen schädlich sind, und nicht, *wie* sie geschehen. Ein Zande nimmt genauso wahr wie wir, wie sie geschehen» (ebd., 67). Der Büffel oder die Termiten werden auch von den

Zande als natürliche Ursachen von Unglück wahrgenommen; Hexerei stellt für sie aber die gesellschaftlich relevante Ursache dar. Beide Erklärungsmuster schließen sich nicht gegenseitig aus, sondern sie ergänzen einander (vgl. ebd., 68). Aus der unumstößlichen Prämisse der Zande, daß Hexerei existiert, verstehen sich dann folgerichtig auch Orakel und Magie. Alle drei Phänomene, so zeigt Evans-Pritchards Studie, hängen eng miteinander zusammen; sie bedingen und stärken sich gegenseitig, und sie bilden ein in sich geschlossenes und logisches Gedankengebäude.

Diese große innere Schlüssigkeit und die soziale Bedingtheit des Zande-Denkens aufgezeigt zu haben, ist die große Leistung der Azande-Studie, die sie bis heute in Diskursen über fremdes Denken unersetzlich macht. Gleichzeitig liegt genau hierin paradoxerweise ihre Schwäche begründet. Man betrachte folgende Aussagen: «In diesem Glaubensgewebe hängt jede Faser von jeder anderen ab und ein Zande kann nicht aus den Maschen heraus, weil das die einzige ihm bekannte Welt ist. Das Gewebe ist keine äußerliche Struktur, in die er eingeschlossen ist. Es ist die Struktur seines Denkens, und er kann nicht denken, daß sein Denken falsch ist» (ebd., 168). Oder: «Im System ihrer Glaubensanschauungen denken sie sehr vernünftig, außerhalb oder gegen ihre Anschauungen aber können sie nicht denken» (ebd., 226). Wie ich schon im Zusammenhang mit der *Frazer Lecture* argumentiert habe, so wird somit auch in Evans-Pritchards Hexerei-Studie eine Übersystematisierung vorgenommen. In dem Versuch, den «Wilden» vom Stigma der Irrationalität zu befreien, macht Evans-Pritchard ihn rationaler und besser «funktionierend», als er tatsächlich ist. Damit erscheint wiederum ein Bild vom «Primitiven», demzufolge dieser lediglich mechanisch agiert und ein Gefangener seiner eigenen Sozialstruktur und Gedankenwelt ist.

Theorien über primitive Religionen

Auch in *Witcraft, Oracles and Magic* findet man selten explizite Diskussionen theoretischer Belange. Diese Theorie-Abstinenz Evans-Pritchards im ethnographischen Werk ist wahrscheinlich in dem von Douglas erwähnten Umstand begründet, daß Evans-Pritchard «es nicht für angebracht hielt, ethnographische Berichte als Forum persönlicher Triumphe gegen rivalisierende Theorien zu benutzen. Die Aufgabe der ethnographischen Darstellung war zu ernst und schwierig» (1980, 3). Evans-Pritchards Respekt vor der Ethnographie und damit letztendlich vor den Menschen, deren Leben er beschrieb und interpretierte, beinhaltete keineswegs eine prinzipielle Theoriefeindlichkeit. Im Gegenteil, wir haben schon im Zusammenhang mit *Nuer Religion* gesehen, daß in der ethnographischen Beschreibung und Interpretation der Daten theoretische Überlegungen und Kritiken an kursierenden Theorien implizit immer mitgedacht sind. Auch auf explizite Weise hat Evans-Pritchard theoretische Fragen in zahlreichen

Schriften, etwa in den bereits erwähnten Kairoer Vorlesungen, behandelt. Theorien über primitive Religionen widmet er 1965 sogar ein eigenes Werk. In dem dort aufzufindenden detaillierten wissenschaftsgeschichtlichen Rückblick auf zahlreiche Theorien (Evans-Pritchard 1965; 1968) unterscheidet er einerseits zwischen «psychologischen Theorien», die ferner in «intellektualistische» (etwa Frazer und Tylor) und «emotionalistische» (etwa Freud, Marret und Malinowski) unterteilt werden, und soziologischen Theorien (etwa Durkheim, Mauss und Radcliffe-Brown) andererseits. Darüber hinaus widmet er Lévy-Bruhl ein eigenes Kapitel.

Evans-Pritchard bemängelt, daß die meisten der von ihm behandelten Autoren – sein Rückblick endet um 1930 – nach der introspektiven Methode des «Wenn ich ein Pferd wäre, was würde ich jetzt denken, fühlen oder tun» vorgingen. Diesem Zugang setzt er das Primat der Feldforschung und die Beschränkung auf empirisch verifizierbare Aussagen entgegen. Seine Schlußfolgerung ist konsequent: «Zumindest für Anthropologen sind die meisten dieser Theorien völlig überholt und interessieren heute nur noch als Beispiele für das Denken ihrer Zeit» (Evans-Pritchard 1968, 146–7). Evans-Pritchard polemisiert in den *Theorien* aber nicht gegen Theoriebildung an sich, sondern gegen einen übersteigerten Glauben an das, was Theorien zu leisten und zu erklären vermögen. Er selbst bietet keine eigene Theorie an. Nur dem sozialanthropologischen Ansatz wird heuristischer Wert zugeschrieben: «Die großen Fortschritte der Sozialanthropologie in der und durch die Feldforschung haben unser Interesse von dem vergeblichen Forschen nach Ursprüngen abgelenkt» (ebd., 151). Und: «Die Wissenschaft befaßt sich mit Beziehungen, nicht mit Ursprüngen und Substanzen. Wenn die Tatsachen der primitiven Religion überhaupt soziologisch erklärt werden können, dann in Beziehung zu anderen Fakten» (ebd., 159).

Dem sozialanthropologischen Ansatz lag die von der Durkheim-Schule aufgegriffene Überzeugung zugrunde, daß alles menschliche Denken und Handeln, einschließlich ritueller Vorstellungen und Praktiken, sozial bestimmt sei. Darüber hinaus war man der Auffassung, daß jede Vorstellung, Institution oder Praxis innerhalb einer gegebenen, als Ganzheit aufzufassenden Gesellschaft stets auch mit Elementen aus den jeweils anderen Domänen des sozialen Lebens verknüpft sei. Und man war schließlich der Ansicht, daß alle menschlichen Handlungen und Einrichtungen dazu dienen, die Struktur einer Gesellschaft aufrechtzuerhalten. Evans-Pritchard wich zeit seines Lebens nicht von diesen Maximen ab, auch wenn er den Strukturfunktionalismus in späteren Jahren als zu vage und glatt betrachtet und auch um eine historische Dimension erweitert sehen möchte. Aber die genannten Grundsätze bildeten für ihn weniger eine Theorie, mit der sich Religion erklären läßt. Sie galten ihm vielmehr als Prämissen, durch die ein brauchbarer Ausgangspunkt für das empirische Studium fremder Religionen und ein Zugang zum soziologischen Verstehen dieser Religionen geboten wurden. Betont sei in diesem Zusammenhang das Wort «soziologisch». Wie schon in *Nuer Religion*, so wird auch in den *Theorien* die Begrenztheit dieser nur das Äußere einer Religion erfassenden Herangehensweise beklagt. Während der letzte Satz von *Nuer Religion* lautet: «An diesem Punkt übernimmt der Theologe vom Anthropologen» (1956, 322), erklärt der gläubige Katholik in den *Theorien* sogar seine Übereinstimmung mit folgender Ansicht von Pater Wilhelm Schmidt: «Wenn Religion wesentlich zum inneren Leben gehört, kann sie wahrhaftig nur von innen begriffen werden. Doch dazu ist ohne Zweifel derjenige besser in der Lage, in dessen innerem Bewußtsein die Erfahrung von Religion eine Rolle spielt» (Schmidt 1931, 6).[16]

III. Wirkung

Steht man vor der Aufgabe, die Wirkung Evans-Pritchards als «Klassiker der Religionswissenschaft» zu bestimmen, so sieht man sich mit der Unmöglichkeit konfrontiert, seinen Beitrag in diesem Bereich der Forschung von seinem Gesamtschaffen als Sozialanthropologe zu trennen. Wo etwa wäre die Sozialanthropologie heute ohne seinen großen Einfluß bei der Entwicklung der Theorie segmentärer Lineagegesellschaften, wo ohne seine Beiträge über Feldforschung, sozialanthropologische Methode und über die Geschichte des anthropologischen Denkens? Und was wäre die Sozialanthropologie ohne die Arbeiten, durch die uns die Nuer und die Azande in allen Aspekten ihres Lebens so vertraut gemacht worden sind wie nur wenige andere fremde Gesellschaften? Evans-Pritchards religionsethnologische Arbeiten sind nur im integralen Zusammenhang mit diesen anderen Forschungsschwerpunkten zu verstehen, ohne die sie nicht hätten entstehen und entwickelt werden können. Ebensowenig wären andererseits auch Evans-Pritchards Erkenntnisse auf nicht-religionswissenschaftlichen Gebieten – beispielsweise seine Einsichten in die «staatsbildende» Macht des Prinzips des Agnatismus – ohne die Einblicke in die Natur religiösen Denkens und in die soziale Kraft von Ideen und Symbolen möglich gewesen.

Einige von Evans-Pritchards Beiträgen zur Religionswissenschaft sind von daher nur mit direktem Bezug auf ihren orthodoxen sozialanthropologischen Ansatz zu verstehen. In späteren Studien wiederum – auch in denjenigen, in denen er explizit über diesen Ansatz hinausgeht und ihn kritisiert – konnte er seine weitergehenden Positionen erst entwickeln, nachdem der strukturfunktionalistische Rahmen der Interpretation zuvor abgesteckt und zum festen Ausgangspunkt weiterer Überlegungen gemacht worden war. Die großen Studien über die Religionen der Nuer und Azande entstanden erst *nach* einer gründlichen Analyse ihrer sozialen und politischen Organisationen, und in ihnen wird der strukturfunktionale Referenzrahmen bei der Auswertung der ethnographischen Daten stets von unreflektierten Vermischungen mit sozialpsychologischen, bio-psychologischen, theologisierenden, historisierenden oder anderen Erklärungsansätzen freigehalten. Evans-Pritchards Wirkung in der Religionswissenschaft ist also nur auf dem Hintergrund seiner führenden Rolle in der britischen Sozialanthropologie zu verstehen, wobei der gedankliche Austausch und die persönliche Zusammenarbeit zwischen den Mitgliedern dieser Schule in vielen Bereichen so eng war, daß es oft schwer fällt, bestimmte Ideen, Entwicklungen und gedankliche Antriebe nur auf eine Person allein zurückzuführen.[17]

Fragt man konkreter nach der Wirkung Evans-Pritchards in der Religionswissenschaft, so ist zunächst die bloße Tatsache zu erwähnen, daß *Witchcraft, Oracles and Magic* und *Nuer Religion* zu den ersten großen, ganzheitlich ausgerichteten Monographien über fremde Religionen gehörten. Aus diesem Grund allein, aber auch aufgrund ihrer wissenschaftlichen Qualität besaßen und besitzen sie bis heute Vorbildcharakter, und sie haben die Erstellung nachfolgender religionsethnologischer Monographien ermutigt und inhaltlich geformt.[18] In der Folge der Azande- Studie im speziellen entstanden außerdem eine Reihe von Arbeiten über Hexerei und Magie in Afrika als Phänomenen per se.[19] Gleichermaßen inspirierte dieses Werk Mitglieder der *Manchester School of Anthropology* dazu, Hexereianklagen und Gegenmagie als Mittel einer «Mikropolitik» und als Indikatoren sozialen Zwists und Wandels zu interpretieren.[20] Es bot zudem Historikern neuen Zugang zum Verständnis von Hexerei-Phänomenen im Europa des späten Mittelalters und der frühen Neuzeit.[21]

Evans-Pritchards Sanusi-Studie und *Nuer Religion* gaben wichtige Anstöße für die Erforschung afrikanischer Besessenheitsphänomene und der sozialrevolutionären Kraft von religiösen Bewegungen.[22] Was den Shilluk-Artikel betrifft, so wirkt dieser in Zeiten postmodern ausgerichteter Sozialwissenschaften mit ihren Schlüsselbegriffen von *«power»* und *«hegemony»* wieder äußerst aktuell, wird in ihm doch die politische Dimension religiösen Denkens und Handelns, ja jeden Denkens und Handelns, aufgezeigt. Auch die in der *Manchester School* entwickelte Sicht von Rebellionen als sozialen oder rituellen Dramen, die letztlich integrierend wirken, findet in der *Frazer Lecture* einen geistigen Vorläufer.[23] Darüber hinaus eröffnete die dort getroffene Trennung von Person und Amt, von natürlichem Körper des *reth* und mystischem Körper Nyikangs, eine Perspektive, durch die kulturvergleichende Untersuchungen über Körperschaften und über symbolische Manipulationen von Königskörpern vorangetrieben wurden.[24] Die Studie über die Religion der Nuer, mit ihren vielen Querverweisen auf vergleichbare Vorstellungen im Alten Testament, verlieh darüber hinaus ethnologischen Herangehensweisen beim Studium der Bibel Auftrieb.[25]

Die in den siebziger Jahren recht lebhaft geführte Debatte über die Natur «wilder» Philosophien und Religionen ist maßgeblich von Evans-Pritchards Azande-Studie mitgeprägt worden. Kippenberg bemerkt zurecht, daß in der Debatte über fremdes Denken immer wieder auf *Witchcraft, Oracles and Magic* als Paradigma zurückgegriffen wird.[26] Douglas feiert Evans-Pritchards Azande-Beitrag zur Soziologie des Wissens, insbesondere des Alltagswissens, mit folgenden Worten: «Nachdem diese Studie veröffentlicht war, sollte es nicht länger möglich sein, philosophische Aussagen über das Denken zu machen, ohne anzuerkennen, daß Denken Schnitte und Verbindungen zwischen Handlungen schafft» (1980, 54). Wie dem auch sei, Evans-Pritchard hat in diesem zwischen Sozialwissenschaft und Philosophie angesiedelten Problembereich, der sich auf die sozialen Grundlagen des Erkennens und die Rationalität allen Denkens bezieht, ähnliche Wege der Forschung eröffnet wie Weber oder Wittgenstein, und dies auf vergleichbar einflußreiche Weise.[27]

Geertz ist einer der Autoren, die darauf hingewiesen haben, daß Evans-Pritchard in seinem Werk immer wieder zu einem einzigen Anliegen zurückkehrt, nämlich zu dem Rätsel, «wie das, was wir als die Fundamente wahrhaft menschlichen Lebens betrachten, ohne den Beistand unserer Institutionen existieren kann. ‹E.-P.s› klassische Studien beginnen alle mit der Entdeckung, daß etwas, was wir in unserer Kultur haben, in der anderen fehlt» (1990, 71). Er identifiziert dabei drei Hauptbereiche in Evans-Pritchards Werk: «die Aufrechterhaltung kognitiver Ordnung in Abwesenheit einer Wissenschaft, die Aufrechterhaltung politischer Ordnung in Abwesenheit eines Staates und ... die Aufrechterhaltung spiritueller Ordnung in Abwesenheit einer Kirche» (ebd.).[28] In der Tat ist es Evans-Pritchard (gemeinsam mit anderen Sozialanthropologen) gelungen, unsere ethnozentrischen Vorstellungen bezüglich dessen, was nötig ist, um eine Gesellschaft funktionieren zu lassen, grundsätzlich zu erschüttern. Er war wesentlich daran beteiligt, aufzuzeigen, welche Alternativen, bis dato weitgehend unbekannten Prinzipien dazu beitragen, daß Denken ohne Wissenschaft, Gesellschaft ohne Staat und Religion ohne Kirche existieren können. In einer radikalen Deutung seiner Ausführungen ließe sich sogar argumentieren – und Clastres (1976) hat dies mit Bezug auf den Staat getan –, daß die oben genannten Abwesenheiten eigentlich gewollte Abstinenzen waren, daß also einige Gesellschaften nicht nur Gesellschaften *ohne*, sondern vielmehr sogar Gesellschaften *gegen* den Staat, die Wissenschaft und die Kirche waren.

Ein letzter Punkt ist anzusprechen. Evans-Pritchards Schreibstil wird von Geertz als «ein ‹Sprachtheater› von enormer Macht ... – in der Ethnographie das mächtigste, das je konstruiert worden ist» (1990, 63) bezeichnet. Die Schriften des Oxforder Sozialanthropologen sind ihm eine «Lichtbildschau» von «blendender Klarheit» und reich an nachhaltig wirkenden Bildern: «Da ist, als berühmteste von allen, die Szene mit dem zusammenbrechenden Kornspeicher aus *Witchcraft, Oracles and Magic* – die unglücklichen Zande, die für immer unter einem Lagerhaus genau zu dem Zeitpunkt Schutz vor der Sonne suchten, an dem sich Termiten endgültig durch seine Stützbalken gefressen hatten (...) Es gibt die beiden

Ideogramme aus *Nuer Religion* – Ochse und Gurke und Zwillinge und Vögel –, die praktisch jeder, der über Opfer oder Totemismus oder ‹primitives Denken› schreibt, anscheinend zur Beschwörung heranziehen muß» (ebd., 68). Ohne hier einer postmodernen Anthropologie beipflichten zu wollen, derzufolge Ethnographie vor allem eine literarische Tätigkeit darstellt und der Ethnograph zuvorderst ein Autor ist, sei dennoch betont: Evans-Pritchards Wirkung war auch deshalb so groß, weil er stilistisch brilliant schrieb; dies allerdings, wie Geertz (ebd., 73) zurecht behauptet, mit einer Art des Selbstvertrauens und einem Tonfall des *common sense*, die im Zeitalter des «Postkolonialismus» und der «Krise der ethnographischen Repräsentation» nicht mehr zeitgemäß sind.

Peter J. Bräunlein

VICTOR WITTER TURNER
(1920–1983)

Der Ethnologe Victor Turner gehört, neben Clifford Geertz und Mary Douglas, zu den einflußreichen Kulturwissenschaftlern, deren Arbeiten jene «interpretative Wende» einleiteten, die nun zunehmend weite Bereiche der Humanwissenschaften erfaßt. ‹Bedeutung› steht hier über ‹Funktion›, ‹Kultur› über ‹Gesellschaft›. Was aus dem Blickwinkel eines Durkheim und Mauss schwer faßbar scheint, die Gleichzeitigkeit mehrerer Klassifikations- und Bedeutungssysteme, prozessuale Verläufe und Umbrüche in einem relativ homogenen sozialstrukturellen Umfeld, erschließt sich aus der Sichtweise Turners. Mit Blick auf individuelle und gesellschaftliche Wandlungsprozesse, auf Konflikte und krisenhafte Brüche erkannte Turner die Dynamik und Macht von Ritual und Symbol. ‹Religion› erschien ihm seit seiner Feldforschung in Afrika von einer allesdurchdringenden Bedeutsamkeit für Individuum und Kultur zu sein. Gegen jeden strukturfunktionalistischen Reduktionismus polemisierte Turner, selbst unter strukturfunktionalistischen Paradigmen ausgebildet, vehement, und sein lebenslanges Bemühen galt der Emanzipation von ‹Religion› innerhalb der Humanwissenschaften.

I. Leben

Victor Turner wurde am 28. Mai 1920 in Glasgow, Schottland geboren. Die Mutter, Violet Winter, war Schauspielerin und Gründungsmitglied des schottischen Nationaltheaters, der Vater ein wenig theaterbegeisterter Elektroingenieur. Nach der Trennung der Eltern schickte man den Elfjährigen in das südenglische Bournemouth, in die Obhut der Großmutter mütterlicherseits. Der heranwachsende Turner fühlte sich zwischen Kunst und Wissenschaft, Sport und klassischer Philologie hin- und hergerissen. Der Weg zur Ethnologie, einer Disziplin, die, wie er später schrieb, selbst unsicher zwischen zwei Polen schwankt, war damit vorgezeichnet (Turner 1989b, 9). Zunächst entschied er sich für das Studium der englischen Literatur am *University College* in London. 1941 zur britischen Armee einberufen, verweigerte er aus Gewissensgründen den Dienst an der Waffe und wurde daraufhin einer Bombensucheinheit zugeteilt. In dieser Zeit lernte er Edith Lucy Brocklesby Davis (‹Edie›) kennen und lieben, und alsbald, 1943 mitten im Krieg, wurde die Ehe geschlossen. Ihr Zusammenleben begann «randständig», «liminal», was charakteristisch für ihre gemeinsame

Victor Witter Turner (1920–1983)

Zukunft bleiben sollte. Ihr erstes Domizil war ein kleiner Wohnwagen am Rande des zerbombten Rugby. Hier kamen die Kinder Fred und Bob zur Welt. Die Kinder Irene, Alex und Rory folgten zwischen 1948 und 1963.

Die Suche nach Bomben in desolaten Ruinenlandschaften, ständig auf Tuchfühlung mit dem eigenen Tod, und die alltägliche Gesellschaft einfacher Arbeiter regten Turners Interesse an den bodenständigen Seiten des Lebens an. In der örtlichen Bibliothek entdeckte er Margaret Meads *Coming of Age in Samoa* und Radcliffe-Browns *The Andaman Islanders*. Die Andamanen-Monographie war es, die den Ausschlag für seine Berufsentscheidung gab: am neuen *Department of Anthropology* des *University College* (London) studierte er Ethnologie, in erlesener Gesellschaft eines Firth, Forde, Fortes, Leach, Radcliffe-Brown und Nadel, um 1949 mit dem B. A. (with honors) abzuschließen. Max Gluckmans *The Economy of the Central Barotse Plain* gab den Anstoß, sich mit Karl Marx zu beschäftigen. Max Gluckman, der in Manchester ein neues Department für Ethnologie einrichtete und, einem Fußballtrainer vergleichbar, auf Talentsuche beim Aufbau einer eigenen Mannschaft war, überzeugte Turner, dort sein Studium fortzusetzen und Feldforschung in Afrika zu betreiben.

Unter Gluckmans paternalistischer Führung bildete sich hier eine eigene Schulrichtung innerhalb der britischen Social Anthropology heraus: die «Manchester-School». Theoretisch standen Konflikt, Prozeß und rituelle Integration im Mittelpunkt, methodisch entwickelt wurden die sog. *extended-case-study* und die Netzwerk-Analyse. Die marxistische Orientierung der Manchester Schule war nicht nur eine intellektuelle Herausforderung, sondern bot in der Umbruchszeit nach dem Krieg Sinngebung und die Vision ethisch-moralischer Neuorientierung. Victor Turner zeigte sich von diesem humanistischen Marxismus begeistert und trat der Kommunistischen Partei bei. 1951 reiste Turner nach Sambia, um in der Position eines ‹research officer› des von Gluckman gegründeten *Rhodes Livingston Institute* in Lusaka jene Feldforschung durchzuführen, die seinen Ruhm begründen sollte. Zunächst war eine Akkulturationsstudie bei den Mambwe vorgesehen, doch unmittelbar nach Ankunft der Turners in Lusaka telegraphierte Gluckman eine neue Anweisung: «Schlage vor, zu den Ndembu in die Nordwest Provinz zu wechseln, viel Malaria, Gelbfieber, jede Menge Rituale» (Edith Turner 1985, 2). Die Turners verbrachten daraufhin insgesamt zweieinhalb Jahre bei den Ndembu, vorwiegend in der Ortschaft Mukanza. 1955, bereits ein Jahr nach seiner Rückkehr, erwarb Turner mit seiner Schrift *Schism and Continuity in an African Society* (veröffentlicht 1957) den Ph. D. in Social Anthropology. Bis 1963 lehrte, forschte und veröffentlichte Turner an der Universität Manchester. Seine alsbaldige Abwendung vom Kommunismus lag vermutlich in seiner Enttäuschung über die realpolitischen Entwicklungen im Ostblock (Ungarnkrise 1956) begründet. 1957 re-konvertierte er zum Katholizismus. In eben diesen Jahren wurde sein Unbehagen am mechanistischen Funktionalismus der *social anthropology*, speziell der Manchester Schule immer offenkundiger, und so wuchs die innere Bereitschaft, Manchester den Rücken zu kehren.

1961/62 als ‹fellow› am *Center for Advanced Study* in Palo Alto (USA) knüpfte Turner Kontakte, die es ihm ermöglichten, 1963 eine Professur an der Cornell Universität anzutreten. Neben der politischen Ethnologie war es die Beschäftigung mit den Ndembu-Ritualen und Symbolen, die nunmehr ins Zentrum seiner Forschungen rückten. Mit den Werken *The Forest of Symbols* (1967), *The Drums of Affliction* (1968) und *The Ritual Process: Structure and Antistructure* (1969) wurde das Fundament von Turners vergleichender Symboltheorie und prozessualer Ritualanalyse gelegt. 1965 erhielt er in Anerkennung für seine herausragende Feldforschungsleistung die *Rivers Memorial Medal* des *Royal Anthropological Institute*. Zwischen 1968 und 1977 lehrte Turner als Professor für *anthropology and social thought* an der Universität Chicago, um 1977 an die Universität von Virginia in Charlotteville zu wechseln. Hier hatte er bis zu seinem Tod die William R. Kenan Professur für *Anthropology and Religion* inne. Turners Jahre an amerikanischen Universitäten fielen in eine Zeit erheblichen gesellschaftlichen Wandels. Die Proteste gegen den Vietnamkrieg, Jugendrevolte, die utopischen Entwürfe und die Aufbruchsstimmung der Hippiebewegung wurden von Turner aufmerksam wahrgenommen und in seinen Arbeiten aufgegriffen.

Ende der 60er Jahre wandte er sich zusammen mit Edith Turner dem Themenbereich Pilgerschaft und Wallfahrtswesen zu. Gemeinsam führten sie in diesem Zusammenhang zwischen 1969 und 1972 Forschungen in Mexiko, Irland und Frankreich durch. Reisen nach Indien, Japan und Brasilien dienten eben diesem Interesse (vgl. Turner/Turner 1978, Turner 1983, Turner 1992).

Victor Turner war alles andere als ein «stiller Gelehrter», und Mobilität im Räumlichen wie im Geistigen war typisch für sein Leben. Als Mitglied zahlreicher Gremien, als Herausgeber, als Konferenzteilnehmer und -organisator war er rastlos und weltweit bemüht, neues Terrain zu erschließen.

Je weiter sein Leben fortschritt, desto vielfältiger wurde das Spektrum seiner Interessen, desto hartnäckiger weigerte er sich, herkömmliche Fachgrenzen zu akzeptieren. Auf der Suche nach einer humanwissenschaftlichen Synthese bewegte er sich zwischen Ethnologie, Religionswissenschaft, Soziologie, Philosophie, Psychoanalyse, Semiotik, Theater- und Literaturwissenschaft und Neurobiologie. Gegen Ende seines Lebens knüpfte er erneut an die Leidenschaft seiner Kindheit und Jugend an: er widmete sich intensiv dem Theater, sowie unterschiedlichsten performativen Genres, sei es das japanische Noh-Spiel, der koreanische Schamanismus, Eskimo-Tänze, das jüdische Purim oder der indische Kathakali-Tempel-Tanz. Anregend wirkte hierbei die Begegnung mit dem Performanztheoretiker und Leiter des Off-Off-Broadway-Theaters in New York,

Richard Schechner (Turner 1989b). Die Zusammenarbeit mit Schechner mündete u. a. in eine öffentliche Inszenierung von Teilen seiner Ndembu-Ethnographie und in mehrere Wenner-Gren-Welt-Konferenzen zu Ritual und Theater (Turner 1989b, 140–160, Schechner/Appel 1990). In diesen Jahren entdeckte Turner in der Philosophie des Erlebens eines Wilhelm Dilthey und in der Neurobiologie Impulse für die Weiterentwicklung seiner Ritualtheorie (vgl. Turner 1985b, 1985c, Turner/Bruner 1986). Turner bedauerte es zutiefst, daß ihm keine Zeit übrig blieb, um die japanische Sprache zu erlernen, und gleichzeitig faszinierte ihn die Vorstellung, in Rio de Janeiro eine Samba-Schule zu leiten.

Am 18. Dezember 1983, voller kreativer Neugierde und inmitten schöpferischer Bewegung, bereitete ein Herzinfarkt dem Leben Victor Turners ein jähes Ende. Bestattet wurde sein Leichnam nach den Riten der katholischen Kirche und den Trauerzeremonien der Ndembu (Willis 1984).

II. Werk

Es fällt bei der Persönlichkeit Victor Turners schwer, die gängige Trennung zwischen Leben und Werk aufrechtzuerhalten. Hier Privatmann, dort Gelehrter, hier Leben, dort Werk, diese Aufteilung erscheint abwegig. Räumliche Bewegung, existentielle Lebenskrisen und Begegnungen mit anderen Menschen setzten bei Turner kreative Energien frei. Der «Fluß» seines individuellen Lebens war aufs engste mit der Suche nach Erkenntnis über Triebkräfte und Bewegungen des Allgemeinmenschlichen verbunden. In diesem Sinne, gewissermaßen «symbologisch», deutete er auch seine eigene Biographie (Turner 1989b, 7ff., vgl. auch Edith Turner 1985).

Die theoretische Ausbildung im Kontext der Manchester Schule und seine Felderfahrung bei den Ndembu waren für seinen Weg, wie er schrieb, gleichermaßen bedeutsam: «Meine Feldforschungsausbildung weckte den Wissenschaftler – das väterliche Erbe – in mir. Meine Felderfahrung belebte die mütterliche Theaterbegabung neu. Ich fand einen Kompromiß, indem ich einen Gegenstand der Beschreibung und Analyse erfand, den ich ‹soziales Drama› nannte.» (Turner 1989b, 10)

Das Konzept des «sozialen Dramas» ist, neben den Begriffen «Liminalität» und «communitas», eine wirkungsreiche analytische Kategorie, die untrennbar mit dem Namen Victor Turner verbunden ist. Wie entwickelte Turner dieses Konzept und was ist darunter zu verstehen?

1. Das «soziale Drama»

Turner setzte in seiner Feldforschung zunächst bei Vorgaben der funktionalistischen Ethnologie an. Gesellschaft wurde als Gleichgewichtssystem verstanden. Erhebungen zur Demographie, Ökonomie, Sozialstruktur und

Politik, Faktoren, über die sich das System regelt und reguliert, standen im Mittelpunkt. Unter der glatten Oberfläche jedoch schienen Interessengegensätze von endemischer Natur zu sein. Die Quelle dieser permanenten Spannungen der Ndembu-Gesellschaft, so zeigte sich, ist der Gegensatz von matrilinearer Deszendenz und virilokaler Residenz. So stellten matrilinear verwandte Männer den Kern eines Ndembu-Dorfes. Deren Schwestern hatten im Dorf ihrer jeweiligen Ehemänner zu leben. Das Bestreben der Männer ging dahin, sowohl die Söhne ihrer Schwestern in das eigene Dorf zu holen und gleichzeitig die eigenen Söhne im Dorf zu halten, was im schärfsten Interessengegensatz zu den Ansprüchen der Brüder ihrer Ehefrauen stehen muß. Um die matrilineare Kernfamilie bildete sich ein Spannungsfeld aus den gegenläufigen Ansprüchen sowohl der Väter als auch der Mutterbrüder. Konflikte waren damit strukturell angelegt und mündeten in häufige Ehescheidungen, Spaltungen und Auflösung von Dörfern. Turner analysiert in seiner Dissertationsschrift *Schism and Continuity in an African Society* diese Konflikte mit statistischen Mitteln (Zusammensetzung von Dörfern), vor allem aber über die genaue Fallanalyse von Konflikten. Individuen und ihre Beziehungen zueinander wurden damit sichtbar. Thematisiert wurden Rollenzwänge und die alltäglichen Strategien, eigene Interessen durchzusetzen. Victor Turner erkannte in den Spannungen, die aus «taxonomischen» Beziehungen zwischen den Akteuren (durch Verwandtschaft, Strukturposition, politischen Status etc.) und deren aktuellen Interessenübereinstimmungen bzw. -gegensätzen resultieren, Elemente des «Dramatischen». Der Verlauf der beobachteten Konflikte und die Ergriffenheit der Ndembu von Geschichten solcher Konflikte, weckten in ihm Assoziationen zu den Dramen Shakespeares und Ibsens und zu Aristoteles' Beschreibung der Tragödie in dessen Poetik. Der Begriff des «social drama» war gefunden.[1] Ein soziales Drama verläuft aus der Sicht Turners in vier Phasen: Zunächst erfolgt ein *Bruch* sozialer Normen (1), der in eine *Krise* mündet (2). Die entstandene Krise bringt zwangsläufig Versuche der *Bewältigung* und Reflexivität mit sich (3). Formen der Konfliktbewältigung können formale Gerichtsverhandlungen sein und/oder rituelle Aktivitäten wie etwa Divination. Diese führen in der Phase 4 entweder zu einer *Reintegration* oder zu einem unüberwindbaren *Bruch*. Victor Turner erwies sich mit seiner Dissertationsschrift und dem darin vorgestellten Konzept als eines der kreativsten Mitglieder der Manchester Schule, der den blutleeren und abstrakten Analysen der strukturfunktionalistischen Orthodoxie ein Werk voller lebendiger Dramatik entgegensetzte.[2]

Mit der analytischen Kategorie des sozialen Dramas war ein Fenster zur sozialen Organisation und dem Werte-System der Ndembu geöffnet, vor allem erschloß es Turner die Macht der Symbole in der menschlichen Kommunikation (Turner 1989b, 10). Das Konzept des sozialen Dramas wurde von Turner immer wieder aufgegriffen und weiterentwickelt. Selbstredend ist auch die Welt komplexer Industriegesellschaften voller sozialer Dramen, wie etwa der Watergate-Skandal oder die Irankrise beispielhaft vor Augen führen (Turner 1989b). Turner sieht im sozialen Drama die ursprünglichste, alle Zeiten überdauernde Form menschlicher Auseinandersetzung und den Ursprung des Theaters. Das Leben, so schreibt er kurz vor seinem Tod, ist ebensosehr eine Nachahmung der Kunst wie umgekehrt (Turner 1989b, 114). Die narrative Form, in der soziale Dramen in einer Gesellschaft artikuliert und vermittelt werden und die die Muster für politisches Handeln abgibt, beschäftigte Turner immer aufs Neue, ebensosehr wie Rituale, die in der Bewältigungsphase des sozialen Dramas akut werden (Turner 1967, 1968a, 1969, 1974, 1982). Das Konzept des «sozialen Dramas» wies zudem den direkten Weg zu einer Auffassung von Gesellschaft als «Prozeß». Diese Auffassung gab Raum für die Wahrnehmung von ereignissteuernden Handlungen konkreter Individuen und von Kräften, die unabhängig von der Sozialstruktur wirkten. In «sozialen Dramen» wurden genau diese verändernden Potenzen sichtbar, die unter dem Blickwinkel eines Gleichgewichtsmodells nicht wahrnehmbar waren oder als irrelevant eingestuft wurden.

Daß Turner die Konflikte der Ndembu-Gesellschaft ins Zentrum seiner Betrachtung rückte, verweist auf den Einfluß seines Lehrers Max Gluckman. Gluckmans theoretischer Ansatz richtete sich explizit gegen die Hauptströmung der britischen Sozialanthropologie. Seine marxistische Orientierung sensibilisierte für innere Widersprüche und dialektische Gegensätze. Rituale, die gesellschaftliche Kohäsion stärken und Konfliktquellen freilegen, waren ein besonderes Forschungsinteresse Gluckmans. Seiner Auffassung zufolge lösten sich Konflikte bzw. die zugrundeliegenden gegenläufigen Organisationsprinzipien im Laufe der Zeit in übergreifenden Beziehungen von selbst auf. Rituale verstand Gluckman als Spiegelungen dieses Prozesses. Turner hingegen war von der besonderen Eigenart und Eigendynamik von Ritualen, wie er sie bei den Ndembu wahrnahm, immer mehr fasziniert. Rituale schienen ihm eine eigene konfliktlösende Potenz zu besitzen. Zunehmend suspekt stellten sich ihm Auffassungen dar, wonach Religion lediglich Abbild sozialer Strukturen wäre und Rituale nichts anderes als «sozialer Klebstoff» (Horton 1964) sein sollten.

2. *Ritual als «Offenbarung»*

In seiner Arbeit *Chihamba the White Spirit: A Ritual Drama of the Ndembu* (1962) legte Turner seine besondere Ritualauffassung dezidiert dar. Turners vergleichende Symboltheorie erhielt damit einen Grundstein, und gleichzeitig setzte er sich damit von seinem strukturfunktionalistischen Umfeld ab. Ein provokativer Schritt, der ihm deutlich vernehmbare Kritik einbrachte.[3]

Das Chihamba Ritual der Ndembu gehört zu der Gruppe jener wichtigen Rituale, mit deren Hilfe Leiden wie Krankheit, Empfängnisstörung,

Jagdpech, ausgelöst durch die Heimsuchung von Ahnengeistern, beseitigt werden. Hat ein Betroffener solch ein «ritual of affliction» als Initiand durchlaufen, ist er damit zum Mitglied eines Kultbundes geworden, eines Bundes, welcher die sozialstrukturellen Bindungen und die entsprechenden partikularistischen Interessen überschreitet und damit eine eigene Form der Gemeinschaft bildet. Das Chihamba-Ritual erlebten die Turners selbst als Initianden mit. Die Beschreibung erfolgt somit aus eigener Anschauung und eigenem Erleben. Sie wird ergänzt durch die Deutungen von Muchona, dem für Victor Turner so bedeutenden Exegeten der Ndembu-Religion.

Das «Kernsymbol» des Chihamba ist der Geist Kavula. Ihm müssen sich die Adepten sklavisch unterordnen, und er wird im Verlauf des Rituals von diesen «getötet». Sein Wesen vereint Gegensätzlichkeiten: Er gilt als der Ehemann der Ahnfrau, die für das Leiden des Adepten verantwortlich ist. Er repräsentiert männliche Autorität als «Großvater», als Häuptlingsautorität, als Jäger. Er verkörpert damit die Einheit der Ndembu und steht in Opposition zur leidensverursachenden Ahnfrau, die partikulare matrilineare Interessen repräsentiert. Gleichzeitig nimmt Kavula Einfluß auf das Wohlergehen der Menschen, auf die Vermehrung von Tieren und Menschen. Er gilt als gut und als wild gleichermaßen, als tötender Blitz und als befruchtender Regen, er wird mit dem otiosen Himmelsgott verglichen und zugleich mit einer Wurzel in der Erde identifiziert. Auf dem Höhepunkt des Rituals «köpfen» die Adepten ein Zweiggerüst, Kavula repräsentierend, und gelten trotz dieser Tat als «unschuldig». Anschließend werden die Initianden «getötet», indem man ihnen das Haupthaar abrasiert. Jeder Adept, nun Mitglied des Kultbundes, errichtet einen Schrein, in dem der «wiedererstandene» Kavula in einer bestimmten Wurzel anwesend ist. Die Farbe Weiß ist allgegenwärtig, mit ihr ist das absolut «Gute» und «Reine» assoziiert.

In Problemstellung und Auslegung des Rituals sind katholisch-theologische Deutungsmuster unübersehbar. Turner greift hier eine Unterscheidung auf, die Thomas von Aquin in seiner Ontologie formulierte. Alles Seiende ist ein bestimmtes «Etwas» und dieses «Etwas» «existiert». Somit ist an jedem Ding «Essenz» und «Existenz» unterscheidbar. Vom Wesen des Schöpfers aller Dinge und Kreaturen ist Existenz unabtrennbar, mit ihm ist mit der Essenz die Existenz gesetzt. Gott ist nicht Potentialität, sondern reine Aktualität, *actus purus*. Turner lernte die Metaphysik des Thomas von Aquin über die Schrift des neuthomistischen Denkers Etienne Gilson kennen, der ihm Anregungen für seine Ritualinterpretation vermittelte und ihm die vitale Funktion religiösen Symbolismus zu entschlüsseln schien (Turner 1975, 180). Gilson machte deutlich, daß reine Existenz («act of being») dem menschlichen Denken nicht zugänglich ist. Nur «das, was ist» *(id quod est)* kann gedacht werden, wobei dieses, was je ist, wiederum im reinen Sein verwurzelt ist.[4]

Schlüsselsymbole eines Rituals oder symbolische Wesenheiten wie Kavula, so Turner, besitzen gerade aufgrund ihrer Vieldeutigkeit und Ambivalenz Verweischarakter auf Transzendentes, auf Bereiche, die jenseits gedanklicher Faßbarkeit angesiedelt sind. Das rituelle Erleben und Ausagieren von Paradoxien, etwa das «in Unschuld Töten» einer Gottheit, reißt gewissermaßen das kognitiv befestigte Gefängnis alltäglicher Weltsicht, wie dies etwa dualistische Widersprüche darstellen, nieder: Jener bislang unsichtbare und wesentlich schöpferische «act-of-being» wird spürbar. Erfahrbar wird in ritueller Gemeinschaft, die Turner selbst als beglückend und heilsam erlebte[5], daß das Individuum in Abhängigkeit zu jenem reinen «Sein» steht und darin Teil hat am Göttlichen. Kavula wird somit als Erscheinungsform des Göttlichen, identisch mit «the-act-of-being», gedeutet. In einem Ritual wie dem Chihamba kommen, so Turner, die Bedürfnisse des «rituellen Menschen» zum Tragen. Der «rituelle Mensch» wird hier als universaler, religiös motivierter Typus charakterisiert. Turner überträgt die am Chihamba-Ritual entwickelten Symboldeutungen der Farbe Weiß auf die biblischen Schilderungen von Christi Tod, Auferstehung und dem Auffinden des leeren Grabes, sowie auf Herman Melvilles dramatische Schlußszene aus Moby Dick. Das tragische Scheitern dieser Jagd auf den weißen Wal setzt Turner analog zur Hybris des modernen Menschen, der seine Abhängigkeit vom reinen «Sein» und damit die Tugend der Demut vergessen hat (Turner 1975, 187–203).

In seinem hier dargelegten Ritualkonzept werden «soziale Funktionen» nahezu bedeutungslos, es geht letztendlich um das Wesen religiösen Erlebens, um Gotteserfahrung als grundmenschliches Bedürfnis, das sich im Ritual zu realisieren vermag. Ritual ist wesentlich Offenbarung.

Turner verließ mit dieser Wendung endgültig den Positivismus seiner Lehrzeit am *University College* in London und gibt sich als katholischer Mystiker zu erkennen. Chihamba läßt sich damit auch als Polemik gegen den Werteverfall der Moderne, vor allem gegen einen blutleeren Szientismus lesen, der den Menschen als spirituelles Wesen aus dem Auge verloren hat. Echte Humanität, so die lebenslange Überzeugung Turners, entfalte sich in Ritual und Religion, das Leben außerhalb des rituellen Kontextes sei überwiegend statisch und inhuman. Die Arbeit an Chihamba fiel in die Zeit seiner Re-Konversion zum Katholizismus, und in seiner Einleitung zur Wiederveröffentlichung von Chihamba im Jahre 1975 bekennt er, daß es die Ndembu waren, die ihm, dem agnostischen und monistischen Materialisten, den ontologischen Wert von Ritualen und Symbolen lehrten. Religion, so seine daraus gewonnene Überzeugung, «is really at the heart of the human matter» (Turner 1975, 31). Turner beharrte dementsprechend in seiner Ritualdefinition durchweg auf transzendentem und anti-säkularem Bezug: Ein Ritual ist «vorgeschriebenes förmliches Verhalten bei Anlässen, die keiner technologischen Routine überantwortet sind und sich auf den Glauben an unsichtbare Wesen oder Mächte beziehen, die als erste und letzte Ursachen aller Wirkungen gelten».[6] Das Ritual ist im Gegensatz zur struktur-stabilisierenden Zeremonie eine verändernde Kraft (Turner 1985 f.). Es sei, so formuliert Turner, von *unendlicher Tiefe*, und er verweist auf das dialektische Verhältnis von «Grund» und «Ungrund», wie es der Mystiker Jakob Böhme in Anlehnung an Meister Eckhart darlegte (1989b, 131). Turners beeindruckende eigene Ritualerfahrungen weckten sein Interesse an den Arbeiten des Psychologen Mihaly Csikszentmihalyi, vor allem an dessen «flow»-Konzept. Das in liminalen und liminoiden Situationen auftretende ekstatische persönliche Erleben nennt Turner demnach «Fluß» (1989b, 88 ff.). Die Beschäftigung mit der Philosophie John Deweys und Wilhelm Diltheys im Hinblick auf eine ‹Ethnologie des Erlebens› (anthropology of experience) ist gleichermaßen durch Turners eigenes Ritualerleben motiviert (vgl. Turner 1986).

3. «Liminalität» und «communitas»

Mitte 1963, als Victor Turner sich entschlossen hatte, das Angebot einer Professur an der Cornell-Universität wahrzunehmen, das Haus in Manchester verkauft ist und die Familie in der Hafenstadt Hastings auf die Klärung der Visa-Angelegenheiten wartet, löst die Meldung der Ermordung John F. Kennedys einen tiefgehenden Schock bei ihm aus. Selbst an der Schwelle zwischen zwei Welten stehend, einer ungewissen Zukunft entgegenblickend, entdeckt Turner genau in diesem Lebensmoment mit zunehmender Faszination Arnold Van Genneps Studie zu «Übergangsriten». In der öffentlichen Bibliothek in Hastings entstand dabei der wohl berühmteste und wirkungsreichste Aufsatz Victor Turners «Betwixt and Between: The Liminal Period in Rites of Passage».[7] Turner spürt hierin dem Geheimnis von Veränderungen im menschlichen Leben nach und entwickelt die beiden Kategorien «Liminalität» und «communitas», die für sein weiteres Denken und Forschen zentral bleiben sollten (vgl. Turner 1969/1989a, 1982/1989b).

Zum Ausgangspunkt nimmt Turner das Van Gennep'sche Dreiphasenmodell der Übergangsrituale: Loslösung (séparation), Übergangs- oder Transformationsphase (marge), Eingliederung in den neuen Status (agrégation). Turner legt nun gewissermaßen das ethnologische Vergrößerungsglas über die mittlere, die sog. liminale Phase (Lat. *limen* «Schwelle»), um im Detail die hierin stattfindenden Abläufe zu studieren. Die bei den Ndembu dokumentierten Übergangsrituale und Übergangsrituale anderer vor-industrieller, tribaler Gesellschaften dienen ihm als erläuterndes Material. Das zentrale Wesensmerkmal dieses rituellen «Dazwischen», so zeigt Turner, ist die hier zum Ausdruck kommende Paradoxie. Der Zustand der Neophyten ist ausgesprochen mehrdeutig. Sie gelten häufig für die Gesellschaft regelrecht als tot, sind von ihr abgetrennt, und sie befinden sich während der Übergangszeit in Gesellschaft von Ahnengeistern oder Monstren, die die Toten repräsentieren. Neophyten werden als Leichen und/oder als Säuglinge oder Embryos behandelt. Man mißt ihnen Attribute der Auflösung (Dreck, Erde, Fäulnis) zu, sie gelten als geschlechtslos oder als zweigeschlechtlich. Die Demütigungen, die die Initianden erdulden müssen, zerstören den früheren Status, lehren Demut und bereiten den neuen Status vor. Neophyten werden zur *prima materia*, zu ungeformtem Rohstoff in einem Wandlungsprozeß zwischen Tod und Wachstum, symbolisch repräsentiert durch Mond, Tunnel, Schlange, Nacktheit u.ä.m. In der Liminalität werden damit auf einzigartige Weise die Gegensätze eines «weder-noch» und eines «sowohl-als-auch» konkretisiert. Im Schwellenzustand erfolgt die Konfrontation der Neophyten mit den *sacra*, den heiligen Objekten, und damit vollzieht sich die Enthüllung des «Wirklichen». Ethische und soziale Pflichten, technologische Fertigkeiten werden gelehrt – das Innerste einer Gesellschaft und Einsichten über den «Platz des Menschen im Kosmos» offenbaren sich. Die Initianden lernen somit, in abstrakter Weise über die eigene Gesellschaft nachzudenken. Liminalem Erleben wohnt Reflexivität inne. Während das Verhältnis der Neophyten zu den Erziehern, den rituell Ältesten, ausgeprägt hierarchisch strukturiert ist, ist das Verhältnis der Neophyten untereinander durch absolute Gleichheit charakterisiert. Die liminale Gruppe ist eine Gemeinschaft, in der sich gleichberechtigte Individuen begegnen, fern jeglicher struktureller Positionsbestimmungen. Hier ist der Raum für die Entfaltung reinen Menschseins. Das im Schwellenzustand aufkommende Gefühl der Humanität hat mystischen Charakter. Turner bezeichnete diese Gemeinschaft mit dem Begriff «communitas» (Turner 1969/1989a). Communitas ist wesentlich «anti-strukturell» und verhält sich zur «Struktur» einer Gesellschaft dialektisch. Aus der Sicht der an «Struktur»-Erhaltung Interessierten erscheint «communitas» bedrohlich und gilt als verunreinigend und anarchisch. Doch gleichzeitig ist «communitas» Quelle des Humanen, aus der jede Gesellschaft sinnstiftende und erneuernde Kraft schöpft. In seinem Buch *The Ritual Process: Structure and Anti-Structure*, das in den bewegten Endsechzigerjahren erschien (Turner 1969, deutsch 1989), arbeitete Turner die Konzepte «Liminalität» und «communitas» weiter aus, und er schlägt darin die Brücke von vor-modernen zu komplexen Gesellschaften.

Neben der rituellen «Liminalität», so zeigte Turner, hat jede Gesellschaft Ausdrucksformen und Symbole, die die «Macht der Schwachen» bekunden. Ihre Repräsentanten sind «Heilige Bettler», Hofnarren, Clowns, randständige Gruppen, aber auch Propheten und Künstler. Zu den Erscheinungsformen der «communitas» rechnete Turner millenaristische Bewegungen, schließlich auch die Verhaltensnormen der sog. «Beatgeneration». Die Lebensformen und Zielvorstellungen der Hippies, deren Entwicklung Turner selbst in den USA mitverfolgen konnte, zeigten ihm deutlich Werte von «communitas» (Turner 1989a, 111). All diese marginalen Gestalten und Gruppen sind strukturell unterlegen und vertreten dabei eine «offene» im

Gegensatz zu einer «geschlossenen Moral». Bei seiner «communitas«-Charakterisierung bezieht sich Turner auf Martin Bubers Veständnis von ‹Gemeinschaft›: «Gemeinschaft aber ... ist das Nichtmehr-nebeneinander, sondern Beieinander einer Vielheit von Personen, die, ob sie auch mitsammen sich auf ein Ziel zu bewegen, überall ein Aufeinanderzu, ein dynamisches Gegenüber, ein Fluten von Ich und Du erfährt: Gemeinschaft ist, wo Gemeinschaft geschieht».[8] «Communitas» ist wesentlich spontan, unmittelbar und konkret und steht damit im Gegensatz zum institutionalisierten und normenbestimmten Wesen der Sozialstruktur. «Communitas» ist eine verändernde Kraft. Sie dringt, so schreibt Turner, in der «Liminalität» durch die Lücken der Struktur, in der *Marginalität* an den Rändern der Struktur und in der *Inferiorität* von unterhalb der Struktur ein, sie gilt fast überall auf der Welt als sakral (Turner 1989a, 125). Vor allem in «liminalen» Umbruchszeiten komplexer Gesellschaften gewinnen communitas-geleitete Bewegungen an Einfluß und Anziehungskraft. Turner zeigt in *Dramas, Fields and Metaphors* (1974) am Beispiel des Martyriums des Thomas Becket (12. Jh.) und an der mexikanischen Revolution (19. Jh.), die von dem charismatischen Priester Miguel Hidalgo angeführt wurde, welches Veränderungspotential im politischen Bereich «communitas«-Orientierung zu entfalten vermag.

Daß aus dem spontanen «communitas«-Erleben offenbar zwangsläufig die Tendenz zu Routine, Strukturierung und damit Hierarchisierung von «communitas» erwächst, machte Turner an der Entwicklung der frühen franziskanischen Bewegung und der bengalischen Sahajiyas (15./16. Jh.) deutlich. Aus einer von den Gründern und ihren Anhängern gelebten Liminalität und communitas wird alsbald, aufgrund struktureller Zwänge, ideologische «communitas» oder gar normative «communitas», welche ihrerseits wiederum gegenstrukturelle Bewegungen provoziert (Turner 1969/1989a, 1982/1989b). Da die von Turner beschriebenen liminalen Phänomene, abgeleitet aus den rituellen Kontexten agrarischer Gesellschaften mit «mechanischer Solidarität», bei ihrer Übertragung auf komplexe Gesellschaften zunehmend unangemessen erschienen, unterschied Turner später zwischen «liminal» und «liminoid». Als ausgesprochen liminoides Phänomen, abseits der Übergangsriten zyklischer Gesellschaften, wird z. B. die Pilgerschaft charakterisiert (Turner/Turner 1978), und in seiner Arbeit zum Verhältnis von Ritual zu Theater und Spiel ordnet Turner liminoide Bereiche der Kunst und Unterhaltung zu. Liminoide Phänomene komplexer Gesellschaften haben fragmentarischen, pluralistischen, experimentellen und spielerischen (ludischen) Charakter, sie sind meist individuelle Hervorbringungen und Teil sozialer Kritik. In modernen Gesellschaften bestehen Liminales und Liminoides, wie Turner schreibt, in einer Art kulturellem Pluralismus gleichzeitig nebeneinander (Turner 1989b, 82–87).

4. *Vergleichende Symbologie*[9] *und prozessuale Ritualanalyse*

Die analytischen Kategorien «soziales Drama», «Liminalität» und «communitas» gehören zu den kreativen Schöpfungen Victors Turners. Von weiterer wesentlicher Bedeutung sind seine Symboltheorie und Ritualanalyse. Im Mittelpunkt steht hierbei das rituelle Symbol, gewissermaßen als Kern-Einheit, wie wir es bereits im Geist Kavula des Chihamba-Rituals kennengelernt haben. Das rituelle Symbol dient als Wegmarke, so die Etymologie des Ndembu-Wortes *kujikijila* («Pfad markieren») und als hermeneutischer Schlüssel, wie das Wort *ku-solola* («sichtbar machen»), vergleichbar mit H.-G. Gadamers *alétheia*, nahelegt. Rituelle Symbole sind von einer ausgesprochenen Vieldeutigkeit (multivocality, polysemy), die sich in «cluster» im Spannungsfeld zweier Pole (ideologisch – orektisch) ordnen. Der ideologische Pol verweist auf die strukturellen Normen und Prinzipien, der orektische oder sensorische Pol (griech. *orektikos*, «die Begierde betreffend») stellt physiologische und emotionale Bezüge zu allgemein menschlichen Erfahrungen her. Als vielzitiertes Beispiel dient der *mudyi*-Baum (Weißer-Saft-Baum). Seine milchige Flüssigkeit ist verbunden mit dem Aspekt des Stillens und den damit verbundenen Emotionen, aber auch mit Matrilinearität, die die normative Ordnung repräsentiert. Damit konzentriert sich sowohl das Obligatorische wie auch das Erwünschte im Symbol. Im rituellen Prozeß kann in der Psyche der Teilnehmer ein Austausch zwischen dem orektischen und dem normativen Pol stattfinden, somit verbinden sich disparate, ja widersprüchliche Bedeutungen zu einer Einheit. Turner vereint in dieser polaren Symbolkonzeption Durkheimsche und Freudianische Ansätze (Rochberg-Halton 1989). Symbole besitzen demnach klassifikatorische Eigenschaften im kollektiv-sozialstrukturellen Sinn, aber auch orektisch-affektive Bezüge, die ins Unbewußte reichen. Bei der Ausbildung von Symbolen spielt der menschliche Körper eine wesentliche Rolle. Dies führte Turner exemplarisch an der Farbsymbolik der Ndembu vor Augen. Die Farben Rot, Weiß und Schwarz finden im Erleben der Körpersubstanzen wie Blut, Sperma und Fäzes ihre symbolische Referenz, die übertragen wird auf das soziale Klassifikationssystem (Turner 1966). Um ein Kernsymbol zu entschlüsseln, sind drei Bedeutungsebenen zu berücksichtigen: die manifeste Bedeutung, die dem Subjekt bewußt und voll verständlich ist (1), die latente Bedeutung (2), die dem Subjekt nur marginal bekannt ist, und die verborgene Bedeutung (3), die gänzlich unbewußt ist und die in Beziehung zu frühkindlichen (spezifischen oder allgemeinmenschlichen) Erfahrungen steht. Die von Turner vorgeschlagene Symbolanalyse verfährt wiederum entlang dreier Bedeutungsebenen: die «exegetische» Bedeutung (1), die sich aus der Befragung von indigenen Ritualexperten ergibt, die «operationale» Bedeutung (2) erschließt sich aus dem rituellen Umgang mit dem Symbol, aus der Zusammensetzung der Ritualgruppe, aus der affektiven Qualität des Rituals, und die «positionale» Bedeutung (3), die sich durch den analytischen Blick auf die Beziehung der Symbole untereinander innerhalb des rituellen Ganzen ermitteln läßt. Diese drei Ebenen der Symbolinterpretation setzt Turner in Beziehung zu den linguistischen Feldern Semantik, Pragmatik und Syntax. Symbolen ist ein wesentlich kreatives und innovatives Potential zu eigen, sie sind «sowohl als sinnlich wahrnehmbare Signale (signifiants) wie auch ‹Bedeutungs›-Träger (signifiés) ganz wesentlich an der vielfältigen Variabilität der lebendigen, sich bewußt, emotional und willentlich verhaltenden Menschen beteiligt (...).» (Turner 1989b, 32). Zeit seines Lebens kritisierte Turner die Symbolaufassung von Lévi-Strauss, der in einem Symbol nur einen beliebigen Baustein eines Binärgegensatzes zu sehen vermochte. Das Symbolsystem werde damit, so Turner, aus dem sich ständig wandelnden komplexen, von Wünschen und Gefühlen bestimmten sozialen Leben herausgenommen, und ihm wird damit dualistische *rigor mortis* (Totenstarre) verliehen (Turner ebd.). Turners symbolische Ethnologie wurzelt in der Semiotik. Sie umfaßt sowohl die emotionale Resonanz wie auch die Pragmatik ritueller Symbole. Turner machte gleichzeitig deutlich, daß die Schöpfung und Auslegung von Bedeutung aufs engste mit soziopolitischen Zwecken und Folgewirkungen in Verbindung stehen (Babcock/MacAloon 1987, 11). Symbolische und politische Ethnologie waren für Turner nie getrennte Bereiche. Zur gleichen Zeit als er seine «Symbologie» entwickelte, beschäftigte er sich intensiv mit der Entfaltung seiner politischen Ethnologie. Angeregt von Kurt Lewins Feldtheorie führte er u. a. über sein dynamisches Konfliktmodell des sozialen Dramas die Konzepte «Feld» und «Arena» ein (vgl. Swartz/Turner/Tuden 1966, Turner 1968b).

5. Theater, Performanz, Neurobiologie

In den letzten sechs Jahren seines Lebens wurde sein Forschungsinteresse immer breiter. Es waren mindestens sieben unterschiedliche Arbeitsfelder, denen er seine forschende Neugierde zuwandte (nach Babcock/MacAloon 1987, 16): Japans Literatur und performativen Genres, dem Brasilianischen Carneval, dem postmodernen Theater, der Edition der *International Encyclopedia of Religion*, der Smithsonian-Ausstellung *Celebration: A World of Art and Ritual*, der Philosophie Diltheys und Deweys in Zusammenhang einer ‹anthropology of experience›, und der Neurobiologie. In einem seiner letzten Aufsätze, «Body, Brain, and Culture», suchte er im Gehirn, dem «liminalen Organ» zwischen genetischer Fixierung und radikaler Freiheit, nach den neurologischen Grundlagen menschlichen Verhaltens. Damit relativierte er seine bisherige Überzeugung, wonach ‹Kultur› als maßgebliche Steuerungsinstanz fungiert. Die unterschiedlichen Funktionen der beiden Hirnhälften (Neocortex und Mittelhirn) schienen, so spekulierte er, mit den zwei Grundaspekten eines jeden gesellschaftlichen Gebildes, «Struktur» und «Anti-Struktur», zu korrespondieren. Die rechte Hirnhälfte sei demnach Speicher universeller, symbolischer und mythologischer

Muster. Muster, die unter bestimmten Umständen, etwa durch rituelle und andere performative Handlungen, geweckt und in den Bereich der linken Gehirnhälfte gelangen. Transformative Effekte werden damit möglich (Turner 1985d, 1985e).

In den Tagen vor seinem Tod war Turner mit der Organisation der Konferenz «Archetypes Reconsidered: Biosocial, Philosophical, and Religious Perspectives» befaßt, die auf die Schnittstellen von Ritual, Religion und Wissenschaft aufmerksam machen wollte.

III. Wirkung und Kritik

Victor Turner veröffentlichte als Autor und Herausgeber 20 Bücher und verfaßte mehr als 70 Artikel. Er war zudem unermüdlicher Teilnehmer und Organisator zahlreicher Konferenzen. Ein abschließendes Urteil über Victor Turner zu fällen, der Leben und Wissenschaft exemplarisch «in betwixt and between» verwirklichte, und der das permanente Überschreiten von Fachgrenzen und das Erschließen neuer Denkhorizonte als befreiend erlebte, fällt schwer. Zumal sich Victor Turner selbst stets sträubte, seine Ideen widerspruchsfrei zu entfalten. Turners Denken, die beharrliche Fortentwicklung seiner Abstraktionen wie soziales Drama, Feld, Metapher, Liminalität, liminale Reflexivität, communitas, Gegen-Struktur, Ludisches und Liminoides ist «offen». Turner liebte den «Fluß» der Gedanken, das Dynamische und Antistrukturelle. Die Darstellung eines geschlossenen Systems lag (noch) nicht in seinem Interesse, und so lesen sich seine Schriften, vor allem jene, die nach seinem Weggang aus England enstanden, als Essays im besten Sinne, als anregende Versuche, dem Rätsel des Humanum in Ritual und Spiel, in Kunst und Religion, im Drama des Lebens selbst nachzuspüren.

Der experimentelle Status und die Offenheit seiner Entwürfe, die häufig von einer verführerischen Griffigkeit zu sein scheinen, erklären die große Breitenwirkung und gleichzeitig auch die Kritik daran. Turners analytische Kategorien, seine «Symbologie» und das Ritualkonzept wurden in zahlreichen Humanwissenschaften und in vielen kulturwissenschaftlichen Forschungsfeldern aufgegriffen: in Geschichtswissenschaft (Le Roy Ladurie 1979, Walker Bynum 1984, Davis 1984), Literaturwissenschaft (Woodbridge 1987, Ashley 1990, Edith Turner 1990), Linguistik und Semiotik (Babcock/MacAloon 1987), Performanz- und Theatertheorie (Schechner/Appel 1990, Schechner 1990, 1993, Marranca/Dasgupta 1991, Fischer-Lichte 1992, Carlson 1996), Theologie (Wolanin 1978), Subkulturforschung (z. B. Gebhardt 1994, Stoeckl 1994), Migrationsforschung (Wolbert 1990, 1995), Kultursoziologie (Wiedenmann 1991) und in der volkskundlich-ethnologischen Pilger- und Wallfahrtsforschung (z. B. Haab 1992), um nur einige Felder exemplarisch aufzuzählen.

Für Ethnologie und Religionswissenschaft gehört Turner, neben Mary Douglas und Clifford Geertz, zu den einflußreichsten Persönlichkeiten der jüngsten Vergangenheit. Seine Anregungen zum Ritual- und Symbolverständnis sind aus der aktuellen Diskussion nicht mehr wegzudenken. Turner öffnete den Blick für die Dynamik, den Prozeßcharakter von Religion und ihrer wesentlichen Gestaltungskraft. Maßgeblich ist Victor Turner dabei sowohl als empirischer Religionsethnologe wie als Theoretiker. Die Exemplifizierung seiner prozessualen Symbol- und Ritualanalyse anhand seiner Ndembu-Ethnographie ist elementar. Nicht nur die Qualität seiner Feldforschung, glückhaft begünstigt durch seine Lebensgefährtin ‹Edie› und den kongenialen Ndembu Muchona, ist hervorzuheben, sondern auch seine Art der ethnographischen Darstellung ist wegweisend. Seine Gespräche mit Muchona münden in ein exemplarisches Wechselspiel zwischen monophoner und polyphoner Darstellung, wie James Clifford (1993) hervorhebt. Turner räumt indigenen Deutungen einen sichtbaren Platz ein und läßt somit das «dialogische Prinzip», das jeder Datengewinnung in der Feldforschung zu eigen ist, sichtbar werden. Als folgenreich für Ethnologie und Religionswissenschaft werden sich auch Turners Versuche erweisen, in denen er Erleben – *experience* – als Konzept erstrangiger Bedeutung für das Verständnis des «rituellen Menschen» ins Auge faßt. Ansätze, die von Edith Turner in ihrem Werk ‹Experiencing Ritual› (1992) auf bemerkenswerte Weise weiterverfolgt werden[10], und die die aktuelle Kritik an den wissenschaftlich unreflektierten Diskontinuitäten zwischen Geist und Körper, Kultur und Handlung, vorwegnehmen (Hastrup 1995).

Die Kritik an Turners Werk hebt vor allem auf folgende Punkte ab: Turners weitläufige Analogiebildungen, die seine Konzepte mitunter vage erscheinen lassen und sie damit beliebiger Verwendung überantworten; Turners letztendlich vergebliche Bemühung, den Strukturfunktionalismus hinter sich zu lassen; Turners Hang zur Idealisierung, seine ahistorischen Ableitungen und sein Bekenntnis zum Katholizismus, welches ethnologisch-wissenschaftliche Analyse ideologisch verforme.

So zielte Clifford Geertz' kritische Beurteilung auf die Allgemeinheit der Drama- und Theater-Analogie, die Turner auf alle möglichen kulturellen Prozesse wie tribale Übergangsriten, Heilungszeremonien, Gerichtsprozesse, mexikanische Aufstände oder auf isländische Sagen überträgt. Mit dieser «Form für alle Zeiten» würde Turner die mannigfaltigen kulturellen Inhalte, die das Ethos und Eidos ausdrückenden Symbolsysteme *spezifischer* Kulturen aus dem Blick verlieren (Geertz 1980, Turner 1989b, 168 f.). Paola Ivanov analysierte eingehend Turners Chihamba und die Begriffe «communitas» und «Liminalität» mit dem Ergebnis, daß Turners persönliche, abgehobene Intuition die Grundlage seiner Theoriebildungen darstellte. Aus dem Ethnologen Turner wurde, so die Kritik, der spekulative Philosoph, dessen Bemühungen, seine Konzepte auf komplexe Gesellschaften anzuwenden, unpräzise, unplausibel und immer weniger empirisch verankert sind. Die deduktiv erzielten Ergebnisse seien unscharf und beliebig übertragbar. Die Begriffe «Liminalität» und «Communitas» würden zu nebulösen, schnell abgenutzten Phrasen verkommen (Ivanov 1993).

Turner «glaubte» an das kreative, genialische Subjekt und die strukturverändernde Kraft, die von einem solchen Subjekt im rituellen Prozeß ausgeht. Eigene Lebenserfahrung, seine rege Anteilnahme an den «gegen-kulturellen» Entwürfen der 60er Jahre stehen möglicherweise hinter dieser Betrachtungsweise. Die Arbeiten von Michel Foucault hingegen lassen Zweifel an solcher Macht des Subjektes aufkommen, zeigt dieser doch, wie tiefgehend und langfristig wirksam diskursive Regelmechanismen sind, über die Macht-Codierungen gesteuert werden, weitestgehend unabhängig vom gestaltenden Subjekt (Foucault 1981).

Turner neigte an vielen Stellen seines Werkes zu einer Idealisierung oder ideellen Überhöhung. Er hatte, vor allem in seinen späten Arbeiten, eine Botschaft zu verkünden: die Botschaft von der transformierenden Macht der Gemeinschaft und von der Bedeutung des *homo religiosus*. In der Darlegung seines communitas-Konzeptes wird dieser ideelle, besser vielleicht idealisierende Grundzug besonders deutlich. Daß Gemeinschaftserleben sich auch in ein Massenverhalten wandeln kann, in dem das Fest zum Pogrom wird, und aus einem gemeinschaftlichen ‹Wir› Haß gegen ‹Andere› erwachsen kann, übersieht Turner (Stagl 1986). Hinter der Weisheit liminaler Reflexivität, die Turner im traditionellen Übergangsritual bewundert, verbergen sich, aus Sicht der Neophyten, schlicht qualvolle Torturen und Schrecknisse. Daß die Schwellenphase auch dazu dient, die Macht der Alten und ihre Hierarchiepositionen unauslöschlich und brutal einzuprägen, vermag Turner, «adultistisch befangen» (Baudler 1994), nicht wahrzunehmen.

Turners Hang zur Idealisierung zeigt sich auch dort, wo er seine Ausführungen mit Hilfe von Belegen aus der Dichtung abstützt. Caitanya und der hl. Franziskus faszinierten ihn hauptsächlich als Dichter devotionaler Religion, und wenn Turner beispielsweise über die Macht der Schwachen schreibt, bezieht er sich auf jene Hofnarren, «heilige Bettler» und «Einfaltspinsel», die der Welt der Märchen und schönen Literatur entstammen und nicht auf Randseiter, wie sie Sozialgeschichte oder Soziologie darstellen. Das Dynamische, Kreative und Transformative, das Turner in seiner Ritualbetrachtung stets hervorhebt, läßt zudem leicht vergessen, daß liminale Kreativität nicht zwangsläufig in Erscheinung treten *muß*, und daß Langeweile und Monotonie durchaus auch zu den Charakteristika ritueller Abläufe zu rechnen sind.

Daß sich das Profil von Turners Werk zum wesentlichen aus Bestrebungen, dem Gefängnis der struktur-funktionalen Betrachtungsweise zu entrinnen, gestaltete, betonte er selbst immer wieder. In wesentlichen Punkten, so wird Turner kritisiert, gelang es ihm jedoch nicht, dieses Erbe abzuschütteln. Gerade die Auseinandersetzung mit dem Strukturfunktionalismus zwang ihn, seine «Symbologie» und Ritualanalyse von der Struktur her zu denken. Seinem eigenen Struktur-Konzept mangelt historische Tiefenschärfe und Beweglichkeit (Morris 1987, 263). Deutlich wird zudem, daß das dominante Symbolsystem abhängig ist von den Ausprägungen sozialstruktureller Variablen. Der von ihm sogenannte «ideologische Pol» ritueller Symbolik beispielsweise, in dem sich die «kulturellen Aspekte», «Werte», «Ideen» konzentrieren sollen, weist eine ausgesprochen soziokulturelle Ambiguität auf, die Sinnbezüge moralischer *und* sozialer Ordnung umfaßt (Wiedenmann 1991, 284). Sosehr sich Turner auch gegen eine Auffassung vom Ritual als «sozialem Allzweckkleber» (so Horton 1964) wehrte, so konnte er nicht umhin, die sozialstrukturell stabiliserende Funktion von Ritualen, auch von Inversionsritualen, und der liminalen Reflexivität in «communitas» hervorzuheben. So betonte Turner stets, daß mit «Anti-Struktur», die er später lieber «Proto-Struktur» nennen wollte, kein Gegensatz zu «Struktur» gemeint sei, sondern vielmehr ein Kontrast (Turner 1989b, 79). «Anti-Struktur» ist damit keineswegs das «Ganz-Andere», sondern Quelle von konstruktiver Erneuerung von «Struktur».

Wie man Malinowski vorgehalten hat, seine Ethnologie wäre trobriandisch ethnozentrisch durchsetzt, so könnte man analog bei Victor Turners Ritual- und Symboltheorie von einem Ndembu-Zentrismus sprechen. Daß Turner seine einflußreiche Symboltheorie an afrikanischem Material entwickelte, ist insofern von Bedeutung, als der damit verbundene Anspruch auf Allgemeingültigkeit bei der Anwendung auf andere Kontexte Probleme erzeugt, wie sich dies zunehmend auch bei der Übertragung von in Afrika entwickelten sozialstrukturellen Gesetzen erweist. In Gesellschaften, die, anders als in Afrika, bilateral und/oder egalitär organisiert sind, etwa in Südostasien, dürften symbolisch-rituelle Grenzziehungen nach möglicherweise grundlegend anderen Mustern verlaufen. Zudem ist mit dem Phänomen ritual*armer* Gesellschaften zu rechnen, die bei der von Turner so eindrücklich festgestellten Universalität *ritueller* Transformationsprozesse erklärungsbedürftig erscheinen (Bräunlein/Lauser 1996).

Ein endgültiges Urteil zu Turners Werk wäre gewiß verfrüht. Die Rezeption seines umfangreichen Werkes ist längst nicht abgeschlossen. Anregungen aus seinen vielfältigen Arbeiten werden gerade erst in den unterschiedlichsten humanwissenschaftlichen Disziplinen wahrgenommen und aufgegriffen. Die von Victor Turner mit Deutlichkeit gezeigte verändernde Kraft und Dynamik von Ritual und Symbol, sein Bemühen, den «rituellen Menschen» in kulturellen Prozessen zu entdecken, weisen ihm zu Recht einen Platz unter den «Klassikern der Religionswissenschaft» zu.

Mircea Eliade (1907–1986)

Ulrich Berner

MIRCEA ELIADE
(1907–1986)

Unter den Religionswissenschaftlern des 20. Jahrhunderts hat Mircea Eliade eine Sonderstellung. Diese Behauptung könnte allein schon durch den Hinweis darauf begründet werden, daß er ein Doppelwerk geschaffen hat: ein wissenschaftliches und ein literarisches Werk. Von einer Sonderstellung Eliades kann aber auch im Hinblick auf die Debatte gesprochen werden, die er ausgelöst hat: sein Werk hat ebenso scharfe Kritik wie engagierte Verteidigung hervorgerufen. Eine weitere Besonderheit liegt darin, daß auch seine politische Vergangenheit zum Gegenstand der Debatte geworden ist. Wie immer Eliades Beitrag zur Religionswissenschaft bewertet wird – sein Werk bietet jedenfalls die besten Ansatzpunkte, Grundprobleme des Faches zu erörtern: die kulturelle Funktion der Religionswissenschaft sowie ihre Abgrenzung zu benachbarten Fächern, vor allem zur Theologie und Religionsphilosophie.[1]

I. Leben

Mircea Eliade wurde am 9. 3. 1907 in Bukarest geboren. Dort begann er 1925 ein Studium der Philosophie, das er 1928 mit einer Arbeit über die Philosophie der italienischen Renaissance abschloß. Von 1928 bis 1931 hielt er sich in Indien auf, zunächst in Calcutta, wo er bei Surendranath Dasgupta indische Philosophie studierte, später in einem Ashram in Rishikesh, wo er sich unter Anleitung von Swami Shivananda mit der Praxis des Yoga beschäftigte. Das wissenschaftliche Ergebnis seines Indien-Aufenthaltes war eine Arbeit über den indischen Yoga, die er nach seiner Rückkehr in Bukarest als Dissertation vorlegte. Der Roman *Maitreyi*, der 1933 erschien und der sich ebenfalls auf seinen Indien-Aufenthalt bezieht, ist das bekannteste Beispiel seiner literarischen Tätigkeit in dieser Zeit. Eliade selbst hat später festgestellt, daß die indische Tradition ihn besonders stark geprägt habe, daß sie es ihm u. a. auch ermöglicht habe, seine eigene, östlich-orthodoxe Tradition des Christentums zu entdecken.[2]

Von 1934 bis 1938 war Eliade an der Universität Bukarest tätig, als Assistent des Philosophen N. Ionescu. In diesen Jahren ist er nicht nur als Wissenschaftler, sondern auch und gerade als Literat und Publizist hervorgetreten. In diese Zeit fällt auch sein Engagement für eine rechtsgerichtete politische Bewegung, die unter dem Namen «Legion des Erzengels Michael» oder auch als «Eiserne Garde» bekannt ist – zumindest im Rahmen seiner publizistischen Tätigkeit soll er diese Bewegung unterstützt haben.[3] Nachdem er 1938 einige Zeit in Rumänien interniert gewesen war, wurde er 1940 an die rumänische Botschaft in London entsandt. Von 1941 bis 1945 war er an der rumänischen Botschaft in Lissabon tätig. Das wichtigste Ergebnis seiner wissenschaftlichen Arbeit in dieser Zeit ist eine Abhandlung über die Ballade von Meister Manole, ein Motiv aus der rumänischen Folklore, einem seiner Arbeits- und Interessengebiete. Die Erzählung *Fräulein Christine*, die ebenfalls ein Motiv aus der rumänischen Folklore aufgreift, ist ein Beispiel aus dem literarischen Werk, das in dieser Zeit entstanden ist.[4] Diese Erzählung kann der «phantastischen Literatur» zugeordnet werden, was auch für viele andere Werke Eliades gilt, wie z. B. *Nächte in Serampore* (1940), wiederum eine literarische Verarbeitung des Indien-Aufenthaltes.

1945 ließ Eliade sich in Paris nieder, wo die Werke entstanden, die ihn als Religionswissenschaftler bekannt gemacht haben: *Traité de l'histoire des religions* – deutsch als *Die Religionen und das Heilige* bekannt – und *Le Mythe de l'éternel retour* – deutsch besser bekannt als *Kosmos und Geschichte*.

1957 wurde Eliade als Nachfolger von Joachim Wach nach Chicago berufen, wo er während der folgenden Jahrzehnte an der Divinity School «Religionswissenschaft» (History of Religions) lehrte. Aus dieser letzten Phase seines Schaffens sind vor allem drei große Projekte zu erwähnen: die Zeitschrift *History of Religions*, die er 1961 begründete, die *Geschichte der religiösen Ideen* (3 Bände, seit 1976) und die *Encyclopedia of Religion* (16 Bände, 1987), für die Eliade als Herausgeber verantwortlich zeichnete. Der erste Band seiner Zeitschrift enthielt einen programmatischen Aufsatz, in dem Eliade unter dem Titel «History of Religions and a New Humanism» aus seiner Sicht Aufgabe und Methode der Religionswissenschaft definierte.

Eliade starb am 22. 4. 1986 in Chicago.

II. Werk

Die *Geschichte der religiösen Ideen* läßt Eliades universalgeschichtliches Interesse erkennen – aber auch dieses monumentale historische Werk konnte nicht die weit verbreitete Meinung korrigieren, daß Eliade kein Historiker sei, sondern ein Vertreter der Religionsphänomenologie oder der vergleichenden Religionswissenschaft. Eine solche Einordnung erscheint allerdings plausibel, wenn einige Titel seiner früheren Werke betrachtet werden, wie z. B. *Mythen, Träume und Mysterien* oder *Das Heilige und das Profane*. Eliades Forschungsinteressen waren tatsächlich ungewöhnlich breit: er hat nicht nur dem indischen Yoga und der südosteuropäischen Folklore größere Abhandlungen gewidmet, sondern z. B. auch dem Schamanismus und den Religionen Australiens. Das Werk

Eliades stellt sich also schon dann als ungewöhnlich umfangreich und komplex dar, wenn nur seine religionswissenschaftlichen Abhandlungen berücksichtigt und seine literarischen Werke – sowie seine autobiographischen Schriften – aus der Betrachtung ausgeschlossen werden.

Die Frage stellt sich, ob und in welcher Weise die beiden Teile des Werkes miteinander zusammenhängen. Viele religionsgeschichtliche Motive, mit denen Eliade sich in seinen wissenschaftlichen Abhandlungen beschäftigt hat, kommen auch in seinen Romanen vor, wie z. B. der Mythos von Persephone in der Erzählung «Die drei Grazien». Auch das zentrale Thema seines wissenschaftlichen Werkes, die Unterscheidung des Heiligen und des Profanen, ist in seinem literarischen Werk zu erkennen – z. B. in der Erzählung «Auf der Mantuleasa-Straße», in der zwei Mythologien einander gegenübergestellt werden: die «Mythologie der Folklore» und die «Mythologie der modernen Welt, der Technokratie».[5] Die Verbindung wissenschaftlicher und literarischer Stilelemente zeigt sich sogar in seiner *Geschichte der religiösen Ideen*: in dem Kapitel 30 «Die Götterdämmerung», das den Untergang des antiken Heidentums und den Sieg des Christentums zum Gegenstand hat, wird unter der Überschrift «Der Autobus, der in Eleusis hält» eine Episode einbezogen, die sich 1940 ereignet haben soll und die in der Athener Presse diskutiert worden war – Eliade zufolge die «bewegendste Episode der christlichen Mythologie der Demeter».[6] Es gibt also einen engen Zusammenhang zwischen den verschiedenen Teilen seines Werkes, und es liegt auf der Hand, daß eine solche Verbindung zwischen Wissenschaft und Kunst ebenso scharfe Kritik wie begeisterte Zustimmung hervorrufen kann.

Im Vorwort zu *Kosmos und Geschichte* hat Eliade das Thema benannt, um das es in seinen Forschungen geht: es ist das Selbst- und Weltverständnis des Menschen der archaischen Gemeinschaften. Zu den archaischen Gemeinschaften rechnet Eliade «sowohl die Welt, die man gewöhnlich die ‹primitive› nennt, als auch die alten Kulturen Asiens, Europas und Amerikas».[7] Das Selbstverständnis des archaischen Menschen ist Eliade zufolge durch die Vorstellung der Wiederholung geprägt: «In den Einzelheiten seines bewußten Verhaltens kennt der «Primitive», der archaische Mensch, keine Handlung, die nicht von einem andern gesetzt und vorgelebt worden wäre, von einem andern, der kein Mensch gewesen ist.»[8]

Das Handeln ist demnach an mythischen Vorbildern ausgerichtet – so werden z. B. Tempel und Städte nach himmlischen Urbildern gebaut, und in den Opfern, die den Bestand der Bauten sichern sollen, wird der kosmogonische Akt wiederholt, die Erschaffung der Welt.[9] Eliade will aber nicht nur das Verhalten des archaischen Menschen beschreiben, sondern auch und gerade die archaische Metaphysik oder Ontologie, die diesem Verhalten zugrundeliegt. Er rekonstruiert eine ontologische Vorstellung, die eine «Platonische Struktur» hat: «... ein Gegenstand oder eine Handlung werden wirklich nur in dem Maße, wie sie einen Archetyp nachahmen oder wiederholen. So wird die Wirklichkeit ausschließlich durch Wiederholung oder Teilhabe erworben; ...»[10]

Wenn das Handeln an mythischen Vorbildern ausgerichtet ist, dann bedeutet das Eliade zufolge auch, daß die profane Zeit aufgehoben und der Mensch in die mythische Zeit versetzt werden kann.[11] Dies geschieht im Ritual, wie z. B. in den Riten zum Jahreswechsel, in denen die Zeit periodisch aufgehoben wird. In diesem «Willen zur Entwertung der Zeit» erkennt Eliade eine geschichtsfeindliche Haltung des archaischen Menschen.[12] Die Leistung dieser archaischen Ontologie sieht er darin, daß sie dem Leiden einen übergeschichtlichen Sinn und damit dem Menschen die Möglichkeit gibt, den Schrecken der Geschichte zu ertragen.[13]

Der wichtigste Unterschied zwischen dem archaischen und dem modernen Menschen liegt Eliade zufolge in der Einstellung zur Geschichte: im Gegensatz zum archaischen Menschen will der moderne Mensch sich gerade als Schöpfer der Geschichte sehen und ist stolz auf seine Freiheit, Geschichte zu machen.[14] Diese Einstellung des modernen Menschen ist durch die jüdisch-christliche Tradition geprägt. Denn es sind die alttestamentlichen Propheten, die der Geschichte einen Wert verliehen haben – sie erscheint nicht mehr als ein Zyklus, sondern als eine Folge von einzelnen Ereignissen, die durch den Willen Gottes bestimmt sind.[15] Auch diese neue religiöse Sicht der Welt läßt noch eine geschichtsfeindliche Haltung erkennen, insofern als die Geschichte letztlich doch aufgehoben werden soll: nicht periodisch, sondern eschatologisch – in der messianischen Endzeit.[16]

Der Eindruck liegt nahe, daß es Eliade nur darum geht, zwei verschiedene Existenzweisen gegenüberzustellen – die religiöse des archaischen Menschen und die areligiöse des modernen Menschen: » ... der homo religiosus glaubt immer an die Existenz einer absoluten Realität, an die Existenz des Heiligen, das diese unsere Welt transzendiert, sich aber in dieser Welt offenbart und sie dadurch heiligt und real macht. ... Der moderne areligiöse Mensch nimmt eine neue existentielle Situaton auf sich: er betrachtet sich nur als Subjekt und Agens der Geschichte, und er verweigert sich dem Transzendenten.»[17]

Tatsächlich hat Eliade diese Gegenüberstellung anhand vieler Beispiele durchgeführt, besonders deutlich in dem Buch *Das Heilige und das Profane*. Besondere Aufmerksamkeit hat er dabei den Vorstellungen von Raum und Zeit gewidmet: im Gegensatz zum modernen Menschen erlebt der archaische Mensch Raum und Zeit nicht als homogen – er kennt einen heiligen Raum, der sich vom profanen Raum unterscheidet, und eine heilige Zeit, die sich von der profanen Zeit unterscheidet.[18] Es sind also die «Hierophanien», die Erscheinungen des Heiligen in der Welt, die der moderne Mensch im Gegensatz zum archaischen Menschen nicht mehr wahrnehmen kann.

Im Zusammenhang solcher Gegenüberstellungen weist Eliade aber gelegentlich darauf hin, «daß auch der offenkundig areligiöse Mensch im

Grunde seines Wesens ein religiös orientiertes Verhalten bewahrt».[19] Er erkennt dieses Verhalten nicht nur im Kontext moderner Ideologien, wie z. B. des Marxismus und Faschismus, sondern auch in scheinbar ganz profanen Handlungen des modernen Menschen, wie z. B. in der Lektüre: «Ob man die Zeit mit einem Kriminalroman ‹totschlägt›, oder ob man sich in eine fremde zeitliche Welt, welche irgendein Roman darstellt, versetzt – immer reißt die Lektüre den Modernen aus seiner Dauer und fügt ihn anderen Rhythmen ein, läßt ihn andere Geschichte leben.»[20]

Eliade rechnet es auch zu den Aufgaben der Religionswissenschaft, kulturelle Zeitströmungen zu betrachten und die darin verborgenen religiösen Motive zu entdecken. So erkennt er z. B. in der Popularität der Theorien Teilhards die Sehnsucht des modernen Menschen nach einer Sakralisierung der Natur.[21]

Die Folgerung scheint nahezuliegen, daß Eliade die Welt des modernen areligiösen Menschen nur als defizitär beschreiben will – eben als eine entsakralisierte Welt – und daß er die Rückkehr zur archaischen Religiosität als eine Rettung empfehlen will. Eliade hat sich aber selbst gegen eine solche Folgerung gewandt und deutlich zu machen versucht, daß es ihm darum geht, die Kreativität des modernen Menschen anzuregen.[22] Diese Intention gehört zu seinem methodischen Ansatz, der kurz als «kreative Hermeneutik» beschrieben werden kann.[23]

Eliade bezeichnet sich selbst als Religionshistoriker. Abgesehen von seinem Spätwerk hat er sich allerdings vorwiegend für die religiösen Phänomene an sich interessiert – losgelöst von ihrer Geschichte, als Hierophanien betrachtet. Dieses Interesse hat er selbst als ein methodisches Prinzip formuliert: «Bevor man die Geschichte irgendeines Sachverhaltes behandelt, hat man erst diesen Sachverhalt richtig zu begreifen: an und für sich.»[24]

Eliade verweist in diesem Zusammenhang auf Gerardus van der Leeuw, der «überaus Wertvolles für die Religionsphänomenologie» geleistet habe. Ganz im Stil der Phänomenologie stellt er denn auch Beispiele aus verschiedenen historischen und geographischen Bereichen nebeneinander, wenn er z. B. die «Symbolik des ‹Zentrums›» darstellt: er verweist u. a. auf die altorientalischen Zivilisationen, das Judentum, das vedische Indien, die germanische Mythologie, den zentral- und nordasiatischen Schamanismus.[25] Im Unterschied zu van der Leeuw hat Eliade aber keine «Phänomenologie der Religion» geschrieben. Dies könnte gerade darin begründet sein, daß er doch wieder zu stark an der Geschichte im weitesten Sinne interessiert ist. So interessiert er sich z. B. nicht nur für das Phänomen der Initiation im frühen Christentum, sondern auch für die «möglichen historischen Beziehungen zwischen dem Christentum und den Mysterienreligionen».[26] Außerdem hat er in einigen Fällen ein größeres Interesse am historischen Kontext der Phänomene gezeigt, vor allem in den Arbeiten zur Religion seiner südosteuropäischen Heimat.

Letzlich geht es ihm aber immer um die «tiefere» Bedeutung der religiösen Phänomene, die sich – wie er meint – am besten durch den Vergleich erschließt. Auf diese Weise will er das spezifisch Religiöse in den Blick bringen, das allzu leicht übersehen wird, wenn der Forscher sich auf historische, philologische oder soziologische Fragen konzentriert. Eliade erklärt zwar immer wieder, daß solche Fragen beim Studium der Religionen berücksichtigt werden müssen; er besteht aber darauf, daß die Religionswissenschaft darüber hinausgehen und sich auf das spezifisch Religiöse konzentrieren müsse, das in den anderen Wissenschaften nicht erfaßt wird. Die Religionswissenschaft soll auf den Ergebnissen dieser Wissenschaften aufbauen und eine Integration oder Synthese bieten. Eliade weiß, daß es Hemmungen gegenüber solchen Versuchen gibt, und er ist bereit, sich der Kritik auszusetzen. Er hält es eben für unbedingt notwendig, ein religiöses Phänomen «in seiner eigenen Modalität» zu erfassen und «unter religiösen Maßstäben» zu betrachten: «Ein solches Phänomen mittels der Physiologie, der Psychologie, der Soziologie, der Wirtschaftswissenschaft, der Sprachwissenschaft, der Kunst usw. einzukreisen, heißt, es leugnen. Heißt, sich gerade das entkommen zu lassen, was an ihm einzigartig und unzurückführbar ist – nennen wir es den sakralen Charakter.»[27]

In dem Bestreben, sich auf diese wesentliche Aufgabe der Religionswissenschaft zu konzentrieren, verzichtet Eliade meistens darauf, den historischen Kontext der Phänomene und historische Prozesse überhaupt genauer zu betrachten. Dieser Verzicht ist also letztlich in der antireduktionistischen Tendenz seines Ansatzes begründet, in der Sorge, daß eine rein historische Betrachtungsweise die eigentliche, übergeschichtliche Bedeutung der religiösen Phänomene verloren gehen läßt.

Eliade orientiert sich auch an den Methoden der Literaturwissenschaft: Er meint, dort sei es selbstverständlich, daß über die Erforschung des historischen Kontextes hinaus die Aufmerksamkeit letztlich auf den Sinn des Kunstwerkes, die kreative Leistung des Künstlers, gerichtet ist. Unter dem Gesichtspunkt der Kreativität vergleicht Eliade literarische und religiöse Phänomene – er denkt dabei aber nicht nur an die großen religiösen Traditionen, sondern auch und gerade an die sogenannten primitiven Religionen. Er ist der Meinung, es sei nicht ausreichend, die sogenannten Primitiven als normale Menschen zu betrachten – es sei vielmehr notwendig, ihre Kreativität, die sich eben auf dem Gebiet des Religiösen darstellt, wahrzunehmen und zu würdigen. So steht er denn nicht an, mythische Konzeptionen aus den sogenannten primitiven Kulturen mit den größten Werken der europäischen Literaturgeschichte zu vergleichen: «Kurzum, ein religiöses Phänomen wie der primitive Messianismus muß genauso studiert werden wie die Göttliche Komödie, …».[28]

Dieser Vergleich religiöser und literarischer Phänomene ist wichtig, wenn es darum geht, Eliades methodischen Ansatz gegen Religionsphilosophie und Theologie abzugrenzen. Wenn Eliade von den Erscheinungsweisen des Heiligen spricht, dann scheint ja der Schluß naheзuliegen, daß er über den empirischen Bereich hinausgeht und nicht nur über menschliche Vorstellungen, sondern auch über das Heilige selbst Aussagen machen will. Die Orientierung an der Literaturwissenschaft läßt aber erkennen, daß er in erster Linie die Kreativität des menschlichen Geistes zu erfassen sucht, die bei der Konzentration auf den historischen Kontext übersehen oder zumindest unterschätzt werden kann.

Eliade will die Kreativität des menschlichen Geistes aber nicht nur entdecken, sondern auch anregen. Sein kreativ-hermeneutischer Ansatz ist besonders deutlich erkennbar in einer Studie über «Religiöse Symbolik und Aufwertung der Angst». Eliade unternimmt es hier, «die Angst der modernen Welt vom Standpunkt der Religionsgeschichte aus zu untersuchen und in deren Sicht einzuordnen».[29] Er denkt dabei an den modernen areligiösen Menschen, der die Todesangst als eine Angst vor dem Nichts kennt. Diese existentielle Situation wird aus archaisch-religiöser Perspektive betrachtet, zunächst aus der Sicht des sogenannten Primitiven, der die Todesangst mit dem Erlebnis der Initiation in Verbindung bringen würde: «Ohne rituelle Agonie, Tötung und Auferstehung ist keine Einweihung möglich. Aus der Perspektive der primitiven Religionen beurteilt, ist die Angst der modernen Welt nichts anderes als ein Anzeichen bevorstehenden Todes, aber eines notwendigen und heilsamen Todes, da ihm ja eine Auferstehung auf dem Fuße folgt, da er ja den Zutritt zu einer neuen Seinsweise der Reife und der Verantwortlichkeit eröffnet.»[30]

Dann wird diese existentielle Situation aus der Sicht des indischen Philosophen betrachtet, der die Todesangst mit der Erkenntnis der Maya in Verbindung bringen würde: «Der Inder versteht unsere Furcht und unsere Angst sehr wohl, denn es handelt sich letztlich um die Entdeckung unseres eigenen Todes. Aber welcher Tod ist das? so wird sich der Inder fragen. Es ist der Tod unseres Nicht-ich, unserer eingebildeten Individualität, das heißt unserer eigenen maya – und nicht des Seins, an dem wir teilhaben, unseres atman, der ja gerade deshalb unsterblich ist, weil er nicht bedingt, nicht der Zeit unterworfen ist.»[31]

Eliade will also zeigen, daß der Mensch der archaischen Kulturen die Todesangst als einen notwendigen Übergang erkannt und überwunden hat, und er will dem modernen Menschen damit die Anregung geben, sich in seiner existentiellen Situation neu zu orientieren und in der scheinbar ausweglosen Situation einen Ausweg zu suchen: «In keiner anderen Kultur außerhalb der unseren kann man inmitten eines Übergangsritus stehenbleiben und sich in einer offensichtlich ausweglosen Situation einrichten. Denn der Ausweg besteht gerade darin, den Übergangsritus zu beenden und die Krise durch Erlangen einer höheren Stufe zu lösen, indem man sich einer neuen Seinsweise bewußt wird.»[32]

Eliades Ansatz ist der Religionsphilosophie und Theologie verwandt, insofern als er ebenfalls eine Orientierungsfunktion übernimmt. Allerdings geht Eliade nicht so weit, daß er konkrete Vorschläge zur religiösen Orientierung machen würde – die Religionswissenschaft kann die religiöse Kreativität eben nur anregen, nicht ersetzen.

Sein literarisches Werk kann als Fortsetzung dieses kreativ-hermeneutischen Ansatzes gesehen werden, insofern als es dem modernen Menschen ebenfalls die Möglichkeit bietet, existentielle Situationen des archaisch-religiösen Menschen kennenzulernen. Eine solche Begegnung kann den Menschen verändern. Das ist letztlich das Ziel, das Eliade in seiner Arbeit als Religionshistoriker verfolgt. In seinem literarischen Werk kommt er diesem Ziel vielleicht noch einen Schritt näher, da er als Künstler die Freiheit hat, religionsgeschichtliche Motive direkt auf existentielle Situationen des modernen Menschen zu übertragen. So hat Eliade z. B. in der Erzählung «Die Brücke» – der Titel ist bereits eine Anknüpfung an seine Forschungen zur religiösen Symbolik – mehrere Motive aus der Religionsgeschichte dazu verwendet, scheinbar ausweglose Situationen zu deuten und die Möglichkeit anzudeuten, auf einer anderen Ebene einen Ausweg zu finden. Er hat dabei an verschiedene Traditionen archaischer Religiosität angeknüpft, indem er z. B. vom Tod des Adonis, von der *coincidentia oppositorum* und von der Erkenntnis des Atman spricht.[33] Im literarischen Werk Eliades zeigt sich also besonders deutlich die Tendenz, religiöse Phänomene aus ihrem historischen Kontext zu lösen und unter der Fragestellung zu betrachten, welche Möglichkeiten menschlichen In-der-Welt-Seins sich in ihnen offenbaren.

III. Wirkung

Die Nachwirkung Eliades zeigt sich nicht nur darin, daß er Schüler gefunden hat, die seinen Ansatz weiterführen und verteidigen. Auch die besondere Schärfe der Kritik, die immer noch gegen Eliades Werk vorgetragen wird, läßt indirekt auf die Stärke seiner Nachwirkung schließen. Im Jahr 1990 ist die Debatte über ein methodisches Grundproblem der Religionswissenschaft – die Frage des Reduktionismus – weitgehend als eine Debatte für oder gegen Eliade geführt worden, und auch im Jahr 1996 begegnet sein Name im Zentrum einer aktuellen methodologischen Debatte.[34] Es gehört schließlich auch zur Nachwirkung Eliades, daß er der Religionswissenschaft zu größerer Popularität verholfen hat. Dies wird auch von Kritikern bemerkt.[35]

Die Wirkung Eliades geht über den engeren Bereich der Religionswissenschaft hinaus und in benachbarte Disziplinen hinein – in die Theologie und Philosophie. In den 60er Jahren hatte zunächst Thomas J. Altizer, der als ein Vertreter der sogenannten «Gott-ist-tot-Theologie» bekannt geworden ist, die Aufmerksamkeit auf Eliade gelenkt. Er versprach sich von der Auseinandersetzung mit Eliade eine Erneuerung der Theologie.[36] Paul Tillich hat während seiner Tätigkeit in Chicago mehrere Seminare gemeinsam mit Eliade veranstaltet. Rückblickend auf die zweijährige Zusammenarbeit hat er 1964 festgestellt, «jede einzelne christliche Lehre und jeder einzelne christliche Ritus» habe für ihn «eine neue, tiefere Bedeutung gewonnen».[37] Der Philosoph Kurt Hübner hat sich mit dem Mythos als einer verdrängten Form der Welt- und Wirklichkeitsdeutung beschäftigt, und er hat sich in seiner Deutung des mythischen Denkens auch und gerade an Eliade orientiert.[38]

Im Hinblick auf die Eliade-Kritik sind verschiedene Richtungen und Ebenen zu unterscheiden: die Kritik kann sich gegen seine Theorie oder gegen seinen methodischen Ansatz richten, und sie kann prinzipielle oder nur spezielle Geltung beanspruchen.

John A. Saliba hat die Theorie Eliades aus der Sicht der Anthropologie kritisiert: er glaubt, im Werk Eliades die Fehler Lévy-Bruhls wiederzuerkennen, und er hat die Auffassung vertreten, in seiner Beschreibung des archaischen religiösen Menschen entferne Eliade sich weit von der Realität, soweit diese ethnographisch belegt sei.[39] Kurt Rudolph hat die Theorie Eliades aus der Sicht der Religionsgeschichte kritisiert: er meint, einen «homo religiosus, der völlig in der kosmischen Sakralität aufgeht, um ‹Geschichte› und ‹Zeit› aufzuheben», habe es nie gegeben und werde es nie geben.[40] Ninian Smart hält es für eine wichtige Aufgabe der Religionswissenschaft, moderne Weltbilder zu analysieren, und er glaubt, in dieser Hinsicht bei Eliade eine Schwäche zu erkennen: Eliades Position sei «bei all ihrer Fruchtbarkeit vielleicht doch zu negativ, zu nostalgisch, um als Erklärung der modernen Entwicklungen in der Welt zu dienen».[41]

Prinzipielle Kritik am methodischen Ansatz Eliades ist – mit besonderer Schärfe – von seiten der Anthropologie vorgebracht worden. Edmund Leach hat schon im Titel einer Rezension sein negatives Urteil angedeutet: «Sermons by a Man on a Ladder» – er sieht Eliade in der Rolle eines religiösen Menschen, der größere Ähnlichkeit mit einem Propheten oder Schamanen hat als mit einem Wissenschaftler.[42] Ebenso hat K. Rudolph den methodischen Ansatz Eliades kritisiert, obwohl er – im Unterschied zu Leach – Eliade als einen gelehrten und faszinierenden Autor würdigt. Er glaubt, daß Eliade den Menschen in die archaisch-religiöse Welt zurückführen will, und er sieht die Gefahr, daß die Religionswissenschaft ihre historisch-philologische Basis verliert, wenn sie eine solche Aufgabe erfüllen soll.[43] Robert D. Baird hat Eliades Phänomenologie der Symbolik untersucht und ist zu dem Ergebnis gekommen, diese Art von Religionswissenschaft sei ebenso normativ wie die Theologie – Eliades Ansatz setze eine Ontologie voraus, die weder historisch abgeleitet noch deskriptiv verifizierbar sei.[44] Auch Ninian Smart hat die Einseitigkeit des methodischen

Ansatzes kritisiert: eine Tendenz Eliades, anthropologische, soziologische und ökonomische Perspektiven zu ignorieren.[45]

Auf der Seite der Verteidiger Eliades hat sich Mac Linscott Ricketts besonders stark engagiert. Einer seiner Artikel läßt schon im Titel die apologetische Intention erkennen: *In Defence of Eliade*. Er setzt sich hier zunächst mit der irritierenden Tatsache auseinander, daß Eliades Deutung der sogenannten primitiven Religion von vielen Anthropologen gar nicht zur Kenntnis genommen worden ist – eine Tatsache, die die Grenzen seiner Nachwirkung aufzuzeigen scheint. Dann setzt er sich mit der Kritik auseinander, die von E. Leach vorgebracht worden war. Er widerspricht der Auffassung, daß Eliade in seiner Definition des Heiligen als des Realen eine theologische Aussage mache.[46]

Guilford Dudley hat die Auffassung vertreten, es sei nicht möglich – aber auch gar nicht nötig –, Eliade gegen den Vorwurf zu verteidigen, er arbeite nicht historisch. Es müsse vielmehr gleich zugegeben werden, daß Eliade kein Historiker im gewöhnlichen Sinne sei.[47] Er hat sogar den überraschenden Vorschlag gemacht, Eliade als einen «Anti-Historiker» zu bezeichnen und gerade darin die Stärke dieses Ansatzes zu erkennen. Douglas Allen hat sich ebenfalls gegen die empiristische Kritik gewandt, also gegen die Auffassung, Eliades Ansatz sei subjektiv, normativ und theologisch. Es handele sich bei dieser phänomenologischen Methode nicht um ein gewöhnliches empirisch-induktives Verfahren. Eine intuitive Erkenntnis der universalen religiösen Strukturen sei aber nicht eine willkürliche Deutung der religiösen Tatsachen.[48] Auch Carl Olson hat sich gegen die Tendenz gewandt, den Ansatz Eliades auf der Grundlage eines empiristischen Wissenschaftsverständnisses, das sich an den Naturwissenschaften orientiert, zu kritisieren. Der Untertitel seiner Monographie – *In Search for the Centre* – läßt außerdem den Vorsatz erkennen, das Werk in seiner ganzen Komplexität zu betrachten und auch die religiöse Biographie Eliades zu berücksichtigen.[49] Ivan Strensky, ein Kritiker Eliades, hat ebenfalls den biographischen und historischen Kontext in die Betrachtung einbezogen. In diesem Zusammenhang wird dann auch wieder die politische Vergangenheit Eliades thematisiert.[50]

Der Blick auf die Eliade-Debatte zeigt, daß in diesem Fall nicht nur die Gültigkeit einer Theorie umstritten ist, sondern die Wissenschaftlichkeit des methodischen Ansatzes überhaupt. Die Tatsache, daß Eliade trotz der scharfen methodischen Kritik immer wieder Verteidiger gefunden hat – darunter auch einige Philosophen –, läßt darauf schließen, daß es von wissenschaftstheoretischen Grundsatzentscheidungen abhängt, ob sein Ansatz als ganzer anerkannt oder abgelehnt wird. Neben einer solchen Grundsatzdebatte gibt es aber auch die Möglichkeit, den Ansatz Eliades differenziert zu betrachten und die verschiedenen Aspekte jeweils zum Gegenstand einer Einzeldebatte zu machen: die Darstellung und Deutung der religiösen Phänomene, die Begründung der Hypothesen, die Abgrenzung zur Theologie und Philosophie sowie die Wahrnehmung der kulturellen Funktion der Religionswissenschaft. Im Hinblick auf seine Deutung religiöser Phänomene wäre wiederum zwischen Intention und Verifikation zu differenzieren. Die Intention seiner Deutung – die antireduktionistische Tendenz – erscheint vertretbar, solange nicht andere, religions- oder ideologiekritische Fragestellungen dadurch ausgeschlossen werden. Gerade im Hinblick auf diese Tendenz erscheint es aber notwendig, in jedem einzelnen Fall wieder neu zu untersuchen, ob und wie weit Eliades Deutungen religiöser Phänomene verifiziert werden können.[51] Eine Verifikation – bzw. eine Falsifikation – ist allerdings nur dann möglich, wenn seine Aussagen über das Heilige nicht als ontologische, sondern als anthropologische Aussagen aufgefaßt werden, also als Deutung der religiösen Ideen, die es in der Geschichte der Menschheit gegeben hat.

Anhang

ANMERKUNGEN UND LITERATUR

Einleitung

Anmerkungen

[1] Zur Geschichte der Religionswissenschaft siehe *K.-H. Kohl*, in: *H. Cancik, B. Gladigow, M. Laubscher* (Hg.), Handbuch religionswissenschaftlicher Grundbegriffe, Stuttgart 1988, Bd. I, 217–262. Zur Frage nach den Gegenständen von Religionswissenschaft siehe *B. Gladigow*, Religionsgeschichte des Gegenstandes – Gegenstände der Religionsgeschichte, in: *H. Zinser* (Hg.), Religionswissenschaft. Eine Einführung, Berlin 1988, 6–37, sowie (eine Aktualisierung dieses Aufsatzes) *ders.*, Religionswissenschaft. Historisches, Systematisches und Aktuelles zum Stand der Disziplin, in: Berliner Theologische Zeitschrift 13 (1996), 200–13.

[2] Vgl. *Friederich Niewöhner* (Hg.), Klassiker der Religionsphilosophie. Von Platon bis Kierkegaard, München 1995, sowie den Literaturüberblick von *G. Wiessner*, in: *A. Frhr. von Campenhausen* und *ders.*, Kirchenrecht – Religionswissenschaft, Stuttgart 1994.

[3] Vgl. hierzu besonders *H. G. Kippenberg*, Rivalität in der Religionswissenschaft, Zeitschrift für Religionswissenschaft 2 (1994), 69–89.

[4] *R. Flasche*, Religiöse Entwürfe und religiöse Wirkungen von Religionswissenschaftlern, in: *H. Antes* und *D. Pahnke* (Hg.), Die Religion von Oberschichten, Marburg 1989, 203–17.

[5] Nach H. G. *Kippenberg*, a. a. O., 73–78, ist dies vor allem eine Folge des Präanimismus bzw. Dynamismus von R. R. Marett.

[6] *N. Söderblom* in: *C. Colpe* (Hg.), Die Diskussion um das «Heilige», Darmstadt 1977, 76; es handelt sich um die deutsche Übersetzung seines einflußreichen Artikels «Holiness» aus der Encyclopedia of Religion and Ethics (1913).

[7] *B. Gladigow*, Kraft, Macht, Herrschaft. Zur Religionsgeschichte politischer Begriffe, in *ders.* (Hg.), Staat und Religion, Düsseldorf 1981, 7–11. Vgl. auch *A. Michaels*, «Wissenschaftsgläubigkeit», erscheint in: *P. Rusterholz* und *R. Moser* (Hg.), Bewältigung und Verdrängung spiritueller Krisen: Esoterik als Kompensation von Wissenschaft und der Kirchen, Bern 1997.

[8] Vgl. hierzu *A. Michaels*, Gift and Return Gift, Greeting and Return Greeting in India. On a Consequential Footnote by Marcel Mauss, in: Numen 44.3 (1997).

[9] *H. G. Kippenberg*, a. a. O. (Anm. 3), 77.

[10] Vgl. *A. Michaels*, Die Natur als Gott, in: Unipress (Bern) 85 (Juni 1995), 38–9; *ders.*, Nature pour la Nature – Naturzerstörung und Naturschonung im traditionellen Indien, in: Asiatische Studien 51 (1997).

[11] Symptomatisch dafür etwa *R. Pannikar*, Der unbekannte Christus im Hinduismus, Mainz 1986.

[12] Dazu ausführlich *A. Michaels*, Der Alltag im traditionellen Hinduismus (Arbeitstitel; erscheint voraussichtlich 1998 bei C. H. Beck, München).

[13] Weitere Beispiele bei *G. Lanczkowski*, Einführung in die Religionswissenschaft, Darmstadt 1980, 21 ff.

[14] Vgl. hierzu etwa *J. Waardenburg*, Religionen und Religion, Berlin und New York 1986, 15–25, sowie *H. Seiwert*, ‹Religionen und Religion›. Anmerkungen zu Jacques

Waardenburgs Einführung in die Religionswissenschaft, in: Zeitschrift für Missions- und Religionswissenschaft 71 (1987), 225–30.

[15] Kirchliche Dogmatik, 1948, Bd. I,2, 327.

[16] Vgl. hierzu O. *Marquard*, Lob des Polytheismus. Über Monomythie und Polymythie (1979), in: *ders.*, Abschied vom Prinzipiellen, Stuttgart 1981, 91–116, und *B. Gladigow*, Strukturprobleme polytheistischer Religionen, Saeculum 34 (1983), 293.

[17] *H.* und *G. Böhme*, Das Andere der Vernunft, Frankfurt a. M. 1985.

[18] Vgl. hierzu die Einleitung von *W. Marschall* in dem Band Klassiker der Kulturanthropologie, München 1990.

[19] *Fr. Heiler*, Erscheinungsformen und Wesen der Religionen, Stuttgart 1961, 17.

[20] *R. Otto*, Das Heilige (1917), München 1992, 8.

[21] *C. Clément* und *S. Kakar*, Der Heilige und die Verrückte. Religiöse Ekstase und psychische Grenzerfahrung, München 1993.

[22] So auch *G. Widengren*, Religionsphänomenologie, Berlin 1969, 46.

[23] *E. B. Tylor*, Primitive Culture. Researches into Development of Mythology, Philosophy, Religion, Language, Art, and Custom (1871), 3. rev. Aufl., London 1891, Bd. I, 426.

[24] *M. E. Spiro*, Religion: Problems of Definition and Explanation, in: *M. Banton* (Hg.), Anthropological Approaches to the Study of Religion, London 1966, 96.

[25] Vgl. für die Moderne *Peter L. Berger*, The Heretical Imperative. Contemporary Possibilities of Religious Affirmation, Doubleday, New York 1979 (dt. Der Zwang zur Häresie. Religion in der pluralistischen Gesellschaft. Durchgesehene und Verbesserte Ausg. Freiburg, Basel, Wien 1992) sowie jüngst *G. Küenzlen*, Der Neue Mensch. Zur säkularen Religionsgeschichte der Moderne, München 1994.

[26] *É. Durkheim*, Les formes élémentaires de la vie religieuse, Paris 1899; dt. Die elementaren Formen des religiösen Lebens, Frankfurt a. M. 1981, 74.

[27] Hierzu ausführlich *A. Michaels*, Religionen und der neurobiologische Primat der Angst, in: *F. Stolz* (Hg.), Homo religiosus naturaliter?, Bern 1997 (Studia Religiosa Helvetica, Bd. 3), 89–136.

[28] So etwa *W. C. Smith*, The Meaning and End of Religion, New York 1962.

[29] *W. Baetke*, Aufgabe und Struktur der Religionswissenschaft (1952), in: *G. Lanczkowski*, Selbstverständnis und Wesen der Religionswissenschaft, Darmstadt 1974, 142.

[30] *A. Harnack*, Reden und Aufsätze, Gießen 1904, 2. Bd., 167.

[31] *Ch. de la Saussaye*, Die vergleichende Forschung und der religiöse Glaube, Freiburg 1898, bildet den methodischen Ausgangspunkt; zur teilweisen Rehabilitation der Religionsphänomenologie siehe *C. Colpe*, Zur Neubegründung einer Phänomenologie der Religionen und der Religion, in *H. Zinser* (Hg.), a. a. O. (Anm. 1), 131–54.

[32] *M. Müller*, Einleitung in die vergleichende Religionswissenschaft, Straßburg 1876, 14.

[33] *J. Wach*, Understanding and Religion, Essays hrsg. von *J. M. Kitagawa*, New York 1968, 126.

[34] *M. Weber*, Wirtschaft und Gesellschaft. Grundriss der verstehenden Soziologie (1922), 5. rev. Aufl., Tübingen 1980, 245.

[35] Vgl. hierzu die Zusammenstellung von *Chr. Elsas* (Hg.), Religion. Ein Jahrhundert theologischer, philosophischer, soziologischer und psychologischer Interpretationsansätze, München 1975, sowie *F. Wagner*, Was ist Religion? Studien zu ihrem Begriff und Thema in Geschichte und Gegenwart, Gütersloh 1986.

[36] *U. Bianchi*, Nach Marburg (Kleine Abhandlung über die Methode), in: *G. Lanczkowski* (Hg.), a. a. O. (Anm. 29), 215.

[37] Siehe etwa *B. Gladigow* und *H. G. Kippenberg* (Hg.), Neue Ansätze in der Religionswissenschaft, München 1983.

[38] Andere Themen nennt *B. Gladigow*, Religionswissenschaft. Historisches, Systematisches und Aktuelles zum Stand der Disziplin, a. a. O. (Anm. 1), 210f.

[39] Vgl. *W. Schluchter* (Hg.), Max Webers Studie über Hinduismus und Buddhismus. Interpretation und Kritik, Frankfurt a. M. 1984, und *M. Fuchs*, Theorie und Verfremdung: M. Weber, L. Douis Dumont und die Analyse der indischen Gesellschaft, Frankfurt a. M. 1988 (mit weiteren Nachweisen).

[40] *G. Barnes*, Glaubenssysteme im Vergleich: falsche Anschauungen oder Anomalien?, in: *H. G. Kippenberg* und *B. Luchesi* (Hrsg.), Magie. Die sozialwissenschaftliche Kontroverse über das Verstehen fremden Denkens, Frankfurt a. M. 1978, 215.

[41] Hilfreich hier die Prosopographie I im ersten Band des Handbuches religionswissenschaftlicher Grundbegriffe, a. a. O. (Anm. 1), 273–301.

[42] Erinnert sei z. B. an *J. Waardenburg*, Classical Approaches to the Study of Religion. Aims, Methods and Theories of Research, 2 Bde. (I: Introduction and Anthology, II: Bibliography), Den Haag und Paris 1973–4.

Burkhard Gladigow: Friedrich Schleiermacher

Anmerkungen

[1] *Schleiermacher*, Reden über die Religion, 4. Zitiert wird nach der Seitenzählung der ersten Auflage von 1799 in der Textgestaltung der Ausgabe durch *Rudolf Otto* von 1899, 7. Aufl. Göttingen 1991. Seitenangaben im laufenden Text beziehen sich auf diese Ausgabe.

[2] Zu Schleiermachers religiösem Werdegang *K. Nowak*, Schleiermacher und die Frühromantik, 58ff.

[3] Zur Bedeutung Eberhards für Schleiermacher *E. Herms*, Herkunft, Entfaltung, 82ff.

[4] Siehe *K. Nowak*, Schleiermacher und die Frühromantik, 141.

[5] Zum Palingenesiegedanken bei Schleiermacher *K. Nowak*, Schleiermacher und die Frühromantik, 155ff.

[6] Zum Verhältnis von ‹Anschauung und Gefühl› der Reden zum ‹schlechthinnigen Abhängigkeitsgefühl› der Glaubenslehre *K. E. Welker*, Die grundsätzliche Beurteilung, 89ff. Erkenntnistheoretisch liegt hier in den Reden ein latenter Platonismus zugrunde, bis hinein in die erläuternden Bilder; vgl. etwa Reden, 67: «Im Gegenteil ist es wohl ein Wunder, wenn die ewige Welt auf die Organe unseres Geistes so wirkt, wie die Sonne auf unser Auge? wenn sie uns so blendet, daß nicht nur im Augenblick alles übrige verschwindet, sondern auch lange noch nachher alle Gegenstände, die wir betrachten, mit dem Bilde derselben bezeichnet und von ihrem Glanz übergossen sind?»

[7] Zur Weiterentwicklung von ‹Gefühl und Anschauung› zum ‹Gefühl schlechthinniger Abhängigkeit› siehe *E. Brito*, S. J., Le sentiment religieux selon Schleiermacher.

[8] So etwa *K. E. Welker*, Die grundsätzliche Beurteilung, 119 (nach *Dunkmann*, Systematische Theologie, Bd. I, 419).

[9] In den späteren Auflagen der ‹Reden› von 1806, 1821 und 1831 sind die Begriffe ‹Universum› und ‹das Unendliche› sukzessiv durch ‹Gott› ersetzt worden, siehe dazu die kritische Ausgabe von *G. Ch. B. Pünjer*, Braunschweig 1879.

[10] Zu den Rahmenbedingungen wichtig *K. Nowak*, Schleiermacher und die Frühromantik, 189ff.

[11] Diese Passage ist von R. Otto in seiner Ausgabe der Reden so kommentiert worden: «Dieser Satz ist der Schlüssel zu Schleiermachers Gedanken vom Erleben des Ewigen. Er meint damit zwar keine ekstatischen Entzückungen, kein visionäres Schauen, sondern das Innewerden des Unendlichen in und am Endlichen ...»

[12] *J. Ringmüller*, Allgemeine Religions- und Staatsgeschichte von der Weltschöpfung an bis auf gegenwärtige Zeiten, 2 Bde., Würzburg 1772; in Band 1, 285 ff.: «Geschichte der falschen Religion in den ersten Zeiten durch 4 Hauptstücke», was den Autor nicht darin hindert, im dritten Hauptstück (408 ff.) «das Heidenthum in seiner Größe» zu behandeln.

[13] Wichtige Hinweise hierzu von *G. Wiessner* in: *A. v. Campenhausen* und *G. Wiessner*, Kirchenrecht – Religionswissenschaft, Stuttgart 1994, 97 ff.

[14] Zu diesem Rahmen der Religionsphänomenologie sind erhellend die Beiträge bei *H. G. Kippenberg* und *B. Luchesi* (Hg.), Religionswissenschaft und Kulturkritik, insbesondere die Einleitung von *H. G. Kippenberg*, ebda., 20 ff.

[15] Vgl. *K. Nowak*, Schleiermacher und die Frühromantik, 122.

[16] *F. M. Müller*, Einleitung in die vergleichende Religionswissenschaft, Strassburg 1876, 17.

[17] *N. Söderblom*, Betydelsen af Schleiermachers «Reden über die Religion», Uppsala 1899.

[18] *N. Söderblom*, Das Werden des Gottesglaubens (1915), Leipzig 1926, 287.

[19] Eine eingehende Interpretation von Kristensens romantischer Orientierung liefert *R. J. Platinga*, Romanticism and the History of Religion, 167 ff.

[20] Dazu kurz *R. J. Platinga*, Romanticism and the History of Religion, 172 ff.

[21] *R. Otto*, Das Heilige. Über das Irrationale in der Idee des Göttlichen und sein Verhältnis zum Rationalen (1917), 35 München 1963, 23 f.

[22] Dazu mit klaren Positionen *R. Flasche*, Religionsmodelle und Erkenntnisprinzipien der Religionswissenschaft in der Weimarer Zeit, in: *H. Cancik* (Hg.), Religions- und Geistesgeschichte der Weimarer Republik, Düsseldorf 1982, 261–76, und *ders.*, Der Irrationalismus in der Religionswissenschaft und dessen Begründung in der Zeit zwischen den Weltkriegen, in: *H. G. Kippenberg*; B. Luchesi (Hg.), Religionswissenschaft und Kulturkritik, Marburg 1991, 243–257. Zur Entwicklung von Ottos Konzeption *R. Minney*, The Development of Otto's Thought 1898–1917.

[23] Diese Tendenzen lassen sich bei *K. E. Welker*, Die grundsätzliche Beurteilung, gut verfolgen: Kategorien R. Ottos, Eliades und Menschings werden undifferenziert mit Schleiermachers Intentionen in Einklang gebracht.

[24] *U. Bianchi*, Probleme der Religionsgeschichte, Göttingen 1964, 14; zu R. Otto: 74–81.

[25] Darauf weist *P. L. Berger*, Der Zwang zur Häresie, 144 f., hin, der sich zudem mit seiner Themenstellung ‹Häresie› auf *F. Schleiermacher*, Reden, 260 f., beruft.

[26] *J. W. Pickle*, How Comparative Religion Could Have Been Studied in Schleiermacher's University of Berlin, in: *H. Richardson* (Hg.) Friedrich Schleiermacher and the Founding of the University of Berlin, 83–119.

[27] Dazu *T. N. Tice*, Schleiermacher on the Scientific Study of Religion, in: *H. Richardson* (Hg.), Friedrich Schleiermacher and the Founding of the University of Berlin, 45–82.

[28] Aus: Gelegentliche Gedanken über Universitäten in deutschem Sinn. Nebst einem Anhang über eine neu zu errichtende, von 1808.

[29] Das Programm einer Aktualisierung Schleiermachers für die Religionswissenschaft hat jüngst *T. N. Tice* vorgelegt (s. Anm. 27).

Literatur

1. Werke

Friedrich Schleiermacher's sämtliche Werke, Berlin 1834–1864.
Kritische Gesamtausgabe, Berlin – New York 1984 ff.

Reden über die Religion: Kritische Ausgabe. Mit Zugrundelegung des Textes der ersten Auflage besorgt von *G. Ch. Pünjer*, Braunschweig 1879.
Über die Religion, Hg. von *Rudolf Otto* (1899), Göttingen °1991.

2. *Sekundärliteratur*

Berger, P. L.: Der Zwang zur Häresie (1980), Freiburg i. Br. 1992.
Birus, H.: «Zwischen den Zeiten: Friedrich Schleiermacher als Klassiker der neuzeitlichen Hermeneutik», in: *ders.* (Hg.): Hermeneutische Positionen: Schleiermacher, Dilthey, Heidegger, Gadamer, Göttingen 1982, 15–58.
Brito, E. S. J.: «Le sentiment religieux selon Schleiermacher», in: Nouvelle Revue Theologique 114 (1992), 186–211.
Dilthey, W.: Leben Schleiermachers, Bd. 1, Berlin 1870. Neuausgabe mit Zusätzen aus dem Nachlaß von M. Redeker, Berlin – New York 1970.
Dunkmann, K.: Systematische Theologie, Gütersloh 1917.
Forstman, J.: A Romantic Triangle: Schleiermacher and Early German Romanticism, Missoula/Mont.: American Academy of Religion 1977.
Frank, M.: Das individuelle Allgemeine: Textstrukturierung und Textinterpretation nach Schleiermacher, Frankfurt 1985.
Herms, E.: Herkunft, Entfaltung und erste Gestalt des Systems der Wissenschaften bei Schleiermacher, Gütersloh 1974.
Johnson, W. A.: On Religion: A Study of Theological Method in Schleiermacher and Nygren, Leiden 1964.
Kippenberg, H. G.; B. Luchesi (Hg.): Religionswissenschaft und Kulturkritik, Marburg 1991.
Luft, E. von der (Hg.): Hegel, Hinrichs, and Schleiermacher on Feeling and Reason in Religion, Lewiston, NY, 1987.
Minney, R.: «The Development of Otto's Thought 1898–1917: From Luther's View of the Holy Spirit to The Holy», in: Religious Studies 26 (1990), 505–524.
Nowak, K.: Schleiermacher und die Frühromantik: Eine literaturgeschichtliche Studie zum romantischen Religionsverständnis und Menschenbild am Ende des 18. Jahrhunderts in Deutschland, Weimar 1986.
Platinga, R. J.: «Romanticism and the History of Religion: The Case of W. B. Kristensen», in: *H. G. Kippenberg; B. Luchesi* (Hg.): Religionswissenschaft und Kulturkritik, Marburg 1991, 157–176.
Reardon, B. M. G: Religion in the Age of Romanticism: Studies in Early Nineteenth Century Thought, Cambridge 1985.
Richardson, H. (Hg.): Friedrich Schleiermacher and the Founding of the University of Berlin: The Study of Religion as a Scientific Discipline, Lewistown – Queenstown – Lampeter 1991.
Rohls, J.: «‹Sinn und Geschmack fürs Unendliche›: Aspekte romantischer Kunstreligion», in: Neue Zeitschrift für systematische Theologie und Religionsphilosophie 27 (1985), 1–24.
Selvadagi, P.: «Religiosità e Religione nell'opera theologica di Schleiermacher», in: Lateranum 48 (1982), 355–383.
Smart, N.; J. Clayton; S. Katz; P. Sherry (Hg.): Nineteenth Century Religious Thought in the West, Bd. 1, Cambridge 1985.
Spiegel, Y.: Theologie der bürgerlichen Gesellschaft: Sozialphilosophie und Glaubenslehre bei Friedrich Schleiermacher, München 1968.
Timm, H.: Die heilige Revolution: Schleiermacher, Novalis, Friedrich Schlegel, Frankfurt 1978.

Welker, K. E.: Die grundsätzliche Beurteilung der Religionsgeschichte durch Schleiermacher, Leiden – Köln 1965.

Williams, R. R.: «Schleiermacher, Hegel, and the Problem of Concrete Universality», in: Journal of the American Academy of Religion LVI/3 (1988), 473–496.

Hans-Joachim Klimkeit: Friedrich Max Müller

Anmerkungen

[1] *F. M. Müller*, Indien und seine weltgeschichtliche Bedeutung, Leipzig 1884, 27.

[2] Zit. in *H. Rau*, Friedrich Max Müller – The Man and His Life, in: *H. Rau* (ed.), 1974, 9.

[3] *F. M. Müller*, Life and Letters, Vol. II, London 1902, 110f.

[4] *F. M. Müller*, Einleitung in die Vergleichende Religionswissenschaft, Straßburg 1874, III.

[5] Ebd., 97.

[6] Ebd., III.

[7] *R. N. Dandekar*, «Max Mueller – Comparative Religion and Mythology», in: *H. Rau (ed.)*, 1974, 23f.

[8] Ebd., V.

[9] Ebd., 4f.

[10] Ebd., 6f.

[11] Ebd., 7.

[12] Ebd., 8.

[13] Ebd.

[14] Ebd.

[15] Ebd.

[16] Ebd., 9.

[17] Ebd.

[18] Ebd., 13.

[19] Ebd., 13f.

[20] Ebd., 19.

[21] Ebd., 19f.

[22] Ebd., 20.

[23] Ebd.

[24] Ebd., 23.

[25] Ebd.

[26] Ebd., 24f.

[27] Ebd., 34f.

[28] Ebd., 36.

[29] Ansätze hierzu gibt es beim frühen Müller. Siehe *Voigt*, 1967, 8f., wo auch das Verhältnis von «theory of decay» und «theory of evolution» bei Müller angesprochen wird.

[30] Ebd., 37.

[31] Ebd., 59.

[32] Ebd., 61.

[33] Ebd., 15f.

[34] *G. Kehrer*, 1995, 74.

[35] Zur Religiosität von Max Müller siehe *Voigt*, 1967, 13f.

[36] *Kehrer*, 1995, 75f.

[37] Vgl. *Kehrer*, 1995, 76.
[38] *Müller*, Life and Letters, Vol. II, 387.
[39] *F. Stolz*, Grundzüge der Religionswissenschaft, Göttingen 1988, 83.
[40] *E. E. Evans-Pritchard*, Theorien über primitive Religion, Frankfurt a. M. 1968, 54f.
[41] Ebd., 55.
[42] Ebd., 56.
[43] *É. Durkheim*, Die elementaren Formen des religiösen Lebens, Frankfurt a. M. 1981, 106–36.
[44] Vgl. zum Zeitbedingten und Bleibenden bei Müller *Kehrer*, 1995, 71 ff.; *Voigt*, 1967, 12ff.

Literatur

1. Hauptwerke

Chips from a German Workshop, 4 Bde., London 1867–1875 [Bd. 1–2: ²1868]. Dt. Übers.: Essays, 4 Bde., Leipzig 1869–76.
Introduction to the Science of Religion: Four lectures delivered at the Royal Institution, with two essays on false analogies, and the philosophy of mythology, London 1873; ²1880. Dt. Übers.: Einleitung in die Vergleichende Religionswissenschaft: Vier Vorlesungen, nebst zwei Essays «Über falsche Analogien» und «Über Philosophie der Mythologie», Straßburg 1874; ²1876.
Lectures on the Origin and Growth of Religion, as illustrated by the Religions of India, (Hibbert Lectures), London 1878. Dt. Übers.: Vorlesungen über den Ursprung und die Entwicklung der Religion, mit besonderer Rücksicht auf die Religionen des alten Indien, Straßburg 1880.
India, what can it teach us? London 1883; ³1910. Dt. Übers.: Indien in seiner weltgeschichtlichen Bedeutung, Leipzig 1884.
Natural Religion (Gifford Lectures 1888), London 1889. Dt. Übers.: Natürliche Religion, Leipzig 1890.
Physical Religion (Gifford Lectures 1891), London 1891. Dt. Übers.: Anthropologische Religion, Leipzig 1894.
Theosophy or Psychological Religion (Gifford Lectures 1892), London 1893. Dt. Übers.: Theosophie oder psychologische Religion, Leipzig 1895.
The Six Systems of Indian Philosophy, London 1899. Dt. Übers.: Sechs Systeme indischer Philosophie, Leipzig 1899.

2. Autobiographische Texte

Müller, Friedrich Max: Auld Lang Syne, 2 Bde., London 1898–1899. Dt. Übers.: Alte Zeiten – Alte Freunde: Lebenserinnerungen, Gotha 1901.
–: My Autobiography: A Fragment, Hg. von *W. G. Max Müller*, London 1901. Dt. Übers.: Aus meinem Leben: Fragmente zu einer Selbstbiographie, Gotha 1902.
–: Life and Letters of the Rt. Hon. Friedrich Max Müller. Edited by his wife Georgina, 2 Bde., London 1902.

3. Biographien und Gesamtdarstellungen

Chaudhuri, N. C.: Scholar Extraordinary: The Life of Professor the Rt. Hon. Max Müller P. C., London 1974.
Kitagawa, J. M.; J. S. Strong: «Friedrich Max Müller and the Comparative Study of

Religion», in: *N. Smart* (Hg.): Nineteenth Century Religious Thought in the West, Bd. 3, Cambridge 1985, 179–213.
Max-Müller-Ehrung der Stadt Dessau: Dessauer Kolloquium vom 5. Dezember bis 6. Dezember 1992, Dessau 1995.
Rau, H. (Hg.): F. Max Müller – What He Can Teach Us, Bombay 1974.
Voigt, J, H.: Max Mueller: The Man and His Ideas, Calcutta 1967.

Karl-Heinz Kohl: Edward Burnett Tylor

Anmerkungen

[1] Zit. nach *W. Schivelbusch*, Geschichte der Eisenbahnreise. Zur Industrialisierung von Raum und Zeit, Frankfurt a. M., Berlin, Wien 1979, 36.

[2] *E. B. Tylor* 1881, dt. 1883, 17f.

[3] *W. E. Mühlmann*, Geschichte der Anthropologie, [3]Wiesbaden 1984, 101.

[4] Vgl. *G. W. Stocking* 1987, 264.

[5] Vgl. *W. Lepenies*, Das Ende der Naturgeschichte. Wandel kultureller Selbstverständlichkeiten in den Wissenschaften des 18. und 19. Jahrhunderts, München 1976, 18f.

[6] *E. B. Tylor* 1871, dt. 1873, Bd. 1, 7. In der deutschen Ausgabe wird «that complex whole» etwas vage mit «Inbegriff» übersetzt.

[7] *E. B. Tylor* 1865, dt. 1866, 6.

[8] Ebd., 471f.

[9] Ebd., 237.

[10] Ebd., 244.

[11] Vgl. ebda., 6.

[12] Ebd., 466.

[13] Vgl. *E. B. Tylor* 1871, dt. 1873, Bd. 1, 7.

[14] Ebd., 39.

[15] Ebd., 29.

[16] Ebd.

[17] Ebd., 70.

[18] Ebd., 71.

[19] Ebd., 7.

[20] Ebd., 156.

[21] Ebd., Bd. 2, 455.

[22] Ebd., Bd. 1, 159.

[23] Ebd., S. 158.

[24] Vgl. ebda., 419, Anm.

[25] Ebd., 419f.

[26] Ebd., 418.

[27] Vgl. *E. E. Evans-Pritchard* 1981, 58.

[28] *E. B. Tylor* 1871, dt. 1873, Bd. 2, 249.

[29] Ebd., 335.

[30] Vgl. *G. W. Stocking jr.* 1982, 91–109, hier 98, und *ders.*, 1987, 304.

[31] *E. B. Tylor* 1871, dt. 1873, Bd. 1, 23.

[32] Ebd., Bd. 2, 355ff.

[33] *E. B. Tylor* 1881, dt. 1883, 75; bezeichnenderweise sind diese Passagen in die von Leslie A. White herausgegebene und gekürzte Neuausgabe von 1960 nicht aufgenommen worden.

[34] Ebd., 91.

[35] Vgl. ebda., 92.

36 Vgl. *K.-H. Kohl*, Ethnologie – die Wissenschaft vom kulturell Fremden, München 1993, 154ff.

37 Vgl. *Justin Stagl*, Kulturanthropologie und Gesellschaft, München 1974, 13ff.

38 Vgl. *E. B. Tylor* 1871, dt. 1873, Bd. 2, 358f.

39 *E. E. Evans-Pritchard*, Theorien über primitive Religionen, Frankfurt a. M. 1981, 58.

40 Ebd., 59.

41 Ebd., 63

42 Vgl. *A. Kuper* 1988, 5.

43 Vgl. *G. Schlatter*, «Animismus», in: *H. Cancik* et al., Handbuch religionswissenschaftlicher Grundbegriffe, Bd. 1, Stuttgart 1988, 473–476.

44 Vgl. z. B. *Robert Horton*, Neo-Tylorianism: Sound Sense or Sinister Prejudice?, in: Man 3 (1968), 625–634, und *M. Hollis & St. Lukes* (eds.), Rationality and Relativism, Cambridge 1982.

45 Vgl. *Hans G. Kippenberg*, Einleitung: Zur Kontroverse über das Verstehen fremden Denkens, in: *H. G. Kippenberg* und *B. Luchesi* (Hg.), Magie. Die sozialwissenschaftliche Kontroverse über das Verstehen fremden Denkens, Frankfurt/M. 1978, 9–51.

Literatur

1. Werke

Monographien

Anahuac: or Mexico and the Mexicans, Ancient and Modern, London 1861.

Researches into the Early History of Mankind and the Development of Civilization, London 1865; ²1870; rev. ³1873. Dt. Übers.: Forschungen über die Urgeschichte der Menschheit und die Entwicklung der Zivilisation, Leipzig 1866.

Primitive Culture: Researches into the Development of Mythology, Philosophy, Religion, Art, and Custom, 2 Bde., London 1871; ²1873; rev. ³1891; rev. ⁴1903. Dt. Übers.: Die Anfänge der Cultur: Untersuchungen über die Entwicklung der Mythologie, Philosophie, Religion, Kunst und Sitte, 2 Bde., Leipzig 1873.

Anthropology: An Introduction to the Study of Man and Civilization, London – New York 1881; rev. ²1889; rev. ³1892; ⁴1895 (gekürzte Neuausgabe: Ann Arbor 1960). Dt. Übers.: Einleitung in das Studium der Anthropologie und Civilisation, Braunschweig 1883.

The Collected Works of Edward B. Tylor, 7 Bde., London 1994.

Aufsätze

«The Condition of Prehistoric Races, as inferred from Observation of Modern Tribes», in: Transactions of the International Congress of Prehistoric Archeology 1869, 11–25.

«The Philosophy of Religion among the Lower Races of Mankind», in: Transactions of the Ethnological Society N. S. II (1870), 369–379.

«Primitive Society», in: Contemporary Review 21 (1873), 701–718; 22, 53–72.

«Magic», in: Encyclopaedia Britannica, Bd. 15, ⁹1883, 199–206.

«On a Method of Investigating the Development of Institutions, applied to Laws of Marriage and Descent», in: Journal of the Anthropological Institute 18 (1888), 245–272.

«On the Limits of Savage Religion», in: Journal of the Anthropological Institute 21 (1892), 283–301.

«On the Tasmanians as Representatives of Palaeolithic Man», in: Journal of the Anthropological Institute 23 (1893), 141–152.

«On American Lot-Games, as Evidence of Asiatic Intercourse before the Time of Columbus», in: Internationales Archiv für Ethnographie 9 (1896), 55–67.

«Remarks on Totemism, with special reference to some Modern Theories respecting it», in: Journal of the Anthropological Institute 28 (1898), 138–148.

2. Sekundärliteratur

Einzeldarstellungen zu Leben und Werk

Balfour, H. (Hg.): Anthropological Essays presented to Edward Burnett Tylor in Honour of his 75th Birthday Oct. 2, 1907, Oxford 1907 [mit einer Bibliographie von B. W. Freire-Marreco, 375–409].

Hervé, G.: «E. B. Tylor», in: Revue Anthropologique XXVII (1917), 91–94.

Hodgen, M. T.: Doctrine of Survivals: A Chapter in the History of Scientific Method in the Study of Man, London 1936.

Kardiner, A. ; E. Preble: «Mr. Tylors Wissenschaft», in: *dies.*: Wegbereiter der modernen Anthropologie, Frankfurt/M. 1974, 55–77.

Lang, A.: «Edward Burnett Tylor», in: *H. Balfour* (Hg.): Anthropological Essays., Oxford 1907, 1–15.

Leopold, J.: Culture in Comparative and Evolutionary Perspective: E. B. Tylor and the Making of Primitive Culture, Berlin 1980.

Lowie, R. H.: «Edward B. Tylor», in: American Anthropologist 19 (1917), 262–268.

Marett, R. R.: Sir Edward Burnett Tylor, London – New York 1936.

Opler, M.: «Cause, Process, and Dynamics in the Evolutionism of E. B. Tylor», in: Southwestern Journal of Anthropology 20 (1964).

Pascher, J.: Der Seelenbegriff im Animismus Edward Burnett Tylors: Ein Beitrag zur Religionswissenschaft, Würzburg 1929.

Stocking, G. W.: «Sir Edward Burnett Tylor», in: International Encyclopaedia of the Social Sciences 15 (1968), 170–77.

–: «‹Cultural Darwinism› and ‹Philosophical Idealism› in E. B. Tylor», in: *ders.*: Race, Culture and Evolution, Chicago – London 1982, 91–109.

Würdigungen des Werks im Rahmen wissenschaftshistorischer Darstellungen

Evans-Pritchard, E. E.: Theorien über primitive Religionen, Frankfurt/M. 1981.

Harris, M.: The Rise of Anthropological Theory, London 1969.

Kuper, A.: The Invention of Primitive Society: Transformations of an Illusion, London 1988.

Lowie, R. H.: The History of Ethnological Theory, London 1937.

Stocking, G. W.: Victorian Anthropology, New York – Oxford u. a. 1987.

–: After Tylor: British Social Anthropology 1888–1951, London 1995.

Urry, J.: Before Social Anthropology: Essays on the History of British Anthropology, Chur 1993.

Hans G. Kippenberg: William Robertson Smith

Anmerkungen

[1] *Jones* 1984, 45; *T. O. Beidelman* 1974, S. 5f.

[2] *J. Wellhausen* 1878, 312.

[3] *L. Perlitt* 1965, 185–206, analysiert Wellhausens «konstruktive Darstellung der Geschichte».

[4] Fünf Jahre später, 1883, erschien das Werk erweitert unter dem Titel Prolegomena zur Geschichte Israels. Im Vorwort der zweiten Auflage setzte sich Wellhausen mit der teilweise wütenden Kritik an diesen seinen Worten auseinander (S. Vf.).

[5] In seinem Schreiben an den Kultusminister vom 5. April 1882 erklärte er: «Ich bin Theologe geworden, weil mich die wissenschaftliche Behandlung der Bibel interessierte, es ist mir allmählich aufgegangen, daß ein Professor der Theologie zugleich die praktische Aufgabe hat, die Studenten für den Dienst in der evangelischen Kirche vorzubereiten, und daß ich dieser praktischen Aufgabe nicht genüge, vielmehr trotz aller Zurückhaltung meinerseits, meine Zuhörer für ihr Amt eher untüchtig mache. Seitdem liegt mir die theologische Professur schwer auf dem Gewissen» (zitiert von *L. Perlitt* 1965, 153f.).

[6] So *T. O. Beidelman* 1974, 9f.

[7] *W. Robertson Smith* 1899 [1894], 163 Anm. 314.

[8] *W. Robertson Smith* 1875, 637f.

[9] «It does not appear that Israel was, by its own wisdom, more fit than any other nation to rise above the lowest level of heathenism» (1880, 100).

[10] Zitiert von *T. O. Beidelman* 1974, 21.

[11] *J. Wellhausen* 1878, 78.

[12] *J. Wellhausen* 1878, 80.

[13] *J. Wellhausen* 1878, 442.

[14] *L. Perlitt* 1965, 228.

[15] *W. Robertson Smith* 1899 [1894], 17.

[16] *W. Robertson Smith* 1870, zitiert von *T. O. Beidelman* 1974, 33.

[17] *A. Kuper*, The Invention of Primitive Society, London/New York 1988.

[18] *J. F. MacLennan*, Primitive Marriage. An Inquiry into the Origin of the Form of Capture in Marriage Ceremonies (1865). Mit Einleitung hrsg. von *P. Rivière*, Chicago 1970, 7.

[19] In: The Fortnightly Review 6 (1869), 407–427; (1870), 194–216. Vgl. auch *J. F. MacLennan*, Studies in Ancient History (1876). The second edition edited by his widow and *A. Platt*, London/New York 1896.

[20] Von dem Portugiesischen *feitiço* bzw. *fétiche* (von Lateinisch *factitius* ‹gemacht›) bezeichnete es anfänglich die Kultgegenstände von Westafrikanern (*K. H. Kohl*, Abwehr und Verlangen. Zur Geschichte der Ethnologie, Frankfurt 1987, 92–98).

[21] *MacLennan* 1869, 422.

[22] *A. Kuper*, ebda., 82.

[23] *J. G. Frazer* 1894, 803.

[24] *W. Robertson Smith* 1899 [1894], IX.

[25] *T. O. Beidelman* 1974, 25f.

[26] *W. Robertson Smith* 1899 [1894], 148.

[27] *W. Robertson Smith* 1899 [1894], 34.

[28] *W. Robertson Smith* 1899 [1894], Xf.; 4 – 12.

[29] *R. A. Jones* 1984, 36.

[30] *W. Robertson Smith* 1899 [1894], 1f.

[31] *W. Robertson Smith* 1899 [1894], 13.

[32] David läßt sich bei dem König Saul entschuldigen und trägt dem Sohn von Saul auf: «Wenn dein Vater mich vermißt, so sprich: ‹David hat sich von mir ausgebeten, nach seiner Heimat Bethlehem zu eilen, weil dort das Jahresopfer für die ganze Verwandtschaftsgruppe *(mischpacha)* stattfindet›» ... Jonathan sagte entsprechend zu Saul: «David hat sich bei mir Urlaub nach Bethlehem erbeten; er sagte: ‹Laß mich doch gehen, denn wir haben ein Opfer der *mischpacha* im Orte, und meine Brüder haben mich dazu entboten›» (1. Samuel 20,6 und 29).

[33] *J. F. MacLennan* 1865, 6.

[34] *Ders.* 1899 [1894], 11.

[35] Ebd., 214–217.

[36] Griechischer Text mit Übersetzung und reichhaltigem Kommentar zum Kamelopfer bei *J. Henninger* 1955, 114ff.

[37] Eine Untersuchung von *R. Rendtorff* hat bestätigt, daß im alten Israel das Gemeinschaftsopfer, verbunden mit einem Mahl *(zebach)* und das Brandopfer *('olah)* jeweils eine eigene Vorgeschichte hatten, die im ersten Fall in den nomadischen Bereich, im zweiten in den kanaanäischen führt (Studien zur Geschichte des Opfers im Alten Israel, 1967, 241ff.).

[38] *W. Robertson Smith* 1899 [1894], 214–216.

[39] *K.-H. Kohl*, ebda., 97f.

[40] *F. Steiner*, Taboo (1956), Harmondsworth 1967, 27.

[41] *W. Robertson Smith* 1899 [1894], 110.

[42] Ebd., 111. «Heilig» und «verboten» waren auch im antiken Judentum eng miteinander verknüpft, wie das Wort *cherem* erkennen läßt (109).

[43] *Th. Hobbes* vertrat die Auffassung, daß die Heilige Schrift mit «Reich Gottes» ein innerweltliches ziviles Reich gemeint habe. Wenn es gelegentlich heilig genannt würde, dann deshalb, um seinen öffentlichen Status zu bezeichnen. Keine Privatperson habe an ihm ein Eigentumsrecht: *Hobbes*, Leviathan oder Stoff, Form und Gewalt eines kirchlichen und bürgerlichen Staates (1651), hg. von *I. Fetscher*, Frankfurt 1984, 317.

[44] *W. Robertson Smith* 1899 [1894], 205.

[45] Ebd., 119.

[46] Ebd., 27 Anm. 205.

[47] Ebd., 202f.

[48] Ebd., 203.

[49] *É. Durkheim,* Die elementaren Formen des religiösen Lebens, Frankfurt 1981 [1912], 73 Anm. 62.

[50] *H. Hubert* und *M. Mauss* 1978 [1902/3], 58.

[51] *W. Robertson Smith* 1899 [1894], 15.

[52] Ebd., 15.

[53] Ebd., 52.

[54] So die Worte von *Robertson Smith* in dem Artikel «Sacrifice», 1886, 134.

[55] *J. G. Frazer* 1894, 803.

[56] *Goldenweiser* 1910.

[57] *A. Newman*, The Death of Judaism in German Protestant Thought from Luther to Hegel, in: Journal of the American Academy of Religions 61 (1993), 455–484.

[58] *S. Freud*, Totem und Tabu. Einige Übereinstimmungen im Seelenleben der Wilden und der Neurotiker, Frankfurt/M. 1964, 152 und 157.

[59] Siehe zu den Einzelheiten den Durkheim-Artikel in diesem Band.

[60] *R. Ackerman* 1991; *W. M. Calder* 1991.

Literatur

1. Werke

Art. «Bible», in: Encyclopaedia Britannica, Bd. 3, ^{9}1875, 634–648.

«Animal Worship and Animal Tribes among the Arabs and in the Old Testament», in: Journal of Philology 9 (1880), 75–100.

The Old Testament in the Jewish Church: A Course of Lectures on Biblical Criticism (1881), ^{2}1894. Dt. Übers.: Das Alte Testament: Seine Entstehung und Überlieferung. Grundzüge der alttestamentlichen Kritik in populär-wissenschaftlichen Vorlesungen dargestellt, Freiburg–Leipzig 1894.

Kinship and Marriage in Early Arabia, Cambridge 1885.

Art. «Sacrifice», in: Encyclopaedia Britannica, Bd. 21, ^{9}1886, 132–138.
Lectures on the Religion of the Semites. First Series: The Fundamental Institutions (Burnett Lectures 1888/89), London 1889; ^{2}1894. Dt. Übers. der 2. Aufl. von *R. Stübe*: Die Religion der Semiten, Freiburg i. Br. 1899; Nachdruck Darmstadt 1967.
Lectures and Essays, hg. von *J. S. Black; G. Chrystal*, London 1912.

2. *Sekundärliteratur*

Ackerman, R.: The Myth and Ritual School: J. G. Frazer and the Cambridge Ritualists, New York – London 1991.
Beidelman, T. O.: W. Robertson Smith and the Sociological Study of Religion, Chicago – London 1974.
Black, J. S.; G. Chrystal: The Life of William Robertson Smith, London 1912.
Boas, F.: «The Limitations of the Comparative Method of Anthropology (1896)», in: *ders.*: Race, Language and Culture, New York 1949, 270–280.
Burrow, J. W.: Evolution and Society: A Study in Victorian Social Theory, Cambridge 1966.
Calder III, W. M. (Hg.): The Cambridge Ritualists Reconsidered, Atlanta 1991.
Frazer, J. G.: «William Robertson Smith», in: The Fortnightly Review N. S. 55 (1894), 800–807.
–: The Golden Bough: A Study in Comparative Religion, 2 Bde., London–New York 1890; 2. Aufl.: The Golden Bough. A Study in Magic and Religion, 3 Bde., London – New York 1900; 3. Aufl. 12 Bde., London–New York 1911/1915.
Goldenweiser, A. A.: «Totemism: an Analytical Study», in: Journal of American Folkore 23 (1910), 179–293.
Henninger, J.: «Ist der sogenannte Nilus-Bericht eine brauchbare religionsgeschichtliche Quelle?», in: Anthropos 50 (1955), 81–148.
Hubert, H. ; M. Mauss: Esquisse d'une théorie générale de la magie (1902/3). Dt. Übers.: «Entwurf einer allgemeinen Theorie der Magie», in: *M. Mauss*: Soziologie und Anthropologie, Bd. 1, Frankfurt 1978, 43–179.
Jones, R. A.: «Robertson Smith, Durkheim, and Sacrifice: An Historical Context for the Elementary Forms of the Religious Life», in: Journal of the History of Behavioral Sciences 17 (1981), 184–205.
–: «Robertson Smith and James Frazer on Religion: Two Traditions in British Social Anthropology», in: *G. W. Stocking Jr.*: Functionalism Historicized, Madison/Wisc. 1984, 31–58.
–: «Durkheim, Frazer, and Smith: The Role of Analogies and Exemplars in the Development of Durkheim's Sociology of Religion», in: American Journal of Sociology 92 (1986), 596–627.
Perlitt, L.: Vatke und Wellhausen: Geschichtsphilosophische Voraussetzungen und historiographische Motive für die Darstellung der Religion und Geschichte Israels durch Wilhelm Vatke und Julius Wellhausen, Berlin 1965.
Pickering, W. S. F.: Durkheims's Sociology of Religion: Themes and Theories, London 1967.
Rendtorff, R.: Studien zur Geschichte des Opfers im Alten Israel, Tübingen 1967.
Stocking Jr., G. W: Victorian Anthropology, New York – London 1987.
Wellhausen, J.: Geschichte Israels, Berlin 1878. 2. Aufl.: Prolegomena zur Geschichte Israels, Berlin 1883.
–: Art. «Israel», in: Encyclopaedia Britannica, Bd. 13, ^{9}1880, 396–431.
–: «Abriss der Geschichte Israels und Juda's», in: Skizzen und Vorarbeiten, Bd. 1, Berlin 1884.
–: Reste arabischen Heidentums, Berlin 1887.

Hans Wißmann: James George Frazer

Anmerkungen

[1] Die wichtigste Biographie Frazers ist die von Robert Ackerman (1987; 1990), die einen glänzenden und abschließenden Höhepunkt der wissenschaftlichen Beschäftigung mit Leben und Werk Frazers darstellt.

[2] Vgl. *Ackerman* 1990, 20.

[3] The Growth of Plato's Ideal Theory, London 1930 (= Band 18 der Collected Works [CW] of *J. G. Frazer*, London 1994).

[4] Den schwierigen Charakter Lady Frazers schildert anschaulich *Ackerman* 1990, 125f. und *passim*.

[5] *Downie* 1940.

[6] Neben der Lektüre von Tylors «Primitive Culture» hat vor allem die Beschäftigung mit *Wilhelm Mannhardts* «Wald- und Feldkulte» (2 Bde., Berlin 1877, ²Berlin 1905, Nachdruck Darmstadt 1963) deutliche Spuren in seinem Werk hinterlassen.

[7] On Certain Burial Customs as Illustrative of the Primitive Theory of the Soul, in: Journal of the Anthropological Institute 15 (1885/86), 64–101.

[8] Übersetzt nach *Ackerman* 1990, 66.

[9] Ebd.

[10] Als «Studies in Greek Scenery, Legend and History», Bd. 11 der CW.

[11] Der Goldene Zweig. Abgekürzte Ausgabe (= GZ), Leipzig 1928, 2.

[12] The Golden Bough, Nachdruck London 1951, XXVf.

[13] Auch heute noch ist ein Rekurs auf Frazer und seine Theorie der Magie notwendig: vgl. z. B. *Carl Heinz Ratschow*, Art. Magie, Theologische Realenzyklopädie, Bd 21 (1991), 686–91, und *Hans G. Kippenberg*, Art. Magie, Handbuch religionswissenschaftlicher Grundbegriffe (im Druck).

[14] GZ 82ff.

[15] Totemism and Exogamy. A Treatise on Certain Early Forms of Superstition and Society, Bde. 3–7 der CW.

[16] Totemism and Exogamy, London 1910, Bd. 4, 121.

[17] *Malinowski*, Sir James George Frazer: A Biographical Appreciation, 1944, 181 (dt. Ausgabe).

[18] *Ackerman* 1990, 257.

[19] *Ackerman* 1990, 255f.

[20] In einer zweiten Fassung als «The Magical Origin of Kings» (1920) veröffentlicht; Bd. 15 der CW.

[21] Bd. 8–10 der CW.

[22] Bd. 16 der CW.

[23] Bd. 18 der CW.

[24] Bd. 19 der CW.

[25] Bde. 12–14 der CW.

[26] In den CW nicht enthalten.

[27] *Ackerman* 1990, 300.

[28] In den CW nicht enthalten.

[29] Verleihung des persönlichen Adels 1914, Mitgliedschaft in der Royal Society 1920, 1925 Order of Merit.

[30] *Malinowski* 1944.

Literatur

1. Werke

The Collected Works of J. G. Frazer: With a new Introduction by Robert Ackerman, London 1994 [= CW].
Aftermath: A Supplement to the Golden Bough, London 1936.
Der Goldene Zweig [= GZ]. Gekürzte Ausgabe, übersetzt von Helen Bauer, Leipzig 1928. Nachdruck Reinbek 1989.

2. Bibliographie

Besterman, Theodore: A Bibliography of Sir James George Frazer, O. M. London 1934 (Ergänzungen [ab 1933] bei *Ackerman*, 1990, 309 f.)

3. Sekundärliteratur

Ackerman, Robert: J. G. Frazer – His Life and Work, Cambridge 1987; Taschenbuchausgabe Cambridge 1990.
–: Art. «Frazer, James G.», in: Encyclopaedia of Religion, Bd. 5 (1987), 414–416.
Downie, Robert Angus: James George Frazer: The Portrait of a Scholar, London 1940.
–: Frazer and the Golden Bough, London 1970.
Malinowski, B.: «Sir James George Frazer: A Biographical Appreciation», in: A Scientific Theory of Culture and Other Essays (zuerst veröffentlicht 1944), New York 1960, 177–221. Dt. Übers.: «Sir James George Frazer: Eine biographische Würdigung», in: Eine wissenschaftliche Theorie der Kultur und andere Aufsätze, Zürich 1949, 171–208.
Smith, Jonathan Z.: The Glory, Jest and Riddle: James George Frazer and the Golden Bough, Yale Diss. 1969.

Hartmut Zinser: Sigmund Freud

Anmerkungen

[1] Ich zitiere Freud im Text nach *Gesammelte Werke*, Frankfurt a. M. 1948 ff., mit Bandangabe in römischen und Seitenangaben in arabischen Ziffern.

[2] Freud nennt Übertragung jenen psychischen Vorgang, bei dem in der Therapie zärtliche und feindselige Gefühle, die einst den Eltern, Geschwistern u. a. gegolten haben, auf den behandelnden Arzt gerichtet werden. Diese Gefühle stammen jedenfalls nicht aus der aktuellen Situation und gelten auch nicht der Person des Arztes, sondern wiederholen frühere Situationen (vgl. XI, 447 ff.). Die Analyse der Übertragung und Gegenübertragung wird zu einem therapeutischen Mittel und bedürfte weiterer Ausführungen. Sie könnte zugleich das Instrumentarium bilden, mit welchem bei jeder wissenschaftlichen Arbeit die vom Forscher unbewußt eingebrachten Phantasien untersucht werden.

[3] Die wichtigsten sind Verdichtung und Verschiebung der Affekte, Rücksicht auf Darstellbarkeit und sekundäre Bearbeitung, schließlich die Verwendung von Symbolen. Vgl. Die Traumdeutung, Bd. II/III, Kap. IV: Die Traumarbeit.

[4] *Laplanche/Pontalis* 1973, Bd. 1., «Ambivalenz».

[5] *Evans-Pritchard* 1968, 53 ff.

[6] Vgl. *Zinser* 1985, 113 ff.

[7] Vgl. *Zinser* 1984, 101 ff.

[8] Siehe *G. Róheim*, Psychoanalysis and Anthropology, Culture, Personality and the Unconscious (1950), New York 1969.

[9] Vgl. *Grinstein* 1956ff. Von den Zeitschriften möchte ich hier nur auf «Imago» (1912 – 1937) und «American Imago» (1939/40ff.) sowie auf die in Frankfurt erscheinende «Psyche» (1947ff.) verweisen.

Literatur

1. Werke

Gesammelte Werke, 18 Bde., Frankfurt/M. 1948ff.; Nachtragsband, Frankfurt/M. 1987.

2. Biographien und Darstellungen

Anzieu, A.: Freuds Selbstanalyse und die Entstehung der Psychoanalyse, 2 Bde., München 1990.
Gay, P.: Freud, eine Biographie für unsere Zeit, Frankfurt/M. 1989.
Grinstein, A.: The Index of Psychoanalytic Writings, 13 Bde., New York 1956ff.
Jones, E.: Das Leben und Werk von S. Freud, 3 Bde., Bern 1982.
Laplanche, J. ; J. B. Pontalis: Vokabular der Psychoanalyse, 2 Bde., Frankfurt/M. 1973.
Evans-Pritchard, E. E.: Theorien der Religion (1965), Frankfurt/M. 1968, 53ff.
Schur, M.: S. Freud, Leben und Sterben, Frankfurt/M. 1973.
Zinser, H.: «Das Problem der psychoanalytischen Mytheninterpretation», in: *R. Schlesier* (Hg.): Faszination des Mythos, Frankfurt/M. 1985, 113ff.
–: «Die Wiedereinsetzung des Subjektes: Von der psychoanalytischen Ethnologie zur Ethnopsychoanalyse», in: Kölner Zeitschrift für Soziologie und Sozialpsychologie, Sonderheft 26 (1984), 101ff.

Hans G. Kippenberg: Émile Durkheim

Anmerkungen

[1] *R. A. Jones* 1986/87, 177.

[2] *K. Rudolph*, Die Religionsgeschichte an der Leipziger Universität und die Entwicklung der Religionswissenschaft. Ein Beitrag zur Wissenschaftsgeschichte und zum Problem der Religion, Berlin 1962, 67–109.

[3] *W. Wundt* 1886, Vorwort, III.

[4] *Durkheim* 1887a, 314–317.

[5] Ebd., 331.

[6] Ebd., 433.

[7] *Durkheim* 1887b, 40: «Ainsi à mesure que les sociétés deviennent plus volumineuses, elles sont obligées de faire produire davantage au sol; la culture intensive s'impose à elles en même temps que la propriété individuelle qui en est la condition. C'est pourquoi cette forme de propriété devient de plus en plus un droit sacré que le moraliste démontre et que la loi sanctionne» (vgl. 1986/7, 197).

[8] *Durkheim* 1887b, 46: «La morale n'est pas un système de règles abstraites que l'homme trouve écrites dans sa conscience ou que le moraliste déduit du fond de son cabinet. C'est une fonction sociale ou plutôt un système de fonctions qui s'est formé et consolidé peu à peu sous la pression des besoins collectifs.»

[9] Ebd., 138.

[10] Ebd., 142.
[11] Ebd., 138.
[12] *T. N. Clark* 1981, 158f.; *St. Lukes* 1973, 95, sowie Kap. 5.
[13] Es handelt sich um den «Cours de sociologie: La Religion» von 1894–5 *(St. Lukes* 1973, 618).
[14] *S. Deploige* 1923, 361f.
[15] *J. A. Jones* 1986, 601. *W. S. F. Pickering* spricht in diesem Zusammenhang von einem «Rätsel». Niemand könne sicher sagen, was denn an Robertson Smith von solcher Bedeutung für Durkheim gewesen sei, daß man von einer Offenbarung sprechen müsse (1984, 62 und 70).
[16] *Durkheim* 1969, 347.
[17] *M. Mauss*, Bd. 3, 1969 [1927], 524.
[18] *Durkheim* 1983, 243 Anm., 246 Anm. und 363 Anm.
[19] *Durkheim* 1969 [1897/8], 143, 147, 163f. *Fustel de Coulanges* unterschied zwar ebenfalls zwei Religionen, jedoch anders als Durkheim. Totenkult und Naturreligion liefen in der griechischen Geschichte lange und friedlich nebeneinander her, wenn auch die Naturreligion im Laufe der Zeit den Totenkult an Bedeutung übertraf (1988 [1864], 164 f.).
[20] *W. Robertson Smith,* Lectures on the Religion of the Semites. First Series: The Fundamental Institutions (Burnett Lectures 1888/89), London 1889; ^{2}1894., dt. Übers. der 2. Aufl.: Die Religion der Semiten (1899), Darmstadt 1967.
[21] *H. Hubert* und *M. Mauss* schlagen als «vorläufig hinreichende Definition» des magischen Ritus vor: «Wir benennen so jeden Ritus, der nicht Teil eines organisierten Kultes, sondern privat, heimlich, geheimnisvoll ist und zum verbotenen Ritus als seinem Extrem tendiert. ... Es ist deutlich, daß wir die Magie nicht durch die Form ihrer Riten definieren, sondern durch die Bedingungen, unter denen sie vollzogen wird und die ihren Platz in der Gesamtheit der sozialen Gewohnheiten markieren.» (1978, 58).
[22] *W. Lepenies* 1989.
[23] Vgl. *D. Bering*, Die Intellektuellen. Geschichte eines Schimpfwortes, Berlin 1982, 32–67.
[24] *Th. W. Adorno* 1976, 14f.
[25] *T. N. Clark* 1981, 181.
[26] *L. A. Coser* 1971, 159.
[27] *R. A. Jones* 1986/7, 177f.
[28] *Durkheim* 1988 [1893], 118–161.
[29] Ebd., 82.
[30] Ebd., 339f.
[31] *St. Lukes* 1973, 195–199; *R. Nisbet* 1968.
[32] Durkheim hat sich mehrfach in seinen Werken mit seinem Lehrer Fustel auseinandergesetzt. Er teilte keineswegs alle dessen Ansichten *(A. Momigliano,* Studies on Modern Scholarship, ed. by *G. W. Bowersock* und *T. J. Cornell,* Berkeley, Los Angeles 1994, 174–176). Fustel de Coulanges Buch ist übrigens auch in England gelesen worden. Vielleicht hat W. Robertson Smith es gekannt. Jedenfalls sind Smiths Auffassungen über Religion als Grundlage politischer Ordnung denen von Fustel de Coulanges überaus ähnlich.
[33] *Durkheim* 1988 [1893], 223. Erst mit Schriften der Vertreter eines Präanimismus habe sich das geändert, schreibt er später *(Durkheim* 1981 [1912], 277–280).
[34] Ebd., 224f.
[35] Ebd., 227.
[36] Ebd., 284f.
[37] Ebd., 478 und 227f.

[38] *Durkheim* 1986 [1898], 57, 60 und 62.
[39] Ebd., 65.
[40] *R. N. Bellah* 1973, XXXV.
[41] *A. Giddens* 1971.
[42] *St. Lukes* 1973, 194.
[43] Zitiert in Englisch von *R. A. Nisbet* 1968, 80.
[44] *Durkheim* 1983 [1897], 162–166.
[45] *A. von Oettingen*, Die Moralstatistik in ihrer Bedeutung für eine Socialethik, Erlangen, ^{3}1882, 761.
[46] *Durkheim* 1983 (1897], 181.
[47] Ebd., 184.
[48] *A. Giddens,* 1965.
[49] *Durkheim* 1895 [1984], 107.
[50] *P. Gisbert* 1959, 354.
[51] Vorwort zu Band 2 (1897–98), IV [1969, 138].
[52] *W. S. F. Pickering* 1984, 75.
[53] *Durkheim* 1969 [1897/98], 162.
[54] *Durkheim* 1981 [1912], 17.
[55] Ebd., 22–24.
[56] Ebd., 25.
[57] Ebd., 1981, 27. Daß unsere Kategorien des Erkennens sozial bedingt sind, war bereits Gegenstand einer früheren Studie gewesen. Durkheim hatte sie zusammen mit *M. Mauss* verfasst: De quelques formes primitives de classification (1901/2; dt. Übersetzung 1987, 169–256). In Australien beispielsweise – so die Autoren – werden Naturerscheinungen wie Sonne und Mond in Klassen geordnet, die den sozialen Heiratsklassen entsprechen. Die yin-yang Dualität in China folge dem System komplementärer Arbeitsteilung der Geschlechter. Die ersten logischen Kategorien waren soziale. Ihnen liege eine Affektivität zugrunde, die erst allmählich Reflexivität Platz machte.
[58] *W. B. Spencer* und *F. J. Gillen*, The Native Tribes of Central Australia, London 1899; *Durkheim* 1969, 211–216.
[59] Es war in diesem Artikel, daß Durkheim en passant W. Robertson Smith erwähnte (1969, 347).
[60] *Durkheim* 1969, 346.
[61] Ebd., 315 f.
[62] *W. B. Spencer* und *F. J. Gillen*, The Northern Tribes of Central Australia, London 1904, 121 f.
[63] Zitiert von *R. A. Jones* 1981, 195.
[64] Fünf Bestandteile könne man unterscheiden: eine exogame Heiratsregel, den Clannamen, eine religiöse Beziehung zu einer Pflanze oder einem Tier (dem Totem), Tabus hinsichtlich des Essens oder Tötens des Totems, eine gemeinsame Abstammung von ihm *(Goldenweiser* 1910, 182 f.). Nach einer Sichtung des vorliegenden Quellenmaterials kam Goldenweiser zu dem Schluß, daß alle diese Elemente unabhängig voneinander vorkommen. Der Totemismus ist ein Konglomerat von wesentlich unabhängigen Merkmalen (ebda., 266).
[65] *J. F. MacLennan,* The Worship of Animals and Plants, in: The Fortnightly Review 6 (1869), 407–427, und 7 (1870), 194–216.
[66] *Durkheim* 1981 [1912], 75 (Übers. des Verf.).
[67] Ebd., 289.
[68] Ebd., 356–359.
[69] Ebd., 352.
[70] *Durkheim* 1984, 369.

[71] Dt.: Eine Kategorie des menschlichen Geistes: Der Begriff der Person und des «Ich» (s. Lit.). Dieser Ansatz wurde durch den Schüler von Marcel Mauss, Louis Dumont, zwei Jahrzehnte später aufgegriffen und ausgearbeitet.

[72] *Mauss* 1978, 223.

[73] Französisches Orginal zitiert von *W. P. Vogt* 1981, 296 f. Anm. 34; *W. Lepenies* 1989, 107 f.

[74] *St. Lukes* 1975.

[75] *U. Raulff*, Die Geburt eines Begriffs. Reden von ‹Mentalität› zur Zeit der Affäre Dreyfus, in: *U. Raulff* (Hg.), Mentalitäten-Geschichte, Berlin 1989, 50–68.

Literatur

1. Werke

«La Philosophie dans les universités allemandes», in: Revue Internationale de l'Enseignement 13 (1887a), 313–338; 423–440.
«Durkheim, La Science Positive de la Morale en Allemagne», in: Revue Philosophique 24 (1887b), 33–58; 113–142; 275–284. Engl. Übers.: «The Positive Science of Ethics in Germany», in: History of Sociology 6/7 (1986/7), 191–251.
Über soziale Arbeitsteilung. Studie über die Organisation höherer Gesellschaften (1893; ²1902), Frankfurt/M. 1988.
Die Regeln der soziologischen Methode (1895), hg. und eingel. von *R. König*, Frankfurt/M. 1984.
Der Selbstmord (1897), Frankfurt/M. 1983.
«Der Individualismus und die Intellektuellen (1898)», in: *H. Bertram* (Hg.): Gesellschaftlicher Zwang und moralische Autonomie, Frankfurt/M. 1986, 54–70.
«De la définition des phénomènes religieux», in: L'Année sociologique 2 (1899), 1–28.
«Représentations individuelles et représentations collectives», in: Revue de Metaphysique et de Morale 6 (1898), 273–302. Dt. Übers.: Soziologie und Philosophie, Frankfurt/M. 1967, 45–83.
«Sur le totémisme», in: L'Année sociologique 5 (1902), 82–121. Engl. Übers.: «On Totemism», in: History of Sociology 5 (1985), 91–121.
Gemeinsam mit *M. Mauss*, «De quelques formes primitives de classification», in: L'Année sociologique 6 (1903). Dt. Übers.: É. Durkheim, Schriften zur Soziologie der Erkenntnis, hg. von *H. Joas*, Frankfurt/M. 1987, 169–256.
«Correspondance with Deploige», in: History of Sociology 6/7 (1986/7), 253–266.
Die elementaren Formen des religiösen Lebens (1912), Frankfurt/M. 1981.
«Der Dualismus der menschlichen Natur und seine sozialen Beziehungen (1914)», in: *F. Jonas* (Hg.): Geschichte der Soziologie, Bd. 2, Reinbek 1976, 368–380.
Journal Sociologique, Paris 1969.
Textes, 3 Bde., Hg. von *V. Karady*, Paris 1975.

2. Sekundärliteratur

Adorno, Th. W.: Einleitung zu É. Durkheim, Soziologie und Philosophie, Frankfurt/M. 1967.
Bellah, R. N.: Émile Durkheim on Morality and Society, Chicago – London 1973.
Clark, T. N.: «Die Durkheim-Schule und die Universität», in: *W. Lepenies* (Hg.): Geschichte der Soziologie, Bd. 2, Frankfurt/M. 1981, 157–205.
Coser, L. A.: Masters of Sociological Thought: Ideas in Historical and Social Context, New York 1971.

Deploige, S.: Le Conflit de la morale et de la sociologie (1911), Paris ³1923.
Fustel de Coulanges, N. D.: La cité antique: Étude sur le culte, le droit, les institutions de la Grèce et de Rome (1864), Paris 1923. Engl. Übers.: The Ancient City: A Study on the Religion, Laws and Institutions of Greece and Rome. With a new foreword by *A. Momigliano* and *S. C. Humphreys*, Baltimore; London 1980. Dt. Übers.: Der antike Staat: Kult, Recht und Institutionen Griechenlands und Roms, München 1988.
Giddens, A.: «The Suicide Problem in French Sociology», in: British Journal of Sociology 16 (1965), 1–18.
-,–: «The ‹Individual› in the Writings of Durkheim», in: European Journal of Sociology 12 (1971), 210–228.
Gisbert, P.: «Social Facts in Durkheim's System», in: Anthropos 54 (1959), 353- 369.
Goldenweiser, A. A.: «Totemism, an Analytical Study», in: Journal of American Folkore 23 (1910), 179–293.
Hubert, H.; *M. Mauss*: «Essai sur la nature et la fonction du sacrifice (1899)», in: *M. Mauss*: Œuvres 1, Paris 1968, 193–354. Engl. Übers.: Sacrifice: Its Nature and Function, London 1964.
–: Esquisse d'une théorie générale de la magie (1904). Dt. Übers.: «Entwurf einer allgemeinen Theorie der Magie», in: *M. Mauss*, Soziologie und Anthropologie, Bd. 1, Frankfurt/M. 1978, 43–179.
Jones, R. A.: «Einen soziologischen Klassiker verstehen», in: *W. Lepenies* (Hg.): Geschichte der Soziologie, Bd. 1, Frankfurt/M. 1981, 137–197.
–: «Robertson Smith, Durkheim, and Sacrifice: An Historical Context for the Elementary Forms of the Religious Life», in: Journal of the History of Behavioral Sciences 17 (1981), 184–205.
–: «Robertson Smith and James Frazer on Religion: Two Traditions in British Social Anthropology», in: *G. W. Stocking Jr.*: Functionalism Historicized, Madison/Wisc. 1984, 31–58.
–: «Durkheim, Frazer, and Smith: The Role of Analogies and Exemplars in the Development of Durkheim's Sociology of Religion», in: American Journal of Sociology 92 (1986), 596–627.
–: «Durkheim and the Positive Science of Ethics in Germany: Introduction to a Translation of Émile Durkheim's ‹La Science Positive de la Morale en Allemagne› (1887)», in: History of Sociology 6/7 (1986/87), 177–189.
König, R.: Émile Durkheim zur Diskussion: Jenseits von Dogmatismus und Skepsis, München 1978.
Lepenies, W. (Hg.): Geschichte der Soziologie, 4 Bde., Frankfurt/M. 1981.
–: Die drei Kulturen: Soziologie zwischen Literatur und Wissenschaft, München 1985.
–: «Gefährliche Wahlverwandtschaften», in: *ders.*: Gefährliche Wahlverwandtschaften: Essays zur Wissenschaftsgeschichte, Stuttgart 1989, 80–110.
Lukes, St.: Émile Durkheim, his Life and Work: A Historical and Critical Study, Harmondsworth 1973.
–: «Political Ritual and Social Integration», in: Sociology 9 (1975), 289–308.
Mauss, M.: «Essai sur le don: Forme et raison de l'échange dans les sociétés archaiques», in: L'Année sociologique. Neue Serie 1 (1923/24), 30–186. Dt. Übers.: Die Gabe: Form und Funktion des Austauschs in archaischen Gesellschaften, Frankfurt/M. 1968.
–: «Une catégorie de l'ésprit humain: la notion de personne, celle de ‹moi›, un plan de travail», in: Journal of the Royal Anthropological Institute 68 (1938), 263–281. Dt. Übers.: «Eine Kategorie des menschlichen Geistes: Der Begriff der Person und des ‹Ich›», in: *ders.*: Soziologie und Anthropologie, Bd. 2, Frankfurt/M. 1978, 221–252.
–: Œuvres, hg. von *Victor Karady*, 3 Bde., Paris 1968/69.
–: Soziologie und Anthropologie, 2 Bde., Frankfurt/M. 1978.

Mürmel, H.: «Bemerkungen zum Problem des Einflusses von William Robertson Smith auf die Durkheimgruppe», in: *H. Preißler; H. Seiwert* (Hg.): Gnosisforschung und Religionsgeschichte [Festschrift Kurt Rudolph], Marburg 1994, 473–81.
Nisbet, R.: «Conservatism and Sociology (1952)», in: Tradition and Revolt: Historical and Sociological Essays, New York 1968, 73–89.
–: The Sociology of Emile Durkheim, Oxford 1974.
Pickering, W. S. F.: Durkheim's Sociology of Religion: Themes and Theories, London 1984.
Tiryakian, E. A.: «Durkheim's ‹Elementary Forms› as ‹Revelation›», in: *B. Rhea* (Hg.): The Future of the Sociological Classics, London 1981, 114–135.
Treiber, H.: «Zur Genealogie einer ‹Science Positive de la Morale en Allemagne›», in: Nietzsche Studien 22 (1993), 165–221.
Vogt, W. P.: Über den Nutzen des Studiums primitiver Gesellschaften. Eine Anmerkung zur Durkheim-Schule 1890–1940 (1976), in: *W. Lepenies* (Hg.): Geschichte der Soziologie, Bd. 3, Frankfurt/M. 1981, 276–297.

Günter Kehrer: Max Weber

Anmerkungen

1 Soweit möglich werden alle Werke *Webers* nach der Taschenbuchausgabe und dem Titel zitiert. «Wirtschaft und Gesellschaft» nach der fünften Aufl., Tübingen 1976 (= WuG).

2 Gesammelte Aufsätze zu Religionssoziologie I, 17–206. Einen Vergleich der ersten Fassung (1904/05) mit der zweiten (1920) gibt: *Max Weber*, Die protestantische Ethik und der Geist des Kapitalismus, Bodenheim 1993.

3 Max Weber Gesamtausgabe (hrsg. von *H. Baiser, M. R. Lepsius, W. J. Mommsen, W. Schluchter, J. Winckelmann)*, Tübingen 1984ff.

4 *E. J. Sharpe*, Comparative Religion. A History, London 1975, 177.

5 *M. Meslin*, Pour une science des religions, Paris 1973, 82.

6 *T. Parsons*, «The Role of Ideas in Social Action (1938)», in: *ders.*, Essays in Sociological Theory, rev. ed., Glencoe 1964, 19–33.

7 So *R. Bendix*, Max Weber – Das Werk, München 1964, 45.

8 Gesammelte Aufsätze zur Religionssoziologie (fortan: GARS), Bd. I, 205.

9 GARS, Bd. I, 18.

10 *F. Engels*, Der deutsche Bauernkrieg, in: Karl Marx – Friedrich Engels Werke (MEW), Bd. 7, Berlin 1960, 332–341.

11 *A. Smith*, Der Wohlstand der Nationen, München 1988, 272–288.

12 *K. Marx*, Das Kapital, Bd. 1, in: MEW, Bd. 23, Berlin 1962, 617–625.

13 *K. Marx*, a. a. O., 625.

14 Die Argumente von Roth, daß Weber Marx gelesen habe, sind nicht überzeugend. *G. Roth*, «Das historische Verhältnis der Weberschen Soziologie zum Marxismus», in: Kölner Zeitschrift für Soziologie und Sozialpsychologie 20.3 (1968), 429–447. Die Behauptung von Aldenhoff, daß «er (Weber) Marx im Original gelesen ... hat, ist mittlerweile unbestritten», wird von ihr nicht belegt. *R. Aldenhoff*, Kapitalismus und Kulturkritik, in: *G. Hübinger* und *W. J. Mommsen* (Hg.), Intellektuelle im Deutschen Kaiserreich, Frankfurt am Main 1993, 91.

15 *M. Weber*, Die ‹Objektivität› sozialwissenschaftlicher und sozialpolitischer Erkenntnis (1904), in: Gesammelte Aufsätze zur Wissenschaftslehre (Uni- Taschenbücher, Bd. 1492), 190–212.

16 GARS, Bd. I, 35f.

[17] Ebd.
[18] *K. Marx*, Kapital, 743.
[19] GARS, Bd. I, 93 f.
[20] Ebd.
[21] GARS, Bd. I, 102 f. (Anm. 2).
[22] Ebd., 105.
[23] *K. Marx*, Kapital, 605 ff.
[24] GARS, Bd. I, 202.
[25] Ebd., 1.
[26] Diese Stelle ist erst in der zweiten Auflage enthalten; GARS, Bd. I, 94 f.
[27] Zur Werkgeschichte von Webers Religionssoziologie vgl. *W. Schluchter*, Max Webers Religionssoziologie. Eine werkgeschichtliche Rekonstruktion, in: *ders.* (Hg.), Max Webers Sicht des antiken Christentums, Frankfurt am Main 1985, 525–560.
[28] Jetzt GARS, Bd. I, 237–275.
[29] WuG, 245–381.
[30] WuG, 299.
[31] WuG, 245.
[32] Dazu: *Hans G. Kippenberg* und *B. Luchesi* (Hg.), Magie. Die sozialwissenschaftliche Kontroverse über das Verstehen fremden Denkens, Frankfurt am Main 1978.
[33] WuG, 245.
[34] *R. A. Segal*, Religion and the Social Sciences. Essays on the Confrontation, Atlanta 1989.
[35] Traditionsbildend schon bei *R. Otto*, Das Heilige (1917).
[36] GARS, Bd. I, 241.
[37] WuG, 319.
[38] WuG, 334.
[39] *F. Delitzsch*, Babel und Bibel I, Leipzig 1903; *ders.*, Babel und Bibel II, Stuttgart 1903; *ders.*, Babel und Bibel III, Stuttgart 1905.
[40] *K. Marx*, Kapital, 192.
[41] WuG, 140.
[42] *G. Kehrer*, Art. Charisma, in: *H. Cancik*, *B. Gladigow* und *M. Laubscher* (Hg.), Handbuch religionswissenschaftlicher Grundbegriffe, Bd. 2, Stuttgart 1990, 195–198.
[43] WuG, 268.
[44] *M. Weber*, Wissenschaft als Beruf, in: *ders.*, Gesammelte Aufsätze zur Wissenschaftslehre (= UTB 1492), 611.

Literatur

1. Religionssoziologische Hauptwerke

Max Weber Gesamtausgabe, hg. von *H. Baiser; M. R. Lepsius; W. J. Mommsen; W. Schluchter; J. Winckelmann*, Tübingen 1984 ff.

Gesammelte Aufsätze zur Religionssoziologie, Tübingen [1]1904/5; [2]1920–21: Bd. 1: «Die protestantische Ethik und der Geist des Kapitalismus» (1904–5) [vergleichende Ausg.: Bodenheim 1993]; «Die protestantischen Sekten und der Geist des Kapitalismus» (1906); «Die Wirtschaftsethik der Weltreligionen» (1915); Bd. 2: «Hinduismus und Buddhismus» (1916/17); Bd. 3: «Das antike Judentum» (1917- 20).

Wirtschaft und Gesellschaft: Grundriß der verstehenden Soziologie (1921/22), hg. von *J. Winckelmann*, Tübingen [5]1976 [= WuG]; Studienausgabe, Tübingen 1972.

Gesammelte Aufsätze zur Wissenschaftslehre (1922), hg. von *J. Winckelmann*. 3. erw. Aufl., Tübingen 1968.

Gesammelte Aufsätze Max Webers, 7 Bde., Tübingen 1988 [TB-Ausgabe].

2. Biographien

Baumgarten, E. (Hg.): Max Weber: Werk und Person, Tübingen 1964.
Bendix, R.: Max Weber: Das Werk, München 1960.
Fügen, H. N.: Max Weber in Selbstzeugnissen und Bilddokumenten, Reinbek 1985.
Weber, Marianne: Max Weber: Ein Lebensbild, Tübingen 1926.

3. Bibliographien

Käsler, D.: «Werkverzeichnis», in: *ders.*: Einführung in das Studium Max Webers, München 1979, 249–71.
Seyfarth, C.; G. Schmidt: Max Weber Bibliographie: Eine Dokumentation der Sekundärliteratur, Stuttgart ^{2}1982.

4. Sekundärliteratur

Käsler, D.: «Max Weber», in: *ders.* (Hg.): Klassiker des soziologischen Denkens, Bd. 2, München 1978, 40–177.
Schluchter, W.: Rationalismus der Weltbeherrschung: Studien zu Max Weber, Frankfurt/M. 1980.
–: (Hg.): Max Webers Studie über das antike Judentum: Interpretation und Kritik, Frankfurt/M. 1981.
–: Max Webers Studie über Konfuzianismus und Taoismus: Interpretation und Kritik, Frankfurt/M. 1983.
–: Max Webers Studie über Hinduismus und Buddhismus: Interpretation und Kritik, Frankfurt/M. 1984.
–: Max Webers Sicht des antiken Christentums, Frankfurt/M. 1985.
Seyfarth, C.; W. M. Sprondel (Hg.): Seminar: Religion und gesellschaftliche Entwicklung. Studien zur Protestantismus-Kapitalismus-These Max Webers, Frankfurt/M. 1973.

Hartmut Böhme: Aby M. Warburg

Literatur

[*] Titel mit Angaben zum Nachlaß in The Warburg Institute London und anderen Orten.
[**] Titel mit ausführlichen bibliographischen Nachweisen.
[***] Texte Warburgs, die nicht in den «Gesammelten Schriften» oder «Ausgewählten Schriften» publiziert sind.
Zitate aus dem Nachlaß, sofern sie nicht nach Gombrich's Biogaphie [WBG] erfolgen, werden nachgewiesen durch den Titel des Nachlaß-Textes, aus dem sie stammen (z. B. Bayonne-Vortrag).

1. Werke

Gesammelte Schriften, hg. von der Bibliothek Warburg, 2 Bde., unter Mitarbeit von *Fritz Rougemont* hrsg. von *Gertrud Bing*: Die Erneuerung der heidnischen Antike.

Kulturwissenschaftliche Beiträge zur Geschichte der europäischen Renaissance. Mit einem Anhang unveröffentlichter Zusätze, Leipzig – Berlin 1932 [= GS]. (Reprint in einem Bande: Nendeln/Liechtenstein 1969. Vor Erscheinen der historisch-kritischen Ausgabe im Berliner Akademie-Verlag die bislang umfangreichste Sammlung von Texten Warburgs).

Ausgewählte Schriften und Würdigungen (Saecula spiritualia 1), hg. von *Dieter Wuttke.* [1]1979; [3]1992.[= ASW]*/** [mit ausführlicher Bibliographie zu Schriften Warburgs, zum Nachlaß und zur Sekundärliteratur]

Schlangenritual: Ein Reisebericht. Mit einem Nachwort von *Ulrich Raulff*, Berlin 1988. [= S]

Mnemosyne: Begleitmaterialien der Ausstellung des Mnemosyne-Atlas Aby Warburgs, hg. von *M. Koos; W. Pichler; W. Rappl; G. Swoboda.* Akademie der Künste Wien 1993; Kunsthaus Hamburg 1994.***

2. *Dokumente*

Diers, Michael: Warburg aus Briefen: Kommentare zu den Kopierbüchern der Jahre 1905 bis 1918 (Schriften des Warburg-Archivs im Kunstgeschichtlichen Seminar der Universität Hamburg 2), Berlin 1991.*/***

Fleckner, Uwe; Robert Galitz; Claudia Naber; Herwart Nöldeke (Hg.): Aby Warburg: Bildersammlung zur Geschichte von Sternenglaube und Sternenkunde. Die Sammlung Aby Warburg im Hamburger Planetarium, Hamburg 1993.***

Heise, Carl Georg: Persönliche Erinnerungen an Aby Warburg, New York 1947.

3. *Ausgewählte Werke über Aby Warburg*

Bauerle, Dorothee: «Gespenstergeschichten für ganz Erwachsene.» Ein Kommentar zu Aby Warburgs Bilderatlas Mnemosyne, Münster 1988.

Bertozzi, Marco: La tirannia degli astri: Aby Warburg e l'astrologia di Palazzo Schifanoia, Bologna 1985.

Bredekamp, Horst; Michael Diers; Charlotte Schoell-Glass (Hg.): Aby Warburg: Akten des Internationalen Symposiums Hamburg 1990 (Schriften des Warburg-Archivs im Kunstgeschichtlichen Seminar der Universität Hamburg 1), Hamburg 1990.

Diers, Michael (Hg.): Porträt aus Büchern: Bibliothek Warburg und Warburg-Institute Hamburg – London – 1993, Hamburg 1993.**

Faretti, Silvia: Cassirer, Panofsky, Warburg: Symbol, Art and History, New Haven – London 1989.

Fliedl, Barta Ilsebill; Christoph Geissmar (Hg.): Die Beredsamkeit des Leibes: Zur Körpersprache in der Kunst, Salzburg – Wien 1992.***

Füssel, Stephan (Hg.): Mnemosyne: Beiträge zum 50. Todestag von Aby Warburg, Göttingen 1979.

Galitz, Robert; Brita Reimers (Hg.): Aby M. Warburg. «Ekstatische Nymphe ... trauernder Flussgott»: Portrait eines Gelehrten, Hamburg 1995.**

Ginzburg, Carlo: «Kunst und soziales Gedächtnis: Die Warburg-Tradition», in: *ders.*: Spurensicherungen: Über verborgene Geschichte, Kunst und soziales Gedächtnis, Berlin 1983.

Gombrich, Ernst H.: Aby Warburg: Eine intellektuelle Biographie, Frankfurt/M. 1981. Engl. Orig. London 1970. [= WBG]*** [unentbehrliches Buch für Biographie und intellektuelles Umfeld]

Hofmann, Werner; Georg Syamken; Martin Warnke: Die Menschenrechte des Auges: Über Aby Warburg, Hamburg 1980.

Jesinghausen-Lauster, Martin: Die Suche nach der symbolischen Form: Der Kreis um die Kulturwissenschaftliche Bibliothek Warburg, Baden-Baden 1985.

Kany, Roland: Mnemosyne als Programm: Geschichte, Erinnerung und die Andacht zum Unbedeutenden im Werk von Usener, Warburg und Benjamin, Tübingen 1987.

–: Die religionsgeschichtliche Forschung an der Kulturwissenschaftlichen Bibliothek Warburg, Bamberg 1989.

Kulturforum Warburg (Hg.): Warburg, Aby: von Michelangelo bis zu den Puebloindianern, Hamburg 1991.***

Landauer, Carl Hollis: The Survival of Antiquity: The German Years of the Warburg Institute, Diss. Yale University New Haven 1984.

Maikuma, Yoshihiko: Der Begriff der Kultur bei Warburg, Nietzsche und Burckhardt, Königstein/Ts. 1985.

Roeck, Bernd: Der junge Aby Warburg, München 1997.

Schmidt, Peter; Dieter Wuttke (Hg.): Aby Warburg und die Ikonologie. Mit einem Anhang unbekannter Quellen zur Geschichte der Internationalen Gesellschaft für Ikonographische Studien, Wiesbaden ²1993.***

Stockhausen, Tilmann von: Die Kulturwissenschaftliche Bibliothek Warburg: Architektur, Einrichtung und Organisation, Hamburg 1992.***

Usener, Hermann: Götternamen. Versuch einer Lehre der religiösen Begriffsbildung, Berlin 1876.

Wuttke, Dieter (Hg.): Kosmopolis der Wissenschaft: E. R. Curtius und das Warburg Institute. Briefe 1928 bis 1952 und andere Dokumente (Saecula Spiritualia 20), Baden-Baden 1989.***

Eric J. Sharpe: Nathan Söderblom

Anmerkungen

[1] Es gibt keine umfassende Biographie Söderbloms. Die erste und immer noch beste, in schwedischer Sprache geschriebene, ist *Andrae* 1931a; in Englisch ist *Sundkler* 1968, empfehlenswert.

[2] *Sharpe* 1990, 12 ff.

[3] Vgl. *A. Verheule*, Wilhelm Bousset: Leben und Werk, Amsterdam 1973, *passim*.

[4] Zur Antrittsvorlesung s. *Sharpe* 1990, 95 ff.

[5] *Sharpe* 1990, 153 ff.

[6] *Sharpe* 1990, 124 f.

[7] *Sharpe* 1990, 134 ff.

[8] *Sharpe* 1990, 145 f. und 172 ff.

[9] Siehe *H. Lindroth*, Luther-Renässansen i nyare svensk teologi, Stockholm 1941, 9 ff.; *G. Rupp*, The Righteousness of God: Luther Studies, London 1953, 32 f.

[10] *G. van der Leeuw*, Religion in Essence and Manifestation, London 1938, 694.

[11] *Andrae* 1931b, 28 f.

[12] *Sharpe* 1990, 107 f.; vgl. *Sharpe*, Comparative Religion: A History, ²London 1986, 58 ff.

[13] Zitiert in *Nyberg* 1943, 2.

[14] *Nyberg* 1943, 7.

[15] *S. Hartman*, in: *Sharpe/Hultgård* 1984, 40.

[16] Zitiert von *Hartman*, in: *Sharpe/Hultgård* 1984, 45.

[17] Erstmals in Betydelsen af Schleiermachers ‹Reden über die Religion›: ett hundraårsminne, Uppsala 1899.

[18] Vgl. *Sharpe*, Comparative Religion, 65 ff.

[19] *Söderblom*, Natürliche Theologie, 1913, 63.

[20] *Fr. Schleiermacher*, Reden über die Religion. Reden an die Gebildeten unter ihren Verächtern, hrsg. v. *R. Otto*, 7. durchges. Aufl., Göttingen 1991, 185–7.

[21] Siehe *Sharpe* 1990, 110ff.

[22] *Hultkranz*, in: *Sharpe/Hultgård* 1984, 26.

[23] *Hultkranz*, in: *Sharpe/Hultgård* 1984, 29.

[24] *Sharpe* 1990, 98ff.

[25] *Sharpe* 1990, 217ff.

[26] *J. Hastings* (ed.), Encyclopaedia of Religion and Ethics, Edinburgh/New York 1913, Bd. VI, 731–41, dt. in *C. Colpe* (Hg.), Die Diskussion um das «Heilige», Darmstadt 1977, 67–116.

[27] Die schwedische Originalausgabe und die engl. Übersetzung trugen den Untertitel «Grundformer av personlig religion» resp. «Basal forms of personal religion».

[28] *Sharpe* 1990, *passim*.

Literatur

1. Religionswissenschaftliche Hauptwerke

Les Fravashis, Paris 1899.
La vie future d'après le Mazdéisme, Paris 1901.
Uppenbarelsereligion, Uppsala 1903.
Främmande religionsurkunder, Stockholm 1908.
Natürliche Theologie und allgemeine Religionsgeschichte, Leipzig 1913.
Art. «Holiness ‹(General and Primitive)›», in: *J. Hastings* (Hg.): Encyclopaedia of Religion and Ethics, Bd. VI, Edinburgh und New York 1913, 731–41. Dt. Übers. in: *C. Colpe* (Hg.): Die Diskussion um das «Heilige», Darmstadt 1977, 67–116.
Gudstrons uppkomst, Stockholm 1914. Dt. Bearbeitung hrsg. von *R. Stübe*: Das Werden des Gottesglaubens: Untersuchungen über die Anfänge der Religion, Leipzig 1916; ^{3}1926.
Ur religionens historia, Stockholm 1915. Dt. Übers.: Einführung in die Religionsgeschichte, Leipzig 1920.
Tiele-Söderbloms Kompendium der Religionsgeschichte. 6. verb. Aufl., Berlin 1931 [1. v. Söderblom bearb. Aufl. 1903].
Den levande Guden, Stockholm 1932. Dt. Übers.: Der lebendige Gott im Zeugnis der Religionsgeschichte: Nachgelassene Gifford-Vorlesungen. In Verbindung mit *Chr. M. Schröder* und *R. Hafner* hrsg. v. *Fr. Heiler*, München 1942. Engl. Übers.: The Living God, London 1933.

2. Über Söderblom

Andrae, Tor: Nathan Söderblom, Uppsala 1931a.
–: «Nathan Söderblom som religionshistoriker», in: *Karlström* (Hg.): Nathan Söderblom in memoriam, Stockholm 1931b, 25–62.
Misner, P.: Friedrich von Hügel, Nathan Söderblom, Friedrich Heiler: Briefwechsel 1909–1931, Paderborn 1981.
Nyberg, H. S.: «Nathan Söderbloms insats i utforskandet av den iranska religionshistorien», in: Religion och Bibel 25 (1943), 3–13.
Rudolf, K.: Die Religionsgeschichte an der Leipziger Universität, Berlin 1962.
Sharpe, E. J.: Nathan Söderblom and the Study of Religion, Chapel Hill 1990.
–: und *A. Hultgård* (Hg.): Nathan Söderblom and his Contribution to the Study of Religion, Leiden 1984.

Sundkler, B.: Nathan Söderblom: His Life and Work, London 1968.
Veen, J. M. van: Nathan Söderblom: Leven en Denken van een Godsdiensthistoricus, Amsterdam 1940.
Wolff, H.: Der lebendige Gott: Nathan Söderbloms Beitrag zur Offenbarungsfrage, Elmsdetten 1938.

Martin Riesebrodt: Robert Ranulph Marett

Anmerkungen

1 Zum Kontext siehe u. a. *G. Stocking*, After Tylor, sowie *E. Leach*, Anthropology, 215–262.

2 *Marett*, Jerseyman, 109.

3 *Marett*, Threshold, VIII; Jerseyman, 159.

4 *Stocking*, After Tylor, 250.

5 *Marett*, Jerseyman, 306 ff.

6 *Marett*, Jerseyman, 288–307.

7 Siehe etwa *Marett*, Anthropology, oder Sacraments.

8 Viele der für sein damaliges Werk zentralen Schriften sind in der zweiten Auflage seines «Threshold of Religion» von 1914 gesammelt und von Marett selbst ediert, jeweils mit Zusammenfassungen eingeleitet sowie mit einem Vorwort versehen.

9 *Stocking*, After Tylor, 109.

10 Edmund Leach weist aber zu Recht darauf hin, daß hier weit eher Comte Pate gestanden hat als Darwin. Siehe *Leach*, Antropology, 219 ff.

11 *Marett*, Head, Heart and Hands in Human Evolution, 86.

12 *Marett*, Anthropology, 235 ff.

13 *Robert Henry Codrington*, The Melanesians, Oxford 1891.

14 *Marett*, From Spell to Prayer, in: Threshold, 29–72.

15 *Marett*, The Birth of Humility, in: Threshold, 169–202. Für den Briefwechsel siehe *Ackerman*, Frazer, 224–228.

16 *Marett*, Threshold, xxvi, 129 und 131.

17 *Marett*, Threshold, xii; Jerseyman, 161.

18 *Marett*, Jerseyman, 161.

19 *Marett*, Anthropology, 210–211.

20 In gewisser Weise entspricht diese Formel dem französischen Begriff «sacré», dessen Ambivalenz weder im englischen Begriff «sacred» noch im deutschen Begriff «heilig» enthalten ist.

21 *Bengtson*, Marett, 656.

22 *Rudolf Otto*, Das Heilige, Breslau 1918, 16 Anm. 2.

23 *Stocking*, After Tylor, 248–257.

24 Siehe etwa *Lowie*, Primitive Religion, New York 1924.

25 Siehe etwa *Bryan Wilson* (ed.), Rationality, Oxford 1970; sowie *Hans G. Kippenberg* u. *Brigitte Luchesi* (Hg.), Magie. Die sozialwissenschaftliche Kontroverse über das Verstehen fremden Denkens, Frankfurt 1977.

26 Siehe vor allem *J. H. M. Beattie*, On Understanding Ritual, in: *Bryan Wilson* (ed.), Rationality, 240–268.

27 *William McDougall*, An Introduction to Social Psychology, London 1911, 305.

28 *Max Weber*, Wirtschaft und Gesellschaft, ²Tübingen 1980, 245. Ob Weber mit Schriften Marett's direkt vertraut war, ist schwer zu entscheiden. Eine «Wahlverwandtschaft» zwischen beiden kann man jedoch in spezifischen Fragen konstatieren.

Literatur

1. Werke

The Threshold of Religion, London 1909; ²1914.
Anthropology, London 1912.
Faith, Hope and Charity in Primitive Religion, New York 1932.
Sacraments of Simple Folk, Oxford 1933.
A Jerseyman at Oxford, London 1941.
Head, Heart and Hands in Human Evolution, New York 1935.

2. Bibliographie

Penniman, T. K.: «A Bibliography of the Scientific Writings of R. R. Marett», in: *L. H. Dudley Buxton* (Hg.): Custom is King: Essays Presented to R. R. Marett on his Seventieth Birthday, June 13, 1936, London 1936, 303–325.

3. Biographien, Nachrufe und Gesamtdarstellungen

Ackerman, Robert: J. G. Frazer: His Life and Work, Cambridge 1987, 221–235.
Bengtson, Dale R.: «R. R. Marett and the Study of Religion», in: Journal of the American Academy of Religion XLVII/4 (1979), 645–659.
Leach, Edmund: «The Anthropology of Religion: British and French Schools», in: *Ninian Smart* u. a. (Hg.): Nineteenth Century Religious Thought in the West, Bd. III, Cambridge 1985, 215–262.
Penniman, T. K.: «Robert Ranulph Marett: 13 June, 1866 – 18 February, 1943», in: Man XLIV (1944), 33–35.
Rose, Herbert J.: «Robert Ranulph Marett, 1866–1943», in: Proceedings of the British Academy 29 (1943), 357–370.
Ruel, M. J.: «Marett, Robert Ranulph», in: *David L. Sills* (Hg.): International Encyclopedia of the Social Sciences, New York 1968, 565–567.
Sharpe, Eric J.: «Preanimism», in: *Mircea Eliade* (Hg.): The Encyclopedia of Religion, Bd. 11, New York 1987, 501–504.
Stocking, George W.: After Tylor: British Social Anthropology, 1888–1951, Madison/Wisc. 1995, 163–172.

Hans Waldenfels: Wilhelm Schmidt

Anmerkungen

[1] *F. Bornemann* 1982, 72; vgl. auch die Graphik ebd., 73.
[2] Vgl. *E. Brandewie* 1990, 200–242.

Literatur

1. Hauptwerke

Der Ursprung der Gottesidee (1912), 12 Bde., Münster 1926–1955.
Die Sprachfamilien und Sprachenkreise der Erde, Heidelberg 1926.
Handbuch der vergleichenden Religionsgeschichte, Münster 1930.

Handbuch der Methode der kulturhistorischen Ethnologie, Münster 1937.
Das Eigentum auf den ältesten Stufen der Menschheit, 3 Bde., Münster 1937–42.

2. Bibliographie

Vgl. Anthropos 49 (1954), 385–432; 663–682.

3. Sekundärliteratur

Henninger, J.: P. Wilhelm Schmidt, Freiburg/Ue. 1956 [= *ders.*: «P. Wilhelm Schmidt (1868–1954): Eine biographische Skizze», in: Anthropos 51 (1956), 19- 60].
Anthropica: Gedenkschrift zum 100. Geburtstag von Wilhelm Schmidt, St. Augustin b. Bonn 1968.
Bornemann, F.: P. Wilhelm Schmidt SVD, Rom 1982 (in deutscher Sprache, mit ausführlichen Literaturangaben).
Demarchi, F. (Hg.): Wilhelm Schmidt un etnologo sempre attuale, Bologna 1989.
Brandewie, E.: When Giants Walked the Earth: The Life and Times of Wilhelm Schmidt, Fribourg 1990 (mit ausführlichen Literaturangaben).
Luzbetak, L. J.: «Wilhelm Schmidt: Priest, Linguist, Ethnologist», in: *G. H. Anderson* u. a. (Hg.): Mission Legacies: Biographical Studies of Leaders of the Modern Missionary Movement, Maryknoll/N. Y. 1994, 475–485.

Gregory D. Alles: Rudolf Otto

Anmerkungen

1 Lebenslauf in *Gerd Lüdemann* und *Martin Schröder*, Die religionsgeschichtliche Schule in Göttingen. Eine Dokumentation, Göttingen 1987, 75–77. Siehe auch *Inge Auerbach* (Hg.), Catalogus professorum academiae Marburgensis/Die akademischen Lehrer der Philipps-Universität Marburg, Bd. 2, 1911–1971, Marburg 1979. Wichtig für Ottos Kindheit ist seine unveröffentlichte Handschrift «Vita zum 1. Examen», Göttingen, 29. Dez. 1891, UB Marburg Hs. 797: 582.

2 Laut Religion in Geschichte und Gegenwart (3. Aufl.) soll *Otto* 1914 nach Breslau gegangen sein, aber mehrere Zeitangaben zu Ottos Leben in Biographien und Standardwerken sind falsch oder ungenau, wie eine Überprüfung der Dokumente im Universitätsarchiv Göttingen, dem Hessischen Staatsarchiv in Marburg und dem Geheimen Staatsarchiv Preussischer Kulturbesitz Berlin sowie Ottos eigener Korrespondenz ergeben hat.

3 *Philip Almond*, Rudolf Otto, 24–25.

4 Vgl. *Hermann Schultz,* Grundriss der christlichen Apologetik. Zum Gebrauche bei akademischen Vorlesungen, Göttingen 1894.

5 *Ernst Häckel,* Der Monismus als Band zwischen Religion und Wissenschaft. Glaubensbekenntnis eines Naturforschers, Bonn 1892.

6 *R. Otto,* Mythus und Religion in Wundts Völkerpsychologie, in: Theologische Rundschau 13 (1910), 251–275, 293–305; Mythus und Religion nach Wilhelm Wundt, in: Deutsche Literaturzeitung 31, Nr. 38 (17. Sept. 1910), 2373–2382.

7 Siehe *R. Otto*, Parallelisms in the Development of Religion East and West, in: Transactions of the Asiatic Society of Japan 40 (1912), 153–158; Parallelen der Religionsentwicklung, in: Frankfurter Zeitung (31. März–1. April 1913), 1–16; vgl. *R. Otto*, Parallelen und Konvergenzen in der Religionsgeschichte, in: Das Gefühl des Überweltlichen (Sensus Numinis), Kap. 12.

[8] *R. Otto*, Kantisch-Fries'sche Religionsphilosophie, 9–10.

[9] *Jakob Friedrich Fries*, Neue Kritik der Vernunft, Heidelberg 1807; Neue oder anthropologische Kritik der Vernunft, ²Heidelberg 1828–1831.

[10] *J. F. Fries*, Kritik, 29.

[11] *J. F. Fries*, Wissen, Glaube und Ahndung, hrsg. von *Leonard Nelson*, Göttingen 1905, 118–119. So erweiterte Fries die kantische Ansicht von Gott und wendete sie auf die Natur an.

[12] *J. F. Fries*, Wissen, Glaube und Ahndung, 64.

[13] *R. Otto*, Kantisch-Fries'sche Religionsphilosophie, 111.

[14] *J. F. Fries*, Julius und Evagoras, hrsg. von *Wilhelm Bousset*, Göttingen 1910.

[15] Vgl. das Urteil des Kurators der Universität Göttingen in einem Brief vom 5. Febr. 1905 an das damalige Kultusministerium: Heitmüller «hat sich bis jetzt ausschließlich der streng wissenschaftlichen Arbeit gewidmet, im Gegensatz zu Professor Bousset und Privatdocent Lic. theol. Otto, welche sich bekanntlich angelegen sein ließen, die Ergebnisse der kritischen Theologie in populären Darstellungen weiteren Kreisen zu übermitteln» (Universitätsarchiv Göttingen, Kuratorialakten Heitmüller, Privatdocentenstipendium, 2–3).

[16] Siehe z. B. *R. Otto*, Brief an Wilhelm Thimme, 26. Aug. 1903, UB Marburg, Hs. 797: 7.

[17] Vgl. Öffentliche Versammlung der nationalliberalen Partei, in: Göttinger Zeitung 51, Nr. 16369 (10. Mai 1913).

[18] *Bernhard Mann* (Hg.), Biographisches Handbuch für das preußische Abgeordnetenhaus 1867–1918, Düsseldorf 1988, 1681.

[19] *R. Otto*, Rede am 2. Mai 1914, in: Stenographische Berichte über die Verhandlungen des Preußischen Abgeordnetenhauses, 22. Leg., 2. Sess., Bd. 5, Berlin 1914, 5956–5960.

[20] *Ernst Benz*, Rudolf Otto als Theologe und Persönlichkeit, in: *ders.* (Hg.), 36. Siehe auch *Friedrich Heiler*, Erscheinungsformen und Wesen der Religion, Stuttgart 1961, 16; vgl. *James Luther Adams*, Not Without Dust and Heat. A Memoir, Chicago 1995, 212.

[21] Siehe z. B. *R. Otto*, Mythus und Religion in Wundts Völkerpsychologie (Anm. oben), 299–300, 305.

[22] *R. Otto*, Das Heilige, 9.

[23] *L. Wittgenstein*, Tractatus logico-philosophicus, Frankfurt/M. 1960, Nr. 7.

[24] *R. Otto*, Das Heilige, 32f. (Die eigentümliche Interpunktion Ottos wird in den Zitaten aus *Das Heilige* beibehalten).

[25] Ebd., 23–25, vgl. 9–12.

[26] Siehe *R. Otto*, Religiöser Menschheitsbund neben politischem Völkerbund, in: Die christliche Welt 34, Nr. 9 (26. Feb. 1920), 133–135; Vom Religiösen Menschheits-Bunde, in: Die christliche Welt 34, Nr. 30 (22. Juli 1920), 477–478; Religiöser Menschheitsbund, in: Deutsche Politik 6, Nr. 10 (5. März 1921), 234–238; Ein Bund der guten Willen in der Welt, in: Die Hilfe 13 (5. Mai 1921), 205; Weltgewissen und die Wege dazu, in: Die Eiche 11 (1923), 88–89; Menschheitsbund, Religiöser, in: Die Religion in Geschichte und Gegenwart, Bd. 3, Tübingen ²1929, 2122–2123.

[27] *R. Otto*, Schweigender Dienst, in: Die christliche Welt 34, Nr. 36 (2. Sept. 1920), 561–565; Zur Erneuerung und Ausgestaltung des Gottesdienstes, Gießen 1925; Chorgebete für Kirche, Schule, und Hausandacht, Gießen 1925; Eingangspsalmen für die Sonntage des Kirchenjahres, Gotha 1927; Das Jahr der Kirche in Lesungen und Gebeten, Gotha 1927.

[28] Siehe Die Marburger Religionskundliche Sammlung, in: Mitteilungen, Universitätsbund Marburg 3 (1933), 29–30; *Volker Losemann*, Der Marburger Schloßplan 1927–1954. Zeitgeschichtliche Wandlungen eines Forschungsprojekts, in: Academia Marbur-

gensis, hrsg. von *Walter Heinemeyer, Thomas Klein, Hellmut Seier*, Marburg 1977, 353–405; und vor allem *Martin Kraatz*, Die Religionskundliche Sammlung. Eine Gründung Rudolf Ottos, in: Marburger Gelehrte in der ersten Hälfte des 20. Jahrhunderts, hrsg. von *Ingebord Schnack*, Marburg 1977, 382–389.

[29] *R. Otto*, Die Missionspflicht der Kirche gegenüber der religionslosen Gesellschaft, in: Revolution und Kirche. Zur Neuordnung des Kirchenwesens im deutschen Volksstaat, hrsg. von *Friedrich Thimme* und *Ernst Rolffs*, Berlin 1919, 273–280.

[30] *R. Otto*, Zum Verhältnisse von mystischer und gläubiger Frömmigkeit, in: Zeitschrift für Theologie und Kirche 3 (1922), 265.

[31] *R. Otto*, Die Urgestalt der Bhagavad-Gita, Tübingen 1934; Der Sang des Hehr-Erhabenen. Die Bhagavad-Gita, Stuttgart 1935; Die Lehrtraktate der Bhagavad-Gita, Tübingen 1935. Vgl. *ders.*, Krishna's Lied, in: Zeitschrift für Missionskunde und Religionswissenschaft 50 (1935), 1–12; Worte der Gita, Die christliche Welt 49, Nr. 18 (14. Sept. 1935), 829–832.

[32] *James Luther Adams* (wie oben Anm. 20), 213.

[33] *Karl Küssner* (Hg.): Verantwortliche Lebensgestaltung. Gespräche mit Rudolf Otto über Fragen der Ethik, Stuttgart 1941.

[34] Siehe *Paul Tillich*, Autobiographische Betrachtungen, Der Religionsphilosoph Rudolf Otto (1925) und Die Kategorie des ‹Heiligen› bei Rudolf Otto, in: Gesammelte Werke, Bd. 12, Begegnungen. Paul Tillich über sich selbst und andere, Stuttgart 1971, 61, 179–183, 184–186; vgl. Systematic Theology, Bd. 1, Chicago 1951, 211–235.

[35] *Karl Barth*, Die kirchliche Dogmatik, Bd. 1/1, Die Lehre vom Wort Gottes. Prolegomena zur kirchlichen Dogmatik, München 1932, 140.

[36] *Emil Brunner*, Dogmatik, Bd. 1, Die christliche Lehre von Gott, Zürich u. Stuttgart ^{3}1960, 160–185.

[37] Siehe z. B. *Rudolf Bultmann*, Welchen Sinn hat es, von Gott zu reden? (1925), in: Glauben und Verstehen. Gesammelte Aufsätze, Tübingen 1933, 26–37.

[38] *E. Benz* (wie oben Anm. 20), 32–33; vgl. *Paul Tillich*, Autobiographische Betrachtungen, 69.

[39] *Gustav Mensching*, Vergleichende Religionswissenschaft, Heidelberg ^{2}1949, 78.

[40] Siehe *Max Scheler*, Vom Ewigen im Menschen, Leipzig 1921; *Joachim Wach*, Religionswissenschaft. Prolegomena zu ihrer wissenschaftstheoretischen Grundlegung, Leipzig 1924.

[41] *Heinrich Frick*, Vergleichende Religionswissenschaft, Berlin 1928; *Gustav Mensching*, Geschichte der Religionswissenschaft, Bonn 1948; Allgemeine Religionswissenschaft, Heidelberg 1949; Vergleichende Religionswissenschaft; *Kurt Goldammer*, Die Formenwelt des Religiösen. Grundriß der systematischen Religionswissenschaft, Stuttgart 1960; *Joachim Wach*, Religionssoziologie, Tübingen 1951; Vergleichende Religionsforschung, Stuttgart 1962; *Charles H. Long*, Significations. Signs, Symbols, and Images in the Interpretation of Religion, Philadelphia 1986.

[42] *Thorkild Jacobsen*, The Treasures of Darkness. A History of Mesopotamian Religion, New Haven 1976.

[43] Eine gute Zusammenfassung der frühen deutschen Kritiker bei *Carsten Colpe* (s. Lit.).

[44] *Friedrich Karl Feigel*, «Das Heilige», zit. n. C. Colpe (Hg.), 404.

[45] Siehe *Paul Tillich*, Das religiöse Symbol, Recht und Bedeutung religiöser Symbole, in: Gesammelte Schriften, Bd. 5, Die Frage nach dem Unbedingten. Schriften zur Religionsphilosophie, Stuttgart 1964, 196–212, 237–244; Zum Problem des Glaubens, ebd., Bd. 8, Offenbarung und Glaube. Schriften zur Theologie II, Stuttgart 1970, 139–148; *Joachim Wach*, Vergleichende Religionsforschung, Stuttgart 1962.

[46] Für die Theologie siehe *George Lindbeck*, Christliche Lehre als Grammatik des

Glaubens; für die deutschsprachige Religionswissenschaft siehe *Walter Baetke* in *Carsten Colpe* (Hg.). Vgl. auch *Steven T. Katz,* Language, Epistemology, and Mysticism, in: *ders.* (Hg.): Mysticism and Philosophical Analysis, 22–74; *Wayne Proudfoot*, Religious Experience, Berkeley 1985.

[47] *Ninian Smart,* Reasons and Faiths. An Investigation of Religious Discourse, Christian and Non-Christian, New York 1958; Rudolf Otto and Religious Experience, in: Philosophers and Religious Truth, New York 1970, 116–151. Vgl. *Keith E. Yandell*, The Epistemology of Religious Experience, Cambridge 1993, der von zwei Arten mystischen Erlebnisses spricht. Kritik von Smart in *Robert M. Gimello*, Mysticism and Meditation, in: *Steven T. Katz* (Hg.): Mysticism and Philosophical Analysis, New York 1978, 170–199; *Hans H. Penner*, The Mystical Illusion, in: *Steven T. Katz* (Hg.): Mysticism and Religious Traditions, New York 1983, 91.

[48] *Derek Walcott*, The Muse of History. An Essay, in: *Orde Coombs* (Hg.), Is Massa Day Dead? Black Moods in the Caribbean, Garden City, N. Y. 1974, 5.

Literatur

1. Werke

Eine Gesamtausgabe der Werke Rudolf Ottos gibt es nicht.
Naturalistische und religiöse Weltansicht, Tübingen 1904.
Kantisch-Fries'sche Religionsphilosophie und ihre Anwendung auf die Theologie, Tübingen 1909.
Das Heilige: Über das Irrationale in der Idee des Göttlichen und sein Verhältnis zum Rationalen, Breslau 1917 [zitiert nach der Taschenbuchausgabe München 1987].
West-östliche Mystik, Gotha 1926.
Die Gnadenreligion Indiens und das Christentum, Gotha 1930.
Sünde und Urschuld, München 1932 [ursprünglich in: Aufsätze das Numinose betreffend, Gotha 1923].
Das Gefühl des Überweltlichen (Sensus Numinis), München 1932 [ursprünglich in: Aufsätze das Numinose betreffend, Gotha 1923].
Reich Gottes und Menschensohn, München 1934.
Aufsätze zur Ethik, hg. von *Jack S. Boozer*, München 1981.

2. Biographien

Boeke, R.: «Rudolf Otto. Leben und Werk», in: Numen 14 (1967), 130–143.
Boozer, Jack S.: «Rudolf Otto (1869–1937): Theologe und Religionswissenschaftler», in: *Ingeborg Schnack* (Hg.): Marburger Gelehrte in der ersten Hälfte des 20. Jahrhunderts, Marburg 1977, 362–382.
Frick, Heinrich: Rudolf Otto – Zum Gedächtnis: Trauerfeier für den am 6. März 1937 heimgegangenen Professor D. Rudolf Otto und Gedächtnisrede an seinem Sarg, Leipzig 1937.
Schinzer, Reinhard: «Rudolf Otto – Entwurf einer Biographie», in: *Ernst Benz* (Hg.): Rudolf Otto's Bedeutung für die Religionswissenschaft und die Theologie heute, Leiden 1971, 1–29.

3. Sekundärliteratur

Almond, Philip: Rudolf Otto: An Introduction to his Philosophical Theology, Chapel Hill/North Carolina 1984.

Baetke, Walter: Das Heilige im Germanischen, Tübingen 1942 [Auszüge in: *Colpe* (Hg.): 1977: 337–397].
Benz, Ernst (Hg.): Rudolf Otto's Bedeutung für die Religionswissenschaft und die Theologie heute, Leiden 1971.
Colpe, Carsten (Hg.): Die Diskussion um «das Heilige», Darmstadt 1977.
Davidson, F. R.: Rudolf Otto's Interpretation of Religion, Princeton 1947.
Feigel, Friedrich Karl: «Das Heilige»: Kritische Abhandlung über Rudolf Ottos gleichnamiges Buch, Tübingen ²1948 [Auszüge in *Colpe* 1977: 380–405].
Frick, Heinrich: «Rudolf Otto innerhalb der theologischen Situation», in: Zeitschrift für Theologie und Kirche N. F. 19 (1938), 3–15.
Frick, H. ; B. Forell; F. Heiler: Religionswissenschaft in neuer Sicht: Drei Reden über Rudolf Ottos Persönlichkeit und Werk, Marburg 1951.
Geyser, Joseph: Intellekt oder Gemüt? Eine philosophische Studie über Ottos Buch «Das Heilige», Freiburg i. Br. 1921 [Auszüge in *Colpe* 1977: 302–336].
Haubold, W.: Die Bedeutung der Religionsgeschichte für die Theologie Rudolf Ottos. Diss. Marburg 1940 [mit nahezu vollständiger Bibliographie].
Mensching, Gustav: «Rudolf Ottos religionsgeschichtliche Arbeit», in: Zeitschrift für Theologie und Kirche N. F. 19 (1938), 118–128.
Pfleiderer, Georg: Theologie als Wirklichkeitswissenschaft: Studien zum Religionsbegriff bei Georg Wobbermin, Rudolf Otto, Heinrich Scholz und Max Scheler, Tübingen 1992.
Schütte, Hans Walter: Religion und Christentum in der Theologie Rudolf Ottos, Berlin 1969.
Siegfried, Theodor: «Theologie als Religionswissenschaft bei R. Otto», in: Zeitschrift für Theologie und Kirche N. F. 19 (1938), 16–45.
Wach, Joachim: «Rudolf Otto und der Begriff des Heiligen», in: Deutsche Beiträge zur geistigen Überlieferung, Bd. 2, hrsg. von *A. Bergsträsser*, Chicago 1953, 200–217.

Heinz Mürmel: Marcel Mauss

Anmerkungen

[1] Vol. 1, S. I.

[2] *M. Mauss*, Soziologie und Anthropologie (1974/75), Bd. 1, 28.

[3] Ebd., 19.

[4] Im folgenden konzentriere ich mich auf die Religionstheorie von Mauss; für eine Darstellung der weiteren Aspekte seines Lebens und Werkes sei ergänzend verwiesen auf *P. Centlivres*, Marcel Mauss, in: *W. Marschall* (Hg.), Klassiker der Kulturanthropologie, 171–95.

[5] Vgl É. Durkheims Brief an Simon Déploige vom 8.11.1907, in: Textes, Bd. 1, 404: «… c'est seulement en 1895 que j'eus le sentiment net du rôle capital joué par la religion dans la vie sociale. C'est en cette année que, pour la première fois, je trouvai le moyen d'aborder sociologiquement l'étude de la religion. Cet fut pour moi une révelation …»

[6] Zu dieser Seite seiner Aktivität vgl. *J. Gaumont* und *J. Gans*: Marcel Mauss, in: Dictionnaire biographique du mouvement ouvrier francais, Bd. 14, 50.

[7] Le suicide: étude de sociologie, Paris 1897. Zum Anteil seiner Arbeit vgl. L'œuvre de Mauss par lui-même (Anm.12).

[8] Als Beispiele seiner Zusammenarbeit in den Année sociologique (im Folgenden als AS zitiert) seien genannt: mit *É. Durkheim*: De quelques formes primitives de classifications, Bd. 6 (1903), 1–72; mit *H. Hubert*, Essai sur la nature et la fonction du sacrifice,

Bd. 2 (1899), 29–138; Esquisse d'une théorie générale de la magie, Bd. 7 (1904), 1–146; Introduction à l'analyse de quelques phénomènes religieux, in: Revue de l'histoire des religions (RHR), Bd. 58 (1908), 162- 203; mit *P. Fauconnet*, Sociologie, in: La Grande encyclopédie, Bd. 30 (1901), 165–176; mit *H. Beuchat*, Essai sur les variations saisonnières des sociétés eskimo, AS, Bd. 9 (1906), 39–132. Außerdem hat Mauss eine Reihe der Arbeiten von *R. Hertz* herausgegeben, so dessen Le péché et l'expiation dans les sociétés primitives, RHR (1922), Bd. 86, 1–60, und Mélanges de sociologie religieuse et folklore, Paris 1928.

[9] Hier sind besonders die Arbeiten La représentation collective de la mort, AS, Bd. 10 (1907) bzw. La prééminence de la main droite, Revue philosophique 34 (1909) zu erwähnen.

[10] Ein wesentlicher Beitrag zur Klärung der Position erfolgt durch Hertz in seinem Werk La prééminence de la main droite (1909). Diese Position wurde von Durkheim, stillschweigend, in die Formes élémentaires (1912) übernommen. Der Hinweis von *Mauss* und *Hubert* aus der Sacrifice-Arbeit von 1899 betreffend den «caractère ambigu des choses sacrées, que R. Smith avait si admirablement mis en lumière» (Œuvres, Bd.1, 195) trifft die Sachlage nicht und wurde von beiden Autoren später, d.h. 1908, selbst revidiert; vgl. Introduction à l'analyse de quelques phénomènes religieux (Œuvres, Bd.1, 3–39; hier 17).

[11] Œuvres, Bd.1, 302.

[12] AS, Bd. 6, 1–72; zugleich Œuvres, Bd.2, 13–89.

[13] AS, Bd. 7, 1–146; Vgl. dazu auch die Materialstudie L'origine des pouvoirs magiques dans les sociétés australiennes, Annuaire de l'EPHE; Sect. des Sciences rel., 1904, 1–55; ebenfalls Œuvres, Bd.2, 319–369.

[14] Vgl. hierzu *H. Mürmel*, Das Magieverständnis von Marcel Mauss, und *ders.*, Frazer oder Mauss – Bemerkungen zu Magiekonzeptionen, in: Zeitschr. f. Missionswiss. u. Religionswiss. 75 (1991), 147–154.

[15] L'Humanité vom 16. 6. 1904; nach *Fournier*, Marcel Mauss, 262.

[16] *M. Mauss* und *H. Beuchat*, Über den jahreszeitlichen Wandel der Eskimogesellschaften, in: Soziologie und Anthropologie, Bd. 1, 183 (vgl. Anm. 8).

[17] Vgl. besonders ebda., 242 ff.

[18] A. a. O. (Anm. 8) sowie Œuvres, Bd.I, 3–39; sowie Mélanges d'histoire des religions, I–XLII.

[19] Vgl. etwa Marcel Mauss par lui-même. Dazu auch *M. Fournier*, Marcel Mauss, 345: «Le neveu s'abtient de tout commentaire critique même si, comme il le confiera plus tard, il n'est pas tout à fait d'accord avec son oncle ...» (Die Formes élémentaires können mitnichten als Konzept der Religionstheorie der Durkheimgruppe gelten). Siehe auch *S. Martelli*, Mauss et Durkheim, in: Social compass 40 (1993), 375–387.

[20] Œuvres, Bd.I, 357–477.

[21] Vgl. z. B. die Übersichten bei *M. Fournier*, Marcel Mauss, 197 f. und 472- 474; bezüglich seiner Kurse zu Hertz zwischen 1932 und 1937 siehe Œuvres, Bd.III, 513–516.

[22] Œuvres, Bd.I, 16.

[23] Vgl. besonders ebda., 22–26.

[24] Ebd., 31.

[25] Vgl. Mauss par lui-même, 211.

[26] Vgl. Œuvres, Bd.III, 240.

[27] Stellvertretend für andere Arbeiten sei in diesem Zusammenhang verwiesen auf *Louis Dumont*, Une science en devenir, in: L'arc 48 (1972), 8–21.

[28] Vgl. z. B. die Übersetzung von *Roger Caillois*, L'homme et le sacré, Paris 1950, dt. Der Mensch und das Heilige, München 1988, sowie zur Problematik auch *Philippe Borgeaud*, Le couple sacré/profane – genèse et fortune d'un concept ‹operatoire› en histoire des religions, in: Revue de l'histoire des religions 211 (1994), 387–418.

[29] Vgl. dazu Anm. 13.

[30] Siehe dazu *Denis Hollier* (Hg.), Le collège de sociologie (...), Paris 1979, sowie *C. Marroquin* und *H. Seiwert*, Das Collège de sociologie – Skizze einer Religionstheorie moderner Gesellschaften, in: Zeitschrift für Religionswissenschaft, Bd. 4 (1997) 135–149.

[31] Siehe hierzu *Denis Hollier* (Hg.), Georges Bataille après tout, Paris 1995; *Odile Felgine*, Roger Caillois, Paris 1994; *Alain-Michel Boyer*, Michel Leiris, Paris 1974.

[32] Vgl. *R. Caillois*, a. a. O.; *M. Leiris*, L'homme sans honneur – note sur le sacré dans la vie quotidienne, Paris 1994, sowie zum *sacré* bei Bataille *Marroquin/Seiwert*, a. a. O. (Anm. 30).

Literatur

1. Werke

Œuvres, 3 Bde., hrsg. von *Victor Karady*, Paris 1968 f.: Bd. 1: Les fonctions sociales du sacré (1968); Bd. 2: Représentations collectives et diversité des civilisations (1968); Bd. 3: Cohésion sociale et divisions de la sociologie (1969). In Vorbereitung befindet sich ein 4. Band mit den Politischen Schiften *(M. Fournier)* sowie einer mit dem Briefwechsel zwischen Durkheim und Mauss *(Ph. Besnard; M. Fournier).*

Sociologie et anthropologie, Paris 1950. Dt. Übers. (von *H. Ritter, E. Moldenhauer, A. Schmalfuß)*: Soziologie und Anthropologie (mit einer Einleitung von *C. Lévi-Strauss)*, 2 Bde., München 1974/75. Bd. 1: Entwurf einer allgemeinen Theorie der Magie; Über den jahreszeitlichen Wandel der Eskimogesellschaften; Bd. 2: Die Gabe [auch separat mit neuem Nachwort von *H. Ritter* erschienen: Frankfurt/M. 1994]; Wirkliche und praktische Beziehungen zwischen Soziologie und Psychologie; Über die physische Wirkung der von der Gemeinschaft suggerierten Todesvorstellungen auf das Individuum (Australien und Neuseeland); Die Techniken des Körpers; Eine Kategorie des menschlichen Geistes: Der Begriff der Person und des «Ich».

«Essai sur le don», in: Année sociologique n. s. 1 (1925), 30–186. Dt. Übers.: «Die Gabe», in: Soziologie und Anthropologie, München 1974/75.

Essais de sociologie, Paris 1971. Enthält: La sociologie – objet et méthode (zus. mit *P. Fauconnet)*; Division concrète de la sociologie; L'expression obligatoire des sentiments; Fragment d'un plan de sociologie générale descriptive; La cohésion sociale dans les sociétés polysegmentaires; Parentés à plaisanteries; De quelques formes primitives de classification (zus. mit *E. Durkheim)*; Les civilisations – éléments et formes.

«L'œuvre de Mauss par lui-méme», in: Revue française de sociologie 20 (1979), 209–220.

2. Bibliographien

Fournier, Marcel: «Bibliographie des Œuvres de Marcel Mauss», in: ders.: Marcel Mauss, Paris 1994, 769–825.

Gugler, Josef: «Bibliographie de Marcel Mauss», in: L'homme (1964), 105–112.

Karady, Victor; *Maria Th. Gardella*: «Bibliographie des Œuvres de Marcel Mauss», in: *M. Mauss*: Œuvres , Bd. 3, 641–694.

3. Sekundärliteratur

L'Arc (Numero special: Mauss) 48 (1972) – mit Beiträgen von D. Hollier, G. Condominas, L. Dumont, C. Dubar, E. E. Evans-Pritchard, V. Karady, P. Birnbaum, J. P. Terrail, D. Hollier, C. Backès-Clément, R. Gasché, B. Marcenac, A. Haudricourt.

Besnard, Philippe: «La formation de l'équipe de l'Année sociologique», in: Revue française de sociologie 20 (1979), 7–31.
Bloor, David: «Klassifikation und Wissenssoziologie: Durkheim und Mauss neu betrachtet», in: Kölner Zeitschrift für Soziologie und Sozialpsychologie 32, Sonderheft 22 (1980), 20–51.
Cazeneuve, Jean: Mauss, Paris 1968.
–: La sociologie de Marcel Mauss, Paris 1968.
Centlivres, Pierre: «Marcel Mauss (1872–1950)», in: *W. Marschall* (Hg.): Klassiker der Kulturanthropologie, München 1990, 171–195.
Condominas, Georges: «Marcel Mauss, père de l'ethnographie française» in: Critique 28 (1972). – Nr. 297.118–138; Nr. 301.487–504.
Desroche, Henri: «Marcel Mauss ‹citoyen› et ‹camerade›», in: Revue française de sociologie 20 (1979), 221–237.
Dubar, Claude: «The methodology of Marcel Mauss», in: The Graduate Faculty Journal of Sociology 1 (1975), 1–12.
Fournier, Marcel: Marcel Mauss, Paris 1994.
Isambert, François-André: «L'élaboration de la notion du sacré dans l'école durkheimienne», in: Archives des sciences sociales des religions No. 42 (1976), 35- 56.
Josselin de Jong, P. E.: «Marcel Mauss et les origines de l'anthropologie structurelle hollandaise», in: L'homme 12 (1972), 62–84.
König, René: «Marcel Mauss (1872–1972)», in: *ders.*: Emile Durkheim zur Diskussion, München 1978, 257–292 [zuerst in: Kölner Zeitschrift für Soziologie und Sozialpsychologie 23 (1972)].
Leacock, Seth: «The ethnological theory of Marcel Mauss», in: American Anthropologist 56 (1954), 58–73.
Lévi-Strauss, Claude: «Einleitung in das Werk von Marcel Mauss», in: *M. Mauss*: Soziologie und Anthropologie, München 1974/75.
Lukes, Steven: «Marcel Mauss», in: International Encyclopaedia of the Social Sciences, Bd. 10 (1968), New York u. a., 78–82.
Mürmel, Heinz: Das Magieverständnis von Marcel Mauss, Univ. Diss. Leipzig 1985.
–: «Frazer oder Mauss: Bemerkungen zu Magiekonzeptionen», in: Zeitschrift für Missionswissenschaft und Religionswissenschaft 75 (1991), 147–154.
Needham, Rodney: «Introduction», in: E. Durkheim and M. Mauss: Primitive classification, Chicago ^{5}1975, VII–XLVIII.
Panoff, Michel: «Marcel Mauss's ‹The Gift› revisited», in: Man n. s. 5 (1970), 60- 70.
Ritter, Henning: «Die ethnologische Wende: Über Marcel Mauss», in: Neue Rundschau 92 (1981), 98–116.
Sahlins, Marshall: «Philosophie politique de ‹L'essai sur le don›», in: L'homme 8, No. 4 (1968), 5–17.

Sylvia M. Schomburg-Scherff: Arnold van Gennep

Anmerkungen

[1] Für die französische Volkskunde verkörpert van Gennep etwas, das einer Institution gleichkommt, obwohl seine Gegnerschaft zum traditionellen, archaisierenden, politisch konservativen Folklorismus ihn zu einem nonkonformistischen Neuerer machte (s. *Isac Chiva*, Wie die Ethnologie Frankreichs entstand. Versuch einer genealogischen Begründung, in: *Isac Chiva/Utz Jeggle* (Hg.), Deutsche Volkskunde – Französische Ethnologie. Zwei Standortbestimmungen, Frankfurt, New York 1987, 30–31). Sein einflußreicher

Zeitgenosse Durkheim und dessen Année sociologique-Gruppe, die jahrzehntelang die französische Soziologie und die französischen Universitäten beherrschten, ignorierten ihn weitgehend. *Belier* (1994, 156) begündet diese «Ächtung» damit, daß van Gennep Durkheim und seine Anhänger scharf kritisierte, ihre Forschungsgebiete zu wenig Berührungspunkte hatten und ihre Methoden zu unterschiedlich waren. Hinzu kommt, daß die Durkheim-Schule republikanische und sozialistische Überzeugungen vertrat, van Gennep aber Verfechter anarchistischer Auffassungen war (s. *Chiva*, 31).

[2] *Zumwalt* 1988, 21 f.

[3] Siehe *van Gennep*, Religions, mœurs et légendes, Paris 1908–1914, Bd. 5, 19. Dieses fünfbändige Werk enthält eine Sammlung von Artikeln, die vorher in verschiedenen Zeitschriften veröffentlicht worden waren.

[4] Siehe *Belier* 1994, der neuere Untersuchungen anführt, welche den Einfluß Durkheims weniger stark und seine Année sociologique-Gruppe weniger homogen als bisher angenommen erscheinen lassen.

[5] Totemism. An Analytical Study, in: Journal of American Folk-Lore 23 (1910), 179–293.

[6] The Native Tribes of Central Australia, London 1899; *dies.*, The Northern Tribes of Central Australia, London 1904.

[7] Siehe aber *Belier* 1994, der van Gennep eine atomistische Auffassung vom Individuum unterstellt.

[8] Das Ende des Totemismus, Frankfurt 1965, 11.

[9] Ebd.

[10] Siehe aber *Belier* 1994, der die Mauss'sche Kritik für zutreffend hält.

[11] The Ancient City: An Anthropological View of Greece and Rome, New York 1956 (orig. 1864).

[12] The Religion of the Semites, New York 1956 (orig. 1894).

[13] Essai sur la nature et la fonction du sacrifice, in: Année sociologique 2 (1899), 29–138.

[14] Contribution to the Study of the Collective Representation of Death, in: *ders.*, Death and the Right Hand, London 1960 (orig. 1907).

[15] Siehe u. a. *Belmont* 1979, 10; *Gluckman* 1962, 1; *T. Turner*, in: *Moore/Myerhoff* 1977, 53–70.

[16] *Christian Bromberger*, Vom Großen zum Kleinen. Zur Veränderung der Untersuchungsmaßstäbe und -gegenstände in der jüngsten Geschichte der Ethnologie Frankreichs, in: *Chiva/Jeggle*, 297 (s. Anm. 1). Eine ausführliche Erörterung des volkskundlichen Werks van Genneps ist in *Belmont* 1974 und *Zumwalt* 1988 enthalten, eine scharfe Kritik in *Jeanne Favret-Saada*, Die Wörter, der Zauber, der Tod. Der Hexenglaube im Hainland von Westfrankreich, Frankfurt 1979, 287–94.

[17] *H. Junod*, The Life of a South African Tribe, 2 Bde., London 1912.

[18] So z. B. *Edmund Leach*, Culture and Communication. The Logic by which Symbols are Connected, Cambridge 1976 (dt. Kultur und Kommunikation. Zur Logik symbolischer Zusammenhänge, Frankfurt 1978).

[19] *Barbara G. Myerhoff*, Rites of Passage: Process and Paradox, in: *Victor Turner* (Hg.), Celebration. Studies in Festivity and Ritual, Washington 1982.

[20] Transformation, Hierarchy and Transcendence: A Reformulation of van Gennep's Modell of the Structure of the Rites of Passage, in: *Moore/Myerhoff* 1977.

Literatur

1. Werke

Tabou et totémisme à Madagascar: Etude descriptive et théorétique, Paris 1904.
Mythes et légendes d'Australie: Etude d'ethnographie et de sociologie, Paris 1906.

Religion, mœurs et légendes: Essais d'ethnographie et linguistique, 5 Bde., Paris 1908–14.
Les rites de passage, Paris 1909. Neuaufl. 1981. Engl. Übers.: The Rites of Passage, Chicago 1960, mit einer Einleitung von *S. T. Kimball*, S. V-XIX. Dt. Übers.: Übergangsriten, Frankfurt u. a. 1986, mit einem Nachwort von *Sylvia M. Schomburg-Scherff*, 231–255.
Les demi-savants, Paris 1911. Engl. Übers.: The Semi-Scholars, London 1967, mit einer Einleitung von *Rodney Needham*.
L'état actuel de problème totémique, Paris 1920.

2. *Bibliographie*

van Gennep, Ketty: Bibliographie des Œuvres d'Arnold van Gennep, Paris 1964.

3. *Biographien und Gesamtdarstellungen*

Belier, Wouter W.: «Arnold van Gennep and the Rise of French Sociology of Religion», in: Numen 41 (1994), 141–162.
Belmont, Nicole: Arnold van Gennep, le créateur de l'ethnographie française, Paris 1974. Engl. Übers.: Arnold van Gennep, the Creator of French Ethnography, Chicago 1979.
Zumwalt, Rosemary Lévy: The Enigma of Arnold van Gennep (1873–1957): Master of French Folklore and Hermit of Bourg-la-Reine, Helsinki 1988.

4. *Sekundärliteratur*

Babcock, Barbara A. (Hg.): The Reversible World. Symbolic Action in Art and Society. Ithaca – London 1978.
Gluckman, Max (Hg.): Essays on the Ritual of Social Relations, Manchester 1962.
Moore, Sally F. ; Myerhoff, Barbara G. (Hg.): The Secular Ritual, Amsterdam 1977.
Turner, Victor: «Betwixt and between. The liminal Period in Rites of Passage» (1964), in: The Forest of Symbols. Aspects of Ndembu Ritual, Ithaca – New York 1967.
–: The Ritual Process, Structure and Anti-Structure, Chicago 1969. Dt. Übers.: Das Ritual, Struktur und Anti-Struktur, Frankfurt/M. – New York 1989.
–: Dramas, Fields and Metaphors: Symbolic Action in Human Society, Ithaca – London 1974.
–: From Ritual to Theatre: The Human Seriousness of Play, New York 1982. Dt. Übers.: Vom Ritual zum Theater: Der Ernst menschlichen Spiels, Frankfurt – New York 1989.
–: (Hg.): Celebration: Studies in Festivity and Ritual, Washington 1982.

Christoph Morgenthaler: Carl Gustav Jung

Anmerkungen

[1] *Jung*, Erinnerungen, 10.

[2] Typisch dafür ist etwa *Stevens* 1993; eine recht umfassende Darstellung bietet *Wehr* 1985; kritisch und engagiert auch *Evers* 1987.

[3] *Homans* 1979.

[4] Eine interessante Quelle bilden biographische Erinnerungen seiner Schülerinnen, z. B. *Hannah* 1982. Eine hervorragende und kritische Darstellung von Jungs Werdegang im Kontext sozialer und geistesgeschichtlicher Strömungen seiner Zeit findet sich bei *Noll* 1994, der sich an Vorarbeiten z. B. von *Homans* 1979, u. a. anschließt.

[5] Vgl. *Hannah* 1982, 142 ff.

[6] *Hannah* 1982, 436.

[7] Vgl. dazu vor allem *Noll* 1994, 247 ff.

[8] Zu den Grundlinien der Psychologie Jungs, die sich stetig weiterentwickelten, vgl. die von Jung autorisierte, mehrfach aktualisierte Darstellung von *Jacobi* 1978; eine ausgezeichnete Gesamtdarstellung der Jungschen Religionspsychologie im Rahmen seines theoretischen Entwurfs bringt *Wulff* 1991. Eine knappe, nach Stichworten gegliederte Darstellung wesentlicher Grundbegriffe Jungs findet sich in: *Samuels u. a.* 1991 und *Hark* 1988.

[9] Zitiert wird nach der von *M. Niehus-Jung* u. a. hrsg. Gesamtausgabe (= GW: s. Lit.).

[10] Z. B. Die träumende Welt Indiens, GW X.

[11] Z. B. Psychologie und Alchemie, GW XII.

[12] Z. B. Versuch einer psychologischen Deutung des Trinitätsdogmas, GW XI.

[13] Z. B. Antwort auf Hiob, GW XI; Psychologie und Religion, GW XI.

[14] Vgl. Das Wandlungssymbol in der Messe, GW XI.

[15] Ich beschränke mich auf eine Auswahl deutscher Literatur. Ausführliche bibliographische Nachweise englischsprachiger Literatur bei *Wulff* 1991.

[16] Z. B. *Frenkle* 1974, *Hark* 1985.

[17] Vgl. *Stein* 1988, *Wehr* 1975.

[18] *Hark* 1982 u. a., *Kassel* 1987.

[19] *Schär* 1950, *Neumann* 1977 u. a.

[20] Vgl. *Wulff* 1991, 454 f.

[21] Vgl. *Walsh/Vaughan* 1986.

[22] Eine kritische und faire Auseinandersetzung mit dem Vorwurf, Jung habe sich mit nationalsozialistischen Tendenzen identifiziert, findet sich bei *Evers* 1987, 129 ff.; einen überzeugenden Nachweis der vielen Einflüsse völkischen Gedankenguts auf Jungs Ansichten bei *Noll* 1994.

[23] Vgl. schon *Jelke* 1948 – ein Vorwurf, der seither nicht verstummt ist und der in einem präziseren religionssoziologischen Sinn auch von *Noll* 1994 entwickelt wird.

[24] *Morgenthaler* 1992.

[25] Vgl. zur Kritik der Jung-Rezeption durch Goldenberg, Wolff etc. *Brockmann* 1991; zur englischsprachigen Debatte *Wulff* 1991, 452 f.

[26] Vgl. *Evers* 1987, 117.

Literatur

1. Werke

Gesammelte Werke, hg. v. *M. Niehus-Jung; L. Jung-Merker; F. Riklin* et al., 19 Bde., Olten – Freiburg i. Br. 1985 [= GW].

Erinnerungen, Träume, Gedanken. Aufgezeichnet und hg. von *Aniela Jaffé*, Olten 1987; Sonderausgabe ^{8}1992 [= Erinnerungen].

2. Sekundärliteratur

Brockmann, D.: Ganze Menschen – Ganze Götter: Kritik der Jung-Rezeption im Kontext feministisch-theologischer Theoriebildung, Paderborn – Zürich 1991.

Evers, T.: Mythos und Emanzipation: Eine kritische Annäherung an C. G. Jung, Hamburg 1987.

Frenkle, N. J.: Der Traum – die Neurose – das religiöse Erlebnis: Konfessionalismus und

Religion aus der Sicht einiger analytischer Prozesse. Vorwort von *Marie-Louise von Franz*, Zürich u. a. 1974.
Hannah, B.: C. G. Jung, Sein Leben und Werk: Biographische Aufzeichnungen, Fellbach 1982.
Hark, H.: Der Traum als Gottes vergessene Sprache: Symbol-psychologische Deutung biblischer und heutiger Träume, Olten – Freiburg i. Br. 1982; [3]1985.
–: (Hg.): Lexikon Jungscher Grundbegriffe. Mit Originaltexten von C. G. Jung, Olten 1988.
Homans, P.: Jung in Context: Modernity and the Making of a Psychology, Chicago 1979.
Jacobi, J.: Die Psychologie von C. G. Jung: Eine Einführung mit Illustrationen, Zürich [1]1940; Frankfurt/M. 1978.
Jelke, R.: Grundzüge der Religionspsychologie, Heidelberg 1948.
Kassel, M.: Das Auge im Bauch: Erfahrungen mit tiefenpsychischer Spiritualität, Olten – Freiburg i. Br. 1986; [3]1987.
Morgenthaler, Ch.: Der religiöse Traum: Erfahrung und Deutung, Stuttgart u. a. 1992.
Neumann, E.: Die große Mutter: Eine Phänomenologie der weiblichen Gestaltungen des Unbewußten, Olten – Freiburg i. Br. [3]1977.
Noll, R.: The Jung Cult: Origins of a Charismatic Movement, Princeton/N. Y. 1994.
Samuels, A. ; B. Shorter; F. Plaut: Wörterbuch Jungscher Psychologie, München 1991.
Schär, H.: Erlösungsvorstellungen und ihre psychologischen Aspekte, Zürich 1950.
Stein, M.: Leiden an Gott Vater: C. G. Jungs Therapiekonzept für das Christentum, Stuttgart 1988.
Stevens, A.: Das Phänomen C. G. Jung: Biographische Wurzeln einer Lehre, Solothurn – Düsseldorf 1993.
Walsh R. N.; F. Vaughan (Hg.): Psychologie in der Wende: Grundlagen, Methoden und Ziele der Transpersonalen Psychotherapie – Eine Einführung in die Psychologie des Neuen Bewußtseins, Zürich 1986.
Wehr, G.: Carl Gustav Jung: Leben, Werk, Wirkung, München 1985.
–: C. G. Jung und das Christentum, Olten – Freiburg i. Br. 1975.
Wulff, D. M.: Psychology of Religion: Classic and Contemporary Views, New York u. a. 1991.

Fritz Stolz: Bronisław Kaspar Malinowski

Anmerkungen

[1] Vgl. zu Malinowski als kulturanthropologischem Klassiker auch *Kohl* 1990.

[2] *Malinowski*, The Foundations of Faith and Morals, Oxford 1936, 132.

[3] *Malinowski*, Tagebuch, 121; vom Stellenwert dieser Tagebuch-Notizen wird noch ausführlich die Rede sein müssen.

[4] Dazu ist zu vergleichen: *Roy Ellen* u. a. (Hg.), Malinowski Between two Worlds, Cambridge 1988.

[5] *Christina M. Schneider*, Wilhelm Wundts Völkerpsychologie, Bonn 1990, 136.

[6] Der Briefwechsel ist jetzt publiziert; vgl. *Helena Wayne* (Hg.), The Story of a Marriage. The Letters of Bronislaw Malinowski and Elsi Masson, 2 Bde. London 1995.

[7] Der Mythos in der Psychologie der Primitiven, in: Magie, Wissenschaft und Religion und andere Schriften, 77ff. Eine Sammlung von Schriften Malinowskis zu diesem Thema findet sich in: *Ivan Strenski* (Hg.), Malinowski and the Work of Myth, Princeton N. J. 1992. Zum Mythos-Konzept Malinowskis im Kontext der Theoriegeschichte vgl. *Ivan Strenski*, Four Theories of Myth in Twentieth-Century History: Cassirer, Eliade, Lévi-Strauss, Malinowski, London 1987.

[8] Eine aufschlußreiche Reinterpretation der Darstellung Malinowskis hat *Stanley J. Tambiah* vorgelegt: The Magical Power of Words, Man 3 [N. S.] (1968), 175–208.

[9] Dazu *Hans G. Kippenberg*, Zur Kontroverse über das Verstehen fremden Denkens, in: *Hans G. Kippenberg* und *Brigitte Luchesi* (Hg.), Magie, Frankfurt/M. 1987, 9–51, besonders 23 ff.

[10] Vgl. den Beitrag Malinowskis im Band von *C. K. Ogden* u. *I. A. Richards* (Eds.), The Meaning of Meaning: A Study of the Influence of Language Upon Thought and of the Science of Symbolism (1923), London 1972.

Literatur

1. *Hauptwerke*

Schriften in vier Bänden, hg. von *Fritz Kramer*: Bd. 1: Argonauten des westlichen Pazifik (1922), Frankfurt/M. 1984; Bd. 2: Das Geschlechtsleben der Wilden in Nordwest-Melanesien (1929), Frankfurt/M. 1979; Bd. 3: Korallengärten und ihre Magie (1935), Frankfurt/M. 1981; Bd. 4/1: Ein Tagebuch im strikten Sinn des Wortes (1967), Frankfurt/M. 1986; Bd. 4/2: Schriften zur Anthropologie. Mit einem Essay v. *R. Firth*, Frankfurt/M. 1986.

Magie, Wissenschaft und Religion (1948), Frankfurt/M. 1973.

Eine wissenschaftliche Theorie der Kultur (1944), Frankfurt/M. 1975.

The Early Writings of Malinowski, hg. von *R. Thornton*; *P. Skalnik*, Cambridge 1993.

2. *Sekundärliteratur*

Baird, Robert D.: Category Formation and the History of Religion, The Hague – Paris 1971, 60–74.

Firth, Raymond (Hg.): Man and Culture: An Evaluation of the Work of Bronislaw Malinowski, London 1957; ²1970 [mit nahezu vollständiger Bibliographie].

Friedrichs, Robert W.: «The Functionalist Paradigm Dominating the Social-scientific Study of Religion and a Structural Alternative», in: Council on the Study of Religion Bulletin 13 (1982), 1–5.

Geertz, C.: «‹From the Native's Point of View›: On the Nature of Anthropological Understanding», in: *J. L. Dolgin* u. a. (Hg.): Symbolic Anthropology, New York 1977, 48–92.

–: Works and Lives: The Anthropologist as Author, Stanford 1988. Dt. Übers.: Die künstlichen Wilden: Anthropologen als Schriftsteller, München 1988, 75- 100.

Kardiner, A. ; E. Preble: «Bronislaw Malinowski: Der Mann der Lieder», in: *dies.*: Wegbereiter der modernen Anthropologie, Frankfurt/M. 1974, 163–91.

Kohl, Karl-Heinz: «Bronislaw Malinowski», in: *W. Marschall* (Hg.): Klassiker der Kulturanthropologie, München 1990, 227–247 und 348–52.

Kuper, A.: Anthropology and Anthropologists: The British School 1922–1972, London 1973.

Panoff, Michael: Bronisław Malinowski (Petite bibliothèque Payot Bd. 195), Paris 1972.

Richards, I. A.: «Malinowski», in: *T. v. Raison* (Hg.): The Founding Fathers of Social Science, Harmondworth 1969.

Senft, Gunter: «Trauer auf Trobriand: Eine ethnologisch-linguistische Fallstudie», in: Anthropos 80 (1985), 471–492.

Sibley, Mulford: «Religion and Law: Some Thoughts on their Intersections», in: Journal of Law and Religion 2 (1984), 41–67.

Srivastava, Vinay Kumar: «Malinowski and a Reading of his ‹Freedom and Civilization›», in: Dialectical anthropology 18 (1993), 177–204.

Stocking, G. W. Jr.: «The Ethnographic's Magic: Fieldwork in British Anthropology from Tylor to Malinowski», in: Observers Observed: Essays on Ethnographic Fieldwork, London 1983, 70–120 (History of Anthropology I).
–: Functionalism Historicized: Essays on British Social Anthropology, London 1984 (History of Anthropology II).
Tambiah, Stanley Jeyaraja: Magic, Science and Religion and the Scope of Rationality, Cambridge 1990.
Young, Michael W.: The Ethnography of Malinowski: The Trobriand Islands 1915–18, London 1979.
–: Malinowski among the Magi, London 1988.

Ausführlicheres Literaturverzeichnis in *Kohl* 1990: 349–52.

Jacques Waardenburg: Gerardus van der Leeuw

Literatur

1. Hauptwerke

Einführung in die Phänomenologie der Religion, München 1925 [nach der holl. Ausgabe 1924].
Phänomenologie der Religion, Tübingen 1933; [2]1956 [erweitert]; [3]1970; [4]1976.
Inleiding tot de theologie [Einführung in die Theologie], Amsterdam 1935; [2]1948 [stark erweitert].
L'homme primitif et la religion: Etude anthropologique, Paris 1940.
Der Mensch und die Religion: Anthropologischer Versuch, Basel 1941.
Vom Heiligen in der Kunst, Gütersloh 1957 [nach der von *E. L. Smelik* überarbeiteten 3. holl. Ausgabe 1955].
Sakramentales Denken: Erscheinungsformen und Wesen der außerchristlichen und christlichen Sakramente, Kassel 1959.
Einführung in die Phänomenologie der Religion, München 1961 [nach der holl. Ausgabe 1948].

2. Bibliographien

Vos, W.: «Dr. G. van der Leeuw: Bibliographie zijner geschriften», in: *W. J. Kooiman; J. M. van Veen* (Hg): Pro Regno Pro Sanctuario, Nijkerk 1950, 555- 638.
Heerma van Voss, M. S. H. G.: «Lijst der geschriften van Prof. Dr. G. van der Leeuw betreffende het oude Voor-Azië en Egypte», in: Jaarbericht Ex Oriente Lux 12 (1951–52), 126–129.
Waardenburg, Jacques: Classical Approaches to the Study of Religion: Aims, Methods and Theories of Research, Bd. 2: Bibliography, The Hague – Paris 1974, 149–156.

3. Sekundärliteratur

Baaren, Th. P. van: «De ethnologische basis van de faenomenologie van G. van der Leeuw», in: Nederlands Theologisch Tijdschrift 11 (1957), 321–353.
Chidester, David: «The Poetics and Politics of Sacred Space: Towards a Critical Phenomenology of Religion», in: Analecta Husserliana, The Yearbook of Phenomenological Research 43 (1994), 211–231.

Dagenais, James J.: «Once more into the Lion's Mouth: Another Look at Van der Leeuw's Phenomenology of Religion», in: Analecta Husserliana, The Yearbook of Phenomenological Research 15 (1983), 319–329.

Hermelink, Jan: Verstehen und Bezeugen: Der theologische Ertrag der «Phänomenologie der Religion» des G. van der Leeuw, München 1960.

Hofstee, W.: Goden en Mensen. De godsdienstwetenschap van Gerardus van der Leeuw, 1890–1950, Diss. Groningen, Kampen 1997.

Hirschmann, Eva: Phänomenologie der Religion: Eine historisch-systematische Untersuchung von «Religionsphänomenologie» und «religionsphänomenologischer Methode» in der Religionswissenschaft. Diss. Groningen, Würzburg 1940.

Hubbeling, H. G.: «Das Heilige und das Schöne: Gerardus van der Leeuws Anschauungen über das Verhältnis von Religion und Kunst», in: Neue Zeitschrift für Systematische Theologie und Religionswissenschaft (NZSThR) 25 (1983), 1–19.

–: «Der Symbolbegriff bei Gerardus van der Leeuw», in: NZSThR 27 (1985), 100–110.

–: Divine Presence in Ordinary Life: Gerardus van der Leeuw's two-fold Method in his Thinking on Art and Religion, Amsterdam 1986.

Kippenberg, H. G.; Brigitte Luchesi (Hg.): Religionswissenschaft und Kulturkritik: Beiträge zur Konferenz The History of Religions and Critique of Culture in the Days of Gerardus van der Leeuw (1890–1950), Marburg 1991.

Sierksma, Fokke: Prof. Dr. G. van der Leeuw: Dienaar van God en hoogleraar te Groningen [Prof. Dr. G. van der Leeuw, Diener Gottes und Professor in Groningen], Amsterdam 1951.

Waardenburg, Jacques: «Grundsätzliches zur Religionsphänomenologie», in: NZSThR 14 (1972), 315–335.

–: «Religion between Reality and Idea: A Century of Phenomenology of Religion in the Netherlands», in: Numen 19 (1972), 128–203.

–: «Gerardus van der Leeuw as a Theologian and a Phenomenologist», in: *J. Waardenburg*: Reflections on the Study of Religion, including an Essay on the Work of Gerardus van der Leeuw, Den Haag – Paris – New York 1978, 187–253.

–: «Gerardus van der Leeuw (1890–1950) und die holländische Religionswissenschaft», in: Jahrbuch Zentrum für Niederlande-Studien 1 (1990), Münster 1991, 133–152.

–: «The problem of representing religions and religion», in: *H. G. Kippenberg; B. Luchesi* (Hg.); Religionswissenschaft und Kulturkritik, Marburg 1991, 31–56.

Michael Pye: Friedrich Heiler

Anmerkungen

[1] Die hier angeführten Angaben zu Heilers Werdegang sind gut bekannt. Weitere Einzelheiten sind vor allem in den Würdigungen *Kurt Goldammers*, in der von Paul Misner herausgegebenen Korrespondenz zwischen von Hügel, Söderblom und Heiler, und in der von seiner Frau Anne Marie Heiler herausgegebenen Bibliographie zu finden.

[2] *Waardenburg* 1992, Anm. 7.

[3] *Heiler* 1918, Vorwort.

[4] Es ist interessant, *Söderbloms* Artikel über «The Holy» in der 1908 von *Hastings* herausgegebenen Encyclopedia of Religion and Ethics mit *Rudolf Ottos* «Das Heilige» zu vergleichen.

[5] *Waardenburg* 1992, 22.

[6] Dieser Kongreß wird als der IX. bezeichnet, obwohl die sonstige Numerierung der Hauptkongresse einem Fünfjahreszyklus entspricht.

[7] Zu dieser Auseinandersetzung vgl. *Sharpe* 1975, 271–278, und Beiträge von den Beteiligten *C. J. Bleeker* und *Zwi Werblowsky*, sowie eine «Summary of the discussion» von Heilers Schülerin *Annemarie Schimmel* in der Zeitschrift der Organisation: Numen 7 (1960), 215–239.

[8] Anlaß für die oben (Anm. 2) erwähnte Veröffentlichung *Waardenburgs*. Im selben Heft veröffentlichte *Emmanuel Jungclaussen* eine Würdigung von Heilers ökumenischer Tätigkeit: Ökumene – Ende oder Anfang? Zur Aktualität Friedrich Heilers.

[9] Siehe Literaturverzeichnis.

[10] *Heiler*, Das Gebet, 26.

[11] Ebd., 17.

[12] Band 1 der Reihe «Religionen der Menschheit», hrsg. v. *Christel Matthias Schröder*, Stuttgart 1961.

[13] *Heiler*, Das Gebet, 24.

[14] Ebd., 24.

[15] Ebd., 24; weitere Zitate in diesem Absatz aus den Seiten 24–26.

[16] *Heiler*, Erscheinungsformen, 1.

[17] Ebd., 18.

[18] Ebd., 14f.

[19] Ebd., 16.

[20] Ebd., 17.

[21] Ebd., 17.

[22] Ebd., 17.

[23] Ebd., 20.

[24] Wie dies geschehen kann, versuchte ich kürzlich mit einem Beitrag über den offensichtlich teilweise kriminellen Kult Aum Shinrikyo zu veranschaulichen: Aum Shinrikyo. Can Religious Studies cope?, in: Religion 26 (1996), 261–270.

Literatur

1. Hauptwerke

Das Gebet. Eine religionsgeschichtliche und religionspsychologische Untersuchung, München 1918.

Die buddhistische Versenkung. Eine religionsgeschichtliche Untersuchung, München 1918.

Luthers religionsgeschichtliche Bedeutung, München 1918.

Das Wesen des Katholizismus, München 1920.

Sâdhu Sundar Singh. Ein Apostel des Ostens und des Westens, Basel 1925.

«Fortleben und Wandlungen des antiken Gottkönigtums im Christentum», in: Studies in the History of Religions (Supplements to Numen) IV. The Sacral Kingship, La Regalità Sacra, Leiden 1959, 543–580.

Die Religionen der Menschheit in Vergangenheit und Gegenwart, Stuttgart 1959. Neu hg. von *Kurt Goldammer* unter dem Titel «Die Religionen der Menschheit», Stuttgart 1980.

Erscheinungsformen und Wesen der Religion, Stuttgart 1961.

Die Frau in den Religionen der Menschheit, hg. von *Anne Marie Heiler*, Berlin 1977.

2. Sekundärliteratur

Goldammer, Kurt: «Die Frühentwicklung der allgemeinen Religionswissenschaft und die Anfänge einer Theologie der Religionen: Friedrich Heilers Beitrag zur Methodik der Religionsgeschichte und der Religionswissenschaft und zur ‹Religionstheologie›», in: Saeculum 18 (1967), 181–198.

–: «Ein Leben für die Erforschung der Religion: Friedrich Heiler und sein Beitrag zur Aufgabenstellung und Methodik der Religionswissenschaft», in: *Anne Marie Heiler* (Hg.): Inter Confessiones: Beiträge zur Förderung des interkonfessionellen und interreligiösen Gesprächs, Marburg 1972, 1–16.

–: «Friedrich Heiler: Theologe und Religionshistoriker», in: *Ingeborg Schnack* (Hg.): Marburger Gelehrte in der ersten Hälfte des zwanzigsten Jahrhunderts, Marburg 1977, 153–168; abgedruckt in: Eine Heilige Kirche, N. F. Nr. 3: Siebzig Jahre Hochkirchliche Bewegung (1918–1988), Bochum 1989, 90–108.

Heiler, Anne-Marie (Hg.): Inter Confessiones: Beiträge zur Förderung des interkonfessionellen und interreligiösen Gesprächs (Friedrich Heiler zum Gedächtnis), Marburg 1972 (mit vollständiger Bibliographie der Werke Fr. Heilers).

Misner, Paul (Hg.): Friedrich von Hügel – Nathan Söderblom – Friedrich Heiler: Briefwechsel 1909–1931, Paderborn 1981.

Niepman, Helmut Martin: «Professor Friedrich Heiler und die Hochkirchliche Vereinigung», in: Eine Heilige Kirche, N. F. Nr. 3: Siebzig Jahre Hochkirchliche Bewegung (1918–1988), Bochum 1989, 55–89.

Sharpe, Eric: Comparative Religion. A History, London 1975.

Waardenburg, Jacques: «Friedrich Heiler und die Religionsphänomenologie: eine kritische Würdigung», in: Marburger Universitätsreden 18, Marburg 1992, 21–51.

Rainer Flasche: Joachim Wach

Literatur

1. Werke

Der Erlösungsgedanke und seine Deutung, Leipzig 1922.

«Zur Methodologie der allgemeinen Religionswissenschaft», in: Zeitschrift für Missionskunde und Religionswissenschaft 38 (1923), 33–55.

«Bemerkungen zum Problem der externen Würdigung der Religion», in: Zeitschrift für Missionskunde und Religionswissenschaft 38 (1923), 161–183.

Religionswissenschaft: Prolegomena zu ihrer wissenschaftstheoretischen Grundlegung, Leipzig 1924.

Meister und Jünger: Zwei religionssoziologische Betrachtungen, Leipzig 1925.

Mahayana, besonders im Hinblick auf das Saddharma-Pundarika-Sutra: Eine Untersuchung über die religionsgeschichtliche Bedeutung eines heiligen Textes der Buddhisten, München-Neubiberg 1925.

Das Verstehen: Grundzüge einer Geschichte der hermeneutischen Theorie im 19. Jahrhundert, 3 Bde., Tübingen 1926, 1929, 1933: Bd. I: Die großen Systeme; Bd. II: Die theologische Hermeneutik von Schleiermacher bis Hofmann; Bd. III: Das Verstehen in der Historik von Ranke bis zum Positivismus.

Einführung in die Religionssoziologie, Tübingen 1931.

Typen religiöser Anthropologie: Ein Vergleich der Lehre vom Menschen im religionsphilosophischen Denken von Orient und Okzident, Tübingen 1932.

«Sinn und Aufgabe der Religionswissenschaft: Vom Verstehen fremder Religionen», in: Zeitschrift für Missionskunde und Religionswissenschaft 50 (1935), 131–147.

Sociology of Religion, Chicago 1944. Dt. Übers.: Religionssoziologie, Tübingen 1951.

Types of Religious Experience Christian and Non-Christian, Chicago – London 1951.

The Comparative Study of Religions, hg. und mit Einleitung versehen von *Joseph M. Kitagawa*, New York 1958. Dt. Übers.: Vergleichende Religionsforschung, Stuttgart 1962.

Understanding and Believing: Essays by *Joachim Wach*, hg. und mit Einleitung versehen von *Joseph M. Kitagawa*, New York – Evanston 1968.

2. Sekundärliteratur

Flasche, R.: Die Religionswissenschaft Joachim Wachs, Berlin – New York 1978 [enthält Bibliographie bis 1978].

Kitagawa, J. M.: Gibt es ein Verstehen fremder Religionen? Leiden 1963 [mit Bibliographie].

Klimkeit, H.-J.: «Das Prinzip des Verstehens bei Joachim Wach», in: Numen 19 (1972), 216–228.

Rudolph, K.: Die Religionsgeschichte an der Leipziger Universität und die Entwicklung der Religionswissenschaft, Berlin 1962.

Schoeps, H.-J.: «H. J. Joachim Wachs wissenschaftliche Bedeutung», in: Zeitschrift für Religions- und Geistesgeschichte 9 (1957), 368–71.

Burkhard Schnepel: Edward Evan Evans-Pritchard

Anmerkungen

[1] Informationen und Einführungen zum Leben und Werk Evans-Pritchards finden sich in *Evans-Pritchard* (1973a und b) sowie in *Barnes* (1987), *Beidelmann* (1978), *Burton* (1992), *Douglas* (1980) und *Lienhardt* (1974).

[2] Im folgenden werden Zitate aus dem Englischen vom Verfasser übersetzt. Bei denjenigen Schriften, die bereits ins Deutsche übersetzt worden sind, mache ich von den Übersetzungen Gebrauch.

[3] Vgl. *Evans-Pritchard* (1933 und 1934).

[4] Vgl. *Evans-Pritchard* (1937 und 1940a).

[5] Vgl. *Fortes* und *Evans-Pritchard* (Hg. 1940) und Evans-Pritchard (1940b).

[6] Vgl. *Evans-Pritchard* (1949, 1951a, 1956).

[7] Vgl. etwa *Evans-Pritchard* (1950, 1951b und 1965).

[8] Vgl. *Evans-Pritchard* (1971) und (Hg. 1974).

[9] Vgl. beispielsweise *Evans-Pritchard* und *Fortes* (1940, 17; dt.: 1978, 167) und *Radcliffe-Brown* (1940).

[10] Vgl. *Schnepel* (1986, 79–90).

[11] Zu einer Kritik an der *social anthropology*, die diese Sicht vertieft, vgl. *Kramer* (1978b).

[12] Vgl. *Malinowski* (1986) und *Radcliffe-Brown* (1923).

[13] Vgl. *Evans-Pritchard* (1950, 123; dt. 1968, 24).

[14] Vgl. etwa die Reaktion von *Fortes* (1953).

[15] Vgl. besonders *Lévy-Bruhl* (1910).

[16] Vgl. *Evans-Pritchard* (1968, 171). Die Beziehung zwischen Anthropologie und Religion/Theologie wird auch in Evans-Pritchard (1960) problematisiert. Eine Kritik an diesem Standpunkt findet sich in *Fortes* (1980, vi). Siehe auch *Schnepel* (1990).

[17] Gedanken zu dieser Schule finden sich in *Evans-Pritchard* (1951b). Stellungnahmen zur *social anthropology* von anderen Mitgliedern dieser Schule finden sich u. a. in *Beattie* (1964), *Kuper* (1973) und *Lienhardt* (1964).

[18] Vgl. etwa *Buxton* (1973) und *Lienhardt* (1961).

[19] Vgl. etwa *Douglas* (Hg. 1970) sowie *Middleton* und *Winter* (Hg. 1963).

[20] Vgl. etwa *Marwick* (1965) und *Turner* (1957).

[21] Vgl. *Macfarlane* (1970) und *Thomas* (1971).

[22] Vgl. etwa *Beattie* und *Middleton* (Hg. 1969) sowie *Kramer* (1987).

[23] Vgl. etwa *Gluckman* (1963).

[24] Dies zumeist in Kombination mit der Rezeption von Kantorowicz' Ideen (1957) für die anthropologische Forschung. Vgl. *Arens* (1979), *Fortes* (1970), *Huntington* and *Metcalf* (1979) und *Schnepel* (1995).

[25] Vgl. *Lang* (1985).

[26] Vgl. *Kippenberg* (1987, 9).

[27] Wichtige Beiträge zur «Kontroverse über das Verstehen fremden Denkens» finden sich in *Kippenberg* und *Luchesi* (1987) sowie in *Wilson* (1970).

[28] Vgl. auch *Gellner* (1981).

Literatur

1. Werke

«The Intellectualist (English) Interpretation of Magic», in: Bulletin of the Faculty of Arts (Cairo: Egyptian University) I. 2 (1933), 1–12; Nachdruck in: Evans- Pritchard 1981, 132–152.

«Lévy-Bruhl's Theory of Primitive Mentality», in: Bulletin of the Faculty of Arts (Cairo: Egyptian University) II. 2 (1934), 39–60; Nachdruck in: Evans-Pritchard 1981, 119–131.

Witchcraft, Oracles and Magic among the Azande, Oxford 1937 (gekürzte Neuauflage 1976); deutsch: Hexerei, Orakel und Magie bei den Azande, Frankfurt 1978 (= 1978a).

The Nuer: A Description of the Modes of Livelihood and Political Institutions of a Nilotic People, Oxford 1940 (= 1940a).

The Political System of the Anuak of the Anglo-Egyptian Sudan, London 1940 (= 1940b).

The Divine Kingship of the Shilluk of the Nilotic Sudan, Cambridge 1948.

The Sanusi of Cyrenaica, Oxford 1949.

«Social Anthropology: Past and Present», in: Man L (1950), 118–24; deutsch in: Evans-Pritchard 1968, 7–28.

Kinship and Marriage among the Nuer, Oxford 1951 (= 1951a).

Social Anthropology, London 1951 (= 1951b).

Nuer Religion, Oxford 1956; deutsch: «Geist und Gesellschaftsstruktur» (Kapitel IV von *Nuer Religion)*, in: *Kramer/Sigrist* (Hg.) 1978, Bd. 1, 179–196 (= 1978 b).

«Religion and the Anthropologist», in: Blackfriars XLI (1960), 104–118.

Theories of Primitive Religion, Oxford 1965; deutsch: Theorien über primitive Religionen, Frankfurt 1968.

The Azande: History and Political Institutions, Oxford 1971.

«Some Reminiscences and Reflections on Fieldwork», in: Journal of the Anthropological Society of Oxford IV. 1 (1973), 1–12 (= 1973a); deutsch in: Evans-Pritchard 1978a: Anhang IV.

«Genesis of a Social Anthropologist: An Autobiographical Note», New Diffusionist, III (1973), 17–23 (= 1973b).

A History of Anthropological Thought, ed. by *A. Singer*, London 1981.

Gemeinsam mit *Fortes, M.*:

«Introduction», in: M. Fortes; E. E. Evans-Pritchard (Hg.) 1940, 1–24; deutsch in: *Kramer/Sigrist* (Hg.) 1978, Bd. 1, 150–174.

–: (Hg.): African Political Systems, Oxford 1940.

Als Herausgeber:

Men and Women among the Azande, London 1974.

2. Sekundärliteratur

Arens, W.: «The Divine Kingship of the Shilluk: A Contemporary Evaluation», in: Ethnos 44 (1979), 167–181.
Barnes, J. A.: «Edward Evan Evans-Pritchard: 1902–1973», in: Proceedings of the British Academy LXXIII (1987), 447–490.
Beattie, J. H. M.: Other Cultures: Aims, Methods and Achievements in Social Anthropology, London 1964.
Beattie, J. H. M. und Middleton, J. (Hg.): Spirit Mediumship and Society in Africa, London 1973.
Beidelmann, T. O.: «Bibliographie der Schriften von E. E. Evans-Pritchard», in: Evans-Pritchard 1978a: Anhang VI.
Bourdillon, M. F. C. ; Fortes, M. (Hg.): Sacrifice, London 1980.
Burton, J. W.: An Introduction to Evans-Pritchard, Sankt Augustin 1992.
Buxton, J.: Religion and Healing in Mandari, Oxford 1973.
Clastres, P.: Staatsfeinde: Studien zur politischen Anthropologie, Frankfurt/M. 1976.
Douglas, M.: Evans-Pritchard, London 1980.
–: (Hg.): Witchcraft Accusations and Confessions, London 1970.
Fortes, M.: Social Anthropology at Cambridge since 1900: An Inaugural Lecture, Cambridge 1953.
–: Oedipus and Job in West African Religion, Cambridge Press, 1959; deutsch: Ödipus und Hiob in westafrikanischen Religionen, Frankfurt/M. 1966.
–: Kinship and the Social Order: The Legacy of Lewis Henry Morgan, London 1970.
–: «Anthropologists and Theologians: Common Interests and Divergent Approaches», in: *Bourdillon und Fortes* (Hg.) 1980, x-xix.
Frazer, J.: Der goldene Zweig: Eine Studie über Magie und Religion, Frankfurt/M. 1977.
Geertz, C.: Die künstlichen Wilden: Der Anthropologe als Schriftsteller, München 1990.
Gellner, E.: «Introduction», in: Evans-Pritchard 1981, xiii-xxxvi.
Gluckman, M.: Order and Rebellion in Tribal Africa, London 1963.
Huntington, R. und Metcalf, P.: Celebrations of Death: The Anthropology of Mortuary Ritual, Cambridge 1979.
Kantorowicz, E. H.: The King's Two Bodies: A Study in Medieval Political Theology, Princeton 1957.
Kippenberg, H. G.: «Einleitung: Zur Kontroverse über das Verstehen fremden Denkens», in: *H. G. Kippenberg; B. Luchesi* (Hg.) 1987, 9–51.
Kippenberg, H. G.; Luchesi, B. (Hg.): Magie: Die sozialwissenschaftliche Kontroverse über das Verstehen fremden Denkens, Frankfurt/M. 1987.
Kramer, F.: Verkehrte Welten: Zur imaginären Ethnographie des 19. Jahrhunderts, Frankfurt/M. 1978 (= 1978a).
–: «Die *social anthropology* und das Problem der Darstellung anderer Gesellschaften», in: *Kramer/Sigrist* (Hg.), Band 1, 1978, 9–27 (= 1978b).
–: Der rote Fes. Über Besessenheit und Kunst in Afrika, Frankfurt/M. 1987.
Kramer, F. ; Sigrist, C. (Hg.): Gesellschaften ohne Staat, Frankfurt/M. 1978.
Kuper, A.: Anthropologists and Anthropology: The British School 1922–72, London 1973.
Lang, B. (Hg.): Anthropological Approaches to the Old Testament, London 1985.
Lévy-Bruhl, L.: Les Fonctions mentales dans les sociétés inférieures, Paris 1910; englisch: How Natives Think, Princeton 1985.
Lienhardt, G.: Divinity and Experience: The Religion of the Dinka, Oxford 1961.
–: Social Anthropology, Oxford 1964.
–: «E.-P.: A Personal View», in: Man IX (1974), 299–304.

Macfarlane, A.: Witchcraft in Tudor and Stuart England: A Regional and Comparative Study, London 1970.
Malinowski, B.: Schriften zur Anthropologie, Frankfurt/M 1986.
Marwick, M. G.: Sorcery in its Social Setting: A Study of the Northern Rhodesian Cewa, Manchester 1965.
Middleton, J. und Winter, E. H. (Hg.): Witchcraft and Sorcery in East Africa, London 1963.
Radcliffe-Brown, A. R.: «The Methods of Ethnology and Social Anthropology», 1923; Neudruck in *Srinivas* 1983, 3–38.
–: «On Social Structure», 1940; Neudruck in *Radcliffe-Brown* 1952, 188–204.
–: Structure and Function in Primitive Society, London 1952.
Schmidt, W.: The Origin and Growth of Religion, London 1931.
Schnepel, B.: Five Approaches to the Theory of Divine Kingship and the Kingship of the Shilluk of Southern Sudan, Oxford 1986.
–: «Corporations, Personhood, and Ritual in Tribal Society: Three Interconnected Topics in the Anthropology of Meyer Fortes», in: Journal of the Anthropological Society of Oxford XXI (1990), 1–32.
–: Twinned Beings: Kings and Effigies in Southern Sudan, East India and Renaissance France, Göteborg 1995.
Srinivas, M. N.: Method in Social Anthropology, Delhi 1983.
Thomas, K.: Religion and the Decline of Magic: Studies in Popular Beliefs in Sixteenth and Seventeenth Century England, London 1971.
Turner, V. W.: Shism and Continuity in an African Society: A Study of Ndembu Village Life, Manchester 1957.
Wilson, B. (Hg.): Rationality, Oxford 1970.

Peter J. Bräunlein: Victor Witter Turner

Anmerkungen

[1] Zur Entstehung des Begriffs vgl. *Edith Turner* 1985, 4f. und *Rochberg-Halton* 1989, 200.

[2] Das Problem, das Turner aufgegriffen hatte, der Konflikt zwischen Matrilinearität und Virilokalität, war bereits von Malinowski formuliert und von Audrey Richards für die matrilinearen Gruppen Zentralafrikas bearbeitet worden. Turner bezog sich zudem in seiner Analyse direkt auf Arbeiten der Oxford-Ethnologen, insbesondere auf Meyer-Fortes' Tallensi-Studie, so daß Adam Kuper darauf hinweisen kann, wie wenig innovativ der theoretische Ansatz von Turner war. Außergewöhnlich war indes die Fülle und Lebendigkeit des präsentierten Materials. Eine neue Art der monographischen Darstellung wurde hier vorgelegt, voller Geschichten von Streitereien, zwischenmenschlichen Spannungen und Konfliktauflösungen. Eine Form ethnographischer Darstellung, die mit einer russischen Novelle verglichen wurde. Vgl. *Kuper* 1983, 152f., und *Audrey Richards*, Some Types of Family Structure among the Central Bantu, in: *A. R. Radcliffe-Brown* (ed.), African Systems of Kinship and Marriage, London 1950.

[3] Die Chihamba-Studie erschien zwar in den Rhodes-Livingston-Papers, also gewissermaßen unter der Imprimatur Max Gluckmans, dennoch fühlten sich die Herausgeber gedrängt, klarzustellen, daß die hierin geäußerten Ansichten ausschließlich jene des Autors wären («the opinions expressed are those of the author alone»). Daß Turner mit diesem Werk ein Wagnis einging, war ihm wohl bewußt. Edith Turner erinnert sich: «When Vic first wrote ‹Chihamba, the White Spirit› the reaction was not entirely po-

sitive. It was felt he was going into uncharted waters, dangerous ones, he was being too daring. Even Max was nervous about it.» *(Edith Turner* 1985, 7) Ausführliche Kritik formulierte *Robin Horton* 1964. Hortons Kritik wurde in zwei Sammelbänden erneut abgedruckt und machte Turners *Chihamba*, wenn auch polemisch gefiltert, der *scientific community* bekannt. Vgl. *M. H. Fried* (ed.), Readings in Anthropology, vol. II, 1968, 651–673, und *W. A. Lessa/E. Z. Vogt* (eds.), Reader in Comparative Religion, 1972, 347–358.

[4] Turner bezieht sich auf *Etienne Gilson*, The Christian Philosophy of St. Thomas Aquinas, New York 1956 (frz. Orig. 1919).

[5] *Turner* 1975, 186, vergleicht die entspannte Stimmung nach der Tötung von Kavula mit der Stimmung einer christlichen Gemeinschaft nach der Feier der Osternacht.

[6] Erstmals formuliert wurde diese Definiton von Turner auf einem Vortrag 1958. Erstmals veröffentlicht wurde sie in dem Beitrag ‹Symbols in Ndembu Rituals›, in dem Reader von *Max Gluckman* (ed.), Closed Systems and open Minds: The Limits of Naivety in Social Science, Edinburgh 1964. Erneut abgedruckt wurde der Beitrag in *The Forest of Symbols*, 1967, 19–47. Turner verteidigt seine Ritual-Definition und die enthaltene metaphysische Komponente gegen Leach und andere, die Rituale als «stereotypisiertes Verhalten» betrachten, oder als liturgische Anweisungen, wirkungslos in einem rational-technischen Sinn, deren Funktion darin besteht, Informationen über die höchsten Werte einer Gesellschaft zu vermitteln. Für Turner beinhaltet jedoch ein «gut durchgeführtes» Ritual stets Veränderungskapazität, das einen «Kraftzustrom in die anfängliche Situation impliziert». Die Kraft, die hier frei wird, wurzelt in den Personen des Dramas, entspringt «den Tiefen ihres Menschseins, nicht allein (...) ihren kognitiven, «indikativischen» kulturellen Kenntnissen.» Die rituelle Situation ist «tatsächlich sowohl von transzendenten als auch von immanenten Kräften erfüllt.» *(Turner* 1989b, 126f.).

[7] Den Text trug Turner auf dem Jahrestreffen der amerikanischen Ethnologen im März 1964 vor. Der Artikel erschien erstmals als Konferenzpapier in: *June Helm* (ed.), Proceedings of the 1964 Annual Spring Meetings of the American Ethnological Society, Washington 1964, 4–20. Neuerlich gedruckt wurde der Aufsatz u. a. in: *The Forest of Symbols*, 93–111.

[8] *Turner* 1989a, 124, zitiert hier aus *Martin Buber*, Das dialogische Prinzip, Heidelberg [5]1984, 185.

[9] Der Begriff «Symbologie», die deutsche Übersetzung des engl. «symbology», ist in Religionswissenschaft und Ethnologie ungebräuchlich. *Edith* und *Victor Turner* verwenden ihn jedoch durchgehend, wohl um damit die eigene, theoretisch-originelle Zielrichtung auszuweisen.

[10] Es handelt sich bei Edith Turners Buch um eine *restudy* des Ihamba-Rituals der Ndembu, die sie 1985, also über 30 Jahre nach ihrem ersten Feldaufenthalt, durchführte. Vgl. *Edith Turner* 1992.

Literatur

1. *Werke*

Schism and Continuity in an African Society: A Study of Ndembu Village Life, Manchester 1957.

«Muchona the Hornet, Interpreter of Religion», in: *Joseph B. Casagrande* (ed.): In the Company of Man. Twenty Portraits by Anthropologists, New York 1960, 334–355.

Chihamba the White Spirit: A Ritual Drama of the Ndembu [= The Rhodes Livingstone Papers 33], Manchester 1962 [unveränderter Nachdruck in Turner 1975].

«Colour Classification in Ndembu Ritual: A Problem in Primitive Classification», in:

M. Banton (ed.): Anthropological Approaches to the Study of Religion, London 1966, 47–84.
«Betwixt-and-Between: The Liminal Period in Rites de Passage», in: Turner 1967, 93–111.
The Forest of Symbols: Aspects of Ndembu Ritual, Ithaca – New York 1967.
The Drums of Affliction: A Study of Religious Processes among the Ndembu of Zambia, Oxford 1968 (= 1968a).
«Mukanda: The Politics of a Non-Political Ritual», in: Swartz, Marc J. (ed.): Local Level Politics. Social and Cultural Perspectives, Chicago 1968, 135–150 (= 1968b).
The Ritual Process: Structure and Anti-Structure, Chicago 1969; deutsch: Das Ritual. Struktur und Anti-Struktur, Frankfurt/M. 1989 (= 1989a).
Dramas, Fields, and Metaphors: Symbolic Action in Human Society, Ithaca 1974.
Revelation and Divination in Ndembu Ritual, Ithaca/London 1975.
From Ritual to Theatre. The Human Seriousness of Play, New York 1982; deutsch: Vom Ritual zum Theater. Der Ernst des menschlichen Spiels, Frankfurt/M. 1989 (= 1989b).
On the Edge of the Bush. Anthropology as Experience, Tuscon 1985 (= 1985a).
«Body, Brain, and Culture», in: Turner 1985a, 249–274 (= 1985b).
«Are there Universals of Performance in Myth, Ritual, and Drama?», in: Turner 1985, 291–304 (= 1985c).
«The New Neurosociology», in: Turner 1985, 275–290 (= Turner 1985e).
«Process, System, and Symbol: A New Anthropological Synthesis», in: Turner 1985, 151–176 (= Turner 1985 f.).
«Death and the Dead in the Pilgrimage Process», in: V. Turner: Blazing the Trail: Way Marks in the Exploration of Symbols, Tuscon 1992, 29–47.
«Das Kannokura-Fest in Shingu», in: *Hans Peter Duerr* (Hg.): Sehnsucht nach dem Ursprung. Zu Mircea Eliade, Frankfurt 1983, 467–491.
«Dewey, Dilthey, and Drama: An Essay in the Anthropology of Experience», in: *V. Turner; E. M. Bruner* (eds.): The Anthropology of Experience, Urbana/Chicago 1986, 33–44.
Gemeinsam mit *Edith Turner*:
Image and Pilgrimage in Christian Culture: Anthropological Perspectives, New York 1978.
Als Mitherausgeber:
–: *M. J. Swartz; A. Tuden* (eds.): Political Anthropology, Chicago 1966.
–: *E. Bruner* (eds.): The Anthropology of Experience, Urbana/Chicago 1986.

2. *Sekundärliteratur*

Ashley, Kathleen M. (ed.): Victor Turner and the Construction of Cultural Criticism. Between Literature and Anthropology, Bloomington 1990.
Babcock, Barbara A. ; John J. MacAloon: «Victor W. Turner (1920–1983)», in: Semiotica 65 (1987), 1–27.
Baudler, Bernhard: «Über das ‹Kontinuum-Konzept› der Jean Liedloff, die Initiationen der Ye'kuana und die Initiationsfolter bei Pierre Clastres. Oder: Eine Ethnologie, die voll und ganz im Adultismus befangen ist, ist ein ‹Unding›», in: KEA – Zeitschrift für Kulturwissenschaften 6 (1994), 49–70.
Bräunlein, Peter J. ; Andrea Lauser: «Fließende Übergänge ... Kindheit, Jugend, Erwachsenwerden in einer ritualarmen Gesellschaft (Mangyan/Mindoro/Philippinen)», in: *Dorle Drackle* (Hg.): Junge Wilde. Zur kulturellen Konstruktion von Kindheit und Jugend, Berlin 1996.
Carlson, Marvin: Performance: A Critical Introduction, London 1996.
Clifford, James: «Über ethnographische Autorität», in: *E. Berg; M. Fuchs* (Hg.): Kultur,

soziale Praxis, Text. Die Krise der ethnographischen Repräsentation, Frankfurt/M. 1993, 109–157.

Davis, Natalie Zemon: «Charivari, Honor, and Community in Seventeenth-Century Lyon and Geneva», in: *John J. MacAloon,* (ed.): Rite, Drama, Festival, Spectacle. Rehearsals Toward a Theory of Cultural Performance, Philadelphia 1984, 42–57.

Fischer-Lichte, Erika: «Wiedergewonnene Mündlichkeit: Praktiken des Ritualtheaters», in: *Ulla Schild* (Hg.): On Stage. Proceedings of the Fifth International Janheinz Jahn Symposium on Theatre in Africa, Göttingen 1992, 1–19.

Foucault, Michel: Archäologie des Wissens, Frankfurt/M. 1981.

Gebhardt, Winfried: Charisma als Lebensform. Zur Soziologie des alternativen Lebens, Berlin 1994.

Geertz, Clifford: «Blurred Genres: The Refiguration of Social Thought», in: American Scholar 29/2 (1980), 165–179 [wiederabgedruckt in *C. Geertz*: Local Knowledge, New York 1983, 19–35].

Haab, Barbara: «Weg und Wandlung: Ethnologische Feldforschung zur Spiritualität heutiger Jakobs-Pilger und Pilgerinnen», in: *Paul Michel* (Hg.): Symbolik von Weg und Reise, Frankfurt 1992, 137–162.

Hastrup, Kirsten: A Passage to Anthropology. Between Experience and Theory, London 1995.

Horton, Robin: «Ritual Man in Africa», in: Africa 34 (1964), 85–104.

Ivanov, Paola: «Zu Victor Turners Konzeption von ‹Liminarität› und ‹Communitas›», in: Zeitschrift für Ethnologie 118 (1993), 217–249.

Kuper, Adam: Anthropology and Anthropologist. The Modern British School, London 1983.

Le Roy Ladurie, Emmanuel: Le Carneval de Romans. De la Chandeleur au mercredi des Cendres, 1579–1580, Paris 1979.

Marranca, Bonnie; Gautam Dasgupta (eds.): Interculturalism and Performance, New York 1991.

Morris, Brian: Anthropological Studies of Religion. An Introductory Text, Cambridge 1987.

Rochberg-Halton, Eugene: «Nachwort», in: *V. Turner*: Das Ritual, Frankfurt 1989, 198–213.

Schechner, Richard; Appel, Willa (eds.): By Means of Performance. Intercultural Studies of Theatre and Ritual, Cambridge 1990.

Schechner, Richard: Theater-Anthropologie. Spiel und Ritual im Kulturvergleich, Reinbek 1990.

–: The Future of Ritual. Writings on Culture and Performance, London 1993.

Stagl, Justin: «Übergangsriten und Statuspassagen. Überlegungen zu Arnold van Genneps ‹Les Rites de Passage›», in: *K. Acham* (Hg.): Gesellschaftliche Prozesse, Graz 1983, 83–96.

Stoeckl, Peter: Kommune und Ritual. Das Scheitern einer utopischen Gemeinschaft, Frankfurt/M. 1994.

Turner, Edith: «Prologue: From the Ndembu to Broadway», in: *V. Turner* 1985, 1–18.

–: The Spirit and the Drum: A Memoir of Africa, Tuscon 1987.

–: «The Literary Roots of Victor Turner's Anthropology», in: *K. Ashley* (ed.) 1990, 163–169.

–: (with *William Blodgett; Singleton Kahona*; *Fideli Benwa)*: Experiencing Ritual. A new Interpretation of African Healing, Philadelphia 1992.

Walker Bynum, Caroline: «Women's Stories, Women's Symbols: A Critique of Victor Turner's Theory of Liminality», in: *Robert L. Moore; Frank E. Reynolds* (eds.): Anthropology and the Study of Religion, Chicago 1984, 105–125 (deutsch in *C. Walker Bynum*: Fragmentierung und Erlösung, Frankfurt 1996, 27–60).

Wiedenmann, Rainer E.: Ritual und Sinntransformation – Ein Beitrag zur Semiotik soziokultureller Interpenetrationsprozesse, Berlin 1991.
Willis, Roy: «Victor Witter Turner (1920–1983)», in: Africa 54 (1984), 73–75.
Wolanin, Adam: Rites, Ritual Symbols and their Interpretation in the Writings of Victor W. Turner. A Phenomenological-theological Study, Rom 1978.
Wolbert, Barbara: «Rückkehr: Statuspassage und Passageriten türkischer Migrantinnen», in: Zeitschrift für Ethnologie 115 (1990), 169–197.
–: Der getötete Paß. Rückkehr in die Türkei. Eine ethnologische Migrationsstudie, Berlin 1995.
Woodbridge, Linda: «Black and White and Red All Over: The Sonnet Mistress among the Ndembu», in: Renaissance Quarterly XL (1987), 247–297.

Ulrich Berner: Mircea Eliade

Anmerkungen

[1] Vgl. dazu *U. Berner*, Universalgeschichte und kreative Hermeneutik. Reflexionen anhand des Werkes von Mircea Eliade, in: Saeculum 32 (1981), 221–241.

[2] A Conversation with Mircea Eliade, in: Parabola 1 (1976), 80.

[3] Vgl. *M. L. Ricketts*, Mircea Eliade. The Romanian Roots, 922–930; *S. Cain*: Mircea Eliade, the Iron Guard, and Romanian Anti-Semitism, in: Midstream 35 (1989), 27–31.

[4] Vgl. dazu *W. Geiger*, Kulturdialog und Ästhetik. Roger Garaudy. Victor Segalen. Mircea Eliade, Frankfurt a. M. 1986, 318–328.

[5] *M. Eliade*, Die Prüfung des Labyrinths. Gespräche mit Claude-Henri Rocquet, Frankfurt a. M. 1987, 207.

[6] *M. Eliade*, Geschichte der religiösen Ideen, Bd. II, 352.

[7] *M. Eliade*, Kosmos und Geschichte, 15.

[8] Ebd., 17.

[9] Ebd., 30–33.

[10] Ebd., 48.

[11] Ebd., 49.

[12] Ebd., 97f.

[13] Ebd., 108; 144f.; 164.

[14] Ebd., 10; 153; 167.

[15] Ebd., 116f.

[16] Ebd., 125.

[17] *M. Eliade*, Das Heilige und das Profane, 174f.

[18] Ebd., Kap. I und II.

[19] Ebd., 181.

[20] *M. Eliade*, Die Mythen der modernen Welt, in: *ders.*, Mythen, Träume und Mysterien, 19–40, hier: 37f.

[21] Siehe dazu *M. Eliade*, Kulturelle Zeitströmungen und Religionsgeschichte, in: *ders.*, Das Okkulte und die moderne Welt, 7–23, hier: 18f.

[22] Siehe dazu *M. Eliade*, Notes for a Dialogue, in: *J. B. Cobb* (ed.), The Theology of Altizer: Critique and Response, Philadelphia 1970, 234–241, hier: 237; *M. Eliade*, The Sacred in the Secular World, in: Cultural Hermeneutics 1 (1973), 101–113, hier: 107–109.

[23] Siehe zum Folgenden *M. Eliade*, Methodologische Anmerkungen zur Erforschung der Symbole in den Religionen, in: *ders.* und *J. M. Kitagawa* (Hg.), Grundfragen der Religionswissenschaft, Salzburg 1963, 106–135; *ders.*, Ein neuer Humanismus, in: *ders.*, Die Sehnsucht nach dem Ursprung, 19–29; *ders.*, Die Religionen und das Heilige, 19–37; *ders.*, Schamanismus und archaische Ekstasetechnik, 1–10.

[24] *M. Eliade*, Ewige Bilder und Sinnbilder, 32.

[25] Ebd., 46–51.

[26] *M. Eliade*, Das Mysterium der Wiedergeburt, 213.

[27] *M. Eliade*, Die Religionen und das Heilige, 11.

[28] *M. Eliade*, Ein Neuer Humanismus, 24. Siehe dazu auch *ders.*, Zum Verständnis primitiver Religionen, in: Antaios 10 (1970), 337–345, hier: 341 f.

[29] *M. Eliade*, Religiöse Symbolik und Aufwertung der Angst, in: *ders.*, Mythen, Träume und Mysterien, 65–87, hier: 65.

[30] Ebd., 75.

[31] Ebd., 79 f.

[32] Ebd., 84.

[33] Vgl. dazu *U. Berner*, Erforschung und Anwendung religiöser Symbole im Doppelwerk Mircea Eliades, in: Symbolon 6 (1982), 27–35, hier: 29–32. Zur Bedeutung der Formel «coincidentia oppositorum» für die Religionstheorie Eliades vgl. *J. Valk*, The Concept of Coincidentia Oppositorum in the Thought of Mircea Eliade, in: Religious Studies 28 (1992), 31–41.

[34] Siehe *Th. I. Idinopulos* und *E. A. Yonan* (eds.), Religion and Reductionism. Essays on Eliade, Segal, and the Challenge of the Social Sciences for the Study of Religion, Leiden u. a. 1994; *L. H. Martin*, Introduction: The post-Eliadean Study of Religion and the New Comparativism, in: Method and Theory in the Study of Religion 8 (1996), 1–3.

[35] Siehe dazu z. B. *K. Rudolph*, Eliade und die ‹Religionsgeschichte›, in: *H.-P. Duerr* (Hg.), Die Mitte der Welt, 49–78, hier: 70.

[36] Siehe dazu *Th. J. J. Altizer*, Mircea Eliade and the Dialectic of the Sacred, Philadelphia 1963 (Reprint: Westport 1975), 15–18.

[37] *P. Tillich*, Die Bedeutung der Religionsgeschichte für den systematischen Theologen, in *ders.*, Korrelationen. Die Antworten der Religion auf Fragen der Zeit, hrsg. und übers. von *I. C. Henel*, Stuttgart 1975, 144–156, hier: 154.

[38] Siehe dazu *K. Hübner*, Mythische und Wissenschaftliche Denkformen, in: *H. Poser* (Hg.), Philosophie und Mythos. Ein Kolloquium, Berlin u. a. 1979, 75- 92, hier: 81–83.

[39] Siehe *J. A. Saliba*, Eliade's View of Primitive Man: Some Anthropological Reflections, in: Religion 6 (1976), 150–175, hier: 160–164.

[40] Siehe *K. Rudolph*, a. a. O., 69.

[41] Siehe dazu *N. Smart*, Eliade und die Analyse von Weltbildern, in: *H.-P. Duerr* (Hg.), Die Mitte der Welt, 79–94, hier: 87.

[42] *E. Leach*, Sermons by a Man on a Ladder, in: The New York Review of Books, Oct. 20, 1966, 28–31.

[43] Siehe *K. Rudolph*, a. a. O., 57 und 67.

[44] Siehe *R. D. Baird*, Normative Elements in Eliade's Phenomenology of Symbolism, in *ders.*, Essays in the History of Religions, New York u. a. 1991, 27- 40, hier: 27.

[45] Siehe *N. Smart*, Beyond Eliade: The Future of Theory in Religion, in: Numen 25 (1978), 171–183, hier: 182.

[46] Siehe *M. L. Ricketts*, In Defence of Eliade. Toward Bridging the Communications Gap between Anthropology and the History of Religions, in: Religion 3 (1973), 13–34, hier: 28 f.

[47] Siehe *G. Dudley*, Mircea Eliade as the ‹Anti-Historian› of Religions, in: Journal of the American Academy of Religion 44 (1976), 345–359, hier: 348, 352.

[48] Siehe *D. Allen*, Phenomenological Method and the Dialectic of the Sacred, in: *N. J. Girardot* und *M. L. Ricketts* (eds.), Imagination and Meaning, 70–81, hier: 75–78; vgl. auch *ders.*, Recent Defenders of Eliade: A Critical Evaluation, in: Religion 24 (1994), 333–51.

[49] Siehe *C. Olson*, The Theology and Philosophy of Eliade, IX.

[50] Siehe *I. Strensky*, Eliade and Myth in Twentieth-Century Romania, in: *ders.*, Four Theories of Myth in Twentieth-Century History. Cassirer, Eliade, Lévi- Strauss and Malinowski, London u. a. 1987, 70–103. Vgl. auch *R. T. McCutcheon*, The Myth of the Apolitical Scholar: The Life and Works of Mircea Eliade, in: Queen's Quarterly 100 (1993), 642–663.

[51] So hat z. B. der Indologe *R. Gombrich* Eliades Aussagen über den frühen Buddhismus, die sich in dem Yoga-Buch finden, einer kritischen Prüfung unterzogen [«Eliade on Buddhism», in: Religious Studies 10 (1974), 225–231].

Literatur

1. Werke (Auswahl)

Wissenschaftliche Literatur

Yoga: Unsterblichkeit und Freiheit, Frankfurt/M. 1985.

Kosmos und Geschichte: Der Mythos der ewigen Wiederkehr, Frankfurt/M. 1986.

Die Religionen und das Heilige: Elemente der Religionsgeschichte, Salzburg 1954.

Schamanismus und archaische Ekstasetechnik, Frankfurt/M. 1975.

Ewige Bilder und Sinnbilder: Über die magisch-religiöse Symbolik, Frankfurt/M. 1986.

Mythen, Träume und Mysterien, Salzburg 1961.

Das Heilige und das Profane: Vom Wesen des Religiösen, Frankfurt/M. 1984.

Das Mysterium der Wiedergeburt: Versuch über einige Initiationstypen, Frankfurt/M. 1988.

Die Sehnsucht nach dem Ursprung. Von den Quellen der Humanität, Frankfurt/M. 1976.

Das Okkulte und die moderne Welt. Zeitströmungen in der Sicht der Religionsgeschichte, Salzburg 1978.

Von Zalmoxis zu Dschingis-Khan, Köln-Lövenich 1982.

Geschichte der religiösen Ideen, Bd. I–III/1, Freiburg u. a. 1978–1983.

Nichtwissenschaftliche Werke Eliades

Phantastische Geschichten, Frankfurt/M. 1978.

Im Mittelpunkt: Bruchstücke eines Tagebuchs, Wien u. a. 1977.

2. Sekundärliteratur

Bibliographien

Allen, D.; *D. Doeing* (Hg.): Mircea Eliade: An Annotated Bibliography, New York – London 1980.

In: *Kitagawa, J. M.*; *Ch. Long* (Hg.): Myths and Symbols: Studies in Honour of Mircea Eliade, Chicago – London 1969.

Biographien, Sammelbände und Festschriften

Duerr, H. P. (Hg.): Sehnsucht nach dem Ursprung: Zu Mircea Eliade, Frankfurt/M. 1983.

–: Die Mitte der Welt: Aufsätze zu Mircea Eliade, Frankfurt/M. 1984.

Girardot, N. J.; *M. L. Ricketts* (Hg.): Imagination and Meaning. The Scholarly and Literary Worlds of Mircea Eliade, New York 1982.

Kitagawa, J. M. und *Ch. Long* (Hg.): s. o.

Ricketts, M. L.: Mircea Eliade: The Romanian Roots, 1907–1945, 2 Bde., Boulder 1988.

Monographien

Allen, D.: Structure and Creativity in Religion: Hermeneutics in Mircea Eliade's Phenomenology and New Directions, The Hague u. a. 1978.

Dudley, G.: Religion on Trial: Mircea Eliade and His Critics, Philadelphia 1977.

Olson, C.: The Theology and Philosophy of Eliade. A Search for the Centre, London u. a. 1992.

Saliba, J. A.: «Homo Religiosus» in: Zur Geschichte und Problematik des interreligiösen Dialogs (in: Festschrift C.- Colpe); Mircea Eliade: An Anthropological Evaluation, Leiden 1976.

PERSONENREGISTER

SACHREGISTER

BILDQUELLENVERZEICHNIS

Friedrich Schleiermacher (Bildarchiv Preußischer Kulturbesitz) *Seite 19*
Friedrich Max Müller (Bildarchiv Preußischer Kulturbesitz) *Seite 28*
Edward Burnett Tylor (Fotografie Gillman & Co., Emery Walker Ph.Sc., aus: Henry Frowde, M.A., Anthropological Essays presented to Edward Burnett Tylor, Oxford, At the Clarendon Press 1907) *Seite 43*
William Robertson Smith (Aus: Lectures and Essays of William Robertson Smith, herausgegeben von John Sutherland Black und George Chrystal. London 1912) *Seite 60*
James George Frazer (Aus: A bibliography of Sir James George Frazer. Compiled by Theodore Besterman. London 1934 [Macmillan]. By T & R. Annan & Sons, Glasgow 1933) *Seite 78*
Sigmund Freud (Süddeutscher Verlag, München) *Seite 91*
Émile Durkheim (Aus: Émile Durkheim. Critical Assessments. Edited by Peter Hamilton. London and New York [Routledge 1990]. Photographie Giroudon Paris) *Seite 105*
Max Weber (Archiv Gerstenberg, Wietze) *Seite 120*
Aby M. Warburg (Bildarchiv Preußischer Kulturbesitz, Berlin) *Seite 135*
Nathan Söderblom (Keystone Pressedienst, Hamburg) *Seite 158*
Robert Ranulph Marett (Aus: R. R. Marett, A Jerseyman at Oxford. London, New York, Toronto 1941) *Seite 170*
Wilhelm Schmidt (Anthropos-Institut, St. Augustin) *Seite 186*
Rudolf Otto (Religionskundliche Sammlung, Universität Marburg) *Seite 199*
Marcel Mauss (Aus: Marcel Fournier, Marcel Mauss. Paris 1994) *Seite 213*
Arnold van Gennep (Bayerische Staatsbibliothek, München) *Seite 223*
Carl Gustav Jung (Archiv für Kunst und Geschichte, Berlin) *Seite 235*
Bronisław Kaspar Malinowski (Aus: The Kula. A B. Malinowski Centennial Exhibition. William A. Shack; Robert H. Lowie Museum of Anthropology, Berkeley, California 1985) *Seite 246*
Gerardus van der Leeuw (Dr. Eva Schwarz, Marburg) *Seite 265*
Friedrich Heiler (Keystone Pressedienst, Hamburg) *Seite 279*
Joachim Wach (Susi Heigl-Wach) *Seite 291*
Edward Evan Evans-Pritchard (Aus: Sir Edward Evans-Pritchard, A History of Anthropological Thought. Edited by André Singer. New York 1981) *Seite 305*
Victor Witter Turner (Edith Turner, Charlottesville) *Seite 325*
Mircea Eliade (Lawrence G. Desmond 1997. Glenn Miller Auditorium, University of Colorado, Boulder) *Seite 342*

AUTORIN UND AUTOREN

GREGORY D. ALLES, geb. 1954, Associate Professor of Religious Studies, Western Maryland College (USA). *Buchpublikationen* (Auswahl): Joachim Wach, Introduction to the History of Religions (hg. mit J. M. Kitagawa 1988); The Iliad, the Ramayana and the Work of Religion: Failed Persuasion and Religious Mystification (1994); Rudolf Otto, Autobiographical and Social Essays (Hg., 1996).

ULRICH BERNER, geb. 1948, Dr. theol., Professor für Religionswissenschaft, Kulturwissenschaftliche Fakultät, Universität Bayreuth. *Veröffentlichungen* (Auswahl): Untersuchungen zur Verwendung des Synkretismusbegriffes (1982); «Inkulturationsprogramme in indischer und afrikanischer Theologie» (in: Saeculum 37, 1986).

HARTMUT BÖHME, geb. 1944, Dr. phil., Professor für Kulturtheorie und Mentalitätsgeschichte, Humboldt Universität Berlin. *Buchpublikationen* (Auswahl): (mit G. Böhme) Das Andere der Vernunft (^{2}1992); Zur Kulturgeschichte des Wassers (Hg., 1987); Natur und Subjekt. Versuche zur Geschichte der Verdrängung (1988); Albrecht Dürer: Melencolia I (^{2}1991); Hubert Fichte – Riten des Autors und Leben der Literatur (1992); (mit G. Böhme) Feuer Wasser Erde Luft – Eine Kulturgeschichte der Elemente (1996); Literatur und Kulturwissenschaft (Mithg., 1996).

PETER J. BRÄUNLEIN, geb. 1956, Dr. phil., Wiss. Mitarbeiter am Studiengang Religionswissenschaft, Universität Bremen. *Buchpublikationen* (Auswahl): (mit A. Lauser) Leben in Malula – Ein Beitrag zur Ethnographie der Alangan-Mangyan auf Mindoro/Philippinen (1993); Krieg und Frieden – Ethnologische Perspektiven (hg. mit A. Lauser, 1995).

RAINER FLASCHE, geb. 1942, Dr. theol., Professor für Religionsgeschichte, Universität Marburg. *Buchpublikationen* (Auswahl): Geschichte und Typologie afrikanischer Religiosität in Brasilien (1973); Die Religionswissenschaft Joachim Wachs (1978).

BURKHARD GLADIGOW, geb. 1939, Dr. phil., Professor für Allgemeine Religionsgeschichte und Klassische Philologie, Fakultät für Kulturwissenschaften, Universität Tübingen. *Buchpublikationen* (Auswahl): Sophia und Kosmos (1965); Das antike Sachgedicht (1970); Neue Ansätze in der Religionswissenschaft (hg. mit H. G. Kippenberg, 1983); Handbuch religionswissenschaftlicher Grundbegriffe (hg. mit H. Cancik, M. Laubscher und K.-H. Kohl, 1988 ff.); Die Trennung von Geist und Natur (hg. mit R. Bubner und W. Haug, 1990); Text und Kommentar – Archäologie der literarischen Kommunikation 4 (hg. mit J. Assmann, 1995).

GÜNTER KEHRER, geb. 1939, Professor für Religionssoziologie, Fakultät für Kulturwissenschaften, Universität Tübingen. *Buchpublikationen* (Auswahl): Religionssoziologie (1968); Organisierte Religion (1982); Einführung in die Religionssoziologie (1988); Das Jenseits der Gesellschaft (hg. mit K. W. Dahm und V. Drehsen) (1975); Das Entstehen einer neuen Religion (Hg., 1981); «Vor Gott sind alle Gleich»: Soziale Gleichheit, soziale Ungleichheit und die Religionen (Hg., 1983).

HANS G. KIPPENBERG, geb. 1939, Dr. theol., Habilitation für Allgemeine Religionsgeschichte, Professor für Religionswissenschaft mit dem Schwerpunkt Geschichte und Theorie der Religionen, Universität Bremen, und Honorarprofessor im Fach Allgemeine Religionswissenschaft an der Rijksuniversiteit Groningen. *Buchpublikationen* (Auswahl): Garizim und Synagoge (1971); Religion und Klassenbildung im antiken Judäa (^{2}1982); Magie – Die sozialwissenschaftliche Kontroverse über das Verstehen fremden Denkens (hg. mit B. Luchesi, ^{2}1987); Neue Ansätze in der Religionswissenschaft (hg. mit B. Gladigow, 1983); Religionswissenschaft und Kulturkritik (hg. mit B. Luchesi, 1991); Die vorderasiatischen Erlösungsreligionen in ihrem Zusammenhang mit der antiken Stadtherrschaft (1991).

HANS-JOACHIM KLIMKEIT, geb. 1939, Dr. phil., Professor für Vergleichende Religionswissenschaft, Universität Bonn. *Buchpublikationen* (Auswahl): Tod und Jenseits im Glauben der Völker (Hg., ^{2}1983); Der politische Hinduismus (1981); Die Begegnung von Christentum, Gnosis und Buddhismus an der Seidenstraße (1986); Synkretismus in den Religionen Zentralasiens (hg. mit W. Heissig, 1987); Die Seidenstraße (1990); Der Buddha – Leben und Lehre (1990); Biblische und außerbiblische Spruchweisheit (Hg., 1991); Gnosis on the Silk Road (1993).

KARL-HEINZ KOHL, geb. 1948, Dr. phil., Habilitation im Fach Religionswissenschaft, Professor am Institut für Historische Ethnologie der Universität Frankfurt und Direktor des Frobenius-Instituts. *Buchpublikationen* (Auswahl): Entzauberter Blick – Das Bild vom Guten Wilden und die Erfahrung der Zivilisation (^{2}1986); Exotik als Beruf – Erfahrung und Trauma der Ethnologie (^{2}1986); Abwehr und Verlangen – Zur Geschichte der Ethnologie (1987); Ethnologie – die Wissenschaft vom kulturell Fremden. Eine Einführung (1993).

AXEL MICHAELS, geb. 1949, Dr. phil., bis 1996 Professor für Religionswissenschaft (Universität Bern), seitdem Professor für Klassische Indologie, Südasien-Institut der Universität Heidelberg. *Buchpublikationen* (Auswahl): Beweisverfahren in der vedischen Sakralgeometrie (1978); Ritual und Gesellschaft in Indien (1986); Heritage of the Kathmandu Valley (hg. mit N. Gutschow, 1987); (mit N. Gutschow) Benares (1993); Die Reisen der Götter – der nepalische Paupatinātha-Tempel und sein rituelles Umfeld (1994); Wild Goddesses in India and Nepal (hg. mit C. Vogelsanger und A. Wilke, 1996).

CHRISTOPH MORGENTHALER, geb. 1946, Dr. theol. et phil., Professor für Seelsorge und Pastoralpsychologie, Universität Bern. *Buchpublikationen* (Auswahl): Sozialisation und Religion – Sozialwissenschaftliche Materialien zur religionspädagogischen Theoriebildung (1976); Der religiöse Traum (1992).

HEINZ MÜRMEL, geb. 1944, Dr. phil., Religionswissenschaftliches Institut der Universität Leipzig. *Veröffentlichungen* (Auswahl): Das Magieverständnis von Marcel Mauss (Diss. 1985), «Frazer oder Mauss: Bemerkungen zu Magiekonzeptionen», in: Zeitschr. f. Missionswissenschaft und Religionswissenschaft 75 (1991).

MICHAEL PYE, geb. 1939, Ph. D., Professor für Religionswissenschaft, Universität Marburg. *Buchpublikationen* (Auswahl): The Study of Kanji (1971, 1984); Skilful Means – A Concept in Mahayana Buddhism (1978); Emerging from Meditation (1990); Ernst Troeltsch – Writings on Theology and Religion (Hg., 1977); Macmillan Dictionary of Religion (Hg., 1994); Religion and Modernization in China (Hg., 1995).

Martin Riesebrodt, geb. 1948, Dr. phil., Habilitation in Soziologie, Professor für Religionssoziologie, University of Chicago. *Buchpublikationen* (Auswahl): Fundamentalismus als patriarchalische Protestbewegung (1990, amerikan. Ausg.: Pious Passion, 1993); «Zur Politisierung von Religion» (in: Das Europa der Religionen, hg. v. O. Kallscheuer, 1996); «Kulturmilieus und Klassenkulturen» (in: Lokale Religionsgeschichte, hg. v. H. G. Kippenberg und B. Luchesi, 1995).

Eric J. Sharpe, geb. 1933, M. A., Theol. D. (Uppsala), Emeritus Professor of Religious Studies, University of Sydney. *Buchpublikationen* (Auswahl): (mit J. R. Hinnells) Hinduism (1972); Understanding Religion (1983); The Universal Gita: Western Images of the Bhagavadgita (1985); Comparative Religion: a History (^{2}1986); Nathan Söderblom and the Study of Religion (1990).

Burkhard Schnepel, geb. 1954, D. Phil. (Oxford), Habilitation in Ethnologie, Wiss. Mitarbeiter, Südasien-Institut der Universität Heidelberg. *Buchpublikationen*: Five Approaches to the Theory of Divine Kingship and the Kingship of the Shilluk of the Southern Sudan (D. Phil. thesis, 1986); Twinned Beings – Kings and Effigies in Southern Sudan, East India and Renaissance France (1995); Die Dschungelkönige. Ethnohistorische Aspekte von Politik und Ritual in Orissa/Indien (1997).

Sylvia M. Schomburg-Scherff, geb. 1949, Dr. phil., Studium der Ethnologie, Lehrbeauftragte der Universität Frankfurt, Habilitationsstipendiatin der Deutschen Forschungsgemeinschaft. *Buchpublikationen*: Grundzüge einer Ethnologie der Ästhetik (1986); Übersetzung von A. van Gennep, Übergangsriten (1986); V. Turner, Das Ritual (1889) und Vom Ritual zum Theater (1989).

Fritz Stolz, geb. 1942, Dr. theol., Habilitation in alttestamentlicher Wissenschaft, Professor für Allgemeine Religionsgeschichte und Religionswissenschaft, Universität Zürich. *Buchpublikationen* (Auswahl): Strukturen und Figuren im Kult von Jerusalem (1970); Jahwes und Israels Kriege (1972); Das Alte Testament (1974); (mit J. Assmann und W. Burkert) Funktionen und Leistungen des Mythos. Drei altorientalische Beispiele (1982); Psalmen im nachkultischen Raum (1983); Christentum (1985); Grundzüge der Religionswissenschaft (1988, ^{2}1997); Einführung in den biblischen Monotheismus (1996).

Jacques Waardenburg, geb. 1930, Dr. theol. Dr. h. c., Emeritus Professor für Religionswissenschaft, Universität Lausanne. *Buchpublikationen* (Auswahl): L'islam dans le miroir de l'Occident (1970); Classical Approaches to the Study of Religion (1973–4); Reflections on the Study of Religion (1978); Religionen und Religion (1978); Islamisch-christliche Beziehungen (1992); Perspektiven der Religionswissenschaft (1993); Scholarly Approaches to Religion (Hg., 1995); Islam and Christianity (Hg., 1997).

Hans Waldenfels SJ, geb. 1931, Dr. Dr. habil. Dr. h. c., Professor für Fundamentaltheologie, Theologie der nichtchristlichen Religionen und Religionsphilosophie, Universität Bonn. *Buchpublikationen* (Auswahl): Meditation – Ost und West (1975); Absolutes Nichts – Zur Grundlegung des Dialogs zwischen Buddhismus und Christentum (^{3}1980); Lexikon der Religionen (Hg., ^{3}1996); Begegnung der Religionen (1990); Phänomen Christentum – Eine Weltreligion in der Welt der Religionen (1994); Einführung in die Theologie de Offenbarung (1996).

Hans Wissmann, geb. 1944, Professor für Religions- und Missionswissenschaft, Fachbereich Evangelische Theologie, Universität Mainz. *Buchpublikationen* (Auswahl): Sind doch die Götter auch gestorben – Das Religionsgespräch der Franziskaner mit den Azteken von 1524 (1981); Zur Erschließung von Zukunft in den Religionen – Zukunftserwartung und Gegenwartsbewältigung in der Religionsgeschichte (Hg., 1991); Krieg und Religion (Hg., 1994).

HARTMUT ZINSER, geb. 1944, Dr. phil., Professor für Religionswissenschaft, Freie Universität Berlin. *Buchpublikationen* (Auswahl): Arbeit und Mythos (1977); Der Mythos des Mutterrechts (^{2}1983); Der Untergang von Religionen (Hg., 1986); Religionswissenschaft (Hg., 1988); Herausforderung Ethikunterricht (Hg., 1991); Jugendokkultismus in Ost und West (1993): Religion auf dem Markt (1997).